Shigeki Tominaga
Kotaro Yoshida
Kenta Ohji
Yuichiro Sakamoto
Shinichi Nagao
Makoto Masuda
Kazuhiko Ueda
Akihiro Kubo
Shojiro Kuwase
Toru Kitagaki
Daisuke Odagawa
Yuriko Tanaka
Tatsushi Fujihara
Akeo Okada
Kosuke Tsuiki
Yoshihiko Ichida
Sho Saito
Junji Sato

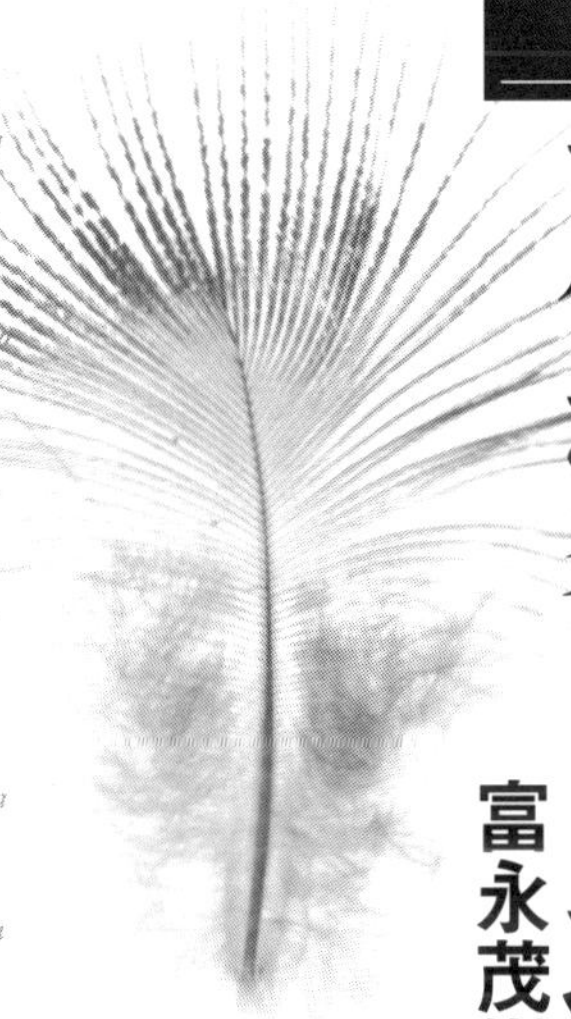

啓蒙の運命

富永茂樹――【編】

名古屋大学出版会

京都大学人文科学研究所共同研究報告

啓蒙の運命——目　次

III 「新たなる啓蒙」の模索——第二次世界大戦以後

序論　啓蒙の運命

富永茂樹

「われわれの時代のある出来事」、とはつまりフランス革命のことであるが、これについては人びとがなした行動や悪事が問題になるのではないと『諸学部の争い』（一七九八年）のカントは述べる。革命の歴史的意義にとって重要なのは「大規模な革命のこの働きのなかで公然と姿を現す観衆の思考様式」である。それは「普遍的で没利害の関心」を示しており、そこからはその普遍性のゆえに人類全体にかかわる性格と、その没利害性のゆえに人類の道徳にかかわる性格が明らかになる。このような思考様式をもつ「観衆」は、「啓蒙とは何か」という、これより一四年前に発表された論文を知る者であれば、理性の公的な使用を行う知識人の発話の対象となっている「公衆」と、あるいは知識人と公衆とをふくむ議論する人間からなる世界と同位のものであることを疑いはしないであろう。いかなるものであれ部分的な集団（教会、軍隊、学校）の利害にかかわらざるをえない理性の私的な使用とはことなり、理性の公的な使用は没利害的で普遍的なものであるはずであった。革命にさいして登場した観衆の思考様式とは、理性の公的な使用の実践にほかならない。

一七八四年の論文と九八年の著作とをつないで考えるならば、まずはカントにおいてフランス革命は啓蒙を実現するものとされていたことがわかる。啓蒙とフランス革命とのあいだの多面的ないし多重的な関係は、本書のいくつかの章でも取り扱われることになるので、ここでは詳しい議論は控えることにする。確認しておきたいのはむしろ、八四年には啓蒙専制君主への「服従」と引き換えに理性の公的な使用の自由の保証を求めていたカント、ミシェル・フーコーによれば「合理的な専制と自由な理性との契約」をフリードリヒ二世に呼びかけたとされるカントが、フランス革命とともに「公然と」つまりもはや服従を必要とはせずに、自身の思考様式をもった観衆＝公衆に遭遇しているという点である。八四年のもうひとつの論文「世界市民社会の視点から見た普遍史の観念の構想」では「もっとも困難で、人類が最後に解決すべき課題」であり、そこへは「次第に接近していく」ほかないとされていた世界市民社会が、まだ完全とはいえないまでも、しかしけっして夢想にとどまるのではなく、少なくとも現実の事件をとおしてその姿を見せはじめているのである。

啓蒙の存在意義、またそれがわずかずつであるとはいえ人類のあいだで拡がり共有されてゆくだろうことについてのカントの確証。それ以上に注目できるのはしかし、革命にさいして姿を現した公衆が「観衆」の名でもって呼ばれている点であろう。どのような事件が出来したとしても、彼らはそれを「眺めている」のである。この観衆の行為にはふたつのことがらが含意されている。まずなにかを見るためには、まなざしの対象となることがらとのあいだになんらかの距離が保たれていなくてはならない。しかし他方では、距離を保ちながらもその対象に向けてまなざしがたえず注がれていなくてはならない。距離と注視――カント自身がケニヒスベルクという遠方にとどまりつつ、フランス革命の進行に目を凝らしていたわけだが、それこそが観衆を啓蒙へといっそう近づけるものであった。

ところで、見ることの意味をカントよりも以前に強調していたのがモンテスキューである。『法の精神』の著者は、商業＝交流（commerce）に物や財の交換のみならず人間の心の伝達を求めようとする一八世紀に広く共有された思考のなかにあって、「商業の本来の効果は平和へ到達することである」（第二〇篇第七章）と同時に「人びとは交流すればするほど、たやすく生活様式を変えることになる」と述べる。なぜなら交流をつうじて「各人は他者にとっていっそうスペクタクルとなり、ひとは個人の特異さをよりよく見る」からである（第一九篇第二章）。見せ物でもあり光景でもあるスペクタクルは、いうまでもなく観衆の注視の対象となっているものにほかならない。商業がもたらす平和やひとの交流一般の結果としての生活様式の穏和化を啓蒙そのものと単純な同列に並べる危険は冒したくないが、スペクタクルという言葉を用いるモンテスキューは、少なくとも視線と思考とのあいだの関係を積極的に評価しようとしているとはいえるだろう。

今しばらくスペクタクルにこだわるとすれば、モンテスキューとカントとのあいだで無視してしまえないのがルソーである。一七五七年にダランベールが『百科全書』の「ジュネーヴ」の項目でこの都市に劇場を開設することを提案したのにたいして、「ジュネーヴの市民」が長い反論の手紙を書いたことはよく知られている。その他の著作と同様に啓蒙をめぐる問題について多くの示唆をふくむ、この『スペクタクルについてのダランベール氏への手紙』全体についての論評をここで展開することはできないが、都市＝共同体とスペクタクルとの関係で次のようなことが語られているのに、とりあえずは注目しておいてよい。「人びとが集まるところにはどこでも自由とともに安寧が支配している。花を飾った杭を広場の中心に立て、そこに人民を集めること。そうすれば諸君は祭典を開始することになる」。この祭典では「観衆たちをスペクタクルにすること」によって「すべての人間がより強く結合し、各人が他人のなかに自分を見いだして自分を愛する」ようになることであろう。こうして観衆自身がスペクタクルの対象になり、まなざしの相互性が高まることで、距離は縮小し注視はその度合いを強めてゆく。

ルソーの構想するスペクタクルは、ダランベール（そして『百科全書』）への反駁の一部として提案されているかぎりにおいて、啓蒙にたいするある種の批判であると同時に、啓蒙が距離と注視を前提にしているとすれば、距離の縮減と注視の深化の点で、啓蒙に大きな変更を示唆するものでもあった。一七九一年の一月、ル・シャプリエ、やがて労働者の団結の禁止や民衆協会の活動の制限を法令化するあのル・シャプリエは、フランスの各都市で劇場の自由な設立を認める（とはいえ自治体による認可と監視を前提にしてはいるが）法令を立憲議会で提案し可決される。これは『ダランベール氏への手紙』におけるのとは別の水準の論理、つまり職業選択の自由と職業の実践における「競争」の意義を根拠にしてではあったが、そして彼が演説で用いる表現はただ行きがけの駄賃ふうのものにとどまるものの、それでもこの立憲派の議員にとってスペクタクルは、祖国愛や市民精神、美徳を教える「大規模な国民の学校」なのであった。

スペクタクルとしての祭典は、革命一周年を記念し国民の素朴な連帯感の高揚を示す全国連盟祭、さらには非キリスト教化運動とは無関係ではない一七九三年一一月の理性の祭典を経て、翌年六月の最高存在の祭典へとたどりつく。「宗教的・道徳的諸観念と共和国の諸原理との関係」について論じ、最高存在の崇拝とそのための祭典の執行を提案するロベスピエールは「あらゆるスペクタクルのうちでもっとも壮大なのは集結した偉大な人民である」と述べ、『ダランベール氏への手紙』にも出てきていた古代ギリシャのオリンポスの競技に言及しながら、そこでは競技以上のスペクタクル、「観衆たち自身」の存在が見られた点に大きな意義を見いだす。ロベスピエールの提案を受け画家ダヴィッドの手でシナリオが作られて実現した最高存在の祭典で、観客とスペクタクルとの距離がどれだけ消滅に近づいたのか、それにともないどれほど注視が深まったのか。その判断はおくとして、祭典の二日のちには革命裁判所の手つづきが改められ恐怖政治が強化されるにいたったこと、またさらに数週間経つとテルミドールの反動によりロベスピエール自身が処刑されてしまうことを付け加えておこう。

『諸学部の争い』で語られるのは、いうまでもなくこうしたスペクタクルの変移をも眺めてきた、つまり注視することの内部と外部で作動する力学に目を向けないではすまなかった観衆である。彼らはしたがって注視することをも注視する、二重の観衆である。あるいは距離と注視に加えて、自身の転変をも意識するという再帰的な性格を獲得した観衆である。カントはここに啓蒙への、世界市民社会への希望をおいたのである。

その啓蒙という言葉ないし観念が今日、二重、三重の意味で評判がかんばしくない。まず、これはわが国にかぎったことではあるけれども、「蒙を啓く」という漢語では、この語の対象となるものが否定的な存在として指定されており、「政治的に不適切」な、あるいは少なくとも啓蒙を実践する主体のある種の傲慢をともなっている。この傲慢は、近代初期の日本に外国から輸入された観念を翻訳したさいにこの語を採用した者の傲慢でもあった。元の言葉、英語であれば enlightenment、フランス語であれば lumières、ドイツ語であれば Aufklärung、イタリア語なら illuminissimo はいずれも「光」に関係している。そして光はたとえばフランシス・ベーコンの『ニュー・アトランティス』に見られるように、ヨーロッパの伝統のなかでは、これらの語が「啓蒙」と訳されることになる意味をもつにいたるよりもはるかに以前から、人間が獲得し保持し使用する知識をも意味していた。光にかかわる言葉を翻訳するために、光とは逆の闇を示す語を用いたのは、なにものかに光をあてるという行為の積極的な性格を的確に捉えきれていないどころか、観念に誤った印象まで付け加えてしまった。

だが問題は日本における言葉の翻訳が不適切であっただけにとどまらないこともたしかである。というのも、蒙を啓くのではなく光＝知識をもたらすのであるとしても、光は闇を、知識は無知を裏側の前提としてもっているのであるから、光をもたらすという行為自体がある種の傲慢をともなっているのだともいえるだろう。しかしまた他方で、啓蒙に傲慢が付随するという見方が広まるのがかなり最近のことであるのもたしかであろう。少なくとも「啓蒙の世紀」である一八世紀の哲学者たちのほとんどは自分たちが傲慢であるなどとはけっして考えていなかった。「他人の指示を仰がなければ自分の理性を使うことができない」状態から脱け出すことが啓蒙であるとしたカントは、そのことのもつ意義を積極的に評価はしても、自身が傲慢であるなどとは思いもしなかったにちがいない。ケニヒスベルクの哲学者が一八世紀の終わりに確認した啓蒙にふくまれる距離と注視と再帰性のなかに、傲慢を認めることはたいへんむずかしい。

一八世紀の半ば以降、イギリスはさておき、ドイツやフランスの大陸諸国においては、哲学者たちは自分たちが何か新しい価値が生まれる歴史の転換点に位置し、その大きな運動を担っているという自覚をいだいていた。教育、しかも通俗的な意味合いでの教育として用いられるようになる以前、啓蒙という言葉は広く一八世紀のヨーロッパで生まれ展開した哲学の運動を指し示すものであった。しかもそれは特定の時代と地域にとどまることはなく、とりわけ啓蒙を実現した、いや少なくともその第一歩を踏み出した「とされる」フランス革命からあと、一九世紀をとおして地球上のさまざまな地域で受容され、また反発も受けながらも、知的・社会的・政治的な制度の再組織化にさいして、たえず準拠枠として参照される、ひとつの思想的・文化的なモーメントでありつづけた。本書では残念ながら扱うことができないでいるが、わが国においても明治維新後と太平洋戦争の敗戦直後の各時期において、啓蒙の観念はいたるところで唱導されてきた（人物でいうなら、それぞれ福澤諭吉と丸山真男に象徴されるであろう）。さらに二〇世紀になると、まずはエルンスト・カッシーラーやポール・アザールらが啓蒙哲学の学術的な検討を試み、大戦後にはフランコ・ヴェントゥーリ、ジャン・スタロビンスキー、J・G・A・ポーコックなどが受け継ぐことになる。これら一連の「実証的」と見える業績は同時代の思想的・政治的な潮流と無関係に展開されたものではけっしてなかったが、しかしまた啓蒙そのものに向けた視線、つまりカント以来の啓蒙に内在する視線を受け継ぐものでもあったと考えたい。

しかしながら、たいへん大雑把ないいかたであるが、「近代」と呼ばれる時代は啓蒙とともに開始したのだとすれば、その近代世界はいくつかの側面で啓蒙を裏切りもした。啓蒙とともにはじまった世界の近代化は社会の工業化という変化と並行したものであった。その工業化の過程で新しく生まれてきた階級にとっては、啓蒙の示唆する「市民」や「権利」などいくつかの重要な概念も結局は資本家＝ブルジョワ階級のものでしかなかった。一七八九年に宣言された人間の権利とは、「ユダヤ人問題によせて」のマルクスによれば、「利己的人間の権利、人間および共同体から切り離された人間の権利」にほかならなかったのである。他方で一九世紀の後半以降には、近代化の進んだ社会（そこには、いうまでもなくヨーロッパに遅れてではあるが、相対的に早期に近代化したらしい日本社会もふくまれる）は、いまだ近代化を充分に達成できずにいる世界のあらゆる地域を植民地化し従属させることで、みずからに自律をもたらしたはずの啓蒙を大きく裏切ることとなった。こうして啓蒙哲学を生み出したヨーロッパはもはや世界の中心ではなくなった。またこれを受け継いで新たな世界の中心となるべき場所も見あたらなくなった。

また、一八世紀以来啓蒙を貫きあるいは支えていたのは、合理主義の思考であった。この合理主義はとりわけ科学と技術の領域で大きな進歩をもたらしたのだが、それはまず第一次世界大戦で明らかになったように人間に内在する暴力性を拡張するばかりか、ついには核兵器と環境破壊に象徴されるように、人類そのものの消滅にまでつながりかねないものであることがわかってきた。理性それ自体が合理的でないものに転化するという「弁証法」を語るアドルノとホルクハイマーの仕事が出たのは一九四四年であるけれども、それは広島と長崎で原子爆弾が炸裂したのちの世界で、いっそう強い実感をもって受け容れられることになる。さらに一九六〇年代になると、人間という存在はひょっとすると「砂のうえに書かれた顔のように」やがて消え去るべきものであるかもしれないという予感さえ登場するであろう。こうして啓蒙は、そしてその観念は、世界中に広がるとともに、いや広がったがゆえになのか無に近づき、少なくとも懐疑の対象となってしまったのである。

近代という時代は啓蒙とともに、あるいは啓蒙という観念は近代とともに終焉しようとしているかに見える。いや、私にはまだ終焉しているとはとても思えないでいるので、終焉したと考えられはじめようとしているといっておきたいのだが、二世紀以上にわたっていくつもの転変を経験し、やがては日常世界においてもごく評判を落とすにいたる「啓蒙の運命」は、一九世紀にはまださほどの疑いをもたれてはいなかった近代が二〇世紀にはもはやほとんど意味を失うかと見えるにいたる道筋でもあった。その最終到達地点に、今日われわれは佇んでいる。

だが繰り返すならば、カントがフランス革命に見て取った観衆は、なにごとかをスペクタクルとして、距離を保ちながら見つめる存在であると同時に、その光景が転変して、自身がそのなかにまき込まれるさまを再帰的に経験するものでもあった。その視線はたえずみずからへと戻ってゆく視線である。このまさに啓蒙にふくまれる再帰的なまなざしを世界に向けて投げつけることによってこそ、人間は啓蒙にともなういくつもの限界や奇妙な逆説に気づき、さらには人間そのものの消滅を感知するにまでいたったのだといえなくもない。この観衆の再帰的なまなざしが受け継がれているかぎりにおいて、一八世紀の半ばにはじまり一九世紀そして二〇世紀へとつづいた啓蒙の「運命」は、ただの受容、批判、場合によっては放棄の連続と見えながら、実はそれ自体が啓蒙の「実践」なのであった。その実践は今もなお可能であろうか。可能であると単純かつ素朴に信じるには、われわれはもはやかなり遠いところまできている。しかし啓蒙の思考様式を完全に断念しあるいは放棄してしまうにはまだいささか早すぎるとも思われる。そうであるとすれば、まずは二〇〇年ないし三〇〇年の運命の道筋をあらためてたどりなおし、その姿を確定しようではないか。そうした作業は、われわれがまだ完全には脱け出せないでいる近代という時代とその社会の、したがってわれわれ自身のありようをいっそう深く理解するためにも必要である。

本書は、以上のような問題設定に立って、三つの部分から構成される。まず第Ⅰ部では「啓蒙の世紀」といずれ呼ばれることになる一八世紀のヨーロッパの哲学思想のいくつかを、同時代の文脈のなかで検討する。ここではドイツの啓蒙にはじまり、グレート・ブリテンおよびフランスに生まれた思想が、政治、社会、文化の各領域に向けた視線から論じられるとともに、それがフランス革命前後の直近の時期にどのように受容されあるいは変形されたかが、政治・経済・文化のさまざまな領域で検討される。これにつづく第Ⅱ部では、フランス革命を「乗り越えて」一九世紀の社会に伝えられた啓蒙が、まず世紀の前半ではどのような「反動」や批判に直面し、またどのような修正を付されたのか、さらに後半以降とりわけ科学や技術、合理主義という、啓蒙と深いかかわりのある領域でどのような議論の展開が見られたのかが明らかにされる。

この第Ⅱ部は時期としては第二次大戦直前（ナチスの台頭）にまでおよぶ。世界は一九世紀末に、あるいは第一次大戦できわめて大きく変貌したというのが従来の理解である。本書においてもこの理解が放棄されているわけではけっしてない。先に述べたとおり、カッシーラーたちの手になる本格的な啓蒙「研究」が開始したのは両大戦間のことであった。啓蒙という観念を用いないまでも、一八世紀以来のヨーロッパの諸価値にたいする疑念が哲学

（たとえばヴィトゲンシュタイン）や文学（たとえばD・H・ロレンス）のかたちで表明されたのも同じ時期のことである。しかしながら、アドルノとホルクハイマーの戦中期の仕事である『啓蒙の弁証法』が広く読まれ、それを受け継ぐかたちでさまざまな領域で啓蒙にかかわる議論が現れるのは、実質的には第二次大戦を経たのち現在にいたるまでの時期であった。近代とこれを支えた「主体」への問いかけは二〇世紀の後半をとおしていっそう鮮明なものとなり深まってゆく。これらの議論をあつかい、われわれのおかれた条件を直接に問おうとするのが、第Ⅲ部で試みられることである。

「〝啓蒙の時代〟の〝啓蒙への問い〟」にはじまり「〝終わりある啓蒙〟と〝終わりなき啓蒙〟」で終了することになる本書の「啓蒙の運命」が、われわれの今いる場所をどれほどの説得力をもって示すことができるのか、これについては読者の判断を待つことにしたい。

＊本書における引用文中の［　］は、特にことわりのない限り引用者による補いである。

I

「啓蒙の世紀」の諸相

第1章　「啓蒙の時代」の「啓蒙への問い」

吉田 耕太郎

はじめに

「Sapere aude（敢えて賢くあれ）」[1] のモットーで知られる「啓蒙とは何かという問いへの回答」のなかで、イマニュエル・カント（一七二四―一八〇四）は啓蒙を、人々が未成年状態にとどまっている状態から、自らの知性を勇気をもって使用することと定義した。啓蒙の問題に立ち返ろうとする時、まず参照される啓蒙論が、このカントの啓蒙論であることは誰もが認めるところである。しかし、カントの啓蒙論への言及の多さに比べて、この啓蒙論が同時代のどのような言論の磁場のなかから発せられたものなのかという問いは、あまり立てられてはこなかった。カントの啓蒙論が『ベルリン月報』という雑誌に発表されたこと、そしてその数カ月前に同誌上でモーゼス・メンデルスゾーン（一七二九―一七八六）の啓蒙論が発表されたことはそれでも知られたエピソードである。この啓蒙論の応答という事実は、啓蒙への問いが、哲学者の孤独な黙考の所産ではなく、むしろ時代が共有していた問いであったという事実に、あらためて気付かせてくれるものである。

本章は、一八世紀ドイツの言論空間に立ち返り、そこに沈積している「啓蒙への問い」という言説を掘り起こしながら、啓蒙がそもそも胚胎していた問題性を素描することを目的とするものである。こうした歴史的な遡行は、啓蒙が一八世紀以降にたどった運命を考察するための出発点となるはずだ。

言論空間という表現を用いたが、ハーバーマスの公共圏論を嚆矢として、一八世紀のドイツを思想史的に検証する際に、公論という言論空間の歴史的な役割を無視することはできない。そもそもカントとメンデルスゾーンの啓蒙論が『ベルリン月報』という雑誌で公表されていたように、ここでいう言論空間または公論は印刷物によって支えられたメディア空間と言い換えることができるだろう。当時のドイツは、プロイセンのような王国から小さな箱庭のような貴族領にいたるまで、三〇〇以上もの領邦と呼ばれる政治単位から構成されていた。「Cuius regio, eius religio（その領地を統治する者は、その地の宗教をも決定する）」ことが再確認された三十年戦争後になると、ドイツの領邦は宗教的にも、カトリック、プロテスタント、カルヴァン派、ヘルンフートのような小セクトへと分裂することになる。政治的そして宗教的に割拠していた当時のドイツを、「秩序なき構築物ないしは怪物的なもの」[2]と呼んだのはプーフェンドルフであったが、印刷メディアがつくりあげた公論の空間は、この分裂状態を架橋するものであった。啓蒙への問いもまた、この公論の空間上で可能となったのは言うまでもない。『ベルリン月報』が、水曜会と名乗ったベルリン知識人の集会の機関誌であったように、ドイツ各地に四散していた知識人たちは、ライプツィヒの『美学と自由学芸のための新文庫』、イェーナの『一般文学新聞』、ゲッティンゲンの（時期によって名称は変更されるが）『ゲッティンゲン学報』のように、それぞれのグループの意見を公にするための機関誌をそれぞれ用意していた。当時の啓蒙論でも、このメディア空間が問題になっていたことは、以下の本論で言及することになるだろう。

1　いまいちど啓蒙の時代へ

カントの啓蒙論（一七八四年一二月号）に先立って発表された、ベルリン在住のユダヤ人哲学者メンデルスゾーンの啓蒙論「啓蒙するとは何であるか？という問いについて」（一七八四年九月号）は、その冒頭で、啓蒙についての共通了解が欠如している事実に言及するものであった。

啓蒙（Aufklärung）、文化（Kultur）、陶冶（Bildung）という語は、われわれの言葉のなかではいまだ新しいものである。[3]

啓蒙を新造語として紹介するメンデルスゾーンは、「一般の人たちの多くはこれらの語をまったく理解していない」と断ったうえで、啓蒙、文化、陶冶の三語を厳密に区分するには時期尚早であると論じている。[4] つまりメンデルスゾーンの啓蒙論は、啓蒙がいまだ自明な概念ではないという問題を引き受けるものであった。

研究者ノルベルト・ヒンスケが検討している同時代の証言[5]からもまた、啓蒙の定義の欠如が問題として共有されていたことを読み取ることができる。フリーメイソン会員としてヴィーン、ライプツィヒ、イェーナを転々とし、カント哲学と観念論の橋渡しの役目を果たしたカール・レーオンハルト・ラインホルトは、[6]『トイチェ・メルクーア』誌上の「啓蒙についての思索」と題する啓蒙論のなかで、啓蒙は存在論（哲学）や自然法（法学）のように、容易に学問的体系へと仕上げられるような題材ではないと論じている。[7] さらにラインホルトは、啓蒙という語が一人歩きしていると指摘し、啓蒙の定義がますます困難になってきているとの診断を下している。

啓蒙が定義されていないことから何が帰結するのか。ドイツ中部の司教領ハルバーシュタットで教育活動に従事していたゴットロープ・ナターナエル・フィッシャーは、これまた「啓蒙とは何か」と題する論文のなかで、「啓蒙という語はしばしば誤解されている、さらにその誤解から、啓蒙は酷評され、論争の種となっている[8]」と、啓蒙理解の齟齬そのものが論争の案件になっていることを指摘している。この齟齬が生じた理由としてフィッシャーは、啓蒙という語が、陽が射し込むという気象現象から転義された、「比喩的な表現[9]」である点をあげている。同様の指摘は、秘密結社ドイツ・ユニオンの結成でも知られるカール・フリードリヒ・バールト[10]も残している。「啓蒙という言葉は人口に膾炙している。とはいえまったくもって正しくそして適切に定義されたような概念をわたしたちはいまだ手に入れてはいない。したがって啓蒙の価値をめぐって、そして啓蒙の進め方をめぐって多くの論争が生じているようにおもわれる」という書き出しで啓蒙論をはじめているのだ。

こうした啓蒙の定義をめぐる論争は、一八世紀末になっても終息をむかえることはなかった。「啓蒙について若干の付言」（一七九八年）のなかで、匿名の著者は、啓蒙を論じた多数の書物を列挙し[11]、結局のところ「啓蒙は、明確な意味の与えられていない語のひとつである[12]」という皮肉めいた結語を残している。一七九〇年に発表された論文「啓蒙という語についての批判的考察」では、「事物とわたしたち人間の使命との関係の正しい洞察」、「わたしたち人間が本質的に求めているものについての正しい理解」、「自ら考えて判断すること」などなど、一二の主要な啓蒙定義が紹介され[13]、さらにアルファベットAからZの見出しをつけた厳選された二六冊の啓蒙論必読書もリストアップされている[14]。しかしこの一七九〇年の論考の匿名の著者もまた、啓蒙論はもともと意味のない啓蒙という単語に、好き勝手に意味を与える試みであると、氾濫する啓蒙論を批判的に総括していた[15]。このように百花繚乱する啓蒙論を眺めてみると、啓蒙が定義を欠く語であったという事実そのものよりも、啓蒙への問いが当時の公論を席巻したひとつのトポスないしはテーマであったことに気付かされるだろう。メンデルスゾーン、ラインホルト、フィッシャーたちがしたように、啓蒙を定義するというポーズをとって社会批判や理想を展開する、これが当時の啓蒙論であったともいえるのだ。

2　文化史と光

啓蒙には無数の議論があり論者の数だけ異なる定義が乱立していた、こう定式化してみたところで、一種の相対主義に落ち着くだけである。むしろ確認しなければならないのは、啓蒙が頻繁に参照されたトポスであったということ、共有された定義は欠いているとはいえ、やはり啓蒙は時代を表現する言葉であったということだ。

ここでもメンデルスゾーンの啓蒙論を導きの糸として使うことにしよう。啓蒙、文化、陶冶の三つの語について、メンデルスゾーンは、啓蒙は知的な側面の改善、文化は技術・実用性・習慣の改善と説明している。さらにこの啓蒙と文化をメンデルスゾーンは、理論と実践とも言い換え、その相互の不可分性を視野に入れて、両者の上位概念として陶冶を位置づけていた[16]。

ただし、この啓蒙定義から、啓蒙を人間の知性の改善や知識の増大に関わるものと狭小に理解したり、また陶冶を啓蒙と文化の上位におく概念整理から、一九世紀の教養主義の先取りを読み取ろうとしたりするならば、メンデルスゾーンの啓蒙論を理解し損なうことになるだろう。これら三語の厳密な区分は難しいと、メンデルスゾーン自身があらかじめ断っていたように、啓蒙、文化、陶冶という三語の併置は、啓蒙には知的な側面の発達と、技術および習俗の側面における発展や洗練という二つの側面があることの指摘と捉える必要がある。「社会生活の諸々の変化、言い換えれば、社会状態を改善しようとする人間の努力や働き[17]」とメンデルスゾーン自身が言い換えていることからも、あくまでもその力点は、社会の改善そしてその原動力である人間の努力に置かれている。つまり啓蒙、文化、陶冶のトリアーデでもって、メンデルスゾーンは、激しく変化する一八世紀という時代の動き全体を言い表そうとしているのだ。多くの同時代人が言及した啓蒙もまた、こうした社会のダイナミックな変化と呼べるような、改善、発展、洗練へと向かう時代のベクトルであったと言い換えることができるだろう。

「理性の啓蒙」という表現は既に一七世紀の終わりの時点で使用されていたことが確認されているが[18]、一八世紀という時代のベクトルを名付ける表現として、啓蒙がひろく用いられるためには、一八世紀という時代を歴史的なパースペクティブで捉える歴史感覚の成立を待たなければならなかった。この歴史感覚の成立は、この時代に多数出版されていた一群の文化史のうちに確認できる。

一八世紀に量産された文化史は、太古の時代から一八世紀までの文化の発展過程を描き出した文化発展論と言い換えることもできる歴史記述を特徴としている。その一例としてここでは、イザーク・イゼリンの『人類の歴史について』(一七六四年)[19]を検討することにしよう。イゼリンは、人類の歴史を人間の成長になぞらえて[20]、歴史を調和の実現のプロセスとして描き出している。この調和が具体的に意味していたのは、大人になること、つまり趣味が洗練され、知が蓄積され、暴力が統制されることである[21]。このような調和の実現において重要な役割を果たしているのが、「賢人、哲学者、詩人がおこなう、人間の感情や内面の改善[22]」といわれる教育の効果だ。その他に印刷術の発明、宗教改革、新大陸の発見、科学革命など、社会体制の変化、技術革新、人間の交流域の拡大もまた、調和を実現させる要因としてイゼリンは自らの文化史記述のなかへ取り込んでいる。このような文化の歴史についての壮大なパースペクティブを獲得したうえで、イゼリンは、自らの時代つまり一七世紀の終わりから一八世紀のはじめを、「光の拡散と、よりよい生活様式の広まり[23]」と形容したのである。ここに文化の歴史は、光が拡散していく過程として比喩的に表現されることになった。

イゼリンの『人類の歴史について』は、ドイツ語圏における文化史としては、比較的初期のものであり、それ以降の文化史の模範となった著作である。社会体制や技術など、広い意味で人間がつくり出した文化の歴史的な変遷が、網羅的に詳述されているスタイルは後の文化史に踏襲されていく。文化の歴史を記述することで文化は発展していくという歴史感覚はいっそう強固なものになっていくが、この歴史感覚を実証的に支えたのが、宣教師の報告や旅行記の形で伝えられる新大陸の膨大な情報であった。つまりこの歴史感覚は、ヨーロッパ世界を現在として、そして非ヨーロッパ世界を過去として位置づけることから生まれたものであり、これまで風土の違いによって説明されてきた文化の多様性を、未開から開化へという文化の発展度合いのスカラで計測しようとする序列意識でもあった。一八世紀の文化史が描き出した歴史は、実のところ、ヨーロッパ世界の文化や社会を頂点とする、発展度合いの階梯に他ならず、ヨーロッパ外の文化を絶えず参照することで、一八世紀のヨーロッパを文化の発展した社会として表象しつづけることであったのである。このようなヨーロッパ像の形成に、文化史は本質的な役割を果たしてきたのであり、進歩や改善というヨーロッパの表象の核となる部分に、光の拡散という啓蒙のメタファーは組み込まれたのだった。

とはいえ文化の発展という意識が素朴な進歩主義に帰着するものではなかったことを確認しておくことは必要だ。例えばイゼリンは、一八世紀では常態であった戦争を、調和を攪乱する元凶として批判的に取り上げて、野蛮への回帰に常に直面していることを警告していた(24)。

同様の危機感は、ヨーハン・クリストフ・アーデルンクの『人類の文化史試論』(一七八〇年)にも認められる。アーデルンクもまた、文化の発展を軸に、人類の歴史を動物的な状態から社会的な状態への移行のプロセスとして捉えている。具体的にみると、一 暴力の統制、二 感覚・感情からの脱却、三 真なる認識(明晰判明な概念)の獲得、四 習俗の洗練、という四つの観点から文化の発展度合いが計測されている。イゼリンと同様にアーデルンクもまた、十字軍、宗教改革、新大陸発見といった社会の大変革や交流圏の拡大を文化の発展の重要な契機として文化史のなかに取り込んでいる。アーデルンクが、文化の発展の第一の要因として暴力の抑制を指摘しているあたりは、西洋社会の近代化のプロセスを文明化の過程として描き出したノルベルト・エリアスのテーゼを先取りするものとして興味深い。

アーデルンクもまた、戦争という形で野蛮へと突発的に回帰してしまうことに対して繰り返し警告を発している。戦争による文化の退行の具体例として、アーデルンクが居住していたザクセンが引き合いに出されている。

アーデルンクによれば、ザクセンの文化は、三十年戦争からの復興によって徐々に開化し、一七四五年から五六年に頂点を迎えた。一七世紀末のアウグスト強王とその息子のフリードリヒ・アウグストの治世のもと、ポーランドとの同君同名を実現したザクセンは、政治文化ともにヨーロッパ列強の仲間入りを果したが、その状況は七年戦争の敗退によって一気に零落したというのである[25]。アーデルンクの文化史が言及に値するのは、当時の領邦単位で文化の発展度合いを比較し、一八世紀後半のザクセンを文化の衰退期と診断した点にある。一八世紀後半に文化の衰微を感じ取っていたアーデルンクと、フリードリヒ二世（大王、一七一二―一七八六）治下のプロイセンを「啓蒙の時代」と言い切ったカントを対比させてみれば、カントの啓蒙論が、ひとつの局所的な時代診断であったことに気付かされるだろう。カントの啓蒙論は一八世紀のプロイセンの躍進という歴史的な条件なくしては成立しなかったともいえるわけだ。

メンデルスゾーンの啓蒙論においても、啓蒙と文化というふたつの指標から社会の改善度合いを特徴づける議論が確認できる。古代のギリシャ人は「啓蒙と文化の双方をあわせもった形成されたネーション（eine gebildete Nation）であり、彼らの言語もまた形成された言語（eine gebildete Sprache）である[26]」と、古代ギリシャを啓蒙と文化が等しく開化した時代と地域として称賛している。そして同じような開化を迎えつつあるのが一八世紀であったのだろう。ニュルンベルク人は文化に、ベルリン人は啓蒙に傾いている。イギリス人は啓蒙に、フランス人は文化に傾いている。メンデルスゾーンもまた、社会の改善に地域的な違いを認めているように思われる。

3　啓蒙論の周辺

啓蒙という語は、厳密に定義されたものではなかったが、改善に向かう社会または時代のベクトルを言い表していることと確認したうえで、ミクロな視点でもって、メンデルスゾーンそしてカントの啓蒙論が生まれた言論空間について検討することにしたい。二人の啓蒙論が『ベルリン月報』のある記事に応答したものであったことは様々な研究で指摘されているとおりである。二人の啓蒙論の発端となったのは、ヨーハン・フリードリヒ・ツェルナーの「婚姻締結を、宗教によってもはや神前で認可しないことは、賢明なことであろうか?」(一七八三年一二月号)[27]であった。いささか議論の順序が錯綜するが、ツェルナーの論文は、それに先立つ八三年九月号に同誌上に匿名で発表された論考「婚姻に際して、聖職者たちがもはや関与しないことの提言」[28]に対する反論として執筆されたものであった。

まず最初に発表された匿名の論考の内容から確認することにしたい。匿名の論考は、「婚姻締結が数ある契約行為のひとつにすぎないことは、知性を有する人であれば誰も否定しない事実である」[29]という前提に立って、婚姻締結だけが神前でとりおこなわれることを問題として取り上げるものであった。その理由を匿名の筆者は、婚姻という契約行為を聖化し破棄しえないものにしようという意図があってのことか、それともでしゃばりで仕切りたがりの宗教権威者たちが勝手に引き受けたのか[30]、そのどちらかであると曖昧に答えている。しかし続く議論では、一般の法規など聖化されない他の契約が重要性の劣るものないしは破棄してもかまわないものと誤解される弊害があることを鋭く指摘し[31]、さらにたたみかけるように「重要な法規は、宗教的な色添えなどなくとも法規として問題なく認められる。法規は、それ自体で、貴重かつ神聖なものであることも十分ありうることなのだ」[32]と、婚姻を認めるために宗教的な権威は必要ないことを逆に導き出すのである。ここでは婚姻締結における影響力を死守する聖職者たちが批判されていることは明らかだ。もちろん、この論文の真の狙いが、宗教が依然として人々を統制する手段となっていることを公論の場に持ち出すことで、宗教という欺瞞に捕らわれている人々の解放を促す点にあったことはいうまでもない[33]。

婚姻締結における宗教的権威の影響力の縮減を求めた匿名の論考に対して、ツェルナーの論考は、宗教的な権威の排斥によって、逆に道徳性が失われる危険があると反証するものであった。まずツェルナーは、婚姻が特異な契約であることを指摘する。婚姻を、他の一般の契約と同じように扱い、不履行者を罰したとしても、家族という共同体は修復されることはない。つまり夫婦のどちらか一人を罰したところで、家政や育児の責務が補塡されることはない(34)。そこでツェルナーは、「啓蒙とは何であるのか」、「啓蒙を押し進める前に、何が正しいのかについて答えておくべきである」という一文を(35)、文末の注のなかに残した。この注は、宗教的な権威を闇雲に排除しようとする啓蒙から、新たな弊害が生み出される危険があることに目を向けさせるものであったのである。

ふたつの論文は、婚姻締結を教会権威の枠内におくのか、それとも他の契約と同じように国家という政治的共同体の枠内におくのかという点をめぐって争われたものであった。この論考をさらに簡潔に、国家権力と宗教的な権威の線引きをめぐる論争であったと言い換えてみると、この論争を、同時期のユダヤ人に対する寛容をめぐる一連の議論の変奏としても読み直すことができるようになる。

一七世紀以来の理神論による啓示宗教への批判、また自然法に基づく人間の平等論を中心とした寛容論を下敷きとして、一八世紀の寛容論では、寛容を実現するための具体的な政策をめぐる議論が進められた。その端緒となったのがクリスチャン・ヴィルヘルム・ドームの『ユダヤ人の市民的な向上について』(一七八一年)(36)である。この著作は、ミラボーやグレゴワールを経てフランス革命期のユダヤ人政策に影響を与えた著作としても知られているが、著者ドームの主張は、商業を生業としてきたユダヤ人の受け入れが、結果的に国益に寄与することを論拠に、ユダヤ人の受け入れを積極的に提案するものであった(37)。

ドームの寛容論は、ユダヤ人受け入れ実現のための方策を具体的に指示している。まずユダヤ人には手工業や農業などの生業を認めなければならない(ただし土地購入については制限を設ける)(38)。またユダヤ人に技術や知識を開放して(39)、ユダヤ人をキリスト教の教育機関に積極的に受け入れる必要もある。ユダヤ人を取り巻く経済・教育状況の改善に加えて、ユダヤ人とキリスト教徒の双方が互いを受け入れるためには、内面的な教育も必要となる(40)。ユダヤ人の受け入れ政策のなかでもドームが最重要とみなしていたのが、キリスト教徒とユダヤ教徒の双方に、同じ法規を適用することであった。[41] 言い換えれば、このドームの提言は、国家という政治空間を宗教的権威よりも強大化させることを意味しており、キリスト教徒とユダヤ教徒を等しく国家経済を担う国家の構成員として取り込むことを試みるものといえるだろう。そもそもドームの著作は、ユダヤ人やキリスト教徒を読者として書かれたものではなく、君主への具体的な提言の形で編まれていた。[42] 世俗の権力の強大化によってユダヤ人を取り込むドームの政策は、多くの領邦が君主制をとるこの時代のドイツにおいては、現実性の高いものであったといえるだろう。

実際ドームの著作が刊行された一七八一年から、ハプスブルクのヨーゼフ二世（一七四一—一七九〇）によって、東部オーストリアおよびヴィーンを対象とする有名な寛容令が段階的に発布されることになる。もちろんこの寛容令は、ユダヤ人だけを対象としたものではなく、カトリック以外の宗教集団を平等に扱うことで、ハプスブルク帝国内の多民族多宗教間の緊張を緩和させることを目的とするものであった。とはいえ、この寛容令は、君主制国家権力の強大化によって寛容を実現したひとつの実例とみなすことができるのである。

興味深い一致として、婚姻締結を扱ったふたつの論文が発表された一七八三年には、メンデルスゾーンの寛容論『イェルーザレム』も発表されていた。メンデルスゾーンの寛容論は、さらに過激な調子で、信教については国家も教会も強制権は一切有することはないと主張している。[43] またこの『イェルーザレム』のなかでは婚姻についての言及もみられる。メンデルスゾーンは、婚姻を、家政の維持や子供の育成といった諸義務を自然に発生させる契約であり、それは人間の幸福に寄与するものであるとし、[44] 締結に際しては国家や教会の権威付けは必要ないと論じている。このように寛容論を後背において、あらためて婚姻論争を読み直してみると、婚姻を他の契約同様に扱おうという匿名の論文は、ドームのように宗教的対立をより大きな国家権力によって解消しようとする立場をとるものであり、他方のツェルナーの主張は、宗教的な寛容を極度に押し進めようとする立場に対して否定的な立場を表明するものとして整理することができるだろう。

4　啓蒙の自己反省と破綻

以上のような同時代の論争と関連づけて、ツェルナーが注に残した「啓蒙とは何か」という問いに、啓蒙の暴走に歯止めをかける反啓蒙的な立場を読み取ることは可能だ。しかしそうしたところであまり意味のある結論は出てこない。ノルベルト・ヒンスケの指摘によれば、当の匿名の論考の筆者は、残されたサインから、『ベルリン月報』の編集者ビースターと同定できる。[45]とすれば、ビースターとツェルナーは同じ水曜会のメンバーとして、定期的に顔を合わせていた間柄ということになる。このような事情からしても、この論争は、啓蒙対反啓蒙という単純な対立図式で整理されるのではなく、別の問題をめぐってたたかわされていたと考える必要がある。

ここで参考になるのは、ヴェルナー・シュナイダースの研究である。シュナイダースは、一八世紀後半の「啓蒙とは何か」という問いに、啓蒙が自らに制限を課すこと、つまり進むべき方向と深度について検討する「自己反省」の隘路に入り込んだ証左を読み取っている。[46]メンデルスゾーンの啓蒙論でも、「［しかしここで］人間の使命が、人間のおこなう［啓蒙の］試みに対して、限度（Maaß）と目的（Ziel）を設定することになる」[47]という、啓蒙に制限をかける必要性に言及した一文が残されている。この啓蒙の制限をメンデルスゾーンは、人間の使命[48]（Bestimmung des Menschen）という概念を使って論じている。

ベルリンの上級宗教監督官であり水曜会の一員でもあったヨーハン・ヨアヒム・シュパルディンク[49]が執筆した、一八世紀後半のベストセラーのタイトルが『人間の使命』であったように、人間の使命という言葉は、この時代の流行語であったことをまず押さえておく必要がある。メンデルスゾーンはこの人間の使命を、〈人間としての人間〉の使命と、〈市民としての人間〉の使命のふたつに分けて考察している。この区分も奇異な印象を受けるが、メンデルスゾーン自身は双方の厳密な定義を与えてはいないことからもわかるように、これも当時の公論で流れていた議論を踏襲したものであった。第1節でも言及したゴットロープ・ナタナエル・フィッシャーの啓蒙論でも同様の議論がおこなわれており、フィッシャーの説明を援用すれば、〈市民としての人間〉は、身分、職業など社会的な規定を担う主体として捉えられたある特定の社会のなかに生きる現実の人間のこと、他方の〈人間としての人間〉は、「身分や職業を取り払った」、いってみれば「王様の子供から日雇いの子供まで含めた」[50] 人間全体が構想されている。

「人間としての人間にとって有益なある特定の真理が、市民としての人間にとっては時には害悪となることもある」。このようにメンデルスゾーンが啓蒙の制限として取り上げていたのも、人間の啓蒙と市民の啓蒙との間のコンフリクト、つまり啓蒙が、〈人間としての人間〉という当時の身分制を取り払ったユートピア的でかつ反社会的な状態を志向することから生じる問題であった。メンデルスゾーンの言葉をそのまま引用すれば、「啓蒙の誤用は、道徳的な感覚を麻痺させて、無関心が広まり他者を省みることもなくなり、無宗教やアナーキーに帰着することになる」[51] のだ。

この人間の使命と市民の使命との間のコンフリクトに、婚姻論争と同じ争点が透けてみえることは否定できない。婚姻締結に宗教的な権威は不要であるとした匿名（ビースター）の主張に対して、ツェルナーがまず擁護したのが、社会性を維持してきた紐帯としての宗教的権威の役割であった。宗教を啓蒙の名の下に断ち切ることの危険性についてのツェルナーの議論を繰り返す必要はないだろう。メンデルスゾーンもまた、人間の本質と市民の本質とがぶつかる場合に、「不幸なことではあるが、哲学者は口を塞ぐべき」[52] であると苦々しく漏らしていた。このことからも、寛容論では激しい調子で筆をとったメンデルスゾーンも、啓蒙論では、ツェルナーに近い、既存の社会秩序の維持を支持する立場へと舵をきっているとまとめることができる。彼の啓蒙論の別の箇所にもまた、直接的に宗教と啓蒙との対決を念頭において、「既に慣れ親しんだ宗教やら道徳の原則を取り壊すことなくしては、有用で人間を輝かしめる真理を広めることができないとするならば、［……啓蒙知識人は］偏見を甘受したほうがよい。

［……］正しい使用と誤用とを区別することは難しい、もちろんそれは不可能ではないのだが[53]」と、啓蒙の邁進に一定の制限をもうけている。メンデルスゾーンの啓蒙論には、啓蒙の節度という新しい問題意識が影を落としているのである。

啓蒙の問いの背後には、啓蒙に制限をもうける自己反省の態度を読み取ることができる。しかし、この自己反省がどこに帰結するのかを見届ける作業がまだ残っている。手がかりとしていまいちどツェルナーの婚姻締結論に戻りたい。婚姻締結に神聖なものを付け加える必要がないとした匿名（ビースター）の主張に対して、ツェルナーは、「契約に違反した場合に、市民的な罰が与えられる。このような事情から察すれば、人々に恐れを抱かせる限りにおいて、契約は遵守されているだけなのではないか[54]」と批判していた。ここからツェルナーが、この論争で、婚姻締結をめぐる国家権力と宗教的権威の線引きの問題を想定していたのではなく、人々に法規を遵守させるための統治の手段の有効性を検討していたと解釈することも可能である。つまり民衆に法規を遵守させるためには、国家権力——ここでは罰則——に訴えたほうがよいのか、それとも宗教的な権威をかりたほうが効果的なのかという問いである。こうした伏線をふまえて、ツェルナーが注に残した「啓蒙とは何か」という問いも、民衆の統治の問題系と接続していたと推察してみるのが順当である。

この論考が発表された直後のベルリン水曜会での議論を調べてみると、やはり啓蒙と統治が問題になっていたことに気付かされる。ツェルナーの問いを受けるかたちで、『ベルリン月報』執筆陣の母体であったベルリン水曜会内部では、「同胞市民の啓蒙のために何をすべきか？[55]」という議題提起書が一七八三年一二月から翌年一月にかけて回覧された。議題提起書は、水曜会の討議テーマを会員に提案するための短い文章であるが、提起者メーゼンは、箇条書きで、次の六つの議題を書き残している。適宜省略しながら議題の要点を確認しておくことにしたい。

一　啓蒙とは何であるのかを厳密に規定する。

二　わたしたちネーションまたは読者の知性の傾向、彼らの考え方や習俗の欠如や不足について、それらが何であるのかを規定し、それぞれの促進を試みる。
三　最も害のある先入観や誤謬を取り除き、一般に広められるに相応しい最も重要な真理を広める。
四　この地では、他の国と比較しても、ここ四〇年にわたり言論の自由が認められ、若者への教育も改善されているのに、いまだ啓蒙が広まっていない理由はどこにあるのかを検討する。
五　言語の改善の試みが、上記の批判にどの程度応えることになるのかを見定める。
六　一七七八年公示の懸賞論文「新しい誤謬を与えるか、それともこれまで慣れ親しんだ誤謬にとどめておくかして、だまされていることは、一般の人々にとって有益なのかどうか」の肯定・否定の立場を考慮し、わたしたちの尽力が、民衆だけでなく、国家つまり統治という点からしても有益なのかそれとも弊害なのかを考える。

議題提起という文書の性格からして、それぞれの論点の間に論理的なつながりを読み込むことには無理があるが、議題一は、文字どおり、「啓蒙とは何か」という問いを引き受けることを宣言するものであり、続く議題二と三は、メーゼン自身が考える啓蒙の定義にあたるだろう。とりわけ議題二は、知識と習俗という、メンデルスゾーンの啓蒙論にも登場してきた、啓蒙のふたつの側面の改善に言及している。議題四以下は、プロイセンの為政者フリードリヒ二世（大王）に間接的に関連するものと考えられる。まず議題四はプロイセンの文化状況、とりわけフリードリヒ二世治下のプロイセンでは言論の自由など啓蒙を取り巻く状況は恵まれているにもかかわらず、啓蒙が進展していないのはなぜなのか、その原因の究明を求めるものである。続く議題五は、ドイツの文芸が開化にはほど遠い段階にあると論じたフリードリヒ二世のドイツ文芸論[56]を引き受けるもので、ドイツ語の未熟さと啓蒙の後進性との関連の再検討を提案するものであった。

そして本章にとって重要な意味をもつのが、最後の議題六である。啓蒙の問いに、国家や統治の話題が唐突に持ち込まれたように感じるが、ベルリン水曜会のメンバーには、上級官吏や、プロイセン領内の教育を束ねる宗教局の関係者が顔を連ねていたことを思い起こせば、統治という論点が議論のなかに入ってくることはむしろ当然の結果であった。ここで明らかにしておかなければならないのが、「民衆にとってだけでなく、国家や統治の観点からも」という表現が端的に示しているように、知識人たちが、国家と民衆との間で板挟みになりながら、啓蒙とは何かという問いを発していたことである。このディレンマは、「自由に議論しろ、しかし従え」という、カントの啓蒙論の有名な一文に象徴的に表現されているともいえるだろう。社会や文化の改善を通じて民衆の開化に努める啓蒙は、同時に、当時の君主制という政治体制下における統治の手段という点からみても適切なものであるのかどうかを考えなければならなくなった。これが、啓蒙の自己反省という態度を生み出すことになった直接の原因であったのである。

5 一七八〇年の懸賞論文

啓蒙は統治の手段として有益なのか。これはベルリン在住の一部の知識人だけが引き受けた特殊な課題であったわけではない。むしろ公論空間を介してひろくヨーロッパで共有された難問であった。いまいちどメーゼンの議題六をみるなら、一七七八年公示のベルリンアカデミーの懸賞論文への言及が確認できる。この懸賞論文は、「新しい誤謬へとそそのかされるにせよ、また古い誤謬に縛り付けられているにせよ、なんらかの欺瞞は、民衆にとって、役に立つものであろうか」[57]という論題が示すように啓蒙と君主制との確執をつくものであった。さらにこの論題は、フリードリヒ二世自身が発案したものでもあったから、この論題が公論の空間を挑発したことは想像に難くない。ベルリンアカデミーの懸賞課題には通例は平均して二〇前後の応募しかなかったのに対して、この懸賞論文にはその倍にあたる四二の論文がプロイセン内外から寄せられたのである。

この懸賞論文で何が問題になっていたのかを見極めるためには、フリードリヒ二世がこの論題を思い付くにいたった経緯から考察することが必要となる。その端緒は、ドルバックが出版した『偏見について』(一七七〇年)にまで遡ることができる。『偏見について』は、文明や社会の発展を前提に、人間が真理に到達しうる存在であると論じ、社会的害悪をもたらす誤謬や無知を取り除くことを強く主張した著作であった。この著作に対して、同年フリードリヒ二世は批判をしたためた。この批判書にはフリードリヒの民衆理解が端的に示されている。

無謬の人間など存在しない。[……]誤謬の原因を探ってみれば、人間自身がその原因であることがわかるというものだ。先入観はまさに民衆の理性であり、民衆は、奇跡[のような原因の特定できないこと]に抗いがたく傾倒するものだ。人類の大多数は、日々の労働でなんとか生きながらえているのであって、克服しがたい無知のうちに細々と暮らしている。沈思黙考するための時間など、彼らはそもそも持ち合わせていないのである。また彼らの精神は理性的に思索することには慣れておらず、判断を導き出すこともできないのであるから、判明に理解しようと試みることもなく、健全なる批判の規則でもって事柄を調べ尽くすことなど求めてもいない。さらにひどいことに民衆というものは、熟考の結果明らかになった自らの誤謬を容易に認めようともしないのだ。(58)

この引用からは、フリードリヒ二世が民衆を、自ら考えることに慣れておらず、真理を獲得することのできない存在とみなしていたことが読み取れる。ただしフリードリヒ二世は、無能な民衆を蔑視していたのではない。「民衆の無知、宗教的な権威への信頼、能力や判断の違いがあるにもかかわらず、新しい考えにどうやって一挙に移ることが可能なのか。仮に、無知を取り除いたとしても三〇年も経てば新しい先入観が広がるだろう(59)」とたたみかける議論からもわかるように、フリードリヒ二世は、民衆に真理を伝えることの不可能性ないしは非現実性を、冷徹に認めていたのである。

一七四〇年にヴォルテールによって匿名で出版されてしまった『アンチマキァヴェッリ』のなかで、フリードリヒ二世が為政者の嘘を痛烈に批判していたことを引き合い出すならば、彼はここにきて態度を一八〇度変えたことになる。ディルタイもまた、民衆の無能力をあげつらうフリードリヒ二世に、反啓蒙的な態度を嗅ぎ取り、批判的な評価を与えたのだった。しかしフリードリヒ二世が親啓蒙であったのかそれとも反啓蒙であったのかというレッテルがここで問題になっているのではない。民衆の無能力の断定という形をとって、フリードリヒ二世は啓蒙の破綻を告げていたことを見落としてはならないのである。

民衆の無能力の断定、それはなによりも、啓蒙を支えたひとつの前提が崩れ去ったことを意味していた。クリスチャン・ヴォルフ（一六七九—一七五四）が「人間はその本性から真理を認識する能力を有している[60]」という前提に立って哲学体系を構築していたように、人々を無知や宗教的蒙昧から救い出すことを第一の目的として歩みはじめた啓蒙は、人間には理性が平等に与えられており、この理性がいつの日か開化し、真理に到達しうることを前提としていた。この点において、民衆の無能力を認めることは、啓蒙そのものがもはや立ち行かなくなったことを認めるに等しかった。もちろん啓蒙がここで頓挫したわけではない。啓蒙の目的と役割が変化したのだ。それが民衆を誤謬にとどめておく啓蒙であり、統治の手段として肯定される啓蒙であった。そのターニングポイントとなったのが、一七八〇年の懸賞論文であったのである。

「民衆はだまされていることが有益なのかどうか」という懸賞論文の論題に対して、有益であるとする賛成派と、民衆がだまされていることに断固反対する反対派とに意見が分かれることになった。皮肉なことに、アカデミー自身は自らが公示した論題が与える衝撃について予想していなかったのであろう、どちらの意見を採用するのか態度を決めかね、双方の陣営から受賞者を選出した。それぞれの立場を、受賞論文を中心に確認しておくことにしたい。

反対派つまり民衆がだまされていることに断固反対する陣営から選ばれたのが、ルードルフ・ツァハリーアス・ベッカーの論文である[61]。ベッカーは、この論文のなかで、「誤謬はなんであれ、有益であるはずはない」[62]と断言し、誤謬をあくまでも人間の認識の次元において処理しようとする。ここでベッカーが、啓蒙を支える旧来の伝統に依拠していることは明らかだ。つまりベッカーは、誤謬は理性がいまだ開化していないことの証拠であり、理性が完全に機能するようになれば、誤謬は取り除かれるというロジックを繰り返している。ベッカーは受賞論文の大半を、人間の交流、技術の革新、知識の拡大を素描する文化史に費やし、認識における誤謬が歴史の発展とともにひとつひとつ克服されてきたこと、やがては誤謬がこの世からなくなることを歴史的に例証しようとしたのである。

他方の賛成意見から選ばれたのが、フレデリック・ド・カスティヨンの論文である。ちなみに彼の父ジャン・ド・カスティヨンはアカデミーの会員であったが、フレデリック自身も、この懸賞論文の受賞後アカデミー会員になっている。「だまされていることが常に有益であるということはありえないが、しかし、だまされていることが役に立つこともありうるであろう」[63]という一文から読み取ることができるように、カスティヨンは嘘や欺瞞を手放しで認めていたわけではない。カスティヨンが強調するのは、嘘や欺瞞も有益となる状況である。

苦い薬を子供に飲ませるために、蜜でまわりをコーティングすることがあるという譬えを援用しながら[64]、「真理のために役立つという限りにおいて、誤謬は見かけ上の悪であるにすぎない。見極めなければならないのは、この欺瞞から、悪いことが帰結するのかそれとも有益なことが帰結するのかである」[65]。誤謬や嘘は、善や真理を獲得する手段となる場合に限って、限定的に容認されるという立場をカスティヨンは表明していた。それに応えるように、彼の論文は、文学作品や歴史書のなかから選び出された、手段として欺瞞や誤謬が容認される実例でうめつくされていた。例えば古代ギリシャの神託は、国政の判断を神託に委ねる迷信に他ならないが、ポリスの団結を維持するためには役立つものであったし[66]、神の存在や死後の世界もまた、無神論という悪徳を防ぐためには役立っていると[67]、宗教的欺瞞の有用性を認めるのである。

ここで忘れずに指摘しておかなければならないのは、欺瞞や誤謬を限定的に容認するカスティヨンの議論が、民衆は無能だとする民衆像のうえに構築されていた点だ。民衆は自らが誤謬のうちにいることさえ知ることができないのであり、真理を獲得することはない[68]。だからこそ民衆が指導者によって善へと導かれることは有益である[69]。このようにカスティヨンは、民衆の無能力さを、民衆を誤謬にとどめておくことを容認する根拠として利用するのである。

賛成派のなかで次点となった、ギレ[70]の論文もまた、無能な民衆が議論の前提となっている。「『どの時代においても民衆というものは、世界のどこであれ有象無象の輩は、未成年状態のうちにあり、永遠に未成年状態にとどまっているものなのだ（ewig unmündig bleiben）』。だからこそ「民衆は、子供が親に面倒をみてもらうように、その指導者によって導かれなければならない」[71]。このギレの論文では、未成年状態にとどまる無能な民衆を成年へと導くのではなく、むしろ積極的にだましておく啓蒙が、統治という最終目的に照らし合わせて肯定されている。

その例証としてギレは、啓蒙が批判する宗教的権威について、次のような歴史的事実を引き合いに出す。教会と僧侶たちが数々の迷信や誤謬を植え付けてきたという宗教批判に一定の理解を示しながら、「全体的にみれば、彼らは役に立っており、むしろその行いは感謝に値する」[72]。というのも「僧侶たちがもたらしたまやかしや誤謬の数々がなければ、北部ヨーロッパの人々は、今日でさえ何千年も前とおなじ状態、つまり広大なタタール［蛮族の地］または今のアメリカの内陸のような光景であったことだろう」[73]。ギレはベッカーも用いた文化史を援用して、宗教という誤謬が今のヨーロッパの開化に貢献してきたことを証明しているのだ。

一七八〇年の懸賞論文を境に、啓蒙は、無能な民衆を啓蒙するのか、それとも無能であるからこそ、彼らを統治する手段となるのかという態度決定を迫られることになった。この態度決定のために、啓蒙が自己に立ち返ること、これが啓蒙の自己反省の内実であったといえるのである。

6　公論の空間と啓蒙

ギレが民衆の状態を名付けた「未成年状態」という語を、後にカントもまた自らの啓蒙論で用いたことはよく知られている。しかしカントは「未成年状態」の原因を、「人々に理性が欠けていることではなく」、ただ「怠惰と怯懦」にあると論じていた。未成年状態から勇気をもって脱することが啓蒙であると定式化したカントの立場は、民衆の無能を根拠に民衆をあざむくことを肯定する態度に対して否をつきつけるものであったともいえる。しかし、この未成年状態から脱するための具体的な方策となると、カントの筆からは、「聴衆たちが自らを啓蒙する」という、公論の空間がもつ自浄作用にすがるような主張しか出てこなかった（しかし、この公論を啓蒙の最後の可能性として引き継いだのがハーバーマスである）。そして社会的な規範や制度を一旦離れて発言するというよく知られた「理性の公的な使用」こそが、カントが唯一認めた公論の自浄作用を維持する手段であった。ところでこの「理性の公的な使用」への訴えは、公論の空間の変質へのカントの警告とも読み取れるものであった。そのことを確認して本章を終わりにすることにしたい。

いまいちどベルリン水曜会の議論に戻ろう。メーゼンの議題提起を経て、啓蒙への問いという形での自己反省がはじまったことは既に述べた。メンデルスゾーンの啓蒙論は、この一連の討議のなかで執筆されたものであった。メーゼンは啓蒙を、統治と関連させて考察する必要性を指摘していたが（議題六）、ベルリン水曜会での議論のなかで、統治の手段としての啓蒙は、情報の検閲という具体的な姿を取ることになる。

エルンスト・フェルディナント・クラインは、一二月二〇日付の回覧文書のなかで、啓蒙が第一に考慮すべき点を次のようにまとめていた。

民衆が、彼ら自身にとって役立っている誤謬に代わって、真理を受け入れる準備が整うまで、人類の友［知識人たち］は、彼らからその誤謬を取り去ってはならない。(74)

パラフレーズするまでもなく、クラインは、民衆が真理を受け入れる用意ができるまでは、誤謬を信じさせていた方がよいとの主張に与している。ここにもまた、無能な民衆の存在と、誤謬の容認という主題が繰り返されている。またクラインの主張を受けて、「啓蒙とは何か」という一連の議論の発端となる問いを残したツェルナーも、一七八四年一月二一日付の文書のなかで、「民衆からすべての先入観と誤謬を取り去ることは、民衆の啓蒙の目的には属していない」(75)と、同主旨の発言を繰り返していた。婚姻締結において宗教的権威の役割を認めたツェルナーの立場は、この啓蒙の新しい役割と矛盾することなく接合している。

クラインはこの回覧文書のなかで、「彼らが頻繁に目にする、暦、教理問答、週報、そのほか一般の人を対象とする書籍を検閲する必要がある」(76)と、無能な民衆が目にする情報を制限することを啓蒙の節度ある役割として提案した。水曜会でのその後の議論からも、このクラインの主張が肯定的に受け取られていたことがわかる。プロイセン一般ラント法の編纂で中心的な役割を果たしていたカール・ゴットリープ・スヴァーレツもまた水曜会のメンバーの一人であったが、彼もまた、「既に啓蒙された人々に対しては、制限されていない言論の自由を、一般の民衆の読み物については、わたしの考えでは、注意深く検閲される必要があるとおもわれる」(77)と、検閲のダブルスタンダードを提案し、民衆の情報操作を積極的に認める発言をおこなった。民衆に真理を与える啓蒙は、民衆に与える真理をあらかじめ操作する啓蒙へと姿を変えることになった。情報操作という表現は言い過ぎかもしれないが、一八世紀末の啓蒙が押し進めた検閲が、一九世紀における文学テクストのカノン化や学知の制度化につながり、教養主義的なメンタリティーを植え付けることになったことはここで強調するまでもないであろう。カントが訴えた理性の公的な使用は、こうした公論を統制し、知を規範化しようとする啓蒙に向けられた批判としても評価することができるのである。このカントの立場は、知の権威を徹底的に攻撃する、晩年の『諸学部の争い』まで首尾一貫して続いていたといえるだろう。

検閲または情報操作といった議論が出てくる背景には、公論の空間の自立化、具体的に言い換えれば、一八世紀を通して拡大する書籍マーケットの成熟があった。とするならば、啓蒙知識人たちに無能と切り捨てられた民衆像を次のように修正してみることも可能だと思われる。民衆はかつてないほどの大量の情報に接していた。確かに彼らは情報を取捨選択し真偽を検討することはできなかったという意味で無能であったが、彼らの信じた誤謬は、言論空間に流通している複数の意見のひとつでもあったと。一八世紀後半の啓蒙が直面していた問題は、反啓蒙的な迷信や誤謬の残滓ではなく、様々な主義主張が氾濫する状況であったといえるだろう。今日われわれが目にする啓蒙論は、啓蒙を自任する知識人たちが、沈思黙考する暇もなく、氾濫する啓蒙論に対して急かされるようにコミットしたものの集積である。この意味で啓蒙の運命を見定めることは、一八世紀に成立した自律的な言論空間の運命をたどることでもあるといえるだろう。

注

(1) Immanuel Kant, Was ist Aufklärung, in : *Berlinische Monatsschrift*, 1784, S. 481. 以下BMの略称を用いる。
(2) Severinus de Monzambano [Samuel von Pufendorf], *De statu imperii Germanici*, 1667, VI §9.
(3) Moses Mendelssohn, Ueber die Frage : was heißt aufklären? in : BM, 1784, S. 193-200. なおメンデルスゾーンの啓蒙論については下記論文およびそこに付された翻訳も参照した。岩田淳二「カントとメンデルスゾーンにおける〈啓蒙〉の概念について 附・試訳モーゼス・メンデルスゾーン：啓蒙とは何か、という問いについて」『金城学院大学論集　人文科学編』一〇（一九七六）、二一―四五頁。
(4) Mendelssohn, ebd.
(5) Norbert Hinske, Einleitung, in : Ders. (Hg.), *Was ist Aufklärung?*, Darmstadt, 1977, S. XLVf.
(6) Ernst Reinhold (Hg.), *Karl Leonhard Reinhold's Leben und litterarisches Wirken*, Jena, 1825.

(7) Karl L. Reinhold（1758–1828）, *Gedanken über Aufklärung*, in : *Teutsche Merkur*, 1784 3. Viertelj., S. 9f.
(8) Gottlob Nathanael Fischer, Was ist Aufklärung? in : *Berlinisches Journal für Aufklärung*, Bd. 1, 1788, S. 13–14.
(9) Ebd., S. 14.
(10) Karl Friedrich Bardt, *Ueber Aufklärung und die Beförderungsmittel derselben von einer Gesellschaft*, Leipzig, 1789, S. 3.
(11) [Anon.], Noch etwas über Aufklärung, in : *Deutsches Magazin*, 1798 Juli, S. 1.
(12) Ebd., S. 2.
(13) [Anon.], Kritischer Versuch über das Wort Aufklärung zur endlichen Beylegung der darüber geführten Streitigkeiten, in : *Deutsches Monatsschrift*, 1790, Bd. 3, S. 12f.
(14) Ebd., S. 205–207.
(15) Ebd., S. 14.
(16) Vgl. Mendelssohn, a. a. O., S. 194.
(17) Mendelssohn, a. a. O., S. 193–194.
(18) Vgl. Werner Schneiders, *Das Zeitalter der Aufklärung*, München, 1997, S. 115.
(19) Isaak Iselin（1728–1782）, *Über die Geschichte der Menschheit*, Frankfurt, 1764,（5. Aufl. 1786）.
(20) Ulrich im Hof, *Isaak Iselin und die Spätaufklärung*, Bern und München, 1967, S. 77ff.
(21) Vgl. Iselin, a. a. O., Bd. 2, S. 32.
(22) Iselin, a. a. O., Bd. 2, S. 206.
(23) Iselin, a. a. O., Bd. 2, S. 323.
(24) Iselin, a. a. O., Bd. 2, S. 366.
(25) Johann Christoph Adelung, *Versuch einer Geschichte der Cultur des menschlichen Geschlechts*, Leipzig, 1782, S. 462f.
(26) Mendelssohn, a. a. O., S. 195–196. ここでの「形成されたネーション」また「形成された言語」という表現のなかに組み込まれている「形成された（gebildet）」という語には、陶冶にあたるBildungという単語の基となっているbilden（作る）という動詞の過去分詞が用いられている。啓蒙された（aufgeklärt）または文化が開化した（kultiviert）という造語ないしは外来語を用いるよりも、gebildetというドイツ語を使った表現の落ち着き度合いもまた、メンデルスゾーンが啓蒙をBildung（陶冶）という語で説明しようとした理由のひとつになるのではないだろうか。それゆえこのBildungを啓蒙のコンテクストで陶冶と訳すには注意が必要だとおもわれる。
(27) Johann Friedrich Zöllner, Ist es rathsam, das Ehebündnis nicht ferner durch die Religion zu sancieren?, in : BM, 1783, S. 508–517

(28) Anonyme [Biester], Vorschlag, die Geistlichen nicht mehr bei Vollziehung der Ehen zu bemühen, in : BM, 1783, S. 265–276.
(29) Vgl. [Bieseter], a. a. O., S. 265.
(30) [Biester], a. a. O., S. 266.
(31) [Biester], a. a. O., S. 268.
(32) [Biester], a. a. O., S. 273.
(33) [Biester], a. a. O., S. 271–272.
(34) Zöllner, a. a. O., S. 510–511.
(35) Zöllner, a. a. O., S. 516.
(36) Dohm, *Über die bürgerliche Verbesserung der Juden*, 1781.
(37) Vgl. Dohm, a. a. O., S. 108.
(38) Dohm, a. a. O., S. 111–114.
(39) Dohm, a. a. O., S. 118.
(40) Dohm, a. a. O., S. 120–122.
(41) Dohm, a. a. O., S. 110.
(42) Klaus L. Berghahn, *Grenzen der Toleranz*, Köln, Weimar und Wien, 2001, S. 128.
(43) Vgl. Mendelssohn, *Jerusalem*, hrsg. von Michael Albrecht, Hamburg, 2000, S. 72.
(44) Vgl. Mendelssohn, a. a. O., S. 51. メンデルスゾーンには、全ての契約は人間の幸福に寄与するものでなければならないとする自然法的な考え方も背景に働いている。
(45) Norbert Hinske, Einleitung, in : Ders. (Hg.), *Was ist Aufklärung?*, Darmstadt, 1977, XXXVII.
(46) Werner Schneiders, *Die wahre Aufklärung*, Freiburg, 1974, S. 18f.
(47) Mendelssohn, *Was heißt aufklären*, S. 197.
(48) 使命と訳した Bestimmung には規定や制限という意味もある。
(49) Vgl. Joseph Schollmeier, *Johann Joachim Spalding*, Gütersloh, 1967.
(50) Fischer, a. a. O., S. 39.
(51) Mendelssohn, a. a. O., S. 199.
(52) Mendelssohn, a. a. O., S. 198. なお、水曜会のメンバーに回覧されていた原稿の段階では、必然性の前に「鉄のような（無慈悲な）」という形容詞が挟み込まれていたことも興味深い。Henri Hümpel, Was heißt aufklären? —— Was ist Aufklärung, in : *Jahrbuch*

für die Geschichte Mittel- und Ostdeutschlands, Bd. 42（1994）, S. 185–226 ; hier S. 223

（53）Mendelssohn, a. a. O., S. 198–199 ; Hürpel, a. a. O., S. 223. なお、水曜会で回覧された原稿では、「既に慣れ親しんだ宗教や道徳の原則を取り壊すことなくしては、有用で人間を輝かしめる真理を広めることができないとするならば、ツェルナー氏が、それに従うに足るとてもよい啓蒙の方針を提示している」となっている。このツェルナーの提案は水曜会で発表された原稿になるものだが、本章執筆までに、その原稿を調査する機会はなかった。

（54）Zöllner, a. a. O., S. 514.

（55）Hümpel, a. a. O., S. 207–217.

（56）Friedrich der Große, *De la littérature allemande (1780)*, nebst Chr. W. v. Dohms deutscher Übersetzung, Berlin, 1902. 議論を抜粋すると次のようになる。「十分に発達、洗練していない言語では、作家は良い作品を書くことができない。（ローマの文芸を念頭に置きつつ）あらゆる事柄において完成へと向かう進歩は、ゆっくりとすすむ。それはちょうど、地中にまかれた種は、まず根を伸ばし、そして芽を出し、さらに枝を伸ばし、力を蓄えて、はじめて花をつけ実を結ぶようなものだ。この発展の規則にてらしあわせてドイツの状況を判断してみると、［……］ドイツ語はまだ中途半端な野蛮状態にあり、無数の方言でばらばらの状態で、それぞれが自分のところの方言を正しいドイツ語だとみなしている。［……］偉大な精神を持つ作家であっても、このいまだ発達していない言葉を、すばらしく使いこなすことは物理的に不可能なのだ」（44f.）。フリードリヒ二世のドイツ文芸論は、言語の成熟度をもとに、言語共同体の文化の発展度合いをみる立場であり、ドイツ語はいまだ野蛮な段階にあり、開化するまでにはまだ時間が必要だとする見解であった。無数の方言が併存するドイツ語を取り巻く状況、それは繰り返しになるが、怪物である領邦体制が生み出した文化的な分断状況を反映したものであることはいうまでもないだろう。ちなみにフリードリヒ二世はこのドイツ文学論をフランス語で発表したが、それをドイツ語に翻訳したのは、寛容論で言及したドームである。

補足になるが、メンデルスゾーンの啓蒙論でもまた、言語が啓蒙の度合いをはかる目安であるという議論がおこなわれているが、ここにもフリードリヒ二世のドイツ文学論の影響をみてとることができるだろう。

（57）原文は以下の通り。Est-il utile au peuple d'être trompé, soit qu'on l'induise dans de nouvelles erreurs, ou qu'on l'entretienne dans celles où il est?

（58）Friedrich II von Preußen, *Schriften und Briefe*, Leipzig, 1987, S. 261–262.

（59）Ebd., S. 265. またここでは扱うことができないが、一八世紀後半のヨーロッパの覇権争いのなかで、国力を維持するためにも、民衆を蒙昧にとどめておくことは有益であるとフリードリヒは考えている。

（60）例えば、Christian Wolff, *Vernünftige Gedancken von der Menschen thun und lassen, zu Beförderung ihrer Glückseeligkeit*（Deutsche Ethik）, Leipzig und Frankfurt, 1733, S. 4. 同主旨の言葉は、ヴォルフの著作の随所でみつけることができるように、この人間理解

は彼の哲学体系の大前提といえるだろう。

(61) Johann Zacharias Becker, *Beantwortung der Frage : Kann irgend eine Art von Täuschung dem Volke zuträglich sein...?* (Leipzig, 1781), in : Hans Adler, *Nützt es dem Volke, betrogen zu werden?*, Bad Cannstatt, 2007, S. 65–150. ちなみにベッカーの主著 *Noth- und Hülfsbüchlein für Bauersleute* (1788) は、異例ともいえる発行部数を誇るドイツ啓蒙のベストセラーである。

(62) Becker, a. a. O., S. 127.

(63) Frédéric de Castillon, *Dissertation sur la question : Est-il utile au peuple d'être trompé, soit qu'on l'induise dans de nouvelles erreurs, ou qu' on l'entretienne dans celles où il est?*, in : Adler, a. a. O., S. 151–180. この論文ではアードラー編集の受賞論文（フランス語版）にあわせて下記のドイツ語版も参照。本章での引用は、このドイツ語版をもとにしている。*Prüfung der Castillonschen Preisschrift über Irtum und Volkstäuschung* von M. A. von Winterfeld, Berlin, 1788, § I.

(64) Vgl. Castillon, a. a. O., § VIII, b.

(65) Castillon, a. a. O., § IX, a.

(66) Castillon, a. a. O., § XLI.

(67) Vgl. Castillon, a. a. O., § LIV.

(68) Vgl. Castillon, a. a. O., § XVIII, d ; XIX, a.

(69) Vgl. Castillon, a. a. O., § XX.

(70) Johann Friedrich Gillet (1728–1784), *Beantwortung der Frage : Kann irgend eine Art von Täuschung dem Volke zuträglich seyn?*, (Berlin, 1780), in : Adler, a. a. O., S. 273–295.

(71) Gillet, a. a. O., S. 281.

(72) Gillet, a. a. O., S. 280.

(73) Gillet, a. a. O., S. 280.

(74) Eckhart Hellmuth, Aufklärung und Pressfreiheit, in : *Zeitschrift für historische Forschung*, Bd. 9 (1982), S. 315–345 ; S. 322–323.

(75) Hellmuth, a. a. O., S. 323.

(76) Hellmuth, a. a. O., S. 328.

(77) Hellmuth, a. a. O., S. 329.

第2章　代表制・公論・信用

――『両インド史』の変貌とレナル、ネッケル、ディドロ――

王寺賢太

はじめに――革命から啓蒙へ

啓蒙とは何か、そして啓蒙が私たちにとっていまだに問題でありつづけるとしたら、それはなぜなのか――そのように問うとき、回避することのできない主題として、今日「啓蒙」の名で呼ばれる一八世紀ヨーロッパの思想が政治ととりもった関係が存在する。とりわけ私たちが論じようとする一八世紀フランスの思想は、なによりも、七八九年の革命に先立ち、この革命を準備した思想として後世の関心をひきつけてきた。そこで「啓蒙」の名が用いられたか否かは別としても、そもそも「一八世紀フランス思想」なるものは、それをフランス革命の、ひいては「近代」の先駆と見なす後世の議論を通じてひとつの歴史的存在になったと言っても過言ではない。だとすれば、「近代」の諸価値や諸制度が懐疑に付され、「近代後」が云々される現在、啓蒙が単なる過去の一事象として私たちの現在から決定的に切り離されようとしているのも当然のことかもしれない。

しかし、私たちが今日、啓蒙の運命の最果てを見届けようとしているというのは本当なのか。啓蒙が孕んでいた潜在性がフランス革命によって現実化され、近代の世界に十全なかたちで引き継がれたうえで、いまや革命という過去の幻想とともに尽き果てようとしているというのは本当なのか。そう反問するためにこそ、私たちはここでいまいちど啓蒙と革命の関係を問いなおしてみたい。しかも革命という出来事の事後からではなく、その出来事の事前にある啓蒙の側から。革命に逢着するアンシャン・レジーム末期のフランスで、切迫する政治的な問題とはいかなるものであり、哲学者や政治家たちはそれに対していかなる回答を提起していたのか。そして彼らの回答からは、啓蒙と革命のいかなる関係が垣間見えるのか。私たちにはそのように問い返すことによって、むしろ現在あらためて私たち自身のものとして浮上している啓蒙の問いの地平が明らかになるようにも思われるのである。

以上のような関心から出発して、本章では、一七七〇年の初版、一七七四年の第二版、一七八〇年の第三版と増補・改訂を続けた『両インド史』を中心に据え[1]、その著者ギヨーム＝トマ・レナル（一七一三―一七九七）、そして彼の協力者であったジャック・ネッケル（一七三二―一八〇四）とドニ・ディドロ（一七一三―一七八四）の三人が一七六〇年代から七〇年代にかけて展開した、代表制と公論と信用の関係についての考察を検討したい。すなわち本章の登場人物は、フランス啓蒙随一の「哲学的歴史家」と、一七八九年に三部会を招集して革命勃発の引き金を引くことになる政治家と、すでに晩年を迎えつつあった啓蒙の世紀を代表する哲学者の三者であり、中心的な問題は、フランス革命をへて近代国家の中枢に置かれることになる政治制度と、啓蒙期に勃興を見た新たな政治的・社会的審級と、アンシャン・レジーム末期の国家財政運営のための主要な手法という三項の間の関係である。この関係について、三人の主人公が一七七〇年代を通じて変貌する『両インド史』の内外で展開する考察は、互いに参照を求めながら、見逃しがたい食い違いを見せる。けれども、その交錯は総体として、啓蒙が提起する政治的な問いの地平が、ある歴史的な一時期のきわめて具体的なコンテクストのなかで、政治と経済が独特なやりかたで結びつく場所から開けるものであったことを示してくれるのだ。

『両インド史』は、その正式の題名『両インドにおけるヨーロッパ人の植民と商業についての哲学的・政治的歴史』が示す通り、一五世紀末の大航海時代から一八世紀までのヨーロッパ諸国民の「両インド」――喜望峰以東日本にいたる「東インド」と、喜望峰以西アメリカ全域を含む「西インド」——における拡大とその帰趨を叙述する歴史書だった。そのかぎりでこの書物は、旧ローマ帝国の版図を中心的な対象としてキリスト教世界の統一と不変性を描きだそうとしていたキリスト教的「普遍史」との断絶を画し、全地球的な規模で共存する複数の政治共同体が相互にとりもつ関係の変遷を視野に収める、近代的な「世界史」の誕生を告げるものだったと言える。[2] しかし、この歴史書がアンシャン・レジーム末期のヨーロッパとアメリカ全域でベストセラーになったのは、それが「両インド」のみならず、同時代のヨーロッパ諸国、とりわけフランスのアクチュアルな政治問題について果敢に介入したからである。[3] 当時の王国公認の修史官ジャコブ゠ニコラ・モローは、レナルの書を王国の国制にもっとも重大な打撃を与えた書物のひとつと見なしているほどだ。[4]

とはいえ、『両インド史』は本来、君主政の打倒を標榜する書物などではけっしてなかった。そもそもレナルは一八世紀中葉以来、フランス王国の外交当局の協力者であり、[5]『両インド史』もまた、彼が一七五〇年代に「近代」の特質を問うことを主要なモティーフとして執筆を始めたルネッサンス以来のヨーロッパ国際関係史の延長線上に、外交革命（一七五六年）と七年戦争（一七五六—六三年）という同時代の国際関係の大変動を受けて構想された書物だった。[6] とりわけ七年戦争でアジア・アフリカ・アメリカにおいてイギリスの前に大敗北を喫した後のフランスでは、「東インド」における通商政策と「西インド」の植民地政策の練り直しが急務となっていた。そのようなコンテクストのなかで、レナルは当時外務・陸軍・海軍の大臣を兼任していたショワズールの近傍にあって、ディドロをはじめとする一群の哲学者たちや、フランスの外務・植民地官僚との協業のもとで『両インド史』の準備を進めたのである。[7]

なるほど『両インド史』は、一般に、アメリカ合州国独立戦争（一七七六—八三年）の勃発を受けて大幅に増補改訂された一七八〇年の第三版において、著しい政治的急進化を見せることが知られている。そしてこの急進化にあたって見逃せない役割を果たしたのが、ネッケルとディドロだった。そのうち、すでに初版の段階から匿名で

『両インド史』に寄稿していたディドロが、最終第三版の増補・改稿にあたって老齢にもかかわらず精力的にレナルに協力し、啓蒙の哲学のもっとも戦闘的な政治批判とも呼ばれる多くの断章を執筆したことは割合よく知られている。[8] その断章のうちには、アメリカ征服やアフリカ人奴隷制の批判、合州国独立への熱烈な支持表明、ヨーロッパ各国の君主に宛てられた専制批判など、『両インド史』の白眉とも見なされる政治的雄弁の小品の数々が含まれていた。

けれどもこの政治的急進化の背景としては、一七七六年から一七八一年にかけてネッケルがフランス王国の財務を司っていたことも見逃せない。実際、一七八〇年末からフランスで流通し始めた『両インド史』第三版では、ネッケル夫妻を名指しで賞讃するディドロ執筆の一節を筆頭に、[9] 具体的な諸々の政策に即してネッケル支持が明確に表明されている。だからこそ一七八一年二月末、自分の財政運営の成果を誇示するネッケルの『国王への報告書』の出版を機に起こった論争のなかで、レナルは公論上で騒々しく財務総長官への支持を呼びかける「ネッケル派のタンバリン叩き」として揶揄されることにもなった。[10] レナルはネッケルの庇護をあてにすることができたからこそ、ディドロの雄弁の数々を自分の著書に組み込むことができたのかもしれないのだ。事実、一七八一年五月一九日にネッケルが財務総長官の職を解かれると、同月二五日、パリ法院によって断罪された『両インド史』の著者は国外に難を逃れるほかなかった。[11]

しかし、こうした外的な状況についての知見は、『両インド史』の政治的急進化が実際にいかなるものだったか、その内実を教えてはくれない。それを見きわめるためには、この著作の改稿の過程に沿って、レナルとネッケルとディドロの三者が展開する、代表制と公論と信用についての議論の交錯を跡づける必要がある。問題の議論は、すでに『両インド史』初版から、この著作自体の起源に存在したある企てにかたく結びついてあらわれている。そしてその企てにあたっては、私たちの主人公のうちの二人、レナルとネッケルが、一七六〇年代前半から緊密な協力関係を保っていたことが確認されるのだ。では、この二人に共通するプログラムとはいったいどんなものだったのか。そこで代表制・公論・信用はどのように関係づけられていたのだろうか。[12]

1 『両インド史』の一起源――レナル／ネッケルのインド会社擁護論（一七六三―七〇年）

問題のレナルとネッケルの企て、『両インド史』の一起源と目されるその企ては、七年戦争後のフランス・インド会社の改革と擁護にあった。一六六四年のコルベールによる創設以来、「東インド」における通商の独占に加えて居留地経営・外交・軍事にかかわる「主権」を国王から与えられてきたこの特権会社は、七年戦争中の商業活動の中断とインド各地の居留地の破壊と戦争遂行のための財政的負担によって巨額の負債を抱え、戦争が終わった一七六三年には存続の危機に瀕していた。[13] そんな状況のなかで、すでに戦時中以来、ショワズールは東インドでのフランスの軍事力増強を目論んで、「商業の自由」を要求する「経済学者《エコノミスト》」――テュルゴやモルレをはじめとするグルネーの弟子たちと「フィジオクラット」と呼ばれるケネーの弟子たち――や、大西洋岸の大商人たちの意を汲んで会社の廃止を模索しつつあった。これに対して、戦後まもなく、財務総監ベルタンは王庫による資金援助という伝統的な手法に訴えて会社の存続を図る。ところが、一七六三年八月のインド会社の臨時株主総会で、このベルタンの立場を退けて会社改革による立て直しを提唱する人物があらわれる。当時弱冠三一歳のネッケルである。前年からパリに移住していたジュネーヴ出身のこの若き銀行家は、自分の経営するテリュッソン銀行を通じた七年戦争末期の取引で莫大な富を築いたばかりだった。

ネッケルのフランス政治の表舞台への登場を画するこの介入の背後には、すでにレナルの影が差している。当時の会社付きの王吏（le commissaire du roi）は、件の臨時株主総会でネッケルが読みあげた覚書を執筆したのが実はレナルだったと証言しているのだから。その覚書のなかで、レナルとネッケルは「会社の総会と個別会において国王と大臣と王吏の権威はどの程度の影響力を持つべきか」を問い、株主に対して「あらゆる権威を退け、平等だけを認め、会社の状況をみずから直視しなければならない」と訴えたのだという。[14]

重要なのは、このレナルとネッケルの「共和主義的な原理」[15]が株主たちに受け入れられた結果、一七六四年七月、インド会社が新たに「商業会社」として再出発することだ。その際、組織改革の中核に置かれたのが、ほかならぬ経営組織への代表制の導入である。従来、財務総監管轄下の王吏の指揮に服していた会社経営は、これ以後、王吏――および財務総監と国王――の支配から切り離され、株主総会の投票で選ばれた複数の株主代表にゆだねられる。そこでこの改革が「商業会社」への転換と称されたのは、同時に会社がマスカレーニュ諸島（現在のレユニオン島とモーリシャス島）とアフリカ西岸（主にセネガル）における「主権」を国王に返上し、商業活動に専念することを目指したからである。さらにこの機会には、国王の保有する株の会社への譲渡や株主からの増資といった財政支援策もとられている。注意しておかなくてはならないのは、ネッケルの主導で進められたこの一連のインド会社改革が、この銀行家にとって密接に利害に絡むものでもあったことだ。実際、会社経営を国王の権威から解放する改革の眼目のひとつは、会社の資金源を王庫とそれを支える徴税請負人から、銀行ないし銀行の販売する会社債を購入する一般の投資家たちに切り替えることにあったのである。

けれども、この会社改革の試みは短命に終わる。ネッケルが自分の銀行を通じて会社に融資を続けたにもかかわらず、[16]商業実績の不振と株主たちの不満の高まりを受けて、一七六八年六月には会社はふたたび国王の監督下に置かれるからである。さらに一七六九年三月、新たな借入のための抵当財産も底をついた会社が資金繰りに行き詰まると、財務総監マイヨン・ダンヴォは王庫からの救済策を拒否して会社に詳細な財務報告を求める。この財務報告をもとにして七月末に公刊されたのが、会社の経営難をあげつらい、インド通商の自由化を求めるモルレの『インド会社の現状についての覚書』[17]だった。この財務総監側からの攻撃に対して、会社は八月三日の株主臨時総会で発表されたネッケルの『モルレ師の覚書への返答』[18]を出版して防衛につとめるけれど、その努力の甲斐もなく、同月一三日には国王の顧問会議で会社の特権停止が決定される。その後も公論上では一七七〇年初頭まで、会社の存廃をめぐる議論が続けられるのだが、会社はそののち商業活動を再開せぬまま、一七七〇年四月にはネッケル自身の合意を得て財産整理を開始するにいたるのだ。

一七六三年夏の株主総会におけるネッケルの介入を裏方として支えた後、レナルが一七七〇年初頭までのインド会社の激動期にどんな役割を演じたかはよくわからない。だがその間、一七六四年にはモルレやマルモンテルとともにネッケル夫人のサロンの設立に参加したレナルが[19]、ネッケルとの協力関係を保ちつづけていたことは疑いをいれない。そのことを裏づけてくれるのが、『両インド史』初版第四編に見られる七年戦争後のフランス・インド会社についての記述と、第五編末のヨーロッパ諸国のインド商業についての一般的考察である。そこでは七年戦争後の会社改革を主導したネッケルが、「大胆で輝かしい才気を持つ若い商人」として賞讃されているだけではない[20]。主レナルはネッケルの改革当時の経営体制を復活させ、東インド通商独占の特権と引き換えにしてまでも会社を権」にかかわる義務から完全に解放することが、会社維持のための唯一の道であると主張しているのだから。大規模で複雑な組織を必要とするハイ・リスクの遠隔地貿易というインド通商の「事物の本性」を無視して、「商業の自由」の名のもとに現存の会社を一挙に解体してしまえば、フランスのインド通商は途絶するか、一部の「資本家」への富の集中をもたらして国民に多大の損害をもたらすかしかない。そんなジレンマを避けるためには、商業活動に特化した、排他的特権を持たない株式会社として現存の会社を維持するのが最善の方策だというのである[21]。

いかにも折衷的な方策ではあるけれども、この主張を見るかぎり、『両インド史』は、少なくともその「東インド」篇において、本来「商業の自由」を奉じてインド会社の即時撤廃を求める「経済学的な論者たち」[22]に対して、会社の擁護を図ろうとする著作だったと言ってよい。実際、『両インド史』初版の該当箇所を後続の版とつきあわせて検討すると、その大部分が一七六九年三月以来の会社存続の危機の一時期に、そして同年夏の会社の特権停止、さらにはモルレとネッケルの論争以前に執筆されたのは確実である[23]。だとすると、「一七七〇」年刊を自称する『両インド史』初版が、実際には一七七二年になって著者の同意もなく出版された背景には、一七六九年以来インド会社を襲った急激な変化と、レナル＝ネッケルの会社擁護の企ての失敗が控えていたと考えてまずまちがいないだろう。つまり、その後一七七〇年代を通じて改稿を重ね、大きな名声を獲得することになる『両インド史』の初版は、いかにも逆説的なことに、あらかじめ失敗し、時宜を失した書物として世に出たのである。[24][25]

では、この『両インド史』のインド会社擁護論のなかで、レナルは代表制と公論と信用の連関をどのようにとらえていたのだろうか。この点でまず注目に値するのは、会社経営を王吏による指揮から解放し、選挙で選ばれた株主の代表にゆだねた一七六四—六八年の経営組織を、レナルが「自由の体制」と呼んで賞讃していることである。この「自由の体制」は、旧来の経営がもたらした「専制」「分裂」ないし「無政府状態」と対比され、商業活動の復興や、インドでの六千万リーヴルの負債の完済や、居留地における規律回復をもたらした原動力と見なされる。[26]そんな華々しい成果をあげることができたのも、「自由の体制」が本来の会社の所有者たる株主に経営をゆだね、会社に「倹約」と「勤勉」からなる「所有の精神」を植えつけたからだという。[27]

けれども、『両インド史』初版の草稿執筆の段階で、すでにこの「自由の体制」は廃され、会社は存続の危機にあった。この危機についての考察のなかにあらわれるのが、代表制と信用の問題の密接な結びつきである。そもそもレナルにとって、信用の欠如は七年戦争後の会社が抱えた最大の問題だった。会社が苦境に陥っている直接的な原因は、株主や一般投資家の信用の欠如から来る流通資本の不足にあるというのだ。しかし、ネッケルが主導した改革の数々の成果や、モルレも用いた一七六九年春の財務報告で示される「五一、八五六、三六八リーヴル」もの黒字——ただし固定資産や抵当財産を含む——にもかかわらず、会社が投資不足に悩まされているのはなぜなのか。レナルはその理由を、王吏による乱脈経営の伝統や王庫への財政的な依存ゆえに、株主や投資家たちが会社に対して抱いている不信感に求める。[28]会社が国王に依存しているかぎり経営の健全化は望めない、なにより国王の一存で会社がいつ破産を宣告されるともしれない、そんな状況で会社への投資を求めることなどできるわけがない、というのである。

すなわち、会社経営を国王から自律させ効率化する「自由の体制」は、会社の信用の再建と強化にとって不可欠な手段だったのだ。実際、『両インド史』において「自由の体制」は、株主総会での業務報告と審議を通じて、国王と会社あるいは会社の経営陣と株主の間に、恒常的で「信頼にたる」関係を築くものと目されている[29]。この「信頼」は単に心理的な次元にとどまることなく、会社への現実的な投資——すなわち信用——のかたちをとるべきものだったのだ。レナルにとって、「商業会社」化の徹底による経費削減とともに、「自由の体制」の復活こそが新たな借入を可能にし、会社を存続させるための唯一の打開策だったことを考慮すれば、経営組織に組み込まれるべきこの代表制は、底をついてしまった会社の抵当財産の代替物だったとさえ言ってよい。

以上のようなインド会社擁護の企てにおいて、公論は決定的に重要な役割を負う。「自由の体制」の再建によってレナルが目指していたのが、会社にいっそうの信用を獲得することであった以上、公論への訴えは、株主の範囲を超えて広く潜在的に存在している投資家の利害関心を会社に向けるために欠くことのできない媒介なのだ。この観点からすると、『両インド史』初版をネッケルの指揮する会社の「広告（publicité）」と見なすことさえ不可能ではない。レナルはそこで、「商業の自由」の擁護者に対して公開論争を挑むばかりか、潜在的な投資家たる公衆に向けて、会社の現状がどれほど信頼に値し、どれほどの利益をもたらしうるかを訴えていたのだから。その際、会社の財務状況の公開やその楽観的な解釈の提示は、信用獲得のために用いられたテクニックとして理解できるはずである。

経営組織に組み込まれた代表制を担保として、公論への呼びかけによって広く会社への投資を募り、こうして獲得した信用によって会社の存続を可能にする——『両インド史』初版のインド会社擁護論に見られるこのような代表制・公論・信用のトライアングルは、ネッケルの『モルレ師の覚書への返答』のなかにも見いだされる。モルレとの論争の行きがかり上、会社維持のための通商独占特権の返上というレナルの提案を受け入れはしないにしても、ネッケルは代表制にもとづく自律した経営組織と商業会社化の徹底に会社の新たな借入のための条件を見る点で、レナルと完全に一致しているのである。[30] その際、この代表制の復興を信用の再建・強化に結びつけるために公衆への訴えが欠かせないことは、モルレへの応答をただちに会社の出資で出版させたネッケルにとっては自明の事実だったろう。つまり、一七六九―七〇年の会社の特権停止の時期まで、レナルとネッケルは同じ構想と戦略にもとづいてインド会社の擁護を図っていたのだ。

だからといって、『両インド史』初版を、単なる「ネッケル派のタンバリン叩き」の宣伝文書と見なしてはならないだろう。実際、会社の公式の代弁者としてインド会社擁護に終始する『モルレ師の覚書への返答』のネッケルとは異なって、『両インド史』初版のレナルは、インド会社擁護論を商業や信用の政治的な条件についてのより一般的な考察のなかに位置づけている。まさしくこの政治的次元において、代表制・公論・信用のトライアングルはインド会社擁護の企ての挫折を越えて受け継がれ、一七七〇年代を通じて、レナルとネッケルとディドロが交錯する議論の中心にとどまることになる。

2 レナル――インド会社擁護論の政治的次元（一七七〇年）

『両インド史』初版において、「自由の体制」の復興を求めるインド会社擁護論はあからさまに政治的な比喩を用いて展開されていた。そこでレナルが追求する「自由」は、株式の所有権にもとづいて、代表制を介して株主の会社経営への参加を実現し、商業団体の独立を保証する「積極的自由」（バーリン）であり、「商業の自由」を擁護する「経済論者」たちが追求する「消極的自由」――個人の活動に対する政治的な障碍や強制の除去――に明確に対立するものだった。そのかぎりで、一七六三年夏のレナルとネッケルの協力関係を証言する王吏が、この二人の主張に「共和主義的原則」を見てとったのはけっして無根拠なことではない。実際、レナルにとって、それはインド会社改革論の枠内で用いられた比喩にはとどまらなかった。そのことを知るには、『両インド史』初版のフランス・インド会社史の叙述のなかで彼が展開する、統治のありかたと公論と信用という三つの項の関係についての考察を検討しなくてはならない。事実そこでは、フランスの体現する君主政国家と、オランダとイギリスという代表制を備えた自由な国家の対比を軸に、世界規模の商業網が成立した時代にかなった統治のあるべき姿が問われているのである。

問題の考察は、いちはやく一六六四年のインド会社創設についての叙述にあらわれている。会社の擁護論者としては当然のことだが、その一節でレナルは、国内の農業と手工業の繁栄にもかかわらず、フランスに東インド通商を発展させようと企てたコルベールに熱烈な賛辞を送っている。しかし、この重商主義的な大臣のいったい何が、それほど称賛に値するというのだろうか。

「フランス自身が東インド通商にのりだすべきだという」この見解は洞察に満ちたものとして受けとられたので、インド会社が創設され、オランダの会社と同じ特権を与えられた。そればかりではない。大規模な商業の企てに必要な信頼は共和制の諸国には自然に存在するが、君主政の諸国には存在しないと考えたコルベールは、その信頼を生み出すためにあらゆる対策を講じた。(31)

ここで言われる「信頼」とは、インド会社のような大規模な国家的事業が必要とする金融上の「信用」のことにほかならない。実際レナルが称揚する「対策」は、半世紀にわたる排他的特権の譲与、二万リーヴル以上投資した外国人の帰化の承認、同額を投資した軍人の居住地義務の免除、海運にかかわる物品についての免税措置、居留地と航海への軍事的支援、そして創設以後十年間に会社が負債を抱えた場合の補償といったインド会社の財政的支援策だった。これらの「対策」は、共和国のように国家的事業に私人の賛同を集めることができず、投資不足に悩まされざるをえない王国における特権会社の弱点を補完するというのである。つまり、フランスにおけるインド商業の成否は、君主政という政治的な悪条件のもとでの会社の信用の確立にかかっており、そのことをいち早く見抜いた点にコルベールの明察がある。しかしこの明察は同時にきわめて逆説的で、フランス王国におけるインド通商の困難を増幅するものでもあるだろう。レナルにとって、こうして生まれた会社の王庫に対する依存こそ、七年戦争後まで会社の商業活動を停滞させつづけた一因なのだから。

つづいてレナルは、ローのシステムの叙述に際して、統治のありかたと信用の関係に立ち返っている。周知のように、一七一九—二〇年の「システム」はフランス・インド会社の歴史に決定的な痕跡を残した。ジョン・ローの計画の要は、様々な国の債券を貨幣として流通させ、それを王立銀行と特権商業会社の資本に転化するところにあったからである。[32]この実験のなかで、インド会社は他の特権会社を併合し、徴税請負総局や王立銀行まで吸収して、海外通商と国家財政の運営を独占する一大機構に転換される。その結果、債券や王立銀行発券の紙幣によって支払い可能とされた会社の株式は短期間に莫大な量に膨張し、未曾有のハイパーインフレをもたらしたのだった。『両インド史』において、このローの実験についての叙述は簡潔とはいえ必ずしも否定的なものではない。そこでレナルはまず、大幅な赤字を抱え込んでいたルイ一四世没後の王国の財政を再建しようとしたローの野心を肯定し、当初「システム」が莫大な投機の可能性を開いて人々を熱狂させ、驚くべき成功を得たことを伝えている。そのつかのまの成功の時点では、会社の金属貨幣の保有高は一二億リーヴル程度でしかなかったのに、株式の額面はその五倍にも達したという。だが、問題はその先にある。レナルは、当初の成功がどれほどのものであろうと、「システム」は挫折するほかなかった、しかも、それはローの計画の内在的な欠陥のせいではなくて、大規模な信用を維持するための条件がフランス王国に欠けていたせいだというのだから。

［貨幣保有高と株式の額面価格の］これほどの不均衡であっても、自由な人民のもとで徐々に形成されたのであ

れば維持可能だったかもしれない。そこで市民たちは国民を永続的で独立した団体と見なすことに慣れているので、安心して国民総体（nation）を保証者として受け入れるからである。彼らが実際の国民総体の能力について正確に知ることが少なければ少ないほど、また経験にもとづいて、常々その公正さに関して好意的な考えを抱いていればいるほど、この保証者を受け入れるのは容易なのだ。この偏見によって、信用は自由な人民のもとでは往々にして財力や安全の度を超えるにいたる。それを証明するのがイギリスである。しかし、絶対君主政、特に往々にして債務を履行せずにきた絶対君主政のもとではそうはいかない。ある瞬間に眼を眩まされた人々が盲目的な信頼を寄せるとしても、その信頼は生じたときと同様の狂気の沙汰とともに終わる。弁済能力がないことは万人の眼に明らかになり、君主の誠実さも抵当も資金も、なにもかもが想像的なものに映る。当初の眩惑からさめた債権者は、不安に掻き立てられれば掻き立てられるほど余計に焦って自分の金銭を求める。この真理を裏付けてくれるのがシステムの歴史なのだ。[33]

右のフランスとイギリスの対比では、レナルが統治のあり方と信用の関係などのようにとらえていたかがはっきりと示されている。フランスのようにしばしば債務を履行せずに来た絶対君主政では、大規模な信用を長期にわたって維持することはできない。権力の恣意的な行使が投資家の熱狂に水を差し、ありうべき債務帳消しに対する危惧を抱かせるからだ。すでに見たように、レナルはインド会社擁護論のなかで、株主と一般投資家からの会社への投資が不足している原因にこの破産政策に対する危惧を挙げていた。一八世紀、「財政上のクー・デタ」とも呼ばれたこの政策は、レナルの読者たちにとって縁遠いものではなかった。『両インド史』初版の刊行に先立つ一七七〇年の初頭にも、財務長官テレーの破産政策によって、ヴォルテールやデピネー夫人といったレナルの同時代人たちが大きな損害をこうむっているからである。[34] 当時の公衆はまた右のレナルの一節から、金利生活者への敵意にもかかわらず、「公共の信頼」を損ねないように国家の債権者たちを尊重することを求めた、モンテスキューの忠告を思い起こすこともできただろう。[35] しかし、絶対君主政は最終的にこの「財政上のクー・デタ」に対する制度的歯止めを持たない。だからこそ、そこでは大規模な信用を維持することはできないのだ。

けれども、信用の獲得において自由な国家が絶対君主政国家よりも有利なのは、単に恣意的な権力行使を妨げる制度を備えているからだけではない。そのようなメカニズムは、国家の信用の獲得にとってはただ消極的な保証にすぎないだろう。ところがレナルによると、自由な国家がうまく機能する場合には、信用の獲得・維持にとってより積極的な利益をもたらすという。というのも代表制によって、個別的で有限な存在にすぎない市民たちは、「永続的で独立した」国民というひとつの団体のなかに自分自身の姿を認め、この集団の持つ能力や公正さについて好意的な「偏見」を持つからである。政治的代表制は、市民たちが国民総体のなかに肥大した自己自身のイメージを認めることを可能にする、一種の錯覚をもたらす装置なのだ。だからこそ、代表制を介して国民のイメージの上に自分自身を重ねあわせる自由な国家は、市民から大きな信用を獲得し、その信用を安定的に維持することができる——その場合にも、信用は徐々に形成されなければならないのだとしても。

ここでレナルは、絶対君主政国家よりも自由な国家を好むことをはっきりと宣言している。しかし、それはけっして政治的な正統性ゆえではなく、経済的・財政的な効率性ゆえなのだ。つまり、レナルが自由な国家を擁護するのは、それが代表制によって統治者の意志と被統治者の意志を合致させうるからではなく、むしろ代表制が個々の市民を国民のイメージのなかに二重化する際に両者の間にずれを生じさせ、そのずれから、国家が金融上の利益を引き出すことができるからなのである。

注目に値するのは、以上の商業と信用の政治的条件についての考察の延長線上に、ほかならぬインド会社の株価の問題に即して、レナルが公論をめぐる議論を展開していることである。事実、『両インド史』初版で「公論(opinion publique)」という表現は、イギリスとフランスそれぞれのインド会社の株価についての議論のなかで二度にわたって登場する。そのうち第一の用例は、七年戦争後のイギリス・東インド会社の資本金を高々四〇〇万リーヴル足らずに見積もる論者たちについての注釈にあらわれる。

もしそうなら、三六六万八一〇リーヴルの資本が公論の上では九百万ちかい価値を持つことになったのはなぜなのか。実際、株価はそこまで跳ねあがったのだから。この反論には太刀打ちできないわけではない。イギリス人の熱狂はよく知られている。その熱狂はこれまでもたびたび、軽佻浮薄な人民ならなんの反応もせずやりすごしたようなものによって揺り動かされてきた。一大事件の余波が国民全体を荒々しく呑み込んだ。イギリス国民は、この国民ならではの高揚を見せて、ベンガルの征服がもたらした莫大な希望の数々に飛びついたのだ。[36]

第二の用例は、フランス・インド会社の配当金と株価の変動について述べた次の一節に見られる。

配当金と、常時それに対応する株価は、商業の偶然と公論の干満に必然的に従属してきた。〔……〕しかし、これらの転変を通じて会社の資本はほとんどつねに一定だったのである。だが、公衆はそんな計算などしない。信頼するときも恐怖を抱くときも、彼らはその時々の状況によって動かされ、いつも目的より行き過ぎてしまう。[37]

いずれの用例でも、「公論」がインド会社の株の取引に際して、その価格を決定するもっとも重要な審級としてあらわれているのがわかるだろう。この審級は本質的に不安定で、ときに荒々しい変動を見せる。なぜなら「公論」は、会社が現実に持つ資本金の正確な表象にではなく、むしろその現実からずれる「偏見」なり錯覚に依拠しているからだ。右の二つの引用文でレナルが語る「希望」も「信頼」も「恐怖」も、人間たちが予測不可能な変動をもたらす時間の進行のなかで持つ「偏見」の様々な姿にほかならない。どこまでも現実的な資本の動きをもたらすインド会社の株価は、この「偏見」に満ちたつかみどころのない「公論」によって決定される。ヨーロッパとインドを隔てる広い空間とその空間を往復する長い時間を統御し、インド通商に成功を収めることができるか否かは、究極的にはこの「公論」という名の妖怪の動向にかかっているのである。

では、イギリス・東インド会社が財務状況の如何にかかわらず公衆から好意を寄せられ、株価の上昇を経験したのに対して、フランス・インド会社がどれほど安定した資本を持とうと公衆からそっぽを向かれ、投資不足によって存続の危機に陥ってしまったのはどうしてなのか。レナルにとって、この事態は七年戦争下のイギリスによるベンガル征服——後年のインド植民地化の端緒——だけでは説明できない。それを理解するためには、イギリス人の国民性を考慮しなくてはならない。ベンガル征服に際して、イギリス人が「軽佻浮薄」なフランス人には想像もつかないほど高揚していっせいに東インド会社の株を求めたのは、この「熱狂」ゆえなのだ。

とはいえ、レナルは公論と信用の問題を最終的に国民性の問題に帰着させるわけではないだろう。現に、レナルがここでもひそかに下敷きにしているモンテスキューの『法の精神』では、自由な国家における国民の熱狂と信用の安定性の結合は、あくまでも政治的自由から派生するものと考えられていた[38]。そのことを踏まえれば、先の二つの引用文でもまた、政治的自由、もしくはそれを具現する代表制が、高度で安定した信用の最善の保証者としてあらわれていると言ってかまわない。つまり、レナルにとって政治的代表制は、市民たちに好意的な自己イメージを提供し、それゆえに国民の性格を独立不羈で熱狂的なものにして、国家に変幻自在の「公論」を手なずけ、国家的事業により多くの信用を獲得することを許す制度なのである。

以上のようにレナルのフランス・インド会社擁護論は、オランダやイギリスのような「自由な国家」に存在する政治的代表制と、国家に対する信頼に満ちた公論の形成と、信用の強化とのあいだの連関に焦点を当てる考察のなかに位置づけられていた[39]。そうすると、レナルがネッケルとともに会社の「自由の体制」の再建を訴えたのは、絶対君主政のもとで国営企業が不可避的に直面する信用の脆弱さを、政治条件そのものは温存したうえで、会社組織の水準でとりつくろうための方策だったと言える。けれども、会社のなかの「自由の体制」は、けっしてそれだけでは国家の水準における代表制の欠如と信用の脆弱さという問題をのりこえさせてはくれない。だからこそレナルとネッケルはいっそう積極的に公論に介入し、インド会社への投資を呼びかけねばならなかったにちがいない。

私たちにとっていっそう重要なのは、『両インド史』初版で提出された代表制・公論・信用のトライアングルをめぐる以上の政治的考察を出発点として、一七七〇年代のネッケルとディドロがそれぞれ独自の実践的・理論的な展開を見せることだ。一方で、一七七六—八一年の第一期財務担当期にネッケルが採用した一連の政策は、レナルの考察をインド会社改革から王国の政治・財政改革の水準に移行させようとする試みとして理解できる。だがこのネッケルの試みに対して、『両インド史』第二・第三版——特に「ネッケル派」の著作として揶揄されたこの後者——は、けっしてあからさまに対立することはないとはいえ、とりわけディドロの寄稿を中心として見逃しがたい批判的距離を示している。そして、この議論の交錯からは、『両インド史』という著作の複雑さばかりではなく、アンシャン・レジーム末期のフランス王国が呈しつつあった危機的な様相と、それに対する相異なる反応の一端がたしかに垣間見られるのである。

3 ネッケル——財務総長官のポリティクス（一七七六—八一年）

一七六〇年代末にインド会社擁護の企てに失敗した後、「商業の自由」の原理を批判する『コルベール讃』（一七七三年）と『立法および小麦商業について』（一七七五年）を発表して勇名を馳せたネッケルは、ルイ一六世の即位（一七七四年）をうけて財務総監となったテュルゴが一七七六年五月に失脚すると、一七八一年五月まで「王庫総長官」、「財務総長官」としてフランス王国の財政を担当する。敬虔なプロテスタントでもあったこの外国人が登用された背景には、大幅な王庫の赤字にもかかわらずアメリカ合州国独立戦争（一七七四—八三年）での対イギリス参戦の機会をうかがっていたフランスが、来るべき戦時の財政運営のために金融の専門家を求めたという事情があった。こうしてフランス内外の危機を背景に政治家として登場したネッケルは、一七八一年二月の『国王への報告書』の公刊によって引き起こされた論争と顧問会議内での紛争のために同年五月に退陣を余儀なくされるまで、フランス王国の統治にかかわる。突然の退陣によってかえって高まった人気ゆえに、ネッケルが一七八八年から一七九〇年にかけて、一七八九年七月一四日のバスティーユ襲撃前後数日間の中断をはさんで、さらに二期にわたってフランス政治の舵取りを行うことはよく知られているだろう。

この第一次財政担当期のネッケルの政策については、経済理論にもとづいて職能団体の廃止や小麦商業の自由化などの抜本的な改革を実施したテュルゴとの比較で、実務家らしい漸進的でプラグマティックな性格が強調されることが多い。[40] たしかにネッケルがとった施策の支柱は、支出の削減、税制の部分的な見直し（労役の廃止および国内の塩税・関税・通行税の均一化）、財政組織の集権化（従来独立していた各省庁の会計や請負に託されていた徴税の財務総長官の管轄への一本化）などの財政運営の効率化にあった。その際、王の直轄地方（pays d'élection）における税の配分を決定するための「地方行政府（administrations provinciales）」の設置や、妻シュザンヌが統括した救貧院や監獄の改良などの福祉関連事業は、ネッケルが国民の支持をとりつけるために採用した挿話的な政策と見なされるだろう。だが、以上の一連の施策をネッケルが自分の著作で与えている説明と照らし合わせて理解すると、それらがテュルゴの経済理論とはまた異なった一貫性を持っていることがわかる。その一貫性を保証するものこそ、ほかならぬ『両インド史』初版でレナルが定式化していた代表制・公論・信用のトライアングルなのである。

私たちの注意を引くのは、まず財務総長官ネッケルにとっての信用の問題の重要性である。実際、公信用すなわち公債の発行は、一七七七年以来の戦時財政の難局を切り抜けるためにネッケルが用いたもっとも重要な手段であり、今日その総額は五億三千万リーヴルにのぼると見積もられている。[41] しかしネッケルにとって、公信用は単にフランス王国にとって格好の財政的な便法にはとどまらなかった。

今日ほど公信用の重要性が如実に知られたことはありません。この軍事的な手段が導入されたのはさして古いことではなく、人類に良かれと思うならこのような手段は知られずにいることを望むべきだったかもしれません。こうして、一瞬にして幾世代もの努力を掻き集めることが可能になりました。またこうして、出費を重ねて世界の果てにまで武力をもたらし、古くからその数を増しつづけてきた戦争の害悪に加えて、熱帯地方まで瞬時に荒廃させることが可能になったのです。[42]

この『国王への報告書』(一七八一年)の一節に、公債による戦費の調達やヨーロッパの拡大と経済的な発展が近代の世界にもたらした災厄に対する、ネッケルの個人的な嘆きを読みとることは不可能ではないだろう。しかし、財務総長官の要職にあったネッケルにとって、その嘆きを優先させることはけっしてできなかった。ヨーロッパ列強間の対立が全地球的な規模で争われるようになった一八世紀においては、公債の多寡こそが戦争の勝敗の鍵を握っている。だからこそ、ネッケルは財政の支えとして、国民にさらなる税負担を求めるよりも、むしろ積極的に公債の乱発に訴えることをよしとする。「活力を持った信用と信頼がもたらしうる資金源に比べれば、租税などわずかなものでしかありません[43]」。こうして大々的に公債に訴えることで、ネッケルは増税なしで戦費をまかない、フランス国民から絶大な支持を得たのだった。

インド商業とアメリカでの戦争という相違はあれ、いずれも地球規模での国家的事業を遂行するためにフランスにおける信用の強化を最重要の課題として考える点で、財務長官ネッケルの施政方針は、彼がかつてレナルとともに追求したインド会社改革のプロジェクトと軌を一にしている。この観点からすれば、支出の削減・税制の見直し・財政組織の集権化を主軸とする財政運営の効率化もまた、インド会社の「商業会社」化において求められた経営の効率化とパラレルに理解できるだろう。けれどもいっそう重要なことは、インド会社改革におけると同様、この財務長官のポリティクスにおいても、代表制の設立がけっして見逃せない役割を果たしている事実である。そのことを理解するためには、なによりもネッケルによる「地方行政府」の構想に立ち止まらなくてはならない。

たしかにこの新制度は、政治的代表制というにはいかにも臆病で実験的な試みではあった。[44] そもそも地方行政府の設立が計画されたのは、地方三部会を持たない直轄地方のうちの四つだけであり、そのうち実際に計画が実現にいたったのはベリとオート・ギュイエンヌの二つの地方にすぎなかった。またその成員は、当該の行政区で聖職者・貴族・第三身分の各身分に属する有力な土地所有者のなかから国王の指名を受けた者と、こうして指名を受けた者が推挙した者からなっていた。さらに、この構成員たちに委ねられた権限もあくまでも限定的だった。彼らは二年に一度集まって、それぞれの地方に割り振られた租税の配分と道路建設などの公共事業の組織を決定し、国王に地方からの陳情を伝達することしかできなかったのだから。にもかかわらず、この地方行政府の試みは、該当の地方を財務地方官（intendants）の専制から守り、王権との不断の対立によって機能不全に陥っていた法院（Parlements）にかえて、被統治者の統治への参加を可能にする新たな中間団体を国内に生み出そうとした点で、フランス王国の政治改革の歴史のなかでは見逃せない重要性を持っている。とりわけ注意すべきなのは、この新制度で、構成員の身分別比率が「聖職者一：貴族一：第三身分二」に定められていたこと、そして投票権が各身分にではなく各構成員に認められていたことだ。地方行政府はこの二つの原則において、一七八九年の三部会の招集にあたってネッケルが採用することになる組織原則を先取りしているのである。

フランス王国における政治的代表制の欠如を補完しようとするこの制度に、ネッケルはここでも国家の信用を強化する役割を期待していた。なるほど『国王への報告書』では、ネッケルはいささか曖昧な言葉づかいで、この新たな議会によって国民の間には抽象論を免れた健全な公論が形成され、「愛国心」[45] が育まれるだろうと言うにとどめている。この「愛国心」こそが、「名誉」——モンテスキューが君主政の原理と見なした貴族的な卓越の精神——にとってかわる王国の新たな「原動力」なのだ、と。[46] しかし、この「原動力」が財政運営上の利点とかたく結びついていることは、一七七八年に執筆され、モールパやヴェルジェンヌなど顧問会議内の彼の政敵によって一七八一年の論争のなかで出版されたと考えられている、『地方行政府設立についての覚書』によって裏づけられる。そこでは、この新制度が人民の負担の軽減を使命とすることが強調されているのだが、その使命は公正な税の配分よりもまず、国王と人民の間に「信頼」を生み出すことによって達成されるというのだから。[47] 投資家によって不信を抱かれていた国王にかわって、この新機関が新たな公債募集の窓口になることができるばかりではない。地方行政府はむしろ心理的な影響力を行使することによってこそ、国家の信用を高め、財政を支えるのだ。

［……］戦争の最中に国内行政に向けられたこの配慮によって、信用にとって有益な穏やかさが立ち現れるでしょう。加えて、戦争によって今後不可欠なものとなるはずの新たな努力を地方から求める際に、自分たちの望みによりよく適う行政組織が得られるという希望を彼らに与えることが、ひとつの手段となるのは疑いありません。この希望がもはやほとんど必須であることを、私は隠しておくことはできないのです。[48]

ネッケルにとってこの地方行政府設立の企てが、実際のつつましさと裏腹な重要性を持っていたことがわかるだろう。この試みは被統治者の統治への参加の実現そのものよりも、むしろ全般的な行政改革を予告し、国家に対して好意的な公論を形成し、それによって国家への信用を維持し、さらには高めることを目指していた。だからこそ、ネッケルはこの地方行政府の試みについて、「たとえそれが失敗に終わろうと」かまわないし、「実験のかたちで行えば、ほとんど皆の支持を得られる」のだから余計好都合だとまで言いきるのである。[49] ネッケルにとってはフランス王国の場合においてもインド会社の場合においても、代表制を中核とする「行政＝経営（administration）」の組織改革は、成員の参加それ自体よりも、団体内外の人々に当の団体へのよりよいイメージを与え、そのイメージを介して彼らから心理的かつ財政的な支持を獲得するための手段であった。

この観点からすると、一七八一年のネッケルの『国王への報告書』は、ちょうど『両インド史』初版がインド会社再興のためにキャンペーンを張ろうとしていたのと同様に、国家に対して好意的な公論を生み出し、それによって国家財政を支えるための補助的な手段であったと見なしうる。事実そこでネッケルは、自分が財政を担当した四年間の王庫の収支を具体的な数字を挙げて示し、その成果を誇ることで国民の信頼を獲得しようとしていたのだから。そもそも『国王への報告書』では、イギリスで行われているような「財政上の国家機密」の公開こそ、公的な「信頼」と「信用」を確立するための最善の方法であると明言されている[50]。もちろん、ネッケルが公開した数値が正確なものであったか否かは保証のかぎりではないだろう。実際、『国王への報告書』はその後カロンヌによって数値の信憑性が疑われ、革命期まで長く激しい論争の対象となる。だが、ネッケルにとって重要なのは、公表された収支の数字の正確さよりも、王庫の収支を数字入りで公表するという行為そのものと、それがもたらすはずの公衆のフランス王国への信用だったのである。

代表制の設立によって国民に国家に対する好意的な意見を抱かせ、その心理的な支持を公論上での一大キャンペーンによって増幅し、さらに国家への信用の獲得に結びつける——そのかぎりにおいて、財務総長官ネッケルの施策は、レナルが『両インド史』初版のなかで素描していた代表制・公論・信用のトライアングルを継承し、そのプログラムを国家の水準で実現するものだったと言える。ただし、ここで見逃してはならないのは、レナルの政治的考察とネッケルの政治的言説の間に存在する微妙な相違である。すでに見たように、レナルにとってこの代表制と公論と信用の形作るトライアングルは、つねに代表するものと代表されるものの間のずれをはらみ、そのずれを機能させるものとして考えられていた。それに対して、ネッケルはこのずれを積極的に無視し、件のトライアングルを「正義」なり「真理」を必然的に体現するものとして位置づける。実際、『国王への報告書』を公刊して王国の財政状況を公開するという、当時のフランス人にとっては暴挙とも言える自分の行為を正当化するために、ネッケルはこう断言する。「悪人たちが公論を押しとどめ縛りつけようとしても無駄である。彼らがどれほど力を尽くそうと、公論はつねに正義と真理の後にしたがう[51]」。

ネッケルはここで、レナルにとってはずれにつきまとわれ、それゆえ不安定で脆弱なものにとどまらざるをえなかった代表制・公論・信用のトライアングルを、あたかも恒常的で、確固とした参照項（「正義」、「真理」）を持つもののように言いくるめようとしている。なるほどネッケルのこの議論に「手続き的合理性」（ハーバーマス）にもとづく合意形成の重視を見ることは可能かもしれない。だが、そのように理解するとき、この財務総長官のレトリックが持った実際的な戦略は見失われてしまうほかない。「正義」や「真理」を呼び出すことで、彼はなによりも代表制・公論・信用のトライアングルを脅かす危機の切迫に背を向け、その想像的な三角形の閉域に閉じこもろうとしていたのだから。まさにそうやって、ネッケルは大西洋の両岸を引き裂く国際紛争の現実に対峙し、その紛争の渦中にあるフランスの財政の難局をのりきろうとする。しかし、その選択ゆえに、彼にはその後長くデマゴーグのイメージがつきまといつづけることにもなったのである。

4　ディドロ――『両インド史』の政治的急進化（一七七四―八〇年）

おそらくレナルは、自分の政治的考察を継承する財務総長官のポリティックスをけっして否定しはしなかっただろう。実際、『両インド史』の第三版ではネッケルに対する支持がはっきりと表明されていた。それればかりではない。同時代のある証言によると、レナルは『地方行政府設立についての覚書』の真の著者ではないかと疑われており、『両インド史』とその著者がパリ法院によって断罪されたのも、この『覚書』に含まれた法院の批判が法服貴族たちの怒りに触れたからだという。[52]この風評の真偽はともかく、レナルとネッケルの一七六三年以来の協業が一七七〇年代を通じて続けられていたのは、ほぼまちがいない。けれども一七八〇年刊の『両インド史』の第三版を詳細に検討すると、この長年の協業にもかかわらず、二人の間に根本的な立場の相違が存在していたことがわかる。しかもその相違は、まさに代表制・公論・信用のトライアングルにかかわるものなのである。

まず指摘しなくてはならないのは、『両インド史』には、すでに一七七四年の第二版の段階から、公信用の利用に対する批判が見られることである。実際、『両インド史』第十九編の公信用にあてられた章で、「信用」を「それを必要とする人物とその人物の能力に対する二重の信頼」を前提として「支払いに与えられた猶予にすぎない」と定義するレナルは、商取引において私人間で用いられる一般的な信用と、国家に対して与えられる公信用を区別して、前者を商業のための便宜を図るものとして肯定しつつ、後者に対しては鋭い批判を向ける。[53]未来の収入の一部を現在の支出のために用いて国家が無謀な企てにのりだすことを容易にし、生産にたずさわる諸階級の利益を利子所得者の利益のために犠牲にして国内の経済的・社会的な統一を損ねる公信用は、国家を確実に衰退に追いやる道だというのである。だから、公信用に訴えることができるのは「豊かな生産物を持ち、収入が抵当に入れられてはいない国民、債務をつねに履行して来た国民、さらに征服の野心を持たず自己自身を統治する国民」だけであり、しかもひょっとするとけっして起こらないかもしれないような「奇怪な事態」に直面した場合に限られるという。[54]

レナルによるこの公信用の批判は、おそらくモンテスキューやヒュームが展開していた同様の議論を踏まえてなされている。[55]公信用によってヨーロッパ列強の武力対立が地球規模に拡大したことを嘆くとき、ネッケルが抱いていたのもそれほど違った認識ではなかったかもしれない。しかし、にもかかわらず戦時財政を支えるために多大な公債発行に訴えたネッケルとは袂を分かって、レナルはフランス王国に対して公信用の使用に訴えてはならぬと主張する。その背景にはおそらく、債務累積を続ける王国財政の現状に対する懸念が控えていただろう。その懸念からはさらに、『両インド史』第二・第三版の代表制についての考察に見られるネッケルとの距離も生じる。そこで政治的代表制の問題は、ほかならぬ財政、とりわけ租税についての議論のなかで浮上するからである。

その議論においてきわめて重要な役割を果たすのが、版を重ねるごとに『両インド史』への寄稿を増し、最終的にレナルの最大の協力者となるディドロであった。そのディドロは、『両インド史』第三版第一九編の租税についての章で、ネッケルによる「地方行政府」の計画にかなった主張を見せている。[56]だが哲学者は、財務総長官のささやかな試みに満足してはいなかっただろう。というのも、すでに『両インド史』第二版の時点で、彼は「国民の代表」たる土地所有者からなる議会の設立を求め、このような議会だけが「専制」を排して、租税を「さだめ」「調節し」「分配する」ことができると主張しているのだから。[57] さらにディドロは、『両インド史』第三版に挿入された「ルイ一六世への呼びかけ」で、ネッケルが推進していた王家の出費削減を国王に求めたうえで、今度は人間にとって譲渡不能な自然権と国民の原初的で歴史的な権利にもとづいて、「偉大なる一国民の諸身分からなる議会」――三部会――の招集を要求する。[58] 租税の決定権を持つ国民的な代表制議会の設立は、聖職者および貴族の諸特権の剥奪と、(フィジオクラットとも軌を一にする)租税の土地課税への一本化とともに、ディドロがアンシャン・レジーム末期のフランス王国に対して提出した政治改革案の柱だったのである。[59]

このディドロの提言は、『両インド史』の序論で示される、西ローマ帝国滅亡から大航海時代以前までのヨーロッパの文明化の歴史の延長線上に位置づけられるべきものだ。そこでレナルが示す中世ヨーロッパの「文明化」とは、商業の発展と軌を一にした主権国家分立体制の確立と、その各々の主権国家のなかでの農奴の解放、そして第三身分の形成と政治的自由の獲得、すなわち第三身分が聖職者および貴族とともに参加する『国民の議会』の確立にいたる過程だったからである。[60] いずれにせよ、ディドロそしてレナルが求める政治的代表制は、もはやネッケルの地方行政府のように既定の租税の配分を是正し、「公共の信頼」を強化して大規模な借入を可能にするための便法にとどまってはいない。『両インド史』の著者たちはもはや信用よりも租税に、金融よりも生産に依拠して王国の抜本的な改革を企てる。その際、土地所有者たちによって構成される「国民の議会」は、国富の源である土地とその所有者の意志を反映する、来るべきフランス王国の核心に位置する政治制度と見なされていると言ってよい。

では、『両インド史』の著者たちと財務総長官の隔たりは、公論についての議論のなかでどんなかたちをとってあらわれるだろうか。先に見た通り、レナルは一七六〇年代から、信用を基礎づける審級として公論を認めていた。ただし、公論についての彼の考察はそれには尽きなかった。すでにいくつかの研究が指摘してきたように、『両インド史』は一七七〇年代のフランスで、政治的議論の場としての公論が王国の統治に際してもはや無視できない一審級として登場した際に、決定的な役割を果たした哲学的著作のひとつでもあったのだ。[61]実際、レナルは初版の段階から、各国の為政者に対して、政治的決断にあたっては「開明的な人々の公論」[62]を尊重するよう忠告し、さらに国民がみずから「考え、話す」イギリスのような国では、「公論」を行動の「規則」にすることさえ求めていた。[63]その延長線上に、『両インド史』第三版では「次第に開明的となりつつある公論」は政治的議論の最高法廷として位置づけられる。[64]レナルはさらに、公論は「開明的」であるかぎりにおいて「一般意志」[65]の同義語にほかならないとさえ言い切っている。統治にかかわる行為はすべて、「世界の女王」[66]たるこの公論に従わねばならないというのである。

以上の論点を見るかぎり、『両インド史』の著者たちの立場は、公論がつねに「正義」と「真理」にしたがうと述べていたネッケルと大差ないようにも思える。しかし、この両者の立場を根本的に区別するのは、公論の不安定性と公論に依拠する政治の脆弱さの認識である。レナルは『両インド史』初版から、「公論」にたえまない「干満」をともなう根本的に不安定な次元を認めていたけれど、後続の版ではこの「公論」の不安定性についての考察がさらに深化を見せている。この点で注目に値するのは、『両インド史』第三版に追加されたある断章である。そこでディドロは、政治経済の諸問題に関する公共の議論を要求する初版から見られた一節を展開する際に、「公人の学(science de l'homme public)」の困難に立ち止まっている。哲学者によると、この学の困難はまず、社会のなかではすべてが連関していること、また社会を構成する無数の、つねに変動しつづける諸条件を網羅せねばならないことから来るという。しかし、それ以上に大きく決定的な障碍は、社会のなかに現存する住人たちの間のいやしがたい分裂にあった。社会の様々な部分についての知識をすべて動員しても、この分裂をのりこえることはできない、ディドロはそう言うのである。

社会の様々な部分についての知識はすべて、「公人の学」という樹木の分枝にほかならない。公人は聖職者でもあり、軍人でもあり、法官でもあり、金融家でもあり、商人でもあり、農民でもある。公人は有利な点と不利な点を天秤にかけるだろう。そのいずれもが、私人たちの諸々の情念や対抗関係や利害から生じてくるのだ。しかし、天才なしに得られる知識のすべてをもってしても、知識なしに与えられうる天才のすべてをもってしても、公人は過ちを犯すほかない。[67]

不偏不党な「真理」にもとづく統治を可能にする「公人の学」は、最終的に不可能である。だからこそ、その「真理」の欠如を補うために、ディドロは公共の場における政治的な議論の自由を求めるのだ。だとすれば、ディドロやレナルにとって公論が統治にとっての有益な導きとなりうるとしても、それは公論がつねに「正義」と「真理」に付き従うからではない。また、公論が「一般意志」の同義語となるのは、それが個別的で・私的な意志をのりこえて上位の審級にいたるからではない。『両インド史』の著者たちにとって、公論とはどこまでも不安定で脆弱な均衡を生み出す場にすぎない。そしてその均衡は社会に現存するのりこえがたい分裂と紛争にもとづいてはじめて成立する以上、一時的で仮初めのものであるほかない。公論が一見均質で統一性を持ったものに見えるとしても、その見かけに惑わされてはならないのだ。[68] そもそも、社会における分裂と紛争は公論によって調停されるどころか、開明的な公論を作り出すために必須の条件、すなわち公共の議論の自由そのものによって、いっそう避けがたく深刻なものとなるのかもしれない。

公論はそれ自身の内側から、社会的な分裂と紛争によって脅かされている。こうして公論が持つ根本的な脆弱性を認識していたからこそ、ディドロは政治的議論についての出版の自由を声高に要求しつつ、同時に公論がつねに最善の統治の保証となることはないと指摘することもできた。「君主たちよ、悪人でありたいか? ならば自由に書かせるがよい。お前たちの悪霊に奉仕する倒錯した者どもがあらわれて、ティベリウス［ローマの暴帝］のわざを磨いてくれるだろう。善人でありたいか？　それでも自由に書かせるがよい。善良な人々があらわれて、トラヤヌス［ローマの賢帝］のわざを磨いてくれるだろう」[69]。公論をフランス王国における政治的な一審級として立ちあらわれさせることに大きく貢献しながら、その機能についてけっして幻想を抱いてはいなかったこの哲学者の眼には、ネッケルが誇示してみせた公論に対する崇拝はデマゴギーでなければ、あまりにもナイーヴな偶像崇拝と映ったはずである。

政治的代表制と公論をめぐる議論のなかで、『両インド史』の第二版・第三版におけるディドロの寄稿は、この書物の政治的急進化にとって決定的な役割を果たしている。哲学者はすでにレナルが展開していた考察に出発点を求めながら、あるときはその理想に具体的な政治的プログラムの姿を与え、またあるときはその要求を極端にまで誇張することで、逆説的に件の要求そのものの限界まで明るみに出す。そうすることでディドロは、ネッケルが「正義」と「真理」の名で覆ってしまおうとした代表制・公論・信用のトライアングルの想像的な閉域を突破しようとする。おそらくレナルには、そのような急進化を一人で果たすことは不可能だったろう。だがディドロもまた、レナルなしに以上のような急進化を実現することができたかどうかは疑わしい。いずれにせよはっきりしているのは、このディドロとの協業を通じて、レナルが自分自身けっして否定しはしなかったネッケルの施策に対する批判的距離を『両インド史』に刻み込んでいることだ。そうした展望からすれば、『両インド史』の主張と財務総長官のポリティクスの相違は、「歴史家＝哲学者」レナルが引き受けた一連の齟齬として、つまり政治的理想についての哲学的な探究と、その理想の実現のための条件についての歴史的考察の齟齬として理解されうるかもしれない。

しかし、『両インド史』の著者たちとネッケルの間の相違は、やはりよりいっそう根本的なものだったように思われる[70]。その相違は、最終的に、フランス王国に迫りつつあった財政的・政治的な危機に対する両者の態度の違いに由来する。ディドロ、そしてレナルにおいて、公信用の拒否、「国民の議会」招集の要求、公論に内在する脆弱さの認識はいずれも、この危機の意識に裏打ちされていた。だが、まさにこの危機の切迫こそ、信用の強化によって財政の難局を切り抜けようとしていたネッケルにとっては是が非でも遠ざけねばならないものだった。この危機を、ディドロはすでに一七八〇年の段階からむしろ積極的に露呈させ、迎え入れようとする。彼にとっては、まさにこの危機こそが、政治的な「大転換（révolution）」にとっての好機にほかならないからである。「病の時とはまた治癒の時でもないだろうか。そのような時にこそ、人々はいっそう好意的で、反論はいっそう少なく、大転換はいっそう容易なのだ[71]」。とはいえここでも、ディドロはやはりあらゆるオプティミズムから遠く離れている。そのことを、私たちは『両インド史』第三版に挿入された「退廃した国家の再建者」について語る次の一節に読みとることができるだろう。

彼が現在の世代の人々から受けとるのは憎悪と迫害だけだ。彼が来るべき世代の人々を見ることはない。彼が存命中にどれほど苦労しようと、その果実はわずかなものでしかないだろう。そして死後には人々から無意味な惜別の言葉を引き出すだけだろう。国民はただ、血の海のなかでしか再生しない[72]。

一七八〇年、『両インド史』の地平には、すでにフランス王国の大いなる破局が姿を見せている。その破局がもたらすはずの再生の予感とともに。けれども哲学者にとって、その予感はどこまでも苦々しいものだった。たしかに、国民はみずから再生するだろう。というより再生は、国民がそうして、おのずと突き動かされることなしにはありえないのだ。けれどもそれは国家を、そして国民の統一自体を解体し、死に至らしめるような経験なしではすまないだろう。そのときはじめて、その死に抗して、新たな国家と、新たな国民の統一が求められるにちがいない。しかし、哲学者はけっしてその破局を、そしてそれとともに出来する「血の海」をみずから望んでいたわけではなかった。たとえその破局が、祖国の政治的再建を可能にする唯一の機会かもしれないと彼の眼に映っていたのだとしても。

『両インド史』を中心にレナルとネッケルとディドロが互いに絡みあいながら展開した政治的考察からは、たしかに、啓蒙から革命へと延びるいくつかの力線が察知できる。[73] そのような展望の下では、代表制・公論・信用のトライアングルによってフランス王国の財政の難局をのりこえようとしたネッケルの立場も、そんな便法にはもはや満足せず、国民的な政治的代表制の実現によって王国の政治的再定礎を求めたディドロの立場も、単なる「近代ブルジョワ国家」の、あるいは「近代国民国家」の構想の先駆けとして理解されるかもしれない。けれども、晩年のディドロが抱いていた王国の来るべき破局の予感は、そうした展望には収まりきらない断絶や反転が、啓蒙と革命の間に潜んでいることを告げている。実際、一七八四年に没した哲学者はフランス革命の勃発に立ち会うことはなかった。また一七八九年七月一四日のバスティーユ襲撃のあと、歓呼とともにフランス国民に迎えられて第三次の財務総長官を務めたネッケルは、わずか一年ほどで圧倒的な不人気と財政運営の破綻のなかで退陣を余儀なくされる。革命初期、ほかならぬ『両インド史』の著者として絶大な威信を誇ったレナルも、その盟友の退陣後ほどなく、早くも過去の偉人として革命家たちに見捨てられるだろう。[74] 啓蒙の世紀の暮れ方に活躍した私たちの主人公たちは、革命の出来とともに瞬く間に時代に追い越されてしまうのだ。

だが、レナルとネッケルとディドロがそれぞれのやりかたで応答しようとした危機は、けっしてすでにのりこえられてしまった過去のものではない。その危機のなかで三者が直面した財政問題は、つきつめて言えば、経済的・軍事的・政治的な紛争に満ちた関係の網目が地球大に拡大した世界のなかで、いかにして、いかなる政治共同体を構成し維持することができるのか、という問いに根ざしているのだから。ヨーロッパの一八世紀は、内においてキリスト教世界の統一の崩壊後、その地の上に主権国家分立体制を確立する一方で、外においては国際通商の展開にともなう地球規模の紛争の拡大に初めて遭遇した世紀だった。そこでヨーロッパは、歴史上初めて、この「世界」を、そのなかで自己自身を維持することの困難とともに見いだしたのだ。[75] 七年戦争後のインド会社やアメリカ合州国独立戦争下のフランス王国を対象として、『両インド史』の内外で展開された歴史家と政治家と哲学者の考察が示すのは、啓蒙の政治的な問いの地平が、まさにこの「世界」にあったということにほかならない。この観点からすれば、「革命」も「近代」も、さらには「反革命」や「反近代」さえも、啓蒙の時代の問いが開いた地平に描かれた様々な形象と見なせるかもしれない。だとすれば、洋の東西と時代の違いを越えて、私たちの現在もまた、けっしてこの地平と無縁ではありえないはずなのである。

注

（1）厳密に言えば、『両インド史』は一八二〇年までに四八の異なったエディションを数えており、通常「版」と呼ばれているのは、テクストの三つのヴァージョンのことである。また「一七七〇年」の「初版」は、実際には一七七二年に刊行されている。本章では各ヴァージョンについて以下のエディションを参照する。Anon., *Histoire philosophique et politique des établissemens et du commerce des Européens dans les deux Indes*, Amsterdam, 1770, in 8°, 6 vol. ［BNF : G. 28071–28076］; Anon., *Histoire philosophique et politique des établissemens et du commerce des Européens dans les deux Indes*, La Haye, Gosse fils, 1774, in 8°, 7 vol. ［BNF : G. 28116–28121, G. 28115］; Guillaume-Thomas Raynal, *Histoire philosophique et politique des établissemens et du commerce des Européens dans les deux Indes*, in 4°, 4 vol. ［BNF : G. 6555–6558］. 本章の注では以下 HDI と略記し「版」・編・巻・頁数を順に示す。なお、この著作については二〇〇九年より法政大学出版局から大津真作氏の手による邦訳の刊行が始まったほか、二〇一〇年には Ferney-Voltaire の Centre international d'étude du XVIIIe siècle から、批評校訂版の刊行も開始されている。

（2）Kenta Ohji, «Civilisation et naissance de l'histoire mondiale dans l'*Histoire des deux Indes* de Raynal», *Revue de synthèse*, 6e série, no. 129, 2008/1, pp. 57–83.

（3）Hans Jürgen Lüsebrink et Manfred Tiez, *Lectures de Raynal*, Oxford, Voltaire Foundation, 1991.

（4）Jacob-Nicolas Moreau, *Mes souvenirs*, éd. Camille Hermélin, Paris, 1898–1901, 2 vol., t. 2, p. 406.

（5）Anatole Feugère, *L'abbé Raynal*, Angoulême, Imprimerie Ouvrière, 1922, pp. 24–31.

（6）Kenta Ohji, «Les failles des savoirs du droit et la vérité de l'histoire philosophique dans l'*Histoire des deux Indes* de G.-T. Raynal», in Mikhaïl Xifaras（éd.）, *Généalogies des savoirs juridiques contemporains*, Bruxelles, Bruylant, 2007, pp. 108–117.

（7）Michèle Duchet, *Anthropologie et histoire au siècle des Lumières*, deuxième édition, Paris, Albin Michel, 1995, pp. 129–136.

（8）この点に関しては Herbert Dieckmann, «Les contributions de Diderot à la *Correspondance littéraire* et à l'*Histoire des deux Indes*»,

Revue d'histoire littéraire de France, 51, 1951, pp. 415–440 とMichèle Duchet, *Diderot et l'*Histoire des deux Indes *ou écriture fragmentaire*, Paris, Nizet, 1978 のほか，とりわけ Gianluigi Goggi «L'ultimo Diderot e la prima revoluzione inglese», *Studi Settecenteschi*, 5, 1985/86, pp. 350–392 et id., «Quelques modèles de révolution dans l'*Histoire des deux Indes*（modèle anglais et modèle américain）», in Jean Ehrard（éd.）, *La légende de la Révolution*, Clermont-Ferrand, Adosa, 1988, pp. 27–40 を参照のこと。

（9）HDI 80, XII, t. 3, p. 265.

（10）Anon., *Lettre de M. le marquis de Caraccioli à M. d'Alembert*, p. 19, in *Collection complète des ouvrages pour et contre M. Necker*, Utrecht, 1781, 3 vol., t. 1 ; Friedrich-Melchior Grimm et *alii*, *Correspondance littéraire, philosophique et critique*, éd. Maurice Tourneux, Paris, Garnier Frères, 1877–1882, 16 vol., t. 12, pp. 498–499.

（11）Feugère, *L'abbé Raynal*, pp. 280–281.

（12）インド会社改革をめぐるレナルとネッケルの協業と『両インド史』の関係については Kenta Ohji, «Raynal, Necker et la Compagnie des Indes : Quelques aspects inconnus de la genèse et l'évolution de l'*Histoire des deux Indes*», à paraître in Gilles Bancarel（éd.）, *L'abbé Raynal et ses réseaux*, Paris, Champion で詳述した。

（13）七年戦争後のフランス・インド会社史については Philippe Haudrère, *La Compagnie des Indes française au XVIIIe siècle*, deuxième édition, Paris, Les Indes savantes, 2005, 2 vol., t. 2, pp. 715–815 を見よ。

（14）Louis de Villevault, «Sur la manière dont l'ancienne compagnie des Indes a été défaite pour faire place à une nouvelle»（1764–1765?）, BNF, n. a. f., 9365, f°52 r.-v. 強調引用者。

（15）*Ibid.*, f°52 v.

（16）Cf. Herbert Lüthy, *La banque protestante en France*, Paris, S.E.V.P.E.N., 1959–1961, 2 vol., t. 2, pp. 381–387 ; Haudrère, *La Compagnie française des Indes*, t. 2, pp. 778–784.

（17）André Morellet, *Mémoires sur la situation actuelle de la Compagnie des Indes*, Paris, Desaint, 1769.

（18）Jacques Necker, *Réponse au mémoire de M. l'abbé Morellet*, in *Œuvres complètes*, éd. Auguste Louis de Staël-Holstein, Aalen, Scientia, 1970, 15 vol.（以下 ŒCN）, t. 15, pp. 127–202.

（19）André Morellet, *Mémoire*, Genève, Slatkine, 1967, 2 vol., t. 1, p. 154. Cf. Gabriel-Paul-Othenin d'Haussonville, *Le Salon de Madame Necker*, Genève, Slatkine, 1970, 2 vol., t. 2, p. 31.

（20）HDI 70, IV, t. 2, pp. 107–108.

（21）HDI 70, IV, t. 2, pp. 100–119 ; HDI 70, V, t. 2, pp. 248–294.

（22）HDI 70, V, t. 2, p. 287.

（23）初版の第五編最後尾（HDI 70, V, t. 2, pp. 290–294）には特権停止の批判と会社復興の要求が見られるが、その部分が一七六九年夏の特権停止以後、一七七〇年初頭の会社の財産整理開始以前に追加されたことは確実である。

（24）HDI 70, t. 1, «Avertissement de Libraires».

（25）Cf. *Journal de l'agriculture*, septembre 1772, pp. 107–108.

（26）HDI 70, IV, t. 2, pp. 109–112.

（27）HDI 70, V, t. 2, p. 286.

（28）HDI 70, IV, t. 2, pp. 114–115.

（29）HDI 70, IV, t. 2, pp. 110–111.

（30）ŒCN, t. 15, pp. 178–179. レナルにとって特権返還が会社の存続とインド通商の事実上の独占の維持のための方策だった以上、レナルとネッケルの相違は無にひとしい。

（31）HDI 70, IV, t. 2, p. 9. 強調引用者。HDI 74, IV, t. 2, p. 15 に再録。HDI 80, IV, t. 1, p. 408 では、先行するモデルとしてオランダと並んでイギリスのインド会社が追加されている。

（32）Cf. Edgar Faure, *La banqueroute de Law* Paris, Gallimard, 1977 ; Lüthy, *La banque protestante*, t. 1, pp. 300–327 ; 浅田彰「モンテスキューとロー」、樋口謹一編『モンテスキュー研究』白水社、一九八四年、一五一—一八五頁 ; Thomas E. Kaiser, «Money, Despotism, and the Public Opinion in Early Eighteenth-Century France : John Law and the Debate on Royal Credit», *The Journal of Modern History*, 63, no. 1, 1991, pp. 1–28 ; Céline Spector, *Montesquieu et l'émergence de l'économique politique*, Paris, Champion, 2006, pp. 271–294.

（33）HDI 70, IV, t. 2, p. 52. HDI 74, IV, t. 2, pp. 59–60 に再録。HDI 80, IV, t. 1, pp. 467–468 に修正のうえ再録。

（34）Cf. Marcel Marion, *Histoire financière de la France*, Paris, A. Rousseau, 1914–1935, 6 vol., t. 1, pp. 251–259 ; Durand Echeverria *The Maupeou Revolution*, Baton Rouge, Louisiana University Press, 1985, pp. 1–34.

（35）*De l'esprit des lois*, XXII, 18.

（36）HDI 70, III, t. 1, p. 374. 強調引用者。Cf. HDI 74, III, t. 1, p. 387.

（37）HDI 70, IV, t. 2, pp. 113–114. 強調引用者。Cf. HDI 74, IV, t. 2, p. 108 ; HDI 80, IV, t. 1, p. 513.

（38）*De l'esprit des lois*, XIX, 27.

（39）レナルの発想の源泉としては、モンテスキューの『法の精神』のほか Isaac de Pinto, *Traité de la circulation du crédit*, Amsterdam, Rey, 1771（p. 98）が挙げられる。一七六一年から手稿で流通していたこの書物は、信用論を軸としたフィジオクラット批判でも『両インド史』と軌を一にする。レナルとデ・ピントの関係については Gianluigi Goggi, «Autour du voyage de Raynal en

Angleterre et en Hollande», in Gilles Bancarel et Gianluigi Goggi, *Raynal, de la polémique à l'histoire, op. cit.*, p. 400 を参照のこと。

(40) Cf. Egret, *Necker*, pp. 51–160 ; Henri Grange, *Les idées de Necker*, Paris, Klincsieck, 1974, pp. 34–59.

(41) Cf. Marion, *Histoire financière de la France*, t. 1, pp. 302–303 ; Egret, *Necker*, pp. 92–102.

(42) ŒCN, t. 2, pp. 21–22. この一節はネッケルのポリティクスを明確に一八世紀初頭以来のイギリスにおける財政＝軍事国家の成立への応答として理解することを可能にする。この財政＝軍事国家については特に、J. G. A. Pocock, *The Machiavellian Moment : Florentine Political Thought and the Atlantic Repubilican Tradition*, Princeton, Princeton University Press, 1975, pp. 423–461 と John Brewer, *The Sinews of Power : War, Money, and the English State, 1688–1783*, Cambridge, Mass., Harvard University Press, 1988 を参照のこと。

(43) ŒCN, t. 2, p. 20.

(44) Cf. Pierre Renouvin, *Les assemblées provinciales de 1787*, Paris, Picard/ Gabalda, 1921, pp. 47–78 ; Egret, *Necker*, pp. 126–140.

(45) ŒCN, t. 2, p. 104.

(46) ŒCN, t. 2, p. 102.

(47) ŒCN, t. 3, pp. 338–339.

(48) ŒCN, t. 3, p. 364.

(49) ŒCN, t. 3, p. 366.

(50) ŒCN, t. 2, p. 2. ネッケルにおける公論と信用の問題の結びつきについては John Gunn, *Queen of the World : Opinion in the Public Life of France from the Renaissance to the Revolution,* Oxford, Voltaire Foundation, 1995, pp. 315–328 ; Léonard Burnand, *Necker et l'opinion publique*, Paris, Champion, 2004, pp. 59–61 ; Lucien Jaume, «L'opinion publique selon Necker : entre concept et idée-force», in Javier Fernández Sebastián et Joëlle Chassin (éd.), *L'avènement de l'opinion publique : Europe et Amérique XVIIIe–XIXe siècles*, Paris, L'Harmattan, 2004, pp. 33–50 にも指摘がある。

(51) ŒCN, t. 2, p. 139.

(52) Feugère, *L'abbé Raynal*, p. 279.

(53) HDI 74, XIX, t. 7, p. 379. Cf. HDI 80, XIX, t. 4, p. 660.

(54) HDI 74, XIX, t. 7, pp. 379–387 ; HDI 80, XIX, t. 4, pp. 660–666.

(55) Montesquieu, *De l'esprit des lois*, XXII, 17–18 ; David Hume, 'Of Public Credit,' in *Political Essays*, Kund Haakonssen (ed.), Cambridge, Cambridge University Press, 1994, pp. 166–177. この両者の公債批判については、Istevan Hont, 'The rhapsody of public debt : David Hume and voluntary state bankruptcy,' in Nicholas Phillipson (ed.), *Political Discourse in Early Modern Britain*, Cambridge,

Cambridge University Press, 1993, pp. 321–348 を参照のこと。
(56) HDI 80, XIX, t. 4, pp. 642–643.
(57) HDI 74, XIX, t. 7, pp. 376–377 ; HDI 80, XIX, t. 4, p. 645.
(58) HDI 80, IV, t. 1, p. 475.
(59) HDI 74, XIX, t. 7, pp. 376–377 ; HDI 80, XIX, t. 4, pp. 645–646.
(60) HDI 74, I, t. 1, p. 15 ; HDI 80, I, t. 1, p. 13. HDI 70, I, t. 1, p. 12 には「国民議会（les assemblées des nations)」のかわりに「人民の議会（les assemblées des peuples)」とある。
(61) Feugère, *L'abbé Raynal*, pp. 433–440 ; Keith Michael Baker, 'Public Opinion as Political Invention,' in *Inventing French Revolution*, Cambridge, Cambridge University Press, 1990, p. 187.
(62) HDI 70, XIII, t. 5, p. 28 ; HDI 74, XIII, t. 5, p. 23 ; HDI 80, XIII, t. 3, p. 351.
(63) HDI 70, XVIII, t. 6, pp. 391–392 ; HDI 74, XVIII, t. 7, p. 151 ; HDI 80, XVIII, t. 4, p. 366.
(64) HDI 80, XVIII, t. 4, p. 440.
(65) HDI 70, XVIII, t. 6, pp. 414–415 ; HDI 74, XVIII, t. 7, p. 184. Cf. HDI 74, XIX, t. 7, p. 254 ; HDI 80, XIX, t. 4, p. 537.
(66) HDI 70, XVIII, t. 6, p. 392 ; HDI 74, XVIII, t. 7, p. 152 ; HDI 80, XVIII, t. 4, p. 366.
(67) HDI 80, XIII, t. 3, pp. 448–489. Cf. HDI 74, XIX, t. 7, p. 254 ; HDI 80, XIX, t. 4, p. 537.
(68) Cf. Mona Ozouf, 'Opinion publique', in K. M. Baker (ed.), *The Political Culture of the Old Regime*, Oxford, Pergamon, 1987, pp. 419–434.
(69) HDI 80, X, t. 3, p. 61.
(70) HDI 80, XIX, t. 4, p. 659 には、ネッケルを標的にしたと思しき「度外れた博愛主義者」への揶揄も見られる。
(71) HDI 80, XIX, t. 4, p. 645.
(72) HDI 80, XI, t. 3, pp. 102–103.
(73) 本章が示す展望は、財政（租税および公債）問題を中心に啓蒙期から革命期の政治思想の読み直しを図る Michael Sonenscher, *Before the Deluge : Public Debt, Inequality, and the Intellectual Origins of the French Revolution*, Cambridge, Cambridge University Press, 2007 の見解とも部分的に一致する。
(74) Feugère, *L'abbé Raynal*, pp. 359–397.
(75) Cf. Istvan Hont, 'The Permanent Crisis of a Divided Mankind : 'Contemporary Crisis of the Nation-State' in Historical Perspective,' in John Dunn (ed.), *Contemporary Crisis of the Nation-State?*, Oxford / Cambridge, Blackwell, 1955, pp. 166–231.

第3章　投資社会の勃興と啓蒙
——七年戦争後のブリテンにおける改良・アニュイティ・科学的学知——

坂本優一郎

終身年金、トンチ式年金、貯蓄救済金庫、あらゆる種類の保健施設の樹立のために、公共（国家）経済はこの同じ確率の計算をいかに利用したことであろうか！

——コンドルセ『人間精神進歩の歴史』(1)

はじめに

本章は、一八世紀後半のブリテンにおける信用と啓蒙の関係を「投資社会」の勃興という視点から考察する。

ここでいう「投資社会」とは何か。それは、証券に表象された信用を媒介とする、金銭的な関係を原理とする社会のことをいう。すなわち「投資社会」とは、証券をつうじた投資、証券の流通や保有の当事者および、これらから影響をうけるすべての人びとから構成された社会空間である。また、政治的な境界の形成を促進しつつ、それをこえていく単一の空間でもある。

「投資社会」は一七世紀にオランダで誕生した。しかしより本格的には、いわゆる「イングランド財政金融革命」

が、その形成を促進する重要な契機となった。[2] イングランドは、名誉革命でオランダから国王をむかえいれ、その後「オランダ式」の起債を国家財政に適用した。その結果、イングランドに公信用制度が確立し、ロンドンを中心とする証券市場が飛躍的に発展する。こうしてイングランド政府は、証券市場をつうじて莫大な戦費の調達を可能にしたのだ。同時に、「公債保有者」がブリテン国内外に多数うみだされた。一八世紀なかばで六万前後、一九世紀はじめには数十万という規模にふくれあがった。これら主体としての「合理的」な個人こそ、今日まであくなき膨張をつづける「投資社会」のおもな構成員となった。[3]

イングランド財政金融革命が一七世紀末から一八世紀なかばに進行すると、国債や「投資社会」をめぐり、活発な議論が展開された。「投資社会」の勃興が無視できないものになると、それがじゅうらいの国制、社会体制、経済秩序のかく乱要因として警戒されたからだ。ダヴナント、スウィフト、ポープ、ボリングブルック、バーナード、ヒューム、スミス、さらにはウォルポールやモンテスキューといった内外の大立者や、あまたの二流・三流の文士や政治家たちが、その功罪を声高に論じた。[4]

じっさい、国債はブリテンに重大な影響をおよぼした。それゆえ、信用と啓蒙の関係は中央政府の公信用に焦点をあわせ理解されてきたといってよい。しかし、ブリテンにおける信用が、中央政府の公信用を基軸としつつ、多様なかたちで機能していたことを看過してはならない。また近年、「複数の啓蒙」が注目されている。[5] ブリテンにおける啓蒙の展開と信用の関係をとらえるには、ブリテン特有の信用のありかたを前提に議論をすすめる必要がある。そこで本章は、中央政府の公信用よりもむしろ、それ以外のいわば「地方」の信用に注目したい。[6] 具体的には、ブリテン的な啓蒙の実践である「改良（improvement）」と信用の関係（第1節）、信用にもとづく「アニュイティ」というリスク回避手段の確立（第2節）、「合理的」な予測可能性を提供した「啓蒙の科学」の展開と信用の関係（第3節）を検討する。[7]「投資社会」概念を導入することで、「中央」と「地方」のそれぞれの信用のありかたを同時に視野におさめ、そのうえで「投資社会」の勃興と「啓蒙」の複雑な関係を俯瞰しうる視角を提示したい。

1 「改良」と「投資社会」

ブリテンでは、人口が一八世紀中ごろから増加にてんじ、首都ロンドンのほか多くの地方都市が成長した。ピータ・ボーゼイによれば、一七世紀後半以降、商業や製造業の発展を背景に、地方都市が文化的な拠点となる「イングランドにおける都市の復興《アーバン・ルネサンス》」がおこる。[8] 急激な都市化のなか、地主ジェントルマンや、都市の政治的・経済的・社会的な支配層として勃興してきた開明的な「中流の人びと」が、各地の都市やその近郊におけるインフラストラクチャの整備を主導していく。街路舗装、照明の設置、広場や公園の整備、公共建築物の建設、上水道の敷設、橋梁の建設や石造化は、その主要例だ。さらに、都市と都市が運河やターンパイクでむすびつけられ、海港都市では埠頭やドッグなど各種港湾設備が整備された。[9] こうした社会基盤こそが、世界初の工業化をささえた。

基盤の整備には、巨額の資金が必要とされた。しかし、「財政軍事国家」からの財政支援は、ほぼ皆無だった。[10] また、積極的な戦時財政を展開する中央政府とは対照的に、地方当局の財政基盤は貧弱というほかなかった。独自財源である査定税が、増大しつつある救貧に費消されていたのだ。そのため、地方当局が税から全費用を支弁することは、多くのばあい不可能であった。では、誰がその費用を供給したのだろうか。それが「投資社会」なのだ。いわゆる「バブル・アクト」で株式会社設立が制限されるなか、[11] 制定法で授権された事業主体が債券を発行し、査定税収入や事業収益を利払い源に設定することで、「投資社会」がそれにおうじて投資したのだ。

公共的な性格をもつプロジェクトは、当時のことばでいう「改良（improvement）」にほかならない。「改良」は、一八世紀から一九世紀にかけてのブリテン——とくにスコットランド——における、地域色に富む啓蒙の実践であった。ホイッグ的な性格のそれは、政治の急進的な変革よりむしろ、社会や経済の漸進的な「改良」を旨とした。以下、典型的な事例をいくつかとりあげ、「投資社会」と「改良」の関係を考える。

「イングランドにおける都市の復興」では、社交の場としての公共建築物が各都市で競いあうように建設された。この動きはスコットランドでも観察できる。グラスゴウでは、一七八〇年にホテルとコーヒールームの建築が決定されたが、資金は「トンチン」で調達されることとなった（「トンチン」は、終身年金の一種による資金調達法。第2節で詳説）。翌一七八一年二月、「もっともレスペクタブルな多数の市民」が一口五〇ポンド、全一〇七口のトンチン債券に出資した結果、計五三五〇ポンドの建設資金がえられた。当時のグラスゴウ市長パトリック・カフーンはトンチンの主催者のひとりでもあった。かれは、二人の子息アダムとジェイムズをトンチンの名義人とし、計二口出資している。以下、エレオネア・リーを名義人とした貿易商ウォルタ・スターリングや、独立戦争中にニューヨーク在住の父を名義人としたジョージ・ブキャナン・ジュニアをはじめ、総勢一〇六名がトンチンに出資した。[12]落成をみたふたつの施設はそれぞれ「トンチン・ホテル」・「トンチン・コーヒールーム」と命名されたが、「ブリテンはおろか、おそらくはヨーロッパの同様の施設とは、施工はむろん意匠にこらされた優麗典雅において比類なきもの」と自賛されている。[13]一七八五年には、「グラスゴウ市民に供する」ため、先述のウォルタ・スターリングの遺産の一部が、図書館購入を目的とするトンチンに出資された。[14]同時に、かれが生前に出資したトンチン・ホテルのトンチン年金もまた、「公共精神に富むこの施設」――かれの名をとって「スターリング・ライブラリ」と名づけられた――に譲渡されている。一七九六年三月には、「新集会場」と「コンサート・ルーム」が、トンチンで新築された。[15]グラスゴウの公共圏をささえた空間の多くが「投資社会」からの資金で構築されたのだ。

啓蒙の実践としての「改良」は、スコットランドのみならず、ブリテンのほぼ全土でみられる。イングランドの地方都市に目をむけよう。北東部の海港都市キングストン・アポン・ハル市では、一七九五年以降、街路整備の費用一万三〇〇〇ポンドが、トンチンで調達されている。[16]西部の州グロウスタシアの都市チェルトナムでは、一八〇七年に一口一〇〇ポンドを五〇口、計五〇〇〇ポンドがトンチンで起債された。一二〇〇ポンドが自治体の負債借りかえに、三〇〇〇ポンドが公設市場の地所購入費と建造費に、残りの八〇〇ポンドが「当地［チェルトナム］の福利に随時必要と考えられる改良」にあてられた。そのさい、「現在の負債は軽減され、査定税が軽減される」とともに、「名義人が全員死亡すれば元本は消滅」するという利点が強調された。この計画が提唱されたのは、「この町［チェルトナム］の訪問者に宿泊施設を提供することが可能になり」、「公共の宿泊施設こそが、町に不動産を保有する［ことで査定税の納税義務がある］者すべてに、究極の利益をもたらす」と考えられたからだ。[17] このグロウスタシアではすでに、一七八三年に監獄建設計画がもちあがっていた。計画では、元本返済が不要であるトンチンによる手法と、減債基金を設定した債券の発行という、ふたつの手法が提案されている。[18]

首都ロンドンは「投資社会」の中心であった。首都圏の基盤整備でも、「投資社会」の存在は事業の前提となった。たとえば当時、テムズ川にかかる木製橋梁の多くは、経済発展にともなう交通量の増加にたえられなくなっていた。その対策として一七八五年、植物園で著名なキューの「キュー・ブリッジ」が石造化された。費用一万六五〇〇ポンドはトンチンで調達され、通行料収入が利払い（年利六〜七・五％）に充当された。[19] 一七七四年、北隣の「リッチモンド・ブリッジ」もまた、二万ポンドと五〇〇〇ポンドの二度のトンチンで石造化されている。[20] 一八〇八年には、音楽の拠点コヴェント・ガーデンの王立劇場も、トンチンで新装された。[21] これらの「改良」は「投資社会」からの信用を前提においていた。

産業基盤の整備でも「投資社会」からの投資が想定された。スコットランドのサー・ジョン・シンクレアは、『イギリス帝国歳入史』をはじめ、多数の開明的な著作でしられる。かれは一七九九年に『ジョイントストック・トンチン会社設立による、農業の改良を確実なものとする諸原理のための提案』なる小冊子を上梓した。そこでは、アイルランドをふくむブリテン全土にわたる農業企画——「実験農場」と「植林」——が提案されている。前者は、土地の耕地化、牧草地維持法、農具開発、畜産、荒蕪地開発について、最良の手法を実験する施設である。ロンドン近郊、イングランド西部地方、イーストアングリア、ミドランド、北部諸州、ランカシア・カンバランド・ウェストモーランドの北西部諸州、スコットランド南部のロジアン州、北部スコットランドに各四〇〇〇ポンドを、ウェイルズ、イングランドとスコットランド境界地帯のチェヴィオト丘陵の二カ所には各一五〇〇ポンド、すなわち全国一〇カ所に計三万五〇〇〇ポンドをかけて実験農場を建設する計画だ。後者は、海岸部にカラマツを植林することによって外国からの攻撃への防護壁とし、伐採後には木材を家具、海軍軍艦の艤装、農具、製造業の器具にもちいるとする事業だ。五〇〇〇エーカの地所購入費、囲い込み費用、植林費用を一万二五〇〇ポンドと見積もり、アイルランドのゴルウェイやイングランド、スコットランド、ウェイルズの西海岸計一〇カ所に、各五〇〇エーカを植林する企画であった。総額五万ポンドは、一口五〇ポンドの計一〇〇〇口のトンチンで調達することが計画された。

スコットランドの「改良」に重点をおきつつも、全ブリテンの事業とするシンクレアの主張は、「投資社会」にたよる公共的プロジェクトの多くに共有されるものであった。いわく、「公共精神に富む諸個人をひとつのソサエティにまとめる」とともに、「浄財の拠出で損失を蒙るのではなく、トンチンへの出資によって相当な利益を期待できるようにする」、と。(22)「農業の『改良』の諸原理を確実なものとする」というシンクレアの事業は、残念ながら実現をみなかった。しかし重要なのは、スコットランド啓蒙でなく、イングランド啓蒙でもなく、ブリテンの啓蒙の実践として、産業基盤の整備による「改良」でもまた、「投資社会」からの出資が前提にされたという事実である。

公共的なプロジェクトの主体は、さまざまであった。キュー・ブリッジ・トンチンの実施者は、五名の私人からなるトラストであった。また一七七五年、ロンドンのフリーメイソン・ロッジは新ホールを建設したが、費用五〇〇〇ポンドはトンチンで調達されている。(23)さらに一七九七年、ロンドン・シティ当局もまた、債務者監獄の改善費用や累積負債の借りかえ資金として、八一万六〇〇〇ポンド［ママ］をトンチンでえた。(24)「投資社会」は、私人から、フリーメイソン、都市自治体、国家にいたる、多様な主体に信用を供与し、それぞれの事業を実現させたのだ。ブリテンは当時、まさに「トンチンの時代」にあった。

ブリテンでは、中央政府が長期債を起債するさい、議会制定法で利払い税源が特定されるか、議会の保証議定が必要だった。この手続きは、いわゆる「バブル・アクト」のもとで株式会社に準じる出資形態を利用した改良事業でも踏襲された。ミドルセクス懲治院の建設（第3節で詳述）では、一七八六年の議会制定法（26 Geo. III, c. 55）で、事業主体を治安判事で構成されたトラストとさだめ、起債上限額や利払い源が規定されている。シンクレアの農業「改良」計画でも、バブル・アクトにさだめられた要件である議会制定法あるいは国王勅許状をえる費用として、五〇〇ポンドが計上されている。

説明責任もまた、信用をえる要件となった。トンチンのばあい、不正防止目的で、名義人の氏名・住所・年齢・職業や続柄といった属性および出資口数を明示した印刷物が発行され、出資者に供覧されている。事業の財政状況と名義人の死亡状況、それにともなう利率の改定もまた、半年ごとに公表された。これらは、ブリテンが国家財政を事実上「公開」することで公信用を維持していた点と似ている。

つまり、形式的な要件の整備により組織体が構成され、かつ「投資家」に説明責任がはたされてはじめて、「投資社会」から組織体――国家、「改良」事業、株式会社など――に資金が供与されるのだ。これら一連の手続きが標準化されると、それはしだいに普遍的とみなされ、投資の適否を判断する基準として政治的な境界をこえてもとめられていく。こうして「適格」とされた組織体は、新聞や雑誌、ビラの証券市況欄に価格でしめされ、「投資社会」を構成する万人の「合理的な主体」の目に比較可能なかたちで供されたのだ。

ブリテンの「改良」と「トンチン」は、海をこえていく。一七九四年、アイルランド南西部の港町コークでは、一口二五ポンド計一四〇口のトンチンで費用三五〇〇ポンドが調達された[25]。それは、コーヒーハウス、店舗、部屋、住居の建設と、地所の購入を目的とするものであった。合衆国のワシントンでは、約二六三万平方フィートの地所開発に必要な一四万ドルが、一口五五ドルのトンチンでえられた[26]。一七九三年に事業が開始されたボストンの著名な建築物「トンチン・クレセント」や[27]、同年にニューヨークのウォールストリートで建築され、のちのニューヨーク証券取引所の源流となる「トンチン・コーヒーハウス」のように、トンチンの利用例は合衆国でも枚挙に暇がない。そもそも、大西洋方面への「投資社会」の拡大は、アイルランド政府による一七七〇年代の三度のトンチンが契機となった。[28]「投資社会」はブリテンの中央政府財政や「地方」の「改良」の資金を提供するだけではなく、大西洋方面への拡大とともに、アイルランドの植民地財政、合衆国の連邦政府財政やトンチンによる「改良」もまたささえていく。そのさい、ブリテンで確立された準拠枠が採用されることで、投資が可能となったのだ。

「改良」という名の啓蒙は、ブリテンでは近代的な社会・経済空間の構築というかたちで実践された。また、「啓蒙」と「投資社会」との関係は、当時のブリテン特有の国家構造を反映するものであった。いっぽうで啓蒙は、「投資社会」からの戦費調達によって過度に公信用に依存していく中央政府に、自由と政治的な安定の確保という観点から警鐘をならした。たほう、「投資社会」からの信用によって、啓蒙の実践としての「改良」事業を実現していったのだ。たしかにポール・ラングフォードがいうように、「改良」事業へ、ときに地元住民からのはげしい反対もみられた。[29] しかし「投資社会」がブリテンという政治的枠組みをこえて膨張していくと、「改良」というブリテンの啓蒙もまた「投資社会」とともにアイルランドや合衆国に波及していった。

2　トンチンとアニュイティ

公共的プロジェクトの資金調達では、トンチンという終身年金の一種が頻繁に利用された。トンチンとは何か。[30] ここではまず、同時代人の解説に耳をかたむけてみよう。

[トンチンとは]　ある一定の利率がついたアニュイティである。アニュイティは、数クラスに分けられた多数

の人びとにあたえられる。このクラスわけは、それぞれの年齢にもとづきおこなわれる。その結果、それぞれのクラスに割り当てられた全資金が、クラスの生存者に毎年分割され支払われる。これは、最後の一名が死去するまでつづく。死亡者が発生すると、死亡者分の資金はトンチンの事業主体の権限に帰属する。この権限こそがアニュイティが適正に支払われる保証となるのだ。[31]

トンチンへの出資者（つまりアニュイティの受取人）とその生命にアニュイティが支払われる名義人とは、同一のこともあれば、ことなることもある。また「全資金」とは利払い源をさす。年齢で分類されたクラスのなかで、名義人が長生きすればするほど、受取人のアニュイティの年額は増加していく。というのも、名義人が死亡すると、そのアニュイティは事業主体の手にもどされたのち、同一クラスの生存している名義人口数で等分に分割され、生存者のアニュイティに加増されるからである。すべてのクラスですべての名義人が死去した時点で、トンチンは終了となる。なお、トンチンでは元本の償還はない。この点こそが、主催者がトンチンを採択するおおきな利点であった。

「アニュイティ」とは「毎年定期的に支払われる金銭」が字義通りの意味だ。ようするに現在の「（終身）年金」に相当すると考えてよい。ただし、引用文中にも「毎年」とあるが、じっさいのトンチンの利払いは、国債と同様に、半年に一回だった。

アニュイティはがんらい、老齢者や寡婦、孤児、未婚の女性などに、生計の手段としてあたえられた、不動産の「あがり」であった。[32]ところが、イングランド財政金融革命で、動産への投資から利子がえられるようになると、信用にもとづく利子や配当をさすことがしだいに多くなる。なかでも、名義人が存命のかぎり利払いが継続するトンチンのような終身債、あるいは償還期限のさだめがないコンソル債の利子が、アニュイティの主流をしめていく。信用にもとづくアニュイティが普及していったのは、動産である証券が不動産と比較してアクセスが容易で流動性にとんでおり、証券取引が不動産取引よりも取引費用が低かったためだ。

「投資社会」におけるアニュイティの実態をかんたんに一瞥しておこう。マラシ・ポスルスウェイトは、サヴァリの『商業辞典』の英訳者であり、多数の著作で著名な時論家である。かれが活躍した一七五〇年代前半は、イングランド財政金融革命の完成期であり、オーストリア継承戦争で増大した公債の低利転換が政治問題として浮上した時期でもあった。当時の論壇には、国債の全廃をもとめる声が強かった。たしかにポスルスウェイトもまた国債を批判していたが、このような過激な反国債派ではなかった。かれは、アニュイティを必要とする人びとの存在に注目する。

ブリテンの国債は、増加させるよりも減少させるほうが、われらが証券保有者の繁栄の利益になる。［しかし］寡婦や孤児、困窮した人びとや老齢で就労不能な人びとがいるが、こうした人びとは共同体に利益をもたらすような仕事や雇用をまったく果たすことができない。それゆえ、こうした人びとをのぞくと、国債への出資者でなければならない者はいないはずだ。［……寡婦や孤児といった］人びとこそが国債に出資できる排他的な権利をもつべきだと思われる。これが、国債を全廃する必要がない最良の理由になるだろう。(33)

七年戦争後の一七七〇年代になると、公信用にもとづくアニュイティの意義を評価する見解を一歩進めて、それが「投資社会」を受容するひとつの理由とされた。ジョン・キャンベルによれば、公信用はすべての人びとに利益をもたらす手段とされる。

ジェントルマンは国債という手段によって収入を貯蓄する機会をもつ。商業従事者はときに資金を国債に投資する。貿易商も同様だ。［……］そのほかにも、国債は寡婦や孤児、公的信託にあたえられた、平等にして安全で便利な貯蓄手段である。(34)

七年戦争の前後で、「投資社会」へのまなざしに変化がみられることに注目しておきたい。

現実には、国債保有者の七割はロンドンとその近隣諸州に集中しており、のこりは地方とオランダ、フランス、ジュネーヴをはじめとする国外に居住していた。ロンドンの人びとと比較して、地方の人びとが国債に投資してアニュイティをえる機会はかぎられていた。地方在住者にアニュイティを提供したのが、トンチンによる公共的なプロジェクトであった。グラスゴウのトンチンでは、一〇六名の出資者中九一名がグラスゴウ在住者、のこりの一五名のすべてがエディンバラをはじめとするスコットランド在住者であった。一七八六年三月にブリストルで実施された「ブランズウィック・スクエア・トンチン」では、出資者五九名中、ブリストル在住者が三三名と半数以上を占めていた。のこりもグロウスタシアとデヴォンシアがそれぞれ七名、サマーセットシアが四名、ヘレフォードシアとコーンウォール州がそれぞれ二名と、大部分が近隣諸州の居住者でしめられている。[35] このように、地方における公共的プロジェクトの多くは、農場経営者や小売業者といった「中流の人びと」を中心とする地元民の出資によってささえられていた。逆に、公共的なプロジェクトは、地方の人びとにとって信用にもとづくアニュイティを確保する貴重な機会であったのだ。

アニュイティは、中央政府による国債や、地方のさまざまなトンチンによって社会にもたらされた。しかし、国債とトンチンを二律背反的に理解してはならない。むしろ、両者の相互関係が問われねばならない。その好例が、「イプスウィチ・ユニヴァーサル・トンチン」（略して、イプスウィチ・トンチン）である。

イプスウィチはイングランド東部のイーストアングリアに位置し、サフォーク州の中心都市のひとつである。イプスウィチ・トンチンは、一七九〇年一月二五日に出資がはじまり、一七九三年三月二四日に最終的にしめきられている。このトンチンでは、年齢による一四のクラスわけがなされ、クラスによって一口の出資額がことなっていた。たとえば、名義人が五歳以上一二歳未満であれば一口が一〇〇ポンドであるのにたいして、六七歳以上であれば一口が四〇ポンドだった。かりに、一口あたり年四ポンドの利子を受けとるとすれば、前者の年利は四%であるのにたいして、後者の年利は一〇%となる。これら一口あたりの金利差は、科学的な学知にもとづいていた（第3節参照）。

イプスウィチ・トンチンは、これまで言及してきたトンチンとは性格がことなる。それは、アニュイティの獲得に特化したトンチンであった。出資者からあつめた資金は、なんらかの事業費に充当されるのではない。ほとんどが管理トラストの名義で四%コンソル債に投資されるのだ。新聞各紙には「政府公債（Government Securities）に投資」との見出しで投資広告が掲載されている。(36) 年利四%の利子は、広告費や事業経費が控除されたのち、トンチンの原理により生存者間で配分されることとなる。つまり、個人がコンソル債に直接投資するばあいと比較すると、トンチンの原理を介在させることにより、生存者利益が加増されたより高い投資益がえられる、というわけだ。さらに、政府公債に投資する費用の共同負担という目的もあった。イプスウィチ・トンチンへの出資総額は、六万六八五六ポンド一五シリング二ペンスにのぼった。これを原資として、一七九一年六月三〇日に額面一万四五〇〇ポンド、一七九二年六月三〇日に同二万三五〇〇ポンド、一七九三年五月七日に同三万ポンドの四%コンソル債が購入されている。(37)

出資者については、史料の制約からその一部をかいまみることしかできない。リチャード・オルドリッジ（四六歳）はブリストルの銀行家であるが、自己名義でイプスウィッチ・トンチンに一口七〇ポンド投資している。かれは、前述のブランウィック・スクエア・トンチンにも、知人の一八歳の息子を名義人として一口投資している。このような複数のトンチンに分散投資する例はしばしばみられた。

収益については、利払い開始から一五年経過した一八〇八年のデータがある。この一五年間で一一八口分の名義人が死去し、利払い額は一口あたり三ポンド一三シリング七ペンスであった。年利に換算すると、一口一〇〇ポンドの五歳以上一二歳未満のグループでは年利三・六五%、一口四〇ポンドの六七歳以上のグループでは年利一〇・一八%となった。六七年後の一八六〇年のデータでみると、六八口分の生存者があり、利払金額は年二四ポンド四シリング、一口一〇〇ポンド出資のばあい年利二四・二％という高利回りとなった[38]。

名義人については、リストが残存している。全五七〇名が登録され、申し込み口数は七九〇におよぶ。そのうち二〇歳以上三二歳未満のクラスが九五名と最多で、五歳以上一二歳未満のクラスが七九名とそれにつづく。地域分布は、イプスウィチで四四名、イプスウィチをふくめたサフォーク州で一〇九名と全体の約二割をしめる。また、ノーフォーク州、エセクス州、ケンブリッジシア、ハートフォードシアおよびサフォーク州といった近隣で五一％と、全体の約半数にのぼる。しかし、北部のノーサンバランド州とウェストモーランド州、中部のノッティンガムシアとラトランド州、南西部のコーンウォール州の五州をのぞくイングランドの三八州に名義人がみられる。ロンドンが全体の約一割を占めていることも特徴的である。さらに、ダブリンやジャマイカ、インドのボンベイ（ムンバイ）にも、わずかだが名義人が存在している[39]。名義人の分布は地元を中心としつつも広範囲にわたった。

一七九〇年代前半は、トンチンによりアニュイティを獲得するプロジェクトが各地で叢生していった時代であった。一七九〇年には、イングランド中部の中心都市ヨークで「ヨークシア・トンチン」が実施された[40]。また一七九一年、ロンドン南東部のケント州の町、ロチェスタ、チャタム、ブロンプトンでは、これら三つの町から五マイル以内に範囲を限定し、合同で「トンチン・アソシエイション」が結成されている。このトンチンは、一口あたり毎週六ペンスを支払い、五年の満期後に生存者間で配当を分割するものであった[41]。一七九二年には、ケント州の州都メイドストンで「ケント・トンチン・ソサエティ」が結成された。このトンチンではイプスウィチ・トンチンとおなじ形式が踏襲されている[42]。こうしたトンチンは、「改良」事業と同様に、アイルランドの首都ダブリンや合衆国のボストンにも存在した[43]。

同時期に、イプスウィチ・トンチンのように、広域の大規模なトンチンもいくつか実施されている。一七九一年六月には「ユニヴァーサル・ブリィテイッシュ・トンチン・ソサエティ」が[44]、同年一二月には「ロイヤル・ユニヴァーサル・トンチン・ソサエティ」がロンドンで結成された[45]。また一七九二年一二月には、「ニュー・ブリティッシュ・トンチン・ソサエティ」がブリストルを中心に結成された。これは最大級の規模をほこり、参加者数は約一二万人にふくれあがった。[46] 新聞紙上の投資広告に「Government Security（国家による信用＝安全）」との大見出しをあげる事業もあった。[47] トマス・フライは、これらを「プライヴェイト・トンチン」と一括し、運営への批判を急進主義の牙城ロンドン通信協会へよせている。フライによれば、主要六大トンチン・ソサエティに限定しても、出資者総数は四八万人にものぼるという。[48] 大規模なトンチンでは、イプスウィッチ・トンチンのように最初に一口分を全額投資するのではなく、ケントのロチェスタの事例のように、週ごとあるいは月ごとに小額を積み立て、数年の満期をまつという方式が、多くでとられた。こうして、低所得者層の参加が可能になった。一七九七年の「ミネルヴァ・ユニヴァーサル・インシュアランス」は、名称こそ「保険」とあるが、原理はトンチンにほかならない。[49] この企画は、「女性や子ども、老人をまもるため」と、トマス・ペイン（一七三七―一八〇九）らの普遍的な社会保険の構想と通底する目的をあげていた。

ガレス・ステッドマン・ジョーンズによれば、ペインの『人間の権利』（一七九一―九二年）とコンドルセの『人間精神進歩の歴史』には、みすごされてきた類似性があるという。一七九〇年代になってはじめて、累進課税による再分配をつうじた平等の追求と、商業社会、そして合衆国からヨーロッパに移植可能とかんがえられはじめた共和制とをむすびつけるあらたなプログラム、すなわち普遍的な社会保険が構想された。共和制のもとで、偶然の要因による貧困の根絶が、累進課税による社会保険で実現可能だとされたのだ。背景には、楽観的な商業社会像の出現、確率論や統計学の洗練による未来を制御しうるという確信、アメリカ独立革命やフランス革命による政治思想の急進化があった。しかしこの構想は、ジャコバン派によってフランス革命が急進化すると、つかのまの輝きをうしなったという。[50]

ペインらの社会保険構想とトンチン・ソサエティの叢生には、共通した文脈がある。いっぽうで、一八世紀後半のブリテンでは、近代的な生命保険会社が成功をおさめたことにより、租税による社会保険が実現性をもつ制度として構想されはじめる。たほう、社会の「投資社会」化によって、信用にもとづく「アニュイティ」が普及していく。両者は、確率論と生命統計の発展という文脈を共有していた。ステッドマン・ジョーンズがいうように、累進課税による普遍的な社会保険が、啓蒙の科学の発展によって、偶然要因による貧困を根絶すると考えられた。しかし、それだけではない。信用にもとづくアニュイティもまた、啓蒙の科学的な学知の発展により、現実に活用されたのだ。つまり租税か信用か、あるいは国家か市場かという対立軸をこえ、両者が科学により未来のリスクを制御できるという発想を共有し、ほとんど時をおなじく構想されことに、歴史的な意味があるのだ。

公信用と地方における信用は、トンチンというかたちで合流をはたし、アニュイティを社会にもたらした。所有が流動化していくと、普遍的な社会保険構想の提示とほぼ同時に、信用＝「投資社会」からの信認にもとづく「アニュイティ」もまた、存在感をしめしていったのだ。その背景には、七年戦争後に「Government Security」を文字どおり具現していく、信用にあたいする国家としてのブリテンの台頭があった。こうして、中央における国債と地方におけるトンチンが体系化され、国家への信用を中核にすえた「投資社会」が成長をとげていくのである。

3 科学的学知

一八世紀のブリテンでは、事業費用を証券で市場から調達することで「遊休資金」の流動化を喚起し、近代的な諸空間の整備がすすめられていく。個人が信用リスクを引きうけることへの報酬こそが、人生におけるリスクを回避する手段となった。しかし、そのためにはアニュイティがどのような経済的な価値をもつのか、証券の価格が算出されねばならない。終身年金であれば、個人の寿命の計算可能性＝予測可能性の獲得、つまり、科学にもとづくアニュイティの客観的な「真の価値」を決定する必要があるのだ。この役割をはたしたのが「科学的学知」、すなわち啓蒙の科学としての統計学と確率論の発展であった。

アニュイティを主題にした書籍類は、一七世紀から出版されていた。数にして一〇〇はくだらないそれらは、おおきくふたつの系譜に分類できる。ひとつが複利計算からアニュイティの価値を論じるもの。もうひとつが人口統計や確率を主題とするものだ。たとえば、有名な一八世紀後半の「人口論争」は、後者の系譜にぞくする。[51] ここではまず、「投資社会」の勃興が両者にあたえた影響に重点をおきつつ、それぞれの系譜を概観しよう。[52]

第2節でふれたように、イングランド財政金融革命以前のアニュイティは、地代にほかならなかった。ウィリアム・パーサの『複利とアニュイティ』（ロンドン、一六三四年）は、「アニュイティとは、数学的な見地からひきだすことができる」と、複利計算の導入によるアニュイティの価格算出を主張したもっとも早期の例のひとつである。[53] そのご、複利計算によるアニュイティ論は、教会が所有する地所の地代計算を主題とする書物群に継承されていく。『主教座教会や大学の学寮が所有する土地のリース契約の更新・購入のための早見表』（ケンブリッジ、一六八六年）では、各種条件下における地代やリース契約の金銭的価値を、条件ごとに算出された「早見表」にしめすことにより、いかなる条件下でも地代や地所の価値を簡便に計算できるとしている。[54] ところが、イングランド財政金融革命は、これらにも影響をおよぼすことになる。ガエル・モリス『リース契約の更新と購入』（ロンドン、一七三五年）には、「複利にもとづく早見表は、一般的に利払いが年一回という前提で作成されてきた。しかし、公債の利払いは半年に一回である。年一回と半年に一回とでは、［複利を想定すると］利払いで相当な違いがもたらされる。［……それゆえ］いくつかの早見表をこの原則で作成しなければならないとかんがえた」と、「投資社会」の勃興を視野にいれつつ、「投資社会」に必要不可欠な複利を重視する記述がみえる。[55]

近代人口統計学は周知のジョン・グラントの『自然的かつ政治的な観察』（ロンドン、一六六二年）からはじまる。グラントは、ロンドン・シティの『死亡表』をもちいて、洗礼数と埋葬数の差から人口の増減を推計した。かれの記述は地域差や男女の出生比差にもおよぶ。[56] 政治算術家ウィリアム・ペティは『人口増加論』（第二版、ロンドン、一六八六年）でグラントの手法を採用し、ダブリンやパリ、アムステルダム、ローマほか、さまざまな都市や州の人口をもとめ、全世界の人口を三億六〇〇〇万と推計する。[57]

そのいっぽうで一六九二年、エドマンド・ハーレーがシレジアの地方都市ブレスラウの死亡年齢付死亡表を利用して、年齢別の人口分布をしめすことに成功した。これにより、各年齢で死亡する確率が算出できるようになる。[58] オランダのヤン・デ・ウィトやフッデらにより開拓されはじめた分野が、[59] ハーレーによってその地歩をしっかりと確立されたのだ。これ以降、人口統計は確率論の発展とリンクしていく。

一八世紀確率論の始祖は、亡命ユグノーでもあったエイブラハム・ド・モアヴルである。かれは「［確率をもちいることによって］偶然を偶然がほんらい存在する場にみいだすことができる。確率がしだいに増加していくことによって証明可能な画一性、秩序、恒常性の存在がしめされる。そのいっぽうで、［逆に］選択と意図が介在することもしめされるだろう」[60]と、確率をつうじて真理に到達できるとする。また、「この世のすべての政治は、確率の数量分析のたぐいにほかならない」と喝破するジョン・アーバスノットもまた『偶然の法則』で、「確率の数量計算がきわめて有用」であり、かつ「ひじょうに多くの不測の出来事に応用可能であろうと、わたしは信じる」と、客観的で合理的な指針として確率の効用をとく。[61] このような思考がアニュイティに応用されるのは、ほかならぬド・モアヴルによってであった。かれは『終身アニュイティ論』（ロンドン、一七二五年）で、「終身アニュイティ［の金銭的］価値を見積もるには、利子率と、寿命が長くなるかそれとも短くなるのかの確率をみなければならず」、また「寿命の長さの確率は、いずれにしても観察から論理的に推測しなければならない」とのべる。かれは、さらにつぎのようにいう。

余命とは、ある既存の生命から正当に予測される寿命の長さである。それは、かつて存在した多くの生命の、この世に生をうけこの世からさるにいたった期間のうち、より長いものとより短いものの中間値をとる。

［……］余命の現在価値によって、終身アニュイティが購入される。［こうして購入されたアニュイティによって］地代は存命のかぎり支払われる。それゆえ、［アニュイティを購入した］人物の未確定である寿命の長さという［いわば一種の］偶然は、［確率と統計によって算出された余命という］ある固定された期間とおなじものとしてとらえられるのである。［確率と統計によって算出された余命という］固定された期間のあいだ、アニュイティの受取人は、名義人の余命の正しさによって、当該アニュイティをえる権利をもつのである。(62)

ド・モアヴルは、ハーレーの研究を評価しており、データもハーレーによった。「観察」を最重視したド・モアヴルのデータがひろく参照されるようになると、皮肉なことに、逆に「観察」を重視するがゆえにド・モアヴルが風土論的に批判される局面も出現した。

外国の死亡表にもとづく観察には、寿命の金銭的価値を法外に高くすることを目的に適用されたものがある。奇妙キテレツで凝った計算で観察を推計するというものである。しかし、これらの計算が国外の死亡表にもとづくがゆえに、この種のすべてのものの推計が保証されることなど、けっしてありえないのだ。［……］寿命の価値を推計する最良の方法は、死亡表によるものである。［……］しかし同時にみとめなくてはならないことがある。それは、われわれはこれまで、じゅうぶんに正確なデータをもったことがなく、そのような［欠陥のある］データからしか、いかなる推計も生み出されなかったということである。［そのようなデータをえるのは］イングランドに限定してかつ、特別に不健康でもなければ健康でもない土地でなければならない。(63)

死亡年齢がロンドンの死亡表に記載されるのは、一七二八年からである。これは、ド・モアヴルのアニュイティ論の出版が一七二五年であったことと関係するかもしれない。また、地域差の観点からド・モアヴルが批判されたのは、一七三一年のことである。しかし、ロンドンのデータにもとづくアニュイティ論が提出されるには、トマス・シンプソンによる『年金と保険の原理』(初版、ロンドン、一七四二年)をまたねばならなかった。おなじくロンドンの死亡表をもちいたジェイムズ・ホジソン『終身アニュイティの価値――ロンドンの死亡表からの推計』(ロンドン、一七四七年)には、興味深い記述がある。

寿命にアニュイティを設定することは、公的な目的のために資金を調達する至便な手法である。この方法はもっと推奨されてしかるべきだ。なぜなら、将来までこの手法がもちいられていくことに、疑念の余地はないからである。(64)

ここでいう「公的な目的」とは何か。これを戦費として了とするわけにはいかない。第1節と第2節で示唆したように、「改良」事業やトンチン・ソサエティまでをもふくみうるものとして、この言葉を理解する必要がある。ポスルスウェイトがそのしのびよる影をかんじていた「投資社会」の影響は、ホジソンの記述にも明瞭にあらわれている。それを確証するのが、ほかならぬド・モアヴルであった。『終身アニュイティ論』(第四版、ロンドン、一七五二年)でかれは、こういう。

土地が三・五%の年利をとることは、まずない。南海会社アニュイティは、額面利率は三・五%であるが、購入者は［市場価格が額面を割っていることから］四%以上の実質年利で手にしているはずである。両者の単純比較は難しい。周知のように、無条件相続が可能な地所には、出資者の［社会的な］信用、名誉、名声そのほか、もろもろの有利な点が付随している。そのため、多少実入りが減っても、所有者は満足できる。南海会社アニュイティは、定期的な利払いが厳格になされること、議会による保証があることに基盤がある。しかし［土地からの］終身アニュイティには、それらがない。(65)

つまり、複利計算によりアニュイティを数学的にとらえる系列と、統計や確率論により生命統計の構築を主題とする系列が、「投資社会」の影響下で「アニュイティの科学」として合流するにいたったのだ。一七五〇年前後のことである。これらの学知は、経験的な観察にもとづく合理性と客観性を重視し、啓蒙の科学の一翼をになった。本章が強調したいのは、これらが「投資社会」から一定の影響をうけつつ発展してきたという事実である。

リチャード・プライス（一七二三―一七九一）やウィリアム・モルガン（一七五〇―一八三三）の活動は、この文脈からも理解されなければならない。プライスは、一八一二年まで版を七度かさねる主著『年金受取金の支払いについての所見』（初版、ロンドン、一七七一年）で、政策論的でかつ実践的なアニュイティ論を展開する。まず、アニュイティについての一般的な知識を一六問の質疑応答形式でしめし、寡婦や老齢者のアニュイティについてふれる。同時に、生命保険の価格算出の手法について解説がふされる。さらに国家破産を回避する手法として、減債基金の創設による国債元本の削減を主張する。[66]これは翌年、『公衆に向けてのアピール。国債について』（ロンドン、一七七二年）でも再論されている。[67]さらに、ベンジャミン・フランクリンへの書簡形式をとった前著『余命についての所見』（ロンドン、一七六九年）で力説されていた国力の源泉としての人口論についても、[68]人口増加説の立場から政治算術的に論じている。さいごに、数学的な見地からの終身アニュイティ論を展開する。そこでは、ハーレーがブレスラウのデータにもとづき算出した余命と、ド・モアヴルがおなじデータで算出した数値が批判される。かれは、ロンドン、イーストアングリアの地方都市ノリッジ、ミッドランドの都市ノーサンプトンのデータにもとづく各余命数値を比較検討するのだ。

プライスの国債償還論には、じゅうらいの国債批判と比較して、ふたつの特徴がある。ひとつが、アニュイティ論で議論されてきた複利計算を応用し、減債基金の設置によって元本の削減が可能だと主張する点。もうひとつが人口論からの視点すなわち、国債の利払いで税負担が過重になり、その結果物価が上昇し、それが人口の減少つまり、国力の減少をもたらすと主張する点である。[69]つまり、数学と人口というふたつの柱が、かれのさまざまな発想の中核にあるのだ。そこから、いっぽうでは寡婦や老人のためのアニュイティ論や生命保険論が展開される。たはう人口論の系譜から政治算術的にブリテンの国力が論じられ、その実践的な方策として複利の応用による国債の削減が主張されるのだ。

ウィリアム・モルガンは、プライスの甥であり、プライスの伝記[70]の執筆者であった。かれもまた、プライスとおなじく数学に長けていた。モルガンは、世界初の近代的な生命保険会社である「エクイタブル生命保険」創設（一七六二年）時のメンバーのひとりでもあった。[71] 主著『寿命と生存率にもとづくアニュイティと生命保険の原則』（ロンドン、一七七九年）では、基本的にプライスの主張を数理的にうらづける記述が展開されている。[72] モルガンはプライスの継承者であった。かれの活動の意義は、統計学や確率論といった最新の科学を、現実の制度設計に応用した点にある。エクイタブル生命保険の成功はそのひとつだ。それがペインやコンドルセらに影響をおよぼし、かれらによる普遍的な社会保険構想につながっていったことは、ステッドマン・ジョーンズが指摘しているとおりである。

モルガンは一七八七年一月八日に、以下のような書簡を送っている。

コンソル公債の現在の値動きから、年金受給者（Annuitants：トンチン購入者）への利率を決定するのであれば、利子は一〇〇ポンド出資につき、すくなくとも年四ポンド一シリングにしなくてはいけないでしょう。しかし、コンソル公債が年利五％の値をつけているなら、年四ポンド一一シリングの利子でないとだめです。貴殿案はトンチンの購入者にとっては魅力にとぼしく、ミドルセクス州は、年利を四・五％以下に設定すると、起債は不可能だと思料します。コンソル公債の現況から判断するに、年四ポンド六シリングの年金に、生存者利益を加えた利率にするべきだと考えます。[73]

この書簡の宛先は「ミドルセクス・トンチン」のトラストを構成した治安判事である。一七九四年、ロンドン近郊のミドルセクス州クラーケンウェルのコールド・バース・フィールドに、「ミドルセクス懲治院」が竣工した。当時、アメリカ独立戦争終結で除隊された多数の兵士の犯罪により、国内、とくにロンドンとその近郊の治安が悪化しつつあると考えられていたこと。北米植民地の独立で流刑地を喪失したこと。さらには、その善後策としてテムズ川に係留されたハルク（牢獄船）の劣悪な環境が、啓蒙思潮やその実践の動きからはげしい批判をうけていたこと。これらがミドルセクス徴治院建設の背景にあった。また当時、ベッカリーアをはじめとする刑罰改革思想がヨーロッパにひろまり、ブリテンではジョン・ハワード、ウィリアム・イーデン、ウィリアム・ウィルバーホースらによって、監獄改革運動が展開されていた。[74] その成果のひとつが、ミドルセクス徴治院なのである。総工費六万二〇〇〇ポンドの調達のために実施されたのが、通称「ミドルセクス・トンチン」である。総工費は、ミドルセクス州の歳入の八～九年分に相当する巨額にのぼった。一七八八年に三万ポンド（年利四・五％）、一七九一年に二万ポンド（同、四％）、一七九三年に一万二〇〇〇ポンド（同、五％）と三度、「ミドルセクス・トンチン」が起債された。利払い源は州の査定税である。[75] つまりこの書簡は、トラストから相談をうけたモルガンが、ミドルセクス・トンチンの起債条件について科学的な学知にもとづき回答したものにほかならない。じっさい、四・五％以上の額面年利を提案するモルガンの見解は、第一回ミドルセクス・トンチンにそのまま反映されている。モルガンは「改良」事業の制度設計でもきわめて重要な役割をはたしたのだ。

一七六〇年代から一七七〇年代にかけて、プライスやモルガンが人口統計学や確率論をアニュイティとむすびつけた。さらにこうした科学の学知は、かれらによって「改良」事業の資金調達計画で実践されていった。啓蒙と信用の関係において、政治・社会的な局面では「公信用」が問題となり、経済・社会的な局面では「改良」の実践とアニュイティのありかたが問題となった。しかし一八世紀中葉まで、前者の論者が後者を視野におさめることは、ほぼなかった。プライスやモルガンは、そのはじめての例であったといえる。

数学の応用は「改良」事業にとどまらず、イプスウィチ・トンチンのようなトンチン・ソサエティにもみとめられる。啓蒙の科学は、これらに経験にもとづく客観的で合理的な裏づけをあたえた。同時に、前述のトマス・フフイのように、トンチン・ソサエティを批判する場合でもまた、論拠を科学的学知にもとめるという動きがみられるようになる。[76] こうして、信用リスクひきうけることによって、人生における偶然のリスクを回避することが可能とされ、アニュイティをつうじて「投資社会」の資金がこれらの事業に投資されたのだ。つまり、「改良」、「アニュイティ」、「啓蒙の科学」の三者が結びつき、「投資社会」の構成原理となったのだ。ミドルセクス懲治院はその典型例にほかならない。「投資社会」は、七年戦争後という時期に啓蒙とふかくむすびつき、その地歩をかためたのである。

これを雄弁にかたるフィロゾーフが、コンドルセだ。本章冒頭に掲げたかれの社会数学的なまなざしは、「投資社会」の勃興という文脈からも理解されなければならない。そのくだりの直前には、確率計算の社会的効用をとく文章につづく、以下のような記述がある。[77]

人間の生命の長さについて、性別や気質や風土や職業や政府や生活慣習などの相異がこの寿命に及ぼす影響について、いろいろな疾病から生ずる死亡率、人口の変化、この人口の変化を生じるいろいろな原因の作用の範囲、年齢や性別や職業などによる各国の人口分布の状態などについての研究、これらすべての研究が、人間に関する物理的知識（生理学）、医学、公共（国家）経済などに、どれほど有用であることだろうか！

一八世紀のアニュイティ論は、デイヴィド・ウィルキ『利子率論』（エディンバラ、一七九四年）のように、減債基金、生命保険、平均余命、国営富くじ、トンチン、火災保険を一書に体系化するという試みを経由し、フランシス・ベイリ『利子と年金の原理』（ロンドン、一八〇八年）によって再審にふされた。[78] また、ジョン・フィンレイソンは終身アニュイティやトンチンからえられた死亡者データをもちいて、生命統計の検証を政府によるプロジェクトとして実行している。[79] さらに、『統計学雑誌』では政府公債における過去の終身年金の死亡者データが、『保険数理研究所雑誌』ではプライスやモルガンをはじめとするアニュイティ研究で提出された各種の数値が、それぞれ検証されている。[80] ここにトンチンをはじめとする終身年金から獲得されたデータが、ふたたび学知にフィード・バックされ、既存の科学的な学知が再検討されていくという循環がうみだされたのだ。「第二次科学革命」は「投資社会」の勃興からも理解されなければならない。[81]

なんらかの形式的な制度でささえられた信用によって、偶発的にもたらされる個人のリスクを回避するという考えかたは、数学という啓蒙の科学にささえられていた。現在まであくなき膨張をつづける「投資社会」は、勃興期から啓蒙の科学的な学知と親和的な関係をもっていた。啓蒙の科学は、制度の設計側とアニュイティをえる側の双方へ、経験にもとづく合理的な予測可能性をあたえた。科学の正当性に疑義が呈されないかぎり、「投資社会」を構成する個人は、こうして「合理的な主体」としての個人としてふるまうことができた。この「合理的な主体」としての個人こそが、リスクを引きうけることによって、国家と啓蒙の実践に資金を提供したのである。

おわりに

啓蒙は「投資社会」への最大の批判者であった。所有の流動化を目のあたりにしたフィロゾーフの多くは、国家や社会が不安定な信用に立脚することに懐疑的であった。しかし同時にブリテンの啓蒙の実践は、「投資社会」によって実現し、また「投資社会」勃興の支柱ともなったのだ。本章の要点は、つぎの二点にまとめられる。

第一に、「投資社会」がブリテンにおける啓蒙の実践をささえた点である。ブリテン的な啓蒙の実践である「改良」事業の多くは、「投資社会」からの資金がなければ実現が不可能であった。「改良」の結果、ブリテンの近代的な政治・社会・経済・文化をささえる基盤が構築されていった。同時に、「投資社会」からの投資をえるために、国家や事業主体、株式会社などの組織体が「投資社会」が要求する基準を組織原理のひとつとして内在化した。こうして「投資社会」は「地方」に浸透していき、さらに政治的な境界もこえていったのである。

第二に、「投資社会」と啓蒙の科学的学知との共棲関係である。社会がより下層の人びとも抱合しつつ「投資社会」化していくと、信用にもとづくアニュイティが偶然の貧困を防止する手段となっていく。啓蒙の科学はいのちの長さを可視化することによって、「改良」事業の推進側とアニュイティをえる側の双方へ、投資リスクの「予測可能性」をもたらした。また投資結果は、科学へと還元されていった。学知そのものが合理的であるかぎり、科学が「投資社会」をささえ、「投資社会」が科学の発展を促進するという共棲関係がうみだされていく。こうして、多くの人びとが「投資社会」に包摂されていき、「投資社会」を構成する個人が「合理的な主体」としてリスクを引きうけていったのだ。

啓蒙は、「投資社会」の勃興と密接にむすびついていた。しかし、両者がむすびついたのは、イングランド財政金融革命の開始直後ではなく、その半世紀後であった。それは、「投資社会」が、ブリテン特有の国家構造を背景に、中央政府と地方へ信用を供与することで成長をとげ、また科学が「投資社会」の成長から影響をうけつつ発展するには、半世紀あまりの時間が必要だったからだ。アニュイティの科学は、プライスやモルガンらによって一七六〇年代から七〇年代にひとまず集大成され、「信用しうる国家」の生成を背景に、勃興めざましい「投資社会」の原理的な支柱となった。その結果が、トンチンによる「改良」事業であり、トンチン・ソサエティの叢生であった。「投資社会」と啓蒙の関係は、ブリテンという特殊な空間で醸成されたものであった。しかし、「投資社会」がブリテンをこえていくと、「改良」事業もまたブリテンをこえていく。両者は切りはなされることなく、地域の偏差をこえる普遍性を帯び、アイルランドや合衆国に波及した。さらに「投資社会」は、ヨーロッパ大陸のフィロゾーフたちにも影響をあたえていくのである。[82]

注

（1）コンドルセ『人間精神進歩の歴史』前川貞次郎訳、角川文庫、一九六六年、二〇八頁。

（2）Peter George Muir Dickson, *The Financial Revolution in England*, London, Macmillan, 1967.

（3）坂本優一郎「空間としての投資社会」『空間のイギリス史』山川出版社、二〇〇五年、二二二—二三六頁。

（4）J・G・A・ポーコック『マキァヴェリアン・モーメント』田中秀夫／奥田敬／森岡邦泰訳、名古屋大学出版会、二〇〇八年。イシュトファン・ホント『貿易の嫉妬』大倉正雄／渡辺恵一訳、昭和堂、二〇〇九年。

（5）田中秀夫「序論　啓蒙の遺産」、田中秀夫編著『啓蒙のエピステーメと経済学の誕生』京都大学学術出版会、二〇〇八年、一—三五頁。ロイ・ポーター『啓蒙主義』見市雅俊訳、岩波書店、二〇〇四年、とくに第六章。

（6）唯一の先行研究は、B. L. Anderson, 'Provincial Aspects of the Financial Revolution of the Eighteenth Century,' in Richard Peter Treadwell Davenport-Hines（ed.）, *Capital, Entrepreneurs and Profits*, London, Franc Cass, 1990, pp. 10–21.

（7）先行研究として Geoffrey Poitras, *The Early History of Financial Economics, 1478–1776*, Cheltenham ; Northampton（MA）, Edward Elgar, 2000. Geoffrey Clark, *Betting on Lives : the Culture of Life Insurance in England, 1695–1775*, Manchester, Manchester University Press, 1999 も関連する。

（8）Peter Borsay, *The English Urban Renaissance*, Oxford, Oxford University Press, 1989.

（9）Paul Langford, *Public Life and the Propertied Englishman, 1689–1798*, Oxford, Oxford University Press, 1991, chapter 3.

（10）ジョン・ブリュア『財政＝軍事国家の衝撃』大久保桂子訳、名古屋大学出版会、二〇〇三年。

（11）Ron Harris, *Industrializing English Law*, Cambridge, Cambridge University Press, 2000.

（12）*List of Subscribers to the Tontine Scheme in the City of Glasgow*,［Glasgow］,［1815］

（13）James Denholm, *An Historical Account and Topographical Description of the City of Glasgow and Suburbs*, Glasgow, 1797, p. 42

（14）*Ibid*., p. 121.

（15）*Ibid*., p. 174.

（16）*Hull Advertiser*, 13th Sept. 1794.

（17）Gloucestershire Archives, GBR–A1–3–1.

（18）Sir. George Onesiphorus Paul, *A Second Address on the Subject of a Reform of Prisons*,［Gloucester?］,［1783?］, pp. 18–19. Christopher William Chalklin, *English Counties and Public Building, 1650–1830*, London, Hambledon, 1998, pp. 165–180.

（19）London Metropolitan Archives（LMA）, ACC/38/1.

(20) LMA, MJ/SP/B/0471 ; MJ/SP/B/0471.
(21) *The Covent Garden Journal*, 1808, pp. 460–467.
(22) Sir. John Sinclair, *Proposals for Establishing by Subscription, a Joint Stock Tontine Companyt*, London, 1799.
(23) Right Worshipful Lodge of Free and Accepted Masons, *Proposals for Raising 5,000l. for the Use of the Society of Free and Accepted Masons, for the Purpose of Building a Hall, &c. by Way of Tontine...*, [London?], [1775].
(24) William Fairman, *The Stocks Examined and Compared*, 3rd. ed., London, 1798, pp. 75–76.
(25) Associated Society to raise a fund for erecting a coffee-house, *Copy of the Deed or Charter, Entered into by the Associated Society to Raise a Fund for Erecting a Coffee-House and Other Buildings*, Cork, 1794.
(26) Tontine Washington, *As Many of the Stockholders Have Expressed a Wish to Obtain a Complete List of the Names of Those, on Whose Lives Shares in This Company*, [Washington], [1806?].
(27) Marcus Whiffen and Frederick Koeper, *American Architecture* vol. 1 : 1607–1860, Cambridge Mass., MIT Press, 1983, pp. 122–123.
(28) 坂本優一郎「財政革命・植民地・投資社会」、後藤浩子編『アイルランドの経験』法政大学出版局、二〇〇九年、一〇九―一四〇頁。
(29) Langford, *op. cit.*, pp. 176–186.
(30) トンチンの歴史と仕組みについては、坂本前掲論文、一一六―一一八頁。
(31) Charles Compton, *A Treatise on Tontine*, London, 1838, pp. 9–10 ; Robert W. Cooper, *An Historical Analysis of the Tontine Principle*, Philadelphia, S. S. Huebner Foundation for Insurance Education, Wharton School, University of Pennsylvania, 1972.
(32) Poitras, *op. cit.*, pp. 143–221.
(33) Malachy Postlethwayt, *Great-Britain's True System*, London, 1757, p. 70.
(34) John Campbell, *A Political Survey of Britain*, London, 1774, Vol. 2, p. 554.
(35) Gloucestershire Archives, D361–F4.
(36) たとえば、*London Gazette*, November 5, 1791 ; *Whitehall Evening Post*, November 8, 1791 ; *Morning Chronicle*, November 29, 1792 など。
(37) Lincolnshire Archives, 1–DIXON 12–4–3 ; Suffolk Record Office (SRO), Ipswich branch, T 20–1, 12.
(38) Lincolnshire Archives, 1–DIXON 12–4–3.
(39) SRO, Ipswich Branch, T 20–1, 1–11.
(40) Yorkshire Tontine, *Copy of the Deed of Covenants, from the Trustees, Directors*, York, 1790.

(41) Rochester, Chatham, Brompton and Strood Tontine Association, *Articles, Rules and Orders, to Be Observed by the Rochester, Chatham, Brompton and Strood, Tontine Association*, [Rochester?], 1791.

(42) Kentish Tontine Society, *Government Security. Rules, and Articles of the Kentish Tontine*, Maidstone, [1792].

(43) Dublin Tontine Company, *Articles of Agreement Entered into by and between the Subscribers to the Dublin Tontine Company*, Dublin, 1791 ; Boston Tontine Association, *The Constitution of the Boston Tontine Association*, [Boston], [1791].

(44) Universal British Tontine Society, *Laws, Rules, and Orders*, London, 1791.

(45) Royal Universal Tontine Society, *Rules and Orders*, Bristol, [1791].

(46) New British Tontine, *Government Security. Oct. 1, 1792. The New British Tontine*, [Bristol?], [1792] ; New British Tontine, *Rules and Articles of the New British Tontine*, Bristol, [1792].

(47) たとえば、*Gazetteer and New Daily Advertiser*, February 19, 1790 ; *Public Advertiser*, June 18, 1791 など。

(48) Thomas Fry, 'On the INQUIRY of certain SCHEMES for TONTINES, which have been Offered to the Public by Private Persons' in London Corresponding Society, *The Moral and Political Magazine of the London Corresponding Society*, 1795, vol. 1, p. 33.

(49) Minerva Universal Insurance, *The First Three Parts of the Minerva Universal Insurance! for Fire, Lives, Annuities, and Impartial Tontine* [London], [1797].

(50) Gareth Stedman-Jones, 'An End to Poverty : The French Revolution and the Promise of a World beyond Want,' *Historical Research* 78–2, 2005, pp. 193–207 ; do., *An End to Poverty?* New York, Columbia University Press, 2005.

(51) D. V. Glass, *The Population Controversy*, London, Glass Gregg, 1973.

(52) 全体像は、Lorraine Daston, *Classical Probability in the Enlightenment*, Princeton, N. J., Princeton University Press, 1988 を参照。本章の主眼は科学的学知と「投資社会」の関係をさぐることにある。包括的な系譜や技術・数学の側面は、同書および注(7)の二書にゆずる。

(53) William Purser, *Compound Interest and Annuities*, London, 1634, pp. 5–6.

(54) *Tables for Renewing & Purchasing of the Leases of Cathedral-Churches and Colleges*, Cambridge, 1686

(55) Gael Morris, *Tables for Renewing and Purchasing of Leases. As Also for Renewing and Purchasing of Lives*, London, 1735.

(56) John Graunt, *Natural and Political Observation...*, London, 1662. 阪上孝『近代的統治の誕生——人口・世論・家族』岩波書店、一九九九年、第1章。

(57) Sir. William Petty, *Observations upon the Dublin-bills of Mortality*, 1683 ; do., *An Essay concerning the Multiplication of Mankind*, 2nd ed., London, [1686].

(58) E Halley, 'An Estimate of the Degrees of Mortality of Mankind drawn from Curious Tables of the Birth and Funerals at the City of Breslaw,' *Philosophical Transactions of The Royal Society of London*, 17-196, 1692/93, pp. 596-610 ; do., 'Some Further Considerations on the Breslaw Bills of Mortality,' *ibid*., 1693, 17-198, pp. 654-656.
(59) ハインリヒ・ブラウン『生命保険史』水島一也訳、明治生命一〇〇周年記念刊行会、一九八三年、九六―一一一頁。
(60) Abraham de Moivre, *The Doctrine of Chances*, London, [1718], p. vi.
(61) John Arbuthnot, *Of the Laws of Chance*, 4th ed., London, [1738], p. viii.
(62) Abraham de Moivre, *Annuities upon Lives*, London, 1725, p. vi.
(63) *A True Estimate of the Value of Leasehold Estates, and of Annuities*, London, 1731, p. 14.
(64) James Hodgson, *The Valuation of Annuities upon Lives*, London, 1747, p. iv.
(65) Abraham de Moivre, *Annuities on Lives*, 4th ed., London, 1752.
(66) Richard Price, *Observations on Reversionary Payments*, London, 1771.
(67) Richard Price, *An Appeal to the Public, on the Subject of the National Debt*, London, 1772.
(68) Richard Price, *Observations on the Expectations of Lives*, London, 1769.
(69) Price, *An Appeal to the Public*, 1772, pp. 41-44.
(70) William Morgan, *Memoirs of the Life of the Rev. Richard Price*, London, 1815.
(71) ブラウン前掲書、二〇三頁。
(72) William Morgan, *The Doctrine of Annuities and Assurances on Lives and Survivorships*, London, 1779.
(73) LMA, MJ/SP/1787/01/039/001.
(74) ジョン・ハワード『十八世紀ヨーロッパ監獄事情』川北稔/森本真美訳、岩波文庫、一九九四年。
(75) Christopher William Chalklin, 'The Reconstruction of London's Prisons, 1770-1799 : an Aspect of the Growth of Georgian London,' *London Journal* 9 (1983), pp. 21-34.
(76) Thomas Fry, 'Private Tontines', in London Corresponding Society, *The Moral and Political Magazine of the London Corresponding Society*, 1796, vol. 1, pp. 73-74.
(77) コンドルセ前掲書、二〇八頁。
(78) David Wilkie, *Theory of Interest, Simple and Compoun*, Edinburgh, 1794, especially pp. 220-224.
(79) John Finlaison, *Life Annuities*, London, 1829.
(80) Frederick Hendricks, 'On the Financial Statistics of British Government Annuities (1808-1855) and the Loss Sustained by the Govern-

ment in Granting Annuities,' *Journal of the Statistical Society of London*, vol. 19, pp. 325–384 ; do., 'On the Early History of Tontines,' *Journal of the Institute of Actuaries*, vol. 10, pp. 205–240.

（81）イアン・ハッキング『偶然を飼いならす——統計学と第二次科学革命』石原英樹／重田園江訳、木鐸社、一九九九年。とくに第六章。

（82）フランスでも公共事業と「投資社会」の関係はみられる。伊藤滋夫「一八世紀フランスの公共事業と地方財政」『西洋史学』第二〇一号、二〇〇一年、一―二一頁および、同「一八世紀ラングドックにおける地方三部会と金利生活者」『西洋史学』第二二七号、二〇〇七年、一―二一頁。また、トンチンは当時、ヨーロッパ各国に普及しており、それがブリテンでのトンチンにも影響をおよぼしたことにも留意しなければならない。普及については、ブラウン前掲書、一八四―一九九頁。影響の具体例は、British Library, Add. Mss., 4458, ff. 169–135.「ブリテン特有の信用のありかた」という本章の枠組みを欧米全域を視野に入れて検討する必要がある。

第4章　ニュートン主義と薔薇十字団員の月世界旅行

長尾伸一

1　ニュートン主義の公共性と秘教性

（1）「分析」の修辞学

一八世紀の哲学的テクストにおける書かれたものと隠されたものとの関わりは、スコットランドの常識哲学者トマス・リード（一七一〇―一七九六）については、比較的明瞭であるように見える。「哲学」という名辞が知識の体系的、理論的探求といった漠然とした意味合いを持ち、「専門学としての哲学」が成立していなかったこの時代でも、刊行された著作から見た限り、リードは専門家と呼んでも不当ではないような、道徳哲学の理論的部分である「精神学《ニューマトロジー》」の一部の心理学《サイコロジー》という、明確に囲い込まれた領地の内側で活動した著作家といえる。[1] 著作家リードが選び取ったこの固有地は、当時の語彙に従えば「人間本性の研究」とも呼ばれる、ジョン・ロックやジョージ・バークリーやデヴィッド・ヒュームの「哲学的」主著が書かれた領域だった。

彼の精神学《ニューマトロジー》あるいは心理学《サイコロジー》を現代語に移す際には、いくつかの注釈が必要になる。精神学《ニューマトロジー》は「精神」の「物理学」を志向する点で、現代語の「心理学」にとりあえず等値できよう。しかし人間の認知や行動の経験的分析である現代心理学と異なり「人間本性の研究」は、「人間の知的能力」にかかわる「外的世界」、「普遍的法則」、「因果関係」などの実在性とその認知可能性、また「人間の能動的能力」にかかわる「道徳率」の認識可能性や「道徳的行為能力」の存在証明という、抽象的で価値負荷性の高い「哲学」的問題を中心的な探求の課題としていた。心理学がこれら外界の存在やその認知、日々の人間の意思決定などを経験的所与とみなし、自明の前提とした上で、認知の仕組みや行動の法則性を厳密な実験的手法で明らかにしようとするのに対し、一八世紀の「人間本性の研究」は、これら心理学的探求に枠組みを与える与件そのものの根拠を問題にし、その存在を論証しようとする。それはメタ心理学を含んだ心理学だったともいえよう。あるいは「人間本性の研究」は、伝統的な形而上学的問いに対し演繹的な思索でなく、厳密に定義された学問的方法で答える強い方法意識を持っていたという意味で、言語論的転換以後の現代分析哲学に照応するといえるかもしれない。たとえば一八世紀の哲学は言語分析ではなく、当時幼少期にあった心理学をその手段としたというように。また二〇世紀末からの大脳神経の観察・操作技術の飛躍的発展に伴い、もし今後哲学の「神経生理学的転換」が展望できるとするなら、それは分析対象を言語からその背後にある「人間本性」へ遡行させる点で、哲学の精神学《ニューマトロジー》への回帰であるというように。

だがリードの精神学《ニューマトロジー》の学問性は、確定された対象領域と明確に定義された方法という二点で、個別の経験科学や数学と区別された現代哲学の専門性とは異なっている。リードが「人間本性の研究」で推奨し、それを全面的に採用したと自称する方法は、『プリンキピア』（一六八七年）や『光学』（一七〇四年）で定式化された「ニュートンの方法」と呼ばれる、理論的な自然科学の方法だった。現代の語法で表現すればそれはあくまで「科学」の方法であり、固有の哲学の方法ではなかった。そしてその対象も、後年の内観心理学のそれと区別されない「意識の現象」だった。したがってリードにおける「人間本性の研究」の学に対する以上の特徴づけは、どちらも正確ではない。リードの精神学《ニューマトロジー》が目指すべき学は、「物体の哲学」、つまり物理学だった。そしてその完全現実態である学問体系が『自然哲学の数学的原理』と名づけられているように、それは最終的には数学的科学に匹敵する確実性を得るとされていた。リードにおける「人間本性の研究」は、一種の自然科学であり、しかもこの経験科学はこの学自体が前提する哲学的問題の解決を委ねられていた。その点でリードは哲学の専門家であるより、哲学者でありかつ科学者であると自己規定していたといえる。かつての大学の哲学に対抗する形で発展した「新しい科学」の潮流の中に自らの思想を位置づけた一八世紀の知識人の中で、彼の「専門性」は、この新しい知的体系の方法を厳密に適用することが既成の哲学的問いに回答を与えると考えた、一八世紀という、科学の専門化以前の幸福な時代における哲学者／科学者だったところにあった。

このリード哲学の極端な「科学主義」は、その体系のナレティヴをも規定した。著作の内容である「人間本性の研究」の科学主義的な定義は、その叙述の方法に対応している。最初の著書『コモン・センスの原理に基づく人間本性の一研究』[2]（一七六四年）を準備する際、リードはその概要を作成した。[3]それは彼の哲学的思索の軌跡を要約しているが、その末尾で著作家としての叙述の方法が語られる。学問的叙述は学問的方法を忠実に写すべきだというのが、著作家リードの考えだった。「人間本性の研究」が「ニュートンの方法」に従って進められるのなら、その結果も同じ方法を忠実に言語に映す形で表現されなければならない。著作や講義でたびたびリードが正しい科学の方法として言及し、推奨するのは、ニュートンの『光学』で定式化された、経験主義的に定義された「分析と総合の方法」だった。そのうちでリードは、現象から法則へいたる科学的探究の方法である前半部分の「分析」を、「人間本性の探求」の叙述法として採用する。[4]それは科学的探究の過程を隠さず読者の前に提示することによって、公的空間での学問的判断を仰ぐための書き方だった。

私は総合の方法ではなく、分析の方法によって書くことがもっとも適切で妥当だと考えている。総合の方法とは最初に結論を示し、それからそれを確証する事実を探すやり方である。分析の方法とは、感官が示す順序に従って事実を示し、それらから何が推論できるかを考察する仕方である。私は医者というより、研究者の役割を選ぶ。私は結論を出す前に事実を予告しておく公正な研究者の一人でありたいのだ。[5]

かつて一八世紀ブリテンの論理学と修辞学の関係を論じたウィンバー・サミュエル・ハウエルは、アリストテレス的論理学がロックの精神に従って改作されて新しい論理学となり、それがアダム・スミスの修辞学で学問的著作の叙述法となったと論じた。[6] この主張では、「新しい論理学」に沿った学問的著作の「新しい修辞学」をスミスが建設することで、ロック哲学の影響下で論理学と修辞学が収斂したことになる。ハウエルが「新しい論理学」の建設者に指名したジョージ・キャンベルとデュガルド・スチュアートはリードの友人や学生であり、ハウエルの著書で要約された、彼らの新機軸とみなされた「新しい論理学」の内容は、アバディーン時代のリードの論理学講義ノートにすでに現れていた。[7] それに加えてリードの叙述法を考慮すれば、一八世紀の学問的著作における論理学と修辞学の融合には、「分析」と「総合」の二つの道があったと考えることもできる。仮にスミスが後者の代表者であり、それが説得力という修辞的力を存分に発揮したとすれば、リードによって実現された前者は、情報の正確な伝達を目指す学術論文の作法を作り上げようとしていた。いわば「総合」の方法に基づくスミスの「新しい修辞学」は、「教育的」意図を重視し、読者の脳裏に自らの体系を複製することを目指した。「分析」の方法を読者の眼前で実演するリードの修辞学は、「作品」としての機能よりも、研究の現場を隠すことなくすべて受け手の前で再現するべきだという、学問的作品の公的性格を第一義的に見ていた。彼の著作はテクストが有する修辞的な力ではなく、公的討議に必要な情報を余すところなく提示するという、「専門的」なテクストとしての機能を優先して造られていた。しかもその際の「学問」とは、「ニュートンの方法」という単一の方法をもった哲学と科学の混合体であり、形而上学的問題への信頼できる解答と、個々の人間心理の経験的・原理的解明という、二つの課題を同時に担っていた。研究においても著述においても「ニュートンの方法」を精神の研究に応用するこのテクストには、修辞によって読者を操作するという、戦略的行為が入り込む余地はないように思える。あるいはスミスのような学問的作品が含む発話内行為の修辞的目的も、意識的に排除されていたように見える。リードの作品は同時代のテクスト群の中でも、書かれることで何かが隠され、隠されたものが自らを意識されることなく己を実現するという、「企み」に基づく「仕掛け」としてのテクストからはもっとも遠いはずだった。

しかし実際には最初の著書のテクスト、しかもその中心的な部分に、学術論文のスタイルからの逸脱があった。この脱線は、数学のような高度に技術的な叙述を除き、いまだ科学の著述様式が制度化されていなかった時代に、学術的論文のスタイルを確立する試みが垣間見せた一種の「綻び」であり、その間隙から前世紀的な著述のあり方が姿を見せていると受け取られるべきかもしれない。またそれは「学術的スタイル」の中に意図的に挟みこまれた、語られないものへ読者を誘う「誘惑」だったのかもしれない。あるいは現代の読み手にとってそれは、「人間本性の研究」という一八世紀の主導的な哲学的営みに対するモダニズム的な解釈を挫折させ、それを通じて、一九世紀に再定義された「近代」が置き去りにしたあの冥い世界を暗示する、一つの結び目であるとも予想できるだろう。

(2) アポデムスとアネピグラフス

このテクストの起源は、一七五八年六月一四日にスコットランド北東部の都市アバディーンで開かれた、「アバディーン哲学協会」という一つの小さな会合で読まれた、「正しい人間精神の哲学の困難――デヴィッド・ヒュームの人間精神の哲学に対する一般的な偏見と、視覚によって得られる知覚についてのいくつかの考察」[8]というエッセイに遡る。この会は一七五八年に結成されたアバディーン大学内の「研究会」で、この日の司会はジョージ・キャンベルが勤め、出席者はジョン・グレゴリー、デヴィッド・スキーン、トマス・リード、トマス・ゴードン、アレグザンダー・ジェラード、ジョン・ファークハーだった。協会の主要メンバーは、一七四五年のジャコバイトの乱に加担した教授陣が「公職追放」された以後に教授団に加わり、「ニュートンとロックの哲学」に基づくカリキュラム改革を推進した人々だった。「正しい人間精神の哲学の困難」は題名のとおり、「人間本性の研究」の課題と、その中でとくに視知覚の理論を扱っている。アバディーン哲学協会はヒューム哲学を検討し批判することを一つの話題としていたが、そこでリードは、主著の内容のいくつかを報告している。[9] その意味でこの団体は、コモン・センスと実在論を中核とするスコットランド哲学が、少数の友人たちの議論を通じて形を整えていった、生誕の場所だった。この学派の中核となる理論が、この日の報告で姿を現した。

ところがこの報告の中には、とくに中心的な論点である視覚論にかかわって、実在論哲学の提唱者の主著にはふさわしくない奇妙な小文が挿入されていた。それは「以下は薔薇十字団の哲学者であるヨハンネス・ルドルフス・アポデムスの著書からの抜粋と思われる」[10]という紹介文で始まる、薔薇十字団員ヨハンネス・ルドルフス・アポデムスの月世界旅行という、啓蒙期に流通した地下文書の一部のような、あるいは創作された寓話のような奇妙な挿話だった。この「抜粋」は架空の月旅行記の形を取るが、「抜粋」からの引用と自己のコメントを交互に交えるリードの記述は、寓話というより実際の旅行記の紹介のように見える。正体不明の人物アポデムスは、月で知的生命「イドメニア人」に遭遇する。小文は彼の「旅行記」を引用しながら、この生命体の世界観を詳細に解説する。前世紀の架空の秘密結社に仮託されたこの御伽噺はリードの学術的著作の方法論に不適合だが、それは協会での主著の最初の検討会で読まれ、数年後に著作の構成上重要な箇所に収録された。その際に「引用」の若干の変更とともに、リードの解説が拡張されているが、語り口は同じだった。そこで怪人は、アネピグラフスという新しい名前を得ている。

後年の著書でリードは、薔薇十字団事件の知的文脈であるパラケルスス主義に軽蔑の目を向けている。[11] 同時代人の中でもとりわけて彼は、自然の機械論的解釈に固執していた。リードによって物質に内在する力の観念の導入は、ルネサンス的な自然観への退行と思われた。修辞上の理由だけでなく科学的信念の点からも、彼がこのような語り口を採用する真意は測りがたい。内容から見てこの「抜粋」の実質は著者の創作と思われるが、リードにおける「アポデムス文書」あるいは「アネピグラフス文書」事件の真相は、現在のところ不可解なままにとどまっている。だがこの哲学的テクストの中心部分における語りの破れは、解釈者にとっての一つの誘惑でもある。「月世界旅行」と「薔薇十字団」という、ニュートン主義的哲学者にふさわしくないモチーフを持つ不可解な語りを比喩として解釈することで、一八世紀ニュートン主義の真の世界を垣間見ることができるからである。

2 世界の複数性・不可知性

(1) 複数性の文脈

薔薇十字団員の物語は、月世界探検の報告書という衣装を纏っている。シラノ・ド・ベルジュラック[12]やフランシス・ゴドウィン[13]以来、ヴォルテールの『ミクロメガス』[14]にいたるまで、宇宙旅行の寓話は初期近代の一つの文学形式だった。それは地動説の受容と惑星の観測や衛星の発見、重力の概念による天体の運動法則の解明といった、近代の天文学がもたらした新しい空間像と科学的表象や言語が、同時代の文学的想像力と語彙に与えた影響と捉えられるだろう。またそれは思想史的には、広く普及したユートピア文学形式の天文学版であり、科学的・疑似科学的語彙によって語られた空間的表象が既存の信念体系を相対化する拠点を与えるという意味で、批判的思考に一つの仮説的出撃拠点を与えていたとも思われる。地球表面の現実の探検が空間表象を水平方向に膨張させたと同時に、天文学の思弁的宇宙探検は垂直的空間を飛躍的に拡大し、ともに文学的、思想的想像力に自由な運動の余地を与える、意味上の茫漠とした空白を創造し、初期近代の思想的作品の多彩な語りを可能にした、というように。

だが道徳哲学者リードの「月世界旅行」談は、「分析」の方法に基づく学術的文体の創造を目指して書かれた著書の只中に置かれていて、このような修辞的伝統の中で解釈されることに抵抗するように見える。とくにこの「旅行記」が、本書の中でもっとも難解かつ学問的な、幾何学を使った視知覚の理論の内部に現れているため、この違和感は大きい。むしろこの部分には、ユートピア物語と大文学的比喩を含みながら、それらよりはるかに巨大な知的文脈を形成している、初期近代における「世界の複数性」問題の一端が露呈しているように見える。

科学者リードの語りに登場した「宇宙旅行」の表象は、たんなる修辞的形式を超えて、一八世紀にはニュートン主義の一構成部分とさえなっていた。地球外知的生命存在説に連関している。この世紀の「地球外知的生命」は、文学的想像力の世界にのみ棲息していたのではなく、知的世界のあらゆる部分に進出し、公民権を得ていた。際限なく増やすことができるこの世紀の地球外知的生命存在説の証言者のリストには、例えば一八世紀スコットランド最高の知性の一人で、リードの教師の世代にあたるコーリン・マクローリンや[15]、リードの知人で有名な説教師、修辞学者のヒュー・ブレア[16]、エディンバラ大学の道徳哲学教授アダム・ファーガスン[17]、学生の世代に属するジェイムズ・ビーティ[18]を挙げることができる。

近代の地球外知的生命存在説はルネサンスのニコラウス・クザーヌスやジョルダーノ・ブルーノたちが初期の提唱者となったが[19]、地動説の普及と望遠鏡の発明はそれに科学的根拠を与え、コハンネス・ケプラー[20]やジョン・ウィルキンズやピエール・ボレルのような先駆的議論に続き[21]、一七世紀を代表する大科学者クリスティアーン・ホイヘンスの『コスモテオロス』[22]によって、「学問的」体系を整えた。一八世紀に入るとこの観念は、マクローリンや彼の先輩のオックスフォードの自然哲学教授ジョン・キール[23]のような代表的科学者、リチャード・ベントレーのような神学者[24]といった、一八世紀ブリテンのニュートン主義者たちによって、時には慎重な言葉で、時には断言的な言い回しで、しかしつねにある確信を持って語られ、ついに世紀の後半には一種の科学的常識へと固化していった。それは通俗的科学書に書き込まれ、公開講義で言及されて、一九世紀の初めには、地球外知的生命存在説を論証したのはニュートンだとさえ言われるようになった[25]。ニュートン的科学の一部と化した地球外知的生命存在説は、オランダ語の科学書、翻訳書を通じて江戸期の日本に伝えられ、志筑忠雄[26]、山片蟠桃[27]、吉雄常三[28]といった、日本の地

動説とニュートン主義の提唱者たちの著書に現れることになった。(29)

一八世紀に地球外知的生命存在説が持った知的衝撃の一端は、トマス・ペインの思想的な主著『理性の時代』(一七九四―九五年)にうかがえる。一八世紀ブリテンの「財政・軍事国家」を支えた税務官吏の一人として算術と天文学の知識を身につけたペインは、真の宗教を根拠付けるのは矛盾に満ちた聖書ではなく、科学、とりわけ天文学だと主張する。明らかに複数の人間の手で書かれた著書である聖書には一貫性がなく、その教えは残酷で不道徳でさえあると、ペインは増補版でさらに細部にわたり論証する。これに対して天文学は、ニュートン主義者たちが言うように、神の力と智恵とを科学的に立証している。ペインにとって自然科学こそが、またそれだけが、神の姿を開示する真の教典なのだった。

その中で天文学が主な位置を占めるところの科学の全分野を包含している、現に自然哲学と呼ばれるものは、神のみわざについての、また神の力と英知についての研究であり、真正の神学なのである。(30)

このように熱烈に信奉するニュートン主義の教説の中でペインは、とりわけて地球外知的生命存在説を重視する。世界の複数性は地上の人間には見極められない膨大な創造の技を開示し、神の偉大な力を示している。(31) 地球外知的生命存在説を含む「世界の複数性」論は、古代ギリシャのデモクリトスやアナクサゴラスなどの哲学者たちの学説にも広く見られる。ペインはこのような経緯を理解した上で、世界の複数性論は近代になって復活した観念だったと語る。(32) ペインにとって近代的な複数性論は、古代からの思想的伝統を受け継ぎながら、近代天文学の知識によって初めて立証された正しい科学的世界像だった。だが複数性論の文脈の中で議論を進めるペインにとっては、この「科学的論証」には自然神学の論法が結びついていた。ホイヘンスやベントレーたちは、近代天文学が発見した膨大な無限空間の存在は精神的存在にとって無意味であり、創造神としての神の観念に見合わないと論じた。ペインはこれを継承し、無機的な宇宙空間の創造が万能の知性の意図とは思われないと、複数性論の中で百年前から使われてきた自然神学の論法を繰り返す。

われわれの地球のどの部分も、占領されずには残されていないというのに、なぜ広大な空間が裸で人の気もなく、永遠の荒野として横たわっていると想像されなければならないのだろう？[33]

この宇宙空間が何らかのために造られたとすれば、そこは神の似姿である精神的存在によって満たされているはずだと、ペインは複数性論者たちの主張を反復する。近代複数性論が大きな影響力を持った理由のひとつは、この科学と自然神学を混在させた議論の仕方にあった。「空虚への恐怖」を使う自然神学的議論をさらに進めて、ペインは彼の理神論の中核的教説として、「造物主が世界の複数性を創りあげた結果として人間にもたらされる、大いなる恩恵」[34]を解説していく。それによれば、無限の空間と無数の惑星や恒星や彗星という膨大な物質は、創造の力の浪費ではない。それはそれらが知的生命に開示する自然法則を通じて、知的生命に世界の真の態様を教える役割を持っている。

われわれと隣り合う世界の体系はその公転において、その体系の住人たちへ、わが体系が我々にするのと同一の科学の原理と考え方を示し、それはこの広漠たる宇宙全体を通じてそうなのである。[35]

こうして神が創造した複数世界の天文学的秩序によって、宇宙に拡散する知的生命たちは、相互に連絡することなしに、同一の知識、同一の科学に到達することができる。[36]天文学を中心とする科学的知識のみが神への真の道なのだから、あらゆる知的生命に共有された科学は、正しい神の観念へと彼らを導くだろう。この論法が示すように、ペインにとってニュートン的な自然科学を「教典」とする理神論は、じつは人間のための宗教ではなく、宇宙全体に存在する知的生命体が共有する、普遍的宗教なのだった。この科学主義と自然神学が混交した壮大な宇宙論的表象が、ペインの「人間の権利」、「理性の時代」などの主張を支える基礎的観念となっていた。姿かたちが異なる宇宙人と人類が同一の「宗教」を信じる同等の存在であるなら、人類の間に生まれながらの区別などあるはずがない。神の被造物であるすべての精神的存在は、教育や環境から生じる差異はありつつ、本来同等の価値を持ち、同等の権利を持って生まれたことになるだろう。このように世界の複数性とペインの理神論は、表裏一体の関係を持っている。

ペインにとって近代科学によって証明されたとされている「世界の複数性」の観念は、キリスト教の教義の不条理を明らかに示していた[37]。『世界の複数性についての対話[38]』の著者であるデカルト派のフォントネルと同様な論旨に沿って、世界の複数性を信じる理神論者ペインはキリスト教の教義を批判する。キリスト教の中心的な信仰箇条は、創造主である神が、ある特定の歴史的時点に、特定の地域に、ただ一人の人間として光臨し、地上の人間たちの罪を背負って十字架の上で死んだという事実なのだから、世界の複数性はキリスト教に難問を提起することになる。どうして神は全宇宙に存在する無数の他の知的生命を捨てて、このような宇宙の片隅に棲息する人類のためだけに死を選んだのだろうか。そうであれば、「神の愛」はただの偏愛に過ぎなくなる。そうでないとすると、さらに不条理な仮定が必要になる。無限で普遍の愛を持つ宇宙の創造主は、あらゆる罪ある知的生命に赦しを与えるために、次々にそれぞれの惑星で人間として誕生し、すぐに刑死するという奇怪な行を、宇宙の果てから果てまで際限なく続けていかなければならなくなる。

もしそうなら、幾万の天体をひとしく自分の庇護のもとに置いた全能神が、他のすべてのものへの責任をうち捨てて、我々の世界に来て死ななければならない。しかもそれは、彼らの言うところによれば、一人の男と一人の女が一個のリンゴを食べたからだという！　［……］この場合、不敬にも神の息子あるいは時として神自身と呼ばれる人物が、ほとんどつかの間の生命を持って、つぎからつぎへと果てしもなく死を遂げながら、天体から天体へ旅をして回る以外には何もしなかっただろうということになるのだ[39]。

しかしこの全宇宙を旅する「複数のキリスト」の想定は、唯一の救世主というキリスト教の信仰箇条の決定的な否定となってしまう。このペインの批判に対して、多くのキリスト教徒は苦悶した。それは特に啓蒙の伝統を継承しようとしていた、世紀末に勢力を復活した福音派にとってそうだった。理神論者ペインのキリスト教批判は、たとえば『三人の詐欺師』のような地下文書からの攻撃と違い、世紀末には公の場でほぼ絶対の知的権威を獲得していたニュートン的科学の名を借りていたため、反論が極めて困難だった。ニュートン主義が論証したと信じられていた世界の複数性を否定すれば、彼らは知的蒙昧の批判を浴びるだろう。だがそうしなければ、キリスト教の中心的な信仰箇条は不合理に満ちていることになる。

著書『コモン・センス』を出版したこの理神論者と多くのニュートン主義の観念を共有しながら、スコットランド教会の聖職者でもあったリードは、ニュートン的科学がキリスト教の正しさを証明すると考えて、宗教に関してはペインに対立する立場を取っていた。他方世界の複数性については、マクローリンと同じくリードも、慎重かつ肯定的な態度を表明している。類推に基づいて推理すれば、惑星や他の恒星系にも地球に類似したエコシステムが存在することが予想される。あらゆる神の創造には理性的に説明可能な根拠があるはずだという、複数性の証明で必ず用いられた自然神学的な充足理由の原理と並んで、類推の原理は科学の立場からの複数性論の推論根拠となっていた。後者は現在でも確率論的思考と結びついて宇宙探査を進める天文学的関心を支えているが、後にウィリアム・ヒューウェルが批判したように、それはあくまで蓋然性にとどまる推論でしかない。近代複数性論者たちの多くは、容易に蓋然性から確実性へと議論を飛躍させていたが、厳密な経験主義を信奉するリードはこの点を見落さない。現在のところ地球外知的生命の存在は、あくまで蓋然性の段階にとどまっていると、リードは考える。とはいえ下記の引用部分は『人間精神の知的能力について』の中の「類推」についての議論の部分に現れていて、ここで地球外知的生命存在論は類推の有効性を示す事例と見做されている。フランス・ニュートン派の物理学者シモン・ド・ラプラスと同じく[40]、リードはそれを確実な事実ではなく、だが「きわめて蓋然性が高い」科学的予測でもると考えている。
したがってわれわれが住むこの地球と、木星、土星、火星、金星、水星という他の惑星との間に、われわれは多大の類似性を見出すことができる。距離や周期は違うが、それらはすべて地球のように太陽を巡る。それらはすべて地球のように、太陽から光を受ける。それらのいくつかは地球のように自転しており、そのため昼と夜の交代がある。いくつかは、われわれの月がそうであるように、太陽が見えない時に光を与える月を持っている。それらはすべて、地球のように、重力の法則にしたがって運動している。この類似性のすべてから言って、われわれの地球と同様これらの惑星にも、さまざまな段階の生命体が棲息していると考えることは、理屈に合わないことではない。アナロジーに基づくこの結論には、ある蓋然性がある。[41]

この認識はリードの「人間精神の研究」の背景を構成している。積極的に地球外知的生命の性質を論じることはないが、リードは被造物である「精神的存在」を人間のみに限定してはない。それには地球外の精神が含まれている。しかしその実在性が「極めて蓋然的」であるにもかかわらず、彼らがどのような存在なのか、知る方法はない。したがって「精神の研究」は経験的に実施可能な、人間精神の研究に限るべきだとリードは主張する。

この広大な宇宙の精神や考える存在にどんな種類があるのか、われわれは知っているふりをすることはできない。われわれは神の領土の小さな片隅に、他の部分から隔絶されて住んでいる。われわれが棲息している球体はわれわれの太陽を巡る七つの惑星の一つである。他の六つやそれらの衛星、われわれの体系の彗星に、どのような異なった仕組みを持ったものたちが住んでいるか、どれほどの他の太陽がわれわれの体系と同様であるかは、すべてわれわれからは隠されている。人間の理性と勤勉が惑星の規則性と距離やそれらの法則を驚くほど正確に発見したにもかかわらず、それらと交信する方法はない。生きた存在の棲息が極めて蓋然的であるにもかかわらず、それらの住人たちの本性や力はまったくわからない。[42]

言い換えれば、「人間精神の研究」は「精神的存在」の事例研究だということになるだろう。それは純粋で完全な精神的存在者である神の性質への間接的な洞察を与えるとともに、宇宙に散在する被造物としての「精神的存在者」たちの本質的なあり方への推測を可能にする。

世界の複数性という文脈の中で捉えたとき、「人間本性の研究」のテクストに出現した月世界旅行という比喩の意味はどのように解釈可能となるのだろう。ケプラー以来、「月」は一つの「複数世界」の在りかとされてきた。天文学的知識を有したリードが、月に人類に類似した知的生命が居住すると考えていたとは想定しがたい。だが少なくともここには、啓蒙期から一九世紀まで継続する世界論の伏流が露呈している。

ペインに倣って近代に復活した複数性論を、古代から連綿と流れる複数世界論の背景の中に置くとすれば、近代の天文学的複数性論は、複数世界という伝統的な世界の認知枠組みの、新しい科学的宇宙論に基づく拡張だと考えられる。天文学的複数性論は古代のアナクサゴラスの教説などにすでに存在していたが、それは地動説を経て、近代天文学の知識に根拠を与えられて復活した。中世の神学的議論に基づく複数性概念は、神の万能性の観念から、複数世界の可能性や実在性を議論するが、これに対して自然学の複数性は自然学的推論に基づいている。アリストテレスが世界の複数性を否定した根拠は、彼の自然学の原理に基づき、「空間」は運動の属性であり、運動がないところには空間はない、という命題と、自然の運動は物の自然の場所に向かうという命題を組み合わせた結果、宇宙に外部はないという結論を導くことができるからだった。ニュートン体系にとっての複数性論には、これとは違った問題があった。ニュートン体系では空間は、無限の絶対空間と理解される。無限という属性を持つ存在者は神だけなので、空間は神の身体だということになり、無限空間の外に世界があるとすれば神の外側があることになるので、無限空間に外部は存在しない。このように原理的にニュートン体系が許容するのは、天文学的複数性のみになる。

ニュートン主義と一体化していった天文学的複数性論と並んで、一八世紀には「可能的世界」論という、もう一つの複数性論が残存した。それはキリスト教の神の万能性の概念に基づき、創造されることができる世界が複数であることを主張し、スコラ哲学の中で大きな影響力を持った。アリストテレスに倣ったスコラ哲学者たちはこれに反対したため、厳しい批判を受けることになった[43]。一元的時空世界の中に存在する無数のエコシステムという天文学的複数性論に対して、形而上学的複数性論と名づけることができるこの議論は、ライプニッツからクリプキを経て現代様相論理学まで継続している。それはデヴィッド・ルイスで論理学上の実在論的形態を取り、あるいは量子力学での観測問題の解釈や宇宙のインフレーション理論によって、一種の物理学的な実在可能性を獲得している。

経験主義的ニュートン主義者リードにとっての「複数性」も、一種の「可能的世界」としての価値を有していたと思われる。だがそれは「たんなる可能性」ではなく、「実在する」ユークリッド空間に置かれた、限りなく現実に近い可能的世界だったといえる。「月世界旅行」の形で語られた「イドメニア人」の物語は、蓋然性の内部で展開された、リードの可能的宇宙生命論だっただろう。経験主義者リードにとって、ニュートン的大宇宙に広がる可能的世界の数々は、人類とは違った知覚能力を持つ知的生命や、人類よりはるかに完成した知的、倫理的能力を有する精神が建設した道徳哲学上の理想郷が存在するだろう場所だった。それらを直接に知ることができないという人間知性の限界こそが、一見理想主義者の「ユートピア」の空想とも見える思考実験を根拠付け、頑迷な経験主義者にとどまることをリードから免除した[44]。実在とも架空ともつかない「月世界旅行」の語り口は、実証と堅実な推論からの修辞的逸脱ではなく、脳裏に広がる巨大な仮想空間をあくまで「分析」の叙述方法の境界内にとどめようとする、学術的著作家リードの慎みの表現だったのかもしれない。

（2）月世界のニュートン

ニュートン主義の天文学的複数世界論と並び、「宇宙旅行」という語りの枠組みからその内容に立ち入ると、リードにとっての「複数世界」のあり方にはもう一つの形があったことが垣間見えてくる。それはイドメニア人という比喩で暗示される、道徳哲学者であり物理学者だったリードが理論的に推定した、物理学的な世界の複数性あるいは不可知性だった。例えばこの物語は、『理性の時代』の複数世界の地球外知的生命が、人間とは異なった知覚能力を持っていたとすればどうなるのかを考察しているともいえる。地球外知的生命がどのようなものかを議論した先行著作は、フォントネルの寓話やスウェーデンボリの幻覚的報告書ばかりではなかった。そこにはホイヘンスをはじめとする多くの「学術的」宇宙生命論の系譜が存在していた。

アネピグラフスが訪れたイドメニアは、奥行きを知覚する感覚を持たない知的生命の世界だった。そのため発達した知性を持つ彼らの学問は、奥行き知覚が可能な人間のそれとは異なっている。人間と同様イドメニア人も、形而上学や自然学では多くの学派に分かれて論争を続けているが、数学的学問については一致した見解を持っている。とはいえ空間認知の必要がない算術では人間とまったく同じ結論に達しているが、幾何学ではそうはいかない。

イドメニア人の幾何学は、三次元空間を二次元に投影した幾何学になる。リードは視知覚では外的対象を認知できないというバークリーの「半観念論」を批判する目的で、人間の視覚が曲面である眼球に投影された像を認知する感覚であると想定して、視覚のみによって再構成される空間の幾何学を考案した。それは球面幾何学と同等なので、リーマン型の非ユークリッド幾何学になる。この推論は、視知覚が厳密にはユークリッド幾何学に従わないという現代認知心理学の視知覚理論にたまたま合致するが、リードが目指したのは、仮に視知覚が従う幾何学が、当時客観的空間の秩序の表現と思われていたユークリッド幾何学に一致しないとしても、両者の関係を厳密に規定することができることを示すことにあった。そうであれば、視知覚にバークリーが言うような空間認知の困難があったとしても、客観的空間から視空間への変換は厳密に数学的に定式化でき、計算可能になる。「歪んだ」空間の幾何学である視空間の幾何学から、逆に三次元ユークリッド空間の幾何学を、完全にではないにしても、ある程度再構成することができる。こうして視知覚のみによっても、外的世界の認知が可能だということになるだろう。この実在論者リードの論法は、受容器で得られた感覚的データが意識の背後にある神経過程で計算され、大脳で現実を再現するという、現代の知覚の計算理論と類似している。

「球面人」の物語がこの部分の後に嵌め込まれたのは、当時の読者にとっておそらく極めて難解だったこの議論の理解を進めるためだったかもしれない。およそ成功したとは思えないこの比喩を超えて、アネピグラフスの報告は自然哲学へと進む。イドメニア人は三次元ユークリッド空間を認知する知覚を持っていないので、物体の通常の力学的運動を正確に知ることができないという大問題に直面する。天体の運動や物質の変化、生命の秘密といった、人間の科学者たちが古来から格闘してきた難問ではなく、イドメニア人の科学者たちの知覚には、物体の日常的運動が不可思議な力に支配されているように映る。その説明を目的とするイドメニア自然哲学では、まずアリストテレスの四元素説のような古典的理論が生まれた。それは「色と形と大きさ」を本質的属性と仮定して、すべての現象をそれによって説明しようとした。この思弁的な試みは失敗し、自然学は諸学派が乱立する混沌に陥った。イドメニア・アリストテレス派の破産に続いて、イドメニア・懐疑論が誕生し、「造詣の不可思議」とイドメニア・知性の限界を主張するようになる。

こうして初期近代の科学の勃興の過程で古代懐疑論の復活が大きな役割を果たしたのと同様に、月世界でも懐疑論の一時的隆盛の後に、月の「科学革命」が到来する。イドメニア・ニュートンが誕生し、「ニュートンの方法」による研究を提唱する。イドメニア人は人間と比べ、知覚能力に限界があるだけであり、知性の点では同等なのだから、この点では月世界で地球と同じ科学的方法が採用されても不思議ではない。

他方自然哲学は、通常のイドメネア人にはない何ものかを備えた偉大な天才とみなされているある人物によって、灰からの復活を遂げた。彼はイドメネア人の能力は思索に適しているのだから、誤った体系や、学者の誤謬などに費やすよりも、自然の造作の解明に向けられるべきだと主張した。そして自然の事物の原因を明らかにすることの困難さをよく理解して、自然現象の精確な観察によってそれらが生じる法則を見出し、その法則の原因そのものを問うべきではないとした。この点で彼は自身でもかなりの業績を達成するとともに、帰納主義的哲学者と自称することになった彼の後継者たちに、多くの研究計画を残したのである。(45)

このイドメニア科学史の簡潔な記述は、ニュートン主義の形成にいたる過程がブリテンのニュートン主義哲学者にどう理解されていたかを示している。自然を一度に説明しようとする、「仮説」に基づくさまざまな自然哲学体系の出現の中から懐疑主義が生まれ、それが理論的探求そのものに疑問を突きつける。その後に誕生する経験主義的な科学は、思弁を捨て、知識の限界をわきまえながら研究を進めるという点で、懐疑主義の論点を自らに組み込んでそれを克服する。このような人間知性の発展は精神の普遍的な原理によるので、月世界にもニュートンが出現することになる。

しかし地球と月とでは大きな相違もある。イドメニア・ニュートン主義は経験科学の方法によって、可能な限りでイドメニア人の知覚に映る世界の原理的解明を進めたが、「ニュートンの方法」に従うイドメニア・ニュートン主義の自然哲学は、人間のニュートン主義の理論に比べ、経験主義の前提である知覚能力の相違から生じる欠点を持っている。イドメニア人は奥行き知覚を欠いているため、二つの物体が重なった場合、それらが融合したように認知してしまう。「このことを彼らの感覚が実証するため」、複数の物体が同じ場所を占めることができる、というイドメニア・運動学の基本公理が成立する。さらに一つの物体が視覚に対して向きを変えて運動する場合には、物体自体が変化するようにみえる。そこでイドメニア・運動学では、ちょうど相対論での物体の長さや時間のように、運動する物体はそれ自体が変化する。経験主義的科学が直面するこれらの難問のため、イドメニア・ニュートン主義の成果は人間のニュートン主義に比べ、極めて貧弱なものとなってしまう。イドメニア・ニュートン主義は運動学の基本原理をイドメニア幾何学によって説明するが、その原因を解明することができない。月世界のものであれ、ニュートン主義は経験によって遡行できる範囲を越えてはならない。しかしそのような結論に満足できず、イドメニア・ニュートンの体系を不合理だと非難する哲学者たちが出現した。おそらくイドメニアにもイドメニア・クラーク（ニュートン）とイドメニア・ライプニッツの論争があった。

イドメネア人の経験主義の創設者は、以下のようなことがイドメネア人の能力を超えていると信じている。それらは、これらの現象の真の原因を見つけ、それらがどのような法則にしたがって連関しているかを、観察から発見したことのみによって理解し、つねに経験によって確証される、運動と大きさと形態と物体の可征服的性質との間に数学的比例関係を確立することなどである。しかしこの学派に対する反対者たちは、それらが支配されている真の法則は説明不能であると謙虚に告白するより、これらの現象を曖昧な原因に帰することで満足しているのである。

イドメニア幾何学が人間の視空間の寓話であるなら、イドメニアにおけるイドメニア・ニュートン革命の叙述は何の比喩だと考えることができるだろうか。それはペインが信じたように、他の星の上においても科学的知識が獲得可能であり、少なくとも「ニュートンの方法」が全宇宙で普遍的に適用できるという、ニュートン主義者の信念を述べているのだろうか。だがペインが信じた理神論の学問的基礎であるニュートン主義の宇宙的普遍性の喩え話としては、イドメニア・ニュートン革命の内容はあまりにも貧しく、その記述はむしろアイロニーに満ちているとさえいえる。科学の救世主であるイドメニア・ニュートンは、万有引力の法則はおろか、運動学の基礎原理の説明さえ与えることができなかったのだから。

しかしこの科学の「無力さ」は、程度の差はあれ、リードが知っている限りでの人間のニュートン主義についても同様だった。それは太陽系の構造や重力の原因を説明できなかった。人間のニュートン主義ではこれらの「科学の限界」は、人間知性が自然の創造者である神の知性に及ばないことの証明だと解釈された。その点で経験主義の方法による部分的解明に対して開かれているとはいえ、自然は全体としては、人間の認知能力を超えた不可知の存在にとどまるのだった。

リードはしばしば人間知性の限界と自然の神秘について言及している。それは彼の時代の科学的知識と研究方法の発展段階を考慮すれば、むしろ当然だったといえる。重力の「原因」を説明しようとする説得的な試みは、二〇世紀の一般相対論が初めてとなった。彼が想定した他の「神秘」の一つである、物質を内的に結びつける力が発見されたのは、同じく二〇世紀の量子力学の建設によってだった。一八世紀には手が付けられなかった「生命の神秘」については、ようやく二〇世紀後半に解明の糸口が得られた。もう一つの「神秘」とされた身体と「精神」の関係については、現在でも充分な解決が得られていない。とはいえ神経生理学者と認知科学者はそれが説明できると確信していて、おそらく彼らの信念は正しいのだろうが、それにはいましばらくの時間が必要だろう。慎重な経験論的ニュートン主義者に見られるこの科学史的には正当な知性の限界の意識は、有神論に裏打ちされて、人間の経験を超えた存在の領域の想定に向かっていた。それはより楽観的な理神論者にとっては、たとえば人間には到達不能で直接知ることもできない無数の宇宙生命の殿堂という、夜空に燦燦と輝く視覚像の形を取っていたのだが。

職業科学者と呼んでもいい専門的知識を持っていたリードが、同時代の著作家たちがしばしば確信を持って描き出したこの満天の精神の祭典に対して、禁欲的に、比喩的にのみ言及したとすれば、イドメニア・ニュートンの比喩はまた別の不可知の存在領域を示唆していると解釈できる。イドメニア・ニュートン主義が運動学で躓いたのは、それが経験主義的方法論に基づいていたからだった。イドメニア人の知覚能力は人間よりも限定され、それが彼らの経験科学の限界となっていた。この限界に対してイドメニア・ニュートンが宣言したのは、経験を超えて現象の原因に向かって遡及するべきではない、ということだった。この「難問」の解決は人間には簡単であり、たんに奥行き知覚を持ちさえすればいいのだが、それはイドメニア人には永遠に適わない奇跡だった。

この議論の方式を人間のニュートン主義に敷衍すると、重力が人間によって説明不能なのは、イドメニア人が物体の重なりや角度の変化による見えの違いを知覚する三次元的知覚能力を持っていないように、人間には重力の原因を知覚する能力がないからだ、ということになるだろう。奥行き知覚を持たないイドメニア人は、三次元の世界に住みながら二次元世界の住人のように知覚する。これが彼らの科学に困難をもたらしている。これと同じ仕方で人間のニュートン主義が抱えた問題が説明できるとすれば、本来の自然は人間が知覚し得ない、より高度な次元の実在だからだと考えられるだろう。不可思議な重力の法則は、ちょうどイドメニア人の学問的難問が人間にとって一目瞭然の事実であるように、人間より「高次元」の知覚能力を持つ存在にとっては、なんら難問ではないのかもしれない。

イドメニア自然学の歴史を述べながら、リードは以下のように推測していたのかもしれない。人間知性の限界は、それが基本的に経験を起源とする以上、知覚能力の限定性に起因する。そうであればニュートン主義が直面した難問の数々は、世界がより高次で、人間的な知覚では把握できないような存在であることに原因があるかもしれない。人間の知性が困難に突き当たるのは、二次元の知覚を持つ知的生命が三次元の運動を理解できないように、三次元の知覚そのものがより高次の拡がりを持つ世界に釣り合わない、制約された能力で、自然の真の姿にはふさわしくないからではないか。そうであるなら、月世界ではユークリッド幾何学で記述できる実在の三次元的世界と、イドメニア人の幾何学に支配される知覚空間とに世界が分裂しているように、人間にとっての世界も単一ではなく、人間固有の知覚空間と、より高次な真の空間との二つがあるのではないか。部分的にではあれ非ユークリッド幾何学を構想したリードが、世界のあり方についてこのような思索を巡らしたとしても不思議ではない。リードにとって、世界は人間の目に映るそのままで実在するのではなく、部分的な解明を許しながら、人間にとって永遠に不可知のままにとどまるものだったのだから。

3　迷宮の中の灯火

イドメニア譚の前後に書き加えられたリードの短い付加的部分には、科学主義の初期的形態と思われるニュートン主義の歴史的起源の記憶が保存されている。ニュートン主義者たちの敵であるはずの、オカルト学を初期近代で代表するパラケルスス派とその派生物の伝承とされているこの物語の語り始めでは、真の知識は隠されており、またそうあり続けるべきだというルネサンス的学問の伝統が、修辞的に恭しく紹介される。薔薇十字団の伝承にふさわしく、自由に自らの身体を移動することができる主人公は、この力を利用して、月世界への哲学的旅を敢行したのだった。

可能なものごとの細部を考えることは、どんな薄弱な根拠を持つ事実についてそうするよりもはるかに困難なので、私はここでヨハンネス・ルドルフス・アネピグラフスの旅行記からの抜粋を示しておきたい。彼は薔薇十字団の哲学者であり、オカルト学の深い研究によって、自らを月世界のさまざまな地域へ移動させる術を身につけ、そこに生きるさまざまな生命との会話を行い、その結果として、私が想定するのとまったく同一の秩序に親しむことになったのである。

ここでは限りなく「薄弱な根拠を持つ」にせよ、「抜粋」は可能的世界にかかわる存在ではなく、「事実」であると語られる。この紹介の仕方は、天文学の複数性論とかすかな関連を持つ限りで、天使とエノク語で会話したイングランドのルネサンス哲学者の著述よりは、この物語がわずかに信頼度を持つことを主張するかのようにも聞こえる。

また以下の結びの部分は、物語にかかわる秘術的学の歴史的痕跡と、それに対するこの世紀のニュートン主義哲学者の対面の仕方を示している。

このアネピグラフスが、ボリッキウスやファブリキウスのような、ギリシャの錬金術についての著作家たちが記録している、いまだ著書が出版されていないあの人物と同一であるかどうかについて、私は知ったかぶりをすることはできない。名前の同一性と研究内容の類似性があり、いくばくかの議論がされているとはいえ、いまだ決定的な結論は得られない。また私はこの教養ある旅人の叙述の特徴が、筆者がその人であるという外的なしるしになると判断する気もない［……］重要な問題は、以上の議論が彼らの幾何学と哲学の説明となるかどうかである。［……］もちろん疑いなしにここには、旅行者に許された記述の自由さや、彼らが陥りやすい、意図的ではない誤りがあることも確かなのだが。

ボリッキウスやファブリキウスといった一六、七世紀の錬金術的著作家たちに囲まれて言及されているのは、古代の錬金術書の作家とされている無名の人物「匿名氏」である。だがリードは宇宙旅行を行い、イドメニア人の世界に「ニュートン」を見出したこの薔薇十字団の「匿名氏」が、古代の錬金術師だったかどうかは重要でないと主張する。「人間本性の理論」に基づいてイドメニア人たちの哲学を理論的に再構成できるという理由で、この「証言」には信憑性があるとするのがリードの立場になる。神秘的で超越的な伝承に対する著者のこのような振る舞い方は、ニュートン主義の創設者のそれらへの態度を想起させる。ニュートンは自身の研究によって、失われた古代の智恵を再構成しようとした。『プリンキピア』をユークリッドの方法によって書き上げ、それが一天才の独創ではなく、古の智恵の再興であると誇った近代物理学の創設者は、[46] 物理学研究の際も、オカルト学や聖書を素材にした世界創造の秘密の怪しげな解き明かしの試行と、同一の探求に従事しているつもりなのだった。ここでリードは、尊敬する自らの学派の始祖の事跡を辿っているのか、あるいは啓蒙の光の中で妖しげな光輝を失った始祖の素朴な信念に、修辞によって敬意を払っているのか。ともあれここには、ニュートン主義の地下水脈の一端が露呈している。

仮に「古代の智恵」を再興しようとするニュートンの探求に対する挨拶が文飾上だったに過ぎなかったとしても、リード自身の哲学的探求の道筋にも始祖たちの印が残されていた。失われた世界の真の知識を再興しようと、書物を離れて世界に立ち向かったフランシス・ベーコン[47]やガリレオ・ガリレイ[48]のような「自然という書物」の解釈者の目に映ったのは、虚心の感覚に自ずとたち現れてくる単純な真理ではなく、彼らを混乱させ惑わせる、複雑で混沌とした、「迷宮」としての自然の姿だった。この創設者たちの迷宮のメタファーは、ベーコンやガリレオの方法の後継者である「ニュートンの方法」によって道徳哲学の領域を探究しようとした、この一八世紀の哲学者にも受け継がれた。『一研究』で果たせなかった「人間本性の研究」の体系の出版を志した晩年の大作の序論で、リードは「精神」の研究の困難をこの伝統的修辞法によって表現している。

迷宮はあまりにも入り組み、導きの糸はあまりにも細いので、すべてのくねった道をたどっていくのは難しいかもしれない[49]。

また本来の形態で出版されなかった晩年の「ユートピアの体系についての考察」では、政治学と正しい政策を考案する困難に言及して、リードは同じメタファーを使用している。

人の心は迷宮である。それはあまりに複雑で、人間理性によって完全に明らかにすることはできない[50]。

リードの「人間本性の研究」は、人間の心理、認知機構、行動原理の研究であると同時に、人間を例にとった精神的存在そのものの研究でもあった。この研究の前提に仮定されていたのは、最高の精神的存在としての神であり、また公に実在性を否定されはしないが、一八世紀人にとってはもはや現実性を喪失していた精神的実在者としての天使に加え、はるかに実在性が高いと考えられた地球外知的生命の存在だった。ニュートンたちが固執していた、神から直接モーゼに伝えられ、ゾロアスターや「エジプト人」ヘルメス・トリスメギストゥスによって伝承され、ギリシャ人に伝えられたとされる、世界の根源を解明した「古代の智恵」の観念は、十八世紀にはもはや現実性を失っていた。人間は自らの手で、「自然という迷宮」を旅しなければならなかった。人間精神さえが「迷宮」であるなら、この壮大な試みは何によって正当化されるのか。この探求が可能だとみなす心理の枠組みには、宇宙に無数に蔓延する異形のニュートン教の信者たちや、重力の原因を一瞥で理解する高次元存在と人間が共有できる、普遍的な「理性」の観念がまだ残存していたと思われる。それは弱い人間知性にとっては、ベーコンやガリレオにとってそうであったように、例えば自然の迷路を照らす感覚という微かなともし火や、迷宮の探求者に行く手を示す数学の光という形で現れるだろう。

「人間本性の研究」が置かれた宇宙論的構図は、大陸におけるリードの同時代人イマヌエル・カントではより明示的だった。カントはニュートン的自然哲学に従いながら、独創的な太陽系生成論を展開した一七五五年の『天界の一般自然史と理論』[51]への付論で、ホイヘンスの流れを汲む世界の複数性論を展開していた。後年のカントはこの比較宇宙生命論を再刊しなかったが、それはカントが、地球外知的生命の実在性を否定しないが、「精神」の研究を、厳密な学問的研究としては唯一可能な人間を対象とした分析に限定するとした、リードの慎重な接近法と同じ立場を採用したからだと思われる。たとえば批判期の『純粋理性批判』(一七八一年)では、カントは彼の理論が人間のみに妥当性を持つのではないと主張する。

われわれは空間と時間とによる直観の仕方を人間の感性にのみかぎる必要はなかろう。おそらくすべて有限の考える存在体は、この点において人問と必然的に一致しているにちがいあるまい。[52]

認知の哲学的研究に続く『実践理性批判』（一七八八年）では、感性を有する精神的存在者一般に対する結論の普遍性が主張される。

> 理性は道徳性の原理を、同時に一切の理性的存在者（alle vernünftige Wesen）に対する法則である、と言明するのである。[53]

こうしてカントは人間の精神を研究の素材にしつつ、精神の感性的、心理学的性質と理性的、形式的性質を区別して、「あらゆる理性的存在者」の存在形態を論じ、宇宙的規模での道徳的進化の有様を展望する。そのうち感性的な理性的存在者たちの道徳的完成度は、純粋な精神である神にはおよばないとしても、おそらく相互に同じではないだろう。かつて細部にわたって具体的に論証しようとしたように、カントの脳裏にある宇宙には、知的、道徳的理想としての神への接近の度合いから見て、さまざまな段階に位置づけられる知的生命が存在していた。人類の進歩を概観した一七八四年の「世界市民の立場から見た普遍史の構想」では、個体として道徳的完全性に到達できる高度な存在に比較して、人間は個体としては完成の域に達することはできないとされている。中間的存在である人間は、「類」としてのみ完全性に至ることができる。だからこそ人間は国家と歴史を持つことになるのだった。

> 地球以外の多くの惑星の住民がどのような存在であるか、また彼等の本性がどのようなものであるかは、我々の知るところでない。しかし我々が自然のかかる寄託によく答えるならば、我々は宇宙におけるこれらの隣人たちのなかでも、さほど低くない地位を主張して差支えないと自負してよいだろう。これらの惑星の住民達にあっては、各個体がそれぞれ自己の本分を、彼の生涯のうちにあますところなく達成するかも知れない。しかし我々にあっては、そうはいかない、ただ類のみがこのことを期待し得るにすぎないのである。[54]

このようにニュートン主義と複数性論という十八世紀科学の全体的な構図の中に位置づけたときに、『実践理性批判』中の「わが上なる星の輝く空とわが内なる道徳法則[55]」という有名な章句の具体的意味が明確になる。深夜に瞑想にふける哲学者が見る天空に瞬く星々は、人間の想像力が及ばない膨大な物質的空間であるとともに、人間には見ることができない、「世界の上なる世界や体系の体系を包有する無限の天界（unabsehnliche Grosse mit Welten über Welten und Systemen von Systemen）[56]」、「無数の世界群（eine zahllose Weltmenge）[57]」という、不可知の無限世界を蔵している。それに比較すれば個人など、浜辺の砂粒よりもはるかに微小な存在と思われる。他方で眼を閉じ、自己の内奥を振り返るとき、哲学者はそこに理性の存在を直観する。

道徳的法則は動物性から、そしてまた全感性界からさえ独立した生命を私に掲示する。[58]

個人に内包されたこの理性という小さな煌きは、天空に棲む無数の知的存在者に内在して宇宙を眩い輝きで満たし、これら諸世界の創造者である、物質性を越えた純粋な精神としての創造者の光輝に連なっている。

批判期カントのこの人間観は、かつての比較宇宙生命論の末尾に呼応する。[59] 認識能力や道徳法則を通じて神に結びつく人間の純粋な理性を描き出した、いわば肯定神学的に人間と世界の結びつきを見出したカントに対して、より経験主義的なニュートン主義に基づくリードにとっては、「ニュートンの方法」に適合する、科学や哲学の「限界点」の発見が、人間には理解不能な神の叡智の、否定神学的な論証となっている。とはいえこの両者には、古代から受けついだ理性概念の残滓が共有されていた。彼らが抱懐した一八世紀の理性は、存在論的に万物の根源と看做された古代的理性概念と、快苦の計算機としての近代的理性概念の中間を漂っていたといえる。後者への筋道を示しながら、同時に彼らの理性は、基本的に古代的地盤の上に立っている。それは古代においてのように素朴に、存在論的に、根源的存在や、世界の創造者や、創造主の助手とされるのではないが、認識論的枠組みを通過して、肯定的あるいは否定的な仕方で、個人の奥底から外界に通底し、複数世界に瀰漫する。いわば個人的存在の中心から不可知の複数世界と個人の内面世界を連結するワームホールのようなこの理性があるからこそ、明示的に宣言された知性の限界の意識にもかかわらず、この時代には人間知性に対する信頼が保持されたのかもしれない。またそこから、この世に存在するあらゆる精神的、知的存在者が同一の能力と価値を持つという、この時代の中心的思想が導かれたのかもしれない。

おわりに――理性の運命

一八世紀末のカントの時代に生まれたハインリッヒ・ハイネは、当時の教育に従って幼い頃から天文学を学び、夜空に輝く星々の彼方に、万能の創造主が座していることを信じていた。ユダヤ人の風貌を持つ「神」は、宇宙空間を満たす星々と、その上で暮らす無数の知的生命を慈愛に満ちた眼差しで見守っている。しかし科学と自然神学が混交したこの幼少期の世界の図像は、ベルリンに移り、そこで哲学の師と出会うことによって、根底から覆されることになる。ハイネはある夜のヘーゲルとの会話を、次のように回想している。

ある満天に星が輝く美しい夜に、私たちは窓の前に並んで立っていた。そして当時二二歳の若者で、たっぷりと夕食をとりコーヒーを飲んでうっとりとした私は、星々を褒め称えて、あそここそが天国に行った魂の住処ですねと賛嘆した。するとわが師匠はぶつぶつとはき捨てるように言った。「やれやれ、星かね！　あんたものは空に付いた光る飾りに過ぎんじゃないか！」

カントの心奥から発話された有名な章句を嘲笑するかのような巨匠のこの一言は、一八世紀の自然神学に育まれたハイネの調和に満ちた世界を破壊したという。「冷たい機械としての世界」に反対し、反ニュートン主義を掲げていたこの哲学者は、壮年期に精力を傾けて構築した弁証法的自然哲学の体系の中では、一八世紀の自然神学が称揚した無限に輝く宇宙の体系を存在の価値的秩序の底辺に位置づけようとした。ニュートン主義的な自然神学に対抗して表明されたこの地球中心主義を受け継ぎ、ヘーゲル左派のルートヴィッヒ・フォイエルバッハは、自然神学の複数性論を否定する。[60] この観念は根本的には、自己の感性的現存在が個体の肉体の限界を超えて永続して欲しいという、人間心理の要請に基づいている。科学的推論ではなくこの心理的機序こそが、精神に満ち溢れた複数性の世界像を捏造したと、フォイエルバッハは批判する。

あなたを驚かし迷わせるものは単にこれらの天体の感性的現存在、これらの天体の果てしない空間に過ぎない。［……］諸天体の上に生命が住んでいないのであなたにとって諸天体が無駄に存在しているように見えるなら、私はあなたに対して、私にとってはあらゆる空間・あらゆる現存在・あらゆる自然が無駄に存在しているように見える、ということを白状しなければならない。[61]

フォイエルバッハにとって、一般に宗教は人間の「本質」の自己疎外だと定義できる。この「人間の本質」、ヘーゲル哲学体系の中であれほど怪物じみた姿で主役を演じ続ける、あらゆる自然的存在の上に立ち、キリスト教の世界創造神の代替物として描かれた奇怪な「精神」とは、フォイエルバッハに従えば、じつは個人としての人間の限界から立ち現れる、他者性の世界における人間性である。個人の他者は他の個人なのだから、「人間の本質」とは、人間の相互行為の結果生産され、社会的紐帯によって個人、世代を超えて継承される、人間の社会的知性である。個人は自己の中に受け継いだこの精神的産物を自らの行動によって対象化し、それが自己の死を超えて永続し、個人としての人間の成就となる。この事実に対する誤解が、宗教的直観の源泉を提供してきた。人間とは本来的に意味的な存在であり、その点で個人は人類の言語共同体や認知共同体の中で、有限な自己の存在を超えて生き続けることができる。化け物じみた「理性」の実体とは、現代語に直すとすれば、人間の共同性を担保し、個人の存在を超えて存続していく言語共同体、あるいは認知共同体のことだった。こうしてカントの宇宙論的妄想も、ヘーゲルの神話的時代劇も、人間が己の社会性の真の意味を理解しさえすれば、朝日を浴びた亡霊のように霧散してしまう。自然神学が描き出した輝ける星空は、もはや人間の現存在にとって大きな意義を有しなくなり、たんなる科学としての天文学の対象になるだろう。意味とはこの地上の間主観性の中にしかなく、「精神」とは人間の社会的生産物なのだから、不可視の世界など存在せず、それを現存在と結びつける宇宙論的「理性」も現存しない。仮に理性が、個人が有する効用関数に基づく計算能力の仮称でないとしても、少なくともそれは人間の相互行為を媒介し、それを促進する、個人の行為を可能にし、個人の行為によって発展していく、「類」としての「本質」であって、存在の根底に通底する、古代的な「ヌース」ではない。

憑かれたような孤独な思索の熱の只中で書きとめられた深夜の思想が、一夜明けた昼光の下では色褪せた妄想に過ぎない惨めな姿を曝すとすれば、一九世紀半ばまで喧しく続いた複数性の諸言説は、多くの著名な思想家、科学者たちを数える豪華なキャスティングにもかかわらず、あくまで真の「近代」の幕開けの前座として上演された喜劇の一種に過ぎなかっただろう。この舞台の上では、カントのような思想史上の主要な登場人物が、機械仕掛けの雲の上に載ったソクラテスのように、観衆の容赦ない嘲笑に曝されることになる。なぜならフォイエルバッハに従えば、自我の内奥へ沈潜することがそのまま膨大な宇宙空間への突き抜けの行為であるという、この啓蒙哲学者の思考自体が、白昼の地上で営々と積み重ねられてきた人間社会の知的構成物としての「精神」の、本来「意味」を持たない非人間的な時空間への不当な重ね合わせだからである。世界の複数性と不可知性と、それにもかかわらず個人の存在を世界の底に結びつける紐帯とされた「理性」の観念が、このような「自己疎外」の結果であるなら、たとえばこの地上のみを見つめ、諸個人の生存と快苦を計算する機械としての知性の誕生が、初期近代の薄明からの世界の根底的な晴れ上がりを典型的な形で導いたことになるだろう。

しかし現代の光学は、青い空が「空」の真の姿でないことを教えている。大気の分子は太陽光を散乱させ、それが空間をあたかも地上の上に覆いかぶさった「天井」のように見せている。この知見に従えば、人間がどのような空間の中に置かれているかを知ることができるのは、空が色を失う夜の闇の中でしかない。いわば白昼の大気と太陽光は、地球のエコシステムを育て、守るとともに、地上に住む知的生命の眼から世界の真の姿を隠している。その点で、カントが仰ぎ見た星に満たされた天空は、自我の内奥が投影された結果生まれた幻想ではなく、澄んだ青い空と緑の地上の風景が構成する白日の光景こそが、世界を包み隠す幻のヴェールだともいえる。

とすれば、一九世紀半ばまで残存した、世界の複数性と不可知性に纏わりつかれた猥雑な魔術の庭園から、人間の世界が最終的に解放されたと見える進展は、じつは人間の自己中心化がもたらした、可視光に満ちた意味上の闇の中への頽落だったのではないか。一八世紀末に最終的な階梯を上った啓蒙の盛期は、天空にかつてない数の無数の精神が存在し、それらが人間の知性と「理性」において結ばれているという表象への信頼の頂点でもあった。またそれは決定論的世界を隈なく見通す知性の万能性の観念と、原理的な点でそれに比すべくもなく無力な人間知性による確実性の達成不可能性という、先取りされた知的断念が共存する世界でもあった。それ以後の啓蒙の運命がこの「理性」という、古代と近代を結ぶあいまいな観念の変容に象徴されているとするなら、一八世紀におけるその両生類的なあり方は、この運命もまた、不可逆的時間の中での一つの偶然的な道行の結果に過ぎないことを証していると考えることもできよう。

注

（1）トマス・リード「道徳哲学講義序論」。Knud Haakonssen（ed.）, *Practical Ethics : Being Lectures and Papers on Natural Religion. Self Government, Natural Jurisprudence, and the Law of Nations*, Princeton, NJ, Princeton University Press, 1990. 翻訳は長尾伸一『無限宇宙の衝撃――空間的外部、人間の非中心性と一八世紀思想の共時性』（平成一四年度〜平成一六年度科学研究費補助金（基盤研究（C）（2））研究成果報告書、平成一七年三月、補足資料一。以下の論述は長尾伸一『トマス・リード』名古屋大学出版会、二〇〇四年、第四章、第五章。

（2）Derek R. Brookes（ed.）, *Thomas Reid : An Inquiry into the Human Mind on the Principles of Common Sense*, Edinburgh, Edinburgh

University Press, 1997.

（3）*Ibid.*, pp. 257–262. この事情については Aberdeen University Library Wood（ed.）, *The Correspondence of Thomas Reid*, Edinburgh, Edinburgh University Press, 2003.

（4）「この分析とは、実験と観察を行うことであり、またそれから帰納によって一般的結論を引き出し、この結論に対する異議は、実験または他の確実な真理からえられるもの以外は認めないことである」（アイザック・ニュートン『光学』I、島尾永康訳、岩波文庫、一九八三年、三五七頁）。

（5）Brookes, *op. cit.* 引用は長尾伸一、前掲報告書より。

（6）Winbur Samuel Howell, *Eighteenth-century British Logic and Rhetoric*, Princeton, NJ, Princeton University Press, 1971.

（7）John Campbell, 1775, *The system of Logic, taught at Aberdeen 1763, by dr. Thomas Reid, now professor of moral philosophy of Glasgow*, Edinburgh University Library DK 3.2.

（8）Brookes, *op. cit.*, pp. 267–277.

（9）H. Lewis Ulman（ed.）, *The Minutes of Aberdeen Philosophical Society 1758–1773*, Aberdeen, Aberdeen University Press, 1990, pp. 236–237.

（10）Brookes, *op. cit.*, p. 273.

（11）Derek R. Brookes（ed.）, *Thomas Reid : Essays on the Intellectual Powers of Man*, Edinburgh, Edinburgh University Press, 2002, p. 12.

（12）Cyrano de Bergerac, *Les etats et empires de la lune*, 1657.

（13）Francis Godwin, *The Man in the Moone; or, A Discourse of a Voyage Thither by Domingo Gonsales, The Speedy Messenger*, 1638.

（14）Voltaire, *Micromégas*, 1752.

（15）Colin MacLaurin, *An Account of Sir Isaac Newton's Philosophical Discoveries*, London, 1748.

（16）Hugh Blair, *Sermons, by Hugh Blair, D. D.*, A New Edition, corrected, Vol. II, Dublin, 1792.

（17）Adam Ferguson, *Collection of Essays*, Kyoto, Rinsen Book Co., 1996, p. 92. 長尾伸一『ニュートン主義とスコットランド啓蒙』名古屋大学出版会、二〇〇一年。

（18）James Beattie, *Evidences of the Christian religion briefly and plainly stated*, 1786.

（19）Nicolaus Cusanus, *De docta ignorantia*, 1440.

（20）Johannes Kepler, *Somnium*, 1634.

（21）John Wilkins, *The Discovery of a World in the Moon. Or, a Discourse tending to prove, that this probable there may be another habitable world in that planet*, London, printed by E. G. for Michael Sparl and Edward Forrest, 1638

(22) Christianus Huygens, *Kosmotheoros ; sive, De terris coelestibus earumque ornatu conjecturae*, 1698.
(23) John Keill, *Introductio ad veram Astronomiam, seu lectiones Astronomicae*, 1718.
(24) Richard Bentley, *A Confutation of Atheism*, 1692.
(25) Rev. S. Noble, *The astronomical doctrine of a plurality of worlds irreconcilable with the popular system of theology, but in perfect harmony with the true Christian religion*, London, 1828, p. 5.
(26) 志筑忠雄『暦象新書』一八〇二年。
(27) 山片蟠桃『夢ノ代』一八〇二年。
(28) 吉雄常三『理学入式遠西観象図説』一八二八年。
(29) Grant McColley, 'The Theory of a Plurality of Worlds as a Factor in Milton's Attitude toward the Copernican Hypothesis,' *Modern Language Notes*, May 1932. Marjorie Hope Nicolson, *Voyages to the Moon*, New York, Macmillan, 1948. Stanley Jaki, *Planets and Planetarians : A History of Theories of the Origin of Planetary System*, New York, Halstead Press / John Wiley & Sons, 1978. Michael J. Crowe, *The Extraterrestrial Life Debate, 1750–1900 : the Idea of a Plurality of Worlds from Kant to Lowell*, Cambridge, New York, Cambridge University Press, 1986. Steven J. Dick, *Plurality of Worlds : the Origins of the Extraterrestrial Life Debate from Democritus to Kant*, Cambridge, Cambridge University Press, 1982.
(30) Moncure Daniel Conway (ed.), *The Writings of Thomas Paine*, volume IV, New York, AMS Press, 1967, p. 50. トマス・ペイン『理性の時代』渋谷一郎訳、泰流社、一九八一年、五九頁。
(31) *Ibid*., p. 49. 前掲書、五七頁。以下引用には訳書と異なる部分がある。
(32) *Ibid*., p. 66. 前掲書、八一頁。
(33) *Ibid*., p. 68. 前掲書、八三頁。
(34) *Ibid*., p. 71. 前掲書、八七―八八頁。
(35) *Ibid*., p. 72. 前掲書、九〇頁。
(36) *Id*. 同前。
(37) *Ibid*., p. 66. 前掲書、八〇―八一頁。
(38) Bernard Le Bovier de Fontenelle, *Entretiens sur la Pluralité des mondes*, 1686. ベルナール・ル・ボヴィエ・ド・フォントネル『世界の複数性についての対話』赤木昭三訳、工作舎、一九九二年。
(39) Conway, *op. cit*., pp. 73–74. 前掲書、九二―九三頁。
(40) Pierre Simon Laplace, *Exposition du système du monde*, Paris, 1796.

(41) Brookes, *Essays*, pp. 52–53.
(42) *Ibid.*, p. 12.
(43) 一二七七年のタンピエの断罪34。Quod prima causa non potest plures mundos facere.
(44) 長尾伸一『トマス・リード』第四章。
(45) 以下引用は長尾伸一『トマス・リード』付録より。
(46) Niccolò Guicciardini, *Reading the Principia : The Debate on Newton's Mathematical Methods for Natural Philosophy from 1687 to 1736*, Cambridge, Cambridge University Press, 1999.
(47) Francis Bacon, *Novum Organum*, 1620.
(48) Galileo Galilei, *Il Saggiatore*, 1623.
(49) Brookes, *Essays*, p. 15.
(50) 「ユートピアの体系についての考察」、長尾伸一『トマス・リード』収録。
(51) Immanuel Kant, *Sämtliche Werke*, 7, Leibzig, Felix Meiner, 1922, S. 167.『カント全集』第十巻、高峯一愚訳、理想社、一九六六年、一六九頁。
(52) Immanuel Kant, *Kritik der reinen Vernunft*, Humburg, Felix Meiner Verlag, 1976, S. 92–93. カント『純粋理性批判』高峰一愚訳、河出書房新社、一九五六年、八三頁。
(53) Immanuel Kant, *Kritik der praktischen Vernunft*, Hamburg, Felix Meiner Verlag, 1985, S. 37–38. イマヌエル・カント『実践理性批判』波多野精一／宮本和吉／篠田英雄訳、岩波書店、一九七九年、七五—七六頁。
(54) Immanuel Kant, *Ausgewählte kleine Schriften*, Humburg, Felix Meiner Verlag, 1969, S. 35. カント『啓蒙とは何か』篠田英雄訳、岩波書店、一九七四年、三五頁。
(55) Kant, *Kritik der praktischen Vernunft*, S. 187.『実践理性批判』二二五頁。
(56) *Id.* 前掲書、二二五—二二六頁。
(57) *Id.* 同前。
(58) *Id.* 同前。
(59) Kant, *Sämtliche Werke*, 7, S. 167.『カント全集　第十巻』一六九頁。
(60) Ludig Feuerbach, *Sämtliche Werke*, Stuttgart-Bad Cannstatt, Frommann Verlag, S. 33.『フォイエルバッハ全集』第十六巻、船山信一訳、福村出版、一九七四年、四一頁。
(61) *Ibid.*, S. 36–37. 前掲書、四五—四六頁。引用には訳書と異なる部分がある。

第5章　啓蒙と神秘思想

——ル・メルシエ・ド・ラ・リヴィエール
『幸福な国民またはフェリシー人の政体』における宗教——

増田　真

はじめに

ピエール＝ポール・ル・メルシエ・ド・ラ・リヴィエール（一七一九—一八〇一）は重農学派の理論家の一人であり、その代表作『政治社会の自然で本質的な秩序』（以下『政治社会の秩序』と略記）は出版当時、非常に話題になったが、晩年になってから『幸福な国民またはフェリシー人の政体』（一七九二年。以下『幸福な国民』と略記）と題されたユートピア旅行記を著したことはあまり知られていない。本章の目的は、単に忘れられた本を紹介するにとどまらず、この作品が革命期における啓蒙思想の継承の一例であるとともに、この時期の神秘思想が、啓蒙思想とはまったく異質な思想的方向性と思われがちでありながら、実は啓蒙思想の一側面の帰結または延長とも解釈できる場合もあることを示すことである。

1　ル・メルシエ・ド・ラ・リヴィエールと『幸福な国民』

（1）ル・メルシエの生涯における『幸福な国民』

ル・メルシエは下級貴族の出身で、一七一九年にロワール川下流のソミュールで生まれた。父はロワール川地域の財務官で、ル・メルシエ自身は法律家となり、パリ高等法院で弁護士として活動したのち、一七四七年に裁判官の官職を買い取った[1]。一七五六年にケネーと知り合い、その熱心な支持者となった。西インド諸島におけるフランスの植民地で行政官として勤めた後、一七六七年に『政治社会の秩序』を出版した。本書は非常に議論を呼び、多くの批判を浴びた一方で、ディドロのように非常に高く評価する人もいた。たとえば、ディドロは一七六七年六月または七月のダミラヴィルへの手紙で、「この本［ル・メルシエの『政治社会の秩序』］は、『法の精神』よりも多くの楽しみをくれたし、百倍も有益だった」と書いている[2]。現代から見ると、かなり驚くべき評価だが、当時の反応の一端を示している。他方、アダム・スミスの『国富論』第四巻第九章には、重農学派の理論を最もよく体現するものとしてこの作品が挙げられている[3]。

ル・メルシエの『政治社会の秩序』は経済思想史の文脈においてだけではなく、「合法的専制（despotisme léga）」の理論によっても有名である。彼によれば、物事には自然で必然的な秩序があり、その自明な秩序に由来する法の支配を実現することが「合法的専制」であり、個人による専制の恣意性とは対極にあるものである。

われわれにとって、自明性によって啓蒙されることと、無知と誤謬に身を任せることの中間は存在しない。そのことから、二種類の専制が由来する。一方は合法的で、本質的な秩序の法の自明性の上に自然かつ必然的に確立されたものであり、他方は恣意的なものであり、世論［世評］によって作られ、無知によって世論が陥りうるあらゆる混乱、あらゆる逸脱を招くものである。[4]

政治形態の上では、ル・メルシエは君主制を推奨しており、名指しされていないものの、『政治社会の秩序』ではルソーによる国民主権論やモンテスキューの権力分立論が批判されている。[5] そのような事情から、ル・メルシエのこの主著は、この時代における啓蒙専制君主の理論上のよりどころとされることも多い。

この本がきっかけで、ル・メルシエはディドロの推薦によってロシアのエカテリーナ二世（一七二九―一七九六）に招聘された。一七六七年八月にフランスを発ち、サンクトペテルブルクの宮廷に赴いたが、到着後すぐに女帝を失望させ、早くも翌年春にはフランスに帰国した。

一七七九年以降は、ル・メルシエは海運大臣サルティーヌ（かつてのパリ警察長官）のもとで、植民地経営の改善、海運省の経理の改革などに当たったようである。一七八五年頃に引退し、革命初期には国政の改革に関するパンフレットをいくつか刊行している。晩年はパリ北方のグリニーに隠棲し、一八〇一年、困窮のうちに没したらしい。八二歳という、当時としてはかなり長命である。彼はルソー、ディドロ、コンディヤックより少し年下の世代に属し、啓蒙思想の最盛期に活躍しながら、革命期まで生き延びた数少ない思想家の一人となった。ル・メルシエは現代ではフランスにおいてさえ、読まれることも少なく、研究文献も少ないが、一八世紀当時、かなり著名な人物だった模様である。有能かつ廉直な行政官として評価され、特に財政や植民地問題の専門家として知られていたらしい。ディドロにいたっては、ル・メルシエに「ソロン」というあだ名をつけているほどであり、[6] その意味では、ル・メルシエは一八世紀当時有名だったものの、現代ではほとんど忘れられてしまった思想家の一例である。

『幸福な国民』は一七九二年に刊行され、当時はある程度読まれたものらしいが、それ以降、近代版も校訂版も出されていない。研究者の間でも、決して評価は高くなく、ルイ＝フィリップ・メによる評伝でも否定的な評価しか与えられておらず、[7]『政治社会の秩序』以上に忘れられた作品と言える。

（2）『幸福な国民』におけるユートピアと政治的現実

『幸福な国民』はユートピア旅行記の体裁をとった作品で、架空の国フェリシー国での見聞記という形で書かれており、その意味ではフィクションであるが、内容的にはむしろ抽象的な理論書という性格が強い。しかも、物語的な叙述や会話の部分もあるが、文章が生硬で、小説的なおもしろさをもったものとは言えない。

その舞台となるフェリシー国は、空想上のユートピアという側面と、具体的な現実の中のモデルに基づいている部分の両面をもっている。空想性の代表的な例はその国名であり、それ自体が寓意的で、いかなる実在の国名との類似も感じられない。言うまでもなく、国名はラテン語の felix（幸福な）や felicitas（幸福）が語源となっている。また、この国は「大陸に位置する大国」という記述があるだけで、地理的な位置、国土の特徴などに関する記述もなく、実在の国を連想させる要素はない。フェリシー国内の地名もまったく空想的なもので、意味も由来も不明である（たとえば、首都はヴァンダラゾール〔Vandarasor〕という都市である。人名や官職名はかなり見え透いた寓意に基づいているものが多いが、地名は意味や由来が不明なものが多い）。国民に関する記述を見ても、特定の国に結びつけられる特徴はない。

他方、具体的な現実に根ざしている部分もあり、第二章「フェリシー人たちによって採用されたさまざまな政体の概略」では、フェリシー国の歴史がフランスの歴史と共通点が多いことが著者によって示唆されている。商業に関する部分（第二七章）に登場するフェリシー国の植民地はシロピール（Syropir）というシロップを連想させる名前であり、砂糖の産地、西インド諸島を想起させ、西インド諸島におけるフランス植民地の行政官だったル・メルシエの経歴が反映されている可能性が高い。また、フェリシー国の歴史の叙述に登場するできごとは、革命期のフランスに関連しているものが多い[8]。フェリシー国の政治に関する記述のかなりの部分は、賢明にして善良な国王ジュスタマ（Justamat）が行う改革によって占められている。この作品の本文のはじめの方では、フェリシー国が悪政によって堕落して、この賢明なジュスタマ国王の登場によって再生する、という経緯が紹介されており、根本的な改革がなされるという点でフランス革命に通ずる面がある。その細部でも、フランス革命中のできごとと重なる点が多い。たとえば、住民の共同体としてPrimaires[9]というものが登場し、社会教育や政治的な議論の単位であると同時に、選挙における基本的な単位とされ、国民の最も基礎的な意志形成機関という意味で使われている。この名称は、一七九一年憲法において、政治的権利をもった市民の集団の名称（第一次集会：assemblée primaire[10]）として使われたものに近い。また、フェリシー国では、実現されるべき政治制度について国民が議事録または報告書（cahiers[11]）を作成して提出することになっており、フランス革命における陳情書（cahiers de doléance）を連想させる。フェリシー国の紹介の中には理論的な部分がかなりあるが、それはフランス革命期において議論された問題であることが多い。たとえば、主権（第六章）や一般意志（同）について、市民になるための資格（同）、地方議会（第八章）と国民議会（第一四章）、市民の教育について（第一七章から第二一章）、などという議論が展開されている。ただ、実際のフランスとは重要な違いがあり、それはこの改革が君主の主導によってなされるということである。フェリシー国での変革は革命ではなく、あくまでも改革である（しかも、国王ジュスタマは非常に賢明で善良とされているので、議会や請願書も国王の提案を承認、礼讃するだけであり、実際には存在理由があまり明確ではない）。

そのように、フェリシー国はユートピアとされているが、まさに革命期のフランスを念頭に置いたものであり、抽象的な理論が展開されている部分においても、当時の政治的・社会的現実を色濃く反映している。

2　『幸福な国民』における人間論と政治

（1）フェリシー国の政体の主要な特徴

フェリシー国の政体の大枠は立憲君主制であり、君主と国民議会が共存し、議会は全国民と同等のものと見なされる。権力の分立が実現されており、司法権（le judiciaire）、行政権（l'administratif）、執行権（l'exécutif）、立法権（le législatif）の四つの権力が見られる。君主の権力は「絶対的（absolu）」とされるが、立法権によって制限されているので恣意的ではないとされている。法は「一般意志の表現」[12]とされ、さまざまな市民団体で議論されたのち、国民議会で討議される。ただ、フェリシー国民の立法権はかなり制限されている。というのは、国民議会が招集されるのは六年に一度だけであり、日常の政治は君主が担当し、討議は国民議会に付託される前に、地方議会（États provinciaux）においてなされる。

このように、フェリシー国の政体は六七年の『政治社会の秩序』で展開されている理論とはかなり異なる。『政治社会の秩序』では、主権は一人の人物にしか属しえないとされ、国民主権論や権力分立論に対する批判が展開されていたのに対して、『幸福な国民』では、「一般意志の表現」としての法という、ルソーに近い用語が使われ、四権の分立が説かれている。ただ、『社会契約論』における重要な問題の一つである「一般意志」と「全員の意志」の区別はなされておらず、「一般意志」は「全員の意志」と同一視されているようである。

その反面、『政治社会の秩序』の理論を踏襲している面もあり、財政、経済、商業といった、重農学派が特に関心を寄せた問題も『幸福な国民』で論じられ、最後の三章がそれに当てられている。そこでは国家の富、商業の有用性、国家の安全の基盤としての穀物流通の自由、そして土地の内在的な価値のみに基づく公共収入＝国家財政を形成する必要性、など、重農学派の主張が展開されている。そしてそのような政策論のほかに、所有権がすべての権利の基礎であるという思想も強調されている。

フェリシー国の学校では、権利の部分も義務の部分と同じように明晰に扱われている。そこでは、原初的な権利が一つだけ認められており、それは所有権であり、ほかの権利はすべてそこから派生するものである。[13]

この主張は「所有、自由、安全」という、フェリシー国の標語にも表れており、「名士（Notables）」階級が授けられるメダルに刻まれている寓意的な人物像にも見られる。もう一方の手には国家の憲法が掲げられ、それは「所有、自由、安全」と題されているのが見えるように十分に開かれた本の形をしている。その題名は真にあらゆる法を包含している[14]。三語からなるこの標語は、フランス共和国の標語とは異なるが、『政治社会の秩序』においてすでに国家の根本原理とされている組み合わせである。

社会的自由がいかに所有権に包含されているか、ここで注目してほしい。所有は享受する権利以外の何ものでもない。ところで、享受する権利を享受する自由と分けて考えることは明らかに不可能である。この自由がこの権利なしに存在しうると考えることも不可能である。というのは、行使しようと思う権利との関係においてのみその自由が必要になるので、〔享受する権利がなければ〕享受する自由は目的がなくなってしまうからである。このように、所有を攻撃することは、自由を攻撃することである。このように、自由を変質させることは、所有を変質させることである。このように、**所有、安全、自由**、それがわれわれの求めているものであり、われわれが制定しようとしている実定法において当然見出されるはずのものである。これが、その法の**本質的で原初的な道理**と呼ぶべきものである。〔……〕

つまり**所有、安全、自由**、それが社会秩序すべてである。まさにここから、その自然で原初的な範囲全体に維持された所有権から、社会の本質的形態を形作るあらゆる制度が必然的に生ずるのである[15]。

そして『政治社会の秩序』と『幸福な国民』の間の際だった違いは、前者を有名にした「合法的専制」の理論が後者には見られないことである。フェリシー国王の権力は「絶対的なもの(absolu)」(第一一章)とされているが、「専制」という用語は使われていない。フェリシー国の政体には、一七九二年という出版年代の状況も大きく影響しているように思われる。たとえこの作品がそれ以前に執筆されたとしても、その内容から、革命勃発後の著作であることは確実である。一七九二年という年代は、九一年のヴァレンヌ事件（国王一家の逃亡未遂）と九三年のルイ一六世の処刑の中間の年に当たり、たとえ立憲君主制であっても、「専制」という用語を使うことは無理な状況だったことは考えられる。王家の処遇やフランスの今後の政体について、まだ議論が行われている時期に書かれたとしたら、共和制ではなく立憲君主制をあえて主張して議論に一石を投じたという可能性もある。

『幸福な国民』では、政体の大枠とは別に、フェリシー国の社会構成についてもかなりの記述が充てられている。市民はさまざまな階級に分けられていて、その基準となるのは個人の道徳的資質や市民としての功績である。国民は全体として「統治身分（Etat gouvernant）」と「被統治身分（Etat gouverné）」に分けられ[16]、前者は二〇歳以上の男子で市民教育を受けたもので、「市民」と呼ばれ、後者は市民と同じ権利を有するが政治的権利（参政権）をもたない。市民もその年齢や功績によっていくつかのクラスに分けられている。「一次集会（Primaire）」に五年在籍すると「名士（Notables）」という称号が得られ（第八章）、一次集会と州（provinces）の中間的な単位である行政区（districts）の運営を担当する。「名士」から司法官などさまざまな役職が選出され、五十歳以上の「名士」でさまざまな官職を勤め上げ、人格素行の優れた人はヴィルチュコル（Virtucols）という称号を授けられる。この称号は、おそらく「virtus（徳）」と「愛する人」という接尾辞の結合によって作られたもので「愛徳者」という意味だと思われる。

このように、フェリシー国は立憲君主制であるとともに、市民的・道徳的功績による階級社会であり、そのことは第五章で展開されている平等に関する議論にも表れている。ル・メルシエによれば、人間は権利上は平等であるが、現実においては不平等であるし、不平等は容認される。そしてそれは財産に関しても、同胞からの尊敬に関してもそうである。

各個人によって要求する権利のある尊敬を一人一人の市民がすべて平等に享受するに任せよう。それはその人の商品の価値を支払うのと同じだ。彼はそれ以上要求することが許されるだろうか。いや、だれもそれ以上のことは正当に要求できない。そしてまさにこのように公衆の敬意を正しく分配することが、このことに関して真の社会的平等であり、それは権利上の平等であり、事実上の平等ではない[17]。ル・メルシエによれば、国民からの尊敬や敬意も金銭と同様に一種の公共の財産であり、社会的功績に対して支払われるべき報酬の大部分を占めるものである[18]。そして、市民がその道徳性や市民としての功績に応じて明確な階級に分割されるのは当然のことであると彼は主張する。

(2) フェリシー国における政体と人間論

『幸福な国民』では改革のための具合的な提言だけでなく、人間の本性に関する哲学的な思索も展開されている。それは序論やいくつかの章で述べられており、フェリシー国の政治理論の基盤でもある。その主要な論点は啓蒙思想の理神論にほぼ重なるものであり、神の存在、霊魂の存在と不滅、人間と動物の峻別、人間本性の一部としての自由などが主な論点である。

序論は三つの節に分けられており、第一節ではまず唯物論が否定され、二元論的な人間論が展開される。

普段われわれのうちで起こっていることについて少しでも考えれば、人間が明確に異なる二つの存在からなっていることがあらゆる事柄から納得できるはずである。その一つは物質的なものであり、それ故滅びることを免れないものである。もう一つは非物質的なものであり、他方とともに滅びることがないのは理性に照らせば明らかである[19]。

そして、霊魂は感覚によらずに神の属性や正義を知ることができる、と主張される。その次の節では、自尊心（amour-propre）の役割が特に強調され、それは「自分自身、そして他者からの敬意への自然で実在の欲求」と形容される。

われわれの魂に特有の情念は、それにどのような名称が与えられようとも、すべて自尊心に包含され、いずれも自尊心の発露や応用である。この自尊心という名称は、自己と他者からの敬意を求める自然で実在の欲求と理解されるべきである。[20]

人間の情念に関するこの理論にはあまり独自性はないが、これがフェリシー国の社会制度の基盤とされている。実際、この政体において、国民の自尊心を刺激し、高揚させるための工夫がいたるところで推奨されている。

その二つの結論の第一のものは、**自尊心が可能な限り最高の高揚にたえず保たれるようにすべてが協調しなければならない**、ということだ。第二のものは、**世論と個々人の意見が自尊心の利害を美徳の実践にたえず結びつけるように、すべての国家制度が一致して作用しなければならない**、ということだ。[21]

序論の第三節では人間と動物の違いが強調され、その違いの原因は理性という人間独自の能力にあるとされる。このような人間論は一八世紀においても珍しくないが、ル・メルシエの場合は用語などにデカルト主義的な特徴が残っており、それは特に言語についての記述に見られる。

それ自体能動的でありわれわれの思考のすべてを生み出す能力がわれわれのうちに存在することを示す重要な証拠は、思考を伝達するための手段を作り出すという、やはりわれわれに与えられた能力である。この能力はことばの器官にあり、それはわれわれにあって、野獣にはない。[22]

この一節は、言うまでもなくデカルトの『方法叙説』第五部の記述を連想させる。そこでは分節言語は人間独自の創造的能力である理性の証拠とされ、本能的衝動である動物の叫びとの違いが強調されている。一八世紀では、唯物論者ではなくても人間の言語と動物の叫びの間の違いよりもその連続性や共通性を強調する人が多く、コンディヤックはその代表的な例であるが、ル・メルシエの場合はそうではなく、この時代の人間論の中ではむしろ伝統的な二元論に近い立場であると言える。

このように、ル・メルシエの人間論は、基本的には感受性や自然の社交性の役割を重視しつつ、精神性・能動性を人間独自の自由の源泉として強調する立場である。ルソーに近い立場であるが、ルソーほど議論がきめ細かくない。ルソーの人間論においては、身体的レベルと精神的レベルの関係は潜在性という契機で結びつき、それはまた孤立した存在と社会的存在という区別とも対応しているが、ル・メルシエの場合はそのような重層的な論理は見られず、より単純な対立である。

（3）国家の道徳的役割

このような人間論はフェリシー国のさまざまな分野の基盤となっており、そこでは社会生活の道徳的な側面が最優先されている。それは制度的なレベルだけでなく、国民の想像力を方向付けるさまざまな表象体系においても見られる。『幸福な国民』の際だった特徴は、多くの階級、役職、勲章などが考案されていて、それぞれに寓意的な名称や教訓的な象徴がつけられている点である。すでに「名士」や「ヴィルチュコル」の例を挙げ、後者は前述のように「美徳を愛する（崇拝する）人」を意味すると述べたが、フェリシー語で「半神または完璧さの見本」[23]という意味とされている。そのような例がほかにも多く見られる。たとえば、閣議の中の古参メンバーは「ヴィルサップ（Virsap）」という称号を与えられ、それは「知識と賢明さにおいて特に優れた人」[24]という意味であるとされるが、おそらく美徳（virtus）と知恵（sapience）の組み合わせから作られた名称であろう。閣議のほかのメンバーは

「ボニファクス（Bonifax）」という称号を与えられ、それは「理論と実践の両方に通じた医者」[25]という意味とされるが、「善をなす人」という意味であるのは明らかである。また、グロラヴィッド（Gloravid）は特に勇敢な軍人に与えられる称号で、フェリシー語では「名誉の守護者」[26]という意味とされるが、フランス語のgloire（栄誉）とavide（どん欲な）の融合、つまり「どん欲に栄誉を求める人」という意味であることは簡単に想像できる。人名がいくつか登場するが、それも明白で教訓的な寓意であることが多い。国王ジュスタマの名前はフェリシー語で「あらゆる善の源」[27]という意味であるとされているが、「正義を愛する」という寓意であることは明瞭に見て取れる。そして国王の教師でありブレーンでもある人物はヴェリロック（Veriloq）つまり『真理を語る人』という名前である。

上述の階級や称号はそれぞれ勲章によって表され、それにも銘文や標語が付いており、それはフェリシー国の建造物にも見られる特徴である。序論から早くもその例が挙げられており、国民議会の議場に飾られている二つの絵画が長々と描写されている。その絵画の一方では人間の情念が荒海の上の船によって表されており、もう一方では無知と真理が二人の女性によって表されている。フェリシー国の主要な港も、商業の神の二通りの姿を表す彫像で飾られており、一つは商業の条件、すなわち自由と国の産物、もう一つは商業の結果、すなわち知識、誠実さ、産業と国際関係、を表している。それ以外にも、フェリシー国では多くの祭典や儀式が行われるとされ、それも詳細に描写されている。

このような象徴体系はかなり強烈な道徳的・教訓的意図に基づいており、それは今日の読者にとってはかなり抵抗を感じる部分であると思われる。このような特徴には、ルソーの政治思想の実践的な部分と共通する着想が感じられる。ルソーも、特に『ダランベールへの手紙』、『ポーランド統治論』や『コルシカ憲法草案』などでは、愛国心や市民としての美徳を高揚させるための手段の重要性を強調しており、そのような文脈ではしばしば、視覚に訴える方法が推奨されている。

名誉の印や公の報償によって、あらゆる愛国的な美徳に輝きが与えられ、市民がたえず祖国のことを心にかけ、それが彼らの最大の関心事となり、祖国がたえず彼らの目の前に置かれるように、私は望む。[28]

公の叙勲を軽視してはいけない。それは高貴で威厳がなければならないし、壮麗さは物よりも人において見られるようでなければならない。民衆の心はいかにその目に従うか、儀式の荘厳さは民衆にいかに強い印象を与えるか、信じられないほどである。[29]

このようなルソーの考え方は、『エミール』にも見られ、その第四巻の「サヴォワ人助任司祭の信仰告白」に続く部分で、視覚に働きかける「記号の言語（la langue des signes）」が、誓約などの重要なできごとに厳粛さを与える手段として賞揚されている。

われわれの時代の誤りの一つは、まるで人間が精神にすぎないかのように、あまりにも理性をむき出しのままで使うことである。想像力に語りかける記号の言語を軽視することで、われわれはことばのうちで最も力強いものを失ってしまった。ことば［音声言語］による印象は常に弱いものであり、耳を通じてよりも目を通しての方が、はるかによく、心に語りかけることができる。［……］

私の見たところ、近代では人々は力と利害によってのみ互いに影響を及ぼすことができる。それに対して、古代人たちは記号の言語を軽視していなかったので、はるかに説得や心情によって動いていた。[30]

同様に、ル・メルシエの『幸福な国民』の序論でも、視覚に訴えて人に強い印象を与える手段がフェリシー国において政治に利用されていることが語られている。

フェリシー人たちは目に語りかけることを大いに好み、それが真理をより印象的にする方法であると確信しているので、この思想［フェリシー人たちの人間論］は、首都ヴァンダラゾールで国民議会が開かれる会場の二つのすばらしい絵画の主題となった。[31]

このように視覚的効果の有効性が強調されるだけでなく、古代ローマを想起させるような雰囲気もルソーとル・メルシエに共通の特徴であり、それはフランス革命期の祭典にも見られる特徴であることは言うまでもない。ただ、ル・メルシエがルソーと大きく異なるのは、自尊心に中心的な役割が与えられている点である。ルソーもル・メルシエも、周囲からの敬意への欲求という迂回路を通して個人の情念を公共の利益に役立てようとする点では共通しているが、ルソーに見られるような自己愛（amour de soi：道徳的に中立な自己保存本能）と自尊心（amour-propre：他者との比較の中で自分を優先させようとする欲求）の区別はル・メルシエには見られず、その点ではル・メルシエの方が伝統的な道徳論の用語法を踏襲している。

3　世界観と神秘思想

（1）フェリシー国における宗教と教育

上述のように、『幸福な国民』においてル・メルシエが作り上げているユートピアは非常に道徳重視の社会である。それはもちろん、フランス革命期に「人間の再生」がスローガンとなり、重要な関心事の一つとなったという事実に通ずる特徴である。[32] フェリシー国の構想も、革命期に見られたような改革や重農学派の経済思想も交えながら、道徳教育の体系という色彩が強いものとなっている。実際、『幸福な国民』では教育の問題が重視され、第一七章から第二一章まで教育に関する議論が続いており、この作品の二八章のうち、五つの章が教育に当てられていることになる。ただ、そこで展開されているのは、われわれが想像する教育論とはかなり異なるもので、学校や教科（教えられる知識）についてはほとんど記述がなく、第一七章のはじめに、フェリシー国には多くの無料の学校があることが書かれているだけである。[33]『幸福な国民』で展開されているのは、子どもや学生の学校教育というよりも、国民一般のための道徳教育であり、その文脈の中でフェリシー国の宗教上の教義が扱われている。その教義は第一七章の後半部分をほぼ占めていて、世界の複数性に基づく世界観の提示から始まっている。

すべての惑星、宇宙にちりばめられているすべての光る天体は、動きが目に見えるものも不動のように見えるものも、居住者がいる。そのように全宇宙に知的な存在が住んでおり、彼らはその創造者をたえず崇拝するように定められている。

それぞれの世界は、われわれの世界と同様に個別の体系に支配されているが、その膨大な数にもかかわらず、そのさまざまな体系は互いに結びつき連結され、その体系をすべて組み合わせて配列した至高の力の手の中では、ただ一つの体系をなすのみである。[34]

生命体のいる無数の世界という世界観は、神の力の現れとされており、そのくだりにつけられた注で、ル・メルシエ自身が「人間として言えば、創造物についてこれ以上崇高な観念をもつことができるとは思わない」[35]と感嘆している。『政治社会の秩序』では、「秩序（ordre）」の概念が重要な位置を占め、マルブランシュの影響が顕著であったが、[36]『幸福な国民』ではそのような面は見られず、異質な世界観に立脚しているようにさえ感じられる。そして、この世界観の最大の特徴は、世界の複数性という考えが輪廻思想と結びつけられ、この無数の世界が霊魂の通過点とされていることである。

これらの世界はわれわれの魂にとって、次々と一時的な住みかになるように定められている。そこに着くと魂は新たな肉体を身につけ、それによって魂はその新たな住居の性質をもった新たな存在となる。しかし魂は以前の滞在地で行った善行や悪行の記憶を持って行く。そしてその記憶に、魂の通った後に残された評判や過去の生について下されるべき審判について神から与えられる完全な知識がつけ加わる。[37]

ここには、現世での行いに対する報いとしての来世という考えが見られ、その点では多くの宗教における来世と共通しているが、フェリシー人のこの教義によれば、この報いは平和な天国での休息という状態ではなく、霊魂はその道徳的な完成度に応じて、ある世界から別の世界へと移っていかなければならない。

われわれの魂の幸福は、魂がめぐる住みかによって異なる。逆に、一つの世界から別の世界へと、魂に約束されている完成度が増すのと同時に、次第にその幸福は増していき、その完成度に応じて、多かれ少なかれ幸福な世界が魂に割り当てられる。そのように、一つの世界から別の世界へと、その進歩によって魂は最後の世界に導かれ、そこにはとても完全な存在が住んでいるので、彼らは幸福にも神と直接に理解し合うことができる。[38]

そのように、フェリシー人たちによれば、人が死んだ後も、霊魂はより良い状況に達するために努力しなければならない。ただ、現世で悪人だった人の場合はどうなるのか、という問題が生ずるが、そのように無数の世界から成る階梯のほかに、堕落した霊魂を監禁するための世界もあるとされている。

しかしこの階梯のほかに、もう一つ、特に邪悪な人間の魂を受け入れて罰するための世界がある。そこでその哀れな人たちは、人間という最初の状態に戻され、いかなる政体もない状態に置かれ、たえず無政府状態から専制政治へ、そして専制政治から無政府状態へと移る。そこでは、政治的混乱の不可避の結果である道徳的混乱によって人々はまったく自分たちの情念に隷従してしまっているので、互いにたえず災いのもととなってい

るのである。(39)

このように、地下にあるとされる伝統的な地獄の代わりに、地球外の地獄が考案され、そこで罪人が受ける刑罰は無政府状態や専制政治といった政治的な災厄であり、改善の希望もない状態に置かれることである。しかし、そこで一つの疑問あるいは反論が生ずる。それは、われわれには前世の記憶がない、ということであるが、その点についてのル・メルシエの回答は、われわれの世界は諸世界の連鎖の最初の環であるということである。

われわれは地球上で享受する生以前の生の記憶をまったくもっていないので、われわれの地球は諸世界の連鎖の最初の環であり、相次ぐ滞在地においてどれだけ美徳を獲得するかによって、異なる速さをもってその諸世界をめぐるように定められている、と考えるべきである。(40)

さらに、『幸福な国民』において、世界の複数性という観念は輪廻思想と結びつけられているだけでなく、弁神論とも不可分の関係にあり、それはライプニッツ哲学に由来する最善説(optimisme)の強い影響が見られる。

このように仮定すると、神が人類のためにこれ以上のことをしてくださらなかったといって不平を言うのはやめよう。むしろ、神がなぜこれ以下のことをなさらなかったのかを考えよう。もし神がわれわれを、爪や毛髪のように無感覚なものとして作られたなら、本当にわれわれは苦しい知覚を感じないだろう。しかし快い知覚もまた享受しないだろうし、感覚によって獲得するいかなる観念もないので、われわれの知性は、われわれの現在の生にかかわるいかなる機能もない状態に置かれるだろう。

神はわれわれを、快楽を感じるが苦痛は感じない者としてお作りになることもできた、と考えるべきである。しかしそのような状態では、われわれは人間ではなくなるだろう。[その場合には]われわれの惑星と、そこに住むように定められたすべての存在をともに支配する体系とは別の体系になっていただろう。そして神の英知についてもつべき観念に従うならば、創造の偉大な計画の中でわれわれの世界のような世界が全体的な体系の一分野であり、全能なる者の意志によってその体系に必要な部分として作られたことを疑うことはできない。[41]

この議論によれば、われわれの住んでいる世界は可能な世界の中の最善のものではない（というのは、輪廻の出発点にすぎないから）。しかし、われわれの世界は必然的な体系の一部であり、その意味で、その体系は可能なものの中で最善のものと考えられる。そしてこの宇宙論と結びついた宗教論は、やはり人間の不平に対して神を弁護する議論で終わる。

精神的＝道徳的災厄はわれわれの仕業なので、それに対してわれわれが不平を言ったらいっそう不当であろう。われわれは立派な行いをしたり恥ずべき行いをしたりできるように定められているので、われわれが善にも悪にも自分で踏み切れる能力を備えているのは当然であった。

［……］われわれの現在の生からわれわれの錯誤の不幸な影響［人間が引き起こす精神的＝道徳的災厄］を取り去れば、われわれの善＝幸福の総量は、われわれの悪＝災厄の総量をはるかに凌ぐことはたしかである。[42]

このくだりは、ルソーの『エミール』（一七六二年）第四巻中の「サヴォワ人助任司祭の信仰告白」の中の弁神論との共通点が多く、ライプニッツからの直接の影響というよりは、むしろルソーの議論を踏襲していると見るべきかもしれない。[43]

以上がフェリシー国の宗教の教義の骨子であるが、原書でも数頁しかなく、教育に関するほかの章でも宗教の問題は扱われていない。しかし著者によれば、それがフェリシー国で教えられている公式教義であり、第二一章末尾の、教育に関する論述の結びの部分では、フェリシー国の神殿はこの教義（世界の複数性）を表すレリーフで飾られていることがつけ加えられている。

このような世界観は現代の読者にとっては神秘主義的なものと感じられるが、ル・メルシエにとっては啓示や霊感によって得られた思想ではなく、あくまでも理性の産物である。

フェリシー人は啓示を受ける幸いに浴さなかったので、まさに彼らの自然の光明のみによって彼らの宗教的・道徳的な哲学を作り上げた。その中には、訓練された理性が自分で、しかも自力で到達して発見しうるあらゆる偉大な真理が見いだされる。[44]

しかも、この世界観は絶対の真理というよりは、世界の解釈として蓋然性の高いものとされている。

［……］彼ら［フェリシー人］はその国の学校で世界の複数性を教えているものの、その考えは、それが結びついていて彼らにとっては何の疑問の余地もない重要な真理と混同されることはない、ということを指摘しておかなければならない。世界の複数性の思想は、多大な蓋然性に基づく体系としてのみ、その真理の次に位置づけられている。そしてさらにその体系には、宇宙の組織者についてわれわれが抱くべき観念にふさわしい観点から、われわれに宇宙の姿を見せるという利点がある。[45]

この引用中の「何の疑問の余地もない重要な真理」とは何かは明らかにされていないが、文脈から神の存在のことと考えられ、世界の複数性や輪廻は、その自明な真理に付随する思想と位置づけられているようである。

（2）啓蒙と神秘思想――時代の中の『幸福な国民』の宗教論

このように、『幸福な国民』においては、人間論、世界観、宗教などが統一的な体系となり、道徳至上主義的な社会観と密接に結びついている。人間論については、この時代の理神論に沿ったものであり、重要な位置を占めている霊魂の存在と不滅の教義も、理神論と結びついていることが多い。その点ではル・メルシエによるフェリシー国の宗教はこの時代にあっては特に個性的なものではないが、それに付随する輪廻思想によって異質な要素が混在する奇妙な思想のように見える。本章を結ぶに当たり、この世界観・宗教観のそのような側面を時代の思想的文脈の中に位置づけて考察してみたい。

『幸福な国民』の宗教論に明確な出典があるかどうか断言できないが、このままの形で登場するほかの例はまだ未発見である。ただ、似たようなケース、あるいは共通点のあるケースは一八世紀後半においては珍しくないようである。この世界観の主要な要素には、フォントネルに見られるような世界の複数性という観念[46]と並んで、輪廻思想があるが、後者はおそらくピタゴラスに由来するもので、実際、この作品中にピタゴラスが何度か引用されている[47]。同時代の作品で特に関係が深いと思われるものは、ドリール・ド・サールの『自然の哲学について（*De la Philosophie de la nature*）』（一七七〇年）と、デュポン・ド・ヌムールの『宇宙の哲学（*La Philosophie de l'univers*）』（一七九三年）である。

ドリール・ド・サール（Delisle de Sales：本名 Jean-Baptiste Claude Izouard 一七四一—一七六九）はもとはオラトリオ会士であり、『自然の哲学について』はかなり読まれた書物（三〇年間に七つの版）のようであり、ル・メルシエの『幸福な国民』にも何度か引用されている[48]。ロマン主義の世代に影響を与え、たとえばピタゴラスの『黄金詩（*Vers dorés*）』を仏訳した詩人ファーブル・ドリヴェ（Fabre d'Olivet）はドリール・ド・サールの友人にして弟子であった[49]。『自然の哲学について』では自然観や人間論などから道徳や宗教までが論じられており、その主張は神や霊魂の存在など、広い意味での理神論である（ドリールは自分の立場を有神論者〔théiste〕と表現している）。そして第三巻第一部「霊魂について」では霊魂の実在と不滅が論じられ、その後半で、万物は連鎖していてすべてが感受性を備えていること、諸存在はその連鎖の中で輪廻を繰り返すこと、ピタゴラスの思想は近代の哲学者たちによって受け継がれたことなどが論じられている。

デュポン・ド・ヌムール（一七三九―一八一七）は重農学派の一員として知られているが、革命中にメスメリスムの影響を受けたほか、敬神博愛教（Théophilanthropie）という新興宗教の創設にも参画した[50]。『宇宙の哲学』は自然論であると同時に、人間論、弁神論、幸福論でもあり、著者の遺書という性格も備えているが、やはり地上における人間の生は輪廻転生の一環であるとされている。

知的な存在［＝霊魂］が別の器官を帯び、別の身体を動かさなければならないとすれば、それは最初のものとはまったく異なる別の存在、別の自己になるだろう。その存在は多かれ少なかれ幸福であり、善行や罪の記憶と、その存在が感じる直後の状態とのつながりによってのみ、最初の存在に報いたり、罰したりできるだろう。ところで、知的な存在のこの転生、ある動物から、完成度がさまざまな別の動物への変質が生じるなら、われわれは、世界が存在し始めて以来初めて宇宙にやってきたわけではないようである。しかし、われわれの知的存在がわれわれの身体と結びついてわれわれを作る以前、その知的存在が何であったか、それがどのような身体を動かしていたか、ということの記憶がわれわれにはまったくない。現在のわれわれが散らばって消滅したのち、まったく別のことが起こると推測する根拠があるだろうか[51]。

デュポンの『宇宙の哲学』ではル・メルシエの場合と違って、世界の複数性という議論は登場せず、輪廻思想はむしろ「存在の連鎖」という伝統的な観念に基づいている。人間と神の間には人間より優れた存在がいるはずだが、人間にはそれが感知できないだけであり、肉体の死後、霊魂はモナドという形をとって別の肉体に移ると想定されている。ル・メルシエの場合と同様に、輪廻によってより高度の存在になれる可能性も述べられている。『宇宙の哲学』では冒頭に「オロマシス（Oromasis）」と題された対話体の詩があり、創造主オロマシスと悪の原理アリマヌ（Arimane）の対話が展開される。後者はおそらくゾロアスター教の悪の神アーリマンに由来し、本論中でその悪の神とは物質のことであることが明かされる。つまり世界の悪＝災厄＝不幸の起源は物質の性質に帰せられ、やはりルソーの「ヴォルテールへの手紙」にすでに見られる論理[52]を想起させる。

このような文脈の中でのフェリシー国の宗教を考えると、次のような特徴が浮かび上がる。まず、世界の複数性など、当時の科学的知識や世界観を取り入れて、それを基盤にしようとしている点がほかの例と共通している。実際、いずれの場合も、その世界観は合理的な思索の結果、という側面が強調されている。

そして、そのような世界観・宗教観は伝統的なキリスト教信仰に代わる来世を求める動きと密接に関連していることが理解される。霊魂の存在と不滅を信じつつ、伝統的なキリスト教による来世（天国、地獄）を否定する場合、どのような来世が可能か、という問題はこの時代の多くの人が直面したものであり[53]、しかも現世（地上での生）での行いに対する報酬という道徳的な役割をも来世に期待する場合、ピタゴラスに由来する輪廻思想が、従来のキリスト教の教義よりも「合理的」なものとして受け入れられていったのではないかと推測される。それはデュポンの例に明瞭に表れている。

ほとんどの国民とほとんどの宗教の地獄は不条理で残虐である。その天国はばかげていて幼稚である。しかし私は、ピタゴラスと［ヒンズー教の］裸行者たちにおいて、そしてライプニッツの思想と自然史の偉大な事実の中に、節度があり、父性愛に満ちていて、誤りや罪の性質にちょうど適合した罰の体系の可能性を見出した。それは漸進的な報酬の体系でもあり、その報酬はたえず増大する美徳に応じて無限となりうる。神の善良さと宇宙の全体的な秩序に合致するこの考えによって、私の心は慰められ、私の理性は満たされた[54]。

ここで「自然史の偉大な事実」と形容されているのは主として、さまざまな生物における感受性と知性の存在とその程度の多様性であるが、このように、輪廻思想は古代以来の信仰と当時の科学知識と並んで、新しい世界観・宗教観に取り入れられることになる。

さらに、フェリシー国の宗教は、やはり啓蒙思想の中心的な問題の一つだった、社会における宗教の役割（あるいは社会と宗教の関係）に関する議論の流れに属することは言うまでもない。この問題系には、寛容の問題だけでなく、社会の構成員同士の精神的な絆、社会道徳の基盤としての宗教という問題も含まれる。すなわち、宗教のない社会はありうるか、信仰をもたない人間を同じ市民として信頼できるか、という問題が絶えず議論され、宗教の必要性を支持する意見が多かった。理論面での典型的な例の一つはルソーの『社会契約論』末尾の「市民宗教」の理論であり、実践面での実例の典型は革命期の「最高存在の祭典」であることはよく知られている。そしてその問題をよりシニカルに表したものとして、「神が存在しないなら、神を発明しなければならないだろう」というヴォルテールのことばも有名である[55]。フェリシー国の宗教は単なる個人的な信仰ではなく、学校で教えられる教義であるという点でその社会的な機能が明確であり、宗教の社会的役割という問題に対するル・メルシエの回答であるとも言える。その意味では、ロベスピエールによる「最高存在の祭典」とほぼ同時代に、ル・メルシエは同じ問題にまったく別の回答を提示しているのである。

そしてそのように見れば、フェリシー国の宗教には神秘主義と共通の要素が見られるが、むしろ啓蒙思想が提起した問題に対してあくまでも啓蒙思想の延長線上で回答を試みたものである。一八世紀末から一九世紀にかけての神秘思想の隆盛は、啓蒙思想の合理主義に対する反動としてキリスト教への回帰という図式でとらえられることが多いが、実際には、合理的な思索の結果として（後世からは）神秘主義的に見える思想にいたった場合もあり、また、異質な言説が同一視された場合もある。一例を挙げれば、ネルヴァルの『幻視者たち』では、サン＝マルタンやスウェーデンボリのようなキリスト教色の強い思想家と並んで、ドリール・ド・サールやデュポン・ド・ヌムールも一八世紀における神秘思想家の例として挙げられている[56]が、彼らは自らの立場をむしろ理神論として意識していたはずであり、受容の過程でロマン主義の先駆者として取り込まれてしまったようである。

おわりに

ル・メルシエの『幸福な国民』は単なるユートピアではなく、啓蒙の生き残りが祖国の再生を願って革命期のフランスに捧げた遺書であり、それは冒頭の献辞によく表れている。道徳至上主義やヒエラルキーの区別とその表現へのこだわりなど、現代の読者にとってはかなり説教臭く読みづらいものであるが、重農学派の学説、革命期の政治状況に根ざした提言、一八世紀のほかの思想家（特にルソー）からの影響などかなり多様な要素を含む資料である。そして政治思想、人間論、道徳観など啓蒙思想から受け継いださまざまな論点と結びついた形で、神秘主義的な世界観・宗教観が展開されているが、それは啓蒙思想に対する反動ではなく、むしろその帰結と見なされるべきものであり、啓蒙思想の変遷の一例という点でも注目に値する。

注

（1）ル・メルシエに関する伝記的事実については、この思想家に関する数少ない研究の一つであるルイ＝フィリップ・メによる評伝 L.-Ph. May, *Le Mercier de La Rivière (1719–1801). Aux origines de la science économique*, CNRS, 1975 に依拠した。なお、『幸福な国民』の拙訳（『幸福な国民またはフェリシー人の政体』「ユートピア旅行記叢書」岩波書店、二〇〇〇年。原書の内容は一部省略）にもう少し詳しい紹介が含まれている。

（2）Diderot, lettre à Damilaville, juin ou juillet 1767, in *Correspondance*, éd. G. Roth, t. VII (Janvier 1767–Décembre 1767), Minuit, 1962, p. 77.

（3）「この学説［重農学派の学説］のもっとも明快で、いちばんよくまとまった説明は、一時マルティニックの総督をしたメルシエ・ドゥ・ラ・リヴィエール氏の書いた『政治社会の自然的ならびに本質的秩序』という題の小著に見ることができる」（大河内一男監訳、中公文庫、II、四九九頁）。

（4）Le Mercier de La Rivière, *L'Ordre naturel et essentiel des sociétés politiques*, IIe part., ch. XXII, éd. Edgard Depitre, Paris, Geuthner,

1910, p. 130（以下 DG と略記）; «Corpus», Fayard, 2001, p. 177（以下 CF と略記）. 強調は原著者による。

（5）国民主権論批判については、たとえば *ibid.*, ch. XVI, DG p. 91 *sq.*, CF p. 128 *sq.*; 権力分立論批判については、*ibid.*, ch. XXI, DG p. 122 *sq.*, CF p. 167 *sq.*

（6）Diderot, lettre à Falconet, mai 1768, in *Correspondance*, éd. citée, t. VIII（Janvier 1768–Décembre 1768）, pp. 40–41.

（7）「彼［ル・メルシエ］は首都での大きな動きから離れていたが、常にその時代の問題に通暁しており、自由時間を使って最後の著作を執筆し、それは一七九二年に出版された。それは『幸福な国民』であり、著者の善意のみによって評価できるものであるが、人気を博し、賛美する人がドイツにもいるほどだった」（L.-Ph. May, *op. cit.*, p. 138）。

（8）Le Mercier de la Rivière, *L'Heureuse nation ou Gouvernement des Féliciens*, Paris, Creuze et Béhal, 1792, ch. II, p. 19 *sq.* なお、同書については、引用に際して原文の箇所と同時に拙訳の箇所も指示する。訳文は一部改めたところもある。拙訳一七七頁以下。

（9）*L'Heureuse nation...*, ch. VIII, t. I, p. 130 *sq.*

（10）F. Furet et M. Ozouf（éd.）, *Dictionnaire critique de la Révolution française*, Flammarion, 1988, pp. 63–75, «Elections». フランソワ・フュレ／モナ・オズーフ『フランス革命事典』河野健二／阪上孝／富永茂樹監訳、みすず書房、一九九八年、「1　事件」、「選挙」、一七八―一九八頁。

（11）*L'Heureuse nation...*, ch. VI, t. I, p. 100. 拙訳二二二頁。

（12）*Ibid.*, ch. XIV, t. I, p. 269. 拙訳三〇二頁。

（13）*Ibid.*, ch. XVII, t. II, p. 17. 拙訳三四三頁。

（14）*Ibid.*, ch. IX, t. I, p. 163. 拙訳二五五頁。

（15）*L'Ordre naturel...*, ch. XLIV, DG pp. 336–337; CF pp. 447–448. ゴチック体の語は原文では大文字、傍点部分はイタリック。以下同様。

（16）この区別自体は六七年の『政治社会の秩序』にすでに見られる（*Ibid.*, ch. XIX, DG p. 110, CF p. 152）が、章の冒頭の要約に現れるだけで、本文では使われておらず、定義や説明もない。

（17）*L'Heureuse nation...*, ch. V, I, pp. 93–94. 拙訳二一八頁。強調は原著者による。

（18）*Ibid.*, p. 92. 拙訳二一八頁。

（19）*Ibid.*, «Discours préliminaire», §1, p. v. 拙訳一三八頁。

（20）*Ibid.*, «Discours préliminaire», §2, p. xxii–xxiii. 拙訳一四五頁。

（21）*Ibid.*, «Discours préliminaire», §2, p. xxxi. 拙訳一四九頁。

（22）*Ibid.*, «Discours préliminaire», §3, p. lxi. 拙訳一六一頁。

(23) *Ibid.*, ch. IX, t. I, p. 166. 拙訳二五七頁。
(24) *Ibid.*, ch. XII, t. I, p. 214. 拙訳二八三頁。
(25) *Ibid.*, t. I, p. 215. 拙訳同頁。
(26) *Ibid.*, ch. XVI, t. I, p. 316. 拙訳三二七頁。
(27) *Ibid.*, ch. III, t. I, p. 44. 拙訳一九〇頁。
(28) J.-J. Rousseau, *Considérations sur le gouvernement de Pologne*, *Œuvres complètes*, Gallimard, «Bibliothèque de la Pléiade», t. III, 1964, p. 962.
(29) *Ibid.*, p. 964.
(30) *Id.*, *Émile*, l. IV, éd. citée, t. IV, pp. 645–646.
(31) Le Mercier de La Rivière, *L'Heureuse nation*..., «Discours préliminaire», t. I, pp. xxxii–xxxiii. 拙訳一五〇頁。
(32) F. Furet et M. Ozouf (éd.), *Dictionnaire critique de la Révolution française*, p. 821 *sq.*, «Régénération»（邦訳「5 思想I」二〇六—二三三頁）; M. Ozouf, «La Révolution française et la formation de l'homme nouveau», dans *id.*, *L'homme régénéré. Essais sur la Révolution française*, Gallimard, 1989, pp. 116–145.
(33) Le Mercier de La Rivière, *L'Heureuse nation*..., ch. XVII, t. II, p. 1. 拙訳三三五頁。
(34) *Ibid.*, ch. XVII, t. II, pp. 19–20. 拙訳三四四—三四五頁。
(35) *Ibid.*, t. II, p. 20, n. 1. 拙訳三四五頁。
(36)『政治社会の秩序』初版の扉には、マルブランシュの『道徳論』第二章の一節が銘句として引用されている。
(37) *L'Heureuse nation*..., t. II, p. 20. 拙訳三四五頁。
(38) *Ibid.*, t. II, p. 21. 拙訳同頁。
(39) *Ibid.*, t. II, pp. 21–22. 拙訳同頁。
(40) *Ibid.*, t. II, p. 22. 拙訳三四六頁。
(41) *Ibid.*, t. II, pp. 22–24. 拙訳同頁。
(42) *Ibid.*, t. II, pp. 24–25. 拙訳三四七—三四八頁。
(43)「摂理［神］は人間が悪をなすためにではなく、善を選んで行うように、人間を自由なものとして作られました。摂理は、人間に与えられた能力を人間が正しく使うことによってその選択をできるようにしました。しかし、摂理は人間の力をとても限定されたので、人間が自分に与えられた自由を誤って使っても、全体の秩序が乱されることはありません。人間がなす悪＝災いは、自分に跳ね返り、世界の体系を何ら変えることがなく、そして人類の意志にかかわらず人類自体が存続することを妨げさせん。人間が悪をなすことを神が妨げないことに対して不平を言うことは、神が特に優れた性質をもったものとして人間を作ったことに不平を言うことであり、行為を高貴なものにする精神性＝道徳性を人間の行為に与えたことに不平を言うことであり、美徳への権利を神が人間に与えたことに不平を言うことです。［……］

われわれを不幸で邪悪にするのはわれわれの能力の誤用なのです。われわれの悲しみ、われわれの心配、われわれの苦悩はわれわれに由来するのです。精神的＝道徳的な悪＝災厄は確実にわれわれの仕業であり、物理的＝身体的悪＝災厄は、それを感じられるようにしたわれわれの悪徳がなければ、何でもないことでしょう。［……］

人間よ、悪＝災厄の張本人を捜すのはもうやめるがいい、その張本人はお前なのだから。悪＝災厄はお前がなすものとお前が被るもの以外にはなく、どちらもお前から来るものなのだ。全般的な悪＝災厄は無秩序の中にしかありえず、世界の体系において、決して変わることのない秩序が見えるのです」（J.-J. Rousseau, *Emile*, l. IV, «Profession de foi du vicaire savoyard», in *O. C.* IV, pp. 587–588）。

（44）Le Mercier de La Rivière, *L'Heureuse nation...*, ch. XVII, t. II, p. 7. 拙訳三三八頁。
（45）*Ibid.*, t. II, p. 26. 拙訳三四八頁。
（46）Fontenelle, *Entretiens sur la pluralité des mondes habités*, 1686.
（47）第一七章の最初の原注に『黄金詩』への言及が見られる。*L'Heureuse nation...*, t. II, p. 2. 拙訳三三五頁。
（48）たとえば「序論」第一節の最初の原注に、著者名は記されていないものの、『自然の哲学について』が引用されている。*L'Heureuse nation...*, t. I, p. vii. 拙訳一三八—一三九頁。
（49）P. Malandain, *Delisle de Sales philosophe de la nature (1741-1816)*, t. I, *Studies on Voltaire and the Eighteenth Century*, vol. 203, 1982, pp. 268, 391, 403 *sq.*
（50）デュポンのそのような側面はロバート・ダーントンの『パリのメスマー——大革命と動物磁気催眠術』稲生永訳、平凡社、一九八七年、一六四—一六五頁で取り上げられている。P. Malandain 前掲書によれば、ドリール・ド・サールとデュポン・ド・ヌムールは友人同士であり（p. 478）、思想的にも影響関係があった可能性がある。敬神博愛教については、F. Furet et M. Ozouf (ed.), *Dictionnaire critique de la Révolution française*, p. 610 *sq.*, «Religion révolutionnaire»（邦訳「4　制度」五五頁以下）で述べられている。
（51）P.-S. Dupont de Nemours, *Philosophie de l'univers*, pp. 156–157. 傍点原著者。
（52）J.-J. Rousseau, lettre à Voltaire, le 18 août 1756, *O. C.* IV, p. 1068 :「われわれのうちの一人一人が苦しんでいるかどうかが問題なのではなく、宇宙が存在することが善かったかどうか、そして宇宙の構造の中でわれわれの苦痛が避けられないものだったかどうかが問題なのです。」

(53) ルソーも「サヴォワ人助任司祭の信仰告白」でこの問題に触れているが、自分には霊魂の不滅を期待し、悪人の霊魂が地獄で永遠に罰せられて苦しむという伝統的な思想には懐疑的である。つまり、ルソーは伝統的な地獄を信じていないが、ル・メルシエやデュポンのように輪廻思想を信奉するわけでもない。J.-J. Rousseau, *Emile*, l. IV, «Profession de foi du vicaire savoyard», *O. C.* IV, pp. 590-592. なお、来世や地獄に関する一七―一八世紀の議論において、合理主義と神秘主義的傾向がしばしば混在していたことが次の論文で指摘されている。E. R. Briggs, 'Mysticism and rationalism in the debate upon eternal punishment,' *Studies on Voltaire and the Eighteenth Century*, vol. XXIV, 1963, pp. 241-254.

(54) Dupont de Nemours, *op. cit.*, pp. 226-227.

(55) Voltaire, lettre à Frédéric-Guillaume, prince héritier de Prusse, le 28 novembre 1770, dans *Correspondance choisie*, éd. J. Hellegouarc'h, Le Livre de Poche, «La Pochothèque», 1997, p. 1045.

(56) Gérard de Nerval, *Les Illuminés*, dans *Œuvres complètes*, Gallimard, «Bibliothèque de la Pléiade», t. II, 1984, pp. 1049, 1070, 1132.

第6章　恐怖政治と最高〈存在〉の祭典
――政治的なものの宗教と芸術――

上田和彦

1　最高〈存在〉の祭典

一七九四年六月八日、マクシミリアン・ロベスピエール（一七五八―一七九四）が主宰者となって最高〈存在〉を礼拝する祭典が執り行われている。この祭典は、サン＝ジュストが全般的な治安維持について報告した四月一五日と、革命裁判所の裁判略式化が決まる六月一〇日の間、すなわち、恐怖政治が酷烈になる頃に行われている。そんな時期に、ロベスピエールはいかなる祭典を組織しようとしたのか。演出をまかされたジャック＝ルイ・ダヴィッドの計画によれば、この祭典では「野心」、「エゴイズム」、「不和」、「偽りの簡素」に支えられた「無神論の怪物」が焼かれ、その残骸のまっただなかに「知恵」が現れることになっている。

彼女［知恵］を見ると、歓喜と感謝の涙が、あらゆる者の眼から流れだす。〈無神論〉が絶望の淵へ追い込もうとしていた善行の士を彼女が慰める。〈天〉の娘は次のように言っているように見える。「人民よ、自然の〈造物主〉を讃えなさい。その不変の摂理を崇敬しなさい。それをあえて侵害しようとする放胆な輩は滅びるがよい。高潔で勇敢なる人民よ、汝を道に迷わせるために用いられる手段でもって、汝の偉大さを判断しなさい。偽善者たる汝の敵たちは、汝が理性の法に心から執着しているのを知っており、まさにその点につけ込んで、汝を破滅させようと望んでいたのです。しかし汝は彼らの詐術にもう騙されてはなりません。これらの新手のドルイド僧たちが暴力によって引き立てようとした新たな偶像を汝自ら打ち砕きなさい[1]」。

聖職者民事基本法（一七九〇年六月）から四年、共和国では世俗化が進行し、たとえそこに大きな困難が立ちはだかるにせよ、人民が自らの理性によって定めた法を基にして国家の礎を固めようとしている時期だ。人間の理性だけを信頼し、人間を超えた存在への信仰を批判する思想がより活発になってもおかしくない。そんな時期に、「理性の法に心から執着している」人民の、まさに理性への信頼に訴えて無神論を説こうとする者たちを人民の「敵」と呼び、「敵」に騙されないように、同じく理性によって無神論を拒絶し、「自然の〈造物主〉」を讃え、「不変の摂理」を崇敬するように呼びかけるのは、歴史を遠くから眺める者の眼には、時流に逆行しているように見える。無神論の怪物の像を焼くこの儀式の後、人々は自由の樹の下に集まり、最高〈存在〉の讃歌を歌いながら、フランス人民の徳を確認しあって友愛の絆で結ばれることになっている。

最高〈存在〉へ祈りを捧げながら、自分たち人間の理性、自由、徳を再確認して紐帯を生み出そうとするこの祭典は、なぜ恐怖政治のまっただなかで行われたのだろうか。最高〈存在〉の祭典と恐怖政治の加速化の時期の一致は、単なる偶然なのだろうか。たしかに恐怖政治では、共和国を内側から脅かす「自由の敵」を人民から切り離し、粛清しようとするのであるから、最高〈存在〉への宗教的感情によって人民を結びつけようとする祭典とは、目的が異なっているように見える。しかしながら、祭典を正当化するロベスピエールの演説と、恐怖政治を正当化する彼の演説を比較してみると、両者では同じ論理が展開されているのが分かる。ロベスピエールは、恐怖政治と最高〈存在〉の祭典とによって、いったい何を目指していたのか。

2　革命政府の正当化と恐怖政治——「分派」の排除

一七九三年一一月一七日、ロベスピエールはフランスの対外的状況を分析し、国民公会が取るべき外交方針について演説している（「共和国の敵にたいしては恐ろしく、同盟する国には寛大であり、すべての諸国民には公正であることを示す」[2]）。その際すでに、イギリスを中心に組織された「自由の敵」の同盟がフランス国内に陰謀を張り巡らし、共和国を内側から分裂させ、崩壊させる作戦を練っていると強調していた。一二月二五日、ロベスピエールは公安委員会の名の下に革命政府の樹立と憲法の一時的停止を正当化する報告を行った後、革命政府の原則について演説することになる。

> 人民の〈代表者〉たる市民たちよ、
> 成功は弱き魂を眠らせ、強き魂を刺激する。トゥーロンの奇蹟を褒めたたえるのはヨーロッパと歴史にまかせ、自由に新たな勝利を準備することにしよう。〈共和国〉の守護者たちはカエサルの箴言を採用する。何かやるべきことが残っているかぎりは、何も成し遂げられていない、と彼らは信じている。私たちの熱情のすべてを傾けるための危険が十分まだ残っているのだ[3]。

ロベスピエールは、なすべきこととして何が残っていると言いたいのか。「自由に新たな勝利を準備する」と言われているが、自由にかんして、何を新たに勝ち取らねばならないのか。大局的に見れば、王権からも教権からも権利上は解放されたという意味で、人民は自由を勝ち取っている。また一七九三年一二月二五日の時点では、ヴァンデの内乱の鎮圧も成功し始め、トゥーロンの攻囲戦でイギリス、スペインといった外敵を退けたのだから、人民は事実上、王政派や外敵の圧力からもますます自由になりつつある。そのような時期に、自由にかんして、なおもなすべきこととして残っているのは何か。先に触れたように、ロベスピエールによれば、軍事力によってフランスを叩くことができないと分かったイギリスを中心とする「自由の敵」が、フランス国内に陰謀を張り巡らせている。今や、この陰謀に取り込まれてしまい、共和国を内側から脅かすこととなった内部の敵を叩く必要があるとロベスピエールは言うのである。

それでは、内部の敵とはいかなる人々なのか。ロベスピエールは、革命政府の理論を示しながら、内部の敵に「分派」という曖昧な呼名を与える。

> 立憲政府の目的は〈共和国〉を保つことである。革命政府の目的は〈共和国〉を創設することである。〈革命〉とは自由の敵に対する自由の戦争である。〈憲法〉とは、勝利を得て平和裡にある自由の体制である。
>
> 革命政府が非常時の活動を必要とするのは、まさに戦争状態にあるからである。[……]
>
> 立憲政府は主に市民の自由（liberté civique）に専心する。革命政府は公的自由（liberté publique）に専心する。立憲体制のもとでは、公権力の乱用から諸個人を保護すれば、まず十分である。革命体制のもとでは、公権力そのものが、それを攻撃するすべての分派に対して身を守らねばならない。(4)

このように、ロベスピエールは立憲政府と革命政府の目的を区別し、革命政府が共和国の創設を目指し自由の敵と戦っている以上、この政府を攻撃する「分派」から政府は身を守らなければならないと主張する。すなわち、自由の敵と戦う政府を妨げる「分派」を構成する個人は自由の敵であり、自由の敵には「市民の自由」を享受する権利はない、と。ところで、革命政府が戦争状態にあるのは、いまだに自由が獲得されておらず、それを勝ち取らねばならない状況にあるからだが、それでは勝ち取るべき自由とは、いかなる自由なのか。革命政府は、立憲政府か保護する「市民の自由」ではなく、「公的自由」に専心すると言われている。一見すると、ロベスピエールは、「市民の自由」を保証する立憲政府が確立されるまで、「公的自由」を優先させる革命的行政を続行するつもりであると言っているようにみえる。しかしこの革命はどこまで続行しなければならないのか。「公的自由」と「市民の自由」とが、矛盾なく一致する時は訪れるのだろうか。もし「市民の自由」に個人の権利を公権力から守る自由が含まれるならば、「公的自由」の名の下に「市民の自由」を制限する戦争状態は、終わりえるのだろうか。また、そもそも「公的自由」なるものは、いったいいかなる自由なのか。

この問題は宙づりにしておき、自由を目指した戦争の名の下に、自由の友と敵の輪郭が、共和国の内部にどのように素描されていくかを見ていこう。

翌年の一七九四年二月五日、ロベスピエールは国民公会において、「共和国の国内行政において国民公会を導くべき政治道徳の諸原則について」大演説を行う。内政の方針を定めるこの報告において、ロベスピエールはまず、共和国の原動力は「徳」であると言う。

ところで、民主的あるいは人民による政府の基本的原則、すなわち、この政府を支え動かす本質的な原動力とはいかなるものか。それは徳である。私が言いたいのは、ギリシャとローマでかくも多くの奇蹟を成し遂げ、共和主義のフランスにおいてもっと驚くべきことを生み出すはずの公の徳のことである。祖国とその法律への愛にほかならないこの徳のことを。

しかし〈共和国〉あるいは民主主義の本質は平等であるのだから、祖国愛は必然的に平等への愛を含むことになる。

さらには、この崇高なる感情は、あらゆる個人的利害よりも公的利害を優先させることを前提としているのは真実だ。［……］(5)

「徳」は、民主的な政府を支えるとともに、「動かす」とされている。すなわち、創設された後の立憲的政体を支えるだけでなく、共和国の創設に働く原動力と考えられている。革命政府が専心するのは「公的自由」とされていたが、共和国を創設する際にギリシャやローマよりも「さらに驚くべきことを生み出す」はずの原動力たる「徳」が、「あらゆる個人的利害よりも公的利害を優先させることを前提としている」と言われていることに注目しよう。ここでの「徳」は、はっきりと「公の徳」と言われている以上、「公的利害」を優先させ、「公的自由」の確立を目指すものであると考えられる。

ところで、この「徳」は人民に「生来のもの」であると考えられている（「幸福なことに、貴族の偏見に反し、徳は人民に生来のものである」）[6]。しかしながら、人民は生来「徳」を備えているのに、国は腐敗するとされる（ひとつの国は、その気骨（caractère）と自由を次第に失っていった後に、民主政から貴族政や君主政へと移行するときには、本当に腐敗してしまっている」）[7]。なぜ、「徳」を生来備えた人民が腐敗することになるのか。内政方針を定めるこの演説では、「徳」によって公的利害を優先させるはずの人民の心の動きを妨げる陰謀家に、人民の腐敗の原因が帰せられる。自由への道を阻む陰謀家が共和国の内部にいる限り、「徳」だけでは十分ではない。「徳」の働きを妨げようとする者には厳罰が下されると恐れさせ、「徳」に力を持たせねばならない。これが恐怖政治を正当化する論理である。

> 平和時での人民による政府の原動力が徳であるなら、革命時の人民による政府の原動力は徳と恐怖の双方である。徳、それがなければ恐怖は不吉である。恐怖、それがなければ徳は無力である。恐怖とは、すばやく、厳しい、弛みのない正義にほかならない。ゆえに、それは徳の発露である。それは個別の原則というよりも、祖国のこのうえなく切迫した必要に適用される、民主政の一般的原則の帰結にほかならない。
>
> ［……］自由の敵どもを恐怖によって鎮圧しなさい。そうすれば、〈共和国〉の創設者として、あなたがたに

理があろう。〈革命〉の政府は圧政に対抗する自由の独裁である。力は犯罪を保護するためにだけ使われるのか。まさに高慢な首を打つように、雷は定められているのではないか。(8)

かくして、「自由の敵」に死を宣告する恐怖政治を正当化する理論が示されるのだが、「自由の敵」の嫌疑をかけられるのは、どのような人々であるのか。そして、これらの敵はどのように見分けられるのか。

もちろん、この時のロベスピエールは、国内の「自由の敵」の目星を付けている。「穏健派」と「超革命主義派」と呼ばれる二つの「分派」である。一方は革命の手前にとどまり、他方はその彼方にまで向かう「偽革命家」とされる。(9) ロベスピエールは、恐怖政治の行き過ぎを批判して寛容を求めるダントン派やジロンド派の残党をとくに「穏健派」として、非キリスト教化運動を進め、「理性の祭典」を組織したり、無神論を説こうとするエベール派を「超革命主義派」として狙いを定めている。だが問題は、一方で「偽革命家」が「愛国者の仮面」をつけており、また他方で、「純粋ではあるが、無反省の熱狂によって我を忘れる愛国者」(10)がいるため、両者の取り違えが起こってしまうことだ。ロベスピエールはこの演説の前にも既に、「革命政府の諸原則に関する報告」において、この取り違えの可能性が「偽革命家」に利用されるのを恐れていた。

愛国心はその本性から熱烈なものだ。誰が祖国を冷たく愛することなどできようか。愛国心はとりわけ単純な人々が分かち持つものであり、彼らといえば、公民精神の歩みがもたらす政治的帰結を、その動機にそくして計算することがほとんどできない。啓蒙されていても、誤ることが決してなかった愛国者とはいかなる者か。ああ！ 誠意ある穏健派や臆病者がいるのを認めるのなら、どうして、賛嘆すべき感情によって時にはあまりにも遠くへ駆り立てられる、誠意ある愛国者は存在しないことになるのか。したがって、もしも革命の運動において、慎重さによって描かれる厳密な線を越えてしまったかもしれない人々すべてを犯罪者と見なすのであれば、生来の自由の友、あなたがた自身の友、共和国の支えすべてを、悪しき市民もろとも共通の粛清のうちに包み込むことになろう。圧政が放つ抜け目のない密使たちが、彼らを騙した後に、彼らの告発者に、そしておそらくは彼らの判事に自らなってしまおう。

したがって、誰がこれらの微妙な差を解きほぐすのだろうか。相反するすべての行き過ぎの間の境界線を誰が引くのだろうか。祖国と真理への愛である。国王たちや悪党どもはこの愛を消そうと常に努力するだろう。彼らは理性にも真理にも、断じてかかわろうとは思っていない。[11]

ロベスピエールは、「愛国者」と「悪しき市民」を区別するのは「祖国と真理への愛」であると言うことで、両者の境界線が不分明であると言おうとしているのではない。彼にとっては、「祖国と真理への愛」は明らかであって、この基準によって実際にエベール派とダントン派を粛清するのである。しかしこの基準がそれほど明らかではないことをロベスピエールは予感している。「祖国と真理への愛」が証されうるのは、死んでいった者たちの幾人かを愛国者として認める後世の人々の記憶のなかであるのを、前々から仄めかしているのである。

あなたがたを待っている個人的な運命がどのようなものであろうとも、あなたがたの勝利は確実だ。自由の創設者たちの死でさえ勝利ではないか。すべてが死ぬ、人類の英雄たちも、人類を抑圧する暴君たちも。しかし、異なる条件においてである。

ローマの卑劣な皇帝たちの支配下にいたっても、彼らと戦って死んだ英雄たちの聖なる像には、公の崇敬によって冠が与えられていた。彼らのことを人々は最後のローマ人と呼んでいた。堕落したローマは暴君にむかって毎日こう言っていたようだ。「断じておまえは人間ではない。私たちもまたおまえの鉄鎖のなかに落ちることで、この人間という資格を失ってしまった。おまえやおまえの同類から大地を解放するために献身する勇気をもった人々だけが、もっぱら人間であり、もっぱらローマ人なのだ[12]」。

人類の英雄と暴君にかんして、死の条件を異なるものにするのは、生き残った人々だ。しかし、その彼らといえば、「人間の資格」を持っていないと自ら思っているかもしれない。それほど、生きているあいだに自由の友の名に値する者と認められるのは難しい。「自由の創設者」と真に認められるのは、「人間の資格」が真に与えられるのは、死後においてしかないのではなかろうか。それはロベスピエール自身にも当てはまることだ。テルミドールの反動において自らを弁護しなければならなくなった時、ロベスピエールは同じ考え方を繰り返している。

自由を守る者たちが皆、中傷によって攻撃されるのを私は歴史のなかで目にしてきた。しかし彼らを抑圧する者たちもまた死んだ。良き者も、悪しき者も地上から消え去るが、異なる条件においてだ。フランス人よ、あなたたちの敵が大胆にも、自分らの嘆かわしい教義によってあなたたちの魂を卑しくし（あなたたちの徳を潤そう）とするのを許すな。ショーメット［無神論を広めようとしたと見なされた人物］よ、おまえは間違えていた、［……］死は永遠の眠りではない。市民よ、自然に喪章を投げつけ、抑圧された無実の人を意気沮喪させ、死を辱める、冒瀆的な手によって刻まれたこの箴言を墓から消し去りなさい。むしろこのように刻みなさい。死は不死性の始まりである。(13)

「悪しき市民」に死を宣告してきたロベスピエールは、自身に死が宣告されるのを恐れていない。死によってこそ、自らが愛国者であること、自由の殉教者であることが証され、愛国者たちの記憶のなかで、「不死性」を獲得するからだ。恐怖政治は、あらゆる者に自由の敵の嫌疑をかける。嫌疑を完全に払拭して自由の友であることを証しうるのは、とどのつまり死者たちだけである。恐怖政治が求める「公的自由」とは、不死の魂が享受するであろう自由を、死へあらかじめ先駆して先取りしたものなのではなかろうか。いずれにせよ、恐怖政治が求める自由は絶対的であり、その絶対性によって人民が際限のない否定に駆り立てられるのは確かだ。そして、愛国心、公共の利益、公の徳の名の下に行われる人民の浄化は、自由の敵を否定して粛清するだけにとどまらない。恐怖政治は、死の恐怖によって、個々人の内部での浄化も促し、徳の働きを妨げるあらゆるものを否定するように促している。

3　恐怖政治から最高〈存在〉の祭典へ——浄化と再生

恐怖政治を正当化する論理のなかに、人民は騙されうる、人民は間違えうるという考え方があった点に戻ろう。たしかに恐怖政治においては、人民を騙す者を人民から取り除く側面が眼につきやすい。しかし、そもそも問題は、生来徳を備えているはずの人民を、いかにして誤謬から守り、人民の腐敗をいかに防ぐかにある。この問題において、恐怖政治を正当化する論理と、最高〈存在〉の祭典を正当化する論理が重なってくる。

それでは、なぜ人民は騙されるのか。自由の敵の陰謀にだけ原因があるのだろうか。ロベスピエールは、陰謀の邪さを強調するとともに、徳そのものにも欠点があるのを認めている。

> もろもろの徳は単純で、慎ましやかで貧しく、しばしば無知で、時には粗野である。それらは不幸な者たちの専有物であり、人民の遺産である。[14]

ここでロベスピエールとしては、人民の徳の弱さにたいして陰謀家の悪徳の強さを強調し、陰謀家を粛清する必要性を訴えるのであるが、人民に生来備わる徳が、「無知」で、「粗野」でありうるからこそ、陰謀家が付け入る隙があるのだ。それでは、何が徳を導いてくれるのだろうか。理性だろうか。注目すべきことに、ロベスピエールは、個人の理性は徳を阻害することがあると考えている。最高〈存在〉の祭典を正当化する演説には、次のくだりが見える。

情念によって道に迷う各人間の個々の理性は、情念の立場を弁護する詭弁家にすぎず、人間の威厳は人間の自己愛によって常に攻撃されうる。[15]

それゆえ、情念の立場を弁護する個人の理性につけ込んで徳を腐敗させようとする者たちを罰する制度とともに、社会によって徳を正しい方向へと導く方策が必要になる。この論理は既に、恐怖政治を正当化する演説のなかでも示されていた。

かくして祖国への愛を鼓舞し、習俗を純化し、魂を高め、人間の心の諸情念を公の利害へと向けようとするすべてのものが、あなたたちによって採用されるか、確立されねばならない。情念を個人的自我の卑劣さに集中させるもの、取るに足らぬことへの熱中や偉大なことへの侮蔑を目覚めさせるようなものすべてが、あなたたちによって拒絶されるか処罰されねばならない。フランス〈革命〉の体制においては、道徳に反するものはすべて政治に悖り、腐敗を生むものはすべて革命に反するものである。弱さ、悪徳、偏見は王政への道だ。おそらく、私たちの旧き習慣の重みや、人間の弱さの感知しがたい傾きよって、誤った考え方や臆病な感情へとあまりにもしばしば引きずられる私たちは、精力の過剰よりも、弱さの過剰から、よりいっそう身を守らねばならない。[16]

これは恐怖政治を正当化する演説のなかで述べられた言葉だが、「祖国への愛を鼓舞し、習俗を純化し、魂を高め、人間の心の諸情念を公の利害へと向けようとするすべてのものが、あなたたちによって採用されるか、確立されねばならない」という考え方は、まさしく、最高〈存在〉の祭典において依拠される公教育の論理と同じである。恐怖政治においても、最高〈存在〉の祭典においても、個々の人民を「個人的自我の卑劣さ」、「旧き習慣の重み」、「人間の弱さの感知しがたい傾き」――「人間を同類の者から孤立させ、他人の悲惨によって買い求められた排外的な安寧を求める卑しく、残酷な」エゴイズム[17]——から解き放ち、浄化することが目指されている。それゆえロベスピエールは、最高〈存在〉の祭典の必要性を説くとき、公教育というより一般的な問題のなかに祭典を位置づけようとするのである。

［……］道徳を永遠で聖なる諸基礎に結びつけることにしよう。人間に吹き込もうではないか、人間にたいするあの宗教的な尊敬の念を、自らの義務へのあの深遠な感情を。それこそが、社会的な幸福を唯一保証するものである。この感情を私たちのあらゆる制度でもって育もう。公教育はこの目的にとりわけ向けられるべきである。あなたがたはおそらくそこに、私たちの政府の本性と、私たちの〈共和国〉の運命の崇高さに類似した大いなる特徴を刻み込むことになろう。あなたがたは、すべてのフランス人にたいして公教育を共通で平等なものとする必要性を感じるだろう。もはや殿方（messieurs）ではなく、市民を育成するのが肝要だ。祖国だけがその子供たちを育てる権利を持つ。祖国はこの預かり物を、家族の奢りにも、個人の偏見にも委ねることはできない。家族の奢りや個人の偏見は、貴族政と家庭生活での連邦主義を生み出す永遠の糧である。魂たちを孤立させることによって偏狭にし、平等もろとも社会的秩序のあらゆる基底を破壊する連邦主義のことだ。ただ、この大いなる目標はここでの議論には関係ない。

とはいうものの、公教育の本質的な一部として考慮されるべきあり、ここでの報告の主題に必然的に属している一種の制度がある。私は国の祭典について話したい。[18]

宗教と道徳のかかわりにかんしてはひとまず措く。注目したいのは、最高〈存在〉の祭典をはじめとした国の祭典の制度化が、公教育の計画、ひいては人民の「再生」の計画の本質的な一部と見なされている点だ。かつてロベスピエールは、教育における家族の悪しき影響を抑えるべく、五歳から一二歳（女子は一一歳）までの子供に寄宿生活を送らせることを提唱するルペルティエの公教育案を、国民公会において全文報告するほど高く評価していた[19]。そのロベスピエールがここで、家族と個人に不信感を抱き、子供の教育を国だけが引き受けるべきだと主張している。家族や個人によって、「魂たちを孤立させることによって偏狭にし、平等もろとも社会的秩序のあらゆる基底を破壊する連邦主義」が吹き込まれると言うのである。「殿方ではなく、市民を育成すること」。家族に代わって国が子供の教育を引き受けるべきだと主張することは、現状において家族では「市民」が育成されないことを前提としている。現に存在し、放っておけばこれからも生まれてくる「殿方」たちによっていまだ構成されている人民を、もっぱら「徳」に貫かれた「市民」だけからなる〈人民〉へと生まれ変わらせることが目標になっている。しかし、人民はそうやすやすと再生するのだろうか。エゴイズム、旧き習慣、人間的な弱さといったものは、そう簡単に否定されうるのだろうか。最高〈存在〉の祭典は、まさにこの問題を解決するために準備される。

4　最高〈存在〉の祭典——宗教と虚構の必要性

ロベスピエールは、最高〈存在〉の祭典の必要性を説くにあたって、最高〈存在〉の理念の有用性を強調することから始める。

［……］立法者の眼には、世間で有用であり、実践において良きものすべてが真理である。
最高〈存在〉と魂の不死性の理念は正義を不断に思い出させるものである。それゆえこの理念は社会的であり、共和主義的である。〈自然〉は人間のうちに快と苦の感覚を据えた。この感覚によって人間は自分にとって害になる自然界のものを避け、自分に都合のよいものを探すように強いられる。道徳的な物事について、推論による遅ればせの助けを借りずとも、善をなし悪を避けるように仕向ける敏速な本能を人間のうちに創造す

れば、社会の傑作となろう。というのも、情念によって道に迷う各人の個々の理性は、情念の立場を弁護する詭弁家にすぎず、人間の威厳は人間の自己愛によって常に攻撃されうるからだ。ところで、この貴重な本能を生み出すか、あるいはそれにとって代わるもの、人間的な威厳の不十分さを補うものとは、宗教的な感情であり、それは人間よりも優れた力（une puissance supérieure à l'homme）が道徳の諸規範に与える裁可という理念によって、魂のなかに植え付けられるものだ。それゆえ私の知る限り、いかなる立法者も無神論を国是とすることを決して思いつかなかった。私が知っているのは、彼らのなかの最も賢明な者たちでさえ、真理にいくつかの虚構をあえて混ぜ込み、無知な人民の想像力を鼓舞したり、人民を自分たちの制度へより強く結びつけようとしたということだ。リュクルゴスやソロンは神託の権威にすがったし、ソクラテス自身、彼の同国人のなかで真理に信用を得させるべく、なじみ深い守護神から真理が彼に吹き込まれたと彼らを説得しなければならないと思ったのだ。(20)

共和国を支え、動かすものが「徳」と言われていたのを思い出しておこう。その「徳」が、ここでは「正義」、「道徳」と言い換えられている。ここでロベスピエールが、人間を超越する存在の理念の必要性を説くにしても、論理は以前から一貫しており、最も重視されるのは、あくまでも人間の道徳である。最高〈存在〉の理念が必要なのは、それがもっぱら、共和国を支え動かす徳＝正義を人民に思い出させるのに役に立つからである。それゆえ、最高〈存在〉がほんとうに存在するかいなかは、立法者にとって重要ではない。それが実践的に役に立つのであれば、たとえ虚構であっても、最高〈存在〉は「真理」なのである。ロベスピエールは、先のくだりの前で次のように述べている。

一人の人間が感受性と天分に恵まれていればいるほど、自分の存在を高め、自分の心を引き上げてくれる理念にますます執着する。そして、このような資質の人々の教義が全人類の教義となるのだ。ああ、いかにしてこのような理念が、真理ではまったくないということになろうか。私はいずれにせよ、どのようにして自然が、あらゆる現実よりも役に立つ虚構を人間に仄めかすことができたのか分からない。もし〈神〉の存在、魂の不死性が夢想でしかないのならば、それでもそれらは人間の精神が抱いた考え方のなかで最も美しいものであろう[21]。

ロベスピエールは以前にも、「もし〈神〉が存在しないのなら、それを発明しなければならないのだが[22]」とまで述べていた。しかし、なぜそれほどまでに、最高〈存在〉の理念の有用性に訴えなければならないのか。というのも、最も重要なのは人間の道徳であり、それがあれば共和国は基礎づけられる、とロベスピエールは考えているのである。

市民社会の唯一の基礎は、道徳である。[……]では、政治と立法というこの神秘的な術は、何に還元されるのか。哲学者たちの書物のなかに追いやられていた道徳的真理を法律と行政のうちに据えること、そして、各人が自分の私的な振る舞いに取り入れるように強いられている誠実さに関する卑近な考え方を、人民の振る舞いに適用することである[……][23]。

ロベスピエールによれば、政治とは、「道徳的真理を法と行政のうちに据えること」、そしてその道徳的真理に従って行動するように市民を仕向ける術である。ここでの道徳的真理とは、「誠実さに関する卑近な考え方」として各人が知っており、すでに「私的な振る舞い」において従わざるをえないものだ。そのような誰もが知っている道徳を、「人民の振る舞い」においても各人に取り入れさせるために、なぜ立法と行政という狭義の政治的なものだけでは十分ではなく、宗教的なものに頼らざるをえないのか。この問題を考えるためには、ロベスピエールが道徳をどのように捉えているかを詳しく検討する必要がある。

先程の引用箇所において、ロベスピエールはまず、快を求め苦を避ける感覚と、道徳とを区別している。快・苦の感覚は、「自然が人間のうちに据えたもの」、すなわち、あらゆる人間に生来備わる本能である。それにたいして道徳は、社会が創造すべきものだとされている。それでは、道徳とは人間に生来備わるものではなく、社会が一方的に後から形成するものなのか。ロベスピエールはそう考えてはいない。別の演説には次のような考え方が見られる。

私たちが目指している目標はどんなものか。自由と平等を平穏に享受すること、この永遠なる正義が支配することだ。この正義の諸法といえば、大理石や紙のうえではなく、すべての人間たちの心の中に、それらを忘却する奴隷の心、それらを否定する暴君の心のなかにすら刻み込まれているのだ。[24]

道徳は、法律として書かれる以前に、すべての人間の心に刻まれているとロベスピエールは考えている。だからこそ、道徳に基礎をおく政治は、正当性を持つのである。しかし、正義の法がすべての人間の心に刻まれているのなら、なぜ道徳的本能を社会が創造するといったことが問題となりうるのか。それが忘却されうるからであり、否定されうるからだろうが、ではいったい、何が原因となって忘却されたり、否定されたりするのだろうか。

注目すべきは、ロベスピエールが理性を否定的に評価していることだ。先に触れた箇所を、もう一度思い出しておこう。「情念によって道に迷う各人の個々の理性は、情念の立場を弁護する詭弁家にすぎ」ないと言われていた。すべての人間の心に刻まれている正義の法を忘却させるのは、私的情念の弁護者になりうるこの「個々の理性」であろう。「推論（raisonnement）による遅ればせの助けを借りずとも、善をなし悪を避けるように仕向ける敏速な本能（instinct）」を社会が創造するというのは、「個々の理性」が忘却させる正義の法を、再び思い出させるということなのだろう。要するに、「個々の理性」の悪しき影響を抑え、潜在的な道徳本能を再び活性化させることが目指されていると考えられる。

たしかにロベスピエールがここで批判しているのは「個々の理性」であって、それとは区別された理性、大文字で書かれることがある〈理性〉は当てにされている。しかしながら、頼りとすべき〈理性〉はいまだ十全には現れていないとロベスピエールは考える。

人間の理性は人間が住む地球にいまだに似ている。その半分が闇のなかに浸っているとき、もう半分は照明されている。ヨーロッパの諸国民は芸術や学問と呼ばれる領域で目覚ましい進歩を成し遂げたが、公共道徳の基礎的な観念には無知であるようだ。彼らは自分たちの権利と義務以外のすべてを知っている。天分と愚かさのこうした混淆はどこから生じてくるのか。芸術の領域で器用になろうとするには、自分の情念にだけ従わねばならないのに、自分の権利を守り他者の権利を尊重するには、情念に打ち勝たねばならないからだ。[25]

ロベスピエールは、理性のもう半分を啓蒙するために、私的な情念に打ち勝たねばならない、と国民公会をはじめとした公の議論の場で説き続ける。すなわち、公的な場で個々人の理性に訴えて、道徳の基礎的な観念を共に理解するような理性を出現させようとしている。しかしながら、ロベスピエールが分派と呼ぶ人々は、同じように理性に訴えて、寛容政策や無神論を説こうとするのである。分派がいまだに存在すると主張することは、共通の理性が事実上いまだに共有されていない状況にあると危惧するに等しい。それゆえ、理性とは別の次元、理性による推論の助けを借りなくても善悪の判断ができる次元、すなわち道徳へと訴えようとするのである。しかし、道徳の必要性を説くということは、理性に訴えて、推論をとおして納得させることに外ならないのではないか。ロベスピエールは一貫して、理性とは別の次元の心の働き（徳、正義）の必要性を、逆説的にも理性に訴え続けることによって説こうとしているのである。そのようにして、理性に先立つ道徳的判断の必要性を公の場で理性的に納得させ、人民の道徳的本能の再創設という「社会的な傑作」を生み出そうと努めている。しかしながら、いかに理性に訴えようとも、人民の理性が半分闇のなかにある現段階においては、理性が道徳本能に第一の位を譲らない。そこで、人間の理性を超えた最高〈存在〉の理念にロベスピエールは頼るわけだが、最高〈存在〉に加護を祈り、人間を超えた力によって道徳を基礎づけてもらおうとしているのではない。あくまでも、人間よりも優れた力は、その理念が現段階では役に立つから、それを利用すべきだという点を納得させようとしている。ロベスピエールが求めているのは、人間を超越するものによる道徳の基礎づけではなく、超越者の理念を人間が利用することによって人間が人間の道徳を基礎づけることである。

たとえ虚構であっても、最高〈存在〉は現状の政治的実践において有益であるという説明は、立法者たちには十分に理解できるものだ。それゆえ、ロベスピエールは、古代の偉人たちを引き合いにだしながら虚構の必要性を正当化したのち、次のように付け加えるのである。

このように述べたからといって、人間たちを教育するには彼らをだます必要がある、とはおそらくあなたがたは結論づけないだろう。啓蒙の光があなたがたに遂行すべきものとして残しているのはもっぱら、人間たちを自然と理性に立ち返らせる責務だけであるような、そんな世紀、そんな国のなかで自分たちが暮らしていて幸せだ、とだけ結論づけるだろう。[26]

このように、ロベスピエールは、最高〈存在〉の祭典を正当化する演説で、虚構の理性的な使用を国民の代表者たちの理性に訴えて納得させようとしている。また同様に、彼がエベール派の無神論をあれほど危険視するのも、同じ実践的な計算による。

人間たちを自分たちの存在の創造者に結びつける聖なる絆を断ち切らないようにあなたがたは十分気をつけなさい。こうした信条がひとつの〈人民〉のなかで支配的であったということだけで、それを破壊するのが危険であることを十分裏づけてくれる。諸義務の動機と道徳性の基盤がこうした考えに必然的に結びついていた以上、それを消し去るのは、国民の道徳心を低下させることになるからだ。同じ原則から言えるのは、およそ根づいた信仰を攻撃するには、必ず慎重さとある種の繊細さが必要であるということだ。急激で暴力的な変化が道徳にむけられた攻撃と見なされ、誠実さそのものをなしで済ませてもよいのだと見なされてしまわぬように。いずれにせよ、社会生活のしくみのなかで神性に取って代わりえる者は、私の眼には、天才の極みに見える。それに取って代わらずに、人間たちの精神から神性を追い払おうとだけ夢見る者は、愚かさと背徳の極みに私には見える。[27]

ロベスピエールが恐れているのは、無神論そのものというよりも、それが生み出す効果である。人間の道徳の諸規範が習慣によっていまだに神に結びつけられ、神が裁可するという考え方に支えられている現状では、神を否定し、人間の理性だけを崇拝してしまえば、人民の道徳心を低下させてしまうことになる。このような実践的な計算によって、無神論は拒絶されるのである。同様に、ロベスピエールが諸信仰の自由を擁護するのも、それぞれの信仰のなかで、ロベスピエールが奨励するような道徳心が習慣的に根づいているからである。それゆえ、たとえ諸信仰の自由が、最高〈存在〉への信仰の義務づけとともに再確認されるにしても（政令一一）、即座に「貴族的で公共の秩序に反するあらゆる集会は処罰される」[28]（政令一二）と直ちに付け加えられるのである。この政令は、公共の秩序を目指すはずの道徳心を低下させるようなあらゆる信仰を禁止するに等しい。

ロベスピエールは、最高〈存在〉へ形式的に祈りを向ける祭典を組織しようとしているが、人民の祈りを実質的に向けようとしているのは、理性の助けを借りずとも善悪の判断を間違わないと見なされた、人間の潜在的道徳本能である。祭典は、人民の潜在的道徳本能を顕在化させる企てである。しかしながら、理性による推論を経ることなく、他のすべての人々と全く同じように善悪を判別できる道徳的本能を、人民はいかにして共有できるようになるのだろうか。道徳本能の優位性を認める理性が現れていない以上、道徳の基礎づけは、これまでどおり超越者の理念に頼らざるをえない。しかし、たとえ道徳的規範が超越者に裁可されるという理念を護持するにしても、道徳的規範の具体的内容は、人民に共通のものとして既に共有されているわけではない。たとえ私的な領域において個々人が「誠実さ」の何たるかを分かって行動しているにしても、個人の私的な道徳的格率が、共和国の公的正義と合致するかどうかは定かでない。共和国が理想とすべき公共道徳の具体的な内容は、あくまでもこれから呈示しなければならない。注目すべきは、祭典においてロベスピエールが、超越者にたいする宗教的感情を利用しながらも、それと同時に、人民の感性に訴えながら、共和国の道徳的規範を呈示しようとしていることだ。理性を当てにできないロベスピエールは、来るべき「市民」のイメージを先取りして呈示しようとするのである。

5 〈人民〉のイメージ——芸術の奸策

それではロベスピエールは、どのような効果を期待して祭典を組織しようとするのか。

人々を結集させなさい、そうすればあなたがたは人々をよりよき者になすだろう。というのも、結集した人々は意気投合しようとするだろうし、そして彼らは自分らを尊敬すべき者にしてくれる物事によってだけしか意気投合することができないであろうから。彼らの集まりに道徳的で政治的なひとつの大いなる動機を与えなさい、そうすれば立派なことへの愛が、すべての心のなかに喜びとともに入っていこう。なぜなら人々は喜びがなければ付き合わないからだ。(29)

ここでロベスピエールは、人々がどのようにして結びつくかについて、三つの考え方を示している。まず人々は、集まりさえすれば結びつこうとする（「結集した人々は意気投合しようとする」）。つぎに、人々は結びつきの正当性を道徳感情によって確認する（「彼らは自分らを尊敬すべき者にしてくれる物事によってだけしか意気投合することができない」）。しかし人々は、快感によってしか、結びつかない（「人々は喜び（plaisir）がなければ付き合わないからだ」）。このようにロベスピエールは、集まっただけで形成されようとする人々の絆が道徳感情によって確固たるものになると考えているのだが、注目すべきは、さらにそこに快感の重要性を認めていることだ。

それでは、道徳感情と快感という二つの次元を統合する道徳的快感とでもいえるものは、いかにして与えることができるのか。

人間は自然のうちに存在するこのうえなく偉大なものである。そして、すべての見世物のなかで最も壮麗なものとは、偉大な人民が集まる見世物だ。ギリシャにおける国の祭典について語られる際には、かならず熱がこもる。しかしそれらの祭典が目的としていたのはほとんど、肉体の力、器用さ、せいぜい詩人や説教家の才能が輝いていた競技だけであった。しかし、ギリシャがそこに存在していたのだ。人々は競技よりも偉大な見世物を目にしていたのだが、それは観客たち自身なのだ。それはアジアを征服した民であり、共和主義的徳によってしばしば人間性を超えたところまで高められた民族であった。人々は祖国を救い、その名を高めた偉大な人間たちを目にしていた。父たちはその息子たちに、ミルティアデス、アルスティデス、エパメイノンダス、ティモレオンを見せたものだ。彼らがそこにいるだけで、寛大さ、正義、祖国愛の生きた教えとなっていたのだ。

フランスの民にとって、自分たちの集まりにもっと広く、もっと偉大な性格を与えるのは、どれだけたやすくなろうか。もちろん国の祭典の制度は最も快い兄弟愛の絆となり、かつ、最も強力な再生手段となるだろう。[30]

道徳の諸理念——例えば、寛大さ、正義、愛国心——は、不可視のものである。もし、この超感性的なものが感覚しうるものとして呈示されるならば、模倣すべき模範として民衆には近づきやすくなる。模倣可能性によって、民衆が自分を道徳的に高めうると期待し、そこに道徳的快感を感じると考えることができる。もちろん、道徳という超感性的なものの感性的な呈示とは、一種のトリックである。しかしロベスピエールは、この奸策が十分効果的だと考えている。ギリシャの国家的祭典において、観客たちが集まれば「共和主義的徳によってしばしば人間性を超えたところまで高められた民族」に純化されて立ち現れ、偉人たちは、「寛大さ、正義、祖国愛の生きた教え」として機能したと考えるのである。ところで、フランス人民は、ローマやギリシャに比されうる偉業を成し遂げたとはいえ、共和主義的徳に丸ごと貫かれた〈人民〉としてはいまだに立ち現れていない。それゆえ、国の祭典によって人々を集結させ、共和主義的徳にだけ還元された〈人民〉のイメージを個々人に先取りして見せようとするのである。フランス〈人民〉という超感性的なものがそこに存在すると思わせるような感性的な見世物を呈示し、個々人に〈人民〉への同一化を迫るのである。

このように見てくると、祭典では最高〈存在〉に祈りを捧げることになっていながらも、最高〈存在〉よりも、むしろ人間の道徳に絶対性が認められ、道徳によって結ばれた〈人民〉を現前せしめることが目指されていると考えられる。無限の神に加護を求めるのではなく、人間が道徳的に高まることに無限の力が認められている。この人間の潜在的な力によって、個々人は自らの内に存在するあらゆる「自由の敵」を粉砕し、フランス〈人民〉を現実に到来させねばならないのだ。

しかしながら、来るべきフランス〈人民〉のイメージは、そう簡単に呈示できるのか。たしかに集結した人民の光景は、それだけで来るべきフランス〈人民〉のイメージとして効果的だろう。ロベスピエールがルソーの祝祭論を知っていたかどうかは定かでないが、民衆自身を登場人物にして、「すべての者がよりいっそう結びつくように、他人と交わって互いに顔を見せあい、互いに愛し合うようにする」[31]祝祭は、容易に組織できるだろう。そこにギリシャと同じように、「生きた教え」となる偉人たちがいれば、祭典はもっと効果的になるだろう。ただ、「生きた教え」になりうるような人物は、恐怖政治期のフランスにいるのだろうか。注目すべきことに、ロベスピエールが唯一あげる模範は、死者である。

> フランスの若者たちよ、パンテオンの懐から君たちを栄光へと呼びかけている不死のバラの声が聞こえるか。彼の聖なる墓へ花を撒きに来たまえ。バラ、英雄的な子供よ、おまえは母を養い、祖国のために死んだ！　バラ、おまえは自分の英雄的な振る舞いの代償をすでに受け取っている。祖国はおまえの母の面倒を見ることにした。祖国は犯罪を構成する分派の息を詰まらせ、悪徳と王座の廃墟のうえに勝ち誇って建立されつつある。おお、バラよ、おまえは古代に模範を見いださなかったが、私たちのなかに、おまえの徳と競争する者たちを見いだしたのだ。[32]

ロベスピエールが呈示する真の愛国者のイメージは死んだ少年である。愛国者の模範として、これまで革命を導いてきたいかなる指導者も挙げることができない。それほど愛国者の基準は高められ、そのイメージは純化されている。バラというこの少年は、母を養い、祖国のために死んだ者としてのみ記憶されているため、愛国者の絶対的なイメージとしてふさわしいのだろう。しかし、このイメージは、「市民」の模範としてなんと内容に乏しいことか。死んだバラは、食べることも、泣くこともない。「市民」がいかにして私的なものを否定して公的人格になれるのかを全く示さない。それは「市民」の戯画でしかない。

祭典ははたして成功したのか。祭典に参加した人民は、来るべきフランス〈人民〉のイメージを見たのだろう。しかしそのイメージは期待された効果を人民に与えたのだろうか。ロベスピエール自身、計画が失敗したことを後に認めざるをえなかった。

> 世界の第一の人民によるこの崇高な集まりを目にして、罪がなおも地上に存在すると誰が信じただろうか。し

かし、私的な悪徳が消失するのを見守った人民が家庭に帰ったとき、陰謀家が再び現れ、ペテン師の役目が再開するのだ。[33]

これは、テルミドールの反動の時に、ロベスピエールが漏らした言葉だ。祭典が呈示した、来るべき〈人民〉のイメージに、各個人が同一化し続けることなどできないのである。家庭に戻れば、否定すべき「私的な悪徳」が再び現れてくる。そうであれば、恐怖政治を続行するしかない。人民は、「自由の敵」がギロチンに架けられるのを見つめながら、自らの「私的な」部分を否定し続けなければならない。どこまで否定しなければならないのか。死んだバラの不動のイメージに合致するまでなのか。

自由を獲得するためには、様々な鉄鎖から解放されなければならない。革命が進むとともに、王権の鉄鎖、教会の鉄鎖から解き放たれた人民に、ロベスピエールは、私的情念、私的利害、そして個々の「私的な」理性から解き放たれ、純粋な徳を備えた〈公民〉にならねばならないと説く。この論理は、人間があらゆる私的なものを否定して公的人格になれるということを前提にしている。ロベスピエールは公的人格を絶対化しようとする。たしかに、神や国王といった超越者の絶対性を拒絶した以上、人民が自ら〈絶対的なもの〉になって政治を基礎づけねばならなくなったのだろう。しかしながら、人民が〈絶対的なもの〉になろうとする時、なぜ恐怖政治と祭典が、同時に要請されたのだろうか。ロベスピエールの思想が興味深いのは、それが〈絶対的なもの〉を人間が引き受けようとする際の問題を、極端な形で例示しているからだ。人間の精神的な一部分を絶対化する過程で現れた死の恐怖と芸術との結びつきは、偶然の産物なのだろうか。

6　弁証法、供儀、芸術

恐怖政治から十数年後、G・W・F・ヘーゲル（一七七〇―一八三一）は『精神現象学』（一八〇七年）の序文に、次の有名なくだりを書いている。このくだりは読めば読むほど、不吉さを現してくる。

だが、死を避け、荒廃からきれいに身を守る生ではなく、死に耐えて死のなかに自己を支える生こそは、精神の生である。精神は、甘んじて、自ら絶対的分裂のなかにいるときにだけ、自らの真理をえている。精神がこの威力であるのは、否定的なものから目をそらすような、肯定的なものであるからではない。［……］そうではなく、精神は、否定的なものに目をすえて、それに足を止めるからこそ、そういう威力なのである。このように足を止めることが、否定的なものを存在に向けかえる魔力である。(34)

ここでは、いかなる「精神」の、いかなる経験が語られているのか。ヘーゲルは「死に耐えて死のなかに自己を支える生こそは、精神の生である」と言う。いったい、「精神」が耐え忍ばねばならない「死」とは、何のことなのか。もちろん、このくだりは恐怖政治にかんして書かれているものではない。ここでヘーゲルが語っているのは、全体からその構成要素を切り離す悟性の力のことである。例えば、ひとつの表象をその構成要素に分析するには、構成要素をひとつひとつ全体から切り離さねばならない。構成要素として切り離されるものは、もともとひとつの表象を構成し、その全体のなかで他の要素と結びついているかぎりで、その現実性を維持していたものである。したがって、全体から切り離されれば、全体のなかで有していた現実性を失ってしまい、非現実的なものとなる。このように、所与の全体から切り離されて、非現実的なものとなることが、「死」と呼ばれている。ところで、悟性によって切り離されたものは、単に非現実的なものになるのではない。全体から切り離されるからこそ、それは動くことができる、言い換えるならば、自由となる、とヘーゲルは言う。悟性は所与の全体的連関を否定して構成要素を切り離し、自由な「否定的なもの」を生み出す。そして「精神」とは、この「否定的なものを存在に向けかえる魔力」なのである。ただし、「否定的なものを存在に向けかえる魔力」は、「精神」が「死」を見据え、それに「足をとめる」という条件の下で獲得されるとされている。問題は、この『死』が単に、ヘーゲルが例を挙げているような悟性による対象の分析だけにかかわるのかだ。「精神は、甘んじて、自ら絶対的分裂のなかにいるときにだけ、自らの真理をえている」と言われている以上、ことは「精神」自らがおのれを否定して、自分自身をおのれから切り離すことにかかわっているはずである。

そこで注目したいのは、このくだりのジョルジュ・バタイユ（一八九七―一九六二）による解釈だ。ヘーゲルが悟性の力として例示している切り離す威力を、バタイユは、所与の自然を否定するという、人間の力一般のことだと考える。そして、人間が自然を否定できるのは、もっぱら、人間が所与の動物的な自分自身――すなわち自然――を否定できるからだと解釈する（「自然を否定するこの人間は、実際のところ、自然の外にはいかにしても存在することができないだろう。彼は単に〈自然〉を否定する人間であるだけでなく、第一には、動物、すなわち、自分が否定する当のものである。したがって、人間は自分自身を否定することなく〈自然〉を否定することはできない[35]」）。かくしてバタイユは、上の序文のくだりを、人間の精神が自分自身を否定して存在へと向けかえる力を獲得する条件が述べられた箇所と見なし、「魔力」の獲得と「死」の関係を明らかにしようとする。

問題は、「精神」が「死」をいったいどのようにして耐え、そのなかで「自己を支える」かだ。〈否定性〉の特権的な開示は死であるが、本当の死は何も顕わにしない。原理的には、人間の自然な、動物的な存在の死が〈人間〉を彼自身にたいして顕わにするのだが、そのように顕わにする出来事は決して起こらない。なぜなら人間的な存在を支える動物的な存在がひとたび死ねば、人間的な存在それ自身が存在することを止めるからだ。[36]

それゆえ「精神」は死んでしまってはならず、なんらかの仕方で生き残らねばならない。それでは、「精神」はどのように生きながら、いかにして「死」を経験するのか。バタイユはここに、供儀と同じ奸策を見て取り、それは「喜劇《コメディ》」であると一旦は言い切る。

最終的に人間が自分自身にたいして自らを顕わにするには人間は死なねばならないことになるのだが、人間は生きていながら——自分が存在するのを止めるのを見つめながら——死ななければならないことになる。言葉をかえて言えば、意識している存在を死が無化するまさにその瞬間に、死それ自体が意識（自己の）とならねばならないことになる。それはある意味で、ひとつの奸策をもって、生起するものだ（いずれにしても、生起しようとする、あるいは、逃げ去るように、捉えることができないように生起するものだ）。供儀においては、供儀執行者が死に襲われる動物に同一化する。このようにして彼は自分が死ぬのを見ながら死ぬ。それも、いくぶんか彼自身の意志によって、供儀の凶器に共感しながらだ。しかしそれは喜劇である！[37]

バタイユの解釈が興味深いのは、弁証法と供儀の構造を同一視し、その喜劇性を指摘しているからではない。むしろ、そのような「死の経験」が、人間が何かを否定する条件として、すなわち、所与の自分自身を否定できるという自由の条件として人間にとって必要不可欠ではないかと自問する次のくだりにこそ、バタイユの解釈の重要性はある。

死の侵入を生者に顕す何か他の方法がないのなら、それはいずれにしても喜劇だと言うことができるのだが。[38]
バタイユは、弁証法と供犠とに通底する「死の経験」を、喜劇的なものとして片づけてはいないのである。注目すべきは、バタイユはこの「死の経験」を、さらに文学・芸術の問題に結びつける。

この困難が告げるのは、見世物と、より一般的に言えば、表象＝上演の必要性である。それが繰り返されなければ、私たちは死にたいして、一見して動物たちがそうであるように、無縁のままに、無知のままにとどまることができよう。実際、死についての、多かれ少なかれ現実から遠ざかった虚構ほど動物的でないものはない。

〈人間〉はパンだけでなく喜劇によっても生き、それによって自ら進んで騙される。〈人間〉のなかで、食べるのは動物、自然的な存在である。しかし〈人間〉は礼拝や見世物に参列する。さらに彼は読むことができる。そうであれば、文学はそれが至高のものであり、本来的なものである限り、悲劇的なものであれ喜劇的なものであれ、見世物が持つ執拗な魔術を〈人間〉のなかで延長していることになる。少なくとも悲劇においては、死ぬ何らかの登場人物に同一化し、生きていながら死ぬと思うことが肝要だ。さらに言えば、純粋で単純な想像力で十分なのであるが、そうした想像力は、群衆が助けを求める、古典的な奸策、見世物や書物と同じ意味を持つのである。[39]

このようにバタイユは、弁証法、供犠、芸術・文学には、生きていながら死ぬと思わせる同じ奸策があると考える。人間は人間として存在するために、この奸策をなしで済ませることができるのだろうか。もちろん、あらゆる思考、あらゆる儀式、あらゆる芸術作品において、「死の経験」が上演されているわけではない。しかしながら、与えられたままの世界や自分自身を否定するということ、すなわち自由を、いったん私たちが求め始めるやいなや、「死の経験」が問題となろう。絶対の自由を求めた恐怖政治と「最高〈存在〉」の祭典は、バタイユが言う供犠と表象＝上演の必要性を、まさに例証しているのではなかろうか。人民は、恐怖政治の間、ギロチン台で死んでいく者に同一化しながら、自らの内の「自由の敵」が死ぬのを生きながらにして経験するように強いられたのではないか。祭典では、自らの「私的な」部分が死んでいくのを、〈人民〉として生きながら見るように仕向けられたのではないか。

バタイユは、弁証法と供儀において否定しなければならないものを、人間の「自然な、動物的な部分」と呼んでいる。それが人間のいかなる部分とされるかは、時代によって異なろう。いにしえの供儀では、動物を生け贄に捧げて神を顕現させようとした。民主主義を創設するために、人民は人民の内側に存在する否定的部分を生け贄に捧げて、人民の絶対的な精神を顕現させようと試みるのではなかろうか。この否定的部分が、来るべき〈人民〉に値しないとされる人々であれ、絶対的な精神にそぐわぬ人間の何らかの部分であれ、絶対的な精神を顕現させようとする企てにおいては、「死の経験」が待っているだろう。そして、「死の経験」によってしか顕現しない聖なるもの——絶対的〈人民〉——を先取りして呈示する奸策として、芸術が利用されることだろう。人民が「絶対的なもの」とならざるをえない時代には、聖なるものを顕現させるための供儀と芸術を避けて通ることができないのだろうか。

問題は、人民の絶対性をいかに考えるかにある。恐怖政治期において、人民の絶対性は、はたして人間にみあうように考えられていただろうか。超越者にだけふさわしいような絶対性が、人間のなかに顕現することが求められていたのではなかろうか。かつて超越者のなかに認められていた属性を、人間のなかに移しかえようとする限り、供犠とそれに代わる芸術は、神聖なものを顕現させるべく、いたるところで繰り返されるだろう。ヘーゲルの言う「絶対的な精神」は、「死に耐えて死のなかに自己を支える生」である。どれだけ死を経験しても生き残り続けなければならない生である。しかしながら、個々の精神は、たとえ共同の精神のなかで記憶され、不死性を獲得することがあるにしても、死んでいく。場合によっては、死が宣告される。そのようにして生き残り続ける「絶対的な精神」を、私たちはなおも顕現させようとしなければならないのか。「絶対的な精神」の生の論理を避けるためには、私たちは、人間について別の絶対性を見いださねばならない。

注

（1）«Plan de la fête à l'Etre suprême, qui doit être célébrée le 20 prairial, proposé par David, et décrété par la convention nationale», in *Gazette nationale ou Le Moniteur universel*, no. 259, nonidi 19 Prairial, l'an II（samedi 7 juin 1794), Réimpression de l'Ancien moniteur, vol. XX, p. 653. この貴重な資料の存在を富永茂樹氏より教えていただいた。「計画」の抄訳は、「ダヴィッド　祭典の計画」富永茂樹訳（『資料フランス革命』岩波書店、一九八九年、五一三―五一七頁）で読むことができる。引用文は、行文上の都合により拙訳を用いた。

（2）Séance du 27 Brumaire An II（17 Novembre 1793), «Rapport fait au nom du Comité de Salut Public, par le citoyen Robespierre, membre de ce Comité, sur la situation politique de la République», in *Œuvres de Maximilien Robespierre*, tome X, Les éditions du Miraval, 2007, p. 183.

（3）Séance du 5 Nivôse An II（25 décembre 1793), «Rapport sur les principes du gouvernement révolutionnaire, fait au nom du Comité de Salut Public, par Maximilien Robespierre», in *Œuvres de Maximilien Robespierre*, tome X, p. 273.

（4）*Ibid*., p. 274.

（5）Séance du 17 pluviôse an II（5 février 1794), «Sur les principes de morale politique qui doivent guider la Convention nationale dans l'administration intérieure de la République», in *Œuvres de Maximilien Robespierre*, tome X, p. 353.

（6）*Ibid*., p. 354.

（7）*Ibid*.

（8）*Ibid*., p. 357.

（9）*Ibid*., p. 360.

（10）*Ibid*., p. 363.

（11）«Rapport sur les principes du gouvernement révolutionnaire, fait au nom du Comité de Salut Public, par Maximilien Robespierre», in *Œuvres de Maximilien Robespierre*, tome X, pp. 276–277.

（12）Séance du 27 Brumaire An II（17 Novembre 1793), «Rapport fait au nom du Comité de Salut Public, par le citoyen Robespierre, membre de ce Comité, sur la situation politique de la République», in *Œuvres de Maximilien Robespierre*, tome X, pp. 182–183.

（13）Séance du 8 Thermidor An II（26 juillet 1794), «Discours prononcé par Robespierre, à la Convention nationale, dans la séance du 8 thermidor... trouvé parmi ses papiers par la commission chargée de les examiner», in *Œuvres de Maximilien Robespierre*, tome X, p. 567. Cf. p. 575.

（14）«Rapport sur les principes du gouvernement révolutionnaire, fait au nom du Comité de Salut Public, par Maximilien Robespierre», in *Œuvres de Maximilien Robespierre*, tome X, p. 278.

（15）Séance du 18 Floréal An II（7 mai 1794）, «Sur les rapports des idées religieuses et morales avec les principes républicains, et sur les fêtes nationales», in *Œuvres de Maximilien Robespierre*, tome X, p. 452.

（16）«Sur les principes de morale politique qui doivent guider la Convention nationale dans l'administration intérieure de la République», in *Œuvres de Maximilien Robespierre*, tome X, p. 354.

（17）«Sur les rapports des idées religieuses et morales avec les principes républicains, et sur les fêtes nationales», in *Œuvres de Maximilien Robespierre*, tome X, p. 446.

（18）*Ibid*., p. 458.

（19）Séance du 29 juillet 1793, «Sur le plan d'éducation nationale de Michel Lepeletier», in *Œuvres de Maximilien Robespierre*, tome X, pp. 10–42.

（20）«Sur les rapports des idées religieuses et morales avec les principes républicains, et sur les fêtes nationales», in *Œuvres de Maximilien Robespierre*, tome X, pp. 452–453.

（21）*Ibid*., p. 452.

（22）「私はコレージュのころから、かなり悪しきカトリックだった。私は人類の冷酷な友でも不実な擁護者でもなかった。だから私は先ほど私があなたたちに述べた道徳的、政治的理念にだけより執着している。もし〈神〉が存在しないのなら、それを発明しなければならないのだが」（«Pour la liberté des cultes»〔一七九三年一一月二一日「自由と平等の友協会」での第二演説〕, in *Œuvres de Maximilien Robespierre*, tome X, p. 197）。

（23）«Sur les rapports des idées religieuses et morales avec les principes républicains, et sur les fêtes nationales», in *Œuvres de Maximilien Robespierre*, tome X, p. 446.

（24）«Sur les principes de morale politique qui doivent guider la Convention nationale dans l'administration intérieure de la République», in *Œuvres de Maximilien Robespierre*, tome X, p. 352.

（25）«Sur les rapports des idées religieuses et morales avec les principes républicains, et sur les fêtes nationales», in *Œuvres de Maximilien Robespierre*, tome X, p. 444.

（26）*Ibid*., p. 453.

（27）*Ibid*.

（28）*Ibid*., p. 464.

(29) *Ibid*., p. 458.

(30) *Ibid*., pp. 458–459.

(31) «À M. D'Alembert», in *Œuvres complètes de Jean-Jacques Rousseau*, Gallimard, Bibliothèque de la Pléiade, tome V, 1995, p. 115.

(32) *Ibid*., p. 460. バラとは、ヴァンデの反乱の時に、国王万歳と叫ぶかさもなければ死か、の二者択一を迫られたとき、共和国万歳と叫んで死んだとされる一三歳の少年である。彼は自分の稼ぎで母を養っていて、家族愛と祖国愛を両立させた徳を賞賛され、パンテオンに合祀された。

(33) «Discours prononcé par Robespierre, à la Convention nationale, dans la séance du 8 thermidor... trouvé parmi ses papiers par la commission chargée de les examiner», in *Œuvres de Maximilien Robespierre*, tome X, p. 561.

(34) ヘーゲル『精神現象学』樫山欽四郎訳、上巻、平凡社ライブラリー、一九九七年、四九頁。

(35) Georges Bataille, «Hegel, la mort et le sacrifice», in *Œuvres complètes*, tome XII, Gallimard, 1988, p. 331.

(36) *Ibid*., p. 336.

(37) *Ibid*.

(38) *Ibid*.

(39) *Ibid*., p. 337.

第7章　言語の「脱魔術化」を超えて
――ベンサムのフィクション理論――

久保昭博

1　ベンサムと「啓蒙」

ジェレミー・ベンサム（一七四八―一八三二）が啓蒙に多くを負っていることは知られている。青年期にヴォルテールを翻訳し、コンディヤックやヒュームの著作に親しむなど、彼の知的形成は、一八世紀啓蒙思想の知的遺産を糧にしてなされた。とりわけベッカリーアとエルヴェシウスの影響は大きく、彼が言うところでは、前者からは「最大多数の最大幸福」ということばを、そして後者からは快苦の原理と功利主義の主要な発想を受け取っている。一八世紀なかばから後半にかけて知的形成期を迎えた思想家にとってはとりわけ驚くべきでもなく、さらに本人も公言してはばからないこの事実は、しかしながらベンサムの死後約一世紀にわたって、半ば意図的に無視されてきた。J・S・ミル（一八〇六―一八七三）がそのよく知られたベンサム論で、自らの師を、コウルリッジと並ぶ「当代イギリスにおける胚芽的（セミナル）な精神の双璧」[(1)]と位置づけたことに端的にあらわれているように、ジェレミー・ベンサムの名は、彼の門弟たちによって組織された一九世紀の哲学的急進主義と結びついていたのである。

それゆえ二〇世紀に入り、エリー・アレヴィの『哲学的急進主義の形成』（一九〇一年）など、ベンサムを思想史のなかに置きなおす試みが既にあったにもかかわらず、マイケル・オークショットは、一九三二年にあってなお「新しいベンサム」と題した論考で次のように書かねばならなかった。「思想家としてのベンサムは本質的に一八世紀に属していたのだが、この事実はベンサムについて書く人々によって隠匿されていた。なぜなら彼らは、ベンサムが実際に考えていたことや彼の思想の一八世紀的前提から注意を背け、それを彼の思想のいわゆる余波や結果に向けることに決めていたからである」[2]。ベンサムの「新しさ」について語ることが、彼の「古さ」を強調することになるという逆説だ。一九世紀人としてのベンサムと一八世紀人としてのベンサムというふたつのベンサム像の対立は、近年にいたっても完全には解消していないようである。たとえばオークショットの論考から半世紀後、ロス・ハリソンは、その著『ベンサム』（一九八三年）において、「彼の一九世紀の弟子たちによって伝えられた標準的イメージと、一八世紀の啓蒙に参与した者としてのベンサムのイメージ、ベンサムに関するこれらのイメージのいずれかを強調しすぎないこと、そしてそれらのあいだに非常に深い不一致があるとは考えないことが肝心だ」と述べたうえで、ベンサムは「生涯一貫して啓蒙思想家であった」と結論づけているのである[3]。

オークショットやハリソンが行ったように、一八世紀の思想的背景のなかにベンサムを置き直すことが、彼の思想をそれ自体として考察するために欠かせない作業であることは言うまでもない。だがそれが、啓蒙の紋切り型との関連づけに留まるのであれば、その意味も限られたものとなるばかりか、逆方向の還元主義になりかねない。はたして彼らの念頭にある「啓蒙」とは、知に対して楽天的な信頼を置く一八世紀的フィロゾーフ（オークショット）、「理性の時代の人間」（ハリソン）という限定的なものであった。それゆえむしろ必要なのは、「啓蒙」をあらかじめ規定することなく、これに関わる個々の問題系に沿ってベンサム思想の射程を再検討することであろう。本章では、このような観点から、ベンサムの言語論について考察することを目的とする。社会思想家として知られるベンサムが、言語論、またその基礎的考察として位置づけられる論理学や存在論に関心を持っていたことは比較的知られていない。事実、ベンサムがこの主題について書きためた原稿は、彼の生前に出版されることはなく、死後ジョン・バウリングによって編まれた著作集第八巻に収められて発表された後も、ほぼ一世紀のあいだ無視されてきた（アレヴィはこれを「無用」と評している）。だが後世の無理解と反比例するかのように、ベンサム自身は、言語に関する諸理論を第一級の重要性をもつ学として捉えていた。たとえば論理学については、それが言語の特殊領域に関わる限定的な学問ではなく、「人間の思考と行動の全領域」に関わる包括的な学としての地位を要求するものであることを明言しているのである。(4)

さて、これらのテクストが注目を浴びることになったのは、主としてこの著作集第八巻から抜粋した言語論、論理学に関するテクストのアンソロジーを編み、それを『ジェレミー・ベンサムのフィクション理論』と題して一九三二年に出版した言語学者C・K・オグデンの功績である。(5)ハンス・ファイヒンガーの『〈かのように〉の哲学』の英訳者でもあったオグデンが、「フィクション理論」という用語を用いたのには（ベンサム自身はこの用語を用いていない）、当時流行していたドイツの哲学者の先駆者として、彼の同国人を位置づける企図があったのかもしれない。だが彼は、このアンソロジーによって、それまで隠されていたベンサムの思想の哲学的側面に光を当てたばかりか、それがあらたに展開する重要な契機を作りだしたのである。これ以降、ベンサムのフィクション理論は、ロス・ハリソンやフィリップ・スコフィールドといったベンサム研究者による注釈の対象となっただけではなく、W・V・O・クワインやロマーン・ヤコブソン、またそのヤコブソンからオグデンの著作について知らされたジャック・ラカンらによって、その革新性が評価されることとなった。なかでも注目すべきは、ラカンによる読解をひとつの発想源として、フィクション理論を軸に独自のベンサム解釈を提案しているジャン＝ピエール・クレロである。本章では、とりわけクレロを中心とする近年の研究の成果を踏まえた上で、ベンサムのフィクション理論の射程について考えてみたい。

2　有害なフィクション——レトリック批判と法的フィクション

とはいえわれわれもひとつの紋切り型から出発しよう。啓蒙が「世界の脱魔術化」を意味するのであれば、ベンサムは確かに啓蒙的精神の持ち主であった。彼にとって世界の脱魔術化は、言語の脱魔術化、すなわち、言語から超越的審級と曖昧さを取り除き、語とその意味のあいだに透明な関係を作りだすことを意味する。逆に言語の不透明さは、これを本来の用法から逸脱して使用し、無用な装飾性を付与するところに生ずると考えられる。それゆえベンサムにとって比喩は、曖昧な表現でしかなく、彼の世界からは、修辞学者と詩人が追放される。

功利主義者にとっては、想像力を犠牲にし、判断への情熱を持つことが必要である。彼は事物の区別を探し求める。詩人は類似の後を付け狙って区別を遠ざける。彼は自らの心を酔わせてあらゆる観念を混同しようとする。その逆が、功利主義者だ(6)。

たしかに、詩人や修辞学者の言葉は、入念に練り上げられた言い回し、あるいは韻律や想像力によって快をもたらしてくれる。しかし、その快は「偽り(misrepresentation)」(7)に由来するものであり、認識の誤りがその下には潜んでいる。そして長期的に見れば、それが引き起こす苦は詩的な快よりも大きい。なぜなら認識の誤りは混乱をもたらし、権力者たち——国王、聖職者、裁判官など——が、私利私欲のため言葉の好き勝手な解釈を行う余地を与えるからだ。「暴君の関心は、道徳と政治においてすべてが混乱していることだ。この目的のため、詩人はありうる限りもっとも有効な道具である(8)」。それゆえ目先の快が結果としてより大きな苦を産むのであれば、それを避けるべきであるという原則に従って、選択をせねばならない。「あらゆる種類の読書のなかでも、詩が求める労力は最も小さい。功利主義は多くの困難とわずかな楽しみしか与えない。詩が手招きしているときに功利主義を選ぶことは、ヘラクレスの選択だ」[9]。

しかし、この批判がもっとも先鋭化するのは、文学ではなく、彼が生涯をかけて追求した法改革の文脈においてである。ここでベンサムは、問題となる言語の魔術を、「フィクション（虚構あるいは擬制）」と名指すことで、批判の対象とその性質を浮き彫りにする。とはいえ不透明な言語使用に対する批判という点では、詩や修辞に対する批判（「偽り」批判）と法的フィクションに対する批判とは同一次元に属している。以下、二つの例を通じてこれを検討しよう。

ベンサムの生きた一八世紀後半においては、過去から連綿と続く伝統、そこで代々発揮されてきた父祖の英知、そして人民の記憶に裏打ちされた共同体の価値観といったものに後ろ盾を得ているコモン・ローが、法学者のあいだで、制定法よりも高い評価を得ていた。その擁護者の代表格が、『イギリス法釈義』（一七六五―六九年）の著者ウィリアム・ブラックストーンである。しかしベンサムは、この法制度を、「感覚できる物質がないにもかかわらず、宇宙を広く満たすあの空想されたエーテル」のようなものと見なし、「あの想像上の大地の上に貼り付けられた、現実の法の破片とかけら」からなる「フィクションの構築物（fictitious composition）」であると断罪する[10]。コモン・ローにはどのような欠陥があるのだろうか。進歩を奉ずるベンサムにとって、伝統や慣習が否定すべき権威でしかなかったということは言うまでもない[11]。とはいえ彼の攻撃は、単に過去からの断絶をはからんがためのものではなかった。彼はむしろ、伝統や慣習という曖昧模糊としたもの、すなわち合理的かつ明晰な言葉によって表現されていないものを、法がその根拠としていることに、危険を感じ取っていたのである。

ブラックストーンによれば、コモン・ローとは、「騎士道華やかなりし時代に建てられたものであっても、現代の住民にも満足行くように改装」された「ゴシックの城」である[12]。コモン・ローの擁護者にとって、法典ではなく過去の事例の集積を基盤とするこの制度は、その根幹を変えずとも、時代と状況の変化に即して変更を施しながら融通無碍に運用してゆくことができる法体系である。そして、この「城」のメンテナンスあるいはアップデートに必要不可欠なのが、既存の体系では対応できない新しい状況が発生したときに、人工的な概念や状況を類推に基づいて作りだし、法解釈に介入させることによって、その状況や必要に法規を適応させるテクニック、すなわち法的フィクションである。他方、ベンサムにとって、この「ゴシックの城」は、慣例の名の下で素人には決して理解することのできない複雑怪奇な手続き――法的フィクションはその代表である――が横行する迷宮以外のものではなかった。[13] 彼は、コモン・ローの複雑さを、人間の活動の多様性に対応した叡智とは見ず、逆に、法解釈を生業とする人々が、専門的な用語や技術を徒に駆使することによって自らの権益を守ることにのみ役立つ奸計の温床と捉える。

ベンサムの議論は次のようなものである。明示された規則のないコモン・ローの体制のなかで、人は推論による以外に、自らの行為の合法性を照らし合わせる術を持たない。しかし法曹界に通じていない普通の市民には、二重の意味でこれが禁じられている。なぜなら、そもそも彼には、コモン・ローという「フィクションの構築物」で満ちた迷宮のなかを上手くくぐり抜けつつ規則を自ら定式化することは困難であろうし、またより大きな問題として、仮にそうしてみたところで、彼の判断が判事の判断と一致するかどうかをあらかじめ確証することはできないからである。法的拘束力のある推論を行う権限は、ただ判事のみに属している――それゆえ立法府が存在するにもかかわらず、判事が法律を実質的に作るという越権行為が生ずる――のであり、さらにどのような推論を行うかが多くの場合判事の自由裁量に任されることによって、人々の自由が脅かされるという事態にまでいたるのである。[14]「司法にとってのフィクション？　商取引にとってのペテンとまさに同じだ」[15] とまでベンサムは言う。コモン・ロー批判が、悪意を伴う利害関心を、言語を弄んで隠蔽することに向けられた批判であるとすれば、現実に存在しないものを言語の力によって作りだし、言語本来の領分を逸脱することを戒めるのが、自然権あるいは自然法批判である。『民事および刑事立法論』（一八〇二年）において、ベンサムは、自然権と自然法とを、はっきり「フィクションあるいはメタファー」と名指して批判する。ここでも再び、ベンサムの主張に即して、なぜ自然権、自然法がフィクション（メタファー）であり、有害なものとなるのかを簡単に整理してみよう。なお、この書物はエティエンヌ・デュモンがフランス語に翻訳し、編集したものである。

法律の根本は立法者の意思であると考えるベンサムにとって、「自然の法律（Loi(s) de la nature)」ということばは、「比喩的な表現」でしかない。この表現が比喩でなく正確なものとなるのは、「法（loi)」という語を、社会を形成する「法律」ではなく、科学的な「法則」と捉えるときのみである。しかし、と、ベンサムは攻撃の矛先を法律家に向ける。多くの法律家たちはこの語の両義性に注意せず、自然のなかにあたかもひとつの法典があるかのように見なし、それを立法者によって作られる法と対置する。だが語義の厳密な区分に立脚する立場からすれば、この二つの「法」は同一次元に置かれるべきではない。曖昧な言葉の使用によって社会と自然とを混同し、ありもしない「想像上の法律」を自然のなかに勝手に見いだしてはならないと彼は主張するのである。

もちろん人間にも「自然の法」がある、とベンサムは言う。だがそれは、人間が快や苦についての感情と性向、つまり「自然の法則」を持つという以外のことを意味しない。ところが、自然法の擁護者は、それらを「法律」とみなすのだ。「しかし、この感情や性向を法律と呼ぶことは、誤った、危険な観念を導入することになる。それは、言語をそれ自身と対立させることになる。というのは、まさにこの性向を抑制するために法律を作らねばならないからである。これを法律と見る代わりに、法律に従わせなければならない。［……］すべての人間を共通の善の方向へと導くような自然の法律があったとすれば、法律は無用となろう」[16]。ここでベンサムは、「(自然の）法則」を明確に「法律」と対置させている。前者が無秩序へと向かう傾向を持つのに対し、それを抑制し、人間に秩序だった社会的生活を送ることを可能にするのが「法律」なのである。その意味で法律は、「反自然的」である[17]。

続いてベンサムは、「権利」という概念の分析に移る。ここでも批判は、この語の比喩的な意味に向けられる。彼によれば本来の意味での権利とは、「現実の」法律から生ずるものであり、自然法という「フィクション」から生ずる自然権は、やはりフィクションでしかない。権利に関する人間の「自然」は、手段と能力である。だがこれらを「自然権」と呼ぶことはやはり、「言語をそれ自身と対立させる」、つまり語義矛盾となる。なぜなら「権利は保証するものであり、能力は保証されるものである」[18]からである。たとえば人は、物理的条件さえ整っていればどこでも歩くことができるが、どこでも歩くことを許されているわけではない。そこで歩くという能力の行使を保証するのが法律なのである。だが自然権擁護者は、権利のこのような人工性を理解せず、法律は自然権に反することはできないと主張して法律に先立つ権利の実在を想定し、現行の法律を攻撃する。

このような態度は、「自然」という語を恣意的に解釈し、さらにはそれを、批判不可能な原理として設定する可能性に道を開くことになる、とベンサムは危惧する。そのような状況では、法律に関して合理的な判断が働かないのである。彼は言う。「法律をその効果によって検討し、それを善とか悪とか判断する代わりに、これらの人々は、法律を、このいわゆる自然権との関係で考察する。すなわち、経験に基づく推論に、彼らが想像したあらゆる怪物を取り替えるのである」[19]。その「怪物」から生ずるのが、法律の機能しない無政府状態である。

以上のように、コモン・ローと自然権ないし自然法、このふたつの法的制度に対する批判の根底には、言語批判が通底している。ベンサムは、社会に害悪をもたらすと考えられるこのような言語使用に、「フィクション」というレッテルを貼って攻撃するのである。ここで「フィクション」と名指されているものは、先の引用に見られたように、「比喩」ないし「メタファー」と同義であり、それが意味するのは虚偽の表象、誤謬である。ベンサムにとっての啓蒙とは、言語の脱魔術化によってそれらを一掃することであるとひとまず言っておこう。すなわち不正確な言語使用を正し、誤謬を解消すること、言い換えればフィクションの時代を終わらせ、新たな時代に相応しい包括的な法体系（ベンサムの用語で言えば「パノミオン」）を、新しい、透明な言語で記述することである。彼は、処女作である『統治論断片』（一七七六年）で、既に次のように宣言していた。

この趨勢の道具［法的フィクションのこと］を用いて、いくつかの政治的な仕事がなされたことも、また、当時の状況下では、この有用な仕事が他のいかなる道具を用いてもなされえなかったであろうことも、私は否定しない。しかしフィクションの季節はいまや終わった。以前その名の下で許され、黙認されていたかもしれないものを、もし現在実行するよう試みてみるようなことがあったならば、侵害やペテンという、より辛辣な呼び名でもって非難、譴責されるだろう。[20]

「フィクションの季節」の終焉を、自らの思索の出発点に位置させるベンサム。しかし言語についての探求を通じて、彼は、フィクションという語にあらたな意味を付与することになる。

3 功利主義とフィクション――ベンサムの言語論と論理学

(1)「明晰さ」の増大

立法における言語批判から出発したベンサムの言語論は、人と人との関係、社会的紐帯を構想しなおすための基礎考察である。その立場を、改良主義的コミュニケーション理論と呼んでも大きな間違いを犯すことにはならないはずだ。ベンサムにとって言語は、あくまで語用論的に、すなわち具体的な思想伝達の場面での使用において問題になるのであり、「言語とは何か」という形而上学的な問いは、思想を伝達する「より良い条件」をいかに作ることができるかという枠組みのなかでのみ意味を持つ。すなわち彼の言語論では、メタフィジックがプラグマティズムに奉仕するのである。

あるいはベンサムにとっては、認識と実践とが等価であると述べることもできるであろう。「言語についての試論」の冒頭で彼は、「他の場合と同様、この場合においても、いかなる実用的な善も達成されないと想定せよ。それなら思弁は役に立たず、価値がない[21]」と論考の「実用的」な性格を明確に規定し、さらに、『言語について、その第一義かつ唯一の原初的用法は、思想の伝達（communication）、心から心、話者の心から聴者の心への、思想の通達（conveyance）である[22]」と述べることで、語用論的な機能を、言語の本質として位置づけている。語用論的であることに加えて実用主義的であるベンサムの言語論は、それゆえ二重の意味でプラグマティズムである。

ではベンサムにとって「より良い」言語とは何か。彼は、その最も重要な要素が「明晰さ（clearness）」であることを繰り返し主張している。ある言語が明晰であるとは、発せられる談話の「意味（import）」に曖昧さや不明瞭さが存在しない状態[23]、すなわち言語から比喩的要素が取り去られ、「フィクション」が一掃されている状態である。このように、言語表現と意味とが明確に対応した言語が万人によって共有され、思想の透明な伝達が成立することが、ベンサムの理想であった。そこで問題となるのが、この意味の根拠を問い、それを明示することである。この意味論的基礎づけの作業を行うことが、ベンサム言語論の核となる。

（2）「不可能だが不可欠な存在」——フィクション的実体

ベンサムは、「実体」という概念を用いてこの作業に着手する。考察の出発点に据えられるのは、人間が構想しうるすべての事物を「現実的実体（real entity）」と「フィクション的実体（fictitious entity）」とに区別することである。

ベンサムは一八世紀の思想家である。彼の言語論は、経験論、感覚論哲学の伝統を踏まえ、ロック、コンディヤック、ホーン＝トゥックといった哲学者を参照して構想されている[24]。それゆえ彼が、「一言で言えば、われわれの観念はすべて、われわれの感覚からやってくる。他のどのような源からそれらの記号が、他のどのような源からわれわれの言語がやってくることができようか[25]」と述べて、五官で感覚できるものがもっとも現実的なものであり、あらゆる観念はそこから発すると主張したとしても、経験論的言語論の基本的な主張を繰り返しているだけに過ぎないように思われる。さらにベンサムは、フィクション的実体を定義して、「あらゆるフィクション的実体は、なんらかの現実的実体となんらかの関係を有しており、その関係が知覚される——その関係の概念が得られる——限りにおいてのみ理解される」とも主張している[26]。こうした記述からは、感覚に源泉をもつ現実的実体がアプリオリに存在し、フィクション的実体はそれと関わることによってのみ存在する派生的なものであるかのようにも考えられるだろう。事実、ベンサムの『存在論断片』を開けば、そこに現実的実体との関係によって、諸々のフィクション的実体を第一段階のフィクション的実体、第二段階のフィクション的実体等々と階層化する試みを目にすることができる。

とはいえ、現実的実体とフィクション的実体の境界線は、それほど明白ではない。

現実的実体の定義を見てみよう。「現実的実体とは、談話に際して、またその目的上、存在が現実にそれに帰せられることが意図された実体である[27]」。回りくどい言い方であるが、ここでベンサムが述べているのは、現実的実体の「現実性」あるいはその基盤とされる「存在」が、談話の目的上設定されているものであり、また、発話者の「意図」に拠っているということである。現実的実体とは、談話を分析すれば手に取れる物質のようなものとして抽出され、普遍的に認められる類の現実性を内に含んだ実体ではない。現実性という観念は、たしかに感覚に根を持つが、その感覚自体は前言語的なものである。ある物体に触れることと、その物体が「現に存在する」と言うこととは別のことだ。「現実性」（あるいは「存在」）という「観念の記号」は、あくまでも言語の産物として、言語使用の現場で発生する意味と結びついている。ベンサムは、「存在」とは裸の物質を主語としてそれに関連づけられる述語、つまりは性質であり、性質である以上、それは「フィクション的実体の名辞」であると述べているが（後述するように、ベンサムにとって「性質」はフィクション的実体の代表格である[28]）、現実的実体の現実性を担保するものが実はフィクション的実体であるというこの一見逆説的な主張も、上のような意味で理解されなければならない。すなわち、ひとたび言語的分節の世界に参入するやいなや、現実性はフィクションの後ろ盾を必要とするのである[29]。

二種類の実体の境界の曖昧さは、境界例をあげることでより明らかになるだろう。ベンサムは、そのような例のひとつとして「空間（space）」をあげている。「空間」とは、ある物体によって内包されるものとして考えられたときには、その物体に伴う境界によって区画され、一定の「形式」や「量」というフィクション的実体が適用されるが、全体として捉えた場合には、境界も、それゆえかたちもなく、ただその存在だけは否定できない何ものかとして現れる。それゆえ空間は、フィクション的実体が「部分的に」適用され、両義的な性格を持つ「半＝現実的実体」と結論づけられる。[30]

また、同一の名辞が、フィクション的実体になることもあれば現実的実体になることもある。ベンサムは、「種」や「類」を示す一般名詞がそのようなものであると言う。たとえば「犬」という言葉は、現在あるいはかつて存在した個体に適用されるか、存在が確認される犬全体あるいはその一部に適用される場合には現実的実体となるが、将来存在するかもしれない個体ないしはその集合に適用される場合にはフィクション的実体となる。[31] ここで彼が、フィクション的実体と現実的実体の境界として時間を導入していることは注目に値する。このことはたとえば、科学的仮説として設定されているある種の概念が、その後実験技術の発達によって知覚可能となり、現実的実体の地位を得るようになるといったことの説明にもなるだろう。いずれにせよ、問題となる実体のステイタスは、それをとりまく文脈によって決定されるのである。

文脈を形成する要因は、時間だけではない。ベンサムは、現実的実体の下位区分として「知覚可能な実体（perceptible entity）」と「推論による実体（inferential entity）」の区別を立てている。「知覚可能な実体」とは、文字通り五官によって直接感覚可能な実体である。それは「物体（body）」を最上位概念として、現実的実体に属する諸実体である。一方「推論による実体」とは、「少なくとも今日、感覚の証するところによっては人類一般に知られてはいないが、その存在については、反省によって、信念（persuasion）が作りだされている実体」である。[32] この種の実体は、前述した科学的言説のなかに数多く見いだすことができるに違いない。だがここでベンサムが念頭においしいるのは、霊魂や神といった精神的存在である。

ベンサムによれば、神や霊魂を肉眼で見たり手で触れたりすることができない以上、その現実性あるいは存在についての確信は、上記の引用にあるように反省を介してのみ得ることができる。その反省を導くのが推論である。だがベンサムは、この推論が普遍的な理性によってではなく、「慣習（custom）」や「流行（fashion）」に基づく信によって実行されると考える。「今日、慣習によってはなかなか幽霊を信じさせることができない。流行にいたってはなおさらだ[33]」。こうして、現実性を得ることができなくなった推論による実体は、現実的実体の地位を失うことになる。「仮に、身体から離れた状態で捉えられた魂については、適切な仕方では現実的実体のクラスに統合されることがありえないと考える人があれば、そのような人にとって、それが属するクラスは、当然のことながらフィクション的実体のそれとなるであろう[34]」。

さて、現実とフィクションの境界が相対的になるということは、現実性とともにフィクション性の様態も変化することを意味している。このときフィクションは、もはや現実と対立し、それに寄生する概念なのではなく、現実と相補的かつ動態的な関係にある何ものかである。ヴォルフガング・イーザーによれば、フィクションの価値についてのこの転換こそ、ベンサムのフィクション理論を、ロックからヒュームにいたる経験論哲学の伝統におけるフィクション概念から決定的に隔てる契機である。この哲学的伝統のなかでは、フィクションが認識に必要不可欠であることが次第に自明となってきたものの、それでもなおフィクションは、排除されることによって哲学体系をなりたたせる否定性として、またより一般的には、現実に対して一段低いものとして批判の対象であり続けた。だがベンサムは、その価値を積極的に肯定し、現実と等価にまで引き上げることによって、「パラダイムの転換」を起こしたのである[35]。事実彼は、フィクションとは「非難することのできない虚偽[36]」であると明言している。

では、そのフィクション理論の鍵となるフィクション的実体とはいかなるものであろうか。フィクション概念にあらたな射程を与えるため、ベンサムがまずなさねばならなかったことは、虚偽や空想といった、フィクションが伝統的に含意してきた否定的な側面——彼自身が詩や法的フィクションを批判するときに相手としていたもの——を、別の用語に割り当てることであった。彼はそれを、「フィクション的実体」を「非実体（non-entity）」から区別することによってなす。

その手続きを確認しておこう。ベンサムが「非実体」に分類するのは、「悪魔」や「一角獣」などである。これらは、「空想的実体（fabulous entity）」あるいは「非現実的実体（unreal entity）」と言い換えられていることから分かるように、いわゆる空想の産物、つまり、その指示対象を現実世界に見いだすことはできないが、仮に存在するとすれば、目で見て手に触れられるはずの感覚可能な事物や生物の心的イメージである。換言すれば、非実体とは実在世界の客観的に正しい表象こそが真理であるとする真理観からすれば偽となる現実的実体である。他方フィクション的実体は、このような意味で真偽が問題となる実体ではない。それは、指示対象となる事物や生物との関係によって規定されるものではなく、言語によって作られる諸概念である。たとえば「権利」や「義務」、あるいは「運動」、「関係」、「時間」等々。これらの例からも推測できるように、法律的概念の多くはフィクション的実体であり、科学的な概念の多くもフィクション的実体である。さらには「赤さ」、「美味しさ」、「柔らかさ」、「大きさ」等々、形容詞を実詞化した名辞もすべてフィクション的実体である。これらは、「性質」というフィクション的実体の下位概念として位置づけられる。要するに、フィクション的実体とは、仮構されてはいるが感覚のまやかしを伴わないあらゆる概念であり、それ自体としての実在性を要求しないことによって、非実体とはその存在論的ステイタスを根本的に異にする実体のことである。

さて、フィクション的実体は、現実的実体との関連においてのみ理解されるとベンサムは述べていた。その関係は、どのように結ばれるのであろうか。

ここにひとつのリンゴがあるとしよう。目に見え、手で触れられることによってその存在を否定できないひとつの現実的実体である。このリンゴは熟している。そして私はそれを、ひとつの命題として述べる。

「このリンゴは熟している」と言うことで、私は何を言明しているのだろうか。それは、このリンゴの「なかに（in）」熟性の性質があるということである。この二つの表現は同義である。だがこのようになされた「このリンゴのなかに熟性の性質がある」という言表において私が提示するイメージは何だろうか。それはリンゴが容器であるということだ。そしてこの容器のなかに熟性という性質――「性質」という想像上の、フィクション的実体――が宿っているのである。[37]

「熟性」というフィクション的実体は、リンゴという現実的実体を離れては存在しえない以上、リンゴの「なかに」内在している。現実的実体である「物体」のなかに、フィクション的実体である「性質」が含まれているという構造である。ここで注目すべきは、ベンサムが、命題を変換するために「容器」という概念を導入し、入れ子のモデルを用いていることである。彼はこの命題解釈の方法を、アリストテレス以来の論理学に変革をもたらす発見であると考えていたのであるが[38]、われわれの関心は、むしろ、彼がなぜこのモデルを必要としたかにある。

これについては、このモデルが諸実体の関係によって命題を説明するという要請に由来していることをまずは考慮しなければならない。言語論の枠組みのなかで実体の分析をしているベンサムにとって、実体とは名辞に他ならない（「フィクション的実体」とは、「フィクション的実体の名辞」の省略形である）[39]。それゆえ分析のためには、形容詞を名詞に変換する必要が生じるのである。しかし同時にベンサムは、現実的実体がそれ自体としては、無内容の容器であることを示すためにこのモデルを用いたとも考えられるのではないだろうか。イーザーが、「現実の物体は未処理の事実として姿を表すことは決してなく、常に一定の状態性のもとにのみ現れる」[40]と述べるように、現前するリンゴは、常に大きさや色、かたちなどの性質、つまりフィクション的実体の束とともに現れる。ベンサムは、現実の物体がフィクション的実体の集合から成ると述べているが[41]、その主張は、われわれが現実の物体を認識する際、フィクション的実体として理解される認識形式が必然的に介入するという意味に理解する必要があるだろう。

しかしながらこのことは、単に、赤い色や丸いかたちを知覚することなくリンゴを見ることはできないということだけを意味するのではない。再びイーザーに従えば、それは、「現実の物体を自己の境界を越えた外側へと引き出し、想像力をその所産を通して物体の中に引き込む」、すなわち、個別的、具体的なものとしてわれわれの前にあるリンゴを、他の現実的あるいはフィクション的な諸実体との関係のなかに引き入れることをも意味するのである。

ところで、この分析を終えたベンサムは、その直後に次のようなことばを書き付けている。「フィクションは、言語が使われうるもっとも単純な、あるいはほとんどそうであるようなケースにおいて、必要な方便となる」[42]。「ほとんど」という留保がつけられているのは、彼が、原始状態にある人間のコミュニケーションが、現実的実体の交換のみによって成立していたと信じていたからである。だが、そのような神話的状態がベンサムの関心を引くことはほとんどない。一八世紀の多くの言語論に比して、彼が言語起源論に多くの関心を示していないことは、その証左である。彼の言語論は、フィクションが言語に導入される地点から始まる。その地点とはまた、人と物だけの感覚的世界——「人と物は、唯一の現実的存在である」とベンサムは言っている——から、仮構によって成立する知的、科学的世界への飛躍の瞬間でもある。

ベンサムは言う。自分の内的感覚を相手にしている限り、われわれは決して誤ることはない。しかし自分の身体についての言明を一歩でも踏み越え、そうした感覚の原因について意見を述べようとするやいなや、われわれは誤謬の危険にさらされる。だがそのときわれわれは、「技芸と科学の大海」に入るのであり、それは、フィクションの領域に足を踏み入れることなしにはなしえない。すなわちベンサムによれば、自らの外部世界について説明を与えることと、フィクションを用いることとは同義なのである。彼はそのことを、次のように印象的なことばで語っている。

しかし今、フィクションの轍へ踏みださねばならない。フィクションの地帯が、そこを訪れるよう、抗しがたい声でわれわれを呼んでいる。(43) さもなくばあらゆる物事が説明されず、それらを誤解してしまう。そのような段階が、いま、すでに来ている。

ベンサムは、主体が自らを超出して他の何ものか――現実的実体であれフィクション的実体であれ――と関係を持つ瞬間に、フィクションが生じると考えていた。彼が「関係」というフィクション的実体を「非常に大きな広がりを覆うため、その他すべて［のフィクション的実体］をそのなかに含み込む(44)」と定義し、特別な地位を与えていたのは、このような事情による。そして、この関係とその諸項に存在を与えられるのは、言語以外にはない。それゆえ、言語とフィクション的実体とは相互依存の関係にある。ベンサムは、フィクション的実体という概念それ自体に、言語の本質的機能を体現させることによって、そのことを示そうとした。フィクション的実体とは、ある「矛盾」の上に成り立つ概念である。すなわち存在しないことを示す「フィクション的」という形容詞を、存在を含意する「実体」という名詞と結びつけるという矛盾である。ベンサムは、このような概念形成が単に混乱を招くだけではないかという反論を先取りして、次のように主張する。「この見かけ上の矛盾は、まったく不可避であると考えられる。その根は言語の性質のなかに認められる。それ［フィクション的実体］は、それ自体ではなにものでもないのだが、それなしでは何も言えなくなる道具である(45)」。ここでベンサムが言わんとしているのは、ないものをあるかのように仮構するという「矛盾」を可能にするのが言語であり、その意味でフィクション的実体は言語に依拠しているのであるが、他方言語も、それが人間的言語の地位を要求するならば、自らが産出した仮構物であるフィクション的実体に依拠せずには成立しないということである。

「フィクション的実体は、言語に、そしてただ言語のみに、その存在を負っている。その不可能だが不可欠な存在を(46)」と、ベンサムは別の箇所で言う。「不可能だが不可欠な存在」という表現で言語＝フィクションが必然的に孕む「矛盾」が説明されている。このように、フィクションを言語に根付かせるという発想は、精神（mind）をそれを構成する要素とともに可視化したいという欲望に発していると考えてよいだろう。ベンサム思想のキーワードのひとつに、網羅性あるいはすべてを包含すること（exhaustiveness あるいは all-comprehensiveness）がある。実体というかたちで、われわれの「人間的組成（human frame）」を形作るあらゆる精神的能力を対象化した上で[47]、それらの諸関係を記述し、体系化する基盤を構築すること、さらに、その体系を通じてフィクション的実体とそれを産出する想像力をコントロールすること、それが、ベンサムの言語論と論理学の目的であった。彼によれば、言語と論理の研究によって得られる「分割の体系」が、問題となっていることがら全体を包括する用語集に明確な観念を与え、それによって誤謬——悪しきフィクション——が増殖するのを防ぐのである[48]。知や情念に関するこのような体系は、人間の行為の動機を明らかにし、快苦計算に役立つことで、「最大多数の最大幸福」の原理を実現する礎となるはずであった。だが同時に、ベンサムの言語論は、フィクションの言語的側面を強調することによって、諸概念の百科全書的な分類に論理的基盤を与えるだけには留まらない射程を持つこととなった。なぜならフィクションの基礎を言語に置くことによって、フィクションを生み出す精神の働きそのものを言語に譲り渡すことにもなるからだ。ベンサムは「あなたの精神それ自体もフィクション的実体である」と述べている[49]。この言葉は、言語によって可能になる「かのように」構造を用いることなくして精神の実在を語ることはできないという彼の考えを示している。すなわち言語は、それを通じて精神の働きを解明できる記号の体系であると同時に、それ自体で精神を構成する審級でもあるのだ。

（3）定義の技法——アーキタイプとパラフラシス

現実的実体とフィクション的実体を以上のように措定したベンサムには、それらを「正しく」定義するという課題が残っていた。定義を論ずるにあたってベンサムの出発点となったのは、「類と種差による定義（definitio per genus et differentiam)」というアリストテレス以来の伝統的論理学の方法である。類と種差による定義とは、たとえば、「人間は言葉を持つ動物である」というように、問題となる対象（「人間」）を、それが含まれる「類」（「動物」）のなかに置き、それに猫や馬など他の動物たちから区別される性質（「言葉を持つ」）を付与すること、つまり「種差」によって行う定義である。しかしながらベンサムは、この方法が有効なのは、実在する個体から共通点や差異を抽象化することで上位のクラスへと分類する操作が可能な現実的実体に対してのみであり、フィクション的実体については別の方法を用いなければならないと考える。なぜなら、「権利」や「関係」といった、まさに彼が相手としているフィクション的実体は、そもそも言語によって人間の知的営為の基礎概念として設定されたものであり、それらを包括すべき上位の類が存在しないからである。「性質」、「運動」等、彼の言う「第一段階」のフィクション的実体とは、そのような最上位の類の実体に他ならない。だが、繰り返しになるが、フィクション的実体は、必ずや現実的実体と関連づけられなければならない。そこでベンサムは、包摂関係を使わずにフィクション的実体の性質を明らかにするふたつの方法を提案する。その方法が、「アーキタイプ化（archetypation）」と「パラフラシス（paraphrasis）」である。

　アーキタイプ化とは、フィクション的実体のアーキタイプ（原型）、すなわち、フィクション的実体が当初含んでいたはずの「物質的イメージ[50]」、あるいは「現実的行為もしくは事物の状態のイメージ[51]」を探しだし、提示することである。フランス語の「精神（esprit）」が、その語源にラテン語の「息吹（spiritus）」を持つといった類の語源学は、アーキタイプを明らかにするひとつの方法である。ベンサムは、「義務（obligation）」を例にとって、「縄、あるいはその他ひもやバンドのイメージ（ラテン語のligo、つまり縛ることに由来）。それによって当の対象は、他の何かに縛られ、結びつけられている。当の人物は、なにがしかの行動に結びつけられている[52]」というアーキタイプを提示している。ここで問題となっているのは、この語源説が言語学的に正しいか否かではなく、むしろ「非物質的な言語」の根底には必ず「物質的な言語」があるという言語観である[53]。

このように、語を現実的なものへと還元する発想自体は、ロス・ハリソンも指摘するように、経験論や感覚論の哲学的伝統に根ざした言語論には馴染み深いものである[54]。しかしベンサムは、これにパラフラシスを加えることによって、独自の定義の方法を編みだすことになる。パラフラシス、つまりパラフレーズとは、字義通り、文の次元での「言い換え」によって、フィクション的実体を定義する方法である。「解明すべき語――すなわちフィクション的実体の名辞――をとり、それを文に仕立てた後で、それに別の文を適用する。それは、同一の意味（import）をもつが、その主要で特徴的な語として、対応する現実的実体の名辞を有さねばならない」[55]。この方法が適用されるフィクション的実体は、アーキタイプ化のようにそれ自体として分析の対象となるのではなく、文という別の次元の言語表現に変換させられた上で現実的実体と結びつけられるのである。

この方法の具体的な手続きを確認しておこう。彼は再び、「義務」を例にとって説明している。まず、説明すべきフィクション的実体である「義務」を主語にとり、「フィクション的命題」を作る。そのために、「ある人間にふりかかる」を述語として、コピュラによって主語と繋ぎ、「義務はある人間に降りかかっている（An obligation is incumbent on a man）」という命題を得る。述語とコピュラを問題となるフィクション的実体に付与するこの操作を、ベンサムは「フラゼオプレロシス（phraseoplerosis）」と呼ぶ。「文の完全化」と訳すことができよう（プレロシスはギリシャ語で「満たす」、「完全にする」などを意味する πλήρωσις に由来する表現）。次いで、このようにして得られた命題から、「重い物体に上から圧迫されることによって地面に横たえられた人間。彼は、まったく動くことができないか、あるいは、要求されたやり方や方向に従ってしか動くことができない」という「アーキタイプ的イメージ」を得る。アーキタイプ化とは異なるのは、ここでは、定義の到達点となる現実が、フィクション的実体が内包すると考えられるイメージではなく、それが関わる人間の状態となっている点である。こうして得られたイメージは、「義務」を主語として作られる種々の文に対して、その試金石として役立つことになる。問題となる文がこのイメージと関係を持たないことが判明すれば、それは「虚偽」として排除されなければならない[56]。

だが、なぜベンサムは、アーキタイプ化によって語の物質的イメージのみを取りだすだけでは飽きたらず、文という次元での分析を必要としたのであろうか。

ふたつの理由が考えられるだろう。第一の理由は、意味が存する言語的単位のレベルに関係している。ベンサムは、言語の意味が語でなく文の次元に存すると考えていた。思考の表明、伝達は本来文によってなされているのであり、語の意味は科学的思考が発達した後で、分析の結果得られるようになる抽象物である。それゆえ彼の言語起源説によれば、原始言語には語という概念がなく、思想伝達はすべて文によって行われている。また間投詞のように一語で完結する発話も、そこに文が含まれているものとして理解されねばならない。「ああ！」という発話は、「私は悲しい」（あるいは「私は驚いた」等々）という文と意味論的に等価なのだ。そこで彼は、分析の出発点を語に求めるアリストテレス的論理学の伝統は、この点においても不十分であると批判する。[57] パラフラシスの技法は、このように従来の論理学的方法の欠損を補い、言語使用の場面で発生する意味を捉えようとする言語論の要請に基づくものである。

第二の理由は、より直接的に功利性の原理に関わっている。ベンサムは、『クレストマチア』のアーキタイプ化とパラフラシスを説明した箇所で、これら二種類の「まったく異なった」分析方法が、「観念のルーツ」と「語のルーツ」を区別する必要に由来していると述べている。[58] 語のルーツとはアーキタイプのことであり、「義務」の場合であれば、それは縄から得られるイメージだ。他方、観念のルーツとは、観念の「源泉」である。ベンサムにとって観念の現実的な源泉、唯一の現実的な感覚とは、言うまでもなく快苦である。すなわちパラフラシスとは、フィクション的実体を快苦の言語に翻訳する技法なのである。だが問題なのは、なぜその翻訳技法が「(義務は)人間にふりかかっている」という述語を要請するのかである。

ベンサムは言う。「パラフラシスによってこのように与えられる説明の源泉は、［……］最終的な感覚の観念、つまりは快苦、そしてそれぞれについて同等のものである。またそれは、それが起きることによって、このような感覚が生じるものとして捉えられた、出来事の指示でもある」[59]。やや錯綜した文章ながらベンサムが言わんとしていることは、パラフラシスが、快苦の観念と同時に、問題となるフィクション的実体を「出来事」として提示する性質を持っているということである。「人間にふりかかっている」という述語を「義務」に付与することは、このフィクション的実体を、「出来事」へと変換することに他ならない。このときフィクション的実体は、その「出来事」の結果生じた状態の表象によって、現実と関係づけられる。「重いものに圧迫され、自由に身動きを取ることができない人間」というアーキタイプ的イメージが、それである[60]。しかしながらこのことは、パラフラシスが快苦とアーキタイプ的イメージというふたつの相異なる現実的実体を指し示すということを意味しているのではない。それが示すのは、快苦の観念が、その感覚を生じさせる「出来事」、あるいはその結果作りだされるアーキタイプ的イメージによって指示されるということだ。つまり、快苦の観念に到達するためには、アーキタイプ的イメージという表象の媒介を必要とするのである。

ジャン＝ピエール・クレロが指摘するように、快苦とは、フィクション的構築物をその上に築くことができるような確固たる現実的実体の基盤ではない[61]。ある人にとっての快が、別の人にとっては不快となりうるという事実からも分かるように、それは、適用される価値の体系如何によって姿を変える「最終原因」である。功利主義は、それ自体としては体系の外部にありながら現実性の究極の根拠となる快苦を、言語の作用のなかに引き入れ、計算可能にすることを目的とする。このようにしてはじめて、快苦は関係性のなかに置きなおされ、道徳や倫理学、あるいは立法の基準としての機能を得るからだ。それゆえパラフラシスもまた、このように快苦と言語の関係の上に立脚し、功利性の原理の賭け金を内に含んだ技法として理解されなければならない。既に述べたように、パラフラシスとは、フィクション的実体を快苦の言語に翻訳することによって現実と関連づける技法である。だがその翻訳には、功利性の原理という文法が介在するのであり、アーキタイプ的イメージは、その文法を参照することによって作られる表象なのである。

4　ベンサムと啓蒙——再検討に向けて

言語の明晰さが重要であることをあれほど強調したにもかかわらず、フィクションについて語るベンサムは、否定と肯定のあいだで揺れ動いている。この両義性は、彼が、フィクションを虚偽と見なす伝統的な語法を完全に捨て去ることをせずに、フィクション概念の新しい地平を切り開き、それに積極的な価値を認めたことに由来するものだ。しかしながらこのことから、ベンサムの思想には、ふたつの相容れないフィクション概念があると結論を下すのは性急に過ぎるだろう。われわれはむしろ、ベンサムが保ち続けた両義性がはらむ意味を考慮して、次のように言わねばならない。すなわち、「非難できない虚偽」、「不可能であるが不可欠な存在」といった矛盾語法を駆使してフィクションについて語るベンサムの努力は、伝統的なフィクション概念をいわば脱構築することに向けられていたのである。しかしそれは、何のためであったのか。

フィクションの理論は、あらゆる超越的な価値について、その超越性が言語＝フィクションに根ざす幻影であることを暴露する議論である。そのことは、言語が、言語の外部にあって超越性の根拠となるなんらかの真理を映し出す鏡なのではなく、それ自体で真理を構成する固有の審級であることを意味している。そこでわれわれは、ベンサムのフィクションの理論のプラグマティズム的性格を、三度、指摘することもできるだろう。それはともかく、ベンサムの言語批判とは、自らの固有性を忘却させることで、真理が自らの外部にアプリオリに存在することを常に信じさせようとしている言語の力学を明るみに出すことに他ならない。ベンサムによれば、真理もまたフィクション的実体なのであり[62]、それゆえそれは、言語の作用が織りなす諸価値の関係のなかでのみその形式と内容とを与えられ、機能するのである。クレロが指摘するように、真理が保証されるとしたら、それは、外部からではなく、「その下で働いている、より繊細であるかより強力なもうひとつの真理」によってなされる[63]。ベンサムにとって、真理を普遍的、一義的に語ることのできるメタ言語は存在しないのである。
真理についてのこのような考え方を、「真理はフィクションの構造を有している」という定式で表現し、功利主義の本質をベンサムのフィクション理論のなかに見いだしたのは、ジャック・ラカンであった。だがラカンはベンサムを、彼の言う象徴界、すなわち、それなくしては現実が崩壊してしまうような認識の枠組みや価値の体系の発見者として評価しただけではなかった。彼はまた、このような相対主義的な真理観が、歴史的に条件づけられた思想であることを理解し、ベンサムの功利主義＝フィクションの理論を、ひとつの歴史的パースペクティヴの下に置きなおしたのである。

一九世紀初頭に起こったこと、それは功利主義的転換あるいは逆転です。おそらくはまったくもって歴史的に条件づけられた、この、主人の機能が徹底的に凋落する時期を、われわれは特定できます。アリストテレスの考察全体を支配していたのはもちろんこの主人の機能であり、そのおかげでアリストテレスの考察は長く命脈を保ってきました。主人の位置の価値が極端に低下したことの表明をわれわれが認めることができるのは、ヘーゲルにおいてです。というのも進歩の美徳が、敗者すなわち奴隷とその労働を経由すると言うことで、彼は、主人を、歴史的進化の大いなるお人好し、見事なコキュとしたのですから。当初、主人が存在していた時、つまりアリストテレスの時代には、主人は、その完全さという点で、ヘーゲルのフィクションとはまったく違っておりました。ヘーゲルのフィクションは、主人の消滅の裏面、ネガ、記号のようなものに他なりません。この終着点の直前に、人間相互の関係に影響を及ぼしたある種の革命の航跡のなかで、功利主義といわれる思想が誕生したのです。この思想は、普通に考えられているようなまったくの凡庸さにはほど遠いものです。[64]

ラカンは、ベンサムのフィクションの理論をヘーゲルとともに——あるいは「ヘーゲルのフィクション」のなかで――読むこと、さらにはそれを快と善の問題系の歴史のなかに位置づけることを提案しているのだが、これらの問題は、本章で扱うことのできる範囲を大きく超えている。ここでは、ラカンが、ベンサムの功利主義＝フィクションの理論の誕生を、明確に啓蒙のプロセスの帰結として位置づけているという事実のみを、この引用文のなかに読み取っておきたい。すなわち、社会を統制している構造が、その価値の権威を具現化していた「主人」とともに崩落しつつあるなかで、「人間相互の関係」が大きく変化することと（おそらくラカンの念頭にあるのは、「人間にとって一切が役に立つとすれば、同様に、人間もまたそういう存在であって、みんなの役に立ち、誰にでも利用できる集団の一員となるべく努めなければならない」[65]という『精神現象学』の一節である。そして「有用性」が啓蒙の根本概念であることを看取していたのも、他ならぬヘーゲルであった）、言語が超越性の反映であることを止め、その使用が価値を構成するような固有の審級として立ち現れてくることとは、同時に起こる出来事なのである。

先に見たように、ベンサムが慣習法を否定しながら言語批判に向かったのは偶然ではない。コモン・ローが彼に耐え難かったのは、それが、言語の外部にある権威によって支えられていたためである。彼はそのような権威を否定し、あらゆる価値が個々の利害関心を伴った言語の使用によって創出されることを強調した。ベンサムのフィクション理論は、それゆえ、彼がしばしば用いる表現を借りれば、「ことばの戦争（war of words）」の時代が開かれたことを告げているのである。

注

（1）J・S・ミル『ベンサムとコウルリッジ』松本啓訳、みすず書房、一九九〇年、五四頁。

（2）Michael Oakeshott, 'The New Bentham,' *Scrutiny*, vol. I, n°2, september, 1932, p. 129.

（3）R. Harrison, *Bentham*, Routledge & Kegan Paul, 1983, pp. 8–9.

（4）J. Bentham, *Essay on Logic*, *The Works of Jeremy Bentham*, ed. John Bowring, Vol. VIII, Elibron Classics, 2005, p. 219. この版は、一八四三年に出版されたジョン・バウリング編『ベンサム著作集』第八巻のリプリント版である。現在、問題の多いバウリング版

にかかわってあたらしい全集が刊行されている途中であるが、このバウリング版第八巻に含まれる言語に関する三つの論文、すなわち『論理学試論（*Essay on Logic*）』、『言語に関する試論（*Essay on Language*）』、『存在論断片（*A Fragment on Ontology*）』も含む巻はいまだ刊行されていない。これらの論文は、ベンサムの原稿をもとに、バウリング版の編者リウスウッド・スミスが構成したものであり、必ずしもベンサムの意に沿っているとは言えない部分もある。ちなみにベンサムがこれらの問題を考察した時期は、原稿に記された年代から、存在論に関しては一八一二から一八一四、そして一八二一年の二つの時期、言語論と論理学については、一八一一、一八一四から一八一六、一八二六、そして一八三一年の四つの時期であると推定できる。なお『存在論断片』のみはフィリップ・スコフィールドによって編纂され、ジャン＝ピエール・クレロとクリスチャン・ラヴァルによって仏訳された英仏対訳版が、一九九七年にスイユより出版されている（J. Bentham, *De l'ontologie*, Texte anglais établi par Philip Schofield, Traduction et commentaires par Jean-Pierre Cléro et Christian Laval, Seuil, 1997, coll. «Points»）。なお、これ以降、*Essay on Language* については*LA*、*Essay on Logic* については*LO*、*De l'ontologie* については*Ont* と略記する。

（5）C. K. Ogden, *Jeremy Bentham's Theory of Fictions*, Littlefield, Adams & Co., 1959（初版は一九三二年）.

（6）J. Bentham, *A Table of the Springs of Action*, in *Deontology, together with A Table of the Springs of Action and Article on Utilitarianism*, ed. Amnon Goldworth, *The Collected Works of Jeremy Bentham*, Oxford University Press, 1983, p. 52.

（7）「韻文であれ散文であれ、修辞学については、偽り（misrepresentation）が主要な特徴となる」（*Ibid.*, p. 51）。

（8）*Ibid.*, p. 52.

（9）*Id.*

（10）J. Bentham, *An Introduction to the Principles of Morals and Legislation*, ed. J. H. Burns and H. L. A. Hart, *The Collected Works of Jeremy Bentham*, University of London, The Athlone Press, 1970, p. 8.

（11）『統治論断片』の冒頭の一節を想起しよう。「われわれが生きている時代は忙しい時代である。知識は急速に完成に向かって進んでいる。自然界においては特にあらゆることが発見と改良とに満ちている」（J. Bentham, *A Fragment on Government*, in *A Comment on the Commentaries and A Fragment on Government*, ed. J. H. Burns and H. L. A. Hart, *The Collected Works of Jeremy Bentham*, University London, The Athlone Press, 1977, p. 393. 邦訳『ベンサム』永井義雄訳、講談社、一九八二年、一五八頁）。

（12）土屋恵一郎『ベンサムという男』青土社、一九九三年、八六頁に引用。

（13）ベンサムは「法大全（corps de lois）」を「広大な森」にたとえている。「それは、良く切り開けば、それだけ良く分かる」。そして次のように述べる。「完全な法律大全を編纂するためには、そこにはいるべきすべての部分を知らなければならない。部分それ自体と、ある部分と他の部分との関係を理解しなければならない」（Jérémie Bentham, *Traités de législation civile et pénale*, Publiés en français par Étienne Dumont, Bossange, Masson et Besson, 1802, p. 146. 邦訳、J・ベンタム『民事および刑事立法論』長

谷川正安訳、勁草書房、一九九八年、一一九頁)。

(14) ベンサムのコモン・ローに対する態度については、土屋前掲書の他、J・R・ディンウィディ『ベンサム』永井義雄／近藤加代子訳、日本経済評論社、一九九三年、八七―九四頁、また、Christian Laval, *Jeremy Bentham : Le pouvoir des fictions*, PUF, 1994, pp. 27-29 を参照。

(15) C. K. Ogden, *op. cit.*, p. 141.

(16) J. Bentham, *Traités..., op. cit.*, p. 133. 邦訳一一一頁。ただし訳文は適宜変更した。

(17) Cf. Christian Laval, *Jeremy Bentham, les artifices du capitalisme*, PUF, 2003, p. 53.

(18) J. Bentham, *Traité..., op. cit.*, p. 135. 邦訳一一二頁。

(19) *Ibid.*, p. 136. 邦訳一一三頁。

(20) J. Bentham, *A Fragment on Government, op. cit.*, p. 441. 邦訳一六九頁。ただし訳文は適宜変更した。(強調原文)

(21) *LA*, p. 297.

(22) *Ibid.*, p. 320.

(23) *Ibid.*, pp. 304-305.

(24) ベンサムの言語論の背景をなす言語思想については、以下の著作を参照。Hans Aarsleff, *The Study of Language in England 1780-1860*, University of Minnesota Press, The Athlone Press, 1983.

(25) *LA*, p. 329.

(26) *LO*, p. 197.

(27) *Ibid.*, p. 196.

(28) *Ont*, p. 150.

(29) ベンサムにおける現実性の相対主義については、高島和哉「言語・発明・想像――ベンサムの科学方法論に関する一考察」(『イギリス哲学研究』第三〇号、二〇〇七年)を参照。

(30) *Ont*, pp. 94-97.

(31) *LA*, p. 335.

(32) *LO*, p. 195. しかしながらベンサムは、他のところで快苦を「唯一の知覚可能な実体」とし、物体については推論による実体に分類している (J. Bentham, *A Table of the Springs of Action, op. cit.*, p. 76.)。この揺れは、物体を感覚との関連で捉えるか、そのものとして捉えるかという観点の違いから生じているものと思われる。

(33) *LO*, p. 196.

(34) *Id.* なおオグデンは、ベンサムのフィクション理論の根底に、彼が幼少期に幽霊や超自然的存在を異常に恐怖した経験があると推測している。この恐怖に打ち勝つために、ベンサムは、判断力と想像力とを峻別し、前者によって後者を押さえつけることを学んだのである(C. K. Ogden, *op. cit.*, pp. xi-xvi)。

(35) ヴォルフガング・イーザー『虚構と想像力』日中鎮朗他訳、法政大学出版局、二〇〇七年、一八九—一九三頁。

(36) *LA*, p. 327.

(37) *Ibid.*, p. 331.

(38) この論理によってベンサムは、従来の論理学で論じられていたような主語＝述語の二項関係でもなく、主語＝連結辞＝述語の三項関係でもない、四項関係の命題の捉え方を提示する。すなわち主語をあらわす実詞、述語をあらわす実詞、そして連結辞、そして主述の関係をあらわす記号「〜の中に」である。この第四の項目こそあらゆる命題における言語の働き、クリスチャン・ラヴァルの言葉を借りれば、フィクション化の働きを担う「隠された隠喩」に他ならない。Cf. Cf. Laval, *Jeremy Bentham : Le pouvoir des fictions*, *op. cit.*, p. 72.

(39) *Ont*, pp. 86–89.

(40) イーザー前掲書、二〇六頁。

(41) 高島前掲論文、五八頁参照。

(42) *LA*, p. 331.

(43) *Ibid.*, p. 330.

(44) *Ont*, pp. 102–103.

(45) *Ibid.*, pp. 82–83.

(46) *Ibid.*, pp. 84–85.

(47) 「現実的実体—フィクション的実体。これらのどちらかの名称のもとに、人間的組成——すなわち知覚、記憶、想像力——のなんらかの能力にかかってあって、そして将来ありうる対象全体が含まれる」(*Ibid.*, pp. 80–81)。

(48) *Ibid.*, pp. 170–171.

(49) *LA*, p. 328.

(50) J. Bentham, *Chrestomatia*, ed. M. J. Smith and W. H. Burston, *The Collected Works of Jeremy Bentham*, Clarendon Press, Oxford, 1983, p. 272.

(51) *LO*, p. 246.

(52) J. Bentham, *Chrestomatia*, *op. cit.*, p. 273.(強調原文)

(53) *LA*, p. 329.
(54) R. Harrison, *op. cit.*, p. 62.
(55) J. Bentham, *Chrestomatia, op. cit.*, p. 272.（強調原文）
(56) *LO*, p. 247.
(57) *LA*, pp. 320–323.
(58) J. Bentham, *Chrestomatia, op. cit.*, p. 272.
(59) *LO*, p. 247.
(60)『行為動機表』では、アーキタイプ的イメージの代わりにサンクションによって説明されている。それゆえこのアーキタイプ的イメージを、サンクションの表象と考えることもできるであろう。J. Bentham, *A Table of the Springs of Action, op. cit.*, pp. 7–8.
(61) Jean-Pierre Cléro, *Bentham*, Ellipses, 2006, p. 13.
(62) J. Bentham, ‘Hume’s Virtues,’ in *Deontology*..., *op. cit.*, p. 354.
(63) Cléro, *op. cit.*, pp. 45–46.
(64) Jacques Lacan, *L’Éthique de la psychanalyse, Le Séminaire*, livre VII, Seuil, 1986, p. 21. 邦訳、ジャック・ラカン『精神分析の倫理』(上)、小出浩之他訳、岩波書店、二〇〇二年、一六頁。ただし訳文は適宜変更した。
(65) G・W・F・ヘーゲル『精神現象学』長谷川宏訳、作品社、一九九八年、三八三頁。

II

「啓蒙」への反動と展開——フランス革命から第二次世界大戦まで

第8章　「啓蒙」の完遂者ルソー
――メーストルによる『社会契約論』批判――

桑瀬　章二郎

はじめに

ジャン＝ジャック・ルソー（一七一二―一七七八）、『社会契約論』（一七六二年）。フランス啓蒙を論じる際、はたしてこの書物を回避することなど許されるだろうか。

この書物からフランス革命の理論書としての役割が奪われて久しい。今日では、ルソーの書物は、革命精神の昂揚に貢献し、ひとり歩きすることになったいくつかの鍵概念を革命家たちに提供しただけであって、彼らによって繰り返し父子関係が承認されたにもかかわらず、革命のいかなる段階においても、その理論的枠組みを直接提供することはなかったと考えられるようになっている。(1) ルソーの影響は政治文化的領域に押し込められ、『社会契約論』は身勝手な我有化と誤読にさらされた不幸な書物となってしまった。

したがって、『社会契約論』を通して再び「啓蒙」を論じようとすることは、必然的に少しばかり反動的で回顧的な身振りとみなされかねない。だがいうまでもなく、ここではルソーの著作と革命の理論の父子関係の再考が目指されるわけではない。(2) ここで検討しようと思うのは、いかなる理由で『社会契約論』が革命の理論家たちに絶えず参照されたのかという問いである。この問いがあまりにも漠然としたものにみえるとするならば、次のようなより限定的な問いに置き換えてみることもできるだろう。すなわち、どのような解釈(あるいは我有化)が、ある特別な時期において、革命の理論としての大胆さを最も際立たせることになったのか、これである。

それを考えるために、近年特に注目を集めている「反革命」の理論家の「啓蒙」をめぐるテクストを参照することにしたい。ともすれば戯画化されたコンドルセ流の単線的な革命観と対をなすようにみえる「反革命」という目的論的な概念それ自体の再検討はひとまず置くとして、「反革命」の理論家たちの著作は一般に、「啓蒙」が内包していた葛藤や対立を消去し、それを統一的な運動、心性として理解しようとする傾向があるといえる。「革命陰謀説」で知られるアベ・バリュエルは「啓蒙」をひとつの緊密な知の連携、すなわち、結託、結合、共闘、秘密の共有によって特徴づけられる知的運動として描き出したが、『フランスについての考察』で革命を「神の摂理」と結びつけてみせたジョゼフ・ド・メーストル(一七五三―一八二一)もまた、彼が革命の主たる原因とみなす啓蒙思想を、一八世紀全体にまたがる連続した思想運動として理解している。そしてメーストルは、急進的な変革を志向する破壊的思想としてこの啓蒙思想を断罪するのだが、そこで『社会契約論』とその著者に特別な場所を与えることになる。

『社会契約論』はどのように解釈されるのか。メーストルが選び取られている理由はもうひとつある。彼が「啓蒙」と革命を結ぶ線上にルソーの書物を置き、それを解釈しようとするとき、『社会契約論』を構想したルソーが直面したであろう決定的ともいえる政治哲学上のアポリアが浮かび上がるからである。『人民主権論』のメーストルは、「啓蒙」を自己支配的主体の完成を目指す思想とみなし、また革命を人間理性が自らに「法」を与えようとする政治的試みと考えるのだが、そのような視点に立つならば、「神の権威」を借り、人民にその「理性」そのものである「法」を与えようとする名高い「立法者」とはいったい何者なのか。

1 「啓蒙」の精神

(1)「哲学」とは何か

同時代の多くの知識人同様、メーストルもまた若いころより啓蒙哲学に親しみ、それを摂取する。初期の著作には例えばルソーの影響をたやすく読み取ることができるが、革命前夜、王権の擁護、起源への回帰、キリスト教の擁護という自らの立場を選び取って以降も、彼の哲学者批判は「啓蒙」の概念や思考法そのものに完全に依拠しているといえる。彼がその著述活動によって、啓蒙合理主義のありうるひとつの到達点を示したと主張されることがあるのはそのためである[3]。

『ベーコン哲学の検討』から『サンクト＝ペテルスブルグ夜話』まで、著作の中で展開される直接的な啓蒙哲学批判は時期や作品によって大きく変化する。例えば『プロテスタンティズムについて』(『主権との関係におけるプロテスタンティズムについての考察』)では、宗教改革、「啓蒙」、革命を、政治的宗教的権威の超越性を否定しようとする共通した運動として捉える視点が提示されることになる。だが、彼独自の「啓蒙」像の構築という観点からとりわけ重要なのはやはり、『サヴォアの王党主義者が同胞に宛てる第五の手紙[4]』の執筆が開始、断念され、その発展型ともいえる『人民主権論』(『主権論』)が準備される一七九三年から一七九五年の時期であろう。この時期の啓蒙哲学批判は、「反革命」という自らの立場に理論的根拠を与えることを第一の目的としており、したがって「啓蒙」は必然的に革命に密接に結びつけられることになる。そしてそこで「啓蒙」と革命を結ぶ中心的な役割を担わされているのが、ほかならぬジャン＝ジャック・ルソーなのである。

「啓蒙」の完遂者ルソー。メーストルが作り上げるそのようなルソー像が持つ政治的意味について検討を加えるには、『人民主権論』において、メーストルがどのような「啓蒙」について語っているのかを確認することから始めなければならない。

まずは「啓蒙」に呵責ない批判を向けるこの「啓蒙」の人メーストルが、同時代の革命の理論家たちと同様、書物を特権化していることに注目すべきであろう。彼によれば、「哲学者たち」とは第一義的に書物の産出者なのであり、書物によって世論に働きかけようとする知識人なのである。彼らの書物が人民たちの間に流通し、その結果として旧体制の政治的宗教的基盤が揺らぎ、革命という想像することさえできなかった体制の転覆が可能になった。書物による「啓蒙」の浸透が革命精神を準備したという凡庸な図式が、『人民主権論』の根底にはある。

結局のところ、革命を成しえた栄誉はヴォルテールやルソーだけのものではない。哲学者の党派全体がそれを自分のものであると主張している。だが、彼らを統率者とみなすのは正しい。一方は道徳を堕落させることで政治の基盤を蝕み、もう一方は政治を堕落させることで道徳を蝕んだ。ヴォルテールの辛辣な著作は六十年にもわたりこの壮麗な構造物の持つ極めてキリスト教的な紐帯を蝕んだのだったが、その崩壊はヨーロッパを震え上がらせた。魅惑的な雄弁で、理性よりも想像力が支配する群衆を誘惑してみせたのはルソーであった[5]。

こう記すときメーストルが念頭においているのは、ヴォルテールらによって代表される一八世紀後半の「哲学者たち」の継続的な著述活動と、彼らの一群の書物が読者公衆に対し収めた比類なき成功である。書物を著すことによってサヴォワに王制を復活させること。そして革命の流れを堰き止めることが可能であるという自らの信念を反映するかのように、書物の果たす政治文化的役割が強調されるわけである。「啓蒙」の知識人たちは旧体制の文化社会の中で象徴権力を高め、彼らの思考法を人民の思考法とすることができた。そしてそれによって革命家たちの登場を準備したというのである。メーストルは例えば、ラボー・サン＝テティエンヌの次のような言葉を引いている。「自由に関するすべての原理、革命のすべての火種は彼［ヴォルテール］の著作に含まれている。彼は革命を予言し、成したのだ」(171)。「哲学者たち」の著作こそが革命の精神を形づくったという主張は他の箇所でも間接的にあらわれ、君主制において哲学者の書物が自由に流通したことについて、「フランスの統治者［政府］は、そうした行き過ぎにあまりにも寛大になることで、大きな過ちを犯してしまった」（225）と記されることになる。メーストルは『フランスについての考察』では、「哲学者たち」の「党派」に好意的であったマルゼルブにも激しい呪詛の言葉を投げつけることになるだろう。[6]

もうひとつ、メーストルの啓蒙理解の根幹を成しているのは、「哲学者たち」の著述活動やその書物を、ある共通の目的を持った思想運動として理解しようとする視点である。周知のように、フランスにおいて革命という歴史的出来事を経て初めて、一八世紀の哲学者たちとその一連の著作――ベイルからヴォルテール、エルヴェシウスからディドロまで――を接続し、段階的に発展・伝播する「啓蒙」という概念が生み出され、それが新たに革命へと接合されたのだと主張されることがある。[7] そのような啓蒙―革命観がどの程度まで正しいかを判断するには、革命期の言説を注意深く再検討する必要があるだろうが、「啓蒙」の完遂者というメーストルのルソー像に注目しようとしているわれわれには、ここで少なくともメーストルが、「哲学」を革命に至る統一的な思想運動として捉えている点を確認しておくことが不可欠である。ルソーはこのような意味での「哲学」、つまり漸進的に政治化する連続した「啓蒙」の政治哲学の完成者にほかならない。もっとも、メーストルにおいてこの「哲学」の起源のほうは曖昧であり、例えばヴォルテールに先立つ哲学者への言及は極めて限られているのだが。しかし、その継承者については明らかであり、それは「フランスの立法者たち」、あるいは革命を生きた「哲学者たち」の末裔、例えばシエース、コンドルセ、ロベスピエールらを指している。「哲学」は彼ら革命家＝哲学者へと受け継がれ、革命の当事者たちの行動原理となったのだ。

こうして革命は、啓蒙思想によって理論的基盤を与えられた哲学的事件とみなされるようになる。国民議会や憲法制定議会そのものが、この「哲学」なくしては想像することさえできなかったある種の理論的構築物だからである。その国民議会は、人類の知識、古代そして現代の哲学者たちの叡知、数々の歴史的経験を有しており、いってみれば「進歩」の頂点にある（それこそが革命支持者たち、立法者たち自身が、少なくとも言説と表象の次元で証明しようとしたことだ）。また世論を支配し（「哲学者たち」とは常に世論を操作し、支配的言説を産出しようとする者にほかならない）、多くの協力者に囲まれてもいる。つまりこの議会は「啓蒙」の理念の完全な実現にほかならないのだが、議会によって準備された政治的状況は無秩序状態にある。

フランスの立法者たちのせいで、われわれはなんという惨状を目の当たりにしたのだろう。人類のありとあらゆる叡知や古今の哲学者たちの教え、そして何世紀にもわたる歴史の経験に支えられ、世論を飼い馴らし、巨額の富を手にし、いたるところに共犯者を持っていた彼らは、つまり人間のすべての力で身を支えられていた彼らは、自分たちの名のもとに語ろうとしたのだった。その結果ときたら、誰の目にも明らかだ。(134)

哲学精神に侵された民衆はついに、自らが法を定め、自らにそれを与えるという茶番を思いつき、実行に移したのである。「啓蒙」の伝播によって、神の律法を自律へと置き換えることを欲望した人民は、その当然の帰結である「啓蒙の自己崩壊」に直面し、彼らの「進歩」の物語は無秩序状態の支配によって幕を閉じた、というわけである。

それでは革命を準備したとされる、この「哲学」とはいったい何なのか。いうまでもなく一見凡庸なさまざまな要素が「哲学」に付与されている。例えばメーストルによれば、「哲学者たち」の著作は、何よりも反キリスト教的精神を伝播させたのであり、また暴力的な破壊の思想を伝えた、ということになる。「狂信」の批判の名のもと、彼らは国家の基盤である「信仰」を打ち砕き、人々の「先入観」（メーストルにおいて本質的な政治概念のひとつである）を破壊した。しかし、メーストルによればこの「哲学」はより原理的なものであり、そこにこそ、この危険な「哲学」の本質がある。「現代的な意味において哲学は何か」と問うた後、メーストルは、それを「国家の信条に個人理性を置き換えること」(170) と定義してみせている。この個人の理性、人間理性への絶対的な信頼こそが、人間を隘路に陥れるのだ。

> 人間理性が理性自らを信じれば信じるほど、あらゆる手段をそこから得ようとしてしまう。そして理性はますます不合理なものとなり、無力なものとなってしまう。こうして、いかなる時代においても常に、世の最も危険な疫病神となったのが、かの哲学なのだ。哲学とは、誰の助けも借りず作用する人間理性にほかならず、その人間理性とは、個々の人間の能力としてみるなら、破壊する力しか持たぬ獣のようなものでしかないからだ。(132)

いかなる超越性も認めぬ孤立した理性、いかなる宗教的政治的「先入観」にも囚われぬ人間理性が、自らの行動に指針を与えること、自らのみを信ぜよと命じること——メーストルはこのように「哲学」を定義してみせる。このような自己支配的主体の完成を目指す「哲学」こそが、道徳や政治の破壊を可能にしたのだ。どれほど完成されようとも不完全なものであることを運命づけられている個人理性への盲信こそが国家を破壊する。道徳や政治において、われわれは何を知ることができるのか、との問いに対し、メーストルは次のように答え、再びこの個人理性の危険性を説いている。

> われわれは父祖から受け取った道徳を、国家理性によって取り入れられた一連の有益な信条あるいは先入観として知っている。だがこの点について、われわれは、いかなる人間の個人理性にも、何ひとつ負っていないのである。逆にこの「個人」理性が混入すると、道徳を堕落させることになったのだ。(167)

一人歩きを始めた個人理性は、国家理性——「民族精神」——すなわち歴史過程において表出する国民の精神を破壊する。この国家理性を個人理性によって置き換えるという「啓蒙」の理念こそが、社会を根底から蝕んだのである。そしてこの原理が政治に適用され、各々が自らの国家の政治原理について思考しはじめるとき、フランス人たちを待ち受けていたのは、自己支配的主体の末路とでもいうべき、社会の「無統治状態」(148)にほかならない。啓蒙の理念の実現である国民議会によってもたらされたのが、フランスの「無統治状態」なのだ。

(2)「啓蒙」の完遂者ルソー

このように定義される「啓蒙」の精神である「哲学」を体現しているのがルソーである。『人民主権論』においてルソーはしたがって、革命の政治原理となった啓蒙哲学の完遂者として批判されるわけである。

多様なメーストルの著作において、「啓蒙」評価同様、ルソー評価も一定したものではない。すでにふれたように、初期作品においてはむしろ積極的影響を読み取ることができる。また今日主著とみなされている後期の『サンクト=ペテルスブルグ夜話』では、ルソーは確かに激しい口調で断罪されてはいるものの(例えば「第二の対話」では「彼の時代の最も危険な詭弁家の一人であり、真の学問的知識を欠いた人物」[8]と評されている)、もはや『人民主権論』や『自然状態論』(『人間の条件の不平等についてのJ=J・ルソーの著作の検討』)におけるような中心的場所を占めてはいない。『サヴォアの王党主義者が同胞に宛てる第五の手紙』に先立つ『サヴォアの王党主義者が同胞に宛てる四通の手紙』においても、メーストルは革命を支える政治哲学について批判検討を加えてはいるが、「啓蒙」の中でルソーに与えられる役割は限られたものであった。

メーストルがルソーを最も重要な直接的対話者として選び取ったのは、したがってやはり一七九四―九五年の時期であるといえる。執筆を開始した『サヴォアの王党主義者が同胞に宛てる第五の手紙』について、知人から批判や助言を受けたメーストルは、『第五の手紙』の執筆を中断し、ルソーをその直接の対話者とする『人民主権論』を準備し始める。そしてその後メーストルは『人間不平等起源論』の反駁という形で、『自然状態論』という考察の執筆を開始するのだから、この時期に彼の「啓蒙」批判が、ルソーの著作の検討という形をとったことは明らかである。

その『自然状態論』では、ルソーの自然状態概念が、君主権からその権威と正統性を奪おうとした啓蒙哲学の危険な学説の代表例として検討されているのだが、[9]『人民主権論』もまた、この自然状態概念の批判で幕を開ける。そこでもルソーはこうした学説を最も大胆に展開した哲学者として断罪されるのだ。そしてそれと平行して批判されるのが社会契約概念なのであるが、その際もメーストルは社会契約説の伝統には一切言及せず、今日では契約説としてかなり異質なものとも評されることもあるルソーの『社会契約論』のみを、その代表的理論として検討している。

このようにメーストルによってルソーが主たる対話者として選び取られていることには、一見したところ何ら不思議な点はない。日々刻々と変化する政治的状況を分析＝記述するために、あるいは革命の政治原理を定めるために『社会契約論』を読むという試みは一七八九年以降、議会や新聞、論争書などさまざまな場所で繰り返されてきたし、それゆえルソーは「革命の父」として特殊な称揚の対象となっていた。ルソーは唾棄すべき革命の理論家なのであり、彼の著作こそが革命に政治原理を提供したのであって、だからこそ徹底的に批判すべき哲学者なのである。メーストルは、アラスの市長で憲法制定議会議員となった、恐怖政治の実行者ルボンの言葉を引用してみせる。「私は、あなたがたを真っ青にした、恐るべき法を執行させた。私は間違っていた。私が他の人々にそうしたように、自分が扱われても仕方がない。私は自分の主義を持った人間に出会うと、彼らの言いなりになってしまった。特にジャン＝ジャック・ルソーの原理こそが、私を殺したのだ」(178)。現代にいたるまで、繰り返し変奏されることになる恐怖政治の責任論、血塗られた革命の責任をルソーとその書物――特に『社会契約論』――に負わせる視点をメーストルはここで取っている。

だが重要なのは、ここでルソーが単なる「革命の父」としてではなく、あくまで革命を準備した「哲学者」として、つまり「啓蒙」の精神である「哲学」を代表する思想家として批判されているという点であろう。「哲学者たちを嘲笑してみせることにルソーはいつも偏執的なこだわりを見せたが、彼は自分自身もまた、彼がこの語に与えたまさにその意味で、哲学者であることに気づいていなかった」(100)。別の箇所でもまたルソーは、繰り返し哲学者批判を展開したにもかかわらず、彼自身がまさにその哲学者であったと強調されている。「ルソーは哲学者たちの肖像を描いてみせたとき、自分自身の肖像を描いていることに気づいていなかった」(170)。ロベスピエールに代表される「ルソー主義者たち」が、ルソーを一八世紀の他の啓蒙思想家たちから切断し、革命精神を準備した特異な思想家として称揚することにある程度まで成功したのに対し、『人民主権論』のメーストルは、ルソーを「哲学者たち」に深く結びつけ、その最も先鋭的な理論家として断罪しようとするのである。

そしてルソーと「哲学者たち」とを結びつける共通の思想原理こそが、人間理性への絶対的な信頼であった。「現代的な意味において哲学とは何か」と問うたメーストルが、それを「国家の信条に個人理性を置き換えること」と定義していたことをわれわれはすでにみたが、メーストルはそこにルソー思想の本質をみている。

それこそが、ルソーが生涯にわたって成そうとしてきたことなのである。抑えることのできない傲慢な精神のせいで、彼はたえずあらゆる権威と対立してきた。ルソーはだから哲学者なのだ。彼は自分の意見しか持たぬし、それは他人の意見に対しいかなる権威も持たないのだから。(170)

ルソーの説いた個人理性への盲信、あらゆる権威をこの理性を通して裁定しようとする精神こそ、啓蒙の「哲学」と革命の政治原理とを結ぶものなのだ。そしてこの精神が憲法制定議会に受け継がれたわけだが、その議会がもたらしたものといえば、自己支配的主体の崩壊、すなわち「無統治状態」であった。メーストルによれば、これもまたルソーが準備したものにほかならない。生前からすでにルソーに向けられていた非難、ヴォルテールらによって変奏されることによって、ひとつの重要なルソー攻撃の類型となっていた批判がここでも展開される。

魅惑的な雄弁で、理性よりも想像力が支配する群衆を誘惑してみせたのはルソーであった。彼はいたるところで権威の侮蔑と反乱の精神とを吹き込んだ。彼こそが、無統治状態の法典を記したのであり、すでに彼以前に誰もが知っていた切り離された無益な真実をいくらか示しながら、破壊的な原理を打ち立てたのである。われわれが目にしたおぞましい出来事は、その直接の結果でしかない。(171)

雄弁、想像力、誘惑、侮蔑、反乱、破壊、似非学者。伝統的なルソー攻撃の言説のキーワードを散りばめたこの呪詛の言葉は、メーストルが理解するような意味での革命にルソーを完全に接合する。服従を拒む個人理性。プロテスタントのようにすべてに異議を唱え、理性が手にした明証性以外の権威はすべて批判しようとする異議申し立ての精神。反体制主義。権威そのものへの懐疑。構築の拒否と破壊への嗜好。浅薄な知識とそれを覆い隠す危険な雄弁。他のいかなる哲学者にもまして、ルソーこそが革命の「精神」を体現しているのだ。

2 「立法者」概念の批判

(1) ルソーのアポリア

このように『人民主権論』では、ルソーが一八世紀「哲学」の最も先鋭的な理論家として批判されている。その「哲学」によれば、個人理性はその理性のみを信じなければならず、あらゆる超越性を否定し、いかなる政治的宗教的信条も自らの批判なしには受け入れてはならない。こうして啓蒙の「哲学」の最も代表的な政治的表現とされた『社会契約論』は、国民議会、さらには憲法制定議会という、多数者が自らに法を与えるための自己立法の原理、神の律法を自律へと変形する原理として批判検討されていくわけである。いうまでもなく、こうした「啓蒙」の完遂者ルソーという作家像と、人民主権の理論書としての『社会契約論』読解は、この複雑な作家とその主著の一面的な解釈にすぎない。そうした解釈は、「啓蒙」のただ中で「啓蒙」そのものを批判してみせることを自らの作家活動の中心に据えていたルソーと、所与の条件のもとで「あるがままの人間」が正統な国家を創設することがいかに可能かを論じようとする『社会契約論』とを限りなく矮小化してしまうものだ。だが、メーストルが、「社会契約論」をそうした啓蒙哲学の臨界として批判しようとするとき、逆説的に、『社会契約論』を構想したルソーが直面したであろう困難な理論的課題がはっきりと浮かび上がることになる。その課題とは、例えば、『人民主権論』前半で詳細に検討される、「立法者」の概念である。

神の律法を人間理性の作品である法で置き換えること。メーストルが理解するような意味での「啓蒙」の理論家ルソーが直面した政治理論上のアポリア、「立法者」の概念は、仮に次のように整理してみることも可能だろう[10]。新たに社会集団を構成しようとする人間たちが、「社会契約」という始原的な、そして普遍的な結合方法によって、人民＝市民＝国民として新たな生を受け取る。こうして誕生した主権は「法」を通してその意志を分割不可能なひとつの「一般意志」として表明・行使する。だがこの「法」を通しての「一般意志」の表明はいかにして可能か。各人が、人間の本性から、個別利害を優先し、自然状態における自由を享受しようとするのであれば、構成員全体の意志は「一般意志」を表明することにはならない。人民は自らの幸福や正義が何かを正確に把握できないからである。逆に、特定の集団、結社、個人の意志が、真に公共的な善を指し示す「一般意志」となるのであれば、それはいかにして異なる個別意志を持つ構成員によって受け入れられるのか。

こうしたアポリアを解決するために導入されたのが、名高い「立法者」にほかならない。「立法者」こそが、自らの「一般意志」が何かを知らぬ人民にそれを知らしめ、政治体にその意志と活動を与えるのである。ところか、ルソーは「社会契約」という人為的協定に基づく国家の創設と、「法」による政治体の意志の表明という本源的な役割を与えながら、その「立法者」に古代の神話的立法者の衣裳と超越性を付与することで、メーストルが理解するような意味での自己立法という「啓蒙」の理念をいとも簡単に葬り去ってしまうようにみえるのだ。カール・

シュミットが「理性そのもの」(『独裁』〔一九二一年〕)と形容した「一般意志」は、人民自らがその理性を通して表明するものではないようにみえる。実際、「立法者」の概念は、「啓蒙」の圏内から突き抜けたルソーの政治理論に残された、歴史的制約の痕跡であるとみなされ、その理論から夾雑物として除外されようとすることもあれば、逆に、古代の形象を参照しつつ、あくまで「啓蒙」の圏内で思考し続けたルソー固有の「反近代的な」理論的基盤として特権化されることもある、解釈が極めて困難な概念である。

「立法者」とは何者か。それは人民とはかけ離れた「優れた叡智」を持つ者である。彼はまた人間の本性を正確に理解してはいるものの、その本性を自らは有してはおらず、いかなる個人的情念にも左右されない。さらに「立法者」は、自分には無関係なある特定の国民の幸福を目指す存在、つまり「法」を与える国民に対し、自らはいわば異邦人である。「立法者はあらゆる点において、国家における異例な人である。その天分においても、その任務においても、異例な人でなければならないのである」[11]。この「例外性」の人は、したがって主権者でもなければ、執政官でもなく、いかなる立法権も持たない。創設しようとする国家において、彼は何ひとつ権威や責務を持たないのである。それにもかかわらず、彼の「使命」といえば、この「優れた叡智」が用意しようとする「法」の利点を理解することができない人々の「構成」を変え、国民を創出するという極めて困難な事業である。だからこそルソーは、「立法者の偉大な魂こそが真の奇跡」だと記すことになるのだが、このように「立法者」を定義することで、その存在可能性、ひいては、正統な国家創設の可能性それ自体を大幅に狭めてしまうようにみえるのだ。

こうして、永らくルソーの政治思想解釈において問題になってきた、政治と宗教の関係が極めて曖昧な形で導入される。国家においていかなる権威も持たぬ「立法者」は、自らの制度を国民に受け入れさせるために、つまり国民を「説き伏せることなく納得させる」ために、「別の権威」を参照せざるをえない。「立法者」は、「神の権威」を利用し、自らの「法」を、神の名において、あたかも神々によって語られたかのように差し出さなければならないのである。「立法者」の卓越した能力は、神が語っていると人民に信じさせる能力のことである、とひとまずは言える。「立法者」概念と、『社会契約論』最終章で提示される「公定宗教」の概念の複雑な関係性は、繰り返し論じられ、さまざまな解釈を生み出してきたが、協定に基づいて新たに創出されようとしている国家の政治的宗教と「立法者」が国家創設のために頼ろうとする権威は、やはり不可分のものであるようにみえる。

もうひとつ、読者を困惑させるのは、ルソーの「立法者」をめぐる記述が、「歴史」を、それも「歴史」のみを参照している点である。「啓蒙」の政治哲学においても、そしてルソーの著作それ自体の中でも、古代の神話的立法者への言及は一般的なものであるのだから、こうした手法は『社会契約論』固有のものとはいえないのかもしれない。[12]だが、ルソーはこの「異例な人」がどのように再び歴史に登場しうるのかについては一切触れず、あたかも限りなく存在可能性の薄いこの特殊な人間が実在したことを強調するかのように、繰り返し「歴史」の中に例証を求めるのだ。つまり、リュクルゴス、ローマの大十官、モーセ、イタリア共和国の立法者、カルヴァン、ムハンマドなど「歴史上の」立法者に言及することで、自らの理論に正当性を与えようとするのである。

(2)「啓蒙」の「立法者」の否定

国家における宗教的政治的権威の起源とその本質について思考し続けたメーストルが主権について論じるとき、以上のようなルソーの「立法者」の概念——人間の「構成」を変え、国制の法を与えるいわば国家の創設者であり、「神の権威」のもとに語ろうとする「立法者」がひとつの中心的な主題となるのは、ある意味で必然といえる。メーストルは『人民主権論』の前半部で詳細にこの「立法者」概念を批判検討し、それ以降も繰り返し国家の創設者の問題に立ち戻ることになる。他者による後見を退け、一人歩きを始めた理性が理性のみを通して「一般意志」を意識化しようとする過程において、神の名のもとに語ろうとするこの「異例の人」とはいったい何者なのか。

メーストルによる「立法者」概念批判は、ルソーが例証として挙げる歴史的神話的立法者についての再検討という形をとっている。なぜならメーストルにとっても、こうした「歴史」の中の「立法者」こそが、立法についての本源的条件を示しているからである。そして歴史的神話的立法者の例から導き出されるあるべき「立法者」の姿は、当然ながらルソーのそれとは大きく異なっている。

ルソーは「立法者」は執政官でもなければ主権者でもないと主張しているが、メーストルによればこうした主張は「歴史」によって完全に否定される。ルソーは例えば、リュクルゴスについて、「その祖国に法を与える前に、まず王位を捨てた」と書き、「立法者」が国家の「異例の人」であったことを示そうとするのだが、メーストルによればこれはまったくの誤りである(115)。そもそも国家の起源において、主権、すなわち至上権とは神の主権でしかありえず、またあらゆる権力を単一の個人(王)に集中させたほうがその行使にとって有効であるとも考えるメーストルにとって(フィジオクラットの影響もまた明らかである)、「立法者」をあらゆる権威から切断しようとするルソーは重大な誤りを犯しているのである。したがって、ルソーの主張に反し、メーストルは「偉大な立法者のほとんどが王であった」と記すことになる。共和国についてもその起源に遡れば、国家は王によって創設されたとしか考えられない。ギリシャの共和国、ローマやアテネにおいても王制が共和制に先だって存在していた。エジプトの場合も同様であり、モーセとムハンマドについては王以上の存在であった。セルヴィウスとヌマは王であった。例外として挙げられるのはソロンと「近代イタリア」の共和国の立法者である。ルソーはこれら例外を基に体系を構築しようとしているのであるが、これらはあくまで例外なのであって、そこから、ルソーの主張とは逆に、「立法者」は常に王であり、主権者であらねばならないという原則が導き出される。キリスト教と王権の擁護を目指すメーストルであるが、『社会契約論』の反駁という形をとる『人民主権論』では、ムハンマドまでもが偉大な「立法者」として称賛されることになる。

次にメーストルが執拗にルソーを反駁しようとするのは、「神の権威」をめぐってである。神の律法を「一般意志」と呼ばれる人間の「法」に置き換えるための理論書であるはずの『社会契約論』のルソーが、「神の権威」に言及するのはなぜなのか。自己が要請することのない神の声をあえて聞き取り、否定したはずの神話的世界をまねることで、理性はその非合理性を暴露するというのであろうか。メーストルはこの点について徹底した批判を試みようとする。

そもそもメーストルにとって、歴史を参照すれば明らかなのは、宗教と政治の不可分性である。「古代へと溯れば溯るほど、宗教的な立法に出会うことになる」(111)。古代の偉大な立法者たちでさえ自らが人民を「構成」しうるなどと考えてはおらず、それゆえ彼らは神の名において語ろうとしたのである。「したがって、人民に制度を与えた古代の人々がみな、神に代わって語ったことに、驚かないでおこう。彼らは自分たちの名において語る権利などないと感じていたのである」(Ibid.)。こうして与えられた政治制度は政治と宗教が深く結合していればいるほど完全なものとなり、永続的なものとなる。それこそが「歴史」が示すことであって、例えば「リュクルゴスはこの決定的な点において秀でていた。そして持続性と賢明さの点で、彼の創設した制度に比較できるものなどほとんどないことは、誰もが知るところである」(136)。ヌマも同様の例であり、さらに深く検討すれば、ギリシャやローマの秀でた政治家たちはほとんどすべてこの政治と宗教の結合の必要性を示していることに気づかされる。

いうまでもなく、メーストルの考える宗教とルソーのそれは決定的に違っている。数多くの注釈によって図式化が困難になってはいるが、それでもあえて暴力的に単純化するなら、ルソーもまた明らかに宗教なしには国家の創設と存続は不可能であると考えていた。しかし彼は国家宗教としてのキリスト教を否定し、その上でなお宗教の必要性を強く主張していたのであり、『社会契約論』は超越性の否定から出発し、それを必要不可欠な政治的権威として再導入する理論書としても読める。こうした観点からみれば、ルソーはマキァヴェッリ同様（『社会契約論』の著者に対する『ディスコルシ』〔『ローマ史論』〕の影響は決定的である）、宗教をあくまで国家制度との関係において捉えようとしていたのであり、すでに確認したように、「立法者」の卓越した能力は、神が語っていると人民に信じさせる能力のことなのである。メーストルはさらに、ルソーのいう「立法者」の「神の権威」を、協定に基づく国家創設のために、いわば意に反して導入される超越性、つまり「宗教性」を消去した権威とみなしているようにみえる。こうした解釈を可能にしているのがやはり国民議会である。

憲法制定議会と名乗る許しがたい暴挙にでたフランスの国民議会は、この世のすべての立法者がその法の冒頭に神への厳粛な賛辞を置いていたのをみて、自分たちも信仰告白をせざるをえないと感じた。そして今にも消え入りそうな意識が、わけのわからぬ機械的な衝動にとらわれたかのように、自称フランスの立法者たちは以下のお粗末な文章を書き取ったのである。

「国民議会は最高存在を前にその庇護のもと以下の点を認める」(131-132)

神はいかなる卓越性も持たぬ集団的立法者に、それも愚かな情念にとらわれた立法者たちに権威を付与するはずがない。そもそも激しく議論する集団とは個人理性の誤謬の象徴なのであり、神の意志とは無縁である。フランスの立法者たちは、自らの「法」、人間理性の作品であるがゆえに不完全なものである「法」を「憲法」として人民に受け入れさせるために神の権威を借りようとした、あるいは、偉大な立法者の仕事を真似てそこに神への賛辞を書き記さざるをえなかった、というわけである。革命を通して理解される、『社会契約論』における「神の権威」は、したがって、古代の立法者が有していた宗教性の本質をすべて否定した上で、その形式のみを再導入した人為的装置ということになろう。

だが興味深いのは、こうした根本的な差異にもかかわらず、メーストル自身が古代の立法者における「神の権威」について語るとき、批判すべきルソーの「立法者」概念と自らのそれの差異を明確に言語化できず、図らずもその共通点を強調してしまうことがある、という点である。

だが彼「万物の創造者」が国家構成の基盤を同時に与え、世界にこの種の創造行為を示そうとするとき、彼が自らの権力を委ねようとするのは、例外的な人間、真に選ばれた人間なのである。何世紀もの間にまれにしか現れないこうした人間は、その流れの中に位置づけられると、時の刻む道にオベリスクのように聳え立つ。そして人類が年月を重ねるにつれて、さらにまれにしか現れなくなる。彼らをこのような真に例外的な仕事にふさわしい存在とするために、神はまさに例外的な力を与えたのであり、それは往々にして同胞たちにとって、そして彼ら自身にとってでさえ未知の力であった。ルソー自身が、人民の創始者の仕事は「使命」であると述べたとき、彼は正しかったのだ。こうした偉人を香具師とみなそうとし、彼らの成功を大衆に畏怖の念を起こさせるために編み出された術策のようなものとみなそうとするのは、誠に幼児的な考えである。(122–123)

メーストルが念頭においている『社会契約論』第二編第七章との表面的な類似は明らかである。このように二人の「立法者」観、相反するものであるはずの「立法者」観が重なり合うのは、ルソーの「哲学」か、「啓蒙」の「哲学」として不十分な理論であることを示しているのであろうか。それとも、メーストルの「権力論」それ自体が、あまりにも「哲学」の影響を色濃く宿しているというべきなのであろうか。メーストルは、その少し前の箇所で、人民の創設者とは、「巧みな手腕」、「特殊な洞察力」、「不謬の直観」を備えており、「国民性を形づくるこうした不可思議な力と特質」(122)を見抜けなければならないとしているが、そこで示される「立法者」像は、宗教をあくまで有効な「道具」として用いようとする卓越した政治家に接近するようにさえみえる。

3　全能の神の誘惑

（1）単一の建築家

このように、メーストルによる「立法者」概念批判が興味深いのは、第一に、ルソーが知ることのなかった革命という歴史的出来事と「立法者たち」と複数形で語られるようになった憲法制定議会議員たちとを念頭においてこの概念が批判されている点、そして第二に、「立法者たち」と国民議会が「啓蒙」の理念の実現、すなわちルソーの政治哲学の現実への「適用」であるとされていながら、『社会契約論』の「立法者」概念とメーストル自らのそれがときに重なり合ってしまう点にある。『社会契約論』における「立法者」についての記述には、どのような単純な解釈によってであれ、簡単には消し去ることのできない「神話的」要素が色濃く刻まれているといえるであろうか。

さらに注意深く読めば、その根本的な相違にもかかわらず、メーストルの「立法者」観はルソーのそれに深く影響されているようにみえる。例えば、立法者の単一性がそれである。メーストルが人民による自己立法のための理論書と解釈した『社会契約論』を読み進めていけば気づくのは、ルソーが議会や集会による集団の立法という考えに、根源的な不信を抱いていたという点である。全能の神という形象に「異例な人」である立法者がどの程度まで重ね合わされているかは判断の分かれるところである。だがルソーは、リュクルゴスであれカルヴァンであれ、立法者について常に単数形で語っていなかっただろうか。ルソーはまた代議制に対し絶えず不信の念を表明していなかっただろうか。あるいは、啓蒙された人々による討議によって真理――この場合国制の法――が導き出されるという楽観的な視点を絶えず退けていたのではなかったか。絶対無謬であり、道徳的純粋性を絶えず備えている「一般意志」が、討議や合議によって表明されるということは、確かに『社会契約論』の論理からは導き出されないようにみえる。『社会契約論』は、あるがままの人間社会において、人間理性が自律性を獲得し、自己立法に至ることの不可能性を示す書物としてさえ読めなくはない（実際『社会契約論』はある時期には革命の不可能性を示す書物として読まれもしたのである）[13]。

王権の絶対性の擁護者であるメーストルにとって、立法者の単一性は自明のことであり、かつ正統な立法の本源的条件でもある。「あらゆる胚は必然的に単一であり、各々の人民がその特徴や固有の性質を受け取るのは、常に一人の人間からである」（120）。各国民が持つ制度が「純粋に人間の仕事」であると考えることはできない。あたかも職人が時計を作るように、構成（憲法）を創り出すことができると考えるのは間違っている。「それよりもっとひどい誤りは、この大いなる作業が、人間の集団によって成されうるとの考えである」（122）。このような主張はメーストルの著作のいたるところに見出されるものであるが、この点に関して、『人民主権論』とほぼ同じ時期に準備された『フランスについての三つの断章』で示される次のような論点は興味深い。その断章によると、「歴史」を参照すれば、人間の集団によって政治体に構成された人民などひとつもないことがわかる。ザレウコスからペンにいたるまで、「各国民が自らの国制の法の父として称賛するのは、決まって一人の人物である」。なぜなら「国法はひとつの全体であり、対応する各部分全体の体系」なのであるから。そして「体系」や「創造物」は、集団の仕事ではありえない。集団が作成しうるのは、個別にみれば良法かもしれないが、必ずや全体を傷つけてしまうような法でしかない。つまり人間集団は部分を成しうるが、それが全体を形づくることは決してない。「そのような理由で、人間精神の最も不格好な二つの作品が、『百科全書』とフランス憲法ということになるのだ」[14]。ここで憲法制定議会の仕事は、一八世紀フランスを象徴する知の共同作業に重ね合わされるわけだが、その批判のために言及されているのが、『方法序説』でデカルトが用いている有名な立法者の隠喩である。単一の立法者の仕事に比して、集団的立法者の仕事は、議員たち各々の自尊心や欲望に引き裂かれ、必ず全体としての姿を損なうことになる。『人間と市民の権利の宣言』をめぐる果てしない議論がそれを証明しており、またその際に数多くの草案が提示されたことからも、この宣言が偽りの構造物であることがわかる。議論によって修正を加えられ、起草される憲法（宣言）とはまさに人間理性の不完全性の証なのであり、人間が国家の基本法を書くことができないことを証明している。

浅薄な知識しか持たぬ、荒々しい情念にとらわれた、議論する立法者たち。バークら、反革命の理論家たちの言説に頻出するこうしたイメージを取り入れつつ、メーストルはそれを、単一の選ばれし沈静な偉人のイメージに対置してみせるのだ。

こうして集団的立法者、憲法制定議会という観念は根底から否定される。「確かなのは、各人民の国制の法は決して討議から生まれるものではないということである」（123）。討議による立法、議会による憲法制定という事業が不可能であることは、メーストルの著作のいたるところで繰り返し確認されている。そもそも「国制」は人民によって創り出されるものではなく、したがって人民自らが変更できるものではない。人民は、自らに相応しい制度を与えられるのであり、それを自ら与えたり変更したりしようとする試みは必ず不幸な結果を招くことになるのである。いや、それは冒瀆でさえある。「あらゆる国家の創設事業において、人民の大部分はそれに関わろうとしてもまったく無意味なのである。人民が統治者［政府］に敬意を払うのは、それが自分の作り出したものでない限りにおいてなのである」（130）。『人民主権論』で展開されたメーストル政治理論は、より抽象化、単純化され『フランスについての考察』に挿入されるが、さらにそれは『国制の法その他の人間制度を生み出す原理についての試論』において、より大胆な主権の起源をめぐる考察に発展させられる。「起源の正統性を主張できるような主権などほとんどないとどこかに書いてあったように思う」と記したメーストルは、権威の起源が多少なりとも雲に覆われているということ、つまりその起源が不可視であることが、権力の行使に適切であると主張するようになるからである。「人間の能力の範囲を超えたところに主権の起源が現れなければならない[15]」。このような主張からカール・シュミットのいう「決断主義」（『政治神学』）を導き出すまではあと一歩だ。いずれにせよ、人間が、それも服従すべき人民が、自らの憲法を書くことで、「起源」を創り出すことなどありえないのだ。

（2）透明な法

そこから、成文化された実定的な法律が、少なくとも「立法者」の仕事の対象ではない、ということが導き出される。「統治の真の根源的紐帯」の起源は国民の起源同様に古く、示すことができない。したがって、憲法そのものは何も創出しない。憲法は、先立つ法を宣言し、確認することでしかなく、それゆえ書かれた法律から、国家の構成について知ることはできないのだ。書かれた法律は、忘却された法律を新たに宣言することを目的に、さまざまな時代に制定されたものにすぎず、決して書くことのできない「法」が存在する。『試論』でメーストルはより明確に成文法の観念を批判している。国制の法は神の創り出すものであり、最も根源的で本質的なこの法は、決して書き記すことができない[16]。書かれた憲法とは語義矛盾なのだ。こうした成文法の否定は、いうまでもなく『人民主権論』においても現れるが、そこでの記述は奇妙にも、再びルソーの法概念とある種の共通点を持っている。

国民が賢明であればあるほど、公共精神を有し、国制は完全となり、成文法は少なくなる。なぜなら成文法は支柱でしかなく、構築物は、それが安定を失った時、もしくは外部からの力で激しく揺り動かされた時しか支柱を必要としないからである。古代の最も完全な国制の法は、間違いなくスパルタのそれである。そしてスパルタは公法について一行たりとも書き残さなかった。スパルタは正当にも、自分たちの法を子供たちの心にのみ書き記したことを誇りに思っていたのである。（142–143）

こう記すメーストルには、ルソーの著作における、ほとんど両義的といってよい「法」をめぐる記述の印象が残っていたのではないだろうか。

他の著作を念頭に置きつつ、『社会契約論』を読みすすめるとき、ルソーが「法」についてある種の躊躇いを感じていたことに気づかされる。「一般意志」の表明である「法」こそが協定に基づく政治体の運命を左右するのであり、したがってそれは政治原理を忠実に表現していなければならないのだが、それにもかかわらずこの法は、できるかぎり少なくなるべきだとされるのだ。「このように［素朴に］治められている国では、ごくわずかな法律しか必要ではない」[17]。政治に関する断章でルソーはより明示的に国家は法を持てば持つほど堕落すると記している[18]。そして法は増えれば増えるほど活力を失ってしまう。リュクルゴスが「スパルタ人の心の中だけに［法を］記そうとした」[19]ことを、メーストルとほぼ同じ表現で称えていたそのルソーはまた、みえない法についても語っていた。「国の真の構成」は「習俗、慣習、世論」なのであり、「この部分こそがアーチの要石」[20]なのである。あたかも、「一般意志」の表明である「法」は、最小限に抑えられ、あるいは透明化され、不可視のものとなることが目指されているかのようだ。

さらに法律の正統性は、理性の篩にかけられ、獲得されるのではなく、その「古さ」によって証明されると主張されているようにもみえる。「それでは古い法律があれほど尊ばれるのはどうしてなのだろうか。それは古いということそれ自体によってである。これほど長い時間古い法律が維持されたのは、昔の人々の意志が優れていたからだと考えるべきなのである」[21]。歴史性そのものに法の正統性の根拠があると主張するかのようにみえるルソーが、理性の自律について楽観的な視点を持っていたと考えるのは困難だ。

（3）立法者モーセ

このように、メーストルによる『社会契約論』批判は、ルソー思想の暴力的なまでの図式化によって、それを「啓蒙」の理論的到達点として描き出し、同時に、その批判それ自体が孕む数々の矛盾によって、フランス革命の理論家というルソー像の構築がいかに困難かを明るみに出す。人間理性のみによる立法の不可能性を示すかのような「神の権威」の利用、「立法者」の人民たちとの絶対的差異を示すほとんど教祖的といってよい影響力、合議制への不信に由来する単一の立法者像、成文法そのものへの両義的な立場を示す神話的立法者の讃美。ルソーの「立法者」をめぐる記述は、正統な国家とは何かをラディカルに問うた彼が、そうした国家の創設がいかに困難かをも十分に意識していたことを明示している。

もちろんこの「立法者」概念を特権化し、『社会契約論』それ自体に神政政治理論の痕跡を読み取ったり、あるいはこういってよければルソーの理論の「反近代的」側面のみを強調するのは誤りであろう。すでに確認したように、ルソーは政治宗教としてのキリスト教を否定することから国家創設の物語を開始するのであり、その国家の正統性の探求と主権者として「人民」を規定しようとする作業はどこまでも先鋭的なものだ。またルソーの政治哲学とフランス革命の政治原理が齟齬をきたしていると主張することによってルソーの革命への影響を相対化しようとする試みはやはり単純な図式化といわざるをえない。アンシャン・レジームの思想家の著作が、革命の政治状況を「予期」していないのは当然のことであって、ルソーのフランス革命への影響を正しく判断するには、それを革命精神の涵養という抽象的な役割に還元することなく、その著作が各々の歴史的状況の中で持ちえた読解可能性、あるいはルソー自身がその著作の中で悪意ある受容を指すために用いた言葉を使えば「歪曲」の可能性を探らなければならない。

いずれにせよ、ルソーとメーストルという二人の思想家が「立法者」について語るとき、やはりその記述が接近することがあるのは否定しようのない事実である。その微妙な親近性と差異が同時に最も明確に現れるのは、おそらく二人が立法者モーセについて語るときであろう。

すでに確認したように、メーストルはいかなる憲法も討議からは生まれないこと、国制の法は決して書かれることはなく、また書かれたとしても、それは先立つ不文法の単なる宣言としてでしかないことを繰り返し主張していた。この主張は『試論』でも展開されるが、そこでは、法は成文化できないという原則に唯一の例外があるとされている。モーセの法がそれである。

それのみが、こういってよければ、「FIAT!」と述べた一人の驚くべき人物によって彫像のように築かれ、こと細かに書かれたのである。それ以来彼の創り出したものは、彼自身によっても他の人々によっても修正されたり、補ったり、変更されたりする必要がなかった。それのみが、時の流れに抗うことができた。[22]

このモーセの法は、「激しい排斥」にもかかわらず存続し、「分散したままでも決して切り離されることのなかった人民のさまざまな家族」の「絆を強める」ことに成功したというのである。メーストルは、『人民主権論』で、「真の立法者たち」はみな政治と宗教の不可分性を理解していたと語るとき、ルソーによる「ユダヤの法」と「イシュマエルの子の法」に関する一節を引用し、さらに別の箇所で次のように注釈している。「ルソーは、何世紀もの間存続したユダヤの法とイシュマエルの子の法を賞賛している。このふたつの名高い制度の創始者は同時に聖職者であり立法者であったからである」(135)。

実際、『社会契約論』をはじめ、ルソーの著作には、憲法制定議会の「立法者たち」とは似ても似つかぬ立法者モーセに対する奇妙な賛辞が散在している。奇妙な、というのは、「啓蒙」の世紀の哲学者たちにおいてモーセは一般に呪詛や侮蔑の対象でしかなく、あるときは香具師として、またあるときは危険な圧制者として批判されていたからにほかならない。[23]モーセについての記述はまとまったものではないが、それでも、『社会契約論』だけでなく、「政治的断章」や『ポーランド統治論』においても「立法者」モーセに対し、短い、だが明確な賛辞が述べられている。

だが真に例外的な驚くべき情景は、祖国を離れ、二〇〇〇年近くも前から場所も土地も持たぬ人民が、そしてさらにそれ以前から外国人を抱え、それと混在し、変質した人民が、最初の一族の子孫をおそらくは誰一人持たず、散在し、地球上にちりぢりになり、あらゆる国民に隷属し、迫害され、軽蔑された人民が、あらゆる紐帯が失われてしまったようにみえるにもかかわらず、習わしや法、習俗、祖国愛と最初の社会的結合を保持しつづけているのを目にすることである。ユダヤ人はわれわれにこうした驚くべき情景を提示しているのであって、ソロンやヌマやリュクルゴスの法が消滅してしまったのに対し、モーセの法はそれら以上に古いというのに、生き続けているのである。アテネ、スパルタ、ローマは滅び、この地上にもはや子孫を残していない。シオンは破壊されたが子孫は失われず、存続し、数を増やし、世界中に広がり、つねに自分たちを識別できる。あらゆる国家の中に混在するが、交じり合ってしまうことは決してない。彼らはもはや指導者を持たないが、つねにひとつの人民であり、祖国は持たないが、つねに国民なのである。(24)

もちろんここでモーセの「奇蹟」に神の力を読み取るのは誤りであって、モーセにとっての宗教は、古代の立法者にとっての宗教と同じ性格を持つものである。ルソーによれば、モーセは、宗教を政治の有効な装置として最も巧みに活用した立法者なのであり、モーセはいわば世俗化され、リュクルゴスやヌマ同様、卓越した国家（民族）の創始者として讃美されている。バチコによれば、こうしたモーセ礼賛の中心にあるのが、この「立法者」が、「習俗」というみえない法の重要性を他の古代の偉大な立法者以上に意識していたという点である。破壊された国家、消滅した国家、祖国を奪われた国民において、いかにして人民の存続は可能か（モーセについての断章はポーランドについての考察に大胆に取り入れられる）。「習俗」を人民に刻印し、「民族精神」を保持させることによってであるというのが、立法者モーセを讃美するルソーの答えであるようだ。(25)「民族精神」。こうして、いかに奇妙にみえるとしても、そしてそれが導き出される理由は決定的に異なっているとしても、「立法者」をめぐる記述においてルソーは再びメーストルに出会うのである。

注

（1）フランソワ・フュレの一連の仕事、特に次の論考を参照のこと。François Furet, «Rousseau and the French Revolution», in *The*

Legacy of Rousseau, ed. by Clifford Orwin, Nathan Tarcov, The University of Chicago Press, 1997.

(2)『社会契約論』の受容に関しては、膨大な研究蓄積がある。さまざまな批判が向けられたにもかかわらず、最も重要なものはロジェ・バルニの研究である（Roger Barny, *Jean-Jacques Rousseau dans la Révolution française, 1787–1791 : contribution à l'analyse de l'idéologie révolutionnaire bourgeoise*, 5 vol., Université de Paris X-Nanterre, 1976）。

(3) 例えば、Jean-Yves Pranchère, *L'autorité contre les Lumières : la philosophie de Joseph de Maistre*, Droz, 2004.

(4)『サヴォアの王党主義者が同胞に宛てる第五の手紙』は極めて重要なテクストであるが、メーストルのいかなる全集にも含まれておらず、したがって次の版を参照せざるをえない。*Revue des études maistriennes*, t. 4, Les Belles-Lettres, 1978, pp. 7–89.

(5)『人民主権論』*De la souveraineté du peuple. Un anti-contrat social*, Presses Universitaires de France, 1992, p. 171. これ以降この作品からの引用は対応頁数のみを示す。

(6)『フランスについての考察』*Ecrits sur la Révolution*, Presses Universitaires de France, 1989, p. 100.

(7) ジャン＝マリー・グールモの一連の仕事、例えば次の研究を参照のこと。Jean-Marie Goulemot, «Le Cours de littérature de La Harpe ou l'émergence du discours de l'histoire des idées», *Littérature*, 1976, n. 24 ; *Adieu les philosophes. —Que reste-t-il des Lumières?* Seuil, 2001.

(8) *Les soirées de Saint-Pétersbourg*, in *Joseph de Maistre. Œuvres*, édition établie par Pierre Glaudes, «Bouquins», Robert Laffont, 2007, p. 485.

(9) *Œuvres complètes de J. de Maistre : contenant ses œuvres posthumes et toute sa correspondance inédite*, reprod. en fac-sim, G. Olms Verlag, 1984, t. 7.

(10)「立法者」のアポリアをめぐっては、Jean-Yves Pranchère, *op. cit.*, 第二部第四章を参照のこと。日本語では次の研究を参照のこと。吉岡知哉『ジャン＝ジャック・ルソー論』東京大学出版会、一九八八年。

(11) *Du Contrat social, Œuvres complètes*, t. III, Gallimard, Bibliothèque de la Pléiade, 1964, p. 382.

(12) David A. Wisner, *The Cult of the Legislator in France, 1750–1830 : A Study in the Political Theology of the French Enlightenment*, Voltaire Foundation, 1997.

(13) 先に言及したバルニの研究のほかに、次の書物をも参照のこと。Jean-Jacques Tatin-Gourier, *Le Contrat social en question : échos et interprétations du Contrat social de 1762 à la Révolution*, Presses Universitaires de Lille, 1989.

(14)『フランスについての三つの断章』*Trois fragments sur la France*, in *Ecrits sur la Révolution*, *op. cit.*, p. 87.

(15) *Essai sur le principe générateur des constitutions politiques et des autres institutions humaines*, in *Joseph de Maistre. Œuvres, op. cit.*, p. 382.

(16) *Ibid.*, p. 368.

(17) *Du Contrat social, op. cit.*, p. 437.

(18) *Fragments politiques*, in *Œuvres complètes*, t. III, p. 493.「あらゆる人民の中で最も不完全なものはと聞かれたら、私はためらわず、最も多くの法を持つ人民であると答えるだろう。善をなそうという意志はすべてを補うのであり、自らの良心の法を聞き取ることのできる者は、他の法を決して必要とはしない。だが多数の法は、ほとんど常に平行して進行する、同じ程度に危険な二つの側面を示しているのである。すなわち、法が悪法であること、そしてそれらが効力を持たないということである」。

(19) *Ibid.*, p. 492. さらにそこでも「各国民が記憶できる以上の法を持つあらゆる国は、構成の仕方の悪い国である」と記されている。

(20) *Du Contrat social, op. cit.*, p. 394.

(21) *Ibid.*, pp. 424-425.

(22) *Essai sur le principe générateur des constitutions politiques et des autres institutions humaines, op. cit.*, p. 382.

(23) ルソーのモーセ観と啓蒙期におけるそのイメージについては、次の論考を参照のこと。Bronislaw Baczko, *Job, mon ami. Promesses du Bonheur et fatalité du mal*, Gallimard, 1997, ch. 14.

(24) *Fragments politiques, Œuvres complètes*, t. III, p. 499.

(25) Bronislaw Baczko, *op. cit.*

第9章　コンドルセ vs トクヴィル
——《無限の完成可能性》の概念をめぐって——

富永茂樹

はじめに

共和国三年ジェルミナル一三日（一七九五年四月二日）、国民公会はドーヌーの提案にもとづいて「ある不運な哲学者」すなわちコンドルセの遺作である『人間精神の進歩の歴史的一覧表の素描』を三〇〇〇部購入しフランス全土に配布することを決定する。(1) コンドルセが死んでちょうど一年がすぎてなされたこの決定は、西暦でいうなら前の年、共和国三年ヴァンデミエール二〇日にルソーの遺骸がエルムノンヴィルより移送されパンテオンに合祀されたのと並んで、テルミドールの政変により恐怖政治から脱却したのち、フランス革命と啓蒙とのあいだの強いつながりをあらためて確認する出来事のひとつであった。買い上げを議決した議会はその直後に新しい憲法の作成の作業をはじめるであろう。それは八月にいわゆる「共和国三年憲法」として成立し、国民公会は解散することになるのだが、同時にその議員のうちの三分の一は新しく構成される議会に残るとの法令も可決される。さらに一〇月になると、これまたドーヌーの手で公教育、コンドルセがその整備に関与し一七九二年には立法議会に周到な計画を提出していた公教育にかんする法令が提案され可決される。

新憲法と公教育にかんする法令とが相互に無関係ではないどころか、きわめて深いかかわりがあることは、たとえば前者の第一六条で、ただちにではなく憲法公布の八年後から実施されるという但書きを付してではあるが、したがって、四年後のボナパルトのクーデタにより実践されないままに終わるのではあるが）、「若者は読み書きおよび機械的な職業が可能であることを証明できなければ市民名簿に登録できない」と規定されていることからも明らかである。これよりも先、前年の九四年には中央学校や師範学校の設立と並んで、グレゴワールが技術教育を目的とする国立工芸院のそれを提案し認められていたことにも注意しておこう。学校における読み書き（そして計算）の習得と職業教育＝訓練はひとが市民となるための必要条件と考えられていたのである。憲法の審議にあたったある議員は、この条項について「自由の確立に必要な知識＝啓蒙を拡大するにふさわしい」ものであるとさえ語るであろう[2]。ロベスピエールの恐怖政治は拒否したものの、フランス革命そのものまでは否定することができず、そのような方向で新たな社会のありようを模索するテルミドール後の議員たちにとって、啓蒙は表に掲げて強調すべき重要な課題となっていた[3]。

その後四〇年、フランスが三度の体制の変更を経過したあと、自分は「ヨーロッパの多くの人のように、人間に読み書きを教えるだけですぐに市民が出来上がると信じるには程遠い[4]」と、『アメリカにおけるデモクラシーについて』（一八三五、四〇年）の第一巻でトクヴィル（一八〇五—一八五九）は語る。「ヨーロッパの多くの人」とはだれのことであるのか、またこの述懐が九五年憲法の第一六条の存在をふまえてのことであったのかどうか、この点を確認することはできないまでも、著者が啓蒙にたいしてある種の疑念をいだいていることは充分に想像がつく。さらに五年後に出版される同じ著書の第二巻に目を移すならば、そこには「平等はどのようにしてアメリカ人に人間の無限の完成可能性の観念を吹き込むのか」と題する短い章があることにわれわれは気づく。ここでも固有名詞への言及がなされているわけではない。しかし「無限の完成可能性」とは、まさにテルミドール後から総裁政府期にかけてフランス革命と啓蒙との関係が強調される、その背景＝口実におかれたコンドルセこそが『素描』その他のなかでしばしば用いた言葉にほかならない。一九世紀の政治哲学者は、この『百科全書』派の最後の世代に属し啓蒙とフランス革命をつなぐ人物と向かいあうことをとおして啓蒙に対峙しているのだ。

1　トクヴィルの疑念

人間の完成可能性の観念そのものは世界とともに古いとトクヴィルはいう。デモクラシーがそれを生み出したわけではけっしてない。しかしその観念に「新しい性格を付与する」のが平等である。ここでいささかの説明を加えておくならば、諸条件の平等の進展がこの七〇〇年来の世界で確認できることがらであるというのが『デモクラシー』の核心をなす主題であった。その進展は漸進的であるがしかし普遍的で確実なものであり、これに抗うことはだれにもできない。このようにトクヴィルは垂直な階層構造にもとづく不平等な社会を「アリストクラシー」、人間のあいだで平等が存在する水平な社会を「デモクラシー」と呼び、前者から後者への移行を避けがたいものととらえ、さらにその変化が「ほぼ限界（la limite）にまで達している国」がアメリカであると述べる。著者はそのアメリカの政治と社会のありようの分析をとおして、デモクラシー一般の行方を探ろうとするのだが、諸条件の平等は社会にいくつもの深刻な問題をもたらす。その問題のうちのひとつが、この国で支配的であるとされる無限の完成可能性の観念なのであった。

諸条件が平等化した社会において、ひとはどのようにして人間の完成可能性がかぎりのないものであると考えるにいたるのであるか。アリストクラシー、すなわち人間がある階層構造をもつ社会のどこかで固定された状態にとどまるとき、彼らはかりに人類の進歩というものを認めるにはしても、それでも「はじめから人類を越えることのできない一定の限界のなかに閉じ込め」られている。これにたいして平等化が進行して諸階層が混じりあい、平準化した社会にあっては、ひとはだれしもがその限界を越えて、自身の意志にしたがった行動をめざすようになる。諸条件の平等は人間の心のなかにかぎりない想像力を掻きたてることになる。こうして人間の精神には完成の理想的な姿が形成されてゆく。ただしそれは想像力にもとづいたものであるのだから「追いかけても常に逃げていくという」姿である。(5)ここでトクヴィルは、友人に宛てた手紙のなかで好んで読んでいると告白する作家のひとりであるパスカルのいう「永遠の逃走」を念頭においていることを忘れないようにしておこう。(6)

「こうしてひとはつねに完全を求めて躓いては起き上がり、時に失望はしても決してあきらめずに、人類が今後進むべき長い道程の果てにおぼろに見える限りなき栄光に向けてやむことなく進む」。このことを具体的に示すために、著者はある短いエピソードをもち出す。一年近くにおよぶ合衆国の旅行中のことであるが、彼はアメリカ人の船員に出会い、この国の船はどうして長持ちしないように造ってあるのかと質問した。すると返ってきたのは、航海技術は急速に進歩しているので、どんなにすぐれた船も数年使用すればもはや時代遅れのものになってしまうからだという答えであった。(7)これが平等化の進行する社会に姿を現す無限の完成可能性の観念である。

人類の進歩と無限の完成可能性の観念については先に述べたとおりであると、トクヴィルは少しあとの章でもう一度ふれることになる。ただしそれが平等の支配と深い関係にあることはすでに指摘されたとおりであるから、同じ議論が反復されるわけではない。「民主的諸国における詩の若干の発想源について」と題するこの第一七章で問題になっているのは詩とのかかわりでの想像力である。いつもながらのアリストクラシーとデモクラシーの対比に依拠しながら、自然の存在を超越した、したがってわれわれの目の前では実現することのない理想に向けて想像力が作動する前者の社会は「詩にとって条件がよい」。これにたいしてデモクラシーの時代にあってはひとの関心はいつも現実に向かい、想像力は現実の願望の実現がどこまでも可能であることを示唆しつづける。また、アリストクラシーは人間の心をたえず過去の追想へと導くのにたいして、デモクラシーのもとで無限の完成可能性を信じる人間は未来に向けてかぎりのない想像力を働かせる。「デモクラシーは詩にたいし過去を封印し、未来の扉を開ける」[8]。このようにトクヴィルはひとの想像力の質が社会構造によりことなること、それが詩、ひいては文学作品一般にも反映することを論じようとする。

無限の完成可能性の観念にたいする関心を、トクヴィルは『デモクラシー』のあとも引きつづきいだいていた。そのことは晩年の、そして未完に終わった著書である『アンシャン・レジームとフランス革命』（一八五六年）のなかにも登場してくることからわかる。その第三編第四章で「ルイ一六世の治世は旧君主政でもっとも繁栄した時期であったこと、またその繁栄自体がどのようにしてフランス革命を早めたのか」を論じるさいに、著者は「人間の持続的で無限の完成可能性にかかわる理論」に言及する。『デモクラシー』と『アンシャン・レジーム』というふたつの著作のあいだの連続についての議論は省略するが、合衆国でその進行を確認できた諸条件の平等が、フランスにおいては絶対君主政のもとで行政の中央集権化とともに進行したと論じるトクヴィルは、君主政の末期におよんで繁栄が到来した社会のなかで、平等の実現が不可能ではないことがひとの心に浮かびあがったことに注目する。ルイ一六世の治世下の社会が繁栄したのかどうか、これには論議の余地があるとして、『デモクラシー』以来平等の力学に目を向けてきた著者は次のように語る。不平等に慣れてきた人間はどんな不平等にも耐え忍ぶが、平等が目の前に見えてくるとどんなわずかな不平等にも我慢ができなくなる。ところで、この平等の実現の可能性こそが、人間の無限の完成可能性をめぐる観念を呼びさますのであり、その結果ひとは未来にたいする大きな希望をいだき革命へと向かったのであると[9]。この観念はフランス革命の到来と無関係のものではけっしてなかったのであった。

かつての龍騎兵のプロテスタントにたいする残虐を許容したパリの市民が、ボーマルシェの短期間のバスティーユへの投獄にはたいへん動揺したという例が『アンシャン・レジーム』では引かれるのであるが、ここで指摘しておくべきは平等の観念と想像力との関係であろう。平等が生み出す最大の情念は平等への情念であるというのが、この政治哲学者の思考の根柢にある命題であった。つまり諸条件の平等が現実のものとして見えてくるにしたがい、ひとはその平等への渇望をふくらませるにいたるのである。そこでは完全な平等がありうるとする想像力が作動している。平等がゆきわたった社会ではひとは平等への大きな期待をもつにいたる。もっともその期待は現実のなかで完全に充足されることはなく、たえず裏切られることになる。しかし、期待が充足されないことは、その断念につながることはなく、完全な充足が想定されているがゆえにさらなる期待の拡大へとつながってゆくほかない。これが先に見てきたパスカルのいう「永遠の逃走」である。[10] こうした想像力の一方的な自己増殖が、トクヴィルにおいては無限の完成可能性の観念との関係で措定されている。

平等が、そしてデモクラシーの支配する社会が喚起するこの観念が、想像に由来するものにすぎない点で、トクヴィルは大きな疑義をいだく。いかなる人間も平等であることが、たとえば一七八九年の『人間と市民の権利の宣言』によって肯定されるとして、まさに人間が平等であることを認識することによって新たに問題をかかえてゆかざるをえなくなる状況に彼は目を向ける。平等はひとの想像力をとおして、人間の完成がどこまでも可能であることを告げる。だがそこにはほんとうに限界が存在しないのだろうか。「私はいかなることがらにも限界があると確信しているので、あることがらにいささかも限界を見ないというのは、人間の精神の弱さをもっともはっきりと示すものであるように思える」と、『デモクラシー』の第八章、無限の完成可能性の観念について論じた章の別稿にあることは、この問題にかかわるトクヴィルの懐疑心を思いやる充分な根拠を示してくれることだろう。[11]

さらに注意しておくならば、われわれの著者はアメリカ旅行を企てるよりも以前、七月革命を経験するよりも前に、文明が進んだからといって、それに先立つ文明とくらべてすぐれているのかどうか疑わしいと、友人に宛てた手紙のなかで次のように述べていた。「私はある人民の知的教育がまちがってなされた、したがって啓蒙はしばしばそのような人民にとって不幸な現状となっていると考えている。［……］私の意見では、人間は文明化することで改良されているといいきることはできない。人間は文明化することで、それまでもっていなかった徳も悪徳も同時に獲得するのだ。［……］人間は啓蒙されると疑う存在になる。不信心な人物というのと同じではないけれども、たいていの場合は宗教の、また祖国の敵になってしまう」[12]。人間の進歩にたいする、そして啓蒙の意義にたいするトクヴィルの疑いは、その初期における思考からすでに胚胎していたものであった。後でふれることになるが、トクヴィルの信仰がどのようなものであったかについては問題が残る。しかしともあれ、こうした疑念こそが『デモクラシー』のなかで、人間精神の無限の完成可能性に言及する発端となっていたのである。

2　限界の消失

『デモクラシー』の第一巻の序論のなかで、著者はヨーロッパにおける七〇〇年来の平等の進展の歴史について語る。その記述は、アニェス・アントワーヌも指摘していることだが、まるでコンドルセの『素描』の、とりわけ進歩の歴史の第八期および第九期、つまりそれぞれ「印刷術の発明から科学と哲学が権威のくびきを揺さぶる時代まで」と「デカルトからフランスの共和国の形成にいたるまで」と題される時期の記述を要約したもののように思えるほどである。たしかに火器や印刷術の発明から新大陸の発見にいたるまで、同じ一連の出来事への言及がある点で、両者は共通のことがらに着目している。ここでトクヴィルは「社会的平等の進歩の歴史的一覧表の素描」を試みているのだとさえアントワーヌはいう[13]。だが、人間の精神の進歩と社会の平等の進歩とは、進み具合としては並行しているとはいえ、それぞれの方向、あるいはふたりの著者の判断はまったく逆をめざすものであった。

その『素描』の序論にあたる部分で、コンドルセは「人間の能力の完成にはいかなる期限（terme）も記されてはいない。人間の完成可能性には現に限度がない（indéfinie）。この完成可能性の進歩は、それを止めようとするいかなる権力からも独立しており、自然が定めた地球の存続期間以外に期限がない」――このことを明らかにするのが自分の著作の目的なのだと述べる[14]。その目的を達成するために人間精神の進歩を九つの時期にわけて詳細に語ったあと、最終章となる人類の将来の展望を見とおす第一〇期にいたって、著者は無限の完成可能性を確信をもって肯定するのである。学問と技芸の改良、またそれにもとづく産業の進展は、一方で人間に安楽のいっそうの享受を可能にするが、しかし他方で人口の増加をもたらしもする。その必然的な結果として、安楽の享受の機会や人口は却って減少しないまでも、少なくともよいことと悪いことのあいだの往復という事態が生じて、人間の改良がもはや不可能となるような限界（limite）、「人類が何世紀もかけて到達する期限」が存在するのではないか。『素描』の著者はこのように問いかけながら、いや、地球の消滅以外に期限はありえないと断言するのだ。[15]

『素描』に登場する無限の完成可能性の観念は、実はそれが書かれるよりもずっと以前にまで遡る。いや、この著作自体が一七九三年のジロンド派とモンターニュ派のあいだでの政治闘争と、前者の敗北の結果として逮捕命令が出て余儀なくされる逃亡生活のなかではじめて書かれたものではなく、著者は一七七〇年代からその構想をいだいていたことが今ではわかっている。最終的には『素描』となる、学問と技芸の進歩の歴史にかかわる構想を示すテクストが最初に書かれたのは一七七二年。その延長上で一七八〇年に作成されたとされる原稿ではじめて「人間精神の無限の完成可能性」という言葉が登場し、また完成可能性は「各個人においては限りがあり、種にとっては無限」であるという表現も見あたる。[16]「どの世紀も、それに先行した世紀の知識に新たな知識を付け加えるであろう。またこの進歩は今後いかなるものによって停止されたり中断されたりすることはなく、宇宙の存続する期限以外に他の限度（les bornes）はない」。このようにコンドルセが論じるのは、一七八二年のアカデミー・フランセーズでの入会演説においてであった。人間精神の前にはつねに無限の空間が存在しているとも彼は述べ（ただし、この「無限」は infini である）、終わり近くになって「人間精神の進歩のもっとも雄弁な一覧表」に言及する。[17]七二年にはじまる構想がここにも顔を現しているのがわかる。

さらに、自身の師の生涯を扱った大部の著作（一七八六年）のなかで、若き日のテュルゴが一七五〇年にソルボンヌで行った演説である「人間精神の継続的な進歩についての哲学的一覧表」その他に言及しながら、「科学の進歩にはいかなる期限も定められてはなく、それは人間精神の完成可能性、無限であると彼の信じる完成可能性の結果であることを彼は証明した」とコンドルセは語り、また「無限の完成可能性を人類のきわだった性質のひとつと見ていた」と賞讃しもするであろう。[18]後でもふれることになるが、テュルゴは人間精神の進歩については肯定してはいても、その完成が無限のものであるとまで述べてはいない。「無限の」という修飾語を付したのはコンドルセ自身にほかならず、テュルゴの言説を修正することで、彼は自身の観念を展開しようとしているのである。なお、先に見てきた『アンシャン・レジーム』第三篇第四章では「持続的で無限の完成可能性にかかわる理論が誕生する」のが「一七八〇年」であるとされており、この年号からはトクヴィルがこの『テュルゴの生涯』をとおしてコンドルセの観念を知ったことを推測できる。[19]

フランス革命がはじまってまもなく、コンドルセは啓蒙の理念との関係で無視することのできない公教育の問題に取り組むこととなる。その結果として執筆され、一七九二年四月になって議会で「公教育の一般的組織について」報告を行う基礎ともなる『公教育にかんする五つの覚書』のなかでも無限の完成可能性への言及がなされることはいうまでもない。「いっそう平等に広まる教育に期待すべき完成は、どんな場合にも平等は自然に由来する能力をもって生まれた個人がもちうるいかなる価値にたいしても限界を設けるわけではない」と彼は論じるであろう。[20]そして一七九三年の七月、モンターニュ派の追及から逃れてパリのセルヴァンドーニ街の隠れ家にいったんは身を落ち着けてまもない頃であろうか、自分は「人類が無限に完成が可能であり、また現在の知識と社会の状態の必然的な結果であるこの完成は、地球の物理的な転回による以外には停止されないと確信していた」ので、この進歩をうながすことが「人間の最大の義務」であると見て行動してきたのだと、これまでなしてきたことの弁明を試みる断片を残すことになる。[21]こうして、それこそ期限がかぎられていることを自覚したコンドルセは「歴史的な一覧表」の「素描」を試み、やがて翌年になって隠れ家を抜け出すが、ブール・ラ・レーヌの旅籠で素性を怪しまれて逮捕され、その翌朝には牢獄で死骸となって発見されるのであった。

このような人間精神の完成可能性が無限であるというコンドルセの長いあいだにわたる信念の根柢には、過去数千年にわたる人間の知識の拡大と深まりの確認がある。知識の進歩は各種の分野での技芸の成長をうながし、それはさらに人間の生活におけるいっそうの安楽の増大をもたらすにちがいない。その増大には限度がない。なぜなら、人類が発見し獲得するにいたる知識は無際限であり、その各々の知識の組合せはさらにかぎりないものとなるからである。この「組合せ（combinaison）」という語をただわれわれも日常的に用いる組合せと受け取ってはならない。数学者であり、政治および精神科学への確率計算の応用をたえず考えつづけていたコンドルセは、ここでも数学を忘れていないはずである。人間精神の完成可能性のいかんはなによりもまず確率の問題として想定されており、その確率の計算は組合せの計算と対になっているのである。[22]単純なことではあるが、n個のもののうちのいくつかの組合せ（nCr）はnの数が増えれば増えるほどそれ自体の数も増える。したがって組合せの数にもとづいて計算される進歩の確率＝蓋然性（probabilité）もまた大きなものとなる。組合せが無限に接近するにつれて、確率は一〇〇％に近いものとなるであろう。

また『素描』の第一〇期の記述においては、人間精神の進歩のこの限度のなさはふたつの点で証明できるとされる。すなわちまず「予防医学」の進歩は病気を根絶し、事故死と自然死をのぞけば人間の寿命は伸びることになる。それは限界にまで到達することはないが、しかし引きつづきどこまでも接近してゆくことになるであろう。またその寿命は厖大な数の世紀を経て、なんであれ限度として課せられたかぎりある量以上の大きさを獲得することができるであろう。[23]ここでも数学者のコンドルセの念頭にあるのは、おそらく限界にかかわるある種の近似値、あるいは「極限値（limite）」つまり lim f(x)＝∞として表現することのできる「無限」である。トクヴィルの『デモクラシー』の翻訳でも採用されており、われわれもこれまでいささかの断りもなしに用いてきた「無際限の（indéfini）」という修飾語は、『進歩の観念の歴史試論』の著者であるJ・デルヴァイユもコンドルセを引用するさいに一度は誤記していることからわかるとおり、[24]たしかに「無限の（infini）」との区別が微妙であり、またとりわけ口本語では同じ訳語をあてるほかない。だが『素描』で採用されるのが前者の語であるかぎりにおいて、それはたとえばパスカルが、コンドルセと同様に数学をよく知っていたパスカルが、先に引いたのと同じ断章のなかで「無限のなかで人間とはなんなのであろうか」と問おうとした意味での「無限（l'infini）」とは別のものであった。[25]

人間の完成可能性との関連でもうひとつのことを付け加えておこう。知識の増大にともなって進歩するはずの技芸（arts）のなかには社会技術（l'art social）もふくまれ、あるいは大きな位置を占めていた。これまた確率や組合せの計算にもとづいて構築されてゆくはずのこの領域での技芸については、たとえばフランス革命の初期にはコンドルセのごく近くにいたシエースなども「第一の技芸」としてその果たす役割に大きな期待をいだいていたが、[26]『素描』の終末部分で著者はそれがまずは法の完成をもたらすことになる点に注目する。社会技術は「家族の幸福」を、また国家の規模にまでいたる社会的諸制度の完成をもたらし、それらをよりよく組み合わせるなら（またしても「組合せ」！）「諸国民のあいだの友愛」、さらには「永久平和」の実現も可能であるとコンドルセは述べる。[27]カントの『永久平和のために』が出るのは一七九五年のことであり、コンドルセはケニヒスベルクの哲学者の著作にはふれるべくもなかったが、しかし社会技術の進歩は人類をこのような地点にまで導くのである。

とはいえ人間の「非社交的社交性」をけっして忘れることのないカントは、そうした平和はまったくの空想ではないにせよ、ただちに実現するはずのものでもなく、それは別の論文によれば「もっとも困難であると同時に、人類にとって最後に解決されるべき課題」なのであり、[28]この「最後」がいつ到来するのであるかはさだかではない。他方でコンドルセは人類の完成を確率計算にもとづく近似値としてではあれ現実のものと考えているのだ。「完成（perfectionnement）」とは語義どおりにいえば、それ以上のものは存在しないということであり、そうであるとすれば、人間の精神が完成するはずの『素描』にいう第一〇期の次には完成への運動が停止した、いわばまったくのプラトー状態が第一一期として永遠につづくことになるのだろうか。だがそれは人間存在にとって真に望むべきものなのだろうか――無限の完成可能性についてのトクヴィルの疑義は、まさにこの点に向けられたものであった。

3 啓蒙の転回

それがかぎりのないものであるかどうかはさておき、人間の進歩と完成についてコンドルセがテュルゴから多くのものを学んでいたことは先に述べたとおりである。後者もまた「習俗は穏和なものとなり、人間の精神は啓蒙され、孤立していた諸国民はたがいに接近するようになり［……］人類の全体は緩やかな足取りではあれつねにいっそうの完成に向かって進んでいる」ことを肯定していたのであった。[29] やがてルイ一六世のもとで財務総監となるこの人物は、世紀の半ば頃に「人間の普遍史＝世界史」を書く構想をいだいていた。その一端を表明したのが一七五〇年のソルボンヌでの演説である。ボシュエを思わせる「普遍史」という言葉からも想像がつくとおり、テュルゴの語る人間の進歩は聖書のアダムとイヴにはじまり、ルイ一四世の世紀の賞讃にまでいたる歴史にほかならない。この点では、テュルゴとコンドルセとでは、進歩の観念についてかなりのちがいがあるといわざるをえない。

それでも、テュルゴがいくつかの点で残した示唆をコンドルセが継承し発展させたのはたしかである。ここで詳論している余裕はないが、たとえば師は「書き言葉」の発明が歴史のなかで果たした役割に目を向け、さらにはそれが活字印刷の技術によって大きく変化をとげ、知識の拡大・普及に影響をおよぼした点を強調する。この印刷術の意義の評価こそは、弟子が一七七二年に人間精神の進歩の歴史について関心をいだく出発点となっていた。[30] 両者のあいだにはこれまた「啓蒙の世紀、各市民が国民全体にたいして印刷をとおして語ることのできる世紀」において形成される公論の政治的意義に目を向ける、もうひとりの師マルゼルブがいるが、[31] コンドルセはふたりの師の議論を受け継いで、その後もこの技術の意味について何度も語り、それは『素描』の記述へとつながってゆく。

ソルボンヌでのテュルゴはまた「ある人物」つまりニュートンが「無限（l'infini）を計算しようとした」ことに言及し、さらに一七五一年に書かれた（と編者のシェルが推定する）「普遍史」の構想のなかでも、「曲線の方程式への変換、無限の分析」を行う代数学を評価し、「数学は少数の観念から出発して、その関係を無限と結びつける＝組み合わせる」、そして「未来はおそらく数学的なものにほかならない」とまで論じる。[32] コンドルセがこちらの「計画」にまで目をとおしていたのかどうか。読んでいたとすれば、しかし彼はその意を強くしたことであろうし、それは人間の完成可能性を「無限の（indéfini）」とまで修飾しはしなかったテュルゴをあたかも自身の先駆者であるかのように述べるところにまでつながっていたかもしれない。

ところがこのように人間精神の進歩についての確信を表明したテュルゴの演説とあい前後して、学問と技芸の発達がむしろ人間にたいして否定的な結果をもたらしていることを論じるルソーの『学問芸術論』が刊行されるのである。このディジョンのアカデミーが出した「学問と技芸の進歩は習俗の純化に貢献したか」という課題に答えて当選する懸賞論文で、著者は「われわれの学問と技芸とが完成に向かって進むにつれて、われわれの魂は腐敗した」ことを論じようとする。ルソーも文明の進歩という事実そのものを否定しているわけではない。また腐敗はこの時代に特有のものではなく世界と同じくらいに古く、諸悪の原因は「虚栄の好奇心」にこそ求められる。[33] それでもここで呈示されたのは、コンドルセの師のそれとはまったく逆の評価なのであった。

不評もふくめて彼をたちまちのうちに有名にした『学問芸術論』につづいて、ルソーは人間のあいだの不平等の起源を主題とし、今回はディジョンのアカデミーに受け容れられることのなかった第二論文を執筆する。「完成可能性」という新語が作られたのはこの論文においてであることはよく知られているが、この観念がルソーの文明批判と密接な関係にあるのはいうまでもない。動物とはことなり人間にはみずからを完成させる能力がともなっている。だが「このきわだった、そしてほとんど限界のない（illimitée）能力が人間のあらゆる不幸の源泉となっていること」を認めなければならないとすれば悲しいことであると著者はいう。[34] ここで人間の完成可能性には限界がないとされていることには注意しておかなくてはならない。しかしルソーにとっては、この能力には限度がないからこそ人間の不幸はいっそう深まるものであったはずである。

『人間不平等起源論』が出たのは一七五五年のことであった。同じ年の万聖節の日にはリスボンで大規模な地震が発生する。この三万人近い死者を出したとされる自然災害は、たとえばヴォルテールに「すべては善である」という楽観論への疑いをいだかせるにたるものであった。彼は翌年「リスボンの災害にかんする詩」を発表するが、この詩を送られたルソーは長い返事を書くことになる。神の摂理をめぐる議論の詳細は、われわれの直接の主題ではないので省略するが、この「ヴォルテール氏への手紙」には六階建てや七階建ての建物が二万戸も密集する大都市であったことが地震の被害を大きなものにしたという指摘がある点には注目しておいてよいだろう。[35] つまり自然ではなく社会そのもののなかにリスボンの惨状の原因をさぐるルソーにとっては、この災害は先のふたつの著作で採りあげた問題、文明の進歩によってもたらされる人間の不幸のいわば実例にほかならなかった。

これにたいしてすでに『人間不平等起源論』にも不満を残していたはずのヴォルテールはこれまた五六年に出る『習俗論』の序論で、明らかにルソーを意識して「彼［＝人間］は完成が可能である。このことから彼が堕落していると結論する者もいた。しかし同じことから、自然がその完成にたいして記した限界（les limites）までは人間が完成すると結論してはどうしていけないのだろうか」と書くであろう。リスボン地震の経験からライプニッツやポープの楽観論への疑いをもつにいたったヴォルテールも「あらゆる人間が社会のなかで生きている」ことには確信をいだいていたのであった。[36] ここで重要なのは人間は自然が記した限度までは完成が可能であるとされている点であろう。コンドルセのいう人間の完成可能性は、自然の課した限度、地球の消滅以外には「限度」のないものであったが、その点での限度のなさについて、彼はおそらくはヴォルテールのこの記述から示唆をえているのだと思われる。

『素描』の著者は、自然が記した限界という言葉づかいからも推測できるように、ルソーがいったんは疑義をさしはさんだ観念を逆転し肯定したヴォルテールを受け継ぐことで、人間精神の無限の完成可能性を呈示しようとしているのである。コンドルセにとってはヴォルテールの人生そのものが「技芸が彼の天才に負っている進歩の歴史」にほかならなかった[37]。ヴォルテールとルソーとのあいだにやりとりのあった一七五六年にはヨーロッパでは七年戦争もはじまる。この戦争はリスボンの地震と並んで、一八世紀の前半に進行してきた啓蒙をいったんはゆるがす大事件であった。つまりここで啓蒙はひとつの転回あるいはその後の長い「運命」へと踏み出していたのだ。その世紀半ばの転回点での、ルソーではなくむしろヴォルテールの立場を選択することによって、コンドルセはさらにもうひとつの転回を行ったのであるといえるかもしれない。そして、こうした転換を経た啓蒙の運命がフランス革命と彼自身の運命にもつながって行ったのであった。

だが『素描』が議会により買いあげられたそのわずか五年後、といってもそれはすでにナポレオン・ボナパルトがクーデタを企てて成功したあとなのではあるが、人類の完成可能性は知的な、つまりは軍事の対蹠点にある職業を一種の愚劣と見る人びとの笑いと嘲りの対象となっていると、『文学について』のスタール夫人は嘆くことになる。コンドルセが提起した観念はもはや革命の混乱をもたらしたものとしかみなされてはいないかのようである。啓蒙はこれほどにまで退いてしまっているのである。だがそのような状況におかれているからこそ、ファーガスンやテュルゴ、カントから受け継がれコンドルセにまでいたった「完成可能性のシステム」にあらためて目を向ける必要があるのだと、同じ年に出た第二版の序文でも彼女は強調する。これに関連してスタール夫人は、コンドルセが試みた政治学への確率計算の応用、「社会数学」の試みの意義を高く評価しもする。立法者は「論理によって啓蒙を導き、論理を人類に従わせなくてはならない」のであった[38]。

このスタール夫人のかたわらにあって、同じ完成可能性の問題を考えていたのがバンジャマン・コンスタンである。活字になったのは一八二九年の『文学・政治学論集』においてであるが、しかしこの問題を重要なものであると見なしていたのは少なくとも一八〇五年にまで遡ることが『日記』から確認できる論文「人類の完成可能性について」で[39]、著者はコンディヤック以来の感覚論に依拠しながら、ひとつの感覚ないしいくつかの感覚の組合せの記憶から生まれる「観念」は人間存在の思考する部分に位置を占め保存される。感覚（身体への刺激）は消滅したがって改良されることがないのにたいして、この保存された観念は積み重ねられ改良される。ここに人間精神が自己完成する可能性の根拠がある。具体的にはガリレオ以来の発見や火薬、羅針盤、印刷術、蒸気機関の発明によって支えられてきたこの進歩を認めなければ、人間の精神は無知と知識＝啓蒙、野蛮と文明のあいだの永遠の悪循環のうちに閉じ込められることになるであろう。(40) このように述べるコンスタンが先のスタール夫人とともにコンドルセに目を向けていることにはまちがいがない。

この論文ではさらに、人間精神の進歩と並行して、四つの革命（神政政治、奴隷制、封建制、貴族の特権のそれぞれの廃止）が実現したことが語られる。野蛮人の侵入、キリスト教の確立、十字軍、そしてフランス革命がそれらの革命の契機であったが、これらの事件は人間の進歩の「原因」ではなくむしろその実現の「機会」にすぎない。これら一連の革命から考えるなら、アテナイの市民も自分たちとくらべてより自由であったわけではない、なぜなら古代ギリシャの都市国家はその規模がさわめて小さく、しかも奴隷制にもとづいていたからであると、一八一九年の演説「近代人の自由と比べた古代人の自由について」でなされるのと同じ議論も登場する。ここからは人間の完成可能性が「平等へと向かう傾向」にほかならないことが判明するとコンスタンは結論づける。進歩と平等の観念をつなぐ点でも、彼は『素描』の著者の発想を継承することになる。「人間は平等に近づこうとしている」。自然は「どんなに野蛮な圧政者やどんなに横柄な簒奪者も違背することのできない方向」を人間にもたらしたのであった。(41)「簒奪者」という表現からはいうまでもなく、コンスタンがボナパルトを意識しているのを見てとれる。

もっとも、同じようにブリュメール一八日のクーデタとその後コンスタン自身が生きることになる政治状況を視野に入れながらも、まさにその「簒奪」が平等とけっして無関係ではなかったことの認識から議論を開始するとともに、平等なるものが人間精神の無限の完成可能性にもかかわるものであり、その平等の力学を考察しようとしたのがわれわれの著者トクヴィルなのであった。

4　平等の拡がり

『デモクラシー』の第二巻第三部の冒頭の章で、トクヴィルは一七世紀のセヴィニェ夫人の書簡を引用しながら、自身の家族や友人、さらに召使にたいしても深い愛情と寛大さを示す夫人が、フロンドの乱のさいに処刑された者たちの運命にはきわめて残酷で無神経と見える反応を示しているのはどうしてなのかと自問する。著者によればしかし、夫人の書簡のなかの記述を冷酷と受け止めるのは平等が進展した世界に生きる人間の感情にほかならず、夫人は彼女と同じ集団に所属する人物の苦悩は理解できても、それとは別の世界の存在の境遇にまでは想像がおよばないのであった。これが多重な階層構造によって隔てられた人間には自明の思考の形式である。他方で平等の支配する水平化した社会においては「誰もがほぼ同じような考え方、感じ方をするから、誰にとっても他のすべての人の感覚を瞬時に判断することができる」。そのような思考こそが夫人の書簡を残酷なものととらえることへと現代人をし向けるのである。デモクラシーにあっては個別の集団は判断の準拠とならない。だれしもが自己を他者と同じ存在であると見なすことによって「人類全員に広く思いやりを示す」ことになる[42]。

階層構造が崩壊した社会では人間は原子化して、各自が自分とその周囲のことにしか関心を向けない「個人主義」が成長するとともに、その個人は人類以外に所属すべき集団をもたない。ひとは人類のひとりとして他者の、さらには目の前にはいない、したがって自身になんら直接のかかわりもない存在のことに考えを及ぼすまでにいたる。ここに「人類の完成可能性」という観念が生まれてくる余地がある。だがいっそう重要なことには、それは人類なるものを前提としているかぎりにおいて、一般的な観念にほかならなかった。人間の無限の完成可能性を扱う章には、アメリカ人が一般観念を好むこと、また政治にかんしてはアメリカ人にもましてフランス人が一般的観念に熱中することを語るふたつの章が先行していた。

トクヴィルによれば神は一般観念を必要としない。なぜなら人類に属するすべての存在を一日で識別し、それゆえ彼らをひとまとめにして認識しはしないからである。ところが人間の精神には弱点があり、自身の経験を個別に検討し判断しなくてはならず、その結果よく似ていると見える存在すべてに同じ名前を付けて事物を全体として考えようとする。それが一般観念である。[43] この章の別稿には「一般観念は主として知識＝啓蒙から生まれる」とある。この点にまずトクヴィルの啓蒙へのまなざしを見ておいてよい。しかしそのことだけでは事態を充分に説明することはできないとも著者は述べる。[44] アメリカ人の父祖はイギリスから海を渡ってこの地にやってきたのであるが、イギリス人は個別の事実の考察から離れることを好まないのにたいして、アメリカ人はむしろ一般的な観念をなにごとにつけてもいだきがちである。フランス人においてもまた一般観念の好みは「行き過ぎた情熱」となっている。こうした差異は民主政と貴族政との差異に由来している。平等が進展したアメリカとフランスでは、人間の思考は人類一般にまで拡大しているのである。

デモクラシーのもとではひとが自身の所属を確認することのできる部分集団が消滅して、判断基準はもはや人類という、その存在を実感できず想像するほかない水準におかれてしまう。これにたいしアリストクラシーの社会においては「ひとが思い浮かべるのは特定の人びとだけであって、人間一般では」なかった。[45] ここで「特定の人びと」と翻訳されている原語は certains hommes、「人間一般」のそれは l'homme である。このふたつの言葉の使いわけは、「世界に人間というものはいささかも存在しない。私はこれまでフランス人、イタリア人、ロシア人を見てきた。〔……〕だが人間というものには生涯のうちで出会ったことがないと断言する」という、『フランスについての考察』のメーストルの表現を思い出させるに充分であろう。[46] この「反革命」の論客とトクヴィルとを直接結びつけることには危険がともなうけれども、それでも前者においては、この抽象的な「人間というもの」についての観念がまさに一七九五年の憲法、つまり本章の冒頭でふれたとおり啓蒙をいわば口実にして成立した憲法の性格を論じるさいに用いられている点は無視することができない。

普遍的な存在としての人間を前提として、一般的な観念に依存するアメリカ人の、あるいは平等の時代に生きる人間の思考様式の起源を、トクヴィルはデカルト以来の哲学に求める。『デモクラシー』の著者によれば、アメリカ人はデカルトの教えを直接に学んだわけではないが、結果としてそれをかなりの程度で受け容れている。ちょうど『素描』のコンドルセを思わせるかのように、ここでトクヴィルは一六世紀の宗教改革にはじまり、一七世紀のベーコンとデカルトが従来のスコラ哲学を打破し、さらにそれが一八世紀の啓蒙思想家たちに受け継がれていったいきさつについて語る。ルターやデカルト、ヴォルテールが依拠したのは「同一の方法」にほかならなかった。こうして啓蒙の進展と平等のそれとは並行関係におかれることとなる。「一八世紀の哲学の方法はだから単にフランス的なものではなく、民主的なものである」。ただし、このように考えるトクヴィルにとっては、無限の完成可能性が人間のあいだの平等を保証するとしたコンドルセやコンスタンとは逆に、啓蒙の背後にあるものこそが平等なのであった。[47]

こうした民主政のもとでの哲学との関連でとりわけわれわれの注意を惹くのは、無限の完成可能性を論じる章の直前には短いながら「汎神論」を扱う章がおかれていることである。「精神は思考をさらに拡大し、単純化して、神と宇宙とを唯一つの全体に包み込む」。そのように世界を見る汎神論は、平等がゆきわたり、個別の存在ではなく普遍的な人間が思考と判断の基準となる時代にとっては「隠れた魅力」をもつ。こうした思考にたいしてこそ戦わなくてはならないとまでトクヴィルは述べる。ところで岩波文庫版の『デモクラシー』の訳者の注によれば、著者はスピノザに発し、一八世紀の末にレッシング、メンデルスゾーンさらにはカントまでもがかかわる論争を惹き起こす汎神論について、一八三四年にまずは『両世界評論』に発表されたハイネの『ドイツ宗教・哲学史』を読んで知識を得ていた可能性が高いという。[48] ロマン主義の詩人が評価する汎神論をめぐる論争は、まさにそのロマン主義を準備した点で「啓蒙の黄昏」つまり「啓蒙にたいする最初の根柢的な批判」の到来を告げるものであったが、[49]啓蒙に疑義を発しながらもしかしその対極となるべきロマン主義にもけっして与しないところに、トクヴィルの独自の観点を認めておいてもよい。われわれの著者からすれば、啓蒙思想も汎神論もともに、平等がゆきわたった世界のなかで生まれてくるはずのものなのであった。

民主的な国民の一般的観念への愛着は、その言語をも変化させるであろう。そこには「総称名辞と抽象語の絶えざる使用」を認めることができる。たとえば有能な人物は「能力（capacité）」、ひとの目の前で起きていることは「現在性（actualité）」、これから世界に生じるであろうことは「可能性（éventualité）」など、それぞれたったひとつの言葉でもって呼ばれることになる。そうした表現は思考を拡大するとともに知性の働きを助けるからである。しかしそれらはまた、トクヴィルによれば事物や人間から具体的な性質を取り払うことで思考に「覆いをかける」ものでもあった[50]。同じ社会では歴史家もまた特有の性格を帯びるにいたる。アリストクラシーの時代にはかぎられた数の人間の個別の行動の分析に注意が向けられるのにたいして、デモクラシーでは「目に付きにくく、複雑で力が弱く、したがって見つけ出して追跡するのがむずかしい」原因に関心が集まる。そんな追跡の作業に疲れ果てた歴史家は、結局のところ一般的な観念でもってのみ説明してしまうのだと、著者はいう。そしてそれは「歴史家の精神を深遠に見せて、その実精神の衰弱と怠惰を助長する」ものにほかならなかった[51]。

平等の進展と並行した人間の思考様式＝哲学の歴史はしかし、おそらくは著者がむしろ思考の社会学的な考察を試みていることに起因しているのであろうが、固有名詞を数多く並べ立てる「思想史」ではない。この点は『デモクラシー』においても『アンシャン・レジーム』においても変わりがない。晩年の未完に終わった著作の第三編は「どのようにして一八世紀の半ば頃に、文人たちが国の主要な政治家となったのか、またその結果について」と題する章でもってはじまる。このことが、著者によればのちのフランス革命の抽象的な性格を用意するものであった。フランスの文人たちはイギリスの同様の立場の人物とはことなり、「抽象的で文学的な類の政治」を展開することに終始した。彼らはたえず「社会の起源と原初形態、市民の基本的な権利」などについて語りつづけたことにトクヴィルは読者の注意を喚起して、そこでは「きわめて一般的な概念」が作動していたとするのだ[52]。

ここで列挙される一八世紀に固有の主題からただちに想像することができるのはルソーでありマブリであろうか。つづく第二章にはディドロやエルヴェシウスといった具体的な名前も見あたる。だが政治家になった文人とはだれであるのか。抽象的な言辞でもって社会について語りつづけた文人たちと同様に、ルイ一四世の治世以来この国で進行する中央集権化を担った官僚たちもまた現実の具体的な経験には乏しかったとトクヴィルは述べ、その例として挙げるのが国民の選ぶ議会の開設により「王権が啓蒙される」ことを国王に提案する、一七七五年のテュルゴの覚書である。トクヴィルが『アンシャン・レジーム』の準備のためのノートで「行政の輩の父祖」と呼ぶ、きわめて有能な行政官であった（そして、そこまで言及されはしないが、人間精神の進歩をあれほどまでに肯定した）テュルゴも、結局のところは抽象的で一般的な観念にとらわれており、社会の実情についてはたいへん甘い見とおししかもっていなかったというのがトクヴィルの示す評価であった。[53] さらにこのあとにくるのが、無限の完成可能性の観念の誕生への言及があり、『テュルゴの生涯』を読んだことをうかがわせる第四章なのであった。

テュルゴと重農学派、と両者をほぼ同一視する点に問題は残るが、彼らには「政治的自由への好み」が欠如していたとトクヴィルはいう。テュルゴはフランス国民の教育の重要性を強調する。だが彼の推奨するのは国家の手による画一的な、絶対君主政のもとでの平等な国民の教育にほかならない。これはルトローヌやル・メルシエ・ド・ラ・リヴィエールたちの説く「全能の国家」による統治につながるものである。[54] こうして彼らの一般的かつ抽象的な理論は、人間の啓蒙と平等とをうながしながら、まさにその点で中央集権的な国家の形成に寄与し、アンシャン・レジームにおける平等の観念を受け継いだフランス革命を準備したのでもあった。テュルゴとともにコンドルセの師であるマルゼルブはトクヴィルの曽祖父にあたり、こちらの文人＝官僚にたいする評価はどちらかというと控えめである。それでも『デモクラシー』の第一巻を読んだJ・S・ミルの依頼を受けて一八三六年に執筆した論文「一七八九年の以前と以後でのフランスの社会と政治の状態」を見ると、「中間団体が無力化し破壊された」状況にあって「臣下の自発的な服従」を獲得するには公論に耳傾けることを国王に勧める一七七〇年の租税法院の建言書への言及がある。[55] 世論こそは印刷術により広められる啓蒙と深い関係にあり、この世論という主題についてコンドルセがマルゼルブの議論を受け継いだことにはすでにふれたとおりである。

おわりに

フランス革命はこの国を長く支配した封建制、そして絶対君主政を打破したとふつう信じられているが、それとは反対にアンシャン・レジームと革命とは連続しているというのが、『アンシャン・レジーム』におけるトクヴィルの基本的な視点であった。両者をつないでいるのが、ひとことでいえば平等である。「臣下の序列の平準化に最大の働きをしたのは絶対の力をもった国王たちであった」。[56] 絶対君主政こそが革命を準備したのであり、その連続性を具体的に示すひとりがテュルゴにほかならない。彼が一七七〇年代に国民の教育を提案し、革命の開始後にコンドルセが公教育の制度の検討を行い、それが九五年の総裁政府の成立とともに具体的な姿を取ったことは、啓蒙もまたたぶんに逆説をふくむかたちであったとはいえ、アンシャン・レジームと革命とをつなぐうえで大きな役割を果たしたことがわかってくる。『デモクラシー』においても『アンシャン・レジーム』においても、明示的に論じられるわけではけっしてないが、トクヴィルはこの点での「連続」に気づいていたにちがいない。

ところで、アンシャン・レジームとフランス革命との連続からは、さらにもうひとつの連続が帰結することになる。革命によって旧い社会制度はいったんは崩壊する。しかしその残骸のなかから、否定された君主政にもまして絶対的で中央集権的な権力が立ち上がってくる。ブリュメールのクーデタにつづく第一帝政の成立である。実のところトクヴィルにとっては、平等がゆきわたっているにもかかわらず単一者が権力を掌握するにいたる過程こそが問題であり、しかもコンスタンが人間の完成可能性と平等の進展とをボナパルトによる権力の簒奪に対置させていたのとは逆に、まさに平等と中央集権化がアンシャン・レジームを通じて進行し、革命のもたらした瓦礫のなかにも残っていたからこそそうした事態が出現したというのが、トクヴィルの見解なのであった。完成にはいたらないが、著者はこのことを明らかにするために『アンシャン・レジーム』の続編に取りかかる。

このボナパルトにかかわる主題はしかし、『デモクラシー』の第一巻を執筆した当時、いやそれよりもさらに時間を遡ることになるが合衆国に滞在したとき以来、トクヴィルが念頭においていたものであった。「民主政体とたったひとりの人間が制約なしに権力を行使する政体とのあいだには、もはや中間的な形態のものは存在しない」と彼は友人に宛てた書簡のなかで語る。しかも、自分がそんなことを考えるようになったのはもう早や一〇年も前からのことであると（二〇歳！）。また「フランスには［二〇〇年来？］あらゆる形態の無政府状態と専制とが存在したが、共和政に似たものはひとつもなかった[57]」。あるいはここから逆算するならば、彼が『デモクラシー』に取りかかる以前、ないしはアメリカへ向かうよりも前にコンスタンの論文に目をとおしていたとして、そこで論じられていた人間精神の完成可能性の問題はトクヴィルの政治哲学の根幹に抵触するものであった。

第一帝政を想定してのことであろうか、『デモクラシー』の終末部分には民主政のもとで出現するおそれのある新しい種類の専制についての有名な記述がある。社会のなかで平等が力をえるにつれて、すでに見てきたとおり、ひとは一方で個人主義にとらわれて自身とその周囲のことにしか関心を向けなくなるとともに、自身を人類の一部分と考えるようにもなる。そうした人間のうえには「絶対的で事細かく、几帳面で用意周到、そして穏やかな」後見的権力が、市民の幸福を実現することをとおして彼らを支配しようとする。「われわれの時代のような啓蒙と平等の時代には、主権者は古代のいかなる主権者がなしえたよりもたやすく、あらゆる公権力をその手中に収めることであろう[58]」。この「民主的な専制」の姿は「もはや社会の階層も、目立った階級も、固定した序列もなくなった」絶対君主政においてもすでに現れていたことが『アンシャン・レジーム』では引きつづき語られることになるのであった[59]。

こうした一九世紀半ばでは特異ともいうべき政治哲学の文脈のなかにこそ、人間の無限の完成可能性という観念はおかれなくてはならない。いく人かの、とりわけコンドルセの議論をつうじてすでに転変を経験してきた啓蒙は、トクヴィルにより疑義が付されることであらためて大きな運命を迎えることとなった。

注

（1）*Rapport fait à la Convention dans sa séance du 13 germinal an III au nom du Comité d'instruction publique*, Paris, 1795.

（2）*Moniteur*（29 messidor an III), t. XXV, p. 227.

（3）市民の形成と啓蒙との関係については富永茂樹『理性の使用——ひとはいかにして市民となるのか』みすず書房、二〇〇五年を参照。

（4）『アメリカのデモクラシー』松本礼二訳、岩波書店、二〇〇五年、第一巻（下）、一四一頁。

（5）同前、第二巻（上）、六五頁。

（6）Lettre à Louis de Kergorlay（10 novembre 1836), in *Œuvres complètes*, t. XIII（1), Paris, Gallimard, 1977, p. 418 ; *Pensées*, in *Œuvres complètes*, t. II, Paris, Gallimard, Bibliothèque de la Pléiade, 2000, p. 612.

（7）『デモクラシー』第二巻（上）、六六頁。

（8）同前、第二巻（上）、一三二―一三三頁。

（9）*L'Ancien Régime et la Révolution*, in *Œuvres*, t. III, Paris, Gallimard, Bibliothèque de la Pléiade, 2004, p. 202.

（10）『デモクラシー』第一巻（下）、五五頁。

（11）*De la démocratie en Amérique*, éd. par Edouardo Nolla, Paris, J. Vrin, 1990, t. II, p. 41, note d.

（12）Lettre à Charles Stöffels（21 avril 1830), in *Lettres choisies*, étab. par Françoise Mélonio et Laurence Guellec, Paris, Gallimard, Quarto, 2005, pp. 145-146.

（13）Agnès Antoine, *L'impensé de la démocratie : Tocqueville, la citoyenneté et la religion*, Paris, Fayard, 2003, p. 226.

（14）*Tableau historique des progrès de l'esprit humain*, éd. par J.-P. Schandeler et P. Crépel, Paris, I.N.E.D., 2004, pp. 234-235.

（15）*Ibid.*, p. 445.

（16）*Tableau historique*, *op. cit.*, pp. 163 et 170.

（17）«Discours prononcé à la réception dans l'Académie française（21 février 1782)», in *Œuvres*, éd. par O'Connor et Arago, Paris, 1847, t. I

p. 391.

(18) *Vie de Turgot*, in *Œuvres, op. cit.*, t. V, pp. 14 et 221. なお『素描』の第九期にも，無限の完成可能性の「理論」を展開した人物として，プライス，プリーストリーと並んでチュルゴの名前があがっている（*Tableau historique, op. cit.*, pp. 392-393)。

(19) *L'Ancien Régime et la Révolution, op. cit.*, p. 202.

(20) *Cinq mémoires sur l'instruction publique*, prés. par Ch. Coutel et C. Kintzler, Paris, GF-Flammarion, 1994, pp. 70 et 71.

(21) «Fragment de justification», in *Œuvres, op. cit.*, t. I, p. 574.

(22) «Tableau général de la science, qui a pour objet l'application du calcul aux sciences politiques et morales», in *Œuvres, op. cit.*, t. I, p. 549.

(23) *Tableau historique, op. cit.*, pp. 457-458.

(24) *Essai sur l'histoire de l'idée de progrès*, Paris, Félix Alcan, 1910, p. 329.

(25) Pascal, *op. cit.*, p. 609.

(26) *Vues sur les moyens d'exécution dont les représentans de la France pourront disposer en 1789*, Paris, 1789, p. 2.

(27) *Tableau historique, op. cit.*, pp. 449-453.

(28) «Idée d'une histoire universelle au point de vue cosmopolitique», trad. par Luc Ferry, in *Œuvres philosophiques*, Paris, Gallimard, Bibliothèque de la Pléiade, 1985, t. II, p. 195.

(29) *Tableau historique des progrès successifs de l'esprit humain*, in *Œuvres de Turgot et documents le concernant*, éd. par G. Schelle, Paris, Félix Alcan, 1913, t. I, pp. 215-216.

(30) *Ibid.*, pp. 219 et 232-233 ; Condorcet, «Essai sur l'influence de l'imprimerie», in *Tableau historique, op. cit.*, pp. 107-121.

(31) «Discours de réception à l'Académie française（16 février 1775)», in *Maleserbes, le pouvoir et les lumières*, prés. par M. Wyrwa, Paris, Éditions France-Empire, 1989, p. 92.

(32) «Plan du second discours sur les progrès de l'esprit humain», in *Œuvres de Turgot..., op. cit.*, 310.

(33) *Discours sur les sciences et les arts*, in *Œuvres complètes*, Paris, Gallimard, Bibliothèque de la Pléiade, 1964, t. III, pp. 9-10.

(34) *Discours sur l'origine et les fondemens de l'inégalité parmi les hommes*, in *Œuvres complètes, op. cit.*, p. 142.

(35) «Lettre à Monsieur de Voltaire», in *Correspondance complète*, éd. par R. A. Leigh, Genève, Institut Voltaire, 1967, t. IV, p. 39.

(36) *Essai sur les mœurs*, éd. par R. Pomeau, Paris, Garnier, 1963, t. I, pp. 24-25.

(37) *Vie de Voltaire*, in *Œuvres, op. cit.*, t. IV, p. 20.

(38) *De la littérature*, éd. par G. Gengembre et J. Goldzink, Paris, GF-Flammarion, 1991, pp. 59, 367 et 406-407.

(39) *Journaux intimes*（10 janvier 1805), in *Œuvres*, prés. par A. Roulin, Paris, Gallimard, Bibliothèque de la Pléiade, 1957, p. 410.

（40）«De la perfectibilité de l'espèce humaine», in *Écrits politiques*, prés. par Marcel Gauchet, Paris, Gallimard, Collection Folio, 1997, pp. 700, 702–703 et 710–711.
（41）*Ibid.*, pp. 712–714 et 719 ; cf. «De la liberté des Anciens comparée à celle des Modernes», in *Écrits politiques*, *op. cit.*, pp. 591–599.
（42）『デモクラシー』第二巻（下）、一六—二〇頁。
（43）同前、第二巻（上）、三三頁。
（44）*De la démocratie en Amérique*, *op. cit.*, t. II, p. 25, note a.
（45）『デモクラシー』第二巻（上）、三六頁。
（46）*Considérations sur la France*, in *Écrits sur la Révolution*, prés. par J.-L. Darcel, Paris, P.U.F., 1989, p. 145.
（47）『デモクラシー』第二巻（下）、一八—二二頁。
（48）同前、第二巻（上）、六一—六三頁。Cf. H. Heine, *Histoire de la religion et de la philosophie en Allemagne*, Paris, Imprimerie nationale, 1993.
（49）P.-H. Tavoillot, *Le crépuscule des lumières*, Paris, Éditions du Cerf, 1995, p. iv.
（50）『デモクラシー』第二巻（上）、一二四—一二五頁。
（51）同前、第二巻（上）、一五二—一五三頁。
（52）*L'Ancien Régime*, *op. cit.*, pp. 169–170.
（53）*Ibid.*, p. 175.
（54）*Ibid.*, pp. 189–190.
（55）«État social et politique de la France avant et après 1789», in *Œuvres*, *op. cit.*, t. III, p. 37.
（56）『デモクラシー』第二巻（上）、一七三頁。
（57）Lettre à Louis de Kergorlay（vers la fin du janvier 1835 ?), in *Œuvres complètes*, *op. cit.*, t. XII（1), p. 373 ; Cahiers portatifs 4 et 5 in *Œuvres*, *op. cit.*, t. I, p. 191.
（58）『デモクラシー』第二巻（下）、二五五—二五七頁。
（59）*L'Ancien Régime*, *op. cit.*, p. 190.

第10章　コンドルセからコントへ

——啓蒙の転換——

北垣　徹

はじめに——「タブロー」から「プラン」へ

コンドルセの『人間精神の進歩の歴史的一覧表の素描（*Esquisse d'un tableau historique des progrès de l'esprit humain*）』（一七九四年）と、コントの『社会再組織に必要な科学的作業の計画（*Plan des travaux scientifiques nécessaires pour réorganiser la société*）』（一八二二年）を隔てる時間は、実際のところわずか三〇年足らずである。しかし前者を一八世紀啓蒙思想の到達点をなす著作とみなし、後者を一九世紀実証主義の幕開けを告げる著作とみなすならば、両者の思想的隔たりは、実際の時間の隔たりよりも大きなものと感じられる。また両者のあいだには、フランス革命期からナポレオン期にかけての、めまぐるしい政治的変動が横たわる。つまり、コンドルセが自殺する間際に『一覧表(tableau)』（以下「タブロー」と表記）を走り書きしてから、若きコントが後のみずからの思想を予告する『計画(plan)』（以下「プラン」と表記）をしたためるまでに、フランス革命が終わり、ナポレオンが登場してヨーロッパに勢力を拡げるが、結局のところ失脚し、王政が復活するという事態の変転がある。そのため、この二つの著作それぞれが位置する政治的文脈は、互いに大きく異なるものとなる。こうした事情も念頭におくならば、「タブロー」

と「プラン」のあいだの溝は、より深いものと感じられるだろう。

しかし他方で、そうした深い溝にもかかわらず、両者を結びつける糸が存在することも確かである。ある局面において、コンドルセが一九世紀の実証主義を予見し、またコントが一八世紀の啓蒙思想を継承していることは否定できない。「プラン」のなかでコントは、モンテスキューに続いてコンドルセやカバニスに言及しており、明らかに彼らの延長線上で思考している。いったい「タブロー」と「プラン」において、何が連続しており、何が断絶しているのか。コンドルセの啓蒙思想とコントの実証主義とは、どのようなかたちで関連しているのか。それは順接なのか、逆接なのか、進展なのか、退行なのか――こうした問題を考えつつ、一八世紀啓蒙が一九世紀に辿る運命の一端を垣間見ようというのが、本章の目指すところである。

漠然とした印象から始めるならば、コンドルセ(一七四三―一七九四)とコント(一七九八―一八五七)を結ぶ糸は、錯綜しているとまではいかないにせよ、一直線に伸びているものでもないように思われる。それはいくつかの箇所で折れ曲がり、辿っていくと思わぬ場所に行き着くような予感がする。ともあれ、きわめて図式的な見方は、あらかじめ排しておいた方がよいだろう。フランスにおける一八世紀の思想と一九世紀の思想にかんして、一方において、両者のあいだの連続を強調する見方がある。すなわち、一八世紀末のフランス革命、さらには一九世紀の七月革命、二月革命を経て、思想は発展ないし深化し、何かが量的に増大していくという見方である。ここから例えば、一八世紀の自然権に加えて、一九世紀には社会権がみいだされ、人間の権利は次第に拡大していくというような物語が語られるだろう。他方において、一八世紀と一九世紀のあいだの断絶を強調する見方もある。この場合、両者は互いに対立ないしは矛盾するものとして捉えられる。そこからは例えば、革命にたいする反動、啓蒙主義にたいするロマン主義といった二項対立が生まれることになるだろう。このような、ごく単純に連続ないしは断絶を強調する見方にコンドルセとコントを収めてしまうことは、ここでは避けねばならない。両者のあいだには、連続することによって断絶してしまうというような逆説的経路がある。あるいは、古い装いのもとに新たなものが現れるという事態がある。あるいは、あるものがみずからと対立しているものを含み混んでしまうことで、同じものが別の意味を帯びてしまうということがある。いずれにせよ、啓蒙か反啓蒙かというような図式的な二者択一に行き着くことはけっしてないということを予感しつつ、手がかりとなる糸を手繰りながら、推移を見守っていかねばなるまい。

そうした作業はおそらく、コンドルセとコントのあいだの連関にとどまらず、より広い文脈を理解することにもつながるだろう。例えば、実証主義を適切に位置づけることにもつながるだろう。いうまでもなく、コントはこの思想の創始者である。後にみるように、彼の著作のほとんどが、そのタイトルに「実証」の語を含んでいる。この思想はコント以降も、エミール・リトレやクロード・ベルナールらによって受け継がれる。あるいはイギリスにおいても、J・S・ミルやハーバート・スペンサーらによって、独自の発展をみせる。二〇世紀になっても、プラグマティズムや論理実証主義というかたちで、アングロ＝サクソンの哲学界では主流を形成するに至る。かくして実証主義は今日において、ある特定の思想というよりも、ごく一般的な知的態度を意味するようになっている。「実証的」という語も、日常語としてごく普通に用いられている。そのため実証主義は、たんなる合理主義や科学主義、あるいは唯物論や経験論として受け止められ、一八世紀啓蒙の漠然とした帰結として解されることが多い。しかしそうした解釈は、実際のところ、コントの思想を適切に理解することにはつながらない。彼の実証主義はある局面においては、合理主義、科学主義、唯物論、経験論のいずれとも、鋭く対立することがあるからである。この点については後に、実証主義から人類教へと至るコントの思想と行動を辿りながら、本章で詳しく検討する。

またコンドルセからコントへの糸を手繰る作業は、「社会学」の系譜を探ることにもつながるだろう。実証主義と同様に、これもまたコントに起源を求めることができるものだ。社会学がその後に辿った運命は、よく知られている。エミール・デュルケームの時代には制度的に確立され、そして二一世紀の現在、世界中で多くの者がこのディシプリンに携わっており、その内容は多岐にわたる。しかしながら今日においてもなお、社会学が対象とする社会とは何かという問いは、それほど自明のものではなく、回答に窮することがある。あるいは、そうした問いは、あまりに自明のものとみなされて、あえて問うことが困難になっているのかもしれない。ともあれ、コントの思想が辿り着く特異な位置から、社会学を改めて眺め直してみることで、この知が対象とする社会のあり処を、新たな光のもとに認識することができるだろう。この点にかんしても、本章の最後で言及する。

1　コントからみたコンドルセ

コントによるコンドルセへの言及は、「プラン」のなかだけにかぎらず、もっとも初期から晩年に至るまで、彼の生涯にわたる著作のなかにみいだすことができる。一八一九年の論文「コンドルセの政治研究について」にはじまり、『実証哲学講義』（一八三〇―四二年）においても、『実証政治体系』（一八五一―五四年）においても、「タブロー」の著者の名は何度も現れる。リトレによれば、コントはみずからの先駆者としてコンドルセしか認めず、彼のみを「精神的師」であるとみなしていた。[1]他方で、コンドルセにたいするコントの評価は、年とともに変わっていったという見方もある。アニー・プティの研究によれば、それはあたかも父にたいする息子の態度のようであり、反抗からはじまって、成熟とともにより好意的になり、さらには承認、感謝を経て、最終的には偉大なる存在として崇拝するに至ったという。[2]それほど微妙な差異を伴うかどうかはさておき、青年期と晩年とでは、確かに態度の変化があるように思われる。コントもコンドルセ同様、二月革命時には同時代の政治に関与し、ジャコバン協会をモデルとして実証主義協会を設立するに至る。そのあたりを境として、以降の『実証政治体系』などにおいては、コンドルセを「先駆者」「精神的師」とする記述が目につくようになる。ただし散見するかぎりでは、それは修辞的な言い回しから窺える程度の、あくまで態度の変化であり、理論的にはそれほど変化していないようにも思われる。事実その点は、プティも認めるところだ。したがってここでは、「反抗期」の著作ということになろうが、「プラン」すなわち一八二二年の『社会再組織に必要な科学的作業の計画』における言及を主な手がかりとして、コンドルセにたいするコントの評価を検討していくことにする。

「プラン」においてコントはまず、社会を適切に組織するためには、何よりも「事物の自然」を正確に見極めなければならないという。[3] 事物の自然を包括的に見定めることによってこそ、そこから「文明化の全般的歩み」を導き出すことができる。コントによれば、科学、芸術および産業が文明の三要素であり、こうした文明化の歩みをもたらすのは、人間のもつ精神の発達と、人間の自然にたいする作用の発達という二要因である。[4] 文明化の歩みは、事物の自然から生じる抗いがたい力によって動かされるものであるから、人間の恣意的な振る舞いによって容易に操作できるものではない。それはいわば、無意識の過程としてあり、もっとも激しく抵抗する者も、知らず知らずのうちにその影響を受け、結局のところ、そうした歩みに手を貸すことになる。それゆえ、こうした文明化の歩みの認識なくしては、社会を組織するために行動を起こしても無益な結果に陥るだけであり、適切な政治介入を行うことは不可能である。出発点として、まずこの認識が求められなければならないとコントはいう。

こうした文明化の歩みを最初に認識した人物として、コントはまずコンドルセを評価する。[5] コントによれば、政治について教義ではなく事実の科学を構築しようと試みた最初の人物はモンテスキューであるが、『法の精神』の著者は最良の統治形態という形而上学から抜け出すことができず、歴史の継起的段階すなわち文明化の歩みを無視してしまった。[6] コントによれば、政治における「よさ」の観念は実証的ではなく、それには「文明状態との適合」という観念がとって代わらねばならない。最終的にモンテスキューは、政治についての事実を並べるにとどまり、事実間の結びつきを法則としてみいだすには至らなかった。それを成し遂げたのが、「タブロー」すなわち『人間精神の進歩の歴史的一覧表の素描』の著者であるとコントはいう。周知のように、この書においてコンドルセは、分節言語の使用、書記の発明、印刷術の発明などを断絶点としながら、人間の精神史を十の時代で描き出している。そして、本書の執筆時点は第九時代に属するとされ、それに続く最後の第十時代は、人間精神が過去において辿ってきた段階ではなく、未来において達するであろう段階として描かれる。この点において当時、コンドルセは非難されもしたが、コントはむしろこの点において彼を擁護する。なぜなら、そこではモンテスキューにはなかった歴史の法則性が前提となっているからである。未来を予見することが可能になるのは、過去の事実の観察に基づいて法則性がみいだされたからであり、それこそが実証的な科学の果たすべき重要な役割であると「プラン」は述べる。

しかしながら、こうした評価にすぐ続けてコントは、コンドルセによる時代区分はまったく恣意的なものだと批判する。[7] つまり「タブロー」における十の時代区分は、「同質の系列」に沿った変数としての発展ではなく、たんに無作為に集められたものにすぎないというのだ。確かに「タブロー」を繙けば、十の時代を区分するものは、ある場合には言語などコミュニケーションに関わる変容であるが、別の場合には牧畜や農耕の開始など生産様式の変化であり、また別の場合には科学の発達や衰退、復活、専門分化である。したがってコントによれば、コンドルセは事実の観察から真の法則を導き出すには至っていない。十という数字は、数学者コンドルセが十進法からの連想でもちだしてきたものにすぎず、時代区分すべてを貫く同質の何かが存在するわけではない。それに代わってコントはみずから、あるひとつの変数にしたがって新たな時代区分を提示し、真の文明化の歩みの法則をうち出そうとする。

それが師サン＝シモンから受け継いだ発想から生まれ、後には「三状態の法則（loi des trois états）」として定式化されるものである。[8] よく知られるこの法則に、コントは生涯にわたって依拠しつづける。三状態の第一は、神学的状態である。この状態において人間精神は、いまだ自然的な水準における思考にとどまっている。観察より想像がまさっているため、観察された事実は虚構の超自然的事実によって説明される。したがって科学は未発達であり、産業も生存の必要を満たすだけのものにすぎない。文明の三要素のなかでは、芸術が優位を占めている。また、人間精神がこうした状態にある時代においては、社会の主たる活動が戦争であるため、社会組織は征服を目的とした軍事的なものとなり、奴隷制が存在する。

続く第二の状態が、形而上学的状態である。この状態では、人間精神の活動において、全般的にはなお観察より想像がまさっているが、ある領域では想像が観察によって修正されるようになる。したがって、超自然的な存在による説明（汎神論）が、人格化された抽象的存在による説明（人格神論）にとって代わられる。しかしそうした説明は形而上学的であり、観察によって確かめられるものではない。また政治の領域における人民主権や人間の権利のような観念は、形而上学的状態にとどまるものである。こうした人間精神の状態においては、社会はもはや完全に軍事的ではないが、まだ完全に産業的でもない。その目的は征服と生産とで拮抗しており、産業は軍事的な手段として保護され育成される。生産者としての奴隷は解放されるが、なお恣意的な専制のもとにある。

そして第三の状態が、実証的状態である。この状態に至って、人間精神の活動のなかで、観察が想像に完全にまさるようになる。それとともに、人間中心のものの見方から、事物中心のものの見方へと移行し、観察された事実に基づいて法則性を確定する実証的な科学が発達する。また社会の主たる活動は生産となり、さまざまな分野で産業が発展する。奴隷制はもはや存在せず、あらゆる社会関係は産業を基礎に形成されるようになる。

こうした三状態のうち、第二状態は第一状態と第三状態とのあいだに位置する、いわば過渡的状態であるとされる。したがって三状態の移行は、より単純には、想像から観察へ、征服から生産へ、軍事から産業へといった二項で語ることもできる。このように、コンドルセの十段階を恣意的だと批判するコントは、より「同質の系列」に基づく法則を提示しようとする。ただしコントのいう三状態は、発展のなかでの諸段階として語られるものの、ある時代において存在した状態が、次の時代になると完全に消え去って、また別の状態が現れるというように考えられているわけではない。例えば革命後のフランスにおいても、神学的状態、形而上学的状態、実証的状態の三状態が、混淆したかたちで、さまざまな領域に散在している。現在の進歩は過去の積み重ねの結果であり、また現在はつねに過去から未来への過渡的段階である。この点をコンドルセは理解せず、一八世紀を進歩の時代であるとし、それを産みだしたはずの過去を退歩の時代であるとしている。つまり「タブロー」においては、進歩の源泉である過去がないがしろにされ、その結果「たえざる奇跡」によって進歩が生じるかのように考えられていると、コントは批判するのだ(9)。

この点に関連して、「プラン」において三状態の区分と並んで重要視されるのが、文明化の歩みをなす二つの運動である。すなわちそれは、脱組織と再組織の運動であり、「一つは組織破壊の動きであり、もう一つは組織再建の動きである(10)」。あらゆる時代は過渡的な段階であり、さまざまな状態が混じり合っているが、そのなかでも解体へと向かう流れと、再生へと向かう流れがある。そして、この二つの運動それぞれに、二つの原理が対応するとコントはいう。すなわち、脱組織の運動には批判的原理が、再組織の運動には有機的原理が対応する。一八世紀の哲学すなわち啓蒙思想は、脱組織化のための批判的原理であった。コントによればそれは、宗教改革期のルターによる思想の延長に他ならず、またそれは、フランス革命を用意するものであった。しかしながら一九世紀の現在において求められているのは、「プラン」のタイトルが端的に示すとおり、革命後の社会を再建する運動であり、その基盤となる有機的原理である。最後の啓蒙思想家コンドルセは、なお批判的原理を打ち出そうとしていた。しかし今必要なのは、再組織化のための有機的原理を構築することだとし、コントはそのための第一歩を踏み出そうとする。

他方で、若きコントの思想において特徴的なのは、人間精神の発達と、それに伴う社会組織の変化とを、平行して論じようとしている点である。すなわち、先の三つのそれぞれの状態において、想像から観察へと移行する人間精神のあり方と、軍事から産業へと移行する社会組織のあり方が対応しており、一方の発達なくしては、他方の変化はありえないとされる。コントはこのことを、モンテスキューのところでも触れた「文明状態との適合」という観点から論じている。コントによれば、さまざまな時代を超越した絶対的に善なる社会制度は存在しない。ある文明の状態にとってよき社会制度も、それはその状態に適合しているから善なのであって、別の文明状態にとっては悪となりうる。例えば奴隷制は、今日では悪であるが、その起源においては、強者が弱者を殺戮することを妨げるものであり、そのかぎりでは当時において「よき」制度であったという。同様に、一八世紀において重んじられるようになった自由という価値も、ある程度の教育を受け、予見する主観を身につけた文明には善であるが、そうでなければ悪となりうる——このような議論をコントは展開する。(11)

その結果、この点においてもまた、コンドルセはコントによって批判されることになる。すなわち「タブロー」で展開されるのは、社会の脱組織化を目指した批判的原理であり、それに照らし合わせれば、過去の段階は現在からみて断罪の対象となるだけである。すでに触れたように、コンドルセは進歩の源泉としての過去という見方をしておらず、過去の文明とその文明がおかれた社会状態との関係を、体系的に論じているわけではない。コントによれば、革命後の世界においては、批判的原理に代わる有機的原理をみいださなければならない。この原理によって、文明化の歩みを事物の自然として実証的に観察し、現在の文明の状態とうまく適合した社会の原理をみいだし、それにしたがって新たな社会を再組織化しなければならない——それが「プラン」の目論見であり、ここでもまたコンドルセとコントは、革命という分水嶺の向こう側とこちら側に位置しつつ、連続よりもむしろ断絶を際だたせることになる。

2　歴史という認識

ここで「プラン」から離れ、他の著作も参照しながら、さらにコンドルセとコントの断絶を探ってみよう。この断絶は、両者の歴史観をめぐって明らかになる。より具体的には、それぞれのキリスト教および中世についての評価にかんして、はっきりとした対照をなすだろう。キリスト教にたいするコンドルセの否定的な評価は明らかである。「タブロー」のなかで第五時代は、ギリシャが没落し、科学の中心地がアレクサンドリアへと移った時代であるが、そこに救世主の到来を信じるメシア信仰が東方から流入し、より道徳的な宗教として確立していく様子は、次のように記述されている。「人文科学の蔑視はキリスト教の基本的な特徴のひとつである」、「自然科学の知識もキリスト教にとって、忌まわしく疑わしいものであった」、「かくしてキリスト教の勝利は、科学にとっても哲学にとっても、完全な退廃の兆しである」[12]。そして続く第六時代が、五世紀から一一世紀にかけての中世となるが、コンドルセにとってこの時代は、「野蛮への退行」「教会による圧政」「無知と偏見による専政」の時代であり、啓蒙は衰退して、人間精神の進歩は停滞するとみなされている。続く第七時代は、イスラム文化を経由して科学が復活する一二世紀以降の時期とされ、スコラ学の隆盛や自治都市の発達、羅針盤と火薬の発明など、人間精神のいくつかの進歩が挙げられている。しかし「タブロー」でより重視されるのは、一五世紀における印刷術の発明とそれによってはじまる第八時代であり、また「デカルトからフランス革命まで」の第九時代である。記述の分量も、第六・第七時代に比べて、第八時代が二倍、第九時代は四倍になる。このようにコンドルセにとって、キリスト教や中世を覆う過去の闇と、啓蒙の時代を照らす現在の光とは、截然と分かたれることになる。

他方でコントにとって、そのようなはっきりとした対照は存在せず、キリスト教や中世をめぐる評価もかなり異なっている。キリスト教の普及は、コンドルセにとっては科学と哲学を完全に衰退させるものであったが、コントにとっては普遍的友愛の原理をもたらすものであり、その時代におけるもっともリベラルな試みとして評価される[13]。また中世という時代についても、キリスト教の友愛の原理に基づいて、合理的で平和な社会体制を築こうとした時代として、また教会という精神権力と、封建権力という世俗権力とが分離した時代として、肯定的評価が与えられる[14]。またこの点に関連して、革命後にキリスト教や中世を再評価した人物として、コントはメーストルを高く評価している[15]。

もちろん、キリスト教や中世をめぐるこうした評価だけで、革命のコンドルセにたいする反動のコントという位置づけを行うことはできない。いうまでもなく、すでに触れた「三状態の法則」がコントにとって重要な認識であり、この認識からすれば、キリスト教や中世はあくまで神学的ないしは形而上学的状態に属するもので、実証的状態に属するものではまったくない。実証主義者コントにとっての理想は未来にあって、革命以前の過去にはない。その意味で彼は反動ではありえず、メーストルの理想とは大きく異なる。すでに述べたことからも推察されるように、コントのキリスト教や中世にたいする肯定的評価は、彼の認識ないしは方法から生じる。つまりそれらは、絶対的な善としてではなく、「文明との適合状態」の観点から評価される。コントは、進歩を捉えるには二項ではなく三項が必要だと主張している[16]。古代と中世、あるいは中世と近代といった二項対立では不十分であり、過渡的状態を認識するためには第三項が要るというのだ。光と闇、啓蒙と蒙昧といった二元論ではなく、三状態の法則における形而上学的状態のように、過渡にある状態を考慮に入れなければならない。過去の内に未来を見通しつつ、そこから振り返って現在を移行のなかにあるものとして認識しなければならない。闇の中にも光を、蒙昧のなかにも啓蒙を窺いつつ、両者の混淆状態からある運動の法則を導き出すというのが、コントの中心的態度である。

一般的にいって、コンドルセとコントの歴史観はかなり異なる。キース・マイケル・ベーカーの指摘によれば[17]、コンドルセにおける社会科学の概念は歴史的ではなく、むしろ反歴史的である。つまりコンドルセは、政治を歴史に従属させるのではなく、歴史の方を政治に従属させるのだ。彼が「タブロー」において描き出すのは、人間の行為を呑み込んでしまうような歴史ではなく、むしろそこから解放された、人間の能力の無限の発展である。したがってコンドルセのみいだす法則とは（そういうものがあると仮定して）、歴史固有の運動を形成するものではない。それは人間の精神や身体のもつ能力についての法則、人間の理性や自由についての法則である。最終的にベーカーは、コンドルセが一九世紀の進歩史観を先取りしているという伝統的な見方を否定し、「タブロー」はサン＝シモンやコントの眼を通してではなく、むしろコンドルセの他の著作との関連で論じられるべきであると主張している。

このようなベーカーの見方に基づくならば、コンドルセにとっての歴史とは、人間の精神の所産が展開する背景にすぎない。彼の十の時代区分は、歴史に内在するものではなく、むしろ人間の認識原理からくるものである。つまりそれは十進法という、人間の指の数に由来する形式に基づいている。いわばそれは、遠近法を産みだす枠組であり、それを通して見て取られた人間精神の発展が、歴史という名のカンバスに描かれ、結果としてまさに絵画《タブロー》ができあがるのだ。あるいは、コンドルセの歴史は空間的だともいえる。「タブロー」の冒頭で彼は、歴史におけるさまざまな社会の比較観察を、同時代のさまざまな社会の比較観察になぞらえ、またこれから行おうとしている歴史的な探求を、「空間」における探索だと述べている。[18] このように彼にとって時間と空間は、人間の認識において等価で互換可能であり、ある形式に基づいて空間が分割されるのと同様に、歴史という時間も分割されうるのだ。

それにたいしてコントにおいては、歴史は背景から前景にせり出してくる。それは「事物としての自然」から生じるものであり、人間精神の外部にあって、固有の運動を行うものとされる。そうした運動のゆえに歴史は不可逆的であり、認識において空間と等価ではない。またこの運動はランダムなものではなく、ある法則性を有するとされる。その定式化のひとつが「三状態の法則」であり、すでに触れたようにそれは、人間精神の状態のみならず、社会組織の状態をも規定するので、そうした状態を適切に認識せずに政治を行うことは不可能である。その意味でコンドルセの場合とは異なり、歴史は政治に従属するのではなく、逆に政治が歴史に従属する。コンドルセにおいては、歴史は人間精神を浮かび上がらせるためのカンバスにすぎず、ひとたび人間精神が浮上すれば、もはや歴史は必要ではなくなる。「タブロー」においても結局のところ、重点がおかれているのは近過去の第八時代、同時代の第九時代、未来の第十時代であって、他の時代はそれほど重要視されてはおらず、過去は過去として独自の意味をもつわけではない。その意味では確かにベーカーのいうように、コンドルセは反歴史的である。あるいは「タブロー」の著者において、一九世紀的な意味での歴史は、いまだ存在していないといえる。

しかしながらコントにおいては、歴史という新たな認識が現れ、独自の意味や機能を担うようになる。そしてそれは、人間精神とは切り離せなくなり、たえずついて回ることになる。確かにコンドルセもコントも、出発点においては人間の精神がもつ認識の作用に注目し、その所産としての科学の進歩という観点から、歴史を捉えようとする。コンドルセにおいては、科学がひとたび認識の高みに達すれば、歴史という梯子は外されてしまった。しかしコントにおいてはそうではない。ある科学を完全に習得するためには、その歴史を知ることが不可欠であると彼はいう。これはコントの「諸科学の分類」という発想から必然的に出てくることだが、この点にかんしては次節で触れよう。また、科学の領域においてだけではなく、政治や社会の領域においても、「人間の発達の総体」を正しく知ることが不可欠であるとされ、歴史という認識の重要性が強調される。そして、後にコントが人類教を唱道するようになり、過去の死者を含む総体としての人類が信仰の対象となるに至って、歴史の価値はさらに増すことになる。「偉大なる存在」としての人類は、歴史的な外観を与えられなければ感知することができないからである。

このようなコントの態度については、彼の生きた一九世紀という時代の知的文脈を念頭におけば、容易に納得されるかもしれない。確かに、しばしばこの世紀は「歴史主義」の時代として語られる。普遍性を重んじる啓蒙思想にたいして、個別性を重んじるロマン主義が、そうした個別性を伝統のなかに求めようとして歴史に向かう。また、そうした流れとは別に、普遍的な歴史固有の運動を捉えようとする、さらには世界全体を一元的に捉えようとする弁証法的・唯物論的歴史観がある。しかしながら、コントの歴史はそのどちらとも異なる。すでに示唆したように、コントは革命にたいする反動や、伝統への回帰を主張するわけではない。彼が見ているのはむしろ、進歩の向かう先の未来である。ただし、その進歩は無からは生じず、過去の所産からしか生み出されない。したがって、過去について体系的に考え、それに基づいて未来を構想し、そこから現在を振り返らなければならない[19]。コントはこのことを端的に、「過去から導き出した未来にしたがって現在を整える」と定式化している[20]。このように、過去は現在や未来と切り離されたところで、独自の価値をもつわけではない。あくまで現在や未来との関連でのみ、過去はその価値を有する。コントにおいては二項ではなく三項の図式が用いられていると先に述べたが、ここでもまさにそうなのだ。そしてその三項は、過去―現在―未来の順ではなく、過去―未来―現在の順で考えなければいけない。コントによれば、時代のクロノロジックな順序と哲学的順序は異なる。過去に基づいて未来を構想したときに初めて、つねに一点でしかなく、つねに過渡的な状態にしかない現在を捉えることが可能になるのだ。[21]

他方で、コントの歴史観は、弁証法的・唯物論的なそれともかなり異なる。歴史を生産様式のような物質的条件から考察する歴史観に較べれば、コントのそれは、かなり精神性を重視したものである。彼にとって歴史は、人間精神の外部で働くものにせよ、それでも人間精神に端を発している。この点でコントは、再びコンドルセに接近するかのようにみえるかもしれない。しかし他方でコントは、人間の精神は直接の観察によって捉えることはできず、存在も不確かなので、進歩というその外的で物質的な展開を追っていくしかないと考えている。また人間の精神は、軍事から産業へという社会の目的やそのための組織と切り離すことができないとも考えている。こうした点をよりよく理解するためには、実証主義というコントの根幹をなす思想の特異性を十分に把握しておかなければならない。それは節を改めて論じることにしよう。

3 実証主義の思想

先に触れたように、コントは人類の過去を振り返り、「文明化の歩み」を認識することで、そこから「三状態の法則」を定式化した。またコンドルセも、文明化の歩みにおける法則性を仮定し、それに基づいて未来を予測しようとした点において、コントによって評価された。この「法則（lois）」の確定という点は、実証主義の主要な課題として、コントの著作においてたびたび言及されている。[22] それは「原因・大義（causes）」の探求と対比される。すなわち神学的・形而上学的状態においては、人間の精神は最初の起源や最終の目的など、想像によってしか辿りつけぬものを求めていた。神学的状態では、神による天地創造や最後の審判が説かれた。また形而上学的状態でも、「第一原因」「目的因」のような抽象的原理が語られた。それにたいして実証的状態では、法則すなわち「観察された現象間の恒常的な関係」を確定することが課題となる。ある観察された事柄を、目には見えぬ超越的な存在に由来する起源や目的で説明するのではなく、それをまた別の観察された事柄と関連づけ、両者のあいだに恒常的な関係性が成立するかどうかを検討するのだ。端的にいえば、原因・大義の探求は「なぜ」を問うのにたいして、法則の確定は「いかにして」を問う。したがって「三状態の法則」は、歴史や文明の究極の起源や目的について説明するものではない。それは人間精神の進歩と社会組織の変容を観察し、そのあいだにみられる恒常的な関係について述べたものにすぎない。

この点においてコントは、唯物論による歴史観・科学観からは、かなり隔たっている。彼の同時代においては、ドイツからの影響を受けてフランスでも、唯物論的な思考が一定の影響力をもっていた。当時の唯物論は、無神論・一元論・決定論・宿命論の傾向を帯び、人間の精神も含めて、すべては物質によって決定されるとし、それで宇宙のすべてを説明しようとしていた。しかしコントは、人間の精神が期待するほどには外界には現象間の結びつきはないとして、森羅万象を一元的に説明するような統一原理は求めない。また彼の実証主義は、決定論・宿命論ではない。コントによれば、より単純で不変の対象についての研究にとどまるあいだは決定論・宿命論的傾向があるが、社会のような複雑で変わりうる対象についての研究になると、そうではなくなる。[23] さらに実証主義では、唯物論が理解しなかった世俗権力と精神権力の分離という原理が重視されなければならないと、コントは主張する。そして、富や力に基づく世俗権力とは別に、知性や道徳に基づく精神権力の確立に尽力するのだ。こうした実証主義の立場からすれば、唯物論は無秩序に向かう傾向にあり、社会組織のための有機的原理を生み出しえないとされる。実証主義は他方で、やはり同時代の哲学界において支配的だった唯心論とも、きっぱり袂を分かっている。

メーヌ・ド・ビラン以降の内観という方法に依拠する心理学は、神学の変形にすぎず、実証的な学問たりえないとして、コントは断固として斥けるのだ。

このように、唯物論からも唯心論からもみずからを区別しようとした実証主義（positivisme）は、独自の知を展開することになる。冒頭でも述べたように、今日では実証主義はひとつの思想というよりも、ごく一般的な知的態度を意味するようになっており、また実証的という形容詞も日常的に用いられている。しかしながら、一九世紀において展開した実証主義という知の独自性を理解するためには、それを当時の知的文脈のなかにおき直し、その思想的意味を改めて検討しなければならない。「実証的（positif）」という形容詞についてはコント自身、対義語を示しながら六つの意味を示している。すなわち「空想」にたいする「現実」、「無用」にたいする「有用」、「躊躇」にたいする「決然」、「曖昧」にたいする「明確」、「破壊」にたいする「組織」、「絶対」にたいする「相対」である[24]。これらを一見したところ、この語の現代における意味と照らし合わせても、それほど理解に苦しむ点はないようにみえる。しかしながら詳細にみていけば、実はそうでもない。例えばここに「主観／客観」という対比は入っていないが、仮にこの対比を導入するとすれば、実証的という形容詞は今日の通常の理解では、主観にたいする客観を意味するように思われるだろう。しかしながら、むしろコントにおいては逆であり、まず彼にとって重要なのは「主観的方法」である。先にも述べたように、実証主義の目指すところは、世界を統べる唯一の原理を探ることではない。人間の知性の単純さに較べて、世界はあまりに複雑であるとコントはいう。したがって重要なのは、客観的現実の絶対的統一性ではなく、主観的方法の相対的統一性である[25]。それこそが実証主義の理念たる秩序をもたらすのだ。

こうした主観主義は、人間中心主義と言い換えることもできる。コントによれば、天文学的事象の研究も、それ自体のためにではなく、人間のためにある。つまり客観的現実をいかに正確に映し出すかが問題なのではなく、それが人間にどのような効果や影響を与えるのかが問題なのだ。外部の現実において発見した法則が、生存の必要を満たすために有用であったり、その普遍性が畏敬の念を呼び起こして、道徳的効果を生んだりする。このような場合にのみ、人間の思考は意味をもち、コントはそれを客観的思考にたいして主観的思考とよぶ。また天文学や物理学、化学、生物学は、それぞれ固有の対象をもつが、同時に共通した使命ももっている。すなわちそれは、対象となる事物にたいして思考する主体の優位を確保することであり、これらの科学を通じて、思考する主体は外的な対象とは別に、みずからの内的自然についてのより完全な認識に至る。したがってこの意味でも、これらの科学にはすべて、人間的な価値があるといえる[26]。こうした人間中心主義は、さらにいい換えるならば、実証的の六つの意味のひとつ、絶対にたいする相対ということでもある。コントにとって、科学的研究は絶対的なものではなく、人間のおかれた状況や組織にとって相対的なものでなくてはならない。すでに触れたように、絶対的な善を追求することとは神学的・形而上学的試みであり、実証主義は道徳や価値がある所与の状況や組織に適合しているかどうかを判断するだけである[27]。

ただし、ここで主観や人間という場合、それは個人ということではなく、類として共通する主観、社会的存在としての人間ということである。心理学を認めないコントは、個々人のあいだでさまざまに異なる内面という意味で、主観という言葉を用いているわけではない。また他方で、主観にたいして一概に客観が斥けられているわけではない点にも、注意しなければならない。人類教の構想が進むにつれて、むしろ客観は重要な位置を占めるようになる。コントによれば宗教の役割は、主観的な感情を客観的な現実にしたがわせることであり、それが主観における調和の基礎となる。主観の外部にある不動の秩序にしたがうことで、主観の内部の秩序がもたらされるのだ。とはいえやはり、主観における感情や感受性は、コントにとって非常に重要な契機であるから、そうした感情や感受性のもつ自発性が損なわれることがあってはならない。主観内部の自発性が損なわれることなく、客観外部の秩序にしたがうために、内部と外部、主観と客観のあいだにいかにして協調をもたらすか――この困難な問題にたいして、人類教へといたるコントの思索は取り組むことになる。その点にかんしては、次節でさらに検討することにして、ここではコントの実証主義が、基本的には主観主義でありながらも、宗教的な問題においては客観主義の方にも傾くこと、したがって実証的という形容詞は、単純に主観/客観の対比のどちらかには収まらないことだけを確認しておこう[28]。

また実証主義すなわち経験論ではない点にも、注意を払っておくべきである。確かにコントは、実証的状態においては想像よりも観察が優位を占めるようになり、観察によって得られる事実に依拠して理論が構築されるようになるという。しかし実証は博識とは異なり、事実をたんに機械的に積み重ねるだけでは生まれない。実証主義にとって重要なのは、観察によって経験的事実の数をただ増やしていくことではなく、それに基づいて未来を合理的に予見することだとコントは主張する。すでに触れたように、実証主義の目指す法則も、未来を予測するためのものであった。未来を予測するのは、それが人間の生存にとって必要だからである。実証の意味のひとつとされる有用は、未来を予測することから生まれるのだ。そのため、実証的状態においても想像という作用が完全に葬り去られるわけではない。観察にしたがわねばならないにせよ、想像はなお人間精神において重要な作用であり続ける。経験的な事実をたんに観察するだけでは、そこから秩序を引き出すことはできず、そのためには想像の力を借りなければならない。このように実証主義は、神秘主義からも経験論からも同様に隔たっているとコントはいう[29]。

ところで、三状態の法則と並んで、コントの体系において根本をなすのが、彼が「階梯の法則(loi hiérarchique)」「百科全書的法則(loi encyclopédique)」と呼ぶもの、すなわち「諸科学の分類」である[30]。これはよく知られているように、人間にとっての六つの基本科学、すなわち数学、天文学、物理学、化学、生物学、社会学の関係を示したものである。それぞれの科学の対象は、この順序で、より一般的なものからより個別的なものへ、より単純なものからより複雑なものへ、より抽象的なものからより具体的なものへ、より不変のものからより変化するものへと移行する。またそれぞれの科学は、この順序で発展する。つまりこの順序で、神学的状態から形而上学的状態、さらには実証的状態へと移行する。したがってその発展のなかで、この順序の前者は後者に影響を与えるため、後者は前者に従属するが、その逆はなく、前者は後者から独立している。例えば、生物学は社会学に影響を与えるため、生物学に社会学は従属するが、生物学は社会学から独立している。このように、この階梯の法則は「原理的順序」を述べた共時的なものであるのにたいして、三状態の法則は「歴史的順序」を述べた通時的なものだとされ、両者はコントの体系において対をなしている。コントの用語法における別の言い方をすれば、階梯の法則が「静学(statique)」であるのにたいして、三状態の法則は「動学(dynamique)」である。

この法則すなわち諸科学の分類も、コントの人間中心主義から出てくるものである。つまり六つの科学は、それぞれの対象が、より人間から遠いものから、より人間に近いものへという順序で並んでいる。したがってこの分類は、人間を中心にしてみた認識の体系であり、絶対的かつ客観的な世界の反映ではない。それは人間の精神からみた相対的なものである。またそれぞれの科学間に階梯すなわち従属関係があり、ヒエラルキーをなしていることにも注意すべきである。百科全書のように、さまざまな分野における知識や技術がアルファベット順に並べられ、壮大な知の一覧表《タブロー》が掲げられるわけではない。それぞれの科学のあいだの関係は水平ではなく、同一平面に並ぶわけではないのだ。六つの科学のあいだには、しかるべき順序があり、従属ないしは独立した関係のもと、それぞれしかるべき水準に位置する。確かにコントも、同時代において学問が盲目的に専門化していく傾向を批判している。過度の専門化は、神学的哲学や形而上学的哲学に較べて、実証哲学の弱点だとも述べている[31]。とはいえ彼は、専門化を乗り越えるために諸科学の融合を目指すわけではない。先に触れたように、コントはすべてを包括的に説明しようとする一元論を忌避している。また唯物論については、新たに登場した科学が以前の科学を吸収してしまうという点を批判している[32]。彼にとって重要なのは、部分を融解させてひとつの全体に仕立て上げることではなく、部分は部分として、それらのあいだの差異を保ちながら繋ぎ合わせ、結果としてあるひとつのまとまりをなすということである。コントの好む言葉でいえば、部分同士を「結びつける(relier)」「組み合わせる(combiner)」「関連づける(coordonner)」ことによって、ある調和のとれた総体《アンサンブル》を生み出すということだ。この点はコントの思想の基調をなす点でもあり、最後にもう一度触れることになるだろう。

したがって、数学、天文学、物理学、化学、生物学、社会学の六科学も、ある全体をなすとはいえ、ひとつに融合されることはない。また一般／個別、単純／複雑などの点で、この順序は重要な意味をもち、要素間での入れ替えは不可能である。またコントによれば、この六つは三つの対を形成する。すなわち数学＝天文学、物理学＝化学、生物学＝社会学という対であり、それぞれの対のあいだでは自然な親近性が成り立つという。とはいえ、そのあいだで性急な混同があってもならない。例えば、社会学がいち早く実証的状態に達するために、生物学に依拠しすぎてはいけないとコントはいう。このように、三状態の移行にかんして、しばしば「早さと遅さ」という点が指摘される。ある科学はいち早く実証的状態に達するが、別の科学はそうではなく、もっと時間がかかり、遅れてその状態に達する。そこにはいわば「事物の自然」による慣性の力が働く。コントによれば、コンドルセにおいて進歩をもたらした「たえざる奇跡」のようなものは存在せず、人間の精神は飛躍しない。それはかならず中間の移行段階を必要とするため、神学から物理学へは一気に進まず、そのあいだには形而上学が介在する。こうした慣性の働きのゆえ、通時的には神学的／形而上学的／実証的の順で状態が移行するにせよ、共時的にはつねに三状態は混淆して存在する。しかしこの混淆状態は、混沌とした無秩序ではなく、これこそが「階梯の法則」としてみいだされる秩序なのである。

このようにコントの実証主義が目指すのは、あらゆる知識や社会組織が性急に実証的状態に至ることではない。それらは事物の自然によって、文明化の歩みとともに、媒介を経ながら進んでいく。それが彼のみいだす進歩である。そこでは、コンドルセの描いた絵画《タブロー》のように、高みへと至るために使った梯子が捨てられるわけではない。過去における中間段階は、過渡期の産物としてそれぞれの意味をもち、そのまま残される。進歩とは、秩序の時間における展開だとコントはいう。[33]「秩序と進歩（ordre et progrès）」とは周知のように、実証主義の標語にもなった基本理念であるが、コントはこの二つを対立するものとは捉えない。進歩は旧来の秩序が破壊されるなか、まったく別のところから出てくるのではなく、旧来の秩序のなかから、その発展形態として出現する。他方で、秩序は進歩のなかでしか秩序でありえない。すなわち、時間のなかで変化し、発展していくかぎりにおいて、秩序は秩序として成り立つ。このような静学的側面からみた秩序と、動学的側面からみた進歩を、同一物の二つの相として捉えるのが、実証主義の基本的な視座である。そうした視座からは、思考のさまざまな関連は、時間のなかで継起する変容として捉えられ、歴史と哲学とが不可分のものとなる。調和と運動という、これまでは対立するものとみなされ、別々に考えられていたものを、コントは一眸のうちに収めようとするのだ。

このような認識において、彼の実証主義は、同時代の唯物論からも唯心論からも、また経験論からも神秘主義からも離れ、特異な場所に位置することになる。その特異性がもっとも明らかになるのが、彼の宗教をめぐる議論である。それを参照すれば、実証主義をたんなる合理主義や科学主義から区別するのは、より容易になるであろう。これについては次節で取り上げる。

4　新たなる宗教

コンドルセにとって、キリスト教は人間精神の進歩を妨げるものであり、宗教は全般に啓蒙に反するものであった。しかしながら、コントにおいてはそうでなくなる。彼においては、宗教は否定的に扱われることはなく、むしろ人類教という新たな宗教が肯定的なかたちで語られるようになる。この点にかんしては、コントの弟子たちから現在の研究者に至るまで、評価の分かれるところである。つまり一方には、実証主義者としてのコントと人類教の創始者としてのコントとを切り離す見方があり、その場合は往々にして、前者は肯定的に受け止められるが、後者は否定的に受け止められる。他方には、両者を連続して捉える見方があり、その場合は、人類教も含めたコントの思想全体の意義が強調されることが多い。

「プラン」に始まり、六巻からなる『実証哲学講義』、そして『実証精神論』『実証主義総論』を経て、さらには四巻からなる『実証政治体系』と、本章で触れた文献だけでも多岐にわたるが、それ以外にもコントは夥しい著作や書簡を残しており、その思想の全貌を捉えきるのはなかなか困難である。また彼の同時代のフランスは、まさに激動の時代であり、フランス革命からナポレオン期、王政復古、七月王政、二月革命、第二共和政、ルイ＝ナポレオンによるクーデタ、第二帝政と、政治体制はめまぐるしく変動し続け、他方で産業革命が進行するなか、社会的・経済的にも大きく変化していく。あるいは、彼自身の狂気体験や、クロティルド・ド・ヴォーとの運命的出会いなど、人生の転換点となる劇的な出来事もある。こうした点を踏まえると、コント思想は往々にして、その変遷という側面が語られやすい。場合によっては、実証主義から人類教へという流れは、科学から宗教へ、合理主義から非合理主義へ、啓蒙から反啓蒙への転向とみなされることもある。しかしながら、ここではむしろ彼の思想の一貫性を強調したい。つまりここでは、実証主義から人類教という流れには論理的な必然性があり、後者は前者から内在的に出てくるという見方をとる。

実際、コントの著作を丹念に読めば、後に前面に押し出される思想の萌芽は、すでに若い時期の著作にも現れていることが分かる。例えば、人類教をめぐる『実証政治体系』での主張は、「プラン」においてもその前提を窺うことができる。[34]すでにみたように、三状態の法則における神学的状態から実証的状態への移行のなかで、彼は想像に観察がとって代わるという議論をするが、しかしそれでも、人間精神にとって想像の力が不要になるわけではないという。科学に裏打ちされた想像力は有害ではなく、むしろ社会にとって必要なものだというのだ。ここで彼は、いわば分業の論理を考えている。つまりコントによれば、社会についての実証科学の構築と、その普及とは、区別されるべき二つの作業である。確かに、社会についての理論を構築する作業は、実証的状態において初めて可能なものであり、そのためには想像よりも観察が重要になる。しかし、その結果得られた成果を普及させる作業は別のものであり、そこでは想像が不可欠のものになるというのだ。

またコントは、実証科学を普及させるためには、大衆の情念を引き起こさねばならないが、そのためには芸術の果たす役割が不可欠だとも述べている。すでに触れたように、文明の三要素のひとつである芸術は、神学的状態において優位を占める。それが実証的状態になると、他の文明の要素、すなわち科学や産業が優位を占めるようになるのだが、それでも芸術の役割が不要になるわけではない。むしろ、この三要素のそれぞれを担う科学者／産業家／芸術家の協働が、よりいっそう必要になる。革命後の社会の再建のためには、科学者が新たなシステムの構想を決定し、芸術家はそうしたシステムが一般的に受け入れられることを促進し、産業家は実践的諸制度を通じて、新たなシステムが実際に効力をもつよう努めなければならない——こうしたヴィジョンを、コントはすでに「プラン《プラン》」のなかで強く打ち出している[35]。

さらに、すでに触れた精神権力と世俗権力の分離の問題も、「プラン」のなかですでに取り上げられている。コントによれば、社会組織化のためには、理論的・精神的系列と、実践的・物質的系列の、二つの系列の作業が必要である。前者によって、社会を導くための一般的な観念を構築し、後者によって、立法や行政にかかわる具体的な制度を定める。この二つの系列の作業がうまく遂行されるためには、それぞれを担う権力が分離していなければならない。すなわち、前者を担う精神権力と、後者を担う世俗権力とが分立していなければならない。この分立を成し遂げた中世のキリスト教を、コントが評価していることは、すでに指摘したとおりである。他方でフランス革命期には、理論的・精神的系列の作業が軽視され、独立した精神権力が生じることはなかった。したがって、革命後の問題は、物質的危機よりも精神的危機であり、それに対処するためには、世俗権力とははっきりと分離された精神権力が打ち立てられなければならない。また革命期には、理論的・精神的系列の作業は、他の作業とともに法律家たちによって担われたが、革命後の社会においては、学者からなる集団が排他的かつ集中的に精神権力を担い、この作業に当たらねばならない——「プラン」において、すでにコントはこのような方向性を示している[36]。

後の人類教も、この方向性から外れるものではけっしてない。初期の著作で、宗教や教会といったことを直接論じているわけではないにせよ、コントはすでにそうした主題につながる問題構成を敷いている。すなわち、知の構築という理論面と、その普及＝布教という実践面を分離し、後者を独立した問題として捉えているのだ。そのうえで、観察と想像、理性と情念を、互いに対立するものとして捉えるのではなく、むしろ観察に裏付けられた想像、理性に依拠した情念を考えようとする。そして、科学と宗教を対立するものとみなすのではなく、科学を基礎にした宗教を構想しようとするのである。

確かにコント思想は、つねに同一のトーンでうち出されるわけではなく、年月を経るにつれて、かつてはなかったニュアンスを帯びていく。一八四〇年代にコントは、クロティルド・ド・ヴォーとの出会い、彼女の死、二月革命、実証主義協会の設立といった、人生の重要な転機となる出来事を経験するが、その頃になると感情や情動の次元が強調されるようになる。また「自発的なもの」と「体系的なもの」との分節において、より前者に力点がおかれるようになる。著作でいえば、『実証主義総論』（一八四八年）は、それまでのものと強調点が異なっている。例えば、そこでのコントの指摘によれば、実証主義はこれまで無機的対象の研究にとどまってきたために、感情的次元を取り込むことができなかった。しかし生物学や社会学の進展とともに、研究対象が有機的対象・社会的事象へと拡大するにつれて、実証主義は感情的次元をも取り込むことができるようになる。[37] 同時に、理論と実践、思想と行動という二項図式に、理論／道徳／実践、思想／感情／行動という三項図式がとって代わる。[38] 感情や情動こそが、思想や行動に魅力を与えるのであり、感情や情動を欠くと、思想も行動も長続きしない。そのため、哲学による概念化と政治による実現化のあいだに、詩学による理想化が入らなければならない。[39] また、観察に裏付けられた想像は、想像に後押しされた観察になり、理性に依拠した情念は、情念の力を借りた理性になる。そして、社会を組織するためには、社会感情の優位を基本原理としなければならない。ここから、普遍的な愛の原理が、社会組織のための重要な原理となり、「秩序と進歩」の標語は、「原理としての愛、基礎としての秩序、目的としての進歩」[40]

となる。

とはいえ、このように感情的次元の強調があるものの、それでも知的次元や社会的次元がないがしろにされるわけではない。精神（esprit）はつねに心（cœur）を支配しなければならず、精神が心の奴隷になってはいけないとコントはいう。[41] また彼によれば、宗教には推論と感情という二つの基礎がある。前者は客観的な現実にかかわる知的基礎であり、これをもとに外部の不動の秩序を認識し、そうした秩序にしたがうことで、各々の人格的存在を整える。後者は主観的な内面にかかわる道徳的基礎であり、ここから発する感受性をもとに、各々は他者と結びつこうとする。したがってこの二つの基礎はそれぞれ、コントのいう宗教の二大目的、すなわち「整えること（régler）」と「結びつけること（rallier）」に対応する。あるいは宗教の二大条件である「信じること（croire）」と「愛すること（aimer）」に対応する。ところで、この二つの基礎のうち、今日では知的基礎が欠ける傾向にあり、道徳的基礎によってのみ宗教的な統一を生み出そうとしているとコントはいう。[42] いい換えれば、外部の不動の秩序を推論によって実証的に把握し、そうした秩序によって人格という内なる秩序をつくることなしに、感情によってのみ人々を結びつける傾向にあるというのだ。コントによれば、そこからは真の秩序も進歩も生じえない。

したがって現代における宗教にとって必要なのは、道徳的基礎よりも知的基礎である。抗いがたい卓越した力をもった外部を正しく認識し、そうした外部に人間をしたがわせることが、宗教にとって何よりも必要であり、そのために最後の実証科学、すなわち社会学が必要となるのだ。社会学とは、生体を環境にしたがわせる生物学に他ならないとコントはいう。[43] このように実証科学の階梯における五番目および六番目が、宗教の知的基盤を形成する。そこから得られた知的成果が、外的秩序の総体を決定し、それが宗教の教義（dogme）となる。他方で感情にかかわる道徳的な成果は、礼拝（culte）を形成する。さらに、実践的な行為にかかわる成果が、制度（régime）となる。[44] この教義／礼拝／制度が、コントのいう宗教の構成要素であり、これは『実証主義総論』で示された理論／道徳／実践、ないしは思想／感情／行動という三項図式にそのまま対応することになる。

このようにコントの実証主義は、感情的次元を組み込みながら人類教へと向かうが、そこには論理的な飛躍が存在するわけではない。人類教は、社会を再組織化するための理論的・精神的系列の作業から、必然的に導き出される。それは実証主義による知的基盤に立脚し、人々のあいだをつなぐという社会的な使命を帯びている。宗教とはいえ、それはまさに実証的な性格、すなわち「現実」「有用」「決然」「明確」「組織」「相対」という性格を有する。そこでは、神のような超越的で絶対的な存在ではなく、人類という内在的で相対的な存在を崇拝する。そこで起こっているのは、人類の神格化ではなく、神の人格化であり、人類が彼岸に持ち上げられるのではなく、神性が此岸まで降りてくる。この内在的此岸で、彼岸の超越的・絶対的存在による説明を斥け、此岸のうちでのみ生起する現象間の法則を、人間とのかかわりにおいて把握することによって、外部の秩序を認識する。そして、それに従って内部の本能や情動を整序し、そのことによって各々は結び合わされ、調和のとれた社会へと組織されていく。そうした調和は、一なるものへの融合ではなく、高次の段階への止揚でもない。部分は全体に呑み込まれることはなく、互いに結び合わされても、以前として元の位置にとどまり続ける。

いい換えれば、人類教の到来は、超越的なものによって支配されるという他律の構造から、自律の構造への移行である。つまりこの宗教においては、此岸に内在しつつ、人間がみずからを信仰する。つまり人間は、宗教の主体であると同時に客体でもある。ただしこの客体は、個人としての人間ではない。過去の人間も含めた総体としての人類（Humanité）である。人類は現在生きている者たちよりも、ずっと多くの死者によって成り立っているとコントはいう。[45] 生者はつねに、ますます多くの死者によって凌駕され続ける。他方で人類は、未来へも開かれており、時間のなかでたえず変わりゆくものとして存在している。このように、人類教の客体たる人間は、個人としての人間をはるかに凌ぐ存在であり、個人からみれば超越性を帯びる。その意味で、自律の構造のなかには他律の構造が含まれている。すなわち、こうした自律内他律の構造は、人類を歴史化することで、大文字の存在へと他者化する。

その点で、すでにみたように、コントにおいて新たに登場した歴史観は、やはり人類教を準備するものだといえる。つまりコントにおける歴史は、自律の構造を生み出しつつも、そこに他律の構造を導入する審級としても機能する。人間は神によってつくられたのではない。人間はみずから人間をつくる。ただしそこには、かならず歴史が介在する。つまり人間は、歴史のなかでつくられる。あるいは人間は、歴史によってつくられる——このように歴史が、人間精神の進歩を描くためのカンバスという受動的な位置から、前景にせり上がって能動的な位置を獲得することは、人類教の到来と必然的な連関をもっている。つまり人類は歴史的存在として初めて、個人を越えた大文字の存在として感知され、信仰の対象となるのだ。

おわりに——過渡と混淆のなかで

一八世紀の啓蒙思想においては、一部の例外をのぞき、宗教的なものは一般に啓蒙に反するものとされた。コンドルセにおいてもそうであった。しかしコントはむしろ、宗教的な問題に積極的に取り組み、実証主義から人類教へと辿り着く。こうした思想の軌跡は一見したところ、啓蒙からの反動のようにみえる。しかし実際はそうではない。人類教は啓蒙のある側面を推し進めていった結果、コントの行き着いた地点であり、その意味では啓蒙の辿る一つの運命といえる。したがって啓蒙／反啓蒙という対立の図式に、単純にコンドルセとコントを収めることはできない。一九世紀に固有の思想の磁場は、両者のあいだに逆説的関係を成り立たしめ、連続とともに断絶をもたらす。それは教育という側面から考えてみるとよく分かる。コンドルセにおいては、啓蒙としての教育は、反啓蒙としての宗教と対立する。ところがコントにおいては、啓蒙から反啓蒙に転向することなく、教育はそのまま宗教とつながっている。したがってコンドルセからコントにおいて、啓蒙という点では連続しているようにみえる一方で、他方では、当初は対立していた教育と宗教が対立物ではなくなり、その点では両者のあいだは断絶してみえる。

もともと、いわゆる啓蒙の典型的理念とされるような、科学に基づいた教育、すなわち実証的な知識の形成と、その民主的な普及という点にかんして、コンドルセとコントは共通している。前者が革命期に描いた公教育の計画、また後者が民衆向けに行った天文学についての公開講座をみれば、たんなる理論的な関心だけでなく、実践的な熱意の面でも、両者の共通点はいくつも目に止まる。とはいえそれで、両者のあいだの差違が見逃されてはならない。この差違もまた、批判的原理／有機的原理という分割線に沿って分かたれる。すなわち、コンドルセにとっての教育とは、本来平等の権利を備えている個人を解放するためのものであり、公教育制度もそうした目的に沿ってつくられるべきだとされる。また、選挙制度にかんする考察からも窺われるが、コンドルセの根底には、諸個人の意志の総和だけから合理的決定を導くことができるという社会観がある。あるいは、無限に改良可能な自然の内なる善が存在し、それを引き出すだけで徳や幸福を実現できるという道徳観がある。したがって、合理的な社会をつくるためには、個人の意志の自由な発現を差し止める障碍を破壊しなければならない。あるいは、自然の内なる善を抑圧する伝統的な道徳を破壊しなければならない。教育はそのためのものであり、宗教はむしろその障碍や抑圧となるものである。

それにたいしてコントは、自由主義的な個人主義を拒否し、あくまで教育を社会の再組織のための手段として捉えている。つまり教育が目指すべきなのは、個人を束縛から解放してばらばらにすることではなく、逆にばらばらの個人を束縛して結びつけることである。そのためには、実証主義的な道徳を人々のあいだに広め、それによって市民革命および産業革命後のフランスにおいて、新たな社会紐帯を創出しなければならない。彼はコンドルセのように、個人の意志を自然として想定することはない。コントにとっての「事物の自然」とは、文明や歴史である。また彼においては、自然の内なる善のようなものは、もはや存在しない。自然から道徳を導き出すことはできず、善はあくまで文明状態との適合によってはかられる相対的なものである。したがって、文明を歴史のなかで的確に認識し、そこから適合的な道徳を導き出さねばならない。そうした道徳こそが、人々の結びつきを生み出し、社会をつくる。この点において彼は、師のサン＝シモンのようには産業による組織化の方に傾倒しない。精神権力を重視しつつ、実証主義的な道徳および人類教によって社会を創出しようとするコントは、むしろ後のデュルケームらの発想を先取りしている。

そのとき、コントの社会学がはじまる。彼の造語である社会学（sociologie）という語を、現代における意味で解してはならない。それは、今日における人文・社会諸科学のなかの一ディシプリンとは、大きく異なる。すでにみたように、彼のいう社会学は、「諸科学の分類」において数学、天文学、物理学、化学、生物学に続き、六つの基本科学の最後に来るものである。つまりそれは今日でいえば、人文・社会諸科学をすべて含むようなものだ。またそれは、たんなる理論にとどまらず、道徳や実践をも含む。つまりこの社会学において、理論／道徳／実践、ないしは思想／感情／行動の三項は連続している。コントの考えによれば、社会の再編は思想の変革にはじまり、習俗の変革を経て、制度の変革へと至る。つまり、精神的再編にはじまり、道徳的再編を経て、政治的再編へと至る、というかたちで進行する[46]。実証的な認識によってのみ、再組織のための道徳を形成することが可能になり、それにしたがってさまざまな実践を経て、社会が形成される――これがコントの社会学が有するヴィジョンである。このように、思想と実践が密接に結びついている点で、誕生したばかりの社会学の語は、ほぼ同時代につくり出されたもう一つの語、すなわち社会主義（socialisme）から、ごく近いところにある。またコントにおいては、前節で述べたことからも明らかなように、社会学から人類教までの距離もそれほど遠くはない。

最後に、フランス革命にたいするコントの立場を確認しておこう。批判的原理にたいして有機的原理を優先するコントは、革命にたいして否定的なようにみえるが、一概にそうとはいえない。彼は革命の歴史的必然を理解し、そこに肯定的なものと否定的なものの両方をみいだしている。その場合にコントは、よくあるような、人権宣言の一七八九年は肯定するが、恐怖政治の九三年は否定するという見方をとらない。彼が肯定的に評価するのは、むしろ九三年の方である。ロベスピエールは「退行的反動」であるとしながらも、国民公会の価値は認めている。最高存在や理性の祭典を行う国民公会は、知的かつ道徳的な基礎のもとに政治制度を構築しようとし、理性の面でも感情の面でも大きな影響力を残した、として評価される。それは成功には至らなかったが、八九年の抽象的な権利を宣言すること（コントからすれば、それは形而上学的な段階にとどまるものだ）よりも、すぐれた試みとされるのである。彼においては「中世のカトリック」と「国民公会の偉大な綱領」が、ともに社会再組織の試みとして肯定されるのだ。[47]

このようにコントにとって問題なのは、啓蒙か反啓蒙か、革命か反動かということではない。重要なのは、文明の状態を実証的に認識し、それに基づいて適切な原理をうち立て、行動に向かうことである。そもそも彼は、革命を一八世紀末というかぎられた時期だけで捉えていない。彼にとってそれは、一四世紀から続く過程の最終局面であり、「中世の政治システムが被った自生的かつ体系的な解体の結果」である。[48] すなわち革命は、革命家たち個々人の行為に還元されるのではなく、文明化の法則の自然な結果である。この認識のもと、コントは革命にたいする肯定的かつ否定的な二重の評価を下す。つまり、この法則の自然な結果に適った原理や行動は肯定するが、それを無視した暴力的な逸脱は否定する。またとりわけ、解体の過程に続くべき再建の過程に与するものこそが、コントが評価するものである。啓蒙思想期からフランス革命期にかけて、総じて批判的原理が乱立するばかりで、有機的原理が適切に構築されなかったとコントはいう。[49] 二つの原理をとり違え、有機的原理をうち立てるべきところに批判的原理をもち出し、それに基づいて社会の再建に向かったことが、革命の失敗だとするのだ。したがって、自身の生きる一九世紀こそが、有機的原理をうち立て、それに基づいて社会の建設に向かう時期だと考え、実際にその作業に取り組んでいるのである。こうしてみればコントは、革命以前の状態に復帰しようという反動からはほど遠い。むしろ未来を見据え、革命という解体の過程の先に進むことこそが、彼にとっての重要な課題である。形而上学的状態から脱し、実証的状態における政治をつくり出すことが、コントの目指すところである。

ただし、未来を予見するためには、過去を振り返らねばならない。過去は未来へと向かう潜在的な運動を含んでおり、過去をみれば未来が分かる。その意味で、未来は過去のなかにある。したがって、過去は現在を経由して、未来へとつながるのではない。過去は未来と直接つながっており、過去とともにある未来が、現在へとつながる──コントが進歩という語で表現しようとするのは、実はこうした特異な時間の感覚である。それは、絶え間ない変化が常態となりつつある時代を生き、そうした変化をもはや十に分割された一覧表《タブロー》では捉えきれなくなったときに出てくる。変化のなかに何とか秩序をみいだそうとしたときに、そうした時間の感覚が現れ、進歩と言い表されるのだ。それは、しばしば進歩史観とよび慣わされるものとは、かなり趣を異とする。コントは、将来の科学や技術の発展をやみくもに追求する価値観からはほど遠い。彼の視線は、たえず過去の方を向いている。しかし、それは未来を見通すためである。過去のなかに未来は織り込まれており、二つを切り離すことなく見据えようとしている。過去と未来を同時にみれば、時間のなかでは、早く進むものと、遅くしか進まないものがあるのが分かる。早さと遅さが同居するなか、過去は完全には消え去らず、未来は完全には現れない。このように、現在はつねに過渡的な状態としてあり、そこでは神学的・形而上学的・実証的の三状態が混淆している。この過渡と混淆の感覚が、一九世紀という現在に向き合うコントを貫いている。

過渡と混淆のなかにあっても、そこにさまざまなつながりを探り、調和を求めていくのが、コントの基本的姿勢だといえる。対立する二者のどちらをとるか考えるのでもなく、またその二者を高次の段階で止揚しようとするのでもない。二者のあいだを、たえずつないでいこうとし、場合によっては媒介を挟んで、三者でつないでいこうとする。こうして、理論と実践をつなぎ、思想と行動をつなぎ、さらには道徳や感情を媒介として、理論─道徳─実践、思想─感情─行動とつなぐ。六つの基本科学のあいだをつなぎ、実証哲学と実証政治をつなぎ、さらにはそれらを人類教の体系へとつなぐ。そして何よりも、現在生きている人々のあいだをつなぎ、さらに生者と死者をつなぐ。コントの場合、つなぐとは、融合することではない。つなぐとは、分離した状態を保つことでもある。理論と実践はつながっていなければならないが、それらは精神権力と世俗権力という別々の権力によって担われなければならない。諸科学は連関をもたなければならないが、ひとつになってはいけない。事物の自然において分離していく傾向にあるものを、自然に逆らうことなく分離せしめるが、同時に、分離したものを別のかたちで再接続する――ここから、コントの目指す調和、すなわち総体《アンサンブル》が生まれる。それは全体《トタリテ》のように、すべてを溶かし、呑み込んでしまうようなものではない。総体《アンサンブル》においては、部分は部分のまま存在する。総体は、人間の主観のうちでのみ捉えることのできるつながりから生まれる。コントは二十代後半の頃、一時期狂気に陥り、エスキロールに診てもらったりもしたが、そのときみずからのうちで、すべてがつながっているという強い感覚を味わったという(50)。コントの総体性の感覚は、そうした彼の狂気体験に由来するのかもしれない。いずれにせよ、そこに彼の思想の分かりにくさと同時に、魅力も存在する。

注

（1）Emile Littré, *Auguste Comte et la philosophie positive*, Paris, Hachette, 1863, p. 39. ただしリトレはこの書のなかで、実証主義哲学の先駆者として、コンドルセよりもテュルゴとカントに重要な位置づけを与えている。

（2）Annie Petit, «Condorcet "médité" par Auguste Comte», in *Condorcet, mathématicien, économiste, philosophe, homme politique* (colloque international, sous la direction de Pierre Crepel, Christian Gilain), Minerve, 1989, p. 481.

（3）Auguste Comte, *Plan des travaux scientifiques nécessaires pour réorganiser la société*, prés. et notes par Angèle Kremer-Marietti, Paris, Aubier-Montaigne, 1970, p. 56（『社会再組織に必要な科学的作業の計画』は邦訳として『世界の名著46　コント　スペンサー』清水幾太郎責任編集、中央公論新社、一九八〇年があるが、訳語にかんして本章では独自のものを用いている）.

（4）*Ibid.*, p. 105.

（5）実際にはコンドルセ以前にも、例えばテュルゴ『人間精神の継起的進歩にかんする哲学的一覧表（*Tableau philosophique des progrès successifs de l'esprit humain*）』（一七五〇年）などの著作もあり、タイトルだけからも窺われるように、コンドルセは明らかにこの先輩の延長線上でみずからの著作を書いている。

（6）*Ibid.*, pp. 131–134.

（7）*Ibid.*, pp. 135–138.

（8）*Ibid.*, pp. 94–95, 138–140.

（9）*Ibid.*, p. 144.

（10）*Ibid.*, pp. 55–56.

（11）*Ibid.*, pp. 124–125.

（12）Condorcet, *Esquisse d'un tableau historique des progrès de l'esprit humain*, Paris, Flammarion, 1988, pp. 139–162.

（13）Auguste Comte, «Sur les travaux politiques de Condorcet»（1819）, in *Écrits de jeunesse,* prés. P. Carneiro et P. Arnaud, Paris-La Haye, Mouton, 1970, p. 488.

（14）Auguste Comte, *Discours sur l'ensemble du positivisme*（1848）, Paris, Flammarion, 1998, pp. 126–127.

（15）*Ibid.*, p. 104. Cf. Petit による note 77（p. 435）.

（16）*Ibid.*, p. 101.

（17）Keith Michael Baker, *Condorcet: From Natural Philosophy to Social Mathematics*, Chicago, The University of Chicago Press, 1975, pp. 340–342.

（18）Condorcet, *Esquisse d'un tableau…*, *op. cit.*, p. 89.

（19）Comte, *Discours sur l'ensemble…*, *op. cit.*, p. 121.

（20）Auguste Comte, *Système de politique positive, ou traité de sociologie*, troisième volume（1853）（*Œuvres d'Auguste Comte*, tome IX）, Paris, Anthoropos, 1970, p. 624.

（21）Comte, *Plan…*, *op. cit.*, pp. 122–123.

（22）例えば、Auguste Comte, *Philosophie première : cours de philosophie positive, leçon 1 à 45*, prés. et notes par Michel Serres, François Dagognet, Allal Sinaceur, Paris, Hermann, 1975, pp. 24–26 など。

（23）Comte, *Discours sur l'ensemble…*, *op. cit.*, p. 94.

（24）Auguste Comte, *Discours sur l'esprit positif*（1844）, Paris, Vrin, 1995, pp. 123–125.

（25）Auguste Comte, *Philosophie première…*, *op. cit.*, pp. 74–75.

（26）このような信念のもと、コントは実際に、一般の民衆に向けて天文学の公開講座を行っていた。宇宙の客観的現実を知ることが、主観において道徳的効果をもつと考えていたのである。

(27) コントによれば、実証的・科学的な探求は絶対的な真理に辿り着くことはなく、あくまで近似的な認識にとどまる。しかしながら、コントは確率論的な発想を断固として拒絶しており、その点においてコンドルセの社会数学を批判してもいる。このことは、いくつかの著作で繰り返し言及されている。コンドルセ同様、数学の素養があり、数学をあらゆる認識の基礎に据えていたコントが、どうしてそこまで確率論を忌避するのか、残念ながら現在のところ筆者には不明である。

(28) しばしば前期コントと後期コント、『実証哲学講義』のコントと『実証政治体系』のコントということが言われる。本章では基本的に、両者のあいだには強調点の違いはあれど、理論の本質においては変わっていないという立場をとっている。それでも、細かな点においては、この「主観／客観」という点をはじめ、単純にまとめきれない点がいくつかある。「相対／絶対」「部分／全体」「多元／一元」という点にかんしてもそうである。アニー・プティは、一八四四年の『実証精神論』と一八四八年の『実証主義総論』のあいだに断絶をみいだしている。彼女によれば、前者でコントは始源の原因や最終の目的を追求せず、相対主義にとどまるように説いていた。ところが後者では、全体的・絶対的・一元的な知への志向がみられるようになるという。Cf. Annie Petit, «présentation», in Comte, *Discours sur l'ensemble..., op. cit.*, pp. 19–20.

(29) Comte, *Discours sur l'esprit..., op. cit.*, pp. 71–72.

(30) Auguste Comte, *Philosophie première... op. cit.*, pp. 58–63.

(31) *Ibid.*, p. 66.

(32) Comte, *Discours sur l'ensemble..., op. cit.*, pp. 19–20.

(33) *Ibid.*, p. 103.

(34) コントは一八二二年の『社会再組織に必要な科学的作業の計画』を、三〇年以上の時を経た後も、一八五四年の『実証政治体系』第四巻の補遺として収録している。

(35) Comte, *Plan..., op. cit.*, pp. 129–131.

(36) *Ibid.*, pp. 81–83.

(37) Comte, *Discours sur l'ensemble..., op. cit.*, pp. 54–55.

(38) *Ibid.*, p. 50.

(39) *Ibid.*, p. 47.

(40) Auguste Comte, *Système de politique positive, ou traité de sociologie*, deuxième volume (1852) (*Œuvres d'Auguste Comte*, tome VIII), Paris, Anthoropos, 1970, p. 65.

(41) Comte, *Discours sur l'ensemble..., op. cit.*, p. 60.

(42) Comte, *Système..., op. cit.*, pp. 11–12.

（43）*Ibid.*, pp. 12–13.
（44）*Ibid.*, p. 20.
（45）*Ibid.*, p. 61.
（46）Comte, *Discours sur l'esprit..., op. cit.*, pp. 150–153.
（47）Comte, *Discours sur l'ensemble..., op. cit.*, pp. 144–147.
（48）*Ibid.*, p. 105.
（49）*Ibid.*, p. 107.
（50）一八二七年二月二七日付の書簡にそのことが記されている。Cf. Henri Gouhier, *La vie d'Auguste Comte*, Paris, Vrin, 1997, pp. 145–146.

第11章　アーノルドと教養
――ヴィクトリア期における「啓蒙」――

小田川大典

まさにいま、中産階級の精神において、他に類を見ない高揚が生じていますが、私にはこれがわが国における最も強大な力であり、一つの梃子であるように思われます。したがって彼らの精神を開かれたものにし、それをよりよい教養によって強化するために、できるかぎりのことがなされねばならないと思うのです。

――マシュー・アーノルドからリチャード・コブデンへの書簡、一八六四年二月一日

はじめに――ヴィクトリア期における「教養」

階級や党派の利害が複雑に絡み合う近代社会においても、個別的な利害を超越した（disinterested）「教養（culture）」の理念は普遍的な規範性を持ちうる。――レイモンド・ウィリアムズが古典的研究『文化と社会　一七八〇―一九五〇』（一九五八年）において指摘したように、こうした教養（文化）論はヴィクトリア期の政治思想においてまちがいなく重要な位置を占めていた。ウィリアムズによれば、一八世紀末から一九世紀のイギリスでは、「新しい種類の社会［近代的な産業社会――引用者］を推進している原動力から、特定の道徳的・知的活動が事実上離脱することの認知」（美的教養の自律化）と、「これらの活動を、実際的な社会的判断の諸過程の上位に置かれ、更に

はその緩和・回復剤の代替物となるべき、人間的な上告裁判所として位置づけること」（美的教養の規範化）という二つの過程が進行し、「抽象的かつ絶対的な概念としての教養」の思想が形成されるにいたったというのである。[1]ウィリアムズは、同書第一部において、そうした普遍的規範としての美的教養論の系譜（「教養と社会の伝統」）をバーク、コベット、ロマン派、カーライル、ミル、アーノルド等々と辿っているが、実はカルチュラル・スタディーズの祖であるウィリアムズ自身もまた、[2]近代社会の「俗物」「功利主義者」——「教養と作法を全く擁護せず、ベーコンやロックに由来する冷たい機械論哲学を奉じる者たち」——の低俗な「文明」の物質主義に抗し続けた「ロマン主義」的反逆の系譜に属していたというポーコックの指摘はおそらく正しい。[3]

だが、ヴィクトリア期の教養の思想を、当時の功利主義的風潮に対するロマン主義的反逆といった単純な図式で捉えることは必ずしも説得的ではない。たとえばサセックス学派の思想史家であるコリーニは、ヴィクトリア期において「品性（character）」を重んじる禁欲的なエートスが支配的であったことを指摘し、次のように論じている。すなわち、当時「節制、自助、倹約、勤勉、義務、自律といったヴィクトリア期の中産階級の一般的な徳目」の根底には、まちがいなく「意志の力によって、官能的すなわち動物的な衝動と情念を克服する能力」を過度に強調する「ヴィクトリア期道徳の自覚されざるカント主義」と呼ぶべき思想が存在し、ミルの陶冶（cultivation）論[4]やアーノルドの教養論は、明らかにこの厳格なピューリタン的「品性」のエートスに対する批判をその眼目としていた。すなわち、ミルやアーノルドの教養論は、単なる「冷たい機械論哲学」や「功利主義」に対する「ロマン主義」的な批判ではなく、当時の中産階級に共有されていたある種のキリスト教的禁欲主義——「この［カルヴァン主義の］偏狭な人生理論と、それが奨励する窮屈で狭量な品性」——についての彼らなりの批判的考察を背景として展開されたものにほかならず、その解明には、彼らの世界観、人間観にまで遡った内在的な検討が不可欠なのである。[5]

以上のことを踏まえつつ、本章では以下、ヴィクトリア期を代表する文人の一人であるマシュー・アーノルド（一八二二—一八八八）[6]の教養思想の内在的再構成を試みる。議論に先立って、大まかな道標を示すために、彼のいう教養の概念についてラフ・スケッチを試みておこう。彼は主著『教養と無秩序――政治的・社会的批評の試み』（一八六九年）の第一章で自らの教養概念を次のように定義している。――一般に教養は単なる知的好奇心の産物であると考えられているが、「正しい意味の教養は、好奇心ではなく、完成への愛好から生じる。それは完成の研究である。純粋な知識を求める科学的情熱は教養の唯一の原動力ではないし、主要な原動力でもない。善をなそうとする道徳的で社会的な情熱もまた、教養を突き動かす原動力のひとつなのである」（CPW, V：91）。ここで教養の二つの原動力として示されている「科学的情熱」と「道徳的で社会的な情熱」を、彼は同書第四章においてそれぞれ「ヘレニズム」と「ヘブライズム」という有名な対概念として論じているが（CPW, V：163f）、両者に導かれる「完成の研究」としての教養という構図には、彼の一八四〇年代から六〇年代にかけての思索が集約的に表現されている。すなわちそれは、ラヴジョイの巧みな表現を借りるならば[7]、真理や善を専ら質料的世界に内在するものと捉える「この世主義（this-worldliness）」としての「ヘレニズム」と、それらを本質的に彼岸的なものと見なす「あの世主義（other-worldliness）」としての「ヘブライズム」とを、両者が激しく分裂・対立している「近代」という時代において、いかに統合するかという問題にほかならない。そして、同書において展開されている此岸的「功利主義」と彼岸的「宗教」の両者の偏狭な人間観に対する批判と、教養の「調和的」な人間観の擁護は、まさにこうした問題意識の具体的な適用であった（CPW, V：99）。

こうした「近代」における「この世主義」と「あの世主義」の統合というアーノルドの教養論が最初に明確なかたちで述べられるのは、彼の詩学講義『異教的心情と中世の宗教的心情』（一八六四年）の次の一節である。

> 後期異教の詩に生命を与えていたのが感覚と悟性であるのに対し、中世キリスト教の詩に生命を与えていたのは心と想像力であった。だが、近代精神の生の主要素は、感覚と悟性でもなければ、心と想像力でもなく、想像的理性（imaginative reason）にほかならない。（CPW, III：230）

「近代」における「感覚と悟性」と「心と想像力」の統合としての「想像的理性」。「ヘレニズム」と「ヘブライズム」の両者に導かれる「調和的」な「完成」としての「教養」。——こうした相反する二つの力の統合という問題意識が彼の多岐にわたる思索の中心にあったというカラーの指摘はおそらく正しい[8]。そこで、以下ではこうした問題意識の構成と射程を思想形成史的な観点から明らかにすることを試みよう。具体的には、一八四九年頃に執筆された詩劇『エトナ山のエンペドクレス』に始まる「近代」をめぐる思索の中で、想像的理性や教養といった彼独自の理念が形成される過程を辿る作業を試みる。ドイツとイギリスのロマン主義——就中、エイブラムズが「自然的超自然主義」と呼んだその思惟様式[9]——の圧倒的な影響の下で彼独自の教養論が形成される過程を辿ることで、われわれはヴィクトリア期教養思想の核心に迫るための重要な手がかりのひとつを得るであろう。

1　精神と自然の分裂

一八四〇年代から五〇年代初めにかけての彼の初期の思索の全体像を、その詩作品、書簡、草稿等を綿密に精査しつつ再構成する作業は残念ながら別稿に譲るほかないが、親友アーサー・ヒュー・クラフとの書簡や当時の詩作品は、きわめて断片的にではあるが、彼の思索が主に自我と世界認識の問題を中心に展開されていたことをうかがわせる[10]。些か大雑把な言い方になるが、この時期の彼の問題意識が「自我と世界の把握によって、現下の意気阻喪状態を克服すること」にあったという、イェール草稿の編者ウルマンの指摘は的を射ているといえよう（YM: 14）。われわれはそうした初期の思索の輪郭を、四九年頃に執筆され匿名で発表された詩劇『エトナ山のエンペドクレス』（以下『エンペドクレス』と略す）を手がかりとしつつ、明らかにしてみよう。

『エンペドクレス』において描かれているのは、かつては優れた政治家にして、詩人、医師であったにもかかわらず、ソフィストの台頭後、故郷を追放されたエンペドクレスが、彷徨の末、エトナ山火口に身を投じるにいたるまでの過程であるが、アーノルドの友人の当時の書簡が示唆しているように、そこで表現されているのはアーノルド自身の四〇年代の思考の軌跡であった（TL：287）。アーノルド自身の記述によれば、

私が描き出そうとしたのは、オルフェウスやムサイオスの家系の一員であるギリシャの宗教哲学者の最後の一人の感情であった。彼は仲間たちよりも長く生き、ギリシャの思想や感情の習慣が急激に変化し、その性格が矮小化し、ソフィストたちの影響が支配的になり始める時代まで生き延びた。このような境遇に置かれた者の感情の中に、われわれならば著しく近代的であると考えるであろう何かがたくさん入り込んできた。それがどれほどのものであったかということは、エンペドクレス自身が残した断片から十分に察しが付く。ギリシャ初期の精神の偉大な記念碑しか知らない者が想起するようなギリシャ精神の素晴らしい特徴は失われてしまった。静謐、活気、無私の客観性は絶えてしまった。精神が自己と交わす対話が始まっていた。近代の諸問題が現れていた。すでにそこには、ハムレットやファウストの懐疑と失意が反響していたのである。（CPW, I：1）

ソフィストの台頭と前後して発生した「近代の諸問題」、「精神が自己と交わす対話」、そして失われてしまった初期のギリシャ精神に対する憧憬。――おそらくは、これらが同作品におけるアーノルドの問題意識の方向性を暗示する記述であろう。

物語は、放浪のエンペドクレスと、その友人の医師パウサニアス――エンペドクレス同様に故郷を追われ、運命を恨み、時代を糾弾しながら、その過酷な運命に抗するための魔法を教わるためにエトナ山のエンペドクレスのもとへと訪れた――との対話、ハープを奏でる詩人カリクレス――エンペドクレスの精神的苦境を癒すために訪れていた――の歌、そしてエンペドクレスの独白を軸に展開されている。

まずエンペドクレスとパウサニアスの対話であるが、パウサニアスの望みはエンペドクレスから「［人間を弄ぶ］

神々の手を抑える魔法」を教わって「恐怖のない自由な生活」を得ることであった（P：165）。だが運命を呪うパウサニアスに対し、エンペドクレスはただ諦念の必要を説く。そして、その教説は明らかにカーライル『衣装哲学』（一八三八年）の要約であり、この世において人間には幸福を得る権利などなく、人間の悲惨は専ら人間が自分の意志を自分の権利の規準にしている点にあると見なす徹頭徹尾現世否定的な「断念」の教説であった（TL：300）。——神々は人間にとって徹底的に無慈悲であり、世界と自然は人間の精神にとってきわめてよそよそしい存在である。そのような世界において人間は専ら「運命の過酷さを前にしても狼狽せずに心の平穏を保つ」術、すなわちカーライル的「断念」を媒介とした「永遠の肯定」によってのみ、この世の苦しみから逃れることができるのだ、と。「愚かな魂よ、お前が幸福でなければならないという法令でもあったというのか」というカーライルの言葉を繰り返すかのように、[12] エンペドクレスは次のように説く。

パウサニアスよ［……］お前に至福を得る権利などなく、幸福と休息を神々から授かる資格などないということを理解できれば［……］至福がいつ阻まれようとも、お前の顔に表れている戸惑いは静まるだろう。そして、自分の運命が傾いたからといって、それで神々が狂ったなどと思うこともないだろう。（P：171f）

自らの幸福に対する「断念」と呪わしい運命に対する「永遠の肯定」。だが、カラーが指摘しているように、[13] エンペドクレス自身は決してそのようなカーライル的教説を信じていたわけではなかった。物語の進展は、エンペドクレスが、そして草稿等が示すようにほかならぬアーノルド自身が、カーライル的な断念説に同意できなかったことを示唆している（P：172n, YM：84）。敢えていうならば、パウサニアスとの対話には、エンペドクレス自身が抱え込んでいた問題そのものの確信が未だ十分には示されていなかったといえよう。パウサニアスが去った後、カリクレスの歌を背景としつつ、エンペドクレスの独白が始まる。問題の核心が示されるのはそこにおいてである。

もとの元素へと万物は回帰する。われわれの肉体は土に、血は水に、熱は火に、息は風に。［……］だが、精神はどこへ？

しかし精神は、思想は、もしもそれがわれわれの中心の占めているというのなら、その産みの親たる要素はどこに見いだせるのか。何がそれを受けいれてくれるのか。誰がそれを故郷に呼び戻してくれるのか。

だが精神は、自然の中に帰るべき故郷を見いだすことができない。

しかし、依然としてわれわれは精神の中にあり、精神はわれわれの中にある。だからわれわれは、この世界では異邦人とならざるをえない。精神は、これからもわれわれの支配者でありつづける。だから、われわれは自己の意識の虜となり、精神の形式や形態、息苦しいヴェール越しにしか、全体を把握することも、感じることもできなくなる。われわれは、いつまでも満たされず、渇望に苦しみ、いきいきとした生を求める、言葉にならないほどの激しい切望は、永遠に道を閉ざされる。それでも思想と精神は帰るあてのない進軍にわれわれを駆り立て、われわれを寄せ付けることのない大地を、そしてわれわれのことを見向きもしない海を越えていく。だが、風は、そんなわれわれを土と水へと激しく吹き戻し、火はいきいきとした炎からわれわれを弾き返してしまう。われわれは、この災いの荒野、この居心地の悪い場所、この人間としての生活へと嫌々ながら戻ってくる。そして、個々の人間的な状況の下で、次のことを見極めるために、あらゆる悲しい試練を繰り返す。――果たしてわれわれは自分の生の平衡を保てるのか。いまこそやっと、われわれの唯一本物の、深く埋もれた自我――これとひとつになれば、われわれは世界の総体とひとつになることができる――と一致することができるのか。それとも、肉体の束縛あるいは精神の束縛、感覚の泥沼あるいは傲慢で孤立した思考力が捏造した非現実的な迷宮の中へ、再び陥ってしまうのか。（P：200–202）

この一節は、エイブラムズが「自然的超自然主義」と呼んだ、「近代」の歴史的特異性を〈精神＝主観〉と〈自然＝客観〉という対概念によって理解しようとしたドイツとイギリスのロマン派特有の思惟様式をアーノルドが踏襲していたことを明らかに示している。エイブラムズによれば、ドイツとイギリスのロマン派には、多少の相違は見られるものの、ほぼ一様に、伝統的なキリスト教神学（超自然主義）の「堕罪→救済」という主題を現世における「自然と精神の分裂→両者の黙示録的結婚（再統合）」の物語（自然的超自然主義）へと「世俗化」し、「近代」の諸問題を精神と自然の分裂・対立という枠組みで捉え、その再統合（完成！）こそが現世における人間の最大の課題であると考える思考様式が共有されていた。[14] 草稿やノート等が示すようにアーノルドは早い時期からロマン派の著作に接しており、右の一節には明らかにその影響が読み取れる。――精神が自然から疎外されている以上、精神的存在たる人間は世界において異邦人たらざるをえない。精神の支配下にある人間は〈世界＝自然〉を屈服させようと試みるが、その結果は虚しい敗北である。〈人間＝精神〉と〈世界＝自然〉を和解させる可能性が「唯一本物の、深く埋もれた自我」との一致として提示されてはいるものの、[15] ここでの力点はむしろ、それに失敗した人間が「肉体の束縛［……］感覚の泥沼」あるいは「精神の束縛……傲慢で孤立した思考力が捏造した非現実的な迷宮の中」のいずれかに陥らざるをえないというネガティヴな認識におかれている。同作品において「肉体の束縛」に陥った者は、自然的な快楽を絶対視するが故に道徳的善悪の判断を放棄する「ソフィスト」として、他方「精神の束縛」に陥った者は、善悪の判断を守るために世俗的なことがらに関わることをすべて放棄する「聖者」として描かれている（P: 170）。そしてエンペドクレスはパウサニアスに「聖者にもソフィストにもなるな、人間になれ」と告げる。だが、エンペドクレスがパウサニアスに説く教説の中心はカーライル的断念、すなわち「聖者」の教説であった。そもそも「ソフィスト」でも「聖者」でもない「人間」とはいかなる立場を意味しているのか。残念ながら、本作品からそれを読み取ることはできない。そして、エンペドクレス自身が最終的に選んだのは、まさに精神と自然の分裂そのものの否定、すなわち火口へ身を投げることによって「近代」以前の〈主観＝精神〉と〈客観＝自然〉とが未分離の状態——カリクレスがうたう静謐な原初的自然——への回帰であった。草稿には次のようにある。

精神の憂鬱と過度の緊張の犠牲となり、喜びや、偉大さや、気力や、溌剌とした生に対する感覚を喪失してしまう前に、彼は死ぬことを望む。すなわち、自己の人間的な側面を強調したあげく天地万物から完全に疎外されてしまわないうちに、それらと再び一体になることを望むのである。（YM：137）

『エンペドクレス』においてアーノルドは「自然的超自然主義」の枠組みに依拠しつつ、精神と自然の「近代」的な分裂を、「精神の束縛」に陥った「聖者」の主観的独善（おそらく念頭に置かれていたのはピューリタンの禁欲主義であろう）と「感覚の泥沼」に陥った「ソフィスト」の無批判な快楽主義（念頭にあったのは功利主義であろう）の相克として捉えており、その問題意識はきわめてネガティヴな「近代」観に貫かれていたといってよい。キャロルが指摘するように、この時期のアーノルドの著作において「近代的」という言葉は専ら「不健全な」「衰退しつつある」という否定的な意味で用いられている。[16] 彼の四〇年代の思索が最終的に導いたものが、こうした否定的な「近代」観であったことは、おそらくまちがいないだろう。

2　自由の普遍史

だが、五〇年代の末になると、彼の「近代」観に微妙な変化が生じる。五七年の詩学教授就任講義『文学における近代的要素』（以下『要素』と略す）に始まり、六三年の講義『ハインリッヒ・ハイネ』（以下『ハイネ』と略す）等を経て、六四年の講義『異教的心情と中世の宗教的心情』（以下『心情』と略）において体系的に述べられる　連の普遍史的考察――彼自身の言葉でいえば「人間精神一般の発達の歴史」（CPW, I：18）――において彼は、一方で確かに『エンペドクレス』で示した否定的な「近代」観を引きずりつつも、他方では、古典期ギリシャを模範とした理想的な「近代」像を提示しているのである。

アーノルドは『要素』を、人間は「道徳的解放（moral deliverance）」と「知的解放（intellectual deliverance）」の両方を成し遂げてこそ「真の自由」に到達できるという議論から始めている。「道徳的解放」とはある種の道徳的自律――「人間の道徳的活動を損なう自尊心、怒り、利己心からの解放」（CPW, I：19）――を意味し、「知的解放」とはある種の必然性の認識による世界との和解を意味する。

それ［知的解放］は、われわれの精神が、この夥しい数の事実を貫く法則である普遍的な観念を得たときに始まる。そして、われわれにはっきり理解できる壮大な光景を観照する際にわれわれが感じる、あの調和に満ちた精神の黙諾に達したとき、知的解放は完全なものとなる。そしてそのとき、あの耐え難い苛立ち――絶えずわれわれの好奇心を刺激し、われわれの理解を妨げるところの、壮大で変転の激しい混乱に満ちた光景を前にしたときに感じる耐え難い苛立ち――が消えてしまうのである。（CPW, I：20）

後に、六九年――『教養と無秩序』が刊行された年――に付した『要素』序文で、アーノルドは、『要素』で論じられている「道徳的解放／知的解放」が『教養と無秩序』の「ヘブライズム／ヘレニズム」に対応していることを示唆している（CPW, I：18）。だが『要素』は、あくまでも〈道徳的解放＝ヘブライズム〉を熟知したイギリスの聴衆に〈知的解放＝ヘレニズム〉の思想を紹介するという狙いで書かれているため、この二つの「解放」の関係について多くを語っていない。むしろ注目すべきは『要素』で提示されている二つの「近代」――古典期ギリシャを典型とする理想的な「近代」と古典期ローマに発生した病的な「近代」――の比較であろう。後の『ハイネ』等とも読み合わせつつ整理を試みるならば、アーノルドは次のような議論を展開している。――古典期ギリシャの理想的「近代」の条件は、当時の偉大な文学が示していた「十全（adequate）」な世界認識――アーノルドはスピノザ『エチカ』の「十全な観念」を念頭に置いている――であり、この「十全」な世界認識こそが「道徳的解放」と「知的解放」を「真の自由」へと統合するための決定的な条件なのだ、と（CPW, I: 22ff）。それに対し、病的な「近代」人ルクレティウス――実は『エンペドクレス』のモデルの一人であった（CPW, I: 27f）――の不健全な「近代的感情」の原因は、まさにこうした「十全性」の欠如であり（CPW, I: 32f）、また後の世の「人間性解放戦争の兵士」ハイネは、「知的解放」には到達していたものの、「道徳的解放」を欠いていたために「近代世界の十全な解釈者」たりえなかった（CPW, III: 131–132）。古典期ギリシャにおいて、ほとんど例外的に実現されていた理想的「近代」の条件としての「十全」な世界認識による〈知的解放＋道徳的解放→真の自由〉。この構図が、本章の冒頭で紹介した『心情』における〈感覚と悟性＋心と想像力→想像的理性〉の前駆であることは「想像的理性」の歴史上の実例が「十全性」と同じく古典期ギリシャに求められていることから考えても明らかであろう（CPW, III: 230）。

そして、一連の普遍史的考察の集大成である『心情』は、テオクリトスと聖フランシスの詩を比較することによって「異教とキリスト教の真の精神的心情的相違と、その相違が人々全体に当然与えるところの影響」を明らかにする試みであるが（CPW, III: 216）、彼はそこにおいて次のような普遍史を展開している。――人間精神の一般史は「知的解放」を希求する「感覚と悟性」重視の異教的「感覚主義」と、「道徳的解放」を志向する「心と想像力」重視のユダヤ・キリスト教的「精神主義」を二大原理として展開してきた[17]（ローマにおける「感覚主義」の隆盛と単なる快楽主義への堕落→反動としての中世の「精神主義」→反動としてのルネサンス「感覚主義」とその道徳的退廃→宗教改革という「精神主義」→「大いなる反動、すなわち感覚と悟性による支配の堂々たる復活」としての一八世紀啓蒙）。アーノルドの認識によれば、「感覚主義」も「精神主義」も単独ではかならずその極限形態へと堕落する。すなわち、此岸的「感覚主義」はポンペイの堕落した快楽主義を、彼岸的「精神主義」は聖フランシスの懐疑を、それぞれ導かずにはおかなかった。そして「近代」とは、まさにこの両者が統合されるべき時代として位置づけられる（CPW, III：226)。ここにも、確かに、『エンペドクレス』のネガティヴな「近代」観の残響は認められる。だが、注目すべきは、アーノルドがここにおいて、「近代」における精神と自然の分裂を、道徳的自律を追求する「精神主義」と知的な世界認識を追求する「感覚主義」の両者の自律的発展として肯定的に評価し、更には両者の統合を「真の自由」と捉えるポジティヴな「近代」観を提示している点であろう。

だが、アーノルドをして、そのようなポジティヴな「近代」観へと向かわしめたのはいかなる契機であったのか。われわれはそこに、少なくとも次の二つの契機を認めることができる。ひとつは、彼が「徳（virtus)」を「能力（potentia)」と捉えるスピノザ倫理学を咀嚼することによって得た「十全性」概念という理論的なそれであり、[18] もうひとつは書簡等に見られる、同時代のイギリス中産階級の禁欲的な「精神主義」（コリーニのいう「品性」のエートス）に対する彼なりの期待感——その厳格な「道徳的品性」において既に「道徳的解放」を達成している彼らは、ヘレニズムを説かれさえすれば、比較的容易に「完成」に向かうであろうという楽観的展望[19]——という現状認識の契機である。

まず前者について、アーノルドのスピノザ解釈について検討しておこう。彼はゲーテの影響下でかなり早い時期からスピノザの著作に親しんでいたが、[20] 彼のスピノザ解釈は六三年頃から構想されていた論文「スピノザと聖書」（発表は六九年）において最も明確に提示されている。アーノルドによれば、スピノザの思想の核心は「自然をわれわれに従わせるのではなく、われわれが自然に従うこと」を説く「積極的なストア主義」、すなわち「人間本性が要求する個別的な法則」とは明確に区別される神的な「自然の普遍的な法則」——物理的な、いわゆる自然法則ではなく、汎神論的な「自然」の「法則」——に従うことによって「より大きな完全性」に向かうこと——「完成の研究」としての教養！——を説くところの「単なる断念に満ちた黙諾や憂鬱な静寂主義とは区別される、人間の真の領分内での喜びに満ちた活動を説く道徳の教説」であった（CPW, III：176-177)。そして、アーノルドは、この神的「自然」への服従による「より大きな完全性」の追求を説くスピノザの「積極的ストア主義」を、アウグスティヌスに代表されるユダヤ・キリスト教的な〈あの世主義＝精神主義〉とも、「ポスト・ヘーゲル哲学」に代表される無神論的な〈この世主義＝感覚主義〉とも区別されるべき教説として位置づけ（C²W, III: 179）、その認識論的な基礎を『エチカ』における認識の「非十全／十全」という区別に見いだす。周知のように『エチカ』の認識論における観念の「非十全／十全」は、その欲望論における精神の「受動／能動」に対応していた（第三部定理一）。――質料優位の「漠然たる経験による認識」や形相優位の「諸々の記号」による認識（第一種の認識）の段階にとどまっているかぎり、人間は「非十全で混乱した観念」に惑わされる「受動的」欲望の虜、すなわち「われわれの外部にある諸物の力」の奴隷にすぎない。だが「理性」による認識（第二種の認識）は人間に「十全な観念」をもたらし、その精神を「能動的」欲望に従う自律的な存在へと高めるであろう（第二部定理四〇・四一、第三部定理一、第四部付録第二・三項）。スピノザのこうした論理（〈理性→十全な観念→精神の能動〉）が、アーノルドのポジティヴな「近代」観（〈想像的理性→十全な世界認識→真の自由〉）の基底にあったことはまちがいない。

『エンペドクレス』――それは無批判に質料的世界に埋没する「ソフィスト」と彼岸志向的な主観的独善に陥っている「聖者」の両方に対する違和感の表明であった――に始まるアーノルドの「近代」をめぐる思索は、こうしたスピノザの「積極的ストア主義」に依拠したポジティヴな「近代」観においてひとつの到達点を迎えることになった。現世において人間が、神的「自然」に従いつつ「より大きな完全性」を追求する営みこそは、『教養と無秩序』において「教養」として提示されるものの本体であった。「近代」における精神と自然の分裂を「十全」な世界認識によって克服しようという彼の教養論の基本的な構図はここにおいて確立されたといってよい。

だが「あの世主義」と「この世主義」の相克をスピノザの論理に依拠して解決したことで、アーノルドの教養論は微妙な問題を抱え込むことになった。すなわち、神的「自然」への「能動的」な服従という意味で、明らかに「積極的」（バーリン）[21] な側面の強いスピノザ自由論の論理が、アーノルドの教養論における自由のあり方を構造的に規定し、結果的に、そこにある種の共同体論の貧困とでも呼ぶべき問題点が生じてしまっているのである。[22] アーノルドは『教養と無秩序』において自由を「最善の自我」への服従と捉えるきわめて「積極的」な自由論を展開している。ひとは、個別的な階級的利害にすぎない「日常的自我」の中に埋没するかぎり、真の意味で自由だとはいえない。ひとは、専ら自らの内にある普遍的な「最善の自我」に従うことによってのみ、自由な存在たりうる。そして、この自由論がアーノルドにおいて共同体論とどう切り結ぶかについては次のごとくである。——「自らの日常的な自我によって、われわれは個別的になり、個人的になり、相争う。[……] だが、われわれの最善の自我によって、われわれは統合され、非個人的となり、互いに調和する」(CPW, V: 134)。いうまでもなく、この一節は『エチカ』第四部定理三五証明の次の一節を想起させずにはおかない。

人間は受動的な感情にとらわれているかぎり、本性上異なる可能性があり、また互いに対立する可能性もある。しかし [……] 人間は、理性の導きに従って生活するかぎり、相互間においても必然的に常に一致する。

このように人間の共同性を神的「自然」や「最善の自我」における調和的な一致に求めるかぎり、個別具体的な世界において「自然」や「最善の自我」をめぐって意見が対立する可能性や、さらにはそうした意見対立そのもののポジティヴな意義についての考察はどうしても抜け落ちてしまうだろう。また、そこから導き出される共同体論は、この「最善の自我」をどこに見いだし、いかに制度化するかという議論に終始せざるをえない。

われわれは次にアーノルドにおける共同体論の貧困が、彼の教養論のもう一つの基盤である、当時のイギリスの中産階級の「品性」のエートスについての楽観的展望との関連で、どのような帰結をもたらしたか、若干の検討を試みたい。

3　教養と国家

アーノルドの主著『教養と無秩序』は、同時代のヴィクトリア中期のイギリス社会の「無秩序」の分析と、処方箋としての「権威の原理」すなわち国家論を提示する試みである。その核心を、アーノルドは次のように述べている。

単に自分の好きなことをすることが大した幸福ではないということ、単に好きなことをする自由の崇拝が所詮は機械的手段の崇拝にすぎないということ、そして真の幸福とは正しい理性の命令を好み、その権威に服従することだということを、人々が教養のもたらす光明によって悟るとすれば、われわれは教養から実際的利益を得ることになる。つまり、われわれはわれわれを脅かしていると思われる無秩序への傾向を阻止するべく、大いに要望されている権威の原理を得るのである。(V：123)

われわれには権威が必要だが、われわれが見いだすものは嫉妬深い諸階級と抑制と行き詰まりだけである。するとと教養が国家の観念を提唱する。だがわれわれはわれわれの凡庸な自我の内には確固たる国家権力の基礎を見いださない。すると教養はその基礎がわれわれの最善の自我の内にあると教えてくれるのだ。(V：134f)

人間の共同性を神的「自然」における一致に求めるスピノザ自由論に依拠している以上、アーノルドの政治論において「最善の自我」を体現する国家の理念が「無秩序」への処方箋として提示されるのは、なかば避けられない帰結といえよう。だが、問題は既存の国家体制と教養の関係、更にいえば、教養がもたらすものが、既存の国家体制の正統性を根本的に問い直す批判的視点なのか、それとも「現実的なものこそが理性的である」という現状追認的視点なのかという問題である。

『教養と無秩序』は一八六七年から六八年にかけて発表された雑誌論文に長い「序文」を付して六九年に刊行されたもので、その各章を、共同体の基礎としての「最善の自我」の所在に着目しつつ、執筆された順番（「はじめに」→第一〜六章→「結論」→「序文」）に読むと、前半（第三章まで）の議論と後半（第四章以降）の議論との間に大きな懸隔を見いだすことができる。[23]

前半においてアーノルドは「権威の原理」たる最善の自我の担い手を、当時のイギリスの三大階級である「野蛮人」（貴族）、「俗物」（中産階級）、「民衆」（労働者階級）のいずれかに属しながらも、その普遍的な「人間性」――アーノルドは明らかにヘルダーの「フマニテート（Humanität）」を念頭に置いている[24]――によって一切の個別な階級的利害＝「日常的な自我」を克服しているところの「異人（aliens）」に見いだす。各階級の個別的な利害の噴出という当時の政治の現実に対し、脱階級的知識人たる「異人」による国家権力の掌握という理想を対置している点で、『教養と無秩序』前半の普遍的ヒューマニズムは、明らかに既存の国家体制に対する批判的な視点を含んでいるといえよう。ところが、後半の議論においてアーノルドは、「権威の原理」たる「最善の自我」を、個別的利害を超克した知識人たちの普遍的人間性ではなく、あろうことか、歴史的実体としての既存の国家体制の中に内在する「国民生活の主流」（CPW, V: 245）＝「人間生活の豊かで大きな流れ」（CPW, V: 251）＝「思想と教養の主流」（L, III: 382）と見なし、現実の国家をほとんど無条件に神聖化するという、きわめて反動的な議論を展開しているのである。たとえば「結論」には、前半の「異人」論にリベラルな知識人の社会的使命を読み込もうとする多くの読者を当惑させずにはおかないであろう。

正しい理性を信じ、われわれの最善の自我を解放・高揚する義務と可能性を信じ、人間性の完成への進歩を信じるわれわれにとって、この厳粛なドラマが展開される舞台である社会の体制は神聖なものである。誰がそれを支配していようとも、そしてわれわれがどれほどその支配者の退陣を望んでいようとも、彼らが権力の座にある限り、彼らが無秩序と混乱を弾圧するのをわれわれは心の底から支持する。なぜなら秩序が無ければ社会はありえないし、社会がなければ人間完成はありえないからである。(CPW, V：223-224)

こうした反動化の背景に、たとえばウィリアムズやナイツは当時の労働者階級の過激化に対してアーノルドが抱いた恐怖感を見いだそうとする。(25) だが、労働者階級のあまりに過激な示威活動を目の当たりにして突如反動化する「秩序派」の進歩的文化人という彼らのアーノルド像は、アーノルドの教養論が孕んでいた問題性をむしろ隠蔽してしまいかねない。その問題性とは、彼の教養論の普遍的ヒューマニズムのもう一つの基盤であった、同時代の中産階級の「品性」にたいする彼の認識の微妙な変化である。アーノルドは既に五〇年代の初めから勅任視学官としてイギリス中の学校を視察して回っていたが、彼自身が述べているように、その際に強いられた「イギリスの中産階級、就中、その典型たるプロテスタント・ディセンター」の研究こそは、彼をして「社会的・政治的な主題」に向かわしめた契機であった(CPW, III：372f)。

そして、書簡等は六〇年代前半の段階で、アーノルドが当時のイギリス中産階級の厳格なピューリタン的「品性」にたいして好意的であったことを示している。(26) 注目すべきは、そこで示されているアーノルドのピューリタニズム評価が、彼の教養論と重要な連関を持っていた点である。たとえば六一年発表の論文「デモクラシー」において彼は、中産階級の厳格な「品性」をきわめて高く評価し、彼らを人類の「完成」衝動の政治的表現である「デモクラシー」の担い手として位置づけている。同論文でアーノルドが理想的「完成」を「道徳的品性」と知的「教養」の「協力」に求め、その偉大な前例を古典期のギリシャに求めていることは、既に「道徳的解放」を遂げているイギリス中産階級にアーノルドが何らかの希望を託していることを示唆している。そして、果たせるかな、『教養と無秩序』の前半において、アーノルドは、ピューリタン特有の厳格な「道徳的品性」を「教養」の梃子たる

「完成の端緒」と見なしている（CPW, V：101）。少なくともこの段階まで、アーノルドの理想的「近代」観や教養論が、中産階級の「品性」のエートスへの肯定的な評価を前提として展開されていたことはまちがいない。換言するならば、『教養と無秩序』前半の普遍的ヒューマニズムを支えていたのは、豊かな「ヘブライズム」を備えているイギリス中産階級ならば、「ヘレニズム」を説かれることで、容易に「完成の研究」としての教養へと向かうであろうという楽観的な展望にほかならなかったのである。

ところが、『教養と無秩序』後半になると、アーノルドはピューリタニズムにたいし、きわめて否定的な見解を述べ始める。それによれば、ピューリタニズム特有の「唯一の必要なもの（unum necessarium）」としての禁欲主義という発想は、彼らの道徳を過度に主観主義化、形式主義化するものであり、それによって原理主義化された「道徳的品性」は質料的現実にたいして有効な拘束力を持ちえない――換言すれば市民社会の倫理とはなりえない――ばかりか、その独善性故に、結果的には無批判な現世肯定――物質主義と拝金主義――を導くものでしかなかった（CPW, V：180f）。中産階級の「品性」は、「完成の端緒」とはなりえず、むしろその主観的な独善を極めた末に、欲望自然主義の放縦すら招いてしまう。――『教養と無秩序』後半の議論には、このような、ほとんどヴェーバー的とさえいえる洞察すら、[27]読み取ることができるのである。

そして、こうした中産階級の「道徳的品性」に対する評価の変化に伴い、『教養と無秩序』後半の国家論は、前半のそれとは構図を大きく異にしたものとなっていく。すなわち、後半では、前半で提示された脱階級的知識人の普遍的ヒューマニズムへの言及は姿を消し（『教養と無秩序』という繰り返しの非常に多い作品において、このことは決定的に重要だといえよう）、中産階級の「道徳的品性」を梃子とした「完成」の追求という議論に代わって、ピューリタニズムの独善的主観性そのものを如何に克服するかという問題が、ノンコンフォーミズム（ピューリタニズム）対国教会制度という構図で論じられる。そしてそこにおいてアーノルドは、「そのばらばらで偏狭な組織」故に「精神的狭隘（provincialism）」に陥っているノンコンフォーミスト・ディセンターたちを批判しつつ（CPW, V：

35ff.)、他方で、「われわれの思いつきや感情の及ばぬところにあり、そうしたものを超越した人間精神の歴史的生活の観念」をもたらすことによって人々を「国民生活の主流」に触れさせている既存の国教制度を擁護するにいたる（CPW, V：243)。

『教養と無秩序』後半の反動的な教養論はまさにこの文脈でなされたといってよい。すなわち、「権威の原理」たる「最善の自我」に人間の共同性の基盤を見いだすアーノルドの教養論は、中産階級の「道徳的品性」に「完成の端緒」を認める楽観的展望を前提とするかぎり、脱階級的知識人の役割に期待する普遍的ヒューマニズムの発想を維持することができた。だが、もしも「どこにも根を下ろさない」中産階級の「道徳的品性」のもたらすものが、独善的主観性の「無秩序」以外にないとすれば、話は別といわざるをえない。トクヴィルがアメリカのデモクラシーの中に再帰的近代化のなれの果てとしての個人主義を発見したように、[28]イギリスの中産階級のエートスの中に「精神が自己と交わす対話」が辿り着いた「精神的狭隘」を見いだしたアーノルドは、処方箋を探る中で「権威の原理」たる「最善の自我」を「国民生活の主流」の中に実体化するにいたった。そしてまさにその過程で、現実の国家体制を批判的に問い直すはずのヒューマニスティックな教養論は、既存の国家体制を正統化し、国家への同調を唱える権威主義的な教養論へと転回を遂げてしまったのである。『教養と無秩序』は、いわば、彼の教養論における共同性の基盤たる「最善の自我」の所在が、中産階級の「品性」に対する彼の評価の変化に伴って、普遍的な人間性から歴史的実体としての現実的＝理性的な国家へと移されていく過程の忠実なドキュメントであったといえよう。

おわりに

「近代」という「精神が自己と交わす対話」の時代において、精神は自らの住処を見失い、ひとは、ともすれば宗教的独善という「精神の束縛」へ、あるいは快楽主義への埋没という「感覚の束縛へ」と陥る。――『エンペドクレス』において「近代」をそのような危機の時代と捉えたアーノルドは（第1節）、それを超克すべく、ハイネやスピノザの影響下で普遍史的な考察を試み、独自の教養論を構築するにいたった（第2節）。だが、「どこにも根を下ろさない」中産階級の再帰的な「精神が自己と交わす対話」が辿り着かずにはおかない「精神的狭隘」を目の当たりにしたアーノルドは、教養の普遍的ヒューマニズムを投げ出し、既存の国家体制を「国民生活の主流」を体現するものとして実体化することで、トクヴィル的な「個人主義」の無間地獄[29]に抗しようとするにいたる（第3節）。――敢えて図式的な整理を試みるならば、本章の議論は以上のようなものであった。

『教養と無秩序』でアーノルドが最終的に権威主義的な国家論を提示したことに対する批判は少なくない。アーネスト・バーカーはアーノルドを反動的な思想家と位置づけているし、ドーヴァー・ウィルスンはアーノルドの教養論そのものの「全体主義」的性格を云々している。また、ウィリアムズの教え子であるテリー・イーグルトンは、アーノルドが「利害にとらわれない」教養の可能性を探った点に一定の評価を与えつつも、アーノルドを、一九世紀的な「文学」や「教養」といった「孤立した呪物」に固執するあまり、結局は「歴史からの隠遁」を余儀なくされた体制派の反動的知識人の一人にすぎないと批判している[30]。

だが、いかに『教養と無秩序』の結論が権威主義的であろうとも、『エンペドクレス』以降のアーノルドの思索の歩みは、彼もまた、トクヴィルと同じく、デモクラシーという再帰的近代化がともすれば陥りかねない「精神が自己と交わす対話」の無間地獄を目の当たりにし、再帰的近代化への制約としての「知性の健全な枠」を模索した一人だということを示唆しているように思われる。そして結論の是非はともかくとしても、われわれはいまなお、彼らが直面した問題の磁場の中に身を置いているのではないだろうか。権威主義的な国家論を唱えるアーノルドには抗せざるをえないとしても、「精神が自己と交わす対話」の行方に苦悩するアーノルドは、依然として、再帰的近代の下での「啓蒙」について考える際にわれわれが対話を試みるべき重要な思想家の一人であるように思われる。

文献略号

以下の文献からの引用に際しては、本文中に略号、巻数、頁数を示す。

CPW = *The Complete Prose Works of Matthew Arnold*, ed. by R. H. Super, 11 vols., The University of Michigan Press, 1960–77.

L = *The Letters of Matthew Arnold*, ed. by Cecil Y. Lang, 6 vols., The University Press of Virginia, 1996–2001.

P = *The Poems of Matthew Arnold*, ed. by Kenneth Allott, 2nd edition revised by Miriam Allott, Longman, 1979.

TL = C. B. Tinker & H. F. Lowry, *The Poetry of Matthew Arnold: A Commentary*, Russell & Russell, 1940.

YM = *The Yale Manuscript*, ed. and commentary by S. O. A. Ullmann, The University of Michigan Press, 1989.

注

（1）Raymond Williams, *Culture and Society 1780–1950*, (Chatto & Windus, 1958) The Hogarth Press, 1987（『文化と社会 一七八〇—一九五〇』若松繁信他訳、ミネルヴァ書房、一九六八年）の 'Introduction' を参照。

（2）カルチュラル・スタディーズの歴史におけるウィリアムズの位置づけについては、小田川大典「カルチュラル・スタディーズ」日本イギリス哲学会編『イギリス哲学・思想事典』研究社、二〇〇七年、六二—六四頁を参照。

（3）J. G. A. Pocock, *Virtue, Commerce, and History*, Cambridge University Press, 1985, p. 190.『徳・商業・歴史』田中秀夫他訳、みすず書房、一九九三年。

（4）ミルの陶冶論については、小田川大典「J・S・ミルと共和主義」田中秀夫他編『共和主義の思想空間』名古屋大学出版会、二〇〇六年、一三七—一六五頁を参照。

（5）Stefan Collini, 'The Idea of "Character" in Victorian Political Thought,' *Transactions of the Royal Historical Society*, 5th series, 35, 1983.

次も参照。Richard Bellamy, 'T. H. Green and the Morality of Victorian Liberalism,' in do. (ed.), *Victorian Liberalism*, Routledge, 1990. 小川晃一「一九世紀ウィッグの精神構造」(一)『北大法学論集』四九巻一・二号、一九九四年。同「ヴィクトリア朝中期におけるノンコンフォーミズムと急進主義」(一)『北大法学論集』四六巻五号、一九九六年、二八九頁。

(6) アーノルドの生涯については、Stefan Collini, 'Arnold, Matthew (1822–1888),' *Oxford Dictionary of National Biography*, Oxford University Press, Sept 2004 ; online edn., Jan 2008 が有益である。また、定評ある伝記 Nicholas Murray, *A Life of Matthew Arnold*, Hodder & Stoughton, 1996 が邦訳されている。『マシュー・アーノルド伝』村松眞一訳、英宝社、二〇〇七年。

(7) Arthur O. Lovejoy, *The Great Chain of Being*, Harvard University Press, 1936, pp. 24ff.『存在の大いなる連鎖』内藤健二訳、晶文社、一九七五年。

(8) A. Dwight Culler, *Imaginative Reason*, Yale University Press, 1966.

(9) M. H. Abrams, *Natural Supernaturalism*, W. W. Norton & Company, 1971.『自然と超自然』吉村正和訳、平凡社、一九九三年。

(10) 次を参照。高橋康也「アーノルドにおける詩と真実」『エクスタシーの系譜』筑摩叢書、一九八六年。

(11) エンペドクレスの人物造形についてはイェール草稿の次の記述も参照。「彼は哲学者。/彼は、他の連中とは異なり、宗教の安易な慰めを受けいれない。なぜ宗教的癒しが安易かといえば、それが人々の弱さに対応するように調整されているものにすぎないからであり、誰もが何となく受けいれてしまっているものだからである。だが、彼は事物をありのままに、世界をありのままに、神をありのままに、その即物的な素朴さにおいて見る。/世界をそのように見ることは、心をすり減らす営為である。断片や寓話を通じてしか知りえぬ何かを理解するということ。しかし、彼は断固たる決意でもって難行に着手する。はじめてその何かをかいま見たとき、彼は喜びで一杯になった。当時はまだ、そうした希望や喜びを分かち合い、語り合う仲間がいた。そして、世界をそのように見ることが喜びと純粋な平穏をもたらすということを、彼はいまなお疑ってはいない。/しかし、そうした仲間たちはもうこの世にはいない。世界中が彼の存在を否定し、彼の真実に怪訝な眼差しを向ける。彼の精神は、真実をしっかり掴もうという孤独な努力によって酷使される。彼の生命を支えるはずの、俗世に汚されていない純粋は空気は希薄となる。依然として彼の目にはほんとうの真実が浮かび上がるのだが、彼ほどの偉大な能力をしても、その真実に表現を与え、人々に伝えることはできない。彼の想像力は枯渇し、その精神の弾力も失われる。希望と気力を失い、彼は不安になり、ふさぎ込み、絶望する」(YM : 137)。

(12) Thomas Carlyle, *Sartor Resartus* (The Norman and Charlotte Strouse Edition of the Writings of Thomas Carlyle, 2), University of California Press, 2000, Book II, Chapter IX.『衣装哲学』谷崎隆昭訳、山口書店、一九八三年。Cf. John Morrow, *Thomas Carlyle*, Hambledon & London, 2006, Chapter III.

(13) Culler, *Imaginative Reason*, p. 164.

(14) Abrams, *Natural Supernaturalism.*

(15) アーノルドの詩作品において、知ることが困難な「埋もれた自我」という主題は「埋もれた生」(Buried Life) における「本物の自我」(P: 202, 289) のほか、同作品のヴァリエーションである「表層の流れの下で」(Below the surface-stream) における「われわれが本当に感じているものの本流」(P: 588) 等、頻繁に見られるものであり、明らかにアーノルドは、そうした内なる本当の「自我」が「埋もれ」てしまい、見失われてしまったことが、自分を含めた同時代全体の精神的な病理の核心にあると考えていた。『エンペドクレス』執筆とほぼ同じ時期（一八四九年六月から五〇年にかけて）の手稿には次のような一節がある。「現代の不幸は、人間の苦しみが激しいということにではなく、人間にとって、心の底から苦しんだり、楽しんだり、感じたりすることが、全く不可能になってしまっていることにこそ存する。人間はいま、たえず変化する対象に当惑するばかりで、しのごとを統一的に把握することができない。真理について学ぶことはあっても、それを知ることはない。[……] 自己意識は深い喜びだけでなく、深い悲しみももたらす。現代の不幸とは、まさに自己からの分離にこそある」(YM: 145)。

(16) Joseph Carroll, *The Cultural Theory of Matthew Arnold*, University of California Press, 1983, p. 2.

(17) キャロルが指摘するように、アーノルドはこれらの対概念をハイネから得ている。「人間本性に二つの基本的衝動――道徳的解放を求める衝動と知的解放を求める衝動――があるという発想をアーノルドはハイネから得ている。この対概念は『文学における近代的要素』で示されたものだが、彼の初期の著作において主導的な位置を占めており、更に『教養と無秩序』においてはすべての人間の行動の「根拠と原因そのもの」と位置づけられることになる」(Carroll, *Cultural Theory*, p 233)。なお、ハイネにおける「精神主義」と「感覚主義」については次を参照。Hans Kaufmann, *Heinrich Heine*, Aufbau Verlag, 1967, S. 105f.『ハイネ』八木浩他訳、ミネルヴァ書房、一九七三年、九一頁以下。

(18) スピノザ『エチカ』第四部定義八を参照。以下『エチカ』に関しては、プレイアッド版仏訳スピノザ全集 Spinoza, *Œuvres complètes* (Bibliothèque de la Pléiade), Gallimard, 1955 に依拠し、引用に際しては、『エチカ』畠中尚志訳、岩波文庫、一九七五年を参照しつつ、重訳した。同作品については様々な版があるため、引用・参照箇所は「第四部定義八」等と本文中に明記し、頁数は省いた。アーノルドの「十全性」概念へのスピノザの決定的な影響を指摘するものとして次を参照。Mary W. Schneider, *Poetry in the Age of Democracy*, University Press of Kansas, 1989, p. 68; William Robbins, *The Ethical Idealism of Matthew Arnold*, William Heinemann, 1959, pp. 63ff.; W. F. Connell, *The Educational Thought and Influence of Matthew Arnold*, Routledge and Kegan Paul, 1950, p. 31. なお、アーノルドのスピノザ解釈について、より詳しくは、小田川大典「近代・教養・国家――マシュー・アーノルドにおける自我と政治」(二)『六甲台論集』四〇巻四号、一九九四年、二一一頁以下を参照。

(19) たとえば一八六四年のコブデン宛書簡には次のようにある。「まさにいま、中産階級の精神において、他に類を見ない高揚が生じていますが、私にはこれがわが国における最も強大な力であり、一つの梃子であるように思われます。したがって彼らの精神を開かれたものにし、それをよりよい教養（a better culture）によって強化するために、できるかぎりのことがなされねばならないと思うのです」（L, II：273）。

（20）Kenneth Allott, 'A Background for "Empedocles on Etna",' in D. J. DeLaura（ed.）, *Matthew Arnold：A Collection of Critical Essays*, Prentice-Hall, 1973, p. 60.

（21）「消極的自由／積極的自由」に関してはバーリン「二つの自由概念」『自由論』小川晃一他訳、みすず書房、一九七九年を参照。

（22）アーノルドの政治論にスピノザの「積極的ストア主義」が与えた影響は、「デモクラシー」の次の一節からも明らかであろう。「多数者の要求と態度がますます大きくなっていること、つまりデモクラシー精神の浸透を大声で嘆く人々がいる。だが彼らはこうした人間本性の素朴で根深い衝動の発現に対して不満をいうことによって、実は人間本性そのものに不平をぶつけているのである。哲学者［スピノザ］たちがいうように、生の本質とは自己の本質を断固肯定する（*to affirm one's own essence*）努力、すなわち自分自身の存在を十分かつ自由に発展させようとする努力、豊かな光明と態度を持とうとする努力、束縛を受けたり押し潰されたりしないようにする努力にこそ存する。そしてデモクラシーは自己の本質を断固肯定しようと努力している。つまり、これまでアリストクラシーが努力して成功を収めてきたのと同じように、この現世を生き、享受し、我がものにしようと努力している」（CPW, II：7）。

（23）『教養と無秩序』のより詳細な分析については、小田川大典「アーノルド『教養と無秩序』の生成と構造」『イギリス哲学研究』一八号、一九九五年を参照。

（24）次を参照。Ruth apRoberts, 'Matthew Arnold and Herder's *IDEEN*,' *Nineteenth Century Prose*, 16-2, 1989；do., *Arnold and God*, University of California Press, 1983.

（25）Williams, *Culture and Society*, pp. 123ff. 邦訳一〇二頁以下。B. Knights, *The Idea of the Clerisy in the Nineteenth Century*, Cambridge University Press, 1978, p. 132.

（26）注(19)を参照。

（27）ヴェーバー自身、強い彼岸的信仰と熱心な現世的営利活動とが同一の個人ないし集団の中で結びつくという逆接の指摘について、アーノルドのピューリタニズム論の先駆的意義を認めている。マックス・ヴェーバー『プロテスタンティズムの倫理と資本主義の精神』大塚久雄訳、岩波文庫、一九八九年、三六、三五四頁。

（28）Alexis de Tocqueville, *Democracy in America/De la Démocratie en Amérique*（Bilingal Editions）, 4 Volumes, ed. by Eduardo Nolla, trans. by James T. Schleifer, Liberty Fund Books, 2010, pp. 881ff. トクヴィルの個人主義概念については、宇野重規『デモクラシーを生きる』創文社、一九九八年の第一章第一節と補論的考察、および同『トクヴィル　平等と不平等の理論家』講談社、二〇〇

七年の第四章第二節を参照。

（29）この問題の現代性については、ジグムント・バウマン『幸福論――〝生きづらい〟時代の社会学』高橋良輔他訳、作品社、二〇〇九年を参照。

（30）Ernest Barker, *Political Thought in England*, Oxford University Press, 1915, p. 199 ; Dover Wilson, 'Introduction,' in do. (ed.), Matthew Arnold, *Culture & Anarchy*, Cambridge University Press, 1966. テリー・イーグルトン『文学とは何か』大橋洋一訳、岩波書店、一九九〇年、第一章。

第12章　一九世紀の果実、二〇世紀の種子

――パストゥールについて――

田中 祐理子

1　カンギレムとフーコー――「医学史」をめぐる一つの対話

一九七八年と八五年の二度、ミシェル・フーコーはジョルジュ・カンギレム論を発表した[1]。そこでは、エピステモロジーという方法をめぐって、二つの指摘がなされる。一つめは、そもそもエピステモロジーなる身振りの出自、あるいは学問としての科学史がそれ以来ずっと「応用」し続けている「ある主題」とは、一八世紀の哲学に「ほとんどひそかに」侵入した、思考自らの「時」と「場」へと向けられる配慮そのものなのであり、例えばカントが「啓蒙とは何か」という問いへの返答を試みたその振る舞いそれ自体なのだ、というものである[2]。そして、そこでフーコーが強調したもう一つの事柄とは、そのようなエピステモロジーたらんとする科学史の歩みのある時点において、二〇世紀の最も重要な科学史家のひとりであるジョルジュ・カンギレム（一九〇四―一九九五）が、それまでの科学史が対象としてきた「高貴」な学問ではないもの、つまり「生物学と医学」を、一貫して論じることを選択したという事実である[3]。

「こうして彼は科学史を頂点（数学、天文学、ガリレオ力学、ニュートン物理学）から、平凡な領域へ引きおろす。

そこでは、認識ははるかにより演繹性が弱く、外的なプロセス（経済的動因、制度的支え）への依存度も高く、想像力の威光にもかなり長い間束縛され続けていたのである」[4]。そのような「手を汚す」仕事を、カンギレムがなぜ選んだのか。右のフーコーの二つの指摘を合わせて考えるならば、つまり二〇世紀のエピステモローグ―科学史家であるカンギレムが自分自身の「時」と「場」とを問うためには、その哲学的批判の対象とすべきものが、何よりも生物学と医学、すなわち「生命の科学」であると判断されたのだという答えも、自ずと導かれうるのではないか。

カンギレムは医学を、哲学にとって「未知な題材」であるがゆえに学んだ。彼はそれを、「人間の具体的な問題への導入」を求めてのことと表現している[5]。そして一九四三年の『正常と病理』から始めて、彼は医学的行為の根幹に存する一つの装置である「正常」と「病理」の対概念を執拗に解剖した。彼によって確認されたのは、この対概念における、特にその前者の後者に基盤を置いた、決定的に再帰習慣的な成立構造である。なお、この再帰性については、それが実は『人間学』を書いた一七九八年頃のカントによって、「安楽」と「病気」の観念の間にすでに格別の驚きもなく認められていたとして、カンギレムは後に自身の考察の「独創性」を否認することにもなる[6]。

「正常＝規範（norme）」と医学という「科学」の接合を、重要な問題として注視すべきである。このように判断したカンギレムの研究の中心には、「科学の発展によって生じた問題の理論的重要性が、かならずしもそれが到達する形式化の度合に正比例するとは限らない」ことへの深い理解があったとフーコーは説明する[7]。そしてそのような認識がカンギレムをして、哲学から最も遠く離れて歩みを続けている生物学・医学をこそ、自らの哲学の主題としなければならないと判断させたのだとフーコーは言っている。ところでこの説明は、フーコーがこのカンギレム論を書く前年に、カンギレムによって呈されていたフーコーの『知の考古学』に対する疑義、つまり、クロード・ベルナール（一八一三―一八七八）とルイ・パストゥール（一八二二―一八九五）の「臨床医学の科学性」にたいする関係性について表明されていた異論とともに、吟味されるべきものであるかもしれない。フーコーはそこで、ある「形式化の度合いとずれて生じた、理論的重要性を孕む科学史上の問題」の見落としを、カンギレムに指摘されていたとも考えられるからだ。

論文集『生命科学の歴史におけるイデオロギーと合理性』の前書きにおいて、カンギレムは次のように述べた。

私は、私がその歴史を素描している諸学問分野によって飛び越えられたさまざまに異なった閾を、ミシェル・フーコーなら望むように、私が発表した研究においてはっきり区別してきたかどうか確かではない。いずれにせよ、それらの学問分野のどれも、何人かの遺伝学者の抱負を別にすれば、形式化の閾を越えるまでには到っていないように思われる。しかし私は、フーコーとは違って（二四五頁）、ベルナールの実験医学とパストゥールの微生物学は、臨床医学の科学性へのその寄与が不十分である点において、同等ではないと思う。私としては、転換のもろもろの閾をはっきり区別しなかったという非難にたいしては、まったく快く同意する。しかし一九世紀における医学も生物学も、たとえば同じ時代の化学がそうであるほどには、その「進歩」の諸条件についての認識論的な解剖に向いていない。[8]

文中に明記されているとおり、カンギレムはここで、『知の考古学』二四五頁でのフーコーの記述、「反対にクロード・ベルナールの実験医学、次いでパストゥールの微生物学は、病理解剖学や病理学的生理学によって必要とされた科学性の型を変容させたが、そのためにその時期に成立していた臨床医学という言説形成体が作動できなくなるようなことにはならなかったのである」[9]に反応している。この箇所において、フーコーは彼の言う「言説形成体」が、何らかの統一された条件を順に充たす手続きによって成立・発展するようなものでは決してないということを説明しようとしていた。ただし、言説形成体の複雑な生成過程（「知の考古学」の土壌たる「堆積層」）のうちにも注視すべき指標、四種の「閾」が設定されうるのであり、この閾をめぐって出現する地層の色どりと構成の細密画を描きとる作業こそを、フーコーは「考古学」と呼んだ。後にジル・ドゥルーズがそれを「動く斜線」と呼ぶとおり[10]、この考古学は、歴史記述を条件付けてきた既存の指標が提供する、あらゆる既成の水平性や垂直性――つまり時代区分や明示的な類縁関係――からも自由であることを志向するものである。

実定性、認識論化、科学性、形式化の四種の閾をめぐって、ベルナールやパストゥールの個人的業績、臨床という体制、医学という専門的方法、医学的知見の集積が「臨床医学」と認知されるべき断面を描き出すとき、しかしそれらは何らの一元的な整合性を示すものではない。一方で、生物を語る言説形成体においては、キュビエの比較解剖学によって生じる有機体上の実定性の重大な移行は、博物学の科学性から別の科学性への移行と一致して「生物学」の断面を発生させることになった。ただし、このとき「生物学」の科学性を産出した新たな実定性は、後に出現する進化論が認識論化の閾を踏み越えるときにも、そのせいで破棄されるようなことにはならない。このようなフーコーの記述が、知の一筋の漸進としての科学史的叙述を拒んだものであることは繰り返すまでもない。

従ってフーコーがベルナールとパストゥールの名前を通りすがりに挙げて描出したのは「医学史」ではない。もしカンギレムの異議が、彼によれば二〇世紀間近になってようやく科学的な実効性を得ることとなる医療臨床における実践にたいして、一九世紀後半を舞台にベルナールの実験医学とパストゥールの病原微生物理論が果たした、各々の貢献の多寡を同等に扱っては厳密さを欠くということだけであるなら、他の多くの批判と同様、それは正しいが、フーコーの議論とはすれ違ったままに終わるだろう。確かに、科学における合理性とイデオロギーをめぐる自らの考察がアルテュセールやフーコーと比べれば鈍重なものとなるのが、「慎重さ、怠惰さ、あるいは無能力のいずれに関わるものなのかについては、読者に判断を委ねる[11]」と言うカンギレムによって、フーコーに対する「厳密さ」に根ざした異議が全く意図されていないとも思われない。しかし同時に彼は、『狂気の歴史』を読むことは「私の限界を突きつけつつ私を夢中にさせるものだった[12]」と述べている人物であり、「経験、意味、主体の哲学」に対置すべき仕事をした者とフーコーの呼ぶ、つまりフーコー自身が強く親和性を認めた「知、合理性、概念の哲学」の系譜の代表者に他ならない[13]。そのカンギレムが、ただ医学史を軽視しているという理由において、フーコーを非難することはありえない。

「その代わりに、私は私しか自分に対して提起しない問いに、答えることができるようでありたいのだ」[14]。この表明こそは、冒頭で確認したとおりにフーコーがカンギレムにその典型を発見すべき、つまり啓蒙主義者の後継者たるエピステモローグの欲望であることは明らかである。では、カンギレムが提起していた問いとは一体何か。カンギレムとフーコーとは、「その歴史を書くのにはある種の作法を要求する」[15]何ものかを眼差している点では、同じ要請に駆られていた。フーコーによれば、カンギレムはそこで人間という生命の歴史に対して「誤り」の視角を当てることを選んだ。「ニーチェから近いと同時に遠いカンギレムは次のように言うだろう。真理とは、生命の長い年代記において、最も新しい誤りである」[16]。

フーコーが『言葉と物』の出版後の一九六〇年代末から七〇年代「歴史を拒否した」と非難されたのと同じ意味で「真理を拒否した」と言われても、カンギレムは首肯しただろう。共通して問われるものとは、むしろそこに顕然していない一つの形容詞の持つ権力、「人間の（humaine）」という問いであるからだ。「『人間』が哲学の主体にして主題であることとの権利に関する同盟が立ちあがるのを見ようというのか？　あらゆる党派のヒューマニストよ団結せよ、のスローガンのもとに？」[17]。カンギレムは、「サルトル一派」を相手に回しての、この怒りにも近い程のフーコーへの擁護は、スピノザ主義者にして対独レジスタントであったジャン・カヴァイエスの銃殺死という、彼にとって決定的であり続けた一つの経験に基盤を持つものだとさえ宣言した[18]。

フーコーはこれに次のように応じている。「『深化と抹消によるたえざる内容の更新』があるとカヴァイエスは言っていた。暗闇からすこしずつ真理が現れてきて、そのひそかな力によって誤りが排除されるのではない。誤りが排除されるのは『真を語る』あらたな方法の形成によるのであり、これこそがたとえば一八世紀初頭に科学史が形成されるための可能性の条件であった」[19]。そして「カンギレムにとって誤りとは、生命と人間の歴史が巻き付いている恒常的な偶然のことである」[20]。『言葉と物』という大著をもってカントのもたらした「人間学の眠り」を批判したと理解されているフーコーは、後年、人間主義と啓蒙を混同してはならない、と強調した。[21] 啓蒙が精錬した批判の身振りは、「人間」がまきついて眠る「誤り」を揺り動かすことにこそ力を持ち、そこにその哲学的正当性を賭けるものである。

そのような身振りの実践者としてのカンギレムが、ベルナールとパストゥールを区別せよ、と告げたのだとするならば、それはいったい何のためだと理解できるのだろうか。

2 「一九世紀におけるすべての医学理論の死」

カンギレムによって区別された、ベルナールとパストゥールの医学史的な布置とは次のようなものである。

しかしながら、クロード・ベルナールの生理学的医学は、哲学的要素に夢中になった創始者自身によるその探究の認識論化が、その実定性よりも「突出して」いたり「強力」であったりするような事例というものを考えさせるとは言えないだろうか？ 反対に、医学者ではなく化学者であったパストゥールは、認識論化の一貫性にとらわれ過ぎることはなく、何よりも自分の探究の実定性に固執した。[22]

ここで、看過されてはならない差異として呈示されているものとは何か。別の箇所で、カンギレムによってこの両者に与えられている違いとは、次のようなものである。それは「ある成功した実践」と「その実践を正当化しようる決定要素を理解することができないがゆえに敵対する諸理論」であり、論考「一九世紀における『医学理論』の終焉への細菌学の効果」において、カンギレムはこの両者を「共時的な関係に据えてみる」という、彼が「科学史においてこれ以上有益なものはない」と見なす手続きに付している。[23] パストゥールとは「成功した実践」であり、ベルナールは、両義的ながらも、最終的には「理解できずに敵対した者」となる。

しかしこのカンギレムの論考を読むと、実は、果たしてその歴史が書かれうる「医学」などというものが存在するのかとまず問うことになる。論考の前半では、一八世紀から一九世紀への転換期にかけてビシャによって切り拓かれた、組織が織り上げる有機体の「本質主義的あるいは多元的ないかなる疾病分類学にたいしても反対する一元論的な疾病分類学の支えとなる」決定的な「原理」[24]の登場の後、一九世紀パリ学派の展開を背景に、ブルセ、マジャンディ、そしてようやく来る「実験医学の父」ベルナールがそれぞれの「生理学的医学」を築いてゆく様が辿られる。しかし彼らは一様に、明らかに何かを実現し損ね続けた者として描かれることになるのである。それはもちろん「臨床医学」がフーコーの描いたとおり「制度的であると同時に文化的な事実」[25]として出現した後の空間であるが、しかしカンギレムがこの半世紀に追跡する偉大なる医学者たちの知と実践、つまり生理学と治療学は、結局明らかに互いにずれ続け、ついに実効性をともなう「医療」の約束を実現できなかった。概念と論理は実践のための方法を欠き続けるのである。そして最後に登場したルイ・パストゥールは、「医学者ではなく化学者だった」のだと、カンギレムは強調する。

「一八七八年」という時点を用いて、カンギレムはそこに記述される医学史を切り分けている。その年の二月にベルナールは六五歳で世を去り、二カ月後の四月にパストゥールが科学アカデミーと医学アカデミーで医学史上重要な意味を持つ研究報告を読みあげている。この「胚種理論とその医学・外科学における応用」というパストゥールの報告は、カンギレムによれば未来において守られることになる、何万という生命に対する医療上の約束を担う理論を紹介するものであったが、同時に「まさしく一九世紀のあらゆる医学理論の死亡宣告」[26]を運ぶものでもあった。そしてこの一時点を挟んで、カンギレムの論考の描く光景は一変する。「生命力」と「自然」、変質する身体組織とその結果としての病理学的障害、あるいはその原因としての神経系における反応・作用、「内部環境」と「調整」の論理の代わりに、そこに登場することになるのは「細胞」や「細菌」、または「アニリン色素」、「赤色プロントジル」である。

この論考の冒頭に挙げられているエピソードとしての「ワクチン」も、ここでカンギレムが題材としている一九世紀の医学の「死」と「新生」の特性を我々によく伝えるだろう。一七九七年に「牛痘の原因および作用に関する研究」を発表していたジェンナー以後、西欧にも経験的に定着しつつあった種痘という実践について、これを説明できる医学体系というものは同時代的に存在しなかった。しかし一世紀近く経ってこの状況は終わる。一八七〇年代後半以降の微生物学の興隆がこの種痘メカニズムの解明と説明の任を引き受けるようになり、そしてそこに開かれた生物学と化学の端的な結合の可能性こそが、この世紀末における治療法・実効性上の画期と近代医学の幕開けの真の内容となるのである。

ベルナールの位置づけはこの「医学理論」の死への道行においてきわめて両義的な姿を現す。「もう終わった、閉じられ、体系化され、あらゆる事柄を一つの観念（idée）に帰着させるような生理学」[27]を築いたブルセを批判するベルナールについて、カンギレムは次のように述べている。

啓蒙の哲学と軌を一にしながらベルナールがここで「ある体系」と呼んでいるものは、恐らくむしろ、ある医学的イデオロギーと名づけられるべきものであろう。科学的イデオロギー——多くの者にはまだ議論の余地がある命名法だが——によって、ある種の言説、まだ建設途中の科学と並行しつつ、しかし実践的な類いの必要性に影響されて、その探究の完成へと急いで先回りしてしまうような言説というものを理解することができる。このような意味で、ある言説構成（une construction discursive）は、それをイデオロギーと見なすこととなる科学に対したとき、傲慢であり、同時にずれているのである。傲慢とは、それが初めから結論に辿り着いていると考えているからである。ずれているとは、イデオロギーのした約束が科学によって果たされるとき、それは別の形で、別のところで（*autrement et sur un autre terrain*）、果たされるからである。[28]

フーコーの『臨床医学の誕生』の最後で詳細に検討されるブルセの医学史的功罪への態度としては全く容易に理解されうるように、ブルセの正負の遺産、あるいはもっと直接に師マジャンディの実験的医学の正負の遺産と正確に距離を取ることが必要であったベルナールが、既存の「誤ってしまった」諸「医学理論」と自らとを区別しようと腐心するのは当然のことであろう。ところでそのとき、ベルナールは先人の誤りを正し、ついに医学を完成させる手段を自らは発見していると考えている。その基盤がマジャンディから受けついだものであることを彼は否定しないが、しかしこれを精錬し真のものにするのは、彼だけの仕事である。ベルナールにおける、方法を完成させることの意義とそれによって実現されるものについての確信を理解するには、オーギュスト・コントという名前を想起することが効果的であると、カンギレムは繰り返し指摘している[29]。一九世紀という場が、彼ら双方にそれぞれの形で映し出されていると言うのである。「要するにクロード・ベルナールは、進行中の動きを証明する全くの革新者としての権威をもって、一つの時代の根本的な要請というものを、医学の領域において表現したのだ。その時代とは科学にもとづいた技術を信仰し、そしてロマンティックな嘆きにもかかわらず、あるいはそれ故にこそ、生命というものに多くを見出した時代であった[30]」。

ベルナールは、理論的仮説を実験という可視性をともなう行為によって語らせるという、現代的な科学的方法を医学に導入する決定的な人物となった。彼によって、医学的事実確認の手続きにおける科学性の条件は、その変革を宣言される。「[……]科学者が自分の周囲に起こる自然現象を考察し、物それ自身はもとより、その相互関係、さらに複雑な因果関係においてまでこれを知ろうと思うときは、必ず実験を援用して、これについて自らいだいている仮定や推理の成否をためしてみなければならない[31]」。医学の名においてなされるべき作業の実際が、ここで定義し直される。

一方ベルナールにおいて「医学理論」は、医学史上初めて唯一つの現前を持つものとなったのだとさえ言えるかもしれない。すなわち、「医学理論」は複数の並存と衝突が可能な「諸体系」から、根本的に独立した一つのあるべき姿を持つ実体となる。このとき、行為者としての「医学者たち」が、知的総体としての「医学理論」と結ぶべき関係もまた大きく変質するはずだが、カンギレムによれば、ベルナールはそのことをよく理解していた。「それらの新しい着想やその新しい観点を、私は自分の想像力の中で作り上げたのではなく、またすべてを零から組み上げたのでもない。それらは科学の進展の端的な結果として私の前に自然に姿を現わしたのだ。私が証明したいと思っているのは、そのことである。またそだからこそ、私の着想はそれらが純粋に個人的な見方であった場合よりも堅固なのである[32]」と、ベルナールはわざわざ断らなければならなかった。医学者の使命とは、理論を構想することではなく、医学という科学の「漸進的な[33]」展開を正しく実現することである[34]。正しくない展開は医学の本来的な未来に繋がらない。そして、この正しさは精密な方法によって確認されなければいけない。「科学の進展」と向き合う「私」に個人を超えた資格を与えようとするベルナールは、自然科学研究の専門家集団に、初めて独自の「科学者（scientist）」という呼称が与えられた世紀を体現する者でもあった。彼は確かに新しい医学の時代を告げる声となる。

だが、医学史においては、このベルナールの新しい医学の到来を告げる宣言に、さらにパストゥールが登場すべき次の場面が続くことになる。そしてこの二つの契機は、例えばフーコーが独自の意味を込めて「臨床医学」と呼ぶものに対してであっても、決して違いがないものであるかのように扱われてはならないのだと、カンギレムは主張したのである。

医学という世界への入会儀式のために多くの助けを与えてくれた恩人にして大医学者ベルナールの手のひらを、「医学者ではなく化学者であった」パストゥールが手酷く叩いてみせた悪名高い事件のことを、我々は容易に確認することができる。一八七八年、ベルナールの死の五カ月後、発酵は純粋に化学的現象であると主張し、パストゥールの発酵＝生命的過程説に強く反対していた大化学者マルセラン・ベルトロの後押しで、ベルナールの未発表メモが『科学評論』誌に発表された。それはアルコール発酵というパストゥールの重要な業績に関わるものであり、そこにおいてベルナールは発酵の原因が液体にとって外来の独立した生命体（酵母菌）であることを否定して、むしろ腐敗が進行するブドウ液内に自然発生する非生命的物質である可溶性発酵素の存在を主張していた。ベルナールはメモに、パストゥールの「説は覆された」と書きつけていた。[35] これを知ったパストゥールは激昂し、その翌年に反論のための小冊子まで刊行して徹底的にこの異論に応戦する。ベルナールが一連のメモに記していたブドウ汁の腐敗をめぐる「思索」は、パストゥールの検証実験の呈示によって完膚なく否定される。反証の最後、パストゥールは「ベルナールの草稿に残るのは、確認された事実をはかない体系からの推論で置き換えようとする不毛な試みだけである」[36] とさえ断じた。

一方には、ブルセの「観念」をあれほど批判したベルナールがどうしても逃れることができなかった「内部環境」と「調節」という「観念」の限界が示されており、もう一方ではパストゥールという新興の化学者の人格的な偏りを語るものとされるこのエピソードの基本的性格を超えて、しかしここではさらに何点かの相違点を我々はこの両者の間に確認しておくべきであろう。パリ大医学部を出てコレージュ・ド・フランス教授のマジャンディの弟子となり、生きた動物の身体を使用した画期的な実験によって膵臓と肝臓の働きを解明することに成功した大生理学者ベルナールは、生体の内部が物理化学的過程によって構成されていることを誰よりも理解していた。しかしこの完成された生体の内部機構による説明に、病理学上不可欠な要請としては、皮膚の外部に棲息する別の生物の生態学との接触という、全く別の次元が追加されなければならなかったことの本質的な意味が、彼はどうしても理解できなかった。[37] それゆえベルナールは生体の物理化学的側面をあれだけ見事に描出したように思われるのに、結局は彼の生理学では、カンギレムが後に化学者たちによってこそ——すなわち「別の場所において」——実現されたと述べた、医学的臨床における実効的治療法への道を、決して拓くことができなかったのである。それは、彼が実験によって確認すべきものとしてあらかじめあれほどに知力を尽くして立てた仮説、神経系によって制御された反応と分泌と安定の生体システムという像が、あまりにも見事だったことの帰結でもある。[38]

この隙のない生体のシステムという、ベルナールの一切の科学的営為の基盤と比べて、パストゥールの切り込んできた道筋は思いもかけない脇道であり、しかも局所的である。パリ高等師範学校で学び物理化学者として出発したパストゥールの最初の顕著な業績は、酒石酸の結晶学的研究の結果、有機化合物特有の光学活性を説明する「非対称性」の原理を発見したことであった。彼は酒石酸水溶液が示す旋光性と、酒石酸からの派生物であるブドウ酸水溶液における旋光性の不在の意味を、結晶における左右二種類の対掌体の存在によって見事に解き明かすところとなったのである。もっとも、人並みはずれた注意力と器用さで結晶の対掌的な形態に気づいたパストゥールにも、この結晶のさらに内部の分子構造における非対称性についてまでは、この時点では推論として主張することしかできなかった（それは後に生まれる立体化学によって確かめられることになる）。だがもう一つの重要な出来事として、彼はこのとき、この非対称性と特異に結びつく微生物の生態（対掌体のうち、一方の旋光性を示すものだけを特異的に分解するカビの存在）とも出会うこととなるのである。

パストゥールはここで、分子構造の非対称性という一点に、生物と無生物を邂逅させ、かつそこに全く独自の転回を持ち込むための地平を見出すこととなったのだとカンギレムは（フランソワ・ダゴニェの研究に依拠しつつ）[39]指摘している。[40]非対称性を通じてパストゥールは、比較可能な一点を持つ、しかし決定的に異なる存在としての生物と無機物とを、同時にその視界に取り込むことになった。この比較（という思考における「異物」同士の質的接合）の結果、生体に関する科学にこれまではありえなかった要素の、直接参入が開始される。やがて微生物と合成色素が揃って、ここに開かれた導入口を通って人体を出入りすることになるだろう。カンギレムの切り分けた一九世紀の医学史の後半部はこうして、パストゥールの同時代人ロベルト・コッホを始めとして、ルー、ベーリング、エールリヒ、それからドーマグといった、そのほとんどが次世紀に入って設立されたばかりのノーベル賞を次々に受賞することになる人物たちの登場する、化学療法の歴史を記述することとなる。そしてパストゥールから生まれ出たかのようなこれらの二〇世紀とは、繰り返すなら、ベルナールは決定的に異なる水脈でしかありえないのである。

3　パストゥールという思考装置

ベルナールの研究においては認識論化が実定性より「突出して」おり、一方でパストゥールにおいては、実定性は重要視されたが認識論化の一貫性にはさほど力が注がれない。そのようにカンギレムが述べた意味とは何であったか。

病原菌理論、微生物学が一九世紀末に確立することとは、まさに「病原菌」なるものの実定性が実現されるということであった。観念としてはルクレティウスの「病気と死をもたらす原子」にまで、存在としてはレーウェンフックの「アニマルキュール」にまで、いくらでも先駆形態を辿ることのできる二つの素材が、一つの生物学＝病原微生物学として結びつき、特定の方法をともなってその科学性までを実現させたときに、近代医学は決定的な転回を経験することとなった。

では、この決定的な転回とは何か。結果だけを見るならば、ここからはいよいよ真の意味で、生体は物理化学の領野になる。ここに起こった変化とは、例えばこの転回の五〇年後に、日本人の微生物学者川喜田愛郎によって「それは感染と言はれる現象をそのプロテアンな出来上りの姿に於て眺めることをやめ、溯ってその成立ちから見直さうといふ態度」を可能にしたと評されるような出来事であった。[41] その時点まではまさに現象そのものであったもの、人間の経験していた「病気」という水準は、ここからはある別種の生物学における物理化学的関係の、「プロテアン／変幻自在」な述語としての身分を与えられることとなった。技術的な操作はむしろ「述語」に先立つ「成立ち」の関係的過程に介入するようになり、その結果＝表現こそが、医学に長く要求されていた治療的・予防的効果という約束を果たすこととなるだろう。

しかし言うまでもなく、ベルナールこそ既存の生理学を批判し、生気「論」の介在を拒否して物理化学的過程の連なりとしての生体を把握し、これを仮説と実験の組み合わせによって認証していく手続きを提唱して「科学的」な近代生理学を打ち立てた医学史上の「巨人」であったはずである。ならばやはりベルナールからこそ医学の近現代が開かれたのであり、パストゥールもその新しい歴史の大きな一挿話であると言って、なぜいけないのか。

そのように問い直したとき、パストゥールにはむしろ、逆説的な欠如、あるいは逆説的な空白が見出されることになるように思われるのである。

先に見たフーコーの考古学の四つの閾を指標に転用して、パストゥールという人間の図式化を試みるなら、次のようになろう。パストゥールにおいては、実定性の閾を越えることは確かにその業績のほとんどすべてを意味した。彼はその結果として、科学性の閾を越えることとなった。彼は恐らく形式化の閾についてはにけ至らず、それはむしろ別の人物によって実現されることとなった。そして、カンギレムの言うとおりに、彼において認識論化の閾はそれほど苦労して越えられたとは言いがたい。

これらの指標の布置は、先に述べた考古学的「地層」のなかに展開された、パストゥールという一個の人間の、歴史性たる限界を図示するものである。これはフーコーの「歴史学」が提案したもう一つの概念である「ダイアグラム」により近づくものと言えよう。つまり、ここでこのような配置を持つパストゥール的「ダイアグラム」を捉えることができるとすると、この「ダイアグラム」にとって彼の科学的営為とは、まさにその運動そのものとして観察しうるものとなる。(42) ある限られた配置とその運動の、一つの総体としてのパストゥールの科学とは、ではどのようなものであったと論じられるだろうか。

パストゥールが「自分の探究の実定性に固執する」とは、彼の探究の「対象」が「実定性の閾」を越えるということと、全く同義であった。先に言及された一八七八年のアカデミー報告「胚種理論とその医学・外科学における応用」は、その「閾」の徴《しるし》としての役割を果たしている。まず具体的に、パストゥールはこのとき、彼が長年改良を重ねてきた自作の武器を携えて、ついに彼が異邦人でしかありえない領野であるフランス医学界（彼はこの五年前に一票差でようやく医学アカデミー会員に選出されていた）へと、その足を大きく踏み込むことになった。彼は医師や外科医に対して「仕事の前に十分に注意深く手を洗うように」といったことを推奨するこの報告に、まるで通行手形をかざすかのように、ともに消毒の必要性を主張してきた外科医であるジョゼフ・リスターやシャルル＝エマニュエル・セディヨーの名前と、彼らの自分に対する評価の言とを織り交ぜている。「専門家としての能力は全く持ち合わせないものの、お認めいただいた実験家としての確信を持ちまして、私はここであえて我々の卓越した同僚の言葉を繰り返させていただきたく存じます」[43]。病原生物説への根強い反発を抱き続ける医師たちの世界へ、彼はこれ以降二度と引き下がることのない一歩を踏み入れた。

一方で、この「卓越した同僚」セディヨーは、パストゥールの報告の数週前に、一つの名づけを行った人物であるが、彼によって鋳造された名前―語である microbe（「極小の―生き物」）こそは、まさしくパストゥールの「対象」が実定性に到達したことの痕跡に他ならない[44]。セディヨーがパストゥールの業績を称えて作ったこの microbe という語を、後にパストゥールは「特にドイツ人に使われてきた」つまり彼の最大の競争相手コッホの影がつきまとう bacterie の語を廃棄するために活用しようと考えるが[45]、あえて試みるなら「微生物」「細菌」と訳し分けうるだろうこのどちらの語も、このとき与えられた意味を今日まで担い続けている。すなわち、その意味とは繰り返せば「病原菌」というそれであり、しかもこれらの語が担う「病原菌」の存在のしかたは、例えば今日ではパストゥールやコッホの先駆者として位置づけられるヤーコブ・ヘンレが一八四〇年に論じた「生きた伝染源（contagium animatum）」などといったもののそれとは[46]、根本的に異なるものであった。パストゥールの報告の二年前の一八七六年にコッホの論文「炭疽の病因」が発表されて以来、「病原菌」は一つの「説」であることを越えていたと考えるべきであろう。少なくともこれ以降には、「諸言表の形成の唯一にして同じであるシステムの使用が確認されうる[47]」状況が成立している。七六年のコッホの論文も、七八年のパストゥールの報告も、ともに炭疽病について、ある細菌と、その病気の病態との一義的関連性を論じ、しかもその関連の規則性の証明のために細菌を一定の操作（培養）に付すものであった。この両者の間に「病原菌」の実定性が成立していることは明らかであり、また同時に、この両者の後にはすでに科学性の閾を越えた後の「病原微生物／細菌学的研究」の道が拓かれている。つまり、一定数以上の者たちにとって、「病原菌」はもはや「そこにある」通常かつ共通の存在であり題材となったのだ。

ところで、先にも述べたとおり、一九世紀末の「病原微生物／細菌学研究」の展開において、パストゥールはコッホほど十分にその確立に寄与できたわけではなかった。二〇世紀に入り数十年経ったころに、アメリカ人微生物学者ポール・ド・クライフが自らの従事する学問の歴史を『微生物の狩人たち』と名づけて一般的な読み物として出版したが、パストゥールやコッホの直接の手を離れて、西欧とその植民地のみならず北米や極東においてまで数多の人間が「微生物」を「狩り」続けることが可能となったのには、コッホによってこの科学が「形式化の閾」を越えたことの結果を見るべきなのである。固体培地の発明や、細菌同定のための化学的染色技法の洗練、あるいはカール・ツァイス社と共同での顕微鏡写真技術の改良などといった、まさしく形式的にこの研究の方法を決定していった業績はパストゥールのものではない。むしろ細菌同定に関わって残された彼の方法上の甘さは、しばしば敵対者コッホの攻撃のための格好の餌食となった。

そして認識論化の問題については、なるほどパストゥールにおいて、「一貫性」とは最も見出しがたいものであるかもしれない。パストゥールの歩んだ道筋、というその極めて個人的な指標に従わなければ、それは辿れないのではないかとさえ見えるだろう。一八七八年に至るまでの二〇年間にパストゥールが挙げてきた代表的業績とは、順に追って、先に述べた酒石酸研究、乳酸発酵研究、アルコール発酵研究、自然発生説の否定、ワイン研究と低温殺菌法（所謂パストゥーリゼーション）の開発、カイコの病気の研究、そしてビールの研究といったものであり、少なくともそこには何らかの「医学理論」が形成されてくる様子は一見では認められないだろう[48]。

パストゥールは、理論的整合性をさほど信頼していたとは思われない。先述した「ベルリールの遺稿」に対する論駁において、彼は次のように述べている。

他人には同じことにたびたび気づいていたのに、彼［ベルナール］は、それがどれほど厳密であっても、何をする場合でも、ある体系というものは既得の知識の不完全なひとまとまりの総合的表現なのであって、そこからの、純粋な悟性の産物たる推論というものが、歩みのうちに密かに生じる岩礁であり、その体系を無理強いすることになるものなのだということに気づいていない。否、生命の発現がすべて、ベルナールの考えた(conçus)二分法と二系統の現象に含まれるわけではない。それは恐らく、彼がこれらを定式化したとき、彼が生命について知っていたことに一致していただろう。しかしそれらは彼が知らずにいたことは包含できなかったのである。[49]

「貴殿がご自分の実験に見事に与えられた刺激に富んだ表現は、それらを私のものよりも先に、ア・プリオリの観念に惑わされていないすべての読者の精神に深く理解させることでしょう」（ジョン・ティンダルへの手紙[50]）。パストゥールは自身の対決した自然発生説——ベルナールの遺稿はまさにこの自然発生説を肯定するものであった——の本質を「ア・プリオリ」的思考に見て、これを強く批判する。一八六一年にパリ化学会で行った講演では「ア・プリオリな主張や意見」を無意味なものと切り捨てるとともに、「宗教、哲学、あらゆる体系」も「ここでは問題にならない」と告げたうえで、有名な白鳥の首の形をしたフラスコによる実験を披露し、熱処理後の液体試料の空気中の「胚種」との接触なくして腐敗も発酵もなしという「事実」を最終的に認めるよう学界に迫った[51]。

それと同じ音調をもってパストゥールは、ベルナールがアカデミー・フランセーズの会員として「哲学者たち」と交際しているうちに、ある悪癖を身につけてしまったと非難した。すなわちベルナールは「証明を逃れるすべてのことについて手心を加えるという態度」を持ってしまったのだ、とまで彼はそこで言っている[52]。ベルナールはまずもって生体に現れる現象は二つに分類できると考えていた。一つは「生成と合成」に関わる現象であるが、これは生命的過程であり、もう一つは「死と分解」に関わる現象であるが、これは純粋に物理化学的過程である。そうして彼は、なべて生体の生とはこの組織化と解体という二つの系統の運動によって織り上げられているという「結論」を抱き、そしてこの「結論」からこそ、彼の発酵についての仮説を始めてしまっていたのだと、パストゥールは断じる。パストゥールによれば、ベルナールの結論たる体系においては、発酵とは発酵する生体それ自身の腐敗すなわち解体の系統に属するものであるので、彼はパストゥールが明らかにしたところの「生きている発酵素」という外的存在をどうしても認めることができなかった。

しかしベルナールの体系はそもそもベルナールの知っている事柄だけで作り上げられていたのだから、全く新しい事実が誰かによって知られることとなったときには、その体系など期限切れになるのは当たり前ではないか。パストゥールはそのように驚いてみせたのだった。なぜベルナールほどの人物がそこで、自らの古く不十分な体系のほころびを繕うことに力を注ぎ、かくも強引かつ脆弱な「思考」に引きずられた実験計画をメモに書きつけるなどということをしてしまったのだろうか。酵母のない澄んだ液体にもアルコールが発生したと書きつけたベルナールを、パストゥールは「彼はひどい老眼だった」と切り捨てる。認識論的一貫性などここでは有害でしかない。ベルナールの例で明らかになったとおりに、人はそのために見るべきものには盲目となったことに気づかず、「自然発生する可溶性発酵素」などという存在の「幻影を見る」ことになってしまいかねないのだから。「生命」と「発酵」が同じ場所を占めてはいけないなどということは、あまりに認識論的に一貫してしまったベルナール——あるいはベルトロ、あるいはリービッヒ——にとってしか、ありえない。パストゥールは、自分はそのような体系にはとらわれていない、と胸を張る。[53]

「医学者ではなく化学者であったパストゥールは、認識論化の一貫性にとらわれ過ぎることはなく、何よりも自分の探究の実定性に固執した」。なるほど一貫性とはむしろ反対に、パストゥールは「空白」や「見えていない部分」を積極的に護ろうとするかのように振る舞うのである。彼は、「体系と夢想による観念」に支えられて「断定すること」の「大胆さ」を強く嫌っている。[54] 彼もまたベルナールと同じように来るべき未来を向いて語っているが、彼が想像する「未来の科学者」は、積極的に「現在の科学者」の無知を表象する役割を果たしている。「いや、私はそれを不可能だと決めつけはしない」[55]。ベルナールの遺稿が発表された二カ月後の一八七八年九月、私的なメモに、自然発生説についてそう書きつけてから、しかしパストゥールは、「あなた方の現在の知性、未来の自然科学者たちの知性のありうべきものに比べればあまりに限られた知性が、それ以外には物事を理解できないというがために、あなた方は物質から生命へと移行させる。数万年後、物質へと移行せずにいるなどありえないと思われるのはむしろ生命の側からの方であると、そう人々が考えていることがないと誰が私に断言することが出来るのか？」[56]と、そのメモを続けるのである。

パストゥールは、未だ（そして常に）あちこち破れたままの「科学」を歩み続ける、と決心していたということなのだろうか。ある意味ではそうだったのであろう。しかしそのための担保がないわけではない。パストゥールはまた同時に、このようにもノートに書きつけるからだ。「生命とは生成する胚種であり、胚種とは生命だ。（La vie c'est le germe avec son devenir, et le germe c'est la vie.）／胚種とその生成、そこに生命のすべてがあり、その神秘のすべてがある」[57]。この確信なしには、パストゥールという思考のダイアグラムは決して完成しないだろう。

4 「生成、生命のすべて」

「胚種」という訳語をあてた[58] germe は、ラテン語の germen（「芽」「芽ばえ」）、あるいはときに gignere（「生む」「生ずる」）の語根 gen- や gerere（「運ぶ」「生み出す」）の語根 ges- にその語源を求められ、大きくは「ある決まった生成を持つ有機的部分」の意味を担う。la théorie des germes とはそのような性質を持つ（生きた）物体である

germeの理論ということであり、これが病気に適用されればつまりは「病原菌」の理論ということになる。同様にして、遺伝現象に適用されるときはそれは「生殖細胞」であり、そして（生命的過程としての）発酵現象に適用すればそれは「酵母」のことを意味する。今日では少なくとも存在として「菌」と「生殖細胞」は異なる場所を割りあてられているが、そのための二つの道筋である微生物学と遺伝学がともに拓かれ始めたばかりのこの時期に、パストゥールにとっての研究対象とは、一貫して唯一germeであり続けたのだった。そして彼においては、一貫性とは、認識論ではなくもっぱら対象の実定性の側の問題であったように思われる。あるいは次のように述べても変わりはない。パストゥールにとって、認識論はすべて対象の実定性によって解決された。

パストゥールのこのgermeについて、これこそが、彼がベルナールを誤って導いた元凶として非難したあの「先入見」の役割を、実は彼自身に対して演じていた事物なのだとする主張もまた、もちろん妥当なのだろう。[59]そしてこのgermeへの絶対的な信託が、彼の出自に由来する強固なカトリシズムおよび現世的な保守主義的政治姿勢と、彼個人のなかで互いに強化しあっていたのだという解釈から見れば、彼がその生涯をかけて懐疑主義（と彼が呼ぶもの）と自然発生説とを熱心に攻撃し続けた理由も、確かに容易に理解できるものになるのだ。彼にとっては、「人知を超えた余白」の否定も「生きた発酵素」の否定も、同じ程度に決して許せないものであった。[60]

しかし同時に、何より彼にとっては、この両者はそもそも「否定しようもない」ものなのである。その際には、たとえ右に触れたような彼の科学の「外在的」条件――宗教と政治姿勢――がそれ自体真実であるとしても、この科学者パストゥールの最大の「信仰」の原動力は、彼の日常生活上の信仰とは全く異なるところから供給されていることは強調されるべきである。彼の信仰の対象にして源泉たる生きた物質は、彼の目の前に存在していた。彼はそれを殖やすことができた。彼は彼の仕事のすべてをそこから始めて、且つ最後はそこへ辿り着けばよいと考えることが出来た。なぜならもとよりすべてはそこから始まり、そして必ずそこに辿り着くものだからだ。パストゥールのノートには次の記述がある。「生命が胚種の内に存在し、生命とは創造の原初以来受け渡されてきたものでしかないということを明らかにすること。胚種が、それが知性の発達に関してであれ、またあるいは、そして全く同じく、器官の形成、発達に関してであれ、生成という特性を持つのだと明らかにすること」[61]。あるいはそれは、源泉であるとともに決定的な境界線を引くものでもある。「生命は定義しえない。最も明瞭に言いうること、それは生命とは胚種であり、その生成だということだ」[62]。彼が「実証」と呼ぶものは、そこからしか始まらない。眼前の物質たる自然がその領域を定めているのである。しかしそれはそこから大きく伸張すべき力を孕む限界である。

パストゥールのこの限界づけが、単に彼の胚種への信仰、その盲目的敬虔の産物ではないこともまた、すでに詳細に跡づけられている[63]。先述した酒石酸の研究は、恐らく化学者パストゥールに、天然の有機物とそれ以外の物質との間の「閾」を突きつけることになった。酒石酸から、その左右の対掌的な異性体の等量混合体であるブドウ酸を人工的に合成することに成功したパストゥールは、この業績に続く一時期、光学活性を司る異性体の左右の形象それ自体を自らの手で操作することを企てた形跡がある。それはつまり天然有機物と同等の力能を持つものを創り出そうと試みることに他ならないが、今日でも生物物理化学の問題であり続けている事象に踏み込むこの化学者の挑戦は、当然のことながら無為に頓挫した。このとき彼は「ともあれ、私のしたような企てのためには、いささか気が違っている必要があります」[64]という――まるでデカルトの方法的懐疑を参照しているかのような――ところまで一度足を運んでいる。そしてそこから、「私は否定しない」、「未来の誰かがそれを知ることにならないとは断言できない」、「自分で確かめられないことについて断定すべきではない」といった結論とともに、物質としてのgermeだけは持ち帰られることとなったのである。

それ以来パストゥールはすべての有機体のなかに、ある余白を保存する。余白でありつづけながら決して空洞ではない場所を囲い込むことによって、彼はその後に続くべき営為の起点を得ることになる。ただし同時に、germeの「生成（devenir）」という第一にして唯一の性質は、その物質的な実定性において、彼の研究の「展開」をも絶対的に保証するものとなるだろう。「現在、私は腐敗と発酵のすべての現象の秘密について、最も明快にそして最も全体的に把握いたしております。私の考え（mes idées）の応用されるところは甚大であると思われます」[65]。物理化学者のパストゥールの仕事が、結果的に軽々と生体と物質を分かつ閾を越えることとなった原動力はここに存する。彼においては、確かにベルナールのように自己展開する知としての医学という実体は構想されない。パストゥールの科学は、むしろ展開する対象に付き従うものである。そのとき科学者とは、この上もなく無力な存在であるが、しかし絶対的な庇護者を得ることにもなるだろう。

パストゥールの科学的業績は確かに「二つの移動、［ベルナールの］イデオロギーにとって有利なある種の幽閉からの、出口」[66]ではあるが、言うまでもなく同時にそれは視点を変えればもう一つの入口でもある。そこに生まれたものとは何だったか。それは先にも述べたとおり二〇世紀の初頭を飾り続ける、ベルナールとは断絶した一つの科学の流れであり、それはいずれ分子生物学の領野を切り拓いて「生命科学」の世紀を実現させると描かれうるような更なる大きな展開を見せるだろう。それはパストゥールにとっても（彼の形式化上の数々の失敗が証言するとおり）実は全く把握などできていないものであった。しかしそのすべての「可能性」としての germe を、彼は手中にしていると確信していた。それは展開しないはずはないのだ、どのような姿にせよ。

実験者と言うのは、自然を征服してゆく人間でありますが、彼は、未だ姿を見せていないそして多くの場合自然法則の中に生成の可能態としてしか存在していないような事実と絶えず格闘しているのであります。既に存在したものの中にではなく、可能的なるものの中における未知なるもの、それが彼の領分であり、それを探究するために、彼はあの実験という素晴らしい方法の手助けを得るのであります。実験という方法について人が真実言いうることは、それが全てを満足させるということではなく、それがめったに人を欺かないということ、欺くとすればそれを間違って使った人だけだ、ということであります。この方法はある事実を退け、他の事実を呼び出し、自然に問いかけ、自然に答えることを強い、精神が完全に納得するまでは止まるところを知らないのであります。私どもの研究の魅力、もしこういうことができますならば、科学の人を魅する力と言いますものは、私どもの原理を正当化し私どもの発見を証明する根拠を、どこでも、いつでも提示できるということに存するのであります。[67]

一九世紀末のフランス科学界における熟しきった果実であったパストゥールは、身中に生じた一粒の種子を次世紀に遺すことになる。「生命の科学」とは、この種子の力によって約束されたものである。

それは、カンギレムが「しかしコントにおいて、生物学的ア・プリオリは、歴史的ア・プリオリに対してア・プリオリである」[68]と述べる状況の、次に来るものである。『認識と関心』のハーバーマスは、一九世紀中頃までに、科学的な認識が認識一般に成り代わるという事態が西欧において成立したと指摘した。そこでの科学は多様な人間的認識行為の形式のうちの一つなのではなく、自己を認識そのものと同一視することができるほどになった、よって以後、「科学主義」は認識としての自身の地位を批判する手続きを省略して、その方法の練磨に専心することを自らに許すことができると考える。[69]ところでその科学的認識の意気揚々とした歩みの只中に登場したパストゥールは、科学は勝手に展開するのではない、それは、「生成するもの」の、まさにその発現それ自体によって証明されるのだと述べていたことになる。ここで同一視を要求されるのは認識と生命の力である。ホルクハイマーとアドルノがやがて到来した啓蒙の運命としての「科学技術の時代」を嘆じながら述べたとおり、ここにおいて確かに、歴史＝物語はその基礎としての「擬人化」という、「自然」との関係形成の技法をひとたび喪失していたように見える。[70]しかしながら、そこには別の決定的な形態学が、文字通り「始原」から獲得されているのではないか。しかも中心の「余白」という形で。

このような「科学」とは一体何ものなのか。二〇世紀のエピステモローグがどうしても問わなければならなかった問いとはそれであろう。「真理とは、生命の長い年代記において、最も新しい誤りである」。しかし科学者の誤りはもはや決して真理それ自体の罪ではありえない。今ほど「真理」が人間の手の触れられない、しかし確固たる現前あるいは身体性を持つものとなったことはあっただろうか。そして身体性と「正常＝規範」との間に――「知」を介して――奥深く結ばれる関係が、権力と暴力を呼ばずにいないことをカンギレムとフーコーが終生の問いとしたこともまた思い起こされるべきであろう。「生命の科学」の認識を支えている「生成する自然」の力能を批判するという仕事は、今こそ最も哲学者によって引き受けられなければならない、そのようにカンギレムの選択は主張したのではないか。誰が語り、何が語られているのかがこれほど不明瞭な事態を、「批判すること」を使命として任じた者たちは捨て置いてはならないのだ、と。

二〇世紀への転換以降、科学者個々人はより無力に、しかし科学は抜きん出て強力な存在となってゆくだろう。一九世紀に生じたパストゥールという種子のうちに、その「運命」もまたすでに孕まれていたはずなのだ。

注

（1）M. Foucault, «Introduction par Michel Foucault», *Dits et écrits II, 1976–1988*, Paris, Gallimard / Quarto, 2001, pp. 429–442（『ミシェル・フーコー思考集成』Ⅶ、筑摩書房、一九九九年、二一一一九頁）および «La vie : l'expérience et la science», *Ibid.*, pp. 1582–1595（『集成』Ⅹ、二八九―三〇五頁）。八五年版については、新稿の書き下ろしを断念したフーコーによって、八四年の死の二カ月前、七八年版に手を加えた原稿の出版認可が与えられていた。なお以下、本文中のすべての引用は基本的に各々の邦訳によるが、引用文脈上の必要に従い拙訳で代えた箇所もある。その際にも邦訳の該当箇所を明記する。

（2）Foucault, «Introduction par Michel Foucault», p. 431. 邦訳五―六頁。

（3）*Ibid.*, p. 434. 邦訳九頁。

（4）*Ibid.* 邦訳同箇所。八五年のカンギレム論では「[……]束縛され続け、およそ哲学の習慣にはないような一連の問題を立て続けていたのである」と加筆されている。

（5）G. Canguilhem, *Le normal et le pathologique*, 6ᵉ ed., Paris, P.U.F. / Quadrige, 1996［1966］, p. 7.『正常と病理』滝沢武久訳、法政大学出版局、一九八七年、九頁。

（６）*Ibid*., p. 171. 邦訳二一五頁。
（７）Foucault, «Introduction par Michel Foucault», *loc. cit*. 邦訳前掲箇所。
（８）Canguilhem, *Idéologie et rationalité dans l'histoire des science de la vie*, 2e ed., Paris, J. Vrin, 2000［1988：1977］, p. 10.『生命科学の歴史――イデオロギーと合理性』杉山吉弘訳、法政大学出版局、二〇〇六年、三頁。
（９）Foucault, *L'archéologie du savoir*, Paris, Gallimard, 1969, p. 245.『知の考古学』（改訳版新装）中村雄二郎訳、河出書房新社、一九九五年、二八五頁。
（10）G. Deleuze, *Foucault*, Paris, Minuit, 1986, p. 30.『フーコー』宇野邦一訳、河出書房新社、一九八七年、三八―三九頁。
（11）Canguilhem, *Idéologie et rationalité, loc. cit*. 邦訳前掲箇所。
（12）Canguilhem, «Sur l'*Histoire de la folie* en tant qu'événement», *Le Débat*, no. 41, 1986, p. 38.
（13）Foucault, «Introduction par Michel Foucault», p. 430. 邦訳四頁。
（14）Canguilhem, *Idéologie et rationalité, loc. cit*. 邦訳前掲箇所。
（15）Foucault, «Introduction par Michel Foucault», p. 439. 邦訳一五頁。
（16）*Ibid*., p. 441. 邦訳一八頁。
（17）Canguilhem, «Mort de l'homme ou épuisement du cogito?», *Critique*, tome 24（no. 242）, 1967, p. 600.
（18）*Ibid*., pp. 616–617.
（19）Foucault, «Introduction par Michel Foucault», p. 435. 邦訳一〇頁。
（20）*Ibid*., p. 441. 邦訳一八頁。
（21）Foucault, «Qu'est-ce que les Lumières?», DE II, pp. 1391–1392. 邦訳「啓蒙とは何か」『集成』X、一七―一九頁。
（22）Canguilhem, *Idéologie et rationalité, loc. cit*. 邦訳前掲箇所。
（23）*Ibid*., p. 55. 邦訳六一頁。
（24）*Ibid*., p. 59. 邦訳六七頁。
（25）*Ibid*., p. 58. 邦訳六五頁。
（26）*Ibid*., p. 67. 邦訳七七頁。
（27）*Ibid*., p. 61. 邦訳六九頁。
（28）*Ibid*., p. 62. 邦訳六九―七〇頁。
（29）「クロード・ベルナールは、正常なものと病理的なものとの関係の問題をとり扱うさい、一見コントと同じような解決をしているが、決してコントを参照していないことは確かである。にもかかわらず、彼がコントの見解を無視することができなかったことも同じくらい確かである」(Canguilhem, *Le normal et le pathologique*, p. 32. 邦訳四二頁) という記述に象徴されるように、カンギレムはコントとベルナールの異同をきわめて注意深く検証すべきものと何度も主張している。例えば Canguilhem, *Études d'histoire et de philosophie des sciences concernant les vivants et la vie*, 7e ed., Paris, J. Vrin, 2002［1968］, p. 73.『科学史・科学哲学研究』金森修訳、法政大学出版局、一九九一年、八一頁。

(30) Canguilhem, *Le normal et le pathologique*, p. 48. 邦訳六五頁。

(31) Cl. Bernard, *Introduction à l'étude de la médecine expérimentale*, chronologie et préface par F. Dagognet, Paris, Flammarion/Champs classiques, 1984, p. 78.『実験医学序説』三浦岱栄訳、岩波文庫、一九八六年［一九三八年］、五九頁。

(32) Canguilhem, *Études d'histoire et de philosophie des sciences concernant les vivants et la vie*, pp. 140–141. 邦訳一六四頁に引用。Bernard, *Principes de médecine expérimentale*, 2e ed., Paris, P.U.F. / Quadrige, 2008［1947］, p. 273.

(33) Canguilhem, *Études d'histoire et de philosophie des sciences concernant les vivants et la vie*, p. 128. 邦訳一四七頁。

(34)「すべきことは唯一つ、すなわち科学の発展 (l'évolution) に付き従うということである。あらゆる科学は、そして他のものと同じく医学も、その必然的な展開 (développement) というものを有しており、これを変える余地は人間に与えられていない」(Bernard, *Principes de médecine expérimentale*, p. 298)。この点に関連して金森修による次の記述は重要である。「またコントが三状態の発展段階を考えていたとき、それが、時間的に徐々に実現されていくものだという意味をもっていたのと同じくらいに、論理的に最初から内包された複数のものが、そのまま非歴史的に展開 (développement) していくという意味合いももっていた、と私は理解している。コントにとって、展開は時間的でもあり、空間的でもあった」(金森修『科学的思考の考古学』人文書院、二〇〇四年、二四七—二四八頁)。

(35) «La Fermentation alcoolique : Dernière expériences de Claude Bernard», *Reuvue Scientifique*, 2e série–8e année (no. 3), 20 Juillet 1878, p. 56 ; L. Pasteur, «Examen critique d'un écrit posthume de Claude Bernard sur la fermantation», *Œuvres de Pasteur*, tome 2, réunies par P. Vallery-Radot, Paris, Masson et Cie, 1922, pp. 520, 535.『科学の名著10 パストゥール』長野敬編訳・解説、朝日出版社、一九八一年、二〇〇頁、二一六頁。

(36) *Ibid*. 邦訳同箇所。

(37) 金森『科学的思考の考古学』二二一頁 (および三四一頁、注二五)。

(38) ベルナールの方法を生涯導いた「成功体験」とそこから得られた概念の決定的影響については、前掲 Canguilhem, *Études d'histoire et de philosophie des sciences concernant les vivants et la vie* の «Théorie et technique de l'expérimentation chez Claude Bernard» の節 (pp. 143–55. 邦訳一六六—一八一頁) の分析を参照。

(39) F. Dagognet, *Méthodes et doctorine dans l'oeuvre de Pasteur*, Paris, P.U.F. / Galien, 1967.

（40）Canguilhem, *Idéologie et rationalité*, pp. 73-74. 邦訳八三―八五頁。

（41）川喜田愛郎「『Koch の條件』について――病原體論序説」『日新医学』三三、一九四四年、四五頁。

（42）Deleuze, *op. cit.*, pp. 31-51. 邦訳四一―七三頁。

（43）Pasteur, «La théorie des germes et ses applications à la medecine et à la chirurgie», *Œuvres de Pasteur*, tome 6-I, 1933, p. 130.

（44）C. Sédillot, «De l'influence des découvertes de M. Pasteur sur les progrés de la Chirurgie», *Comptes rendus hebdomadaires des séances de l'Academie des sciences*, 86, 1878, pp. 634-640.

（45）Pasteur, ［Lettre à M. Bréal, le 21 février 1889］, *Correspondance*, tome 4（1885-1895）, réunie et annotée par Vallery-Radot, Paris, Flammarion, 1951, pp. 286-287.

（46）川喜田『近代医学の史的基盤』下、岩波書店、一九七七年、八八七―八八九頁。

（47）Foucault, *L'archéologie du savoir*, *loc. cit.*, p. 243.

（48）哲学者のK・コデル・カーターはそこに独自の「医学理論」の関与を分析しているが、紙幅の都合上本章はその見解については詳述しない。Cf. K. Codell Carter, *The Rise of Causal Concepts of Disease : Case Histories*, Burlington, VT, Ashgate, 2003.

（49）Pasteur, «Examen critique d'un écrit posthume de Claude Bernard sur la fermantation», p. 535. 邦訳二一六頁。

（50）Pasteur, ［Lettre à J. Tyndal, le 8 février 1876］, *Correspondance*, tome 2（1857-1877）, p. 632. 強調は原文による。

（51）Pasteur, «Sur les corpuscules organises qui existent dans l'atmosphère. Examen de la doctrine des générations spontanées», *Œuvres de Pasteur*, tome 2, p. 295. 邦訳二五六頁。

（52）Pasteur, «Examen critique d'un écrit posthume de Claude Bernard sur la fermantation», p. 539. 邦訳二二〇頁。

（53）「私の方は、神によって、体系的であることから守られている」（*Ibid.*, p. 535. 邦訳二一六頁）。

（54）Pasteur, ［Sur la matière, à l'origine］（une note manuscrite, sans date）, *Œuvres de Pasteur*, tome 7, 1939, p. 30. 邦訳二八六頁。

（55）Pasteur, ［Sur l'origine de la vie］（une note manuscrite, datée de septembre 1878）, *Ibid.* 邦訳二八八頁。

（56）*Ibid.*, p. 31. 邦訳同箇所。

（57）Pasteur, ［Sur la vie］（une note manuscrite, sans date.）, *Ibid.*, p. 29. 邦訳二八四頁。

（58）直訳すれば「芽」となるこの語のすべての含意を表すべく、例えば川喜田は「種細胞」という訳語をこれにあてている（川喜田『パストゥール』岩波新書、一九六三年、九三頁）。「胚種」については前掲『科学の名著10　パストゥール』の長野による解説（一四一―一五頁）を参照。

（59）G. L. Geison, *The Private Science of Louis Pasteur*, New Jersey, Princeton University Press, 1995. 邦訳『パストゥール――実験ノートと未公開の研究』長野敬／太田英彦訳、青土社、二〇〇〇年。

（60）よく知られているアカデミー・フランセーズ入会演説（一八八二年）において、パストゥールは前任者リトレへの批判的言及を通じ、コントの実証主義を「事物の後に隠された」「内なる神＝情熱」たる「無限者」を退けるものとして強く非難した。この攻撃を明確に意図して演説原稿を練り上げたことを、パストゥール自身が書簡で証言している。Cf. Pasteur, «Discours de réception à l'académie française», *Ibid.* pp. 326-339（邦訳「アカデミー・フランセーズ入会演説」『科学の名著10　パストゥール』三一〇—三二六頁）および［Lettre à Mme Pasteur. le 26 septembre, 1881］, *Correspondances*, tome 3, p. 256.

（61）Pasteur,［Sur la vie］(une note manuscrite, sans date.), *Œuvres de Pasteur*, tome 7, p. 28. 邦訳二八三頁。同名を付されているが、注(57)とは別のメモ。

（62）*Ibid.*, p. 29. 邦訳二八四頁。

（63）Geison, *op. cit.*, pp. 133-142. 邦訳一五七—一六七頁。および川喜田『パストゥール』三一—三七頁。

（64）Pasteur,［Lettre à son père, fin décembre 1853］, *Correspondance*, tome 1（1840-1857）, p. 326.

（65）Pasteur,［Lettre à Colonel Favé, le 22 mars 1863］, *Correspondance*, tome 2（1857-1877), p. 120.

（66）Dagognet, *Georges Canguilhem Philosophe de la vie*, Le Plessis-Robinson, Institut Synthélabo pour le progrès de la connaissance, 1997, p. 157.

（67）Pasteur, «Discours de réception à l'académie française», p. 334. 邦訳三一九頁。

（68）Canguilhem, «Mort de l'homme ou épuisement du cogito?», p. 615.

（69）ユルゲン・ハーバーマス『認識と関心』奥山次良／八木橋貢／渡辺祐邦訳、未来社、一九八一年、一一—一四頁。

（70）マックス・ホルクハイマー／テオドール・W・アドルノ『啓蒙の弁証法』徳永恂訳、岩波書店、一九九〇年、七頁。

第13章　農民になりたい！
――ナチスの収穫劇にみる脱啓蒙の思想――

藤原辰史

1　「完全に啓蒙された村」からの脱出

（1）合理化された収穫祭に抗して

収穫感謝祭の日の、あるドイツの村の広場がこの劇の舞台である。広場の中心には、一本の菩提樹、その後ろには池がある。菩提樹の下には、麦を守る精霊「麦おばさん《コルンムーメ》」をかたどった藁人形が置かれ、そこに麦類や果物、野菜が供えてある。この人形は村の農民たちが最後に収穫した一束の麦で編まれた。最後の一束には、来年の豊作をもたらす特殊な霊力が宿る、と言い伝えられているからである。旱魃、病気、雹などの被害もなく、無事に収穫を終えたことを神に報告し、感謝の歌を捧げる。婚約した男女が麦おばさんと踊ったあと、その男女を先頭に、村人たちは麦おばさんを掲げて、木の周りを歩く。ひととおり儀式が終わると、夜が更けるまで広場でダンスに興じる――。

このような収穫感謝祭は、しかしながら、この村では以前から行われなくなっていた。感謝祭当日も村人たちはただ酒場へ行って酒を飲み、ダンスをし、「馬鹿騒ぎ」をするだけである。神に感謝する儀式は「費用がかさむ」

という理由で省かれ、麦おばさんは「異教信仰」とみなされて誰も作らなくなってしまった。このような近代化を村の知識人たちとともに指導してきた靴屋のマイヤーは、この形骸化された収穫祭を「モダンな収穫祭」、自分の村を「完全に啓蒙された村」だと言い、取材に来た新聞記者に誇るほどであった。マイヤーたちは、若者たちに理性を用いることを勧め、迷信から脱出させようとしてきたのである。

こうした啓蒙運動に対し、一部の若者は反発する。メークレンブルクの大農場の跡地に新しい村を建設して、収穫感謝祭を復活させようと考えたのである。若者たちは、入植地の調査のため、収穫祭の翌朝五時に汽車で出発する予定なのだが、そのまえに生まれ育ったこの村でも収穫祭を復活させようと試みる。そうした若者のリーダーであるフリードリヒは、父親に入植計画を打ち明けるが、「おまえは父親のようになるな。医者《ドクトル》になるために五年間勉強しろ」と猛烈に反対される。麦おばさんを編んでいるフリードリヒの婚約者アルムートも「博士の妻ではなく、農民の妻になりたい」と医学博士の父親に繰り返し訴え、フリードリヒと一緒に移住地に行こうとするが、父親には「牛の乳搾りなんてできないだろう」と相手にされない。フリードリヒも、育ちの良いアルムートは厳しい労働に耐えられないと判断し当面のあいだ村に残ってもらおうと考えている(が、はっきり言えない)。結局父親に説得されたフリードリヒは、決意の固いアルムートのまえでそのこともうまく説明できない。業を煮やしたアルムートは「わかったわ、あなたは博士様になりたいのね。もう行って」と捨て台詞を吐く。フリードリヒが去ったあと、泣いている彼女のもとへ突然見知らぬ女性がやってくる。実はこの女性は、感謝の気持ちを忘れた人間に失望し自分たちの力で収穫祭を開くために精霊たちが呼んだ、穀物霊ホレ様だった――。

(2) 脱啓蒙の思考実験

この二人の若者とそれぞれの父親との相克、啓蒙しようとする大人と因習を守ろうとする若者の対立、理想は高いが優柔不断な農家の息子と、断固として夢をあきらめない教養市民層の娘のすれ違いを描いた戯曲『収穫感謝

——愉快で、メールヒェンのような劇』[1]が、ドイツの全ラジオ局の電波に一斉に乗ったのは、一九三三年一〇月一日、日曜日の昼下がりであった。[2]この日は、アードルフ・ヒトラーが首相に任命されて初めて開催された収穫感謝祭の日であり、農地の売買・譲渡を原則として禁止し、一子相続を全国に適用させる「帝国世襲農場法」というナチ農業政策の基本法の公布日であり、かつまた、失業者や貧困者のための救済運動「冬期救済事業」が始まった日でもあった。すでに五月一日に「労働者」の祭典を終えていたナチス・ドイツが、今度は一〇月一日に、社会国家を標榜していたヴァイマル共和国でさえ世界恐慌のなかで救うことができなかった農民と貧者に手をさしのべることを宣言したのである。それゆえ、啓蒙と迷信の葛藤を描いた劇『収穫感謝』は、「農民帝国」兼「貧民救済国家」として舵を切った新生ドイツの門出を言祝ぐにふさわしいものであることが客観的には期待されたと考えてよいだろう。事実、このわずか六三ページの脚本のなかには、後発資本主義国が先進資本主義国との競争のなかで先鋭化させた様々な問題とその一応の解決手段が、凝縮して提示されている。それればかりか、この戯曲は、啓蒙がなぜファシズムをまえに無力であったのか、脱啓蒙がなぜ悲劇を招いたのかを示しているようにさえ思われるのである。[3]

それは、第一に、この戯曲の舞台である後発資本主義国の農村（二〇世紀になっても小農が多数残り続けた農村）が啓蒙と迷信の衝突がもっとも激しい領域のひとつだった、といえるからである。一九世紀末からの帝国主義の進展と世界市場の拡大、そして普通選挙法の導入は、小型機械と化学肥料が普及してもなお迷信を信じつづける農民たちを、いきなり公共の場に放り出した。こうした急激な変化が、ロシアでは貧農を母体として遂行された市民社会を否定する革命を惹起し、ドイツと日本では啓蒙主義を最大の敵のひとつとみなす農本主義を勃興させ、ファシズムの基盤を用意したのである。しかも、ソ連にせよ、ファシズム国家にせよ、政策のレベルでは、科学技術を導入して社会を改変していくことにほとんど躊躇しなかったがゆえに、啓蒙と反啓蒙の衝突の度合いはいっそう激しかったのである。そのうえで、反市民社会的性格を帯びたファシズムとスターリニズムが二〇世紀の風景を占めているとするならば、農村における啓蒙からの脱出の道筋を描いたこの劇は、二〇世紀啓蒙の現場の空気を、虚構のなかではあれ伝えてくれるはずだからである。

第二に、この戯曲が、ハンス・フリードリヒ・ブルンク（一八八八―一九六一）というドイツの作家によって書かれたからである。ブルンクは、一九三三年から一九三五年まで、ナチス・ドイツの帝国文化院に所属する組織のひとつ、帝国著作院の総裁であった。つまり、一九三三年三月から一〇月にかけて全国七〇都市で行われた焚書の直後に、ドイツの著作活動を統括する責任者になった人物なのである。焚書とは、カール・マルクス、ハインリッヒ・ハイネ、ジークムント・フロイト、オスカー・マリア・レマルク、トーマス・マンなど、マルクス主義者、自由主義者、あるいはユダヤ人の書いた書物の全部、または一部を「非ドイツ的精神」の書物として炎のなかに投げ捨てるナチスのキャンペーンであった。帝国著作院の総裁の席に座る一カ月前に発表されたブルンクの『収穫感謝』は、焚書後において、言葉を用いる表現者がとるべきひとつの態度を示していたといえる。なぜなら、ブルンクは、収穫劇という、古くから演じられてきた村の素人劇の形式を借り、民衆の表現の力を、焚書にさらされた教養市民層の「古典」と対決させようとしたとも考えられるからである。

第三に、この戯曲が「メールヒェンのような劇」だったことである。戯曲の内容のつづきをみてみよう。実は、ブルンクは、啓蒙と迷信、科学と慣習の葛藤を、人間たちだけの話で完結させていない。「啓蒙」を推進する人々によって人間たちの心のなかから追い出された水男《ヴァターマン》、森男《ハーゲマン》、ハンノキ女《エラーフラウ》など自然を形象化した精霊たちや、麦おばさんを登場させるばかりでなく、精霊と人間とのあいだで会話を成立させているのである。しかも、これらの精霊は、農民たちが育てている作物をあらゆる災害から守ってきたのだが、近年人間不信に陥っていた。この日、精霊たちは、収穫感謝祭を簡素化して自分たちや神への感謝をしなくなった人間に、ついに反乱を起こす。放浪者を誘拐して無理矢理新郎に仕立て上げ、自分たちの力で収穫感謝祭を開こうとするのである。そうしないと「神が悪魔を送る」からだ。フリードリヒとアルムートがそれぞれの父親とのあいだで繰り広げる衝突、あるいはフリードリヒとアルムートのすれ違いと同じかそれ以上に深刻に描かれているのは、人間と自然、人間と精霊、人間と神のあいだの亀裂であり、すれ違いである。最終的には、神と精霊たちを媒介するホレ様が精霊の暴力をたしなめ、フリードリヒとアルムートを精霊たちの収穫祭に参加させることで、劇中に現れたすべての亀裂を埋める。神と対話できる絶対的な存在、ホレ様の力で、いまにもはち切れそうな関係が簡単に修復されるのはあまりにも安易な結末とはいえ、そこに至るまでの二種類の葛藤（人間と人間のあいだの亀裂および人間と自然のあいだの亀裂）の絡み合いは、以下に述べるように、とりわけ二〇世紀の後半に啓蒙の運動のまえに立ちはだかった危機（メディア支配による討論環境の破壊と科学技術による自然環境の破壊）を予示するばかりか、メールヒェンの形式を借りることで啓蒙の現場の空気を生き生きと描くことに成功している。ゲッベルスが編集長を務める雑誌『デア・アングリフ』（＝『攻撃』）が、この戯曲を「村の雰囲気を見事に描いた作品の最高峰」と絶賛したのも、単なる内輪褒めではないだろう。(4)

以上の意味で、この戯曲は、啓蒙から脱却することが何をもたらすか、啓蒙とは別の道を用意することが可能なのかを問いかけた壮大な思考実験といえる。にもかかわらず、この戯曲は、これまでの研究ではほとんど取り上げられなかった。この『収穫感謝』を手がかりにして、ナチズム＝国民社会主義を啓蒙の思想史のなかに位置づけるために、次節ではまず、この背景である帝国収穫感謝祭とそのラジオの中継について触れておきたい。

2　祝祭とラジオの結合――『収穫感謝』の背景

一九三三年から一九三七年にかけてドイツ北西部、ハーメルン近郊のビュッケベルクという丘で毎年一回開催された帝国収穫感謝祭は、一九三五年からは一〇〇万人を超える農民が参加する大規模な祝典へと発展した。(5)これは、キリスト教の普及以前から伝わるアニミズム的な（のちにキリスト教の農事暦と融合していく）収穫感謝の風習を、政治的祝典に換骨奪胎したものであった。なぜ、感謝祭を政治化する必要があったのか。それは、ヒトラーの政権獲得が、農民の支持なしではありえなかったためである。農民を政治から切り離すことは、ヒトラー政権の礎を掘り崩すに等しい。これまで政治空間から排除されがちであった農民たちを政治の表舞台に引きずり出すために、ナチスは二つの方法をとった。

第一に、祭りの中心を設定することである。国家行事である収穫祭に、全国各地から農民団を招く。さらに、そこには、ヒトラーをはじめ、ほぼすべての閣僚と、主要国の外交官や新聞記者が集まる。祝典会場を設計したのは、ニュルンベルク党大会の会場と同様、建築家のアルベルト・シュペーアである。丘のゆるやかな傾斜を利用して、上方に貴賓席、下方に演壇を設け、地下には排水溝を、周囲を鉤十字の旗とスピーカー、そして夜の演出のためのサーチライトで囲み、真ん中に五〇センチメートルほど高くなった一本の花道「総統の道」を通した。遠くからみれば単なる丘にしかみえないが、実際は巨大な建造物にほかならなかった。こうして、いままでこれほどの規模で集まることのなかった村の住人たちを、可視化できる政治集団に変える演出が施されたのである。

第二に、ラジオである。ヴァイマル時代中期から戦時期に至るまでの農村におけるラジオの研究『ラジオと農村社会　一九二四―一九四五年』（二〇〇四年）を書いたフローリアン・ツェブラは、ドイツ農村の近代化の礎を築いたのはラジオだと述べている。「ラジオと映画は、戦間期に、科学技術的、文化的、そして政治的な近代化を加速させ、ハーバーマスに依拠した諸研究によって定義された『公共性の構造転換』を引き起こすことに寄与したのである。[6]」人口五〇〇〇人以下のドイツ（一九三七年以降、ナチス・ドイツが併合した国や地域は除く）の村でのラジオ普及率は（カッコ内はドイツ国内の平均）、一九三三年には一五・三％（二五・七％）にすぎなかったが、一九三八年には三五・六％（四六・九％）、一九四一年には五四・二％（六五・一％）にまで上昇した。[7]当初、農村にラジオが普及しにくかった理由として、ツェブラは、農民の収入の少なさ（市民の贅沢品であった）、技術的問題（技術者が少なく、農村に電気が通っていない家も多かった)、そして農民の労働の状況を挙げている。とくに農繁期はラジオを聴く時間がない。[8] 市民的活動の時間である余暇があまりにも少なく、またあまりにも労働時間と密接につながっていた。労働力を家の外から購入する以外、市民的な言論活動に参入することは難しい。「村の社会構造の結果として必然的に生じる労働の要求、農民的な労働の倫理、市民性の欠如は、農村住民の大多数に対し、何ら市民的な文化および余暇の要求を引き起こさなかった。[……]農業労働は、家族の構成員とそれに属する労働力のあいだでの会話が昼間、つまり仕事のあいだも存在するかぎり、社交の実行だった」のである。[9]

こうした状況下でラジオの普及を牽引したのは、最新農業技術の情報、天気予報、市場情報(作物や家畜の価格の変動)の迅速な享受を欲した大規模経営者や村の教師であった。さらに、三〇年代の初めごろから、農民の都市文化や技術的な成果に対する態度が変化しはじめる。この流れにのって、ナチスは、量産型ラジオ「民衆受信機」の購入補助金制度を整備し、普及を促進したのである。

この新メディアを祭りに結合させることが帝国収穫感謝祭の最大の特徴であった。一九三三年一〇月一日(日曜日)の番組編成はつぎのとおりである。「スタート=ライン地方の農民音楽。七時四五分=「収穫感謝の日」の開催にさいしての帝国民衆啓蒙宣伝大臣ゲッベルスの挨拶。一〇時四五分=ドイツ各地の農民指導者を載せた飛行機がベルリンのテンペルホーフ飛行場に集まり、そこで、ヒトラーと挨拶をする模様を中継。一三時〇〇分~一五時二五分=オーケストラのコンサート、ハンス・フリードリヒ・ブルンクのラジオ劇『収穫感謝』、ヴィンツァーおよびヘルマン・レンツの歌の上演。その後、(ビュッケベルクの最寄りの飛行場があるニーダーザクセンの州都)ハノーヴァーの空港にヒトラーが到着する模様の中継。一五時四五分頃=ハンス・ユルゲン・ニーレンツの収穫劇『農民の祝福』[10]の上演。一七時~二〇時=ビュッケベルクの生放送。クライマックスは、帝国食糧農業大臣リヒャルト・ヴァルター・ダレーとヒトラーの演説[11]」。

教会と結びついた伝統的な村の収穫祭も、ビュッケベルクの祭りと同じ日に開催された。伝統的な祭りを行っている農村でも、ビュッケベルクでのヒトラーの演説を会場に設置したラジオで流すことが必須であった[12]。つまり、祭りの中心を作ることと、ラジオを通じてこの中心を各地の村祭りと接続させ、ヒトラーと個々の村民の距離を縮めることは、密接不可分の関係にあったのである。もちろん、ブルンクの『収穫感謝』が、当時どれほどの聴衆の耳に届いていたかは分からない。それでもやはり、この戯曲が各々の村の収穫祭のスケジュールにも組み込まれていたこと、ドイツの存在する全てのラジオ局がこのプログラムを流していたことの意味は大きい。

3 『収穫感謝』のなかの「公共性の構造転換」

(1) 市民にも農民にもなりたかった──ブルンクとは誰か

『収穫感謝』で行われた脱啓蒙の思考実験を辿るまえに、この実験者についてもう少し述べておきたい。ブルンクは、一八八八年九月三日、ハンブルクのアルトナで両親とも教師の家に生まれた(一九六一年四月二五日歿)。一九一〇年、ハイデルベルク大学で法学博士号を取得。第一次世界大戦時には志願兵として西部戦線へ、その後、戦争の管理部門に移る。一九二五年から一九二八年までハンブルク大学の法律顧問をし、それをやめて以降、著述業に専念。一九三三年一一月から一九三五年一〇月まで、すでに述べたように帝国著作院の総裁を務める。一九一三年から一九四四年までに九七冊、一年に約八冊の驚異的なペースで著作を出版し、ナチ党機関誌にも一〇〇もの記事を書いた。入党は一九三七年。一九三八年にはヒトラーから「ゲーテメダル」を授与され、ナチスを代表する作家としての地位を不動のものにした。たしかに、自伝『歩きにくい時代』(一九五二年)では自らのことを「著作院の椅子に座った反ファシスト」として自己弁護したが[13]、帝国著作院総裁としての、そして作家としてのナチズムへの貢献は小さくない。一九三五年一〇月一六日のロンドンでの講演では、『第三帝国において、真正なる著作者たちの創造がいまだかつてないほどに自由になった」[14]と述べていたことからも、「第三帝国の代表的人物であり名士」という戦後にトーマス・マンがブルンクに宛てた手紙で書いた言葉がはずれているとはいえない。

こうした生涯を送ったブルンクが、自伝などで『収穫感謝』について触れている箇所は管見のおよぶかぎりみあたらない。ただ、収穫祭に並々ならぬ思い入れがあったことは、ヴァイマル時代の末期に移住した村に関するブルンクの回想からわかるだろう。「私は自分の村に慣れ親しんだ。［……］／そして、初めての収穫祭！――私はこの村の祭りに少なからぬ田園詩を捧げた。楽しくて、奔放で、瞑想的な田園詩を。［……］ちょうどあの初めての年は、麦穂で装飾された教会で祝祭的な礼拝が行われた。この日のために、手伝人たちが、古い農場の脱穀場に収穫の冠をつるしたのだが、そこで行われたダンスと詩の朗誦と歌と、そして子どもの頃の収穫祭の思い出が蘇ることで、幸福に満ちた印象を得たのであった」[15]。ブルンクは、反ユダヤ主義に関する発言が少ないこともあって、キールでの非ナチ化裁判では「シンパ」とされるにとどまったが[16]、ドイツ文化の北方的要素と農民的要素に強い関心を抱く、民族主義的な色彩の強い作家であった。

では、このブルンクは『収穫感謝』でどのような農村啓蒙の現場を描いたのか。

第一に、労働者の勝利と教養市民の敗北である。主人公は「農民になりたい」と繰り返す。ただし、これは「〜になる」近代競争社会から「〜である」身分社会の退行ではなく、発展性を失わせないまま、教養も財産も乏しい農民を、目指すべき理想形態に読みかえることを意味している。こうした人間の理想形態は、ブルンクが自伝で「私は両方になりたかった。市民と農民に。冬には市民に、夏には農民に」と述べていることから、ブルンクの理想形態でもあった、といえるかもしれない[17]。

第二に、村の広場で会話をするのは人間だけではないことだ。自然を形象化した精霊も人間と言葉を交わす。人間たちの集合する場、議論する場、そして祭りの場《にわ》への入場が、精霊にも許可されていた。

第三に、『収穫感謝』が素人劇の伝統を汲むばかりでなく、聴衆も最後に劇に参加できる仕掛けを用意していることである。たとえば、一八世紀の市民劇においては、演じる側（啓蒙する側）と観客（啓蒙される側）という境界が比較的はっきりしていたが、ここでは、その境界を取り払う試みがなされているのである。以上三点を順に確認していこう。

（2）「農民であること」から「農民になること」へ

まず、村の啓蒙を推進する側の発言をみてみたい。靴屋[18]のマイヤー、アルムートの父親である医者（劇中ではずっと「ドクトル」＝博士と呼ばれている）、そしてフリードリヒの父ゴーデマンである。マイヤーは、この村を取材しに訪れた流行服の新聞記者に、こう不満を漏らす。「記者さん、あなたが、どんな迷信がここを支配していたかご存じだったら。しかし、もちろんありがたいことに、新しい時代がそれを一掃してくれたのです」。「ここでは幽霊が徘徊している。もちろん、啓蒙されていない人間たちのあいだで。人々はホレばあさんのことを話しているのだ」と言う。また、マイヤーは、この若者たちと口論したあと、「農業は不幸以外の何ものでもない。しかし、もしも、村でもっとも賢い人間たちが、［……］彼らの力を現実の生活へと集中させ、経済学を最後まで徹底的に研究して、法律の条文にしたならば」とさえ言っている。医者も「そうすれば、愛する神はしかるべきときに雨を降らせてくれる」と断言する。マイヤーたちは、経済学の力を借りて村を活発化させることが人間の幸福であると考えている。彼らは、若者が迷信にしがみつくことを放っておけない、公共精神に満ちた市民であり、また理性の信奉者でもある。たとえば、つぎのマイヤーと記者のやりとりをみてみよう。「博士と私は手を携えて理性をこの村にもたらしました。［……］まだひとかけらの異教主義が残っているのが、おわかりですか。それがこの人形のまわりに徘徊しているのです」とマイヤーが言うと、記者は麦おばさんを片眼鏡で観察しながら「古い悪霊信仰と同じようなものでしょうか？」と尋ねる。マイヤーは「いまや、理性が勝利したのです。費用のかさむようなことはもうしません。音楽とダンスを少々、そのあと酒場へ。これがモダンな収穫祭なのです」と胸を張るのである。

労働の軽蔑と学問の優越、迷信の一掃と理性への信頼である。もちろん、「賢い人たち」が邁進する「啓蒙」運動はあまりにも不寛容で柔軟性を欠いてはいる。だが、「農業は不幸」という発言が示しているとおり、労働ばかりを（とくに天候や病気、害虫などの影響を受けやすい農業を）していては、読書をし、読書によって鍛えた理性を用いて討論したり、世論に働きかけたりすることが難しいという構造は、ギリシャのポリス国家が奴隷を用いることで直接民主制を成立させて以来の、公共空間（自由な討議・相互批判の場）の成立条件である。若者が「不幸」な職業である「農民」を選ぶというのは、マイヤーたちの価値観からすれば信じられない。農民が「博士になる」という可能性があるなら、その道を選ばせる。このおしつけがましい大人たちは、近代市民社会の忠実なる申し子なのである。

では、これに対立する若者は前近代社会の象徴と言っていいのだろうか。収穫感謝祭に導入されたラジオ中継の技術、アウトバーンの建設、フォルクスワーゲンの普及計画、戦車や戦闘機の近代化などにみられるナチスの近代主義的性格とは相容れないものであるのか。ところが、そう簡単には言い切れない。フリードリヒとその父の言い争いの場面をみてみよう。

ゴーデマン（フリードリヒに向かって）「五年間勉強を続けろ、そうすればすぐに博士のようになるだろう。おまえの父親よりもすぐれた何者かになるのだ。」
フリードリヒ「農民であることが最高のあり方である、ぼくたちはそう学んだんだ、父さん！」
ゴーデマン「おまえたちの学校は、おまえたちを馬鹿者にしている。そんなことは信じなければそれでいいのだ。」
フリードリヒ「父さん、ぼくは明日の朝、移民者たちと一緒にメークレンブルクへ行こうと思っているんだ。」
ゴーデマン「おまえは本当に馬鹿になってしまったのか。絶対にダメだ。勉強しろ、博士もおまえを認めているぞ。」

フリードリヒ「農民のままでいたいんだ、父さん！」

ゴーデマン「よかろう、ここに残れ、おまえの弟の下僕としてならいいぞ。わしはひとつしか農場を持っていないからな。」

フリードリヒ「ぼくは自分の力で農場を作りたいんだ、父さん。土地は安いし、材木と道具も、それを返済するまで政府が貸し与えてくれる。」［……］

ゴーデマン「よろしい、では行け！　しかし、わしはおまえに一ペニヒだってわたさんぞ！　数年勉強して、それからやりたいことをやればいい。（人形をみて、足でわきへ押しのけながら）そうすればこんな婆さんの道具［麦おばさんのこと］など必要なくなって、狐のように賢くなるぞ、わかったか？」（木々のあいだから笑い声［精霊たちの声］が聞こえる。彼は驚く。）

フリードリヒ「ぼくを行かせてくれよ、父さん。自分で見たものは、自分で判断できる。」

ここでは、「農民は最高のあり方である」「農民のままでいたい」という息子の主張が、農業の厳しさを知る父親の「おまえの父親よりすぐれた何者かになれ」という自己否定と鋭いコントラストを成している。だが、フリードリヒの理想は、前近代の身分制への逆行あるいは退行を意味しているのではない。「自分で見たものは、自分で判断できる」自律した啓蒙人も、フリードリヒの理想像である。政府の援助は副次的なものにすぎない。また、彼は、「農民のままでいたい」と言いながら、新聞記者にこう発言さえしている。「ぼくたちがスタートを切るところで、ぼくたちは祭りをする、記者さん、大地が拓かれたところで、ぼくたち若者は農民になるんだ」。では、「農民である」ことがなぜ、どのように「農民になる」ことになるのか。

この答えにこそ、この劇の、そしてナチスの脱啓蒙の核がある。すなわち、植民である。現実の世界でも、九三三年七月一四日に「ドイツ農民層新創造に関する法律」という内地植民法をナチスは公布している。新創造というのは、Neubildung である。つまり、一八世紀ドイツの啓蒙思想の主要概念であった、陶冶（Bildung）への意志がこの法律に含まれている、という見方も不自然ではない。というのは、この法律は、啓蒙専制君主フリードリヒ二世のひそみにならって、ドイツ辺境地帯（ポーランド人など「異人種」が多い）や大農場を分割した農場への内地植民の推進を定めた法律だからである。主な対象は、土地相続から漏れた次三男、自分の土地を持たない農業労働者であった。どちらも「アーリア人種」でなければならない。一九三三年には全国で四九一四農場、二万七一九名、一九三四年には四九三一農場、二万九五〇人の内地植民者がいた。[19] 若者たちを援助してくれる「政府」とは、明示されていないが、ヒトラー政府以外にはありえない。この政策は、三四年以降、奮わなくなるが、初期は世襲農場法とならんで重要なナチ農政の柱であった。

つまり、『収穫感謝』の構造は、誰でも参入可能な開かれた領域に登場し、他人の意見を尊重しながら、自由な議論を戦わせ、決断よりは話し合いを重視する市民になるという啓蒙のプロジェクトのはるか手前で止まりつつ、労働に専念することを奨励し、だからといって停滞ではなく、場所を新しくすることで発展性を演出する、というナチスの脱啓蒙の構造を反映している、ともいえるのである。

これは、興味深いことに、中世ヨーロッパのことわざに記された農奴が市民になる二つの方法を想起させる。「都市の空気は自由にする（Stadtluft macht frei.）」（領主から逃れ都市に三六六日潜り込めば自由になる）と、「開墾は自由にする（Rodung macht frei.）」である。後者は新しい土地を自分の力で得ればあらゆる農奴は封建領主の従属から解放される、という意味である。ハーメルンの笛吹男が東方植民の仲介者であったという説があるように、中世ドイツでは東方植民が盛んであって、ナチスも「犂《すき》と剣《つるぎ》」を手にした農民を思想的モデルとしていた。[20] つまり、ナチスは、「都市の空気は自由にする」（近現代ドイツでは「農村逃亡《ラントフルフト》」と呼ぶ）に「開墾は自由にする」という論理を対置させた、ということができるだろう。結局、「外地植民」、つまり東方への侵略を招くことになるにせよ、一九三三年の段階でのフリードリヒの「農民になる」という宣言は、それだけで十分に啓蒙運動家にとって厄介である。「市民になる」「教養を身につける」ことを拒否しながらも、退行ではなく、前進しているからであり、これも一種の陶冶だからである。

同様のことは、婚約者のアルムートにもみられる。「私は、毎晩、三回も起きなくてはいけないような夫を持つのよ。お父さん、私はむしろ、一人の農夫と結婚したいのよ」という父親への発言。「別の男を見つければいいじゃないか」という娘を心配する父親なら当然の進言に対し、「いいえ、私は別の男性と結婚したくない。私は農民の妻になりたいのよ。私の周りには畑があって動物たちがいるの。これが私の人生よ、お父さん」とつっぱねる態度。これは、厳しい「労働」の価値を再評価し、進んで自然の掟に身を委ねようとする態度でもある。アルムートの荒唐無稽な夢には、たとえ、女性の役割を果たせという父系社会からの要請から（アルムートの並外れた勇ましさ以外は）一歩も出るものではないにせよ、人間の停滞ではなく進歩がイメージされているのである。

（3）精霊と人間のコミュニケーション的行為——公共圏の拡大

すでに述べたように、この戯曲では、人間と自然、人間と精霊、そして人間と神の亀裂も扱われている。これは、とくに若者たちにとって切実な問題であった。たとえば、アルムートが、あなたは奇跡が起こらないと思っているけれど、奇跡が起きるかどうかは、私たちの感謝の気持ち次第だ、と言う。するとフリードリヒは以下のようにまくしたてる。

フリードリヒ（身を震わせて）「君の言うとおりだ、ここでは全部が愚かで希薄になってしまった。全部が明確になり、全部が説明されている。どれほど収穫があるのか。どれほど儲かるのか。この麦穂にはもうひとつ別の血、つまり大地から生まれた血が流れていることを（彼は激情にかられて穂を握りしめ）、いまや誰も知らない。万事が、もう相場と地代と機械と利子と負債だけだ。これが啓蒙だとみんな言う。実りをもたらした神様に感謝をせず、神様に仕える精霊たちにも感謝をしない。鳥たちにも感謝せず、木々が話題にのぼるのは、商人が森にいてそのなかからある種類の木を切り倒すときだけ。これがいまの農民さ」（ホレ様が、見知らぬ美しい女性になってそばを通り過ぎながら二人の話に耳を傾けている）。

フリードリヒ（さらにつづけて）「森に収穫の冠があるが、誰も来ない。そこでぼくたち二人は種をまき、ぼくたちの言葉を大地に伝えたいのだけれど、他人はにやにや笑うだろう。」

アルムート「じゃあ言わせて。一緒に行きましょう！　ねえ、今晩麦おばさんと一緒に行進しましょうよ。そうすれば麦おばさんも私たちに感謝してくれる。ただ、古い格言を知ってさえいればね。」

この会話の同時代的意味を考えるとき、ラジオ史研究者ツェブラによる『収穫感謝』の批評は役立つ。「『収穫感謝』には」明白に反資本主義的で農民の労働を称揚する政治的メッセージが込められている。農業が農民の価値観にしたがって神秘的に非資本主義化され、非合理化されて、収穫は何よりもまず「自然的」要素である血と土を結びつけるものであるとして様式化されている。この収穫のために、著者は、この世のものではない、神々しくてアニミズム的な秩序を導き出している」[21]。フリードリヒが例として挙げている木材商人の森林観は資本主義の成立条件である商品交換の場、つまり市場という空間が前提となっている。この「貨幣の下の平等」を原則とする市場に対し、フリードリヒたちは、「生命の下での平等」とでもいうべきアニミズム的な秩序を対置させているが、これはまさにナチスの政治的メッセージである、とツェブラは論じているのである。

では、このアニミズム的な秩序とは何か。ツェブラは詳しく説明していない。しかし、上記の二人の会話から、この秩序は、人間と人間以外の生物との対話によって成り立っている、と考えられる。「ぼくたちの言葉を大地に伝えたい」フリードリヒにせよ、「麦おばさんが感謝してくれる」ことを期待するアルムートにせよ、人間が言葉を持たない存在と意志疎通できることに何ら疑いを抱いていないのである。

すでに述べたように、精霊たちは、人間の力を借りずに独力で収穫感謝祭を開催しようとする。しかし、そのためには結婚の約束をした男女が必要である。森男が「おれはどう?」とハンノキ女や麦おばさんを誘うが、あえなく拒否される。麦おばさんはダンスがしたくてうずうずしている。目の前にいるフリードリヒとアルムートは仲違いしてしまったため、精霊たちは、放浪者のプースバック(ライン地方の方言で「頬のふくらんだ人」の意味)を捕まえ、魔法で彼の足をしびれさせる。プースバックは「ひ、ひ、人殺し!」と叫ぶが、精霊たちは、いま放浪家プースバックが逃げてきたばかりの恋人ミーケ婆さんを連れてこいと彼を脅す。ユーモラスな精霊たちが暴力集団へと変身するシーンは、この戯曲のひとつのクライマックスであるが、そこには精霊たちの根本的な人間不信があった。そもそも、しびれを切らした麦おばさんは、以下のようにホレ様に助力を請うていた。「女王ホレ様、申し上げます。人間たちが私たちをどう扱っているのか、どうかお聞きください。人間たちは信じません、夢を見ません、感謝をしません、私にキスをしません。それでも、私は無償で人間たちの麦を育てなくてはいけないのです!——いやむしろ、私はうんざりしているのです。すべての人間にうんざりなのです。私はもう誰も助けません。誰一人として」。そうするとホレ様は美しい女性に変身して、フリードリヒとアルムートに近づき、収穫祭の行列に必要な新郎新婦になってもらうように、収穫祭で昔使用されていたことわざをささやく。「冠の下の花婿と花嫁/踊るために神のまえへきなさい、/すべてのなかから少しだけ捧げなさい、/たくさんの美しい花々をホレの髪へ、/ミルクを鳥たちへ、パンから塊を、/美しいライ麦女のために麦を、/手いっぱいの土を各々の木に、/馬女には一本の手綱を、/リンゴと洋梨をたくさんの精霊に、/井戸の巨匠には木の実を。/花婿と花嫁よ、神に委ねなさい。/とくに、その若き魂を」。

しかし、ライ麦女や馬女といった精霊の存在を信じるアルムートは、最後にこの女性がホレ様であることに気づき、ホレ様と会話をはじめる。そればかりではない。プースバックとミーケ婆さんは高齢すぎてこの収穫祭の「新郎新婦」にはふさわしくないとホレ様に激怒された精霊たちは、仲違いしたアルムートとフリードリヒにつぎつぎにプレゼントを渡して、ついに、二人をもう一度結びつけることに成功するのである。

「おれの帽子はこれだ！　おまえが欲しいだけ水を持って行け！　さあ、彼女と契りを結んでくれ！」とフリードリヒにフランス人からもらったという帽子を投げる水男。アルムートのまえで膝を曲げて一本の小枝を差しだし、「これを持っていれば、おまえはかまどで、いつも欲しいだけの薪を得ることができるのよ。彼ともう一度仲直りしておくれ！」というハンノキ女。「私は、よく実った収穫物を三つ、おまえたちにあげるよ、いや一〇。――いやいや、一生ずっとだよ。さあ、いいから受け取っておくれ！」と興奮気味の麦おばさん。「赤ちゃんは他のどんなものよりも愛らしいのよ――たくさん、たくさんの幸福をあなたに贈るわ、アルムート！」と未来の多産を保証するホレ様。フリードリヒに一本の「占い棒《ヴュンシェルルーテ》」、つまり、地下の水脈や鉱脈を探し当てることができる枝を持ってくる森男……。フリードリヒは、急に立ち上がって、「ありがとう、みなさん」とお礼を言ったあと、アルムートに「神様はきっとぼくたちを祝福してくださるよ」と歓喜の声を上げる。相次ぐプレゼントに感激したアルムートも、「あなたたちは私たちをこんなにも幸福にしてくれた！」と言い、フリードリヒにキスをして、「私と一緒でもかまわない？」と合意を求めた瞬間、大きな歓声とお祝いの言葉が二人に注がれるのである。

こうした精霊たちの声は、ホレ様が新郎新婦に麦穂の冠をかぶせ、姿を消すまで広場から消えない。だが、大人たちには最後までその声が聞こえない。聞こえたとしても不気味な音でしかない。一方で、フリードリヒとアルムートは、こうした精霊たちと会話ができる。啓蒙を拒否しながら新天地で何者かになろうとする若者たちと、それを阻止しようとする大人たちの葛藤を経て、最後になって、人間と精霊、人間と神の言葉によるコミュニケーションが成立するというこの物語はいったい何を意味しているのだろうか。

歴史的にみれば、これはナチ時代の「エコロジズム」、つまり人間は世界の中心に居座っているのではない、という思想傾向のひとつであると考えることができる。ナチスは、一九三三年一一月二四日公布の「動物保護法」では、「動物を不必要に苛めたり手荒く虐待したりすることを禁止」し、動物の権利を訴えたし、一九三五年六月二六日公布の「帝国自然保護法」でも、植物相の生命空間が減少したことを経済活動の一因とし、「もっとも貧しい民族同胞にさえもドイツの自然の分け前を確保すること」を政府の義務と定めた。ヘルマン・ゲーリングは、皆伐のかわりに樹齢別に混合した植林区画と持続的な森林利用を目指す恒続林《ダウアーヴァルト》概念を、第三帝国の公的な林業の原則とした[22]。これらが、狩猟が趣味であったゲーリングの権力に由来したこと、大規模な開発をもたらす戦争準備によって次第に軽視されるようになったことが近年の研究で明らかにされているとはいえ、これまで各国の自然保護運動家たちの主張をほとんど凝縮したような内容であることは否定できない。また、ダレーやルードルフ・ヘスをはじめ、ナチスの中枢には有機農業に関心を持つ者も多かった。たとえば、親衛隊の隊長ハインリヒ・ヒムラーも化学肥料を拒否した「生命法則的農法」に強い関心を示し、強制収容所で囚人を利用した栽培実験も行われた[23]。しかし、これらが思想史的にいかなる意味を持つのかは、まだ明らかにされていない。

だが、この『収穫感謝』を補助線に考えれば、こうしたエコロジー的思想と脱啓蒙の思想的共犯関係が浮き上がってくる。ナチスは、世襲農場法で、公的に保護される「農民（Bauer）」であるためには、一子相続を行う、儲けのために農業をしない、土地を売買しないといったこと以外に、一八〇〇年まで家系をさかのぼってもドイツ人以外の血が入っていないことを条件としたのである（内地植民法である「ドイツ農民新創出の法律」でも人種規制がある）。これと同じように、あの村の広場で収穫感謝祭に参加するのは、明日移住地に視察に行く若者たちと、血のつながりのある子どもたちと和解を果たしたゴーデマンと医者だけであり、靴屋のマイヤーや新聞記者は祭りの輪には加わらない。精霊を媒介にした自然と人間の豊穣な関係性と人間社会の入場制限が、ここでは一体となっている。

これを、公共性の制限と批判することは容易である。ただ、『公共性の構造転換』の第二版（一九九〇年）の序言でユルゲン・ハーバーマス自らが強調しているように、「教養と財産」という入場資格が、彼が理想とする一八世紀的市民社会において厳然と存在していた以上、自然を公共圏に接続させたうえで人種という新しい資格を設定する論理をハーバーマスの論理で断罪することは説得力に欠ける。なぜなら、自然の多様性、自然の秩序と、言語に基づく活発な意志疎通の機会を著しく減少させても関わりつづけていかなければならないのは、市民ではなく、市民の公共圏から排除されつづけている、鉱夫、漁民、農民などの第一次産業従事者であるからだ。言語を持たない自然を公共圏に組み込むということは明らかな論理的矛盾であるにせよ、自然に深く関わるがゆえに有効な言語を持ちえない第一次産業の従事者たちと有効な公共圏を築くためには、人間以外の生命が言葉を持つという虚構を許容するほどの度量が、啓蒙の側に必要なのかもしれない。

ただもちろん、このような場には、もはや科学は通用せず、ただ闘いが残るだけである。移民がいかに困難な試みであるかを、「科学」を根拠に諭そうとする新聞記者に対し、フリードリヒは「科学はぼくたちを抜きにして計算してきたんだ、記者さん！　ぼくたち若者は闘いを選び取る」と反論する。完全に啓蒙されたはずの村の広場で起きたことは、市民社会から排除されつづけている労働者を、科学と理性による陶治を介さずに、それでも世界に向かって開かれた空間、つまり、闘いの空間に置きなおす試みであった。ちょうど、ナチスに法的根拠を与えたカール・シュミットが、少数の特権階級による秘密政治であるとしてヴァイマル民主主義の虚構を断罪し、喝采、決断、命令、服従による「闘争の空間」を対置させたのと同じように。

「市民と農民」の統合を試みるブルンクの思考実験は、自然という第三者を抱え込むことで、「発展する人間」と「開かれた空間」という二つの啓蒙の成立条件を、労働者のもとへ手渡すことを可能にしたのである。

（4）現実に移行するメールヒェン——劇に参加する観衆

『収穫感謝』の第三の特徴は、ラストシーンにある。フリードリヒの友であるコンラートは、観衆に向けてつぎのように呼びかける。「お気に召したなら、／拍手をして、仲間に加わって、／整然と、たえず男と女一緒に、／

ぼくたちと一緒に歩いて、静かに讃えなさい。／たくさんの実になる一個の実のことを思いなさい、／いまぼくたちのもとから姿を消し、ぼくたちを喜ばせてくれた／ホレ様のことを思いなさい。／川と木と星に感謝を伝えなさい、／そして、歌をうたい、天の主を讃えなさい」。つまり、観衆に収穫感謝祭の列に加わるよう呼びかけているのである。しかも、「ゴーデマンと博士はそれぞれ自分の子どもを抱きしめ」、「音楽家たちが行列の前にやってきて」、「観客もそれに加わった」あと、「もしこの劇が世俗的な祝祭に移行しない場合は、たとえば「さあすべての神に感謝を！」の一番を歌う」とト書きに書かれてある。[24] ここでのブルンクの意図は何か。ブルンクは、この自然との対話が可能だった劇中の広場の開放性を、幕切れとともに終わらせない。素人に演じさせる収穫劇のスタイルを生かし、劇中の収穫の行列に観衆を参加させることによって、劇中の祭りがそのまま「世俗的な祝祭」、すなわち、各々の村での歌とダンスの祝祭へと断絶なく移行していくことを想定していたのである。

この虚構と現実との境界を揺さぶる試みは、ブルンクがはじめたものではない。ブルンクの後任の帝国著作院総裁ハンス・ヨーストもこの試みをすでに行っていた。ヴァイマル時代に表現主義の劇作家として活躍したヨーストは、一九三三年四月二〇日、ヒトラーが首相になって初めての誕生日に彼に捧げた戯曲『シュラーゲター』で、ルール地方を武力で占領をしたフランスおよびベルギー政府への抵抗として鉄道爆破を試みた実在の青年レオ・シュラーゲターを主役に据えた。[25] この最後の処刑シーンで、シュラーゲターは観客を背にして立つ。司令官の号令とともに、銃殺隊は一斉に銃を撃つ。このとき、複数のスポットライトが暗い観客席にめがけて光を放つ。その直後に、劇場は真っ暗になり、幕が急激に落ちる。トラックのエンジン音とラッパの音が闇の中で消えると静寂が支配し、しばらくすると観客席が明るくなり、劇が終了する。つまり、複数の銃弾の閃光が、シュラーゲターの心臓を貫き、観客に向かってくるのである。シュラーゲターとともに撃たれた観客は静寂な闇のなかで彼の死を共有する。こうした「観客の能動化」は、前衛的演劇の担い手たちの基本的理念であった。この効果で、観客は観客席で安住できなくなる。「挑発的な舞台が観衆に向けて投げかける根本的なメッセージは、いま眼前にある現実だけがありうる唯一の現実ではないということであり、いまある現実とは別の現実を創り出す主体は観衆自体、いまは観衆である民衆自身である[26]」という指摘は、ブルンクの『収穫感謝』にもそのまま当てはまる。ブルンクはヨーストの戯曲を読んで着想を得たかもしれないが、将来帝国著作院の総裁になる人物がそろってこの形式を使用していたことは、いかにナチスが民衆の政治参加に力をいれていたかを示すものであろう。いま観た（あるいは聴いた）ばかりの精霊と人間の収穫祭、つまり、人間が精霊と会話できる場をいまここで復興させるのは、ほかならぬ観衆（および聴衆）自身であり、その場所は観衆（および聴衆）の住む村なのである。ブルンクが表現主義者ではなかったことは、逆説的に、「観衆の能動化」あるいは「素人の表現への参加」がこの時代の要請を反映していたことを裏付けるものであろう。

ここまで、『収穫感謝』にみる啓蒙からの脱出と新しい人間創出の過程をみてきた。たとえ教養と財産と公論に参加する時間がなくても「農民であること」を「最高形態」にするレトリック、労働者の意思疎通の場を人種で制限しながら、作物、池、森、木など非人間も参入させるメールヒェン、そして、この虚構を現実に中断なく移行させていく演出。どれもが、単に啓蒙を拒否するのではなく、「従属した客体から自律した主体へ」という啓蒙の物語を模倣し、換骨奪胎して乗り越えていくようなものであった。これが、第三帝国の誕生年に、この国を代表する作家から生み出されたのは、国民社会主義ドイツ労働者党が、プロレタリア運動に代わって、自分の労働力を売って生きざるをえない人々を変革運動に合流させようとする意志の現れではないだろうか。

4　生命空間のなかの「変身」

(1)　脱啓蒙の副作用——膨張主義、人種主義、道具の氾濫

生命活動に従属しながらも人間として発展すること、公共圏のなかに人間以外の者が参入すること、そして、傍観者を主体化すること。『収穫感謝』のなかで想定された、啓蒙を脱出する運動が突き当たる困難な課題は、ナチズムの基本原理でもあった。だが、すくなくとも、こうした原理のなかには、すでに、これらの無理に耐えきれずに破裂してしまう論理が組み込まれていたことを、最後に指摘しておきたい。

第一に、人間の陶冶・発展・成長について。『収穫感謝』が示したように、「新天地」を設定することは、啓蒙を拒否した人間が「新しい自分」にたどり着くようにみせる効果をもたらす。ところが、その内地植民がうまくいかなければ、新天地を別世界に設定し直し、ここで農民を「創出」しなければならない。これが、実際の政策でも実行されようとする。一九四二年五月二八日、ヒムラーの委託で農村計画学者のコンラート・マイヤーによって提出された第三次「東部総合計画」では、東方占領地に在外ドイツ人を含む農民たちを移植させるために、二一〇〇万人の現地人を殺害し、残りの一四〇〇万人をドイツ人移民者の奴隷として強制移住させることが記されてあった。この計画は失敗に終わったとはいえ、東欧でのドイツ国防軍と武装親衛隊の無味乾燥な暴力を支える根拠のひとつになったのである。環境が変われば内実も変わった気になる、あるいは、「奴隷」を創出すれば自律的な人間になるというような仮象の脱啓蒙は、容易に地政学的膨張主義と結託する。ナチスの東方進出のスローガン「生命空間《レーベンスラウム》」が、公共空間にとって替わるのである、生命空間という言葉の生みの親は、一〇世紀初頭の地理学者フリードリヒ・ラッツェルである。ラッツェルは、生命空間に有機体のイメージを重ねた。空間は生きている、と考えたのである。生きている以上、それは民族の力に応じて膨張すると主張したのだ。そしてこれはナチズムだけ

の問題ではない。着せ替え人形のように建物だけを新しくする公共事業にせよ、企業の望み通りモデルチェンジを繰り返し、消費のなかで自分の擬似的な発展を確認することにせよ、これらは、経済活動の膨張主義とも密接な関係を有するのである。

第二に、開かれた空間、つまり公共空間への人間以外の要素の参入について。マルクスにみられるように労働を世界の中核に据えたことが啓蒙の場である公共空間を不活発にし、それが二〇世紀の危機を用意したと指摘し、公共空間の議論をはじめて提示したアーレントの『人間の条件』を、本章の課題に引きつけてみよう[27]。腐敗しやすく耐久性のない食物の生産に携わる農民は、腐敗しにくい道具や日用品を製作する職人と異なり市場に適応しづらく、また公共空間で自由に議論する教養人とも違って政治の場に参入することが困難である。そこで、『収穫感謝』が農民である観衆（および聴衆）に伝えたこと、そして、ナチスが法律で定めたことは、「あなたは農民のままでよい。農民のままでいることが世界へ開かれていることなのだ」ということだった。このとき世界とは、作物、土壌、肥料、池、雨、風、太陽、防風林、害虫などであった。このどれか一つでも無視すると、全体のバランスが崩れ、作物の生育を阻害する。第一次産業の労働者は、人間と人間の関係と同じくらい、各々の生命体や自然の要素に気を遣い、あるいは、その無言のメッセージを読み取りながら作業しなくてはならない。農業機械や人工肥料の投下は、これまでよりもっと多くの自然界との接点ができる分、むしろ気遣いを増やした。アーレントが指摘したように、機械化と化学化は、人間を生命のサイクルによりいっそう深く関係させる。このように自然との対話に忙しい農民を、ナチス運動の担い手として自覚させるためには、「あなたは農民のままでよい。すでにあなたには高貴な血が流れているのだから」というア・プリオリで排他的な人種決定論が有効に機能するのである。

膨張主義と人種主義という二つの要素をはらみながら、『収穫感謝』の若者の反乱と、ナチスの脱啓蒙は進められた。この二つの要素は、周知のとおり、やがて戦争と占領と虐殺を導くことになる。啓蒙から抜け出すことがどれほどの代償をともなうのか、ナチスの残虐は示している。だが、啓蒙から脱却し、労働する人間の主体化を生み出す試みがもたらした負の副産物は、この二つだけであろうか。若者たちは、頭脳の優位を拒絶した以上、主義や傾向だけでは動かないはずである。実は、ブルンクの思考実験では、もうひとつの副産物が生まれていたのだ。すなわち、道具への依存にほかならない。実は、ブルンクのこの戯曲では「自然との対話」が「成立している」わけではない。若者たちは、一度として自然そのものと会話をしていない。会話しているのは、自然をかたどった精霊であった。では、精霊とは何か。これは、人間が神や自然に感謝を述べるために必要な「道具」とされているのだ。麦おばさんは、あまりにも人間を軽蔑するほかの精霊たちをたしなめるために、こう歌う。「人間は神のもっとも愛する収穫物、／われわれ哀れな愚か者は空虚で半端な存在／われわれはただ仕えるものでしかない、神はわれわれの話をよく聞いてくれる。／しかし、神が求めているのは別のものだ。／われわれはただの道具にすぎない、われわれはただ役立ちたいだけだ、／人間を助け、人間を守るために」。

農民は道具を通じてしか自然と対話できない。祭りでは、それは藁製の麦おばさんである。自然の多様性を受け入れることは、道具の肥大化を前提にする。ただの道具にすぎなかった精霊たちが、言葉を持ち、人間に対し反乱を企てるまでにいたる経緯は、たとえ脱啓蒙を目指そうとも道具なしには生きていけない近代を生きる人間の悲劇を示している。実際、フリードリヒもアルムートも、発言自体は威勢がいいが、収穫感謝祭の復興、婚約者との和解、父親との和解、自然との和解のためにほとんど貢献していない。和解への進展のために積極的に世界に働きかけるのは、精霊たちであり、ホレ様であった。最後のシーンで、精霊たちは「占い棒」や「無限の薪をもたらす枝」など、自らの身体の一部を無償で与える。これらの魔法の道具は、いわば、無限の生産力の増進を前提とする資本主義の道具である。道具が氾濫し、主体化する世界が、この村の広場に出現したのである。自分たちで主体的に振る舞っているようにみえて、実は事態の進展を促しているのは、精霊たちの行動であり、ホレ様の決断であり、道具の氾濫なのである。

（2）ユンガーの「変身」——脱啓蒙の一系譜

啓蒙から撤退した若者たちが、新天地への移住と、道具・技術への依存、話し合いよりは行動と決断を選び、市民的公共圏のかわりに自然を構成する各要素をも巻き込んだいわば「存在をめぐる闘い」（＝ダーウィンの「生存競争」のドイツ語訳）、つまり「闘争の場」に身を置き、集団の境界を再設定することで未来を模索する姿は、ブルンク独自の視点ではない。ジェフリー・ハーフが『反動的モダニズム』（一九八九年）で論じたように、前述のカール・シュミットや、そのシュミットと生涯にわたって文通をつづけたエルンスト・ユンガー（一八九五—一九九八）など保守的知識人によってすでに提示されていた。(28) ヴァイマル共和国の民主主義に反発し、ナチズムへの突破口を切り開いた保守的知識人たち（ブルンクもその一人だが）の多くは、啓蒙から離脱しても道具や技術の力を借りて第三の道を用意できると考えていたのである。ユンガーが、『収穫感謝』より一年前の一九三二年の秋に発表した『労働者——支配と形態《ゲシュタルト》』のなかで示したのは、まさに、この第三の道であった。

ユンガーはまず、「第三身分の支配は、ドイツでは、生の充溢、力、豊かさを決めるようなもっとも内面の核に触れることが一度としてできなかった」し、「ドイツ人は良き市民ではなかった」ゆえに、「この国では、自由という概念は実現されえなかった」と現在の状況を分析している。(29) では、こうした状況下で、どのような道がドイツ国民に残されているのか。それは、労働者の形態を可視化することである、という。形態とは「個々の部分の総和以上の全体」である。形態のなかでは発展がない。形態は時間に屈しない。生死とは関係がない。ここでは、集会のかわりに行進、議論のかわりに決断が行われる、という。このモデルは、ユンガー自身の根源的体験であった第一次世界大戦の小隊である。労働者は兵士と同じで、市民になるのではなく、形態という全体のなかに溶け込んでいる。個はなく全体しかない。では、労働とは？「こぶし、思想、心のテンポであり、昼夜の生活であり、学問であり、愛であり、芸術であり、信仰であり、儀式であり、戦争である。労働とは原子の振動であり、星々と太陽系を動かす力である」。(30) つまり、ユンガーにとって、労働は十分世界に向けて開かれた行為なのである。

労働者の最高形態は「機械」である。機械に発展がないように、労働者には発展がない。ユンガーは言う。あるのは「形態」の「変身」だ、と。この「変身」は、何によって支えられているのか。これが技術である。「機関車が食堂車のかわりに兵士を一中隊分輸送できること、あるいは、一個のモーターが、豪華な飛行機のかわりに一台の戦車を動かすことができることは、議論の余地がない。つまり、交通の増加は良きヨーロッパ人にとってのみならず、悪しきヨーロッパ人をもより速く互いに運んでくる。同様に、窒素の人工的な現出は、農業においても、火薬としても作用する」[31]。

飛行機を戦車に、窒素肥料を火薬に――自動車工場と化学工場でなされるこれらの技術移転を可能にした二〇世紀の科学技術は、人間の新しい段階への移行を、「市民になる」という物語を拒否しても成り立つようにした、とユンガーは考えた。彼は「変身」という言葉を用いながら、それに関してはほとんど説明をしていない。だが、以上のことを考えれば、ちょうど、幼虫がさなぎになり、さなぎが蝶となって羽ばたいていくように（ユンガーは昆虫採集が趣味であった）、教養を身につけていくというよりは、停滞と変化のはっきりした形態の変化を、ユンガーは変身という概念で考えてみたといえよう。そのためには、停滞を変化に変える外部の力が必要である。それが、指導者の命令であり、道具の優位であった。だが、この労働者論を押し進める結果、ユンガーから「農民」という身分は消えていく。「工場で作られた人工窒素肥料を使用する農夫は、もはや同じ農夫ではない。それゆえに、農民の存在が流行遅れだとか、大きな変革が彼の土地のうえを通り抜ける風や雲のようである、というのは正しくない。われわれが従事している革命の深さは、まさに、この根源的身分を破壊することによって自分を証明するのだ[32]」。

ここでは、ブルンクのはるか先まで実験が進められている。ユンガーは、農村と都市の違いは存在しない、これを訴えることはロマン主義だと断罪する。だが、啓蒙から撤退し、道具の氾濫に身を委ね、権力の用意する新天地に自分のつぎの段階を設定するというブルンクの「農民の脱啓蒙」は、もっと論理を押し進めれば（ホレ様による安易な解決を避けていれば）、農民身分の破壊をもたらすはずだった。農民に強い思い入れのあるブルンクには、農民身分を労働者全般に吸収させることはできなかったのである。ここに、ユンガーが、やがてナチズムから距離を置くようになる理由のひとつがあるのかもしれない。

おわりに――公共圏の生態学的転換のために

では、ナチスにおける脱啓蒙、すなわち「変身」は、従来の公共圏の議論のなかに、どのように位置づけられるだろうか。公共圏の議論を牽引してきた哲学者ハーバーマスも、実はユンガーと同様、科学技術を啓蒙の問題を考えるさいの重要な要素としていたのだが、技術至上主義とナチズムとの関連も、もちろん無視しているわけではなかった。一九六八年にハーバーマスがフランクフルト学派の先輩であるヘルベルト・マルクーゼの古稀の論集で「〈イデオロギー〉としての技術と科学」を発表し[33]、言語を通じた意思疎通が道具的合理性の指揮下に置かれはじめていることを、合理性をキイワードに指摘したときも、一言も触れてはいないが、ナチスの「操作主義《オペラツィオニスムス》」を念頭に置いている。けれども、この同じ論文でせっかく生態圏と公共圏の接合の問題に触れておきながら、理論的に深めるまでには至らなかった。ナチスはこの接合の実験を行ったにもかかわらず。ハーバーマスは、マルクーゼの生態系についての議論をつぎのようにまとめている。「自然を可能な技術的処理の対象としてあつかうのではなく、可能な相互行為の相手としてこれに接することはできる。搾取するための自然ではなく、同胞としてつきあえる自然をもとめることはできる。相互主体性がいまだ十分開発されていない水準でも、動物や植物、あるいは石にたいしてすら主体性を期待することができ、そのことを通じて、意思疎通なしに自然をたんに加工するというのではなく、自然との意思の疎通をはかることができる[34]」。

こうした「マルクーゼの考えには、ごくひかえ目にいっても、独特の魅力がある」と告白したあと、ハーバーマスは「それはそれとして」と話題をずらし、マルクーゼの理論を押し進めるとまったく別の新しい科学を打ち立てなければならないが、これは無理である、という方向へ議論を持っていってしまう。「技術の発展は、最初は人間の有機的身体のもとにあった目的合理的行動の機能範囲の基本的な要素を、人類がひとつまたひとつと技術的手段の平面に投影し、自身は当該の機能から解放されていく過程だ、と解釈することができる」以上、「現にある技術をすてて、質的にちがった技術をもとめうるとはとうてい考えられない」からだ。[35] つまり、マルクーゼは人間の自然に対する態度を変えようとしているだけであって、科学および技術を根本から変革することを考えていない、とし、問題の立て方自体を批判する。ここで、ナチスによる公共圏の変質の問題に接近していたハーバーマスは、マルクーゼの議論を批判しながら、肝心の部分を素通りしてしまっている。つまり、ナチス的な「公共性の構造転換」は、労働者と生態圏をともに公共圏に組み込む意図を含むものだった、ということである。ナチスを論じることでハーバーマスの科学技術が啓蒙に与えた影響をめぐる議論は、おそらく、より深まっただろう。しかも、「自然を相互行為の相手として接する」というマルクーゼの世界観が警告したことは、一九六二年、『公共性の構造転換』と同年に出版されたレイチェル・カーソンの『沈黙の春』が警告したことと大きく異ならなかった。つまり、ナチスがすでにとらえようとしていたエコロジズムの問題である。人々が動物や植物や石と意思疎通をはかろうとしないかぎり、「労働を軽減する」という触れ込みで売られた農薬などの科学技術がそれを使用しないと生活基盤を奪われる農民の人体と環境をまず破壊し、さらに、農業の現場を知らない公共圏の市民たちも「財産と教養」の有無に関係なく、生態系の回路を通じてこの破壊に飲み込まれる、ということである。

ハーバーマスがそもそもナチスの啓蒙に対する態度全般について詳細に論じなかったことについては、早い段階からメディア史のなかで批判があった。「ファシスト的公共圏」の議論がそれである。財産と教養という二つの条件が必要な公共圏とは異なり、ナチスは、一九世紀末にドイツ社会民主党によって創られた労働者も参入できる公共圏、つまり、街頭と祝祭を利用した、という。ナチスは、行き場を失った失業者を街頭集会やデモに参加させ、負債で苦しむ農民を収穫感謝祭に参加させるばかりでなく、ヒトラーの演説や政治ニュースを『収穫感謝』のようなラジオ劇とともにラジオに流した。都市より普及の遅かった農村では、ラジオの前に家族、親戚、奉公人が集まり、お互いに感想を述べ合うことが少なくなかったであろう。大衆民主主義の現場への労働者の参入――この決定的な視点を提出したのは、ファシスト的公共圏論の大きな貢献であった[36]。

けれども、このファシスト的公共圏の議論でさえも、まだなお、ナチズムが創り出そうとした公共空間の特殊性を完全にはおさえられていない。ちょうどその特殊な公共空間の最高形態である帝国収穫感謝祭が、ニュルンベルク党大会の影に隠れてしまっている現在のナチス研究状況が端的に示しているように。この理由は、ファシスト的公共圏論のなかで、もっぱら都市の労働者だけが分析対象になっていたからである。ナチ時代の政治参加者は都市民だけではなかった。ナチ党が一九三二年五月の国会選挙で第一党に躍進できたのは農民票の急激な増加のおかげであったがゆえに、政権獲得後もナチスの基盤を支える重要な担い手として農民を政治に組み込む必要があったのである。

当時ドイツ各地に分散して住んでいたがそれでもまだ全人口の三分の一を占めていた農民が、日々の労働にエネルギーを奪い取られ、作物や動物の生命循環過程に深く規定される営みを続けながら、公共圏に参入できるのか。こうした問題を考えるには、ユンガーのスピーディーな議論に一度ブレーキをかけ、自然の諸要素と無言のやりとりを反復していく労働の「根源的」性格をしっかり見極めなくてはならないからである。

それゆえ、言語を持たない様々な生物を相手に繰り返し働きかけている第一次産業従事者を、言語のうえに成り立つ啓蒙を拒否しながら、政治的主体に変身させるという試み、人間が奴隷を発明して以来、意識的になされなかった、ある意味で無謀な、ナチスの試みは、「労働は自由にする（Arbeit macht frei）」という強制収容所に掲げられたスローガンに収斂する。もともとは強制収容所に視察に来た外国人にみせるためのナチスの理想を掲げたこの言葉は、もちろん「開墾は自由にする」という論理へとずらされていく可能性を内包していたとはいえ、労働そのものが人間的自由を獲得する道だとするこのスローガンほど、ナチズムの理想を表現した言葉はない。だが、この理想が結局理想でしかなかったのは、アウシュヴィッツのノータッチ式の殺戮機械が象徴しているように、自由をもたらすはずの労働がナチス自身を道具的合理性に埋没させてしまったからである。ナチスは、ユダヤ人の自動的な殺戮にさいして自分の手をほとんど汚さなかったのである。

「生態系でも意思疎通できる、道具に操作されない自律した人間」を創造するというマルクーゼの夢にもっとも近いところまで到達できたのが、虚構と現実の境界を揺るがせることで生態系を公共空間に——かなり強引ではあれ——接合させようとしたナチスであったことは、たしかに不幸な過去だったかもしれない。だが、この試みの検証を怠るならば、それは、もっと不幸な未来を招くことになるだろう。

注

（1）Hans Friedrich Blunck, *Erntedank : Ein fröhliches, märchenhaftes Spiel*, Berlin, 1933. 以下の劇の引用は、この本からの引用である。強調（傍点）は、すべて引用者による。

（2）Florian Cebulla, *Rundfunk und ländliche Gesellschaft 1924–1945*, Göttingen, 2004, S. 231–232.

（3）ここ私がイメージしている啓蒙は、現在、広い範囲で理解されている「啓蒙」である。たとえば、カントの有名な啓蒙の定義を歴史学の課題としてまとめた歴史家のユルゲン・コッカのつぎの定義が、包括的で弾力性があると考える。「因習的な強制・伝承された偏見・正当化されない支配からの人間の包括的な解放をめざし、教育（Bildung）・公然たる批判・自由な討論によって無知・迷信・不寛容を一掃しようとし、そして私的並びに公的なあらゆる諸関係の規範としての理性の分別ある使用を実現しようとする運動」（Jürgen Kocka, *Geschichte und Aufklärung*, Göttingen, 1989, S. 140. 邦訳『歴史と啓蒙』肥前栄一／杉原達訳、未来社、一九九四年、二〇三頁）。また、「反啓蒙」ではなく「脱啓蒙」という言葉をここで用いているのは、ナチスの場合、後述するように、啓蒙と対決したというよりは、啓蒙からの脱却をはかった側面が強いからである。

（4）Cebulla, *Rundfunk*, S. 227.

（5）つぎの拙稿を参照。本章の帝国収穫感謝祭についての言及は、これらの論文による。藤原辰史「大地に軍隊を捧げた日――ナチスの収穫感謝祭」小関隆編『記念日の創造』人文書院、二〇〇七年。同「待機する共同体――ナチス収穫感謝祭の参加者たち一九三三―一九三七」『人文学報』第九六号、二〇〇八年。同「麦おばさんはどこへ行ったのか――村の収穫祭とナチズム」『ゲシヒテ』（ドイツ現代史研究会）第二号、二〇〇九年。
（6）Cebulla, *Rundfunk*, S. 11.
（7）Ebd., S. 44.
（8）Ebd., S. 61-66.
（9）Ebd., S. 71.
（10）Hans Jürgen Nierenz, *Segen der Bauernschaft: Ein chorisches Erntespiel*, Berlin, 1933. なお、ニーレンツのこの収穫劇は、男女の話し手が交互に大地と母への信仰告白を行うものである。人間以外の生命が言葉を交わすことはないが、農民の労働を兵士的な行為として表現しているのは、「犂と剣」のスローガンを彷彿とさせる。
（11）Cebulla, *Rundfunk*, S. 232.
（12）藤原「麦おばさんはどこへ行ったのか」、四八頁。
（13）Hans Friedrich Blunck, *Unwegsame Zeiten*, Mannheim, 1952, S. 289.
（14）Ernst Klee, *Das Personenlexikon zum Dritten Reich: Wer war was vor und nach 1945*, Frankfurt am Main, 2003.
（15）Blunck, *Unwegsame Zeiten*, S. 72-73.
（16）Hans Sarkowitz / Alf Menzer, *Literatur in Nazi-Deutschland: Eine biographisches Lexikon*, Hamburg / Wien, 2000.
（17）Blunck, *Unwegsame Zeiten*, S. 66.
（18）靴屋 Schuster には、俗称および蔑称として、不器用者、へぼ職人、俗物、密告者、お追従者という意味もある。
（19）タールハイム『ナチス農業政策』橋本元訳、五七頁。
（20）藤原辰史「犂と剣――ナチスと技術崇拝」『経済史研究』（大阪経済大学日本経済史研究所）第九号、二〇〇五年。
（21）Cebulla, *Rundfunk*, S. 227.
（22）Frank Uekötter, *Umweltgeschichte im 19. und 20. Jahrhundert*, S. 24. アルフレート・メーラー『恒続林思想』山畑一善訳、都市文化社、一九八四年。「恒続林思想」が初めて提示されたのは、一九二二年、ドイツの林学者アルフレート・メーラーによってであった。森林を有機体としてとらえるこの思想は、経済至上主義の林業への根源的な批判であった。
（23）藤原辰史『ナチス・ドイツの有機農業――「自然との共生」が生んだ「民族の絶滅」』柏書房、二〇〇五年。
（24）Nun danket alle Gott は、福音派の聖職者マルティン・リッカルトによって作曲された合唱曲（一六三〇年）。ドイツでもっとも有名な教会音楽のひとつ。
(25) 池田浩士『虚構のナチズム——「第三帝国」と表現文化』人文書院、二〇〇四年、五五—六三頁。Hanns Johst, *Schlageter : Schauspiel*, München, 1933.
(26) 池田、同前、六二頁。
(27) Hannah Arendt, *The Human Condition*, Chicago / London, 1958. 邦訳『人間の条件』志水速雄訳、ちくま学芸文庫、一九九四年。本章における、労働と啓蒙的行為の両立のしがたさについての記述は、基本的に、ここでのアーレントの議論に依っている。
(28) Jeffrey Herf, *Reactionary Modernism : Technology, Culture, and Politics in Weimar and the Third Reich*, Cambridge, 1984. 邦訳『保守革命とモダニズム——ワイマール・第三帝国のテクノロジー・文化・政治』中村幹雄／谷口健治／姫岡とし子訳、岩波書店、一九九一年。
(29) Ernst Jünger, *Der Arbeiter : Herrschaft und Gestalt*, Stuttgart, 1981, S. 13-14.
(30) Ebd., S. 64.
(31) Ebd., S. 163.
(32) Ebd., S. 167.
(33) Jürgen Habermas, *Technik und Wissenschaft als ›Ideologie‹*, Frankfurt am Main, 1968. 邦訳「〈イデオロギー〉としての技術と科学」『イデオロギーとしての技術と科学』長谷川宏訳、紀伊國屋書店、一九七〇年。
(34) 同訳書、五四頁。
(35) 同訳書、五三—五四頁。
(36) Eike Hennig, Faschistische Öffentlichkeit und Faschismustheorien : Bemerkung zu einem Arbeitsprogram, in : *Ästhetik und Kommunikation*, Nr. 6, 1975. 佐藤卓己「ファシスト的公共性——公共性の非自由主義的モデル」『岩波講座　現代社会学　第二四巻　民族・国家・エスニシティ』岩波書店、一九九六年。

III

「新たなる啓蒙」の模索——第二次世界大戦以後

第14章　郷愁の啓蒙
――アドルノの交響曲／室内楽論について――

岡田暁生

はじめに

アドルノ（一九〇三―一九六九）は『啓蒙の弁証法』（一九四七年）において、容易に暴力へと転じる啓蒙の野蛮性に対して、容赦ない批判を加えた。第二次大戦中に書かれたこのホルクハイマーとの共著は、いわば一八世紀以来の啓蒙哲学の死亡宣言であった。だが、アドルノのそのほかの著作、とりわけ音楽エッセイを読むと、実はここそこにさりげなく、一八世紀的な啓蒙理念に対する、彼の強いノスタルジーが垣間見えてくる。室内楽（特に弦楽四重奏や連弾）、あるいはモーツァルト（場合によってはベートーヴェン）の音楽の中に、アドルノは近代マス社会の暴力から逃れた啓蒙空間の最後の砦を見るのである。

周知のように室内楽とはいろいろな意味で交響曲と対を成すジャンルである。それらは一八世紀末に成立した「公共の音楽」の理念の表と裏であって、コンサートホールという公的な場でプロが演奏するのが交響曲だとすれば、アマチュアが自分で弾いて楽しむ私的な音楽が室内楽なのである。バロック時代のオペラは王侯貴族の豪奢なスペクタクルであり、それが象徴するのは前近代的な権威誇示《リプレゼンテーション》としての公共性であった。それに対して交響曲に代表される近代的な音楽の公空間は、一八世紀も後半になって初めて生まれてくる。これが自由に市民が音楽を聴くことのできる、公開演奏会の普及である。[1]

例えば一八世紀後半からヴィーンでは、オペラが上演されない時期に劇場を作曲家に貸し出す予約演奏会が行われ始める。これによって作曲家が自主的に演奏会を催し、利益をあげることが可能になった。またライプツィヒのゲヴァントハウス管弦楽団がスタートするのは、一七八一年のことである。このオーケストラは宮廷に属さないコンサート専門の自主運営団体であり、織物会館（ゲヴァントハウス）で定期的に演奏会を開いた。だが近代的演奏会の時代の幕開けを高らかに告げる出来事としては、何と言っても一七九〇年代のハイドンのイギリスにおける演奏会を挙げねばなるまい。彼はザロモンというマネージャーの招待で二度渡英し、公開演奏会を開いて大成功を収めた。そのために作曲されたのが、「ザロモン・セット」の名で知られるハイドン最後の一二の交響曲である。

言うまでもなく公開演奏会とは、美術館や博物館に対応するような、近代の文化制度である。ルーヴル美術館が出来たのは一七九三年であり、従来の王侯の私的コレクションを公開展示することは、自由・平等・友愛の理念にかなうものと考えられていた。そして公開演奏会にもまた、同じ役割が期待されていたわけである。もちろん実際には、貧困階級が美術館を訪れることはほとんどなかったのと同じく、演奏会を聴く特権を持っていたのは一部の裕福な市民に限られていた。だが少なくとも理念上は、音楽を愛するすべての人に開かれた場が初めて実現されたのであって、そのエンブレムとも言うべきジャンルが、ヴィーン古典派以後の交響曲であった。そしてまた、「交響曲の父」と呼ばれるハイドンが、同時に「室内楽の父」、つまり弦楽四重奏ジャンルの確立者であったことは、偶然ではない。交響曲と弦楽四重奏（室内楽）は、それぞれ近代的な市民生活の公と私に対応している。交響曲があるべき社会の鳴り響くモニュメントであったとすれば、「よき市民」のための私的自由が全面的に解放される空間が室内楽（弦楽四重奏や連弾やリート）だったのである。

アドルノの著作ではしばしば、公的ジャンルとしての交響曲との対比で、室内楽における親密圏の問題が語られる。だが彼の考える室内楽とは、決して単なる私空間への逃避ではなかった。むしろ室内楽の中にこそアドルノは、理想的な社会のありようを見ていた。本章において考察するのは、交響曲的な近代市民社会モデルに対する批判としての彼の室内楽観であり、そして一八世紀的な世界への憧憬である。

1 交響曲の「共同体形成機能」——パウル・ベッカーの音楽社会学について

右に述べたように、アドルノが室内楽を語るとき、そこでは常に交響曲との対比が暗黙の前提となっている。そのアドルノの交響曲観に強い影響を与えたと考えられるのが、二〇世紀初頭のドイツで活躍した高名な音楽批評家、パウル・ベッカー(一八八二—一九三七)である。彼のことをアドルノは「両大戦間のドイツにおける最も切れる音楽批評家」と呼んでいるが[2]、そのベッカーの主要著作の主題のほぼすべてをアドルノは、それを批判的に展開する形で取り上げている。ベッカーは『ベートーヴェン』(一九一一年)、音楽と社会について考察した『ドイツの音楽生活』(一九一六年)、『グスタフ・マーラーの交響曲』(一九二一年)、『新音楽』(一九二三年)、『リヒャルト・ワーグナー——作品の中の人生』(一九二四年)等の著作で知られる。ベートーヴェンについてこそアドルノは単行本を書かなかったが[3]、右のベッカーの著作がそれぞれ、アドルノの『音楽社会学序説』(一九六二年)、『マーラー——音楽の観相学』(一九六〇年)、『新音楽の哲学』(一九四九年)、『ワーグナー試論』(一九六二年)に対応していることは、言うまでもないだろう。

右に挙げたベッカーの文献のうち、アドルノの交響曲観にとりわけ大きな影響を与えたと考えられるのが、第一次世界大戦中に書かれた『ドイツの音楽生活』である。ここでベッカーは、「音楽は社会によって作られる」という、まだハンスリック流の自律美学が主流であった当事としては型破りであっただろう仮説を提示し、センセーションを巻き起こした。この本は、一九二一年に出版されたマックス・ヴェーバーの『音楽社会学序説』と並んで、音楽社会学の概念を真正面から打ち出した最初の文献の一つとして知られる。

この本の中でベッカーは、「素材」と「周囲環境」と「形式」のトライアングルから成るものとして、音楽体験を説明しようとする。例えば三和音は、それだけではまだ、ただの素材にすぎない。それを単なる物音ではなく「音楽」として知覚するための枠（形式）、そして知覚する人々（周囲環境）が存在して初めて、素材は音楽になる。しかし音楽を音楽たらしめる「形式」を作り出すのは、社会である――これが彼の考えの基本である。ベッカーいわく「形式とはマテリアルそれ自体ではなく、知覚される素材である。知覚は周囲の世界（Umwelt）によって行われる。素材が形式になるためには、周囲の世界がなければならない。素材は周囲の世界によって知覚され、周囲の世界と素材が関連づけられることによって、形式が生じる。形式とは素材と周囲の世界の産物である」[4]。ここからも察しがつくように、ベッカーが考える形式とは、いわゆる音楽形式――ソナタ形式、ロンド形式、三部形式等――だけではない。そこにはバロックのオペラ劇場や近代のコンサートホールといった上演形態、あるいは自律美学や内容美学といった音楽の思考法までもが含まれるのである。

ベッカーの考察をとりわけユニークなものにしているのは、それが月並みな社会反映論――「音楽の中にはその時代と社会が映し出される」といった――にとどまっていない点にある。つまり音楽は単に同時代の社会に規定され、それを反映するだけでなく、自ら積極的に社会に働きかけ、それを批判し、それ自体の中から新しい社会を作り出す可能性を秘めていると、彼は考えるのである。とりわけ「社会を批判することを通して逆説的に社会を反映する」という発想は、後のアドルノそのままと言っていい。

ベッカーによれば、音楽が持つ社会を作る力が全面的に解放されるのが、フランス革命以後の近代である。今や音楽は「群集に呼びかけ、新しい生の価値それ自体を自らのうちに吸収し、前代未聞の規模でもって［社会を］形成し、教化する力を持ち始めた」[5]。近代社会における音楽の使命とは、「この絶えず膨張し、見たところまったく有機性を欠いていると見える群衆に、一体感を喚起すること」である。[6] この新しいタイプの音楽の金字塔がベートーヴェンの交響曲（特に『第九』）であることは、言うまでもあるまい。ベッカーによれば、ベートーヴェンからマーラーに至る近代の交響曲は、「共同体を形成する機能」を持つジャンルであった。それは教会のミサと貴族のサロン、そして大学におけるコレギウム・ムジクム（学生が行う音楽会）を総合した「社会全体が集う空間」、つまり教会と貴族とアカデミーとの境界を取り去って一つの巨大な社会を作り上げる場だったというのである。[7] ベートーヴェン以後の交響曲は、かつての教会と同じように、「公衆という混沌とした群集を公共性へ向けて再創造する統一の意識」を目覚めさせる。[8] 音楽を通した「感動で結ばれた共同体」とでも言うべき、新しい社会を作り出すのである。

しかしながらベッカーの考えによれば音楽史の一九世紀は、ベートーヴェンの交響曲が啓示した音楽によるユートピア創生の夢が、次第に単なる娯楽へと萎えていくプロセスにほかならなかった。教会や貴族に代わって音楽の担い手となった市民階級は、そこにただの娯楽しか求めなかった。そして何よりベッカーが敵視するのが、一九世紀に入って生まれてきた音楽産業である（この文化産業批判の点でもまた、彼はアドルノを先取りしている）。彼は「仲介者」という言葉を使うわけだが、要するに聴衆の娯楽ニーズに応じた音楽商品を出来るだけ効率的に供給するのが、音楽出版社だったりマネージジメント業であったりするると、ベッカーは主張するのである。音楽における「形式」をともに創出する使命を担っているはずの音楽家と社会とが、一九世紀においては仲介業者によって分断されてしまった。それだけではない。音楽はベートーヴェンのように社会全体に向けて呼びかけることを停止し、小さな集団の好みに合った音楽を提供することしかしなくなった。それによって社会は、一つに統合される代わりに、互いに無関心なグループに分断されてしまったと、ベッカーは考える。

しばしばベッカーの論考は、音楽と社会のユートピアの創出を希求する、パセティックな幻視となる。大戦前の音楽ジャーナリズムにおいて花形批評家の一人であった彼は、いまや音楽の商品化を激しく呪詛する。「創造力に満ちた聴衆のみが、音楽家たちと協力し合うという課題にふさわしい。享受するだけで、消費することしかしない聴衆は、創造者たちを麻痺させるだけだ。純粋な形式が創り出されるためには、創造的な音楽家だけではなく、ともに創造する社会がなければならないのである」[9]。「今日の私たちは、私たちの社会の、私たちの公共性の、私たちの国家の存亡の岐路に立っている」と言うベッカーの絶望は、次の呼びかけで頂点に達する。

私たちが見た、そして見ているものは、解体しつつある社会像である。なぜなら社会意識はもはや、社会義務の意識としても、社会権利の意識としても、もう存在していないからである。しかし芸術はまさにこの二つを前提としているのであって、どちらも存在していないのだから、私たちはもはや芸術生活（Kunstleben）ではなく、芸術産業しか持つことはできないのだ[10]。

［芸術の前提である社会を再び作り出すには］自分たち自身を社会として認識する、つまり私たちの存在と行動の共有の基礎、私たちすべてが今日一つの全体として、民族として、国家として拠って立つ土台を意識する意思を持たなくてはならない。この十台、私たちの共通の存在の根源からのみ、私たちの芸術の形式も目覚めることができるだろう。私たちは皆、それを呼び覚ますことが、それに私たちの存在の一部として形を与えることが、私たちの精神的遺産の最も純粋な表現として、私たちの生の至高のシンボルとして、私たち全人類の浄化された象徴として形を与えることが、できるはずである。私たちが社会になれば、統一へと融合し、統一として創造力を発揮するなら、つまり行動をするならば、必ずやそれができるのである[11]。

言うまでもなく、このベッカーの呼びかけには、かなり危なっかしい部分がある。二〇世紀の音楽の歴史にあって、彼が言う「創造者と社会とが一つになって作り上げる新たな芸術と生のユートピア」という理念が一体どんな怪物を生み出したか、私たちはよく知っている。国家が音楽も統制し、人民に奉仕させようとしたソ連の社会主義リアリズム。そしてロマン派的な芸術の精神からの国家／民族の蘇生を本当に実現しようとしたナチス・ドイツ。第九が歌う「音楽への感動を通した新しい社会の創出」が本当に実現された瞬間、それは悪夢に転じる。どうやらベッカーは、かつての教会や貴族が果たしていたのと同様の強力なイニシアティヴを、今後は国家が果たすべきだと考えているふしがある。しかしながら音楽の資本主義化への彼の激しい憎悪が、後の国家社会主義的な芸術政策と一致しかねない危険を孕んでいたことを看過してはなるまい。それに対して、交響曲の「共同体を形成する機能」をネガに反転させることにより、ベッカーの夢見た「音楽から新しい社会を作る」という理念を批判的に発展させようとしたのが、アドルノである。

2　「ベートーヴェン的なもの」へのアドルノのアンビバレンツ

ベッカーが新しい共同体を作る力を認め、それに対してアドルノが手厳しく批判するのは、とりわけ『第九』に代表されるタイプのベートーヴェン作品である。一般に「闇から光へ」とか「苦悩を通して歓喜へ」の標語で知られるところの、フィナーレへ向けて一直線に突き進むそれだ。アドルノはベートーヴェン様式を三つに分けて考えていた。[12] 一つは『運命』の第一楽章のような「集中的タイプ」。求心型のフォルムによるフィナーレ追求型の作品である。二つめは『田園』の第一楽章のような「拡張的タイプ」。これは例えばシューベルトやマーラーの交響曲を予告するような、フォルムを隅々まで統合せず、個々の抒情的エピソードによって魅了する作品だと考えられる。そして三つめが、集中的タイプと拡張的タイプとが衝突する、晩年作品の様式。その特徴は、『楽興の時』の中のエッセイによれば、次のようなものだ。「最後のベートーヴェンの特色となっている中間休止、唐突な断絶は、出発の瞬間にほかならない。あとに残る作品は沈黙し、空洞を露呈する。［……］客観的なのはひび割れた風景であり、主観的なのはそれのみがこの風景を燃え立たせる光なのだ。かれは両者の調和ある統合を許ろうとはしない。むしろ分裂する力としてのそれらを、現在時において引き裂いて見せるのだ」[13]。統合を敢えて拒絶するベートーヴェンの晩年様式の中に、アドルノは「否定の弁証法」のモデルを見ていたのかもしれない。それに対してヘーゲル的な「肯定の弁証法」モデルに依る第一のタイプには、彼はかなり批判的なスタンスをとる。

「新しい社会」を作ろうとする『第九』型のベートーヴェン――ということはベッカー的なベートーヴェン理解――に対するアドルノの批判は、二点に要約される。一つは、『第九』が告知した新しい社会の到来は、結局のところ絵空事に終わったということ。いわく「交響曲に『共同体形成の力』を見るベッカーの命題は、変形されなければならない。交響曲は美的なものとなった、(そしてすでに中立化された) 人民集会にほかならない」[14]。ベッカーはベートーヴェンの交響曲に、教会と政治集会とアカデミーの統合を見ていた。しかしアドルノによれば、それは絵に描いた餅にとどまっているのであり、個人と個人を真に結びつけはしない。後に見るように、マスの渦中での一体感の錯覚ではなく、本当に人と人の絆を作り出してくれるのは、むしろ室内楽なのだ。

アドルノの批判の二つめの要点は、『第九』的なものが象徴する「よき市民の集い」が孕んでいる抑圧である。右の引用は、彼がベートーヴェン論のために用意したメモの一部なのだが、それには次のような文が続く。「調査すべきものをあげるなら、演説、論争、決議 (決定的なもの)、祝典といった人民集会の範疇であろう。交響曲の真実と虚偽は、アゴラで決定されたものなのだ。晩年のベートーヴェンが反発を与えるのは、ほかならぬ人民集会めいたところ、つまり市民的な儀典めいた点があるからである」。ここで言う「晩年のベートーヴェン」とは、アドルノが『楽興の時』で「大芸術家の晩年の作品に見られる成熟は、果実のそれには似ていない。それらは一般に円熟しているというより、切り刻まれ、引き裂かれてさえいる」[15]という形容でもって共感を示したところの、晩年の弦楽四重奏やピアノ・ソナタの謎めいたアフォリズムではない。彼が念頭に置いているのはむしろ、晩年作品でありながら様式的には中期の『運命』のような「闇から光へ」型のフォルムを踏襲している『第九』であろう。

ベッカーにとって「よき社会」のモデルであった『第九』に、アドルノは人民集会の偽善を見ていたわけである。「肯定の弁証法」型とも言うべきタイプのベートーヴェン作品をアドルノは、とりわけソナタ形式の問題に即して批判する。周知のようにベートーヴェンは、いわゆるソナタ形式の完成者であり、そのあらゆる可能性を生涯にわたって追求し続けたわけだが、その原理はしばしばヘーゲルの弁証法に喩えられる（ピアノ・ソナタ等だけでなく、弦楽四重奏や交響曲でも、第一楽章はほぼ例外なくソナタ形式で書かれる）。単純化して言えばソナタ形式では、提示部でまず二つの対照的な主題が、異なった調性で提示される。これらの主題は展開部での葛藤を経てから、再現部で同じ調性へと回収されることでもって、和解がもたらされる。このプロセスが弁証法における「正反合」になぞらえられるわけである。

ベートーヴェンのソナタ形式にヘーゲルの弁証法を重ね合わせつつアドルノが批判を加えるのは、とりわけ再現部において演出される和解（ヘーゲルで言えば止揚）である。「再現部。自己自身への回帰、和解。（概念的なものが現実的なものとして設定されることにより）、和解はヘーゲルにおいては、疑わしいものでありつづけているが、ベートーヴェンにおいても、再現部は同じく疑わしいものに留まっている[16]」。再現部とはいわば「やはりこれでいいのだ！」の歓呼である。この肯定の身振りをアドルノは許容しない。

ベートーヴェンはヘーゲルと同様、自己自身に閉じ込められているブルジョワ精神を、推進力に変えた、つまり再現部を「覚醒させた」。両者にはブルジョワ精神が持つ最高の高揚が見られる。著しく特徴的なこととして、次のことがある。しかしそれにもかかわらずベートーヴェンにおいては再現部が、ヘーゲルにおける同一性の命題と同程度に深い意味で、美学的には疑わしいものに留まっていること、しかも深い意味で逆説的に両者においては、抽象的、機械的なものに留まっていること。[17]

アドルノはベートーヴェン／ヘーゲル的な和解の演出に対して、常に疑いの目を向ける。つまり全体は常に個別から――ソナタ形式なら個々のモチーフから、社会であれば個々人から――成っている。そしてベートーヴェンは、この個の対立を極限にまで増幅することによって、従来の音楽では想像もできなかったような形式のデュナーミクを作り出す。しかし音楽の推進力を桁外れに高めることによって、形式のスタティックな統一は実質的に不可能になる。形式が絶えず流動膨張し続けるのだから、モーツァルトまでの時代の三部形式よろしく、冒頭と同じ主題が再び同じ形で戻ってくる（再現する）ことでもってシンメトリックに形式が閉じられるなど、本当ならありえるはずもないのだ。「ベートーヴェン的統一は、対立のなかで運動する統一、つまり統一の契機が個別的なものとして理解されるなら、互いに矛盾しているかにみえる、そうした統一なのだ[18]」とは、このあたりの事情を指すのであろう。

この問題をアドルノは、次の箇所ではさらにストレートに表現している。「ベートーヴェンは再現部を作り替えて、非同一的なものの同一性とした。ここには次のことが含まれている。再現部自体は確定的なもの、固着した紋切型であって、同時に虚偽の契機、つまりイデオロギーでもあること[19]」。あるいは次の一節を見てみよう。

『精神現象学』の最後の章、「絶対知」の章の内容は、全著作全体の要約となっているが、それによるなら主体と客体との同一性は、宗教においてすでに獲得されたものとされている。ベートーヴェンの交響曲の場合、もっとも大きな楽章のいくつかにおいて、再現部の肯定的な身振りは、抑圧的に手を振り下ろし、権威主義的に「こうなのだ」と威嚇する暴力を身にまとい、身振り的に装飾的にではあるが、生起しつつあるものを無視してその彼方を目指すものとなっている。こうした点はベートーヴェンがイデオロギー的なものにたいして、無理やり捧げた貢物にほかならない[20]。

ベートーヴェンは、本来統一などできないはずの個と個の矛盾を、強引に「全体形式」という枠をはめることでもって強制的に解消するのである。

興味深いことにアドルノは、バッハの時代にはまだベートーヴェン的な意味では再現部がなかったという事実に対して、次のような歴史哲学的な解釈を加えている。

ウィーン古典派全体の限界として判明していることと同様に、とりわけベートーヴェンの真の限界として判明していることとして、その動的なあり方が原因であるが、再現部が独裁的だということがある。再現部はどのように優位を占めるようになったのか、その経緯を歴史的に調査してみる必要がある。その始まりの時期は、古いものではない。バッハの場合、いまだこうした再現部による支配は見られない。[21]

こう言ってもさしつかえないかもしれない。バッハにおいては再現部の支配は、いまだ未発達であったのではなく、むしろ否定されるか、あるいは回避されていたということだ。バッハは再現部については、十分に承知している。しかし彼の場合、再現部は形式のアプリオリとしてではなく、芸術上の一手法として、勘どころにおいて使用されている。要するにロンドにおけるリフレインの意味で、再現部はバッハにおいては、韻として用いられるのである。[22]

バッハの再現部はあくまで形式上の脚韻のようなものであって、「やはりこうなのだ！」――アドルノがよく使う表現をすれば「非同一的なものの同一性」――という理念統合の契機はそこにはない。徹底的に全体を支配統一しようとするソナタ的再現部は、近代になって初めて生まれてきたものなのだ。

ただし、一九世紀におけるあくなき統合の追求は専ら音楽と哲学の特徴であって、そこからはみ出すものを引き受けることで補完的な役割を果たしていたのが小説だと、アドルノは考える。「ドイツ哲学と音楽は、カントとベートーヴェン以来、システムであった。そのシステムの中におさまりえないもの、システムを矯正するようなものは、文学の中へ、すなわち小説と、半ば偽作的な劇文学へと逃れていった[23]」。そして非ベートーヴェン的な、つまり小説的／非システム的な交響曲の可能性は、マーラーによって初めてもたらされたというのが、アドルノの見立てである。彼にとってマーラーの交響曲は、最も非『第九』的なそれである。アドルノはマーラー作品のフォルムを、「破綻」とか「亀裂」とか「ほころび」を原理にして分析する。

マーラーの音楽の破綻は、真理の書かれたものなのである。その破綻の中には社会的な動きが、その動きによる犠牲者と同様、否定的に現れている。これらの交響曲の中では、行進曲でさえ、それが運び去ってゆく人間によって聴き取られ、省察される。隊列からはずれた人々、踏みつけにされた人々だけが、また見捨てられた前哨兵や美しいトランペットの音で埋葬された者、あわれな鼓笛兵、まったく自由ではない人々こそが、マーラーにとっては自由を体現している。約束を与えることなく、彼の交響曲は支配されている者のバラードとなっている。[24]

アドルノがここで、社会から排除され収容所に隔離された人々のことを想起していることは、疑いなかろう。第二次世界大戦中に書かれたメモには、『第九』についての次のような記述が見られる。

市民的ユートピアは、完全な喜びというイメージを考える場合、かならずやそこから排除されるもののイメージのことも、考えざるをえなくなる。これはこのユートピアにとって、特有の点となっている。ただ世界に不幸が存在するために、そしてその程度に応じて、ユートピアの喜びも生まれてくるのである。『第九』のテキストとなっている、シラーの頌歌『歓びに寄せて』においては、「地球の上におけるたった一つの心でも、自分のものとよべるものは」、つまり幸福に愛し合うものは誰でも、輪のなかへと引き入れられるとしている。「しかしそうした心を持たないものは、涙しながらわれらの集まりから、こっそり立ち去るがいい。」孤独なもののイメージは、悪しき集団に固有のものであって、孤独なものが涙するのを見たいと思うところに、歓びは生まれてくる。[25]

市民集会の歓喜は必ず、そこから排除される者を前提にしている。「よき市民」の集いから、「よき市民になりたくてもなれない者」は追放される。右の引用には、さらに次の一節が続く。

押韻された語「こっそりと立ち去るがいい」は、それ以外にも所有関係［こっそり立ち去る＝盗む］も指示しているが、この指示は正しい。「第九の問題」がなぜ解決されることがなかったのか、納得がいくからである。メルヘンのユートピアにおいてもまた、継母は華麗な結婚式の一部を成しており、燃える靴を履いて踊らすとか、釘を詰めた樽の中へ、突っ込まれたりする。しかしシラーによって罰せられている孤独は、彼が言う歓びの人々たちからなる共同体自体から、生み出されたものにほかならない。こうした共同体においては、年老いた独身女性やさらには死者たちの心は、一体全体どうなるのであろうか。

世界大戦が終わって間もない時期（一九四五―四七年）のメモで、アドルノは次のように書いた。「ヒトラーと『第九交響曲』。だから包囲しあうがいい、幾百万の人々よ[26]」。フランス革命とともに解放された「社会を形成する」交響曲の力の行き着く先は、アドルノの考えによれば、アウシュヴィッツにほかならなかったわけである。

3　礼節の弁証法——モーツァルトへの一瞥

とはいえ、どれだけ批判しようともベートーヴェンが、アドルノにとって最も重要な作曲家であったことに変わりはない。何と言っても「存在するのは、ヘーゲル哲学だけであると言われることがあるが、それと似た意味で、西欧の音楽史に存在するのは、ひとりベートーヴェンにすぎない」のだ。[27] 再現部の問題についてもアドルノの見解は、しばしば否定と肯定の間を揺れ動く。例えば次の箇所において彼は、ソナタ形式のダイナミズムを主観の赴くまま果てしなく膨張させることなく、絶妙の地点で再現部における閉じた形式の完成へと回収するベートーヴェンの天才を、次のように賛美している。「彼は、デュナーミクな形式という難事にたいして、再現部という難事にたいして対処してきた。つまり完全に生成しつつあるもののまっただ中において、静的で同一なものを魔術的に出現させるという難事のことである」。[28] アドルノは再現部の本質を、封建時代に由来する自己限定と定型性（＝最後は型に従って万事を丸く収める）の中に見る。そしてベートーヴェンのソナタ形式の中に、こうした前近代的な礼節の精神と近代的な個人の主観の自由との、絶妙のバランスがあると考えるのである。

右の引用箇所には、次のような見解が続く。「力を奪われた客観的な形式としてのカノンを彼は救おうと努めるが、それはカントが範疇を、解放された主観性から再度演繹することにより、救おうとしたことに似ている」。面白いことにここでは再現部が、ヘーゲルではなく、カント哲学とのアナロジーによって論じられている。「力を奪われた客観的な形式」とは、この時代にはもはや没落しつつあった、封建的な「型」のことであろう。そしてベートーヴェンは前近代の型を、ソナタという近代形式のデュナーミクと調停することに成功する。「再現部は、デュナーミクな進行をとおしてもたらされるものの、同じくその進行を進行の結果として、後からいわば正当化する。やがて止めようもなく彼自身を越えて押し進むことになるもの、彼はこうしたものを伝えるが、それもこのような正当化による」のである。

しかしアドルノによれば、こうした「型」と「主観」との均衡は、ある歴史的地点においてのみ可能だった、一つの奇跡である。「しかしデュナーミクな契機と静的な契機との均衡状態は、ある階級の歴史的瞬間と一致したものにほかならない」のだ。『ミニマ・モラリア』の「礼節の弁証法によせて」と題された章の中で、アドルノは「主観と型の調停」に関して、礼節という概念を引き合いに出しながら、カント／ゲーテ／ベートーヴェンを次のように語った。

来るべき産業社会においてはあらゆる人間関係が不可能になるであろうことを見越していたゲーテは、『遍歴時代』の諸短編において、疎遠になった人間同士の関係を救う道としての礼節を描いている。この方途は、彼の目から見れば、わけへだてのない親しさ、情熱、申し分のない幸福、といったものをあきらめる諦念の境地に等しかった。彼にとっての人間の道は、自己を制限して、進歩に伴う非人間性や主体性の萎縮などといった歴史の不可避的な成り行きを先取りしつつ自己の課題とすることにあったわけである。しかしそれ以後に起こったことから見れば、ゲーテ流の諦念ですら一つの達成であった。礼節と人間の道——彼において相等しいこの二つのもの——は、まさにそうならぬために彼がそれらに望みをかけていた経過をその後に辿ったのであった。というのも、礼節には厳密に歴史上の時が与えられているのである。それはブルジョア階級の個人が絶対主義の桎梏を脱け出した時である。このとき個人は自由と孤独のうちに各自の責任を担わなければならなかった。しかし他方では絶対主義の下で発達したヒエラルヒーに基づく礼譲のしきたりが、その経済的な基盤や威圧的な力を失いながらもまだ残存していて、特権的なグループの中での社会的生活を耐え易いものにしていた。こうした絶対主義と自由主義の間の一種逆接的な均衡状態は、『ヴィルヘルム・マイスター』のなかだけでなく、伝統的な作曲様式に対するベートーヴェンの態度にも、さらには論理の領域に立ち入って、客観的な拘束力をもつ諸理念を主観的に再建しようとしたカントの試みにも、ひとしく認められる。ベートーヴェンにおけるダイナミックな展開部のあとの定石どおりの再現部、カントによる意識の統一からのスコラ的カテゴリーの演繹などは、すぐれた意味において「礼節に叶っている《タクトフォル》」(気が利いている)のだ。礼節の前提は、それ自体において破綻を来たしながら現になお行われている因習《コンベンション》である。[29]

恐らく再現部とは、封建的な予定調和世界の象徴であり、最終的には権威に従う諦念の身振りである。かつてその背後には、王権ないし教会といった、有無を言わせぬ権力が控えていたことだろう。しかしベートーヴェンの時代には既に、こうした「型に従う」風習は空洞化しつつあった。だがそれでもなおベートーヴェンは、型を型どおりに再現する。主観を押し通すことで否応なしに生じる破綻を避けるべく、因習に敢えて従うのである。前節で見た再現部批判とは好対照な視点である。

しかしながら「礼節の弁証法」の最も純粋なあらわれとアドルノが考えていたのは、ベートーヴェンではなく、むしろモーツァルトの音楽である。いわく「歴史哲学的にみるなら、モーツァルトの独自性をなしているのは、音楽の宮廷的で儀礼的な本質、つまり『絶対主義的な』本質が、市民的主観性と均衡を保っていることである。モーツァルトの成功を決定している点は、おそらくこのへんにあるように思われる。ゲーテ（『ヴィルヘルム・マイスター』）との密接な関係[30]」。この文章に続けて彼は、「それにたいしてベートーヴェンの場合、伝統的な形式は自由から再構成される」と書いているのだが、これは断片的なメモであるため、どこにモーツァルトとベートーヴェンの決定的な違いがあるのか定かではない[31]。だがアドルノが、近代市民社会の訪れが決定的になる寸前の時代の中に、ある完璧な幸福の均衡状態を見ていたことは間違いない。

モーツァルトについてのアドルノの数少ないエッセイの一つに、『楽興の時』の「ツェルリーナへのオマージュ」がある。そこで彼はツェルリーナについて、次のように語った。

［ツェルリーナとマゼットの和解は］自由の名においておこなわれる。ツェルリーナの音楽の響きは、さながらあけはなした両開きの窓から、一八世紀の白と金色に輝く広間に流れ入って行くかのようである。彼女はまだアリアを歌っている。しかしその旋律はすでにリートである。それは、そのほのかな息吹によって格式ばった制度の呪縛を脱し、しかもなお色褪せて行く儀式のもとに身を潜め、さまざまな形式につつまれている自然なのだ。ツェルリーナの姿のうちには、ロココと革命のリズムが停滞している。彼女はもはや羊飼いの娘ではな

いが、まだ女性市民《シトワイエンヌ》ではない。両者の中間の歴史的瞬間に彼女は属しており、封建社会の圧制に損なわれることもなく市民社会の野蛮からも守られている人間性が、ほんのつかのま、彼女において輝きでるのである。[32]

アドルノがモーツァルトを語る時には常に、「自由」が後の市民社会における硬直したイデオロギーに転落する以前の時代へのノスタルジーが見え隠れする。エロスのオーラに輝くものとしての自由への憧れである。同じエッセイにおいてアドルノは、ドン・ジョヴァンニその人について、次のように述べている。

しかし彼女の輝きは誘惑者にも照り返しているのではないか、結局はむざむざと甘美な獲物を取り逃がしてしまう誘惑者にも？　というのも、もし、すでになかば力を失った封建貴族が、歌劇の中を通り抜けて逃走しながら、ほかならぬその逃走の途上にそれを呼び起こしたのでなければ、どこに彼女の愛らしさがあるだろう。もはや初夜権をもたないからこそ、彼は快楽の使者となる。初夜権の行使を実にあっさりと断念してしまった市民にとっては、この使者の姿はすでにいささか滑稽なのではあるが。[33]

エロスが封建貴族の特権ではなくなったからこそ、そこに自由のオーラは美しく輝く。ただし早々とこの自由の魅惑を自己規制してしまった市民たちにとっては、ドン・ジョヴァンニは一種の道化――劇中で彼が従者レポレロと衣装を取り替え、喜劇役者のように振る舞うことをさしていると思われる――にしか見えないだろうが、というわけである。「不安を知らぬこの男から市民たちは自由の理想を学び取った。しかしこの理想が一般化されるにつれて、それは、自由をなお特権としてもっていた男に反旗をひるがえす。やがて市民たちは自由のうちに恣意を取り込み、そのことによって自由の意味を逆転してしまうことになる」。近代市民は錦の御旗のように自由を言い立てながら、エロスを規制することでもって本来の意味を換骨奪胎してしまった。「自由のうちに恣意を取り込み」云々は、恐らく「自由」を勝手に「エロスの不自由」にしてしまったということだ。「しかしドン・ジョヴァンニは、自己の恣意が他人の自由だなぞという虚偽とは縁もゆかりもなかった」。ドン・ジョヴァンニは、自分で勝手に自由の中からエロスを排除し、しかもそれを社会道徳として隣人に強要したりするようなことはしない。「そしてそのことによって彼は、自由から名誉をうばいながら、しかも自由に敬意を表していたのである。ツェルリーナが彼を憎からず思ったのも当然のことだった。彼女は静止状態にある歴史の比喩として永遠の生命をもっている。彼女を恋する者は、戦いの時代にはさまれた無人地帯から、白銀の輝きを帯びた彼女の声とともにひびいてくる、名づけるすべもないもののことを心に思っているのである」[34]。モーツァルトのエロスの中にこそアドルノは、「自由」の最も幸福なユートピアを見ていたのであろう。

ベートーヴェン論のためのメモの中には、アドルノのモーツァルト観を端的に伝える次のような覚書がある。

モーツァルトにたいする「神的なまでに軽薄」という形容は、歴史哲学的には封建的なものである放埒な自由と主権とが、市民的な自由と主権へと移行していく瞬間をあらわしている。だが市民的なものもいまだこの段階においては、封建的なものに等しい。「主人」の二重の意味。人間性と無拘束とは、ここではいまだ重なり合っている。こうした一致の中でユートピアは立ち現れてくる。モーツァルトの死は厳密には、フランス革命が抑圧へと一変する以前のことであった。こうした契機との類似性。「ミューズの息子」は、一種のモーツァルト的原現象なのだ[35]。

そして様々な著作における断片的な言及から察するにアドルノは、狭量な市民モラルの一九世紀においてモーツァルト／アンシャン・レジーム的な礼節と放埒が、居間における親密さに姿を変えて何とか生き延びたと考えていた。その際のキーワードとなるのが、室内楽における遊戯性であり、思いやりであり、フェアプレイの精神である。

4 「連弾で、今一度」——社会モデルとしての連弾

恐らく室内楽はアドルノが最も親近感を感じていたジャンルだろう。幼い頃にベートーヴェンの弦楽四重奏をロゼ四重奏団の演奏によって聴いた彼は、ウィーンで作曲の勉強を始めた頃に既に、その大半を暗譜していたという。[36] またヴァイオリン・ソナタにはいつも「筆舌に尽くせないくらい感動」させられ、ピアノ三重奏の第一番や第五番『幽霊』はギムナジウム時代に既に演奏していた。ロラン・バルトもそうであるが、アドルノはまるで読書をするように、自ら弾くことを通してありとあらゆる室内楽に親しんだ、一九世紀ブルジョワ最後の世代に属する。

とはいえ一九世紀における室内楽の受容に、どこか退嬰的なものがあったことは確かである。既に示唆したように交響曲／室内楽という二分法は、近代市民の音楽生活の分裂に伴って生まれてきた。前者が公的空間においてプロの演奏を傾聴する対象であったとすれば、後者は自分で弾いて楽しむプライベートな音楽だった。つまり室内楽とは気苦労の多い世間から自宅の居間への逃避であって、それは「公開性という代償を払う必要もなく、自分一人で閉じこもっていようというやり方」なのである。[37] 室内楽には不可避的に、「ネガティヴな意味のプライバシーの要素、小市民的な片隅の幸福の要素、諦観的な牧歌調によりかなり危うくされている謙譲自適境の要素」といった、「自己本位な態度」がつきまとっていた。

だが室内への逃避は決して、個人の夢想への退行にとどまるものではない。交響曲のような公式音楽において聴衆は、音楽との一体感から疎外されてしまった。どれだけ客席が熱狂しようとも、「音楽をする側／聴く側」という、ある階級差が完全に消滅することはない。それに対して室内楽は、公開性を断念することによってこそ、「音楽の前の完全な平等」を取り戻そうとする。[38] 「両者［音楽と聴衆］は市民階級の音楽が完全な自律へと移行した頃から背理していった。室内楽は、社会の中ではふつう成立を拒まれているところの芸術と享受の均衡状態が見出し

た避難所となった。室内楽はこの均衡を先に述べた公開性という要素を断念することによって作り出した」のである。音楽の前での平等／音楽との完全な一体感という理念は、室内楽の非公開性においてこそ実現されることができるのであって、「この要素［均衡］はブルジョワ民主主義の理想の一部分を形成していると同時に、またこの制度の下で所有の格差とか特権的な教養などとは対立するもの」なのである。音楽を室内へと「分け隔てる」ことでもって初めて、真の「分け隔てのなさ」は可能になる――アドルノは徹頭徹尾弁証法の人である。

アドルノ流「室内楽の弁証法」はまだ続く。分け隔てることで分け隔てのなさを作り出す室内楽ではある。だが結局のところそれは、裕福なブルジョワのための分け隔てられた特権にとどまらざるをえなかった。

室内楽におけるこのような均質化された模範空間の存在の可能性をかなえてくれるのは経済的に独立した個々の市民、企業経営者や、特にいわゆる富裕な自由業の人々の比較的安定した境遇である。室内楽の開花と自由主義の盛期との間には明らかに関連がある。室内楽は個人の私的な領域つまり余暇という領域が、公的職業的な領域から精力的に離反した時期特有のものである。

交響曲の作り出す共同体は所詮美的虚構に過ぎないとアドルノが考えていたことは、既に述べた。「［ベッカーは交響曲の共同体形成機能を云々したが］『人類』がある交響曲に感銘を受けて結集したとして、仮にそれが『第九交響曲』であったとしても、結果が美的な範囲に留まったままで、現実の社会的存在にまで到達しなかったのであるから、その限りではベッカーのいう交響曲の能力にはイデオロギーの匂いがつきまとっているのである」[39]。だが室内楽における一体感もまた、世間からの逃避／富裕階級への限定という代償を払わねばならなかったのである。

しかしながら、アドルノが本当に言いたかったことは、恐らくここから先だ。室内楽が富裕な自由業にのみ許された贅沢であることをやや批判的に指摘している右の引用に続けて、彼は次のように述べている。「しかし両者［余暇と労働］の関係は決定的に決裂したのでもなければ、今日の労働者の時間の概念がそうであるように、余暇が差し押さえを受けて単なる休憩時間のパロディーになったのでもない。私的な領域にたとえどんなにもろいものであっても何がしかの実体性が備わっている限りは、偉大な室内楽が成立し、演奏され、理解される可能性は存在していたのである」[40]。アドルノが室内楽に見出す希望は、何よりその聴衆の能動的参加の態度の中にある。レコードが発明される以前、つまり身体を動かさずソファーでただ快適な響きに受身で身を任せる逸楽へと音楽体験が堕落する以前(余暇が「休憩時間のパロディー」になる以前)において、音楽を真に楽しむために人々は、自ら働かなくてはならなかった。つまり自分で弾かなければならなかったのである(「たとえどんなにもろいものであっても何らかの実体性が備わっている限り」は、このアマチュアの能動的参加のことを指すのであろう)。この無償労働の真摯さの中に、アドルノは逆説的な一種の社会的なものを見ている。

まだ極端なものを追求していない室内楽のごく初期の作品には、弦楽四重奏の四つの楽器がまるで社会的に有益な労働を行っているかのように、孜々とした営みとでもいうべきものがしばしば見られるが、しかしそれは有益な労働の無力かつ無邪気な模倣にすぎない。それは究極の生産品をもたない生産過程であるが、この究極の作品とは、室内楽にあっては実は演奏のプロセスそのものなのかもしれない。その理由は演奏者たちが「演奏する」と「遊ぶ」という二重の意味で、まさに演奏しているにすぎないからである。事実は先に述べた生産過程なるものは音楽の構造、つまり楽曲の中にすでに具体化されているのであり、彼らはただそれを繰り返すだけにすぎないのである。ここに能動的な行動が純粋な、自己保存を離れた行為と化したのである[41]。

音楽の中で労働を模倣することによって室内楽は、近代社会を映し出すと同時に、それを無償の遊びへ換骨奪胎する。「室内楽という競争はネガティヴなもので、その限りでは現実の競争に対する批判を行う」のである[42]。まさに否定の弁証法の機能を果たすわけだ。

ただしアドルノの論考は、あらゆる細部に至るまで、常に弁証法的に構想される。どこまでも逆説に逆説が続くのである。確かに室内楽には競争原理が刻印されている。「室内楽を演奏する人々の行動が一つの試合とか対話に比較されてきたのは理由のないことではない。総譜の中にはそのような配慮がなされていて、動機とか主題を組み合わせる操作、声部の受け渡しと交替出現など室内楽の構造の力学全体には何か競争的なものが見られる」[43]。だが室内楽における競争は、例えばヴィルトゥオーソ協奏曲と違って、野放図に許容されるわけではない。「室内楽の正しい演奏の第一歩は誇示することではなく、身を退くことを習うことにある。室内楽的全体とは個々の声部が騒がしく自己主張するのではなく——そんな事態が起きたら手のつけられない混乱が起こるばかりだ——、控え目な自制によって成立しているのだ[44]」。

とりわけ注目されるのは、右の引用に続く文章である。室内楽の「控え目な自制」の中にアドルノは、それこそ彼がモーツァルトやゲーテについて賞賛したのと同じ、ある種の封建的要素の名残りを見出すのである。

ブルジョワ芸術の偉大な作品は進歩発展の犠牲にされた封建的諸要素を今いちど呼び起こし、機能を変えて利用することにより自己の属する社会の超越に成功したが、室内楽は思いやり《クルトワジー》、つまり頑固な主張をこととする市民に対する教化手段を重要視している。先に述べた音楽の精神化に際しても、この思いやりという社会的特性はウェーベルンの沈黙の身振りまでも含めて、それに協力しており、この精神化の演じられる、恐らく唯一の舞台こそ室内楽なのであった。[……]彼ら[=室内楽奏者]の実地経験をつきつめると沈黙、つまり音楽の黙読への移行が生じ、これこそすべて音楽の精神化が到達する最奥の消尽点なのである。室内楽の行動形態にいちばん似ているのは過去のイギリスのスポーツに見られたフェアプレイであり、その競争の精神化、競争の想像力への転置は、競争が攻撃的憎悪的性格を治療された状態、つまり遊戯としての労働を先取りしているのである[45]。

アドルノによれば室内楽が演奏されたかつての小ホールは、「音楽と社会とが休戦状態にある場所」であった[46]。

ツェルリーナの姿に彼が認めた「封建社会の圧制に損なわれることもなく市民社会の野蛮からも守られている人間性」が、室内楽においても輝くのだ。

室内楽の中にこそアドルノは、マス化の暴力から逃れた、真に社会的な人間関係の萌芽を見る。いみじくもナチスが政権をとった一九三三年に書かれた、「連弾で、もう一度」という美しいエッセイがある。交響曲の歴史についての著作においてパウル・ベッカーは、ベートーヴェンからマーラーに至る交響曲を、フランス革命に始まり第一次世界大戦で終わる「市民の時代」の音楽と定義していた。恐らくそれを下敷きにしているのであろう。このエッセイにおけるアドルノは、「市民の時代の音楽の特徴は交響曲を連弾としても楽しめる点にある」というテーゼを展開している。

まだレコードなどなかった時代にあって、新作の交響曲は常に連弾にアレンジして出版されるのが常だった。人々は交響曲であっても、自ら連弾して楽しんだ。アドルノは自分の幼少時代を次のように振り返っている。

我々がクラシックと呼び習わしているあの音楽を、私は子供のころに連弾で初めて知った。交響曲や室内楽のレパートリーのほとんどは、製本屋によってすべて緑の表紙で綴じられた大きな横長のフォーマットでもって、家庭生活の中に組み入れられていた。それらは捲るために作られているように見えた。そして私は、楽譜の読み方を知るよりずっと前から、記憶と耳だけを頼りに、それを捲ることを許されていた。［……］例えばモーツァルトのト短調交響曲のような多くの作品は、当時の私の心に非常に強く刻み込まれていて、今なお、連弾の第二奏者の危なっかしげなタッチほどに冒頭の八分音符を完璧に再現してくれる、どんなオーケストラも想像できない気がするほどだ。他のどんな音楽にもまして、この音楽は家庭にぴったり合っていた。それは家具としてのピアノで演奏され、そして止まったりミスタッチをしたりすることも厭わず、これらの曲を悩ませていた人々は、家族の一員だった。連弾は私に、市民の時代の一九世紀の天才たちを、始まりつつある二〇世紀の揺り籠への贈り物として与えてくれた。連弾音楽――それは、音楽自体が孤独と秘密の作業を命じるようになるより前、人々が音楽と付き合い、それとともに生活することがまだ可能だった時代のものである。(47)

バロック時代にはまだ、管弦楽曲を連弾に翻案するという習慣はなかった。そしてリヒャルト・シュトラウスやドビュッシーといった世紀転換期以後のオーケストラ曲はあまりにも複雑になりすぎて、もはや連弾にリダクションすることはできない。「ポスト・ブラームス時代の近代《モデルネ》もまた、既に技術上の難しさから、そして何よりもそれらにおける音色の自己目的化のゆえに、連弾とは縁がない」。つまり「連弾レパートリーに開放されている、あるいは開放されていたのは、かなり狭い意味での交響的音楽、要するに市民の時代の音楽なのである。(48)

アドルノがある希望を垣間見るのは、まさにこの「交響的音楽」、「交響曲の連弾へのリダクション可能性」においてである。

交響的音楽のルーツは、本来市民的な音楽のお稽古にある。交響曲が持つ共同体を形成する力についてのベッカーの理論が正しいとすれば、この共同体とはいずれにせよ、一人一人の個人から成るそれのことでもあるのだ。交響曲という大規模な全体の中で、あらゆる個人が自分自身の存在の保証を再発見するということ――このことが彼に証明されるのは、その本質を何ら損なわずに交響曲を、お気に入りの古典派の絵を掛けておくのと同じ感覚で、家庭／家の中に迎えることにおいて、なのである。(49)

連弾に翻案可能である限り、交響曲の中には常に潜在的な可能性として、ある親密さが含まれている。居間の会話の調子がまだ消えずに残っていて、人々はマスの中で画一化されることなく、集団の中でなお一個人でいることができるのだ。

このことはしかし、別の言い方をするなら、連弾とは決して個人の内面性への逃避ではなく、そこには交響曲が象徴する社会の萌芽があるということにもなる。二人で一つの音楽を分け合う。既にそれは小さな社会である。

「人々はそれを完全に私的に弾いたわけではない。お気に入りのグリークの《抒情小曲集》で慣れっこになっているように、テンポや強弱を気分の赴くままに揺らすといったことは、してはならなかった。『落ちる』、つまり連弾のパートナーと揃わなくなってしまわないためには、作品のテクストと指示を守らねばならないのである」[50]。ロマンチックな独奏ピアノ曲（例えばグリークの《抒情小曲集》）を弾いて、うっとり夢想に耽るようなことは、連弾ではしてはならないし、そもそも不可能である。相手を慮りながら、一緒に一つのものを作らねばならない。そこにアドルノは、連弾が持つ、一種の公共性を見る。

「居間における社会」という点でアドルノがとりわけ注目するのは、連弾に際してピアノの傍らで譜めくりをする第三者の存在である。右のエッセイは次のような印象的な一節で閉じられる。

忘れてはならないのは、力任せの大規模なオーケストラでは徒に大音量になるばかりの多くの作品が、この慎ましい思い出の身振り［連弾の身振り］に対してだけ、自らを打ち明けてくれるということであろう。この身振りは、人間的な人間として共同体生活に参与するという秘密を、作品と分かち合うのである。一人の聴衆も望む必要がなく、どんな聴衆も恐れる必要がない孤独な人々が、折に触れて連弾でもってこの試みをしたとしても、彼らの損になることは何もないはずだ。最後には、彼らの譜めくりをしてくれる子供も見つかるだろう。[51]

そして『音楽社会学序説』においても再び、この譜めくりのモチーフが取り上げられる。アドルノによれば室内楽の実質は「かび臭くひとりよがりな『内面性』という語」ではなく、むしろ「市民の住居」である[52]。そこには弾く人もいれば、聴きながら見守り、譜めくりという慎ましい形で音楽に参加する人もいる。

そこでは室内楽自体の内部と同様で、演奏者と聴衆者の間に何の差別も予定されていない。例えばピアノのパートの諳めくりをつとめる人は音楽の進行を正確に追っているわけだが、このように見かけは重要性をもたないように思えるが一九世紀および二〇世紀初期の家庭の室内楽演奏に欠くことのできなかった人は室内楽における社会の似姿であり、古いスタイルの市民家庭もこれらの人々と同じように自ら望んでもう一度「世間」の役目を果たそうとした。

右に引用した、室内楽における「思いやりの精神」についての一節で、「この思いやりという社会的特性はヴェーベルンの沈黙の身振りまでも含めて、それに協力しており、この精神化の演じられる、恐らく唯一の舞台こそ室内楽なのであった」とアドルノは書いていた。真に人間的な音楽共同体を作ろうとするなら、まずは公的生活から切り離された小さな集団から始めるしかない。しかし二〇世紀にあって、かつてのアマチュアによる真摯な室内楽の伝統は、受動的なレコード鑑賞の気晴らしへと解体してしまった。であるならば、室内楽的なものはアンダーグラウンドへ潜行し、シェーンベルク・サークルに代表されるようなアヴァンギャルドへと先鋭化せざるをえない——アドルノはこう考えていたのかもしれない。

注

（1）演奏会制度がいちはやく整備されたのはイギリスで、早くも一六七二年にはバニスターというヴァイオリン奏者が、一般聴衆を対象にした演奏会を自宅で開いている。フランスでも一七二五年から、コンセール・スピリチュエルという演奏会が定期的に開かれるようになった。

（2）Th. W. Adorno, *Impromptus*, Frankfurt am Main, Suhrkamp, 1968, S. 84.

（3）ベートーヴェンについても彼は大部の著作を構想しており、そのためのメモにはベッカーのベートーヴェン論についての批判が随所に書き記されているが、結局それは完成されることはなかった。これらは、アドルノのその他のベートーヴェン・エッセイとともに、『ベートーヴェン　音楽の哲学』大久保健治訳、作品社、一九九七年に収められている。

（4）Paul Bekker, *Das deutsche Musikleben*, Berlin, Schuster, 1916, S. 17–18.
（5）Ebd., S. 40.
（6）Ebd., S. 41.
（7）Ebd., S. 102–103.
（8）Ebd., S. 41.
（9）Ebd., S. 56.
（10）Ebd., S. 137.
（11）Ebd., S. 138.
（12）前掲『ベートーヴェン』一八四頁。
（13）『楽興の時』三光長治／川村二郎訳、白水社、一九七九年、二一頁。
（14）前掲『ベートーヴェン』六三頁。
（15）前掲『楽興の時』一五頁。
（16）前掲『ベートーヴェン』一八頁。
（17）同書、二五頁。
（18）同書、二〇頁。
（19）同書、二五頁。
（20）同書、六九頁。
（21）同書、一一九頁。
（22）同書、一二〇頁。
（23）『マーラー　音楽観相学』龍村あや子訳、法政大学出版局、一九九九年、八六頁。
（24）同書、二一四—二一五頁。
（25）前掲『ベートーヴェン』五〇頁。
（26）同書、一二三頁。
（27）同書、一六頁。
（28）同書、七二頁。
（29）『ミニマ・モラリア』三光長治訳、法政大学出版局、一九七九年、三六—三七頁。
（30）前掲『ベートーヴェン』九六頁。

(31) これに続いてアドルノは、「ベートーヴェンが自由という点から伝統的形式を再構成することに最初に踏み切った作品」として、ピアノ・ソナタ『テンペスト』や『エロイカ』を挙げている。いずれも第一楽章における極めて自由な再現部の処理で知られる作品であるから、「自由から再構成された伝統的な形式」とは、既成の形式カテゴリーを一度解体した上で、まったく新しい手法によって組み立てなおすことを意味するのかもしれない。こうした例はハイドンやモーツァルトにはまだない。

(32) 前掲『楽興の時』四七頁。

(33) 同書、四八頁。

(34) 同書、四七頁。

(35) 前掲『ベートーヴェン』五一頁。

(36) 同書、四頁。

(37)『音楽社会学序説』渡辺健／高辻知義訳、音楽之友社、一九七〇年、一六四頁。

(38) 同書、一四九頁。

(39) 同書、一六一頁。

(40) 同書、一四九頁。

(41) 同書、一五〇頁。

(42) 同書、一五一頁。

(43) 同書、一四九頁。

(44) 同書、一五一頁。

(45) 同書、一五二頁。

(46) 同書、一五八頁。

(47) Vierhändig, noch einmal, in：*Gesammelte Schriften* 17, Frankfurt am Main, Suhrkamp, 1982, S. 303.

(48) Ebd., S. 304.

(49) Ebd.

(50) Ebd.

(51) Ebd., S. 306.

(52) 前掲『音楽社会学序説』一五五頁。

第15章　快楽と幸福のアンチノミー
――ラカンの「カントとサド」をめぐって――

立木康介

はじめに

「啓蒙（les Lumières）」ということばを、ジャック・ラカン（一九〇一―一九八一）は自らの学説について用いることをためらわなかった。ミシェル・フーコーの『言葉と物』と同じく一九六六年に刊行された主著『エクリ』の裏表紙に彼が記した文言は、よく知られている。曰く――

この論集をひと通り読んでみてはじめて、そこで繰り広げられているのがたったひとつの議論であるとわかるだろう。それはいつも同じ議論であり、さすがに時代がかって見えるにせよ、啓蒙の議論であると認められるのである。

ラカン自身が「無意識は純粋に論理的なものに、いいかえればシニフィアンに、属している」と要約してもいるその「たったひとつの同じ議論」は、言語の構造によって一次的に決定された主体を精神分析経験の担い手として位置づけるという点で、たしかに、「自我」や「自己」といった心理学的基体の社会的適応や自己実現をめざす当時のアングロ＝サクソン圏の精神分析的潮流にたいする、そしてまた、ラカンを排除することで結局のところ精神分析の可能性をそのような心理学的経験へと矮小化することに加担してしまう同時代のフランス精神分析にたいする、啓蒙の光となりえただろう。「国際精神分析協会」から「破門」されるという辛酸をなめてからほどなくこの大著『エクリ』の出版に踏み切ったラカンには、じっさい、そのような自負があったにちがいない。

ところで、そのラカンにおいて、「啓蒙」という語が、一般にはルソーやヴォルテールの名に、あるいはカントやゲーテの名に、結びつけて語られることの多いひとつの思想的潮流（と見えるもの）を指示することはほとんどない、ということは意外に知られていない。ラカンの全業績を通じて、les Lumières という表現がいわゆる「啓蒙思想」の意味で用いられている箇所は、ほんの一握りの数しかない。しかも、それらの箇所において、啓蒙への言及はどちらかといえば二次的な意義しかもたないか、もしくはほとんど付随的になされているにすぎない――たとえば、一八世紀の啓蒙主義は宗教を「騙り（imposture）」と位置づけ批判したが、それはあまりに単細胞的な批判のしかたであり、それにたいして精神分析ならもう少し手の込んだやりかたで信（信仰：croyance）というものについて論じることができるだろう[1]、とか、啓蒙主義はいかなる権力（pouvoir）にもおもねらない知（savoir）を言表することをめざしていたが、その担い手たちがある種の「主」たちの下僕へと身をやつしてしまっていたために、この知はせいぜいかの革命に行き着いて、周知のようにそれ以前のいかなる主よりもはるかに獰猛な新種の主たちを生み出すのが関の山だった[2]、というように……。

もちろん、これらの指摘のひとつひとつには、それなりに浅からぬ示唆が含まれていることは疑いを容れない。だが、いわゆる「啓蒙主義」が、いや、より正確には、「啓蒙主義」というラベルを多様な思想家たちの上に貼りつけることが、ラカンの関心の埒外にあったこともまたたしかである。もしそのような一般化を――ルソーやディドロの、あるいはカントの、それぞれの特異性を犠牲にして――許容してしまえば、そこから取り出される思想なり原理なりは、とりわけその帰結と考えられるものに目を向けるならば、ラカンにとってそれほど（少なくともラカン自身の「書いたもの《エクリ》」ほど）「啓蒙的」には見えなかったにちがいない。じじつ、追って見るように、啓蒙の思想家たち一般を彼のいう「快人間（homme du plaisir）」の群れと同一視するとき、ラカンがこれらの人々の系譜を書き込むのはアリストテレスにまで遡る「快楽主義《ヘドニズム》」（ただしひとつの倫理思想としての）の伝統のなかへであり、私たちはこのラカンの身ぶりをこう翻訳することができる。すなわち、ラカンにとって、いわゆる啓蒙主義は主体の欲望のモードにいかなる変更ももたらさなかったのである、と。

　にもかかわらず、まさにこの「欲望のモード」の問いをめぐって、啓蒙の時代を代表する二人の著述家がラカンにおいて特権的な位置を占めていることを、私たちは忘れてはならない。いうまでもなく、カントとサドである。Ｅ・ルディネスコも指摘するとおり、(3) その草稿がホルクハイマーの手になるとされる『啓蒙の弁証法』の第二補論をおそらく読んでいたにちがいないラカンにとって、この組み合わせはしかし、未成年状態から脱した自律的な理性が招来しうる世界をサドが描き出したとするホルクハイマー／アドルノの視点(4)とはいささか水準を異にする文脈に措かれている（ラカンにおいて、カントによる「啓蒙」の定義は、私たちの知るかぎり一度も想起されない(5)）。その文脈を私たちが西洋倫理思想と名づけなければならないとしても、それはけっして偶然ではない。ラカンにおいて、倫理とはなによりも上述の「欲望のモード」にかかわる。なぜなら、それにたいする主体の関係がまさに倫理によって問われるところのもの、すなわち「法」は、ほかならぬ「欲望」と分かちがたく――ラカンが示すとおり、最終的には両者をはっきりと同一視しなければならぬほどに(6)――結びついているからである。

　私たちは以下に、この文脈を、すなわち、カントとサドという一対の名がラカンよって刻み込まれる思想史的水脈を、俯瞰してみたい。主に二つのテクストを取り上げよう。まず、まさにこの一対の名を主題化し、タイトルにおいてあからさまに結び合わせた一九六二年の論考「カントとサド」（より正確には、「サドと共なるカント（Kant avec Sade）」）。しかしこのテクストは、その三年前のセミネール『精神分析の倫理』（一九五九―六〇年）のなかで示された思想史的展望を――多くの場合そのまま――取り上げ直している。追って検討される〈物〉の概念を根底に据えて圧倒的に独創的な一大文化・思想史を展開しているとも見えるこの『精神分析の倫理』において、カントおよびサドは、古代ギリシャ以来の快楽主義的《ヘドニズム》伝統に楔を打ち込み、そこからの断絶を試みた主体として明確に位置づけられた。ラカンによって狭い意味での「啓蒙思想」へと送り返されなかったとはいえ、私たちがふつう「啓蒙の時代」と考える西洋史の一時代から明確に汲み出されてくるカントとサドの功績を、この伝統との関係で捉え直すこと、またその逆を試みることによって、私たちは「啓蒙」と呼ばれる思想的潮流がそこへと接続されうるより深層の海流を垣間見ることができるにちがいない。

1　快と享楽——もしくは法と〈物〉

「カントとサド」は、まさにひとつの「思想史的命題」と呼ぶべきテーゼを冒頭からはっきりと提示している。

フロイトが彼の快原理を、伝統的な倫理学におけるその機能からそれを区別するものを標しづけておこうと腐心する必要さえ感じず、また、二千年にわたる紛れもない偏見の影響で、彼のしていることは、性善説的な数々の神話のうちに書き込まれた心理学でもって、被造物をその善へとあらかじめ方向づける魅力を人々に思い出させることだ、と誤解される危険をもはや冒すこともなく、言表することができたとすれば、われわれはその功を、「悪のなかの幸福」というテーマが一九世紀を通じて人々の気を惹くほどに高まってきたことに帰することしかできない。(7)

いいかえれば、「悪のなかの幸福」という一九世紀的テーマ（だれがボードレールの名を思い起こさずにいられよう）は、快と幸福（善）の自然な相即というプラトン／アリストテレス以来の哲学的「偏見」を転覆させ、その転覆がフロイトの「快原理」の到来を可能にした。そして、その転覆の第一歩を踏み出したのはサドであり、その転覆へと舵を切ったのはカントである、とラカンは続けている。

だが、ラカンがここでわざわざ「フロイトの」と強調している快原理とは、そもそもなんだろうか。それは、フロイトにおけるフェヒナーへの参照がしばしばわれわれに想像させるような、たんなる「ホメオスタシス」の原理ではない。それはむしろ、逆説的にも、それ自身が本来めざすべきものをむしろ遠ざける原理であるといわねばならない。この点を理解するために、私たちはまず、快原理と現実原理の弁証法的関係をめぐるフロイトのメタ心理学的叙述へと遡り、それを検討し直してみる必要がある。

『夢判断』（一九〇〇）をはじめとするいくつかのテクストでフロイトが行っている説明によれば、快原理とは、ひとつの「装置」として把握される「心」（すなわち「心的装置」）を支配する根源的な法則である。それは心的装置のなかを流動する刺激（緊張）の量を最小限に保つという目的性に奉仕している。というのも、そこでは、緊張の高まりが不快として、またその減少が快（満足）として、経験されるからである。それゆえ心的装置は、本来的に、⑴快（を与える対象）を自分のうちに取り込み、不快（をもたらすもの）を自分の外に排除する傾向をもつが、それと同時に、⑵ひとつの満足経験が記号（表象）によっていったん登録されてしまうと、その満足経験に先立つ不快と同様の不快が再び現れたときには、登録された快表象（かつての満足の記憶）を幻覚することで同じ満足を再現しようとするだろう。私たちにとって決定的に重要な意味をもつこの二つ目の点を、私たちはこれ以後「幻覚的満足の仮説」と呼ぶことにしよう。

だが、フロイトの説明には続きがある。記憶された快表象を再現するだけでは、一時的な満足は得られるかもしれないが、不快（刺激もしくは興奮）はけっして解消されない。そればかりか、そのような状態はやがて不快のいっそうの増大をもたらすだろうし、たとえば空腹の場合を想定してみれば分かるとおり、主体（当の心的装置の持ち主）の生存を脅かすような危機を招くおそれもある。そのため、心的装置にはより高次の組織化が、すなわち、幻覚による満足よりも安定した方法で不快の解消をめざす機構が、不可欠となる。快表象の幻覚的再現による満足は、いわば空虚な満足である。それゆえ、心的装置の内部にこの表象が現前していても、主体は不快の放出を一旦停止し（すなわち不快に一時的に耐えることを覚え）、内部に現前している表象に対応する対象（論理実証主義的なタームを用いるなら、この表象の「指示対象」）が外部にも、いいかえれば「現実」のなかにも、現前しているかどうか確かめなければならない（このプロセスがフロイトのいう「現実検討」である）。もしこの対象の現前が現実のなかにも確認されれば、主体は不快を放出し、真の満足を得ることができるが、逆に、この対象が現実に存在していないならば、それを現実に呼び戻す道すじを思考のなかで組み立てなければならない。この機構を、より正確には、それを司る法則を、フロイトは「現実原理」と名づけた。これは明らかに「快原理」とは別の、「快原理」を修正もしくは矯正する原理であるが、しかし同時に、快原理のもとでは不安定なかたちでしか得られない満足を、一定の遠回りを行うことによって、より安定的に確保するための原理でもある。現実原理は、だから、快原理の修正版であるとともに、その迂回路でもあるといえる。

しかしラカンは、フロイトのテクストの表面をなぞっただけのこのような一般的な理解に甘んじてはいない。上述の「幻覚的満足の仮説」に戻ろう。この仮説の意義を、私たちはいくら深く掘り下げても掘り下げすぎることはない。重要なのは次の点である。たとえ永続的にではないにせよ、「幻覚的満足」なるものが主体に許されているのだとすれば、すなわち、現実の満足が幻覚によって代理されることが可能であるとすれば、元の根源的な満足経験はどうなるだろうか。この根源的な満足経験は、いったん記号（記憶）として内部に登録されてしまえば、もはや心的装置にとって本質的に用のないものとならざるをえない。なぜなら、この登録によって、これ以後は同じ経験の幻覚的な追体験が可能になるのだから。難解さをもって名高い一九二五年の論文「否定」において、フロイトが驚くべき簡潔さで以下のように述べているのは、まさにそうした意味に解さねばならない。

［主観的なものと客観的なものとの］対立は、思考がいったん知覚されたものを再生産によって表象のなかに再び現前させる能力をもつということによって打ち建てられるのだが、そのさい対象はもはや外部に存在している必要はないのである。(8)

ここから取り出される論理的な帰結はきわめてラディカルなものになる。すなわち、この「幻覚的満足」の段階のあと、フロイトが物語るようにあらためて「現実の」満足の獲得へと向かう心的体制（現実原理に依拠する体制）が組織されるとしても、そうして得られる「現実の」満足はあくまで表象された満足のコピー（いわばコピーのコピー）ではあっても、もはや根源的な満足経験（オリジナル）と同じものではない、ということになる。つまり、いったん快原理の支配が確立したあとでは、原初的な満足においてそうであったと想定される外部と内部の関係がいわば逆転して、現実こそが表象のコピーとなるのである。フロイトは、根源的な満足（快）の再現をめざす傾向を「願望（Wunsch）」と名づけ、ラカンはそれを「欲望（désir）」と翻訳した。とすれば、私たちはこう述べることさえできる。私たちの現実とは欲望の関数にすぎない、と。私たちは、ようするに、「現実」を自分の見たいように見ているのである。

ラカンにおいて、フロイトの仮説にたいするこのようなアプローチは一貫している。たとえば北米の精神分析において重視される「適応」の概念をラカンが徹底して批判するのは、その背後で前提とされている「一義的に捉えられる現実」というような見方を受け入れることを拒否するからである。ラカンにとって、そのような見方はたんなる「イデアリズム」にすぎない（この逆説にこめられた痛烈な皮肉こそが、一九五〇年代のアメリカ精神分析にたいするラカンのシニカルな批判を要約しているといっても過言ではない）。曰く――

イデアリズムとは、現実というものの尺度を示すのはわれわれであって、それ以上遠くを探す必要はない、ということである。これは慰みの立場である。フロイトの立場は、およそものの分かった人のそれと同じく、

もっと別のものである。(9)

だが、私たちはここから、本章での私たちの議論にじかにかかわってくる点を明確に取り出しておかねばならない。

幻覚的満足の仮説をラカンのターミノロジーによってあらためて定式化し直すなら、私たちはこういってよい。根源的な満足の経験は、シニフィアンに取って代わられることで失われる、と。だがラカンは、この「失われた現実」を、カントのノウーメノンにも通じるたんなる仮想的「外部」として片づけてしまうわけではない。シニフィアンの領域にとって根源的な外部を構成するこの不可能な現実は、そのトポスをこの領域の中心にもつ、とラカンはいう。すなわち、シニフィアンの領域はその中心にひとつの穴、ひとつの「空」を穿たれているのである。そしてラカンは——フロイトとハイデガーのいくつかのテクストを参照しつつ——この不可能な現実を、また同時に、それが占める空虚な領域を、〈物（das Ding / la Chose）〉と呼んだ。それは、およそ私たちのいかなる「経験」もシニフィアンを媒介としてなされねばならぬという根源的な条件によって、決定的に、私たちにとってはじめから接近不能もしくは到達不能とならざるをえない現実であるといってよい。ラカンにおいて、この〈物〉の概念は少なくとも次の三つの議論に直結しており、そのすべてを私たちはここで是非ともおさえておかねばならない。

(1)〈物〉とはシニフィアンの現前によって根源的に失われる現実である。このことは、快原理と現実原理の弁証法的関係に、フロイトの表面的な説明においては十分に強調されているとはいえないある重要な潜在的意味をうえ直す。現実原理はなぜ介入しなければならないのか。それは、快原理の専制のもとでは真の満足が得られないばかりか、生命を維持できないからだ、とフロイトは説明する。だが、現実原理は本来、快原理（これはラカンが指摘するようにシニフィアンのシステムである）にとって到達不能となるこの根源的現実、すなわち〈物〉を、取り戻すという役目を負わされていると考えなければならない。そうでなければ、私たちが現実原理のもとで出会う「現実」とは、すでに述べたように、たんなる「コピーのコピー」にすぎないということになる。フロイトの仮説から導き出されるこの認識は、しかし、精神分析の結語ではない。なぜなら、もし現実が幻覚（これは抑圧を受けて「幻想」となる）のコピーにすぎないのだとすれば、人生は結局のところ一編の果てしない夢へと還元されてしまうからである。ラカンが指摘するように、これもまたひとつの「イデアリズム」にすぎない。[10]ラカンが教えるのは、それとは異なる道を選び取ること、しかも、その対極をなすもうひとつのイデアリズム、すなわち上述の逆説的な意味でのイデアリズムにも陥ることなくそうすること、である。いいかえれば、私たちに求められるのは、根源的に失われた〈物〉をそれでもなお取り戻そうとする傾向のうちに、現実原理の、ひいては欲望そのものの、根拠を見いだすことにほかならない。

(2)『精神分析の倫理』において、ラカンはこの〈物〉の領域を「現実界（現実的なもの：le réel）」と名づけている。これによって、ラカンの悪名高い「現実界」は、真にラカン的な概念、すなわち「象徴界の不可能」としての現実界になった。というのも、それまでのラカン理論において、想像界・象徴界・現実界の三領域のうち、一九四〇年代に主題化された想像界、一九五〇年代に中心化された象徴界の傍らで、現実界については十分な概念構築がなされておらず、それはたんなる「原初的な象徴化の外部」として位置づけられる一方、ドイツ語のwirklichに引きつけられ、「なんであるか正確には把握できないが、しかしなにかが起こっていると知覚もしくは認識されるなにごとか」（の領域）とみなされていたのだから。つとに指摘されているとおり、『精神分析の倫理』は、「現実界」の概念化における重大なターニングポイントになったのである。もちろん、これは理由のないことではない。追って見るとおり、ラカンにとって、倫理への問いはほかならぬ現実界への問いとなる。だが、いまいちど確認しておかねばならないのは、このような意味での「現実界（現実的なもの）」、すなわち〈物〉の領域は、通常の意味での「現実（実在性：réalité）」、つまり私たちが上で「コピーのコピー」と呼んだ「現実」と、同一の平面上にはない、ということである。にもかかわらず、両者は互いに無関係だというわけでもない。なぜなら、根源的に不可能な現実としての〈物〉の喪失を条件として、本来はその再現（幻覚によらぬそれ）をめざしながら、しかしそれを永遠に逃し続けるという二重の機能をもつ現実原理が、いわば両者の実現不能な結び目としての役割を果たすからである。少なくとも、フロイトの現実原理のラディカルな二重性をそう捉えるようにと、ラカンは私たちに教えている。

(3)シニフィアンの現前によって根源的に失われる現実としての〈物〉は、主体にとって接近不能な領域を構成する。ラカンが私たちに示唆するところでは、現実界のこの構造的な接近不能性は、法によるその禁止に先立つ。逆にいえば、禁止の掟は、根源的な現実の接近不能性のゆえに、いわば要請されるのである。ラカンにとって、およそ「法」なるものの起源、それゆえ端的に近親姦の禁止の起源は、この構造的な不可能性のうちにある。ここからラカンが引き出してくるのは、快（plaisir）との対立において、したがって快原理の彼岸として、措定される「享楽（jouissance）」の概念である。私たちはまず、この「享楽」を以下のような諸相において捉えておかねばならない。

①根源的に接近不能な対象へとあえて接近を試みることは、快原理に支配された主体にとって、快ではなく不快として、いや端的に苦痛として、経験されるだろう。にもかかわらず、欲望の根底に存在している上述のような逆説が、主体がまどろんでいる快原理の地平に〈物〉の次元を浮かび上がらせずにはおかない。〈物〉はだから、快を越えた「享楽」の領域を構成し、接近不能であると同時に苦痛のなかで享受しうるかもしれない対象として、主体の欲望のなかに反響を与え続ける。

②「法」（禁止の掟）の本質的な機能は、この享楽にたいする主体の関係を支えることである。すでに述べたとおり、〈物〉の根源的な接近不能性は、少なくとも論理的に、法（禁止）の介入に先立つ。とすれば、法はなにに仕えるのだろうか。ラカンによれば、法はなによりもまず、主体を〈物〉の次元から遠ざけるという使命をもつ。近親姦の禁止は、この法の機能のパラダイムにほかならない。だが同時に、法による禁止は、反対に、この禁止を

犯せば禁じられた対象に接近できるのではないかという錯覚をもたらす。シニフィアンの構造（ラカンにおいて、これはすなわち快原理の支配を意味する）に依拠せざるをえない私たちの「欲望」は、法のこの二重の機能によって支えられているのである。ただし、この二重の機能は、法のいわば一次的な機能、一次的な側面にすぎない。追って見るように、ラカンがこの側面との弁証法的な関係に措くのが、カントにおいてもっとも先鋭化された形式をとることになるあの「道徳法則」である。

③いま「法」について述べられたことは、そのまま「快原理」にもあてはまる。ラカンにおいて、快原理とはなによりも主体を享楽から遠ざける法にほかならない。ラカンは、この「享楽」を「幸福」といいかえることで、『文化のなかの居心地悪さ』においてフロイトが吐露している印象、すなわち「人間を「幸福」たらしめようという意図は「創造」の計画に含まれていないようだ[11]」という印象が、けっしてフロイトの直観ではなく、「快原理」をめぐる彼の一貫した思考の産物であるということを明らかにしたといってよい。「快原理のプログラムは世界全体と一致しておらず、マクロコスモスともミクロコスモスとも齟齬を来している[12]」という事態は、まさに快原理が私たちを享楽から遠ざけるように機能することに由来するのである。それゆえ、いまやこう述べることができる。私たちは快原理のゆえに幸福になれないのだ、と。このように見てくれば、はじめに引用された「カントとサド」の一節のなかで、ラカンがなぜ「フロイトの快原理」を「伝統的な倫理学」から決定的に隔たったものとして位置づけているのかは明らかである。アリストテレスに代表されるこの「倫理学」の系譜は、「快は善（幸福）へ導く」と私たちに教える。フロイトの「快原理」の概念が、「快＝善」というこのヘドニズムの逆をいくことはいうまでもない。快原理の概念において、フロイトは明確に「快は善（幸福）へ導かない」と私たちに告げたのである（いかなる希望にも通じない「福音」について語ることがもしも許されるとしたら、これはフロイトによってもたらされた福音であるといってよい）――ただし、ラカンによれば、カントとサドによって準備されていた道すじに沿って。

ところで、これらの議論は、道徳の起源を社会的なものとみなすか、それとも文化的なものと捉えるか、という問いへと開かれている。超自我の発生をたんに「集団的欲求」や「社会的必然性」の次元に帰する考え方にはっきりと異を唱えつつ、ラカンは道徳の起源に文化的なものが横たわっていることを強調している。この時期（一九五〇年代から六〇年代への変わり目）のラカンにとって、社会的なものが人間関係の距離の調節という想像的なモチーフにかかわるとすれば、文化的なものは主体のシニフィアンへの関係という象徴的なモチーフに結びついている。ラカンは道徳の本質的な機能を「ディスクールの法」の範域に書き込もうとするが、ここで「ディスクールの法」と呼ばれているのは、主体を享楽から隔てようとする掟（そのパラダイムが近親姦である）にほかならない。なぜなら、主体は享楽から距離をとることで、すなわち〈物〉という根源的経験から隔絶されることで、はじめてシニフィアンを連接し、その連鎖を運用することができるからである。

だが問題は、社会によって課される法を遵守することが義であるとする道徳の教えとは裏腹に、法のこの「文化的起源」が露わになったとき、主体は自らの欲望の条件（シニフィアンへの従属／享楽からの隔絶）に直面してどのような態度をとりうるのか、という点に存する。ラカンが教えるとおり、「倫理」の次元はまさにここからはじまる（ラカンが「道徳（morale）」と「倫理（éthique）」を区別するのは、このかぎりにおいてである）。

倫理がはじまるのは、自らが無意識に社会構造のうちに探し求めてきた善とはなにかという問いを、主体が立てるその瞬間であり——また同時に、彼にとって法として現れてくるものが、それによって欲望の構造そのものへと密接に結びついているところの、深い関係を発見することへと主体が導かれるその瞬間である。[13]

倫理がはじまるこの瞬間に、いったいなにが主体に到来するだろうか——「道徳法則」をおいてほかに。「道徳法則」はここで、「享楽から主体を隔てる」という法の一次的な機能を逆転させる。

私のテーゼはこうである、道徳法則は現実界そのものをめざして、〈物〉の保証でありうるところの現実界をめざして、明文化される[14]。

いいかえれば、享楽から主体を遠ざける快原理とは反対に、道徳法則は主体を享楽のほうへ赴かせるのである。道徳法則は、それゆえ「快に反して表明される[15]」。カントにおいて、またサドにおいて、実践的意志があらゆる快の感覚から自らを解き放たねばならないのはそのためである。そしてこのことは――私たちが辿ってきた文脈からの論理的な帰結として――、道徳法則は現実原理の側に立つということも意味するだろう。ただし、このような概念化は、現実原理の位置づけそのものを変更せずにはおかない。じっさい、ラカンは、快原理にたいする現実原理の関係を、上述の「修正と迂回」には還元されないようなしかたで（しかも、対象の破壊と再構築といったクライン的概念化ともはっきりと異なるしかたで）、それどころか――これは「死の欲動」の導入以来、フロイト理論のなかに少なくとも論理的に懐胎されてはいたものの、フロイト自身によっても、そしてラカン以前の誰によっても、けっして試みられることがなかった大胆な概念化である――現実原理を事実上「快原理の彼岸」へと重ね合わせる方向で、捉え直そうとしているのである。ラカンにとって、道徳法則が意識の内なる声によって告げられるのはもちろん理由のないことではない（ただし、追って見るように、この「意識の内なる声」という観念そのものは、ラカンによっていかなる意味でも支持されないのだが）。

倫理の諸原則が、それが意識に重きをなすかぎりにおいて、あるいは、それが命令としていつでも前意識から浮かび上がってこられる状態にあるかぎりにおいて、定式化されてゆく道すじは、現実原理とのあいだに密接な関係をもっている[16]。

こうして、快原理と現実原理の弁証法的関係は、ラカンにおいて、快と享楽の、善と〈物〉の、さらには、ヘドニズム的倫理とカント以後の倫理の、相克へと翻訳される。本章において私たちが主に依拠すると予告したラカンの二つのテクスト、すなわち「カントとサド」および『精神分析の倫理』を貫いているのは、この相克のロジックにほかならない。

2　ヘドニズムとその限界

以上の点を踏まえた上で、私たちはやはりラカンが「ヘドニズムの伝統」と呼んでいるものをひととおり概観しておかねばならない。ラカンにとって、そのもっとも完全なパラダイムとなるのはアリストテレスである。

ラカンはこう問いかけている――

アリストテレスにおいて、［倫理学の］問題とは善の、至高善のそれである。われわれは、なにゆえアリストテレスが快の問題に、すなわち、倫理の心的経済における快の機能の問題に、力点を置こうとするのか、推し量る必要があるだろう。[17]

快（ヘードネー）はエトス（習慣）の形成にかかわり、エトスはエートス（性格）の形成にかかわる。アリストテレスにとって、エートスは、ひとつの至高善のうちに回収されるべきエトスに適うものとして獲得されねばならない。この至高善の領域において、個別が普遍のうちに結合され、倫理（学）の次元が政治（学）のそれへと接続される。ところで、この後者の次元は、宇宙の秩序を模倣するものとならねばならない。存在者のあいだの厳格な序列が整然と維持され、それらの存在者たちの合目的的で規則的な運動が永遠に不変であるようなコスモスの秩序にかぎりなく近似する秩序を、政治（学）はこの地上に実現しなければならない。とすれば、この連鎖の出発点となる「快」は、宇宙的秩序の実現に向けたヒエラルキーの底辺を支え、その実現に仕える、もっとも根源的な要素であるということになる。「『ニコマコス倫理学』の議論の重要な一部が、快の真の機能をしかるべき場所に位置づけ直すためになされている(18)」のは、そのためであるといってよい。

このような観点に立つとき、顧慮に値するとみなされる「快」がごく狭い範囲に限定されてしまったとしても驚くには及ばない。

アリストテレスにとって、あるタイプの欲望が論じられるときには、倫理の問題は存在しない［それらの欲望は倫理学的考察の対象にならない］。［……］われわれにとって性的欲望のコーパスを構成するもののきわめて広い領域が、アリストテレスによってまさに怪物的異常の次元へと分類されてしまう――彼がこれらの欲望について用いているのは獣性ということばである。(19)

じっさい、アリストテレスはどのように語っているだろうか。『ニコマコス倫理学』を繙いてみよう。

若干のものごとが本性的に快適であり、そのなかには無条件的に然るものもあれば、なかにはまたもろもろの動物や人間の種々なるに応じて異なるものもあるといった事態に加えて、そのほかになお、そうはゆかないような、そして、身体的欠陥とか、習慣とか、劣悪な生れつきとかに基づいて快適となっているようなものごともあるわけだからして、こうした後者のそれぞれの場合について、やはり前者の場合のそれぞれに対応するごとき状態が見出だされる。そこには、すなわち、たとえば、獣類のそれにも比すべきもろもろの状態がある。孕女を裂いて胎児をむさぼり食うといわれる女人の場合、また黒海岸の所々の蛮族の間で悦ばれるという生肉食とか人肉食、饗応のための子供たちの贈答［……］などがそれにあたる。こうしたことをあえてするごとき状態は獣類にふさわしきそれというべきものであるが、一方では、疾患によるものとか、また一部には精神錯乱に基因するもの［……］もあるし、なお習慣に基づくところの病的なものもある。たとえば、毛髪をむしりとるとか、爪や、そしてさらには炭殻や土をかじること。ここにはなお男色もはいるであろう。こうしたことは、一部の人々の場合には生まれつきであることもあるが、若干のひとびと、たとえば子供のころから放恣にならされてきた人間の場合にあっては習慣に基づいている。／いま、こんなふうになった因が、もし生まれつきにあるとすれば、およそこうしたひとびとを目して抑制力のない人間とみなすひとはいないであろう。［……］それゆえ、こうした状態にあることはいずれも悪徳というものの限界外のことがらなのであって、獣性というものの場合もやはりこれと同様である。[20]

アリストテレスがここに挙げている獣性の一覧表を見れば、『性理論のための三篇』のなかでフロイトが記述している倒錯の諸形態の大半が、倫理学の、つまり欲望と法の関係を律すべき学問の、埒外におかれてしまうであろうことは想像に難くない。だが、フロイトの立場がアリストテレスの倫理学ともっとも際立った対立を見せるとラカンが考えているのは、そこではない。フロイトがこの倫理学から決定的に隔たるのは、先に見たように、快と幸福のあいだに埋めがたい断絶を見いだすことにおいてである。もちろん、人間が幸福を追求しているということについては、フロイトはアリストテレスと同じく疑わない。フロイトが否定するのは、快原理のプログラムの実現に手を貸してくれるなにかがマクロコスモスやミクロコスモスのどこかに存在している、ということである。つまり、すでに述べたことの繰り返しになるが、フロイトにとって快はいかなる意味でも私たちを幸福（享楽）へと導きはしないのである。

それゆえ、私たちにとっての課題は、「アリストテレスとフロイトのあいだのインターヴァルになにが起こったのかを調べてみる[21]」ことである。ラカンはその「インターヴァル」に、主に二つの思想史的事件を見いだす。ひとつは、いうまでもなくカントとサドによる「悪のなかの幸福」という倫理学的主題の導入だが、それと並んでラカンはもうひとつ、ベンサムによる「功利主義的転回」の重要性を強調してもいる（ただし、これが大きく取り上げられるのは『精神分析の倫理』においてであり、「カントとサド」のなかにはベンサムへの言及はない）。しかしながら、私たちはいましばらくヘドニズムの伝統の側に留まって、アリストテレスに連なる他の二、三のパラダイムを検討しておきたい。

『精神分析の倫理』において、ラカンがそもそもアリストテレスより先に検討しているのは、「欲望の自然主義的解放」を目標に掲げた一八世紀の「ある哲学（une certaine philosophie）」、すなわちサド、ミラボー、ディドロらの名がそこへと書き込まれるところの哲学である。私たちはこれらの人々を「リベルタン」と呼んでもよいだろうが、ラカン自身はむしろ「快楽人（l'homme du plaisir）」という表現を充てている。リベルティナージュとエロティスムを前面に押し出し、はっきりと挑発的な言論を繰り広げたこれらの人々の思想は、ラカンが指摘するとおり、歴史的に頓挫する。なぜなら、そこでは神にたいする挑発が、最終的には、たとえばサドにおける〈自然〉のように、神に匹敵する〈他者〉（l'Autre）を再発見することで終わってしまっているからである（ただし、サド自身はこの矛盾をおそらく自覚していた、とラカンは見ている。サドの作品においては、「快楽人が「自己の経験がたどり着く」極限を公然と告知することで、自らに反する証言を行っている」[22]のである）。

だが、ラカンにとって、この「快楽人」の思想は、近代のモラリズムの先鋭化された一形態にすぎない。モラリズムの核心は、「善の道は快楽によって引かれる」[23]という思想であって、このかぎりにおいてモラリズムは古代以来のヘドニズムの伝統に連なり、快楽人の理想を包摂する。しかし、ラカンが強調するのはそこではない。ラカンは、モラリズムの教えがいわば「二重底」になっていることを見逃さない。モラリズムが説く「快＝善」という教えは、禁欲を旨とする一般的なキリスト教道徳に逆らっているように見えるがゆえに、世間の目には大胆に映るだろう。だが問題は、この教えが、ここにいう「善」がなにに存しているのかを示さないことである。キリスト教的モラリズムなら、それは神のみぞ知ることがらであるとうそぶくこともできるかもしれない。一八世紀の快楽人にとっては、上に見たように、その知は「自然」という新たな〈他者〉に仮託されるだろう。いずれにせよ、なにが善であるのかについて、モラリズムは答えを与えてはくれない。

私たちはここで、またしても、ヘドニズム的なものからフロイトを隔てるあのコントラストの前に立たされる。フロイトは、善がなにに存するのかを言い当てることができた。フロイトにとって――私たちがラカンとともに繰りかえし述べてきたように――善（＝快）は「主体を享楽から遠ざける」ことに存するのである。「快原理はまさにわれわれを此岸に引き留めるために存在している。快原理が善を利用するということは、要約すれば、快原理は私たちの享楽から私たちを遠ざけておく、ということにほかならない[24]」。このことは経験的にも裏づけられうる。というのも、ラカンが指摘するように、「享楽のほうへと僅かでも真剣な一歩を踏み出すやいなや、快楽が弱まっていく[25]」ことは臨床的に明らかなのだから。いずれにせよ、ここでラカンが槍玉に挙げている近代の「モラリズム」は、古代以来のヘドニズム的伝統の一形態である以上、この批判はとりもなおさずヘドニズム全般への批判となる。「われわれがヘドニズムに恨みごとをいうのは、快の有益な効果を強調したことについてではなく、この善がなにに存しているかを告げなかったことについてである。そこにペテンがある[26]」。「ペテン（escroquerie）」という辛辣な語は、ラカンにとってけっして誇張ではない。快と善の相即を訴える思想のうちには、つねに欲望の真理（主体が享楽から隔てられていることが欲望の存立の条件であるということ）にたいする欺瞞がある、とラカンは考えているのである。

そのことを確認するために、いまいちど古代へと時間軸を遡り、ラカンによってヘドニズムのパラダイムとして提示されている例をもうひとつだけ検討してみることにしよう。「カントとサド」において、ラカンはこう述べている――

『実践理性批判』がきわめて型にはまったやりかたで定義したように［「分析論」第一章、第二定理］、幸福とは自己の生にたいする主体の不断の同意であるとすれば、欲望の道（voie du désir）を断念しない人にはそれが手に入らないことは明らかである。こうした断念が望まれることはありうるが、それはひとえに人間の真理を犠牲にすることによってであって、そのことはエピクロス派の人々が、それどころかストア派の人々までもが、共通の理想を前にして人々から受けた非難を見ればそれなりに明らかである。彼らのアタラクシアは彼らの知恵を取り消してしまう。人々は、彼らが欲望を鎮めたことをいささかも評価してはいない。というのも、〈法〉がそのぶん高められたとは考えられないばかりか、そのことに気づいていようといまいと、まさにそのことによって、人々は〈法〉が投げ捨てられたと感じるのだから。[27]

この濃密なパッセージを限なく評釈することは差し控えて、その大筋だけをおさえるなら、こうなるだろう。欲望と幸福（＝享楽）は両立不能であり（快原理は幸福＝享楽をつかませてはくれない）、互いにアンチノミックな関係にある。古代の賢人たちは、欲望の道（欲望の根源的条件に逆らって、享楽をめざす方向に進むこと）を断念することで、あくまで「快＝善」という水準での幸福を夢想したが、それは端的に、享楽の放棄でしかなかった。快原理の法の限界が明らかになるまさにその地点から、倫理の次元、すなわち道徳法則（＝欲望の道の掟）が重きをなす次元がはじまるのだが、彼らはこの〈法〉をうち捨ててしまった。そこに、エピクロス派・ストア派が蒙った非難の理由がある……。

興味深いことに、ラカンがここで古代の賢人たちに対峙させるのはフロイトではなく、「欲望の道」をとことんまで追求したあげく、完全な自己消滅へと行き着くことを免れなかったサドである。しかもラカンは、この点についてサドが——皮肉にも、というのも、革命後にシャラントンから解放されたサドを再び監獄に送り込んだのはロベスピエールだったのだから——サン＝ジュストの運命をなぞっていることに私たちの注意を喚起する。

その冷徹さと弁術の華麗さのゆえに「テロルの大天使」と呼ばれ、ロベスピエールの側近として旺盛に活動したのち、ロベスピエールとともに断頭台に送られたこの若き政治家にして詩人は、ラカンによれば、私たちに次のことを教えている。革命期に幸福が政治のファクターのひとつとなったという命題は正しくない。幸福はこれまでにもつねに政治的なファクターだったのであり、今後もそうであり続けるだろう。新たに登場してきたのは「欲望する自由」であり、それが新しいのは革命を吹き込んだからではなく、自らの闘争が欲望の自由のためであることを革命が欲したからである。もっとも、この自由はいかにしてもアタラクシアに通じてはいない。なぜなら、自由に欲望すること、「快＝善」を顧慮することへと向かわせるあらゆる圧力から解き放たれて欲望し続けることは、不可能な享楽への絶望的な道すじを辿りゆくことにほかならないのだから（ラカンが言う「欲望の道」とはつまるところそれである）。それゆえ、サン＝ジュストにおいてこの自由は、二七歳という若さで断頭台に送られることを受け入れる自由にしかなりえなかった。そしてサドにとっても、それは結局のところ「虚しく欲望する自由」[28]以外のなにものでもなかったのである（私たちはのちほどこの点に立ち帰るだろう[29]）。

このようにしてラカンが描き出してみせるのは、ひとつのアポリアでなくてなんだろうか。一方の道、すなわちヘドニズムの教える道を進めば、私たちは享楽から隔てられたままであるが、ヘドニズムはそのことについてなにも知らせてはくれない。他方、このヘドニズム的ペテンに欺かれずに、欲望の道を快の彼岸に向けて進んでいったとしても、その行き着く先は断頭台か、そうでなければ危険なリベルタンとしての、次いで「共和国の敵」としての、獄中生活と相場は決まっている。ペテンか、死か。なまぬるいアタラクシアか、市民社会からの排除か。いずれにせよ、「幸福」は到達不能なままであるように見える。このアポリアが、すなわち欲望と享楽の解消不能なアンチノミーが、ラカンの結語なのだろうか。おそらく、そうではない。ラカンが問うているのはこういうことである。ヘドニズム的倫理に欺かれることなく、その超克をめざしながらも、しかしサン＝ジュストやサドのように「生きられえない欲望」を生きるのではない第三の道はいかなるものでありうるのか。この問いは、ただちに次の問いによって二重化される。精神分析はその道なのだろうか。ラカンにとって、この二重の問いは、「精神分析の倫理」というほとんど未曾有の主題を取り上げる上で避けては通れないものだったにちがいない。だが、この問いにたいしてラカンが用意していたであろう回答を推測することは、別の機会に譲らねばならない。なぜなら、そのためには、『精神分析の倫理』のセミネールのあと、一九七四年に「主体は幸福である」[30]という驚くべきテーゼをラカンが平然と打ち出すに至るまでの経緯を、長々と叙述することがどうしても必要だからである。それゆえ、ここではむしろ、これまで私たちが主に準拠してきた二つのテクストの文脈から離れることなく、ヘドニズム的伝統にもたらされた転回とラカンがみなしているものの諸相を検討してゆくことにしよう。

3 カントとサド

先述したとおり、「アリストテレスとフロイトのあいだで起こった」思想史的転回について、ラカンは、カントとサドの「コンビ」とは別に、ベンサムの功績を挙げている。ラカンによれば、ベンサムは「現実的なもの」と「擬制的なもの」(fictitious ――ラカンはこれがfictiveと異なり、たんに「架空の」という意味ではないことを強調している)の区別を導入し、その上で善(=快)を「現実的なもの」の側に位置づけたという点において、フロイトがそれとは反対に快を「擬制的なもの」の側に、すなわち象徴界の次元に(ベンサムのいう「fictitious」なものは、ラカンによって「象徴界」と同一視されている)、措定することを可能ならしめたという。ラカンがいわんとしているのは、おそらく、現実的なものと擬制的なものを区別するベンサム的観点によって、アリストテレス的・ヘドニズム的な「快=善=幸福(享楽)」という等式に断絶をもちこむことがはじめて可能になったのだ、ということである。だが、そこに立ち入ることは、残念ながら別の機会に譲らねばならない。ラカンは、功利主義がヘドニズムを踏み越える契機とならんで、それがヘドニズムに再び回収されてしまう契機にも着目しているが、この両方の視点を満足のゆくところまで分析することは、私たちの関心にはいくぶん余る課題である。私たちは、それゆえ、カントとサドのみに焦点を合わせることでよしとしたい。

「カントとサド」において、ラカンは次のような手がかりから『実践理性批判』に斬り込んでゆく。

快原理とは、wohl、つまり心地よさ（bien-être）であるところの善の法である。実践において、この原理は主体を、彼の対象を決定する同一の現象連鎖に従わせる。それにたいしてカントが持ちだしてくる異義は、厳密さを旨とする彼のスタイルにしたがって、内在的なものである。いかなる現象も、快への恒常的な関係によって他を凌ぐことはありえない。そのような善のいかなる法も、それゆえ、それを実践に導入するであろう主体を意志として規定するようなものとしては、言表されえないのである。[31]

ラカンが出発点においたのは、Wohl（健康、快適）とGute（善、財）というドイツ語における二種類の「善」の区別であるが、カントのテクストにはWohlという語がそのものとしてはほとんど見あたらない。カントがときおり用いているのはむしろ「Wohlgefallen（満足、喜び）」であり、この語はほぼ快（Lust）と同じ意味を担わされている。いずれにせよ、ラカンがふまえているのは、カントにおいて快が「実質的な（material）実践原理」、すなわち「下級の欲求に対応する原理」[32]にかかわる対象とみなされているということである。このような感覚的な対象を根拠として実践される原理は、カントによれば、自愛に行き着くのみであって、いかなる意味でも道徳法則とけなりえない。これにたいして、道徳法則を満たすべき対象、すなわち「善（das Gute）」は、理性的な存在である人間主体がひとり理性のみにしたがって見いだす対象、いいかえれば、主体の内なる声が発する定言命法によって示される対象であって、それはおよそ経験に左右される対象とはまったく異なる次元に属する。道徳法則は、それゆえ、主体がなんらかの経験的対象（感覚の対象）に関心を向けることにおいて蒙る（pâtir）ことがありうるものいっさい、すなわち「パトローギッシュ」なものいっさいから、切り離されねばならない。

ラカンにとって、まさにこのことがカント的「善」を〈物〉と同一視することを可能にする。

快原理の彼岸に、その地平線上に、Gute が、すなわち das Ding が浮かび上がり、無意識の水準において、causa-noumenon についてのカント固有の問いをいまいちど立て直すことをわれわれに強いずにはおかないものを導入する。[33]

いくぶん図式的に整理するなら、ラカンは明らかに、カントにおける「Wohl」と「Gute」の対立を、フロイトにおける快と〈物〉の対立と等価とみなしている。ここには、二つの含意を汲み取らねばならない。

(1)カント的倫理はヘドニズムから、すなわち「快原理」(の支配する領域)から離脱する。この意味において、『実践理性批判』は、ラカンによって現実界にかかわるものとして定義し直された「倫理」の際立ったパラダイムとなりうる。

(2)だが、この倫理の核心はひとつの逆説、すなわち「主体は、おのれの前にもはやいかなる対象もなくなるその瞬間に、ひとつの法に出会う[34]」という逆説のかたちで現れる。カントの実践理性を真の倫理の高みに引き上げるこの逆説が示しているのは、しかし、法(主体を享楽へと駆り立てる道徳法則)と対象の両立不能性にほかならない(私たちにとって、これはもちろん上述の「快と享楽のアンチノミー」と同じものである)。この両立不能性を、カントはどう処理するのだろうか。彼が示す解決は、実践理性の対象をノウーメノンの領域に送りかえす、というものである。つまり、定言命法を発する内なる声は、実践理性のノウーメノン的原因(存在根拠)である「自由」(な主体)に由来する、と仮定するところで、カントは足を止めてしまう。そしてそこから先は、もっぱら、純粋意志の根拠(条件)としての「自由による原因性」という概念が矛盾を含まないことを証明することで満足しているようにみえる(「道徳律が自由の ratio cognoscendi であるのにたいし、自由は道徳律の ratio essendi である」というよく知られた議論がこの証明を補強している)。

ラカンがカントについて漏らしているもっとも大きな不満は、この最後の点にある。つまり、快と享楽のアンチノミーにおいて享楽の側を選択したカントが、同一のアンチノミーが対象と法の関係として立ち現れてくるのを前にして、この法に見合った対象は経験的世界には存在しないという結論を引き出してしまうことにたいして、ラカンは批判的なのである。この点について、カントの採用しなかった解決のオプション（それは、もしこういってよければ、対象はむしろ経験世界において道徳法則を主体に聞き取らせる役を担っているとみなす考え方である）を示してくれたのは、いうまでもなくサドである。

ラカンはサドの「格律」と呼びうるものをこう定式化している。

私はきみの体によって享楽する権利を有し、この権利を私は、私が堪能したいと思う気まぐれな濫用ぶりをいかなる限界によっても妨げられることなく、行使するだろう。[35]

ラカンによれば、この格律は旧約聖書の「十戒」すべての正反対をゆくことから導き出される[36]。しかし、この格律がもたらすと想定される欲望の「開門」は、いっさいの感情的要素を廃棄しないかぎり実現不可能である。

いっさいの感情的要素を道徳から削除するなら、われわれの感情のなかにあるいっさいの導きを抜きとらせるなら、極限において、サド的世界は、ひとつの根源的な倫理によって、すなわち一七八八年に書き記されたカント的倫理によって、統治される世界が成就される可能なかたちのひとつとして——たとえその裏面、カリカチュアにすぎないにしても——考えられうる。[37]

いっさいの感情的要素を道徳的実践から排除するという原理は、サド自身によって「アパティア」の理想として繰り返し唱道されている。パトローギッシュな動因の排除というカントの議論にこのアパティアを重ね合わせるなら、いま引用したラカンの言は、カント的主体の実相をサドが描き出したとするホルクハイマー／アドルノの指摘と同じく、たやすく導かれうる。だが、上述したような観点（法と対象のアンチノミーについてのカントとサドのディスクールの相違）から、ラカンは同時に、カントにおける対象（パトローギッシュな）の不在とサドにおけるその突出した現前とのあいだのコントラストを浮き彫りにしてみせる。そしてこのコントラストは、ラカンにおいて、道徳的主体の分裂のロジック（この分裂を覆い隠すと同時に露わにもする「幻想」の構造にしたがって読みとられるべきものとしての）と切り離して考えられてはいない。

カント的定言命法を聞き取らせる「内なる声」を、ラカンははじめから主体の分裂に結びつけている。曰く——

道徳〈法則〉を成り立たせる双極性［すなわち、命じる内なる声（他者）と命じられる主体のあいだの］は、シニフィアンのいかなる介入によっても作動するあの主体の縦割以外のなにものでもない。その縦割とはすなわち、言表行為の主体と言表内容の主体のあいだのそれである。／道徳〈法則〉はそれ以外の原理をもたない。[38]

ラカンにおいて、主体の分裂（縦割）は、実質的に言語（シニフィアン）の領域と同一視されうる〈他者〉（大文字の他者：l'Autre）において主体が主体として生産される、という事実からの必然的な帰結である。とすれば、「内面の声」の出所はほかならぬこの〈他者〉でなくてはならない。次のようなラカンの示唆は、まさにそうした意味に解する必要がある。

サドの格律は、〈他者〉の口から告げられるがゆえに、内なる声といったものに頼る［カント的な］やりかたより誠実である。というのも、それは主体の、通常は隠蔽されている縦割を暴いてみせるのだから。[39]

道徳法則を言表するのは、だから、道徳的主体自身の声ではなく、〈他者〉なのである。ただし問題は、道徳法則は〈他者〉に由来するという事実が、主体が「内なる声」に耳を傾けているかぎり覆い隠されてしまう、ということである。このとき、カントにおいては、いっさいのパトローギッシュな対象が排除されるという条件のもとで、もっぱら主体のノウーメノン的自由によってのみ根拠づけられる実践理性の声が内面に響くのである以上、その声の彼岸が問いに付されることはありえない（カントはこうして法と対象のアンチノミーを一挙に処理してしまう）。それにたいして、サドにおいては、次のような二段階のプロセスが露わになってくる。(1)〈他者〉の次元は隠されたまま、この〈他者〉の意志にほかならない「享楽への意志」を聞きとらせる対象を中心に主体の幻想のシナリオが編まれてゆき、そこにおいて快が醸造される。(2)この幻想の回路は、じつは享楽へのバリアを構成しており、主体が享楽に到達することを妨げる機能しかもたないが、主体自身がまさにそのことに気づいたとき、それまで隠されていた「享楽への意志」の主体たる〈他者〉の次元がその残酷な相貌とともに浮かび上がってくる。そこにおいて主体は、この「享楽する他者」の圧倒的な現前に押し潰されることを余儀なくされるだろう……。

　サドの幻想を構造化しているこの二重のプロセスを、もう少し詳しく検討してみよう。ラカンは、私たちがいま問題にしているカントとサドのもっとも際立った相違を、次のようなことばで指し記している。

カントによると道徳的経験のなかに欠けていることになっている第三の項［主体と法にたいする第三の項］が、いまや明らかになってくるだろう。その項とはすなわち対象であるが、カントは、法を全うすることにおいて意志にそれが与えられるということを示すために、この対象を物自体の思考不可能へと追いやってしまうことを余儀なくされている。この対象は、サド的経験において、その接近不能な場所から降り立ち、拷問の執行者の現存在、Dasein として、露わになっているのではないだろうか？(40)

　ラカンのターミノロジーを参照するなら、私たちはこう述べることができる。カントにおいてノウーメノンの次元へと送り返されてしまった対象は、サドの幻想において「欲望の原因対象 *a*」として現前しており、それは拷問執行者の姿で描き出されている、と。ここで「欲望の原因対象」というのは、それ自体が欲望されているわけではないにもかかわらず、主体の欲望が存続するためにこの欲望の地平に現前していなければならない対象のことである。あるいは、前述の〈他者〉の存在に焦点を合わせるなら、それは、さしあたって隠されている〈他者〉の意志

〈享楽への意志〉を主体に聞き取らせる「道具」の役目を果たす対象であるといってもよい。この「欲望の原因対象 a」が機能する本来の場所は、主体の幻想である。だが、サドにおいてそれは、彼の小説の登場人物として姿を現すと同時に、彼の実生活のなかでしばしば彼自身によって演じられてもいたことは疑いを容れない。そのとき、サドはいったい誰の享楽に仕えていたのだろうか。この対象 a のトポスをサド自身が現実世界において占めるにせよ、小説のなかでサン゠フォンその他のリベルタンたちに占めさせるにせよ、その行為の目的を構成しているはずの享楽は、いかに逆説的に見えようとも、幻想の主体であるサドの手には永久に入らない。なぜか。それは、幻想とは本来「欲望にふさわしい快をつくる」[41]ものだからである。幻想は快をもたらす、ということはすなわち――件の快と享楽の弁証法をいまいちど思いだそう――主体を享楽から隔てる。これは、いわば、およそ幻想なるものの罠である。だが、ラカンが強調するとおり、サドという主体は自らの幻想に惑わされるがままになっていたわけではない。

サドは己の幻想によって騙されはしなかった。というのも、彼の思考の厳密さはその人生のロジックへと乗り入れているからである。[42]

そしてそれが、サドの「欲望のユートピア」（果てしない責め苦の絵巻が展開される世界）を瓦解させることになる（本章では省略するが、「カントとサド」に示された二つのシェーマの一方から他方への転回こそが、このモーメントを標しづけている）。そこに私たちが見いだすのは、享楽への権利を行使する〈他者〉として主体サドをうち拉ぐ女性、すなわち、この娘婿の放蕩に業を煮やし、王命による逮捕状を取りつけてサドをヴァンセンヌに幽閉することに成功したばかりか、その後も彼の拘束が解かれることのないようあらゆる手立てを用いることを厭わなかったモントルイユ夫人の、圧倒的に破壊的な現前である。

享楽への意志は、モントルイユ夫人によって容赦なく行使された道徳的拘束のうちへと引き継がれることによって、その本性がもはや疑いえないものとなる。(43)

このことは、獄中のサドがこの義母に向けていた激烈なルサンチマンによって裏づけられもする。一七八三年九月二日、サドがモントルイユ夫人に宛ててしたためた手紙にはこうある。

> 私の胸の裡をこれ以上はっきりお聞かせできるでしょうか？　どうか後生ですから、私のおかれた状態を少しは憐れんでください！　恐ろしい状態なのです。こう申し上げることで私があなたを勝利者にしてしまうことなど百も承知です。しかしもうそんなことはかまいません。［……］あなたはご自分の力を尽くして、ひとりの人間が蒙りうる最高度の辱めと、絶望と、不幸とに私が見舞われるのをご覧になろうとしたわけですから、どうぞご享楽ください、マダム、さあどうぞ、なぜならあなたは目標を達せられたのですから。私はあえて申しますが、人生を私ほど重荷に感じている存在はこの世にひとりたりともおりません。(44)

サドのなかになにか悲劇的なものがあるとすれば、それはまさにここ、すなわち、快と享楽のアンチノミーにおいて享楽のほうを選択したにもかかわらず、けっしてその享楽に彼自身が到達することができない、という点に存する。いかに過激に自らの幻想を展開しようとも、めざされているはずの享楽を簒奪する他者（主体サドがありつくことのできない享楽に、まさに塀の外でうち興じる他者）がつねに現れるという構造は、革命後に一度は解放されたものの、やがて「共和国の敵」として一度にわたって（一七九三、一八〇一年）投獄されることになるサドに、宿命のごとくつきまとったことは想像に難くない（モントルイユ夫人の位置は、だから、のちには「フランス人民」によって引き継がれたのである）。ラカンがサドの「虚しく欲望する自由」と呼んでいるものも、結局のところこの「享楽への到達不可能性」以外のことを意味しない。そしてその最終的な帰結は、サド自身が望んだ完全な消滅、いまや伝説ともなったその存在の完全な消去にほかならなかった。

> 墓に生える茂みが、彼の運命を封印する名が石に刻まれたその痕跡までをも消し去るようにと、遺言のなかで命じた後、［サドは］自らの像がまったく信じがたいまでに、シェイクスピアよりも徹底して、なにもわれわれに残らないようなしかたで消えてゆく。[45]

このサドの運命に思いをはせるとき、私たちはあらためてこう問うことを許されるにちがいない。ヘドニズム的倫理の伝統にカントとサドを対峙させるラカンのまなざしは、そもそもいったいなにをめざしているのだろうか、と。私たちを享楽から遠ざける原理に逆らう道を選び取ったはずのカントも、サドも、それぞれ新たな限界に突きあたらざるをえなかった。ラカンが示したのは、彼らがこの限界を最終的に踏み越えることができなかった、ということにほかならない。とすれば、ラカンの主張はつまるところ「自己の欲望の極限にまで進んだ人にとっても、すべてがバラ色なわけではない[46]」というひとことに要約されてしまうのだろうか。

おそらくそうではない。ヘドニズム的な倫理が私たちの欲望をいささかも鎮めてくれないことは目に見えている。アリストテレスからエピクロスの門弟、ストアの学徒を経て、快楽人たるリベルタンに至るまで、およそヘドニズムが私たちを欲望の圧迫から解放してくれなかったのは、ラカンにしたがえば、その逆説を問いに付すことをためらい続けてきたからである。カントとサドは、この逆説を露わにするところまでは進むことができた。問題は、そこからの一歩が、つまり「快原理の彼岸」へと踏み出すはずの一歩が、いま述べたとおり、カントにおいても、またサドにおいても、袋小路にしか行き着かなかったことである。このことはしかし、ヘドニズムを超克する新たな「欲望の道」の選択肢が汲み尽くされたことをいささかも意味しない。脱ヘドニズム的倫理の構築に向けた探求は、ラカンにいわせれば、まだ若いのである。フロイトは、そして精神分析は、そこにいかなる貢献をもたらしたのだろうか。上に述べたとおり、この問いに答えることは、本章の意図するところではない。その代わりに、私たちは、本章の締めくくりとして、脱ヘドニズム的倫理への取り組みがそれじたいヘドニズム的限界に押し戻されていることを示唆してもいるかのような、ラカンの歴史認識を引用しておこう。

> カント的倫理が、誰であれものを考える人にとってそれがもちうる育成機能に私が諸君の目を向けてもらったところの、あの頭の体操以外に、あとに続くものをもたなかったのと同様に、サド的倫理もまた社会的な次元でそのあとに続くものをなにひとつもたなかった。察してもらいたい、私は、フランス人が共和国民になるために真に努力を重ねてきたのかどうかは知らない。だが、まちがいなく、地上の他の国民たちとまったく同じように、それどころか、彼らのあとにもっと果敢で、もっと野心的で、もっと過激な革命をやり遂げた国民たちとも同じように、フランス人たちもまた、十戒という、宗教的と形容してもよい基礎を、厳密になにひとつ変えることなく、ますますそのピューリタン的色合いが目立ってくる程度にまでそれを押し進めさえしたのである。(47)

私たちはおそらく、ここからまだあまり遠くへ来てはいない。

注

（1）J. Lacan, *Le Séminaire, Livre XI, Les quatre concepts fondamentaux de la psychanalyse*（1964), Paris, Seuil, 1973, p. 238.
（2）J. Lacan, *Le Séminaire*, Le savoir du psychanalyste, séance du 4 novembre 1971, inédit.
（3）E. Roudinesco, *Jacques Lacan*, Paris, Fayard, 1993, p. 407.
（4）M・ホルクハイマー／Th・W・アドルノ『啓蒙の弁証法』徳永恂訳、岩波書店、一九九〇年、一三四頁。
（5）ただし、ホルクハイマー／アドルノの議論もたんにこの視点にのみとどまっているわけではなく、彼らの論点がラカンのそれと明確に反響し合うことも少なくない。だが本章においては、残念ながら、それらの箇所に立ち入ることはできない。
（6）J. Lacan, «Subversion du sujet et dialectique du désir dans l'inconscient freudien»（1960), in *Écrits*, Paris, Seuil, 1966.

（7）J. Lacan, «Kant avec Sade»（1962）, in *Écrits*, *op. cit.*, p. 765.
（8）S. Freud, Die Verneinung（1925）, in : *Gesammelte Werke*, Bd. XIV, Frankfurt am Main, S. Fischer Verlag, S. 14.
（9）J. Lacan, *Le Séminaire*, *Livre VII*, *L'éthique de la psychanlyse*（1959–1960）, Paris, Seuil, 1986, p. 40.
（10）J. Lacan, *Le Séminaire*, *Livre XI*, *Les quatre concepts fondamentaux de la psychanalyse*, *op. cit.*, p. 53.
（11）S. Freud, *Das Unbehagen in der Kultur*（1930）, in : *G. W.* XIV, S. 434.
（12）*Id.*
（13）J. Lacan, *Le Séminaire*, *Livre VII*, *L'éthique de la psychanalyse*, *op. cit.*, p. 92.
（14）*Id.*
（15）*Ibid.*, p. 28.
（16）*Ibid.*, p. 90.
（17）*Ibid.*, p. 20.
（18）*Ibid.*, p. 36.
（19）*Ibid.*, p. 13.
（20）アリストテレス『ニコマコス倫理学（下）』高田三郎訳、岩波文庫、一九七三年、三一―三三頁。
（21）J. Lacan, *Le Séminaire*, *Livre VII*, *L'éthique de la psychanalyse*, *op. cit.*, p. 21.
（22）*Ibid.*, p. 234.
（23）*Ibid.*, p. 218.
（24）*Id.*
（25）*Id.*
（26）*Id.*
（27）J. Lacan, «Kant avec Sade», *op. cit.*, p. 785. ラカンがここで参照しているカントのテクストにはこうある――「およそ実質的な実践的原理は、がんらい実質的なものとして、すべて同一種類に属し、自愛あるいは自分の幸福という普遍的原理のもとに総括される」（I・カント『実践理性批判』波多野精一他訳、岩波文庫、一九七九年、五四頁）。
（28）*Ibid.*, p. 783.
（29）サドとサン＝ジュストをダブらせるラカンの読みは、ベルトラン・ダストールの古典的サン＝ジュスト研究（Bertrand d'Astorg, *Introduction au monde de la Terreur*, Paris, Seuil, 1945）の影響を受けている可能性がある。ダストールは、サン＝ジュストをサドおよびウィリアム・ブレイクと並べ、彼らに共通する契機、すなわち、犯罪と美徳の同一視へと彼らが進んでゆく契機を描き出して、サン＝ジュスト像を神話化した。これにたいして、最新の全集（Gallimard, Folio, 2004）の編者ミゲル・アバンスール（Miguel Abensour）は、あくまで共和国的な美徳への忠実さに踏みとどまりながら、その忠実さによってひとりの自由人がいかにして犯罪と美徳の境界を危うくするか、という問題を考察したという点で、サン＝ジュストはサドにむしろ対立し、モンテスキューに近づく、と主張する。

（30）J. Lacan, *Télévision*（1974）, in *Autres écrits*, Paris, Seuil, 2001, p. 526.

（31）J. Lacan, «Kant avec Sade», *op. cit.*, p. 766.

（32）I・カント『実践理性批判』前掲、五五頁。

（33）J. Lacan, *Le Séminaire, Livre VII, L'éthique de la psychanalyse, op. cit.*, p. 89.

（34）J. Lacan, «Kant avec Sade», *op. cit.*, p. 767.

（35）*Ibid.*, pp. 768–769.

（36）J. Lacan, *Le Séminaire, Livre VII, L'éthique de la psychanalyse, op. cit.*, p. 96.

（37）*Id.*

（38）J. Lacan, «Kant avec Sade», *op. cit.*, p 770.

（39）*Id.*

（40）*Ibid.*, p. 772.

（41）*Ibid.*, p. 773.

（42）*Ibid.*, p. 778.

（43）*Id.*

（44）D. A. F. Sade, Lettre à la Présidente de Montreuil, datée du 2 septembre 1783, citée par B. Baas, in *Le désir pur*, Louvain, Peeters, 1992.

（45）J. Lacan, «Kant avec Sade», *op. cit.*, p 779. ただし、このラカンの記述には若干の誇張がある。サドのじっさいの遺言は「墓石なき埋葬」を命じているにすぎない。

（46）J. Lacan, *Le Séminaire, Livre VII, L'éthique de la psychanalyse, op. cit.*, p. 372.

（47）*Ibid.*, pp. 96–97.

第16章　〈我々とは誰か〉あるいはフーコー最晩年の〈外の思考〉

市田良彦

1　啓蒙というパレーシア、あるいは牧人権力と〈我々〉

一九八三年一月五日、ミシェル・フーコー（一九二六―一九八四）はコレージュ・ド・フランスにおける午前と午後の二回の講義をすべて、カントの論文「啓蒙とは何か」の注解に当てている。(1)この日は八二―八三年度講義の開講日であり、彼は論文とその注解が、やがて講義録のタイトルとなる「自己と他者の統治」という年間テーマにとって、「補遺のようなものかちょっとした銘文(2)」であると述べている。いずれにしても本論ではない、ということである。俯瞰的に眺めてみれば、その点はよりはっきりする。前年から、彼は講義のほぼすべてをプラトンにはじまるギリシャ―ラテンの哲学史の検討に当て、それまでの近代的「(生)政治」への関心をまるで捨てたかのように、いわゆる「倫理への転回」――あるいは「生存の美学」への――を遂げていた。それはこの年も続き、初回を除いて、講義はすべて古典古代の文献群に捧げられている。死を迎える翌年もまた、である。最晩年のフーコーにあって、とりあえず哲学的近代主義宣言と呼んでもいい「啓蒙とは何か」を論じたこの日の講義は、どこか〝浮いた〟感が否めない。

一年を通して扱うテーマが「自己と他者の統治」だとすれば、そのテーマの考察のため対象となるテキスト群において着目される問題は、「パレーシア（*parrhêsia* あるいは *parrêsia*）」という観念である。〈ほんとうのことを言う〉を意味するこのギリシャ語（ローマ人はそれを *libertas* と訳した）が、どのような文脈でどのような働きをもって使われ、それがギリシャ時代からローマ時代にかけてどのように変化していったかをたどることが、年間を通じて実際に行われている作業である。そして実のところ、パレーシアへの着目は「主体の解釈学」と題された前年の講義に遡る。その年、二四回のうち約三回の講義で取り上げられ、概ね「自己への配慮（souci de soi）」ないし「自己への関係（rapport à soi）」つまり「自己（soi）」なるものを主題とした同年の講義にあっては傍流に位置していたと言っていい観念が、「自己と他者の統治」を主題的に論じる年に、考察全体の前面に躍り出てくるわけである。統治の手続きにおいて、〈ほんとうのことを言う〉（真理を述べなくてはいけない強制と真理を述べる可能性）が、いかに自他関係において個人を自ら主体へと構成するか[3]——このように、「自己と他者の統治」と「パレーシア」は問いとして結びあわされている。「真理の勇気」と題されて刊行された死の年の講義には、「自己と他者の統治II」というサブタイトルが付されており、実際その内容は同じこの探究の続編であった。つまり、再度俯瞰的に眺めてみれば、「自己」が「自己と他者」へと拡張され、個人の「倫理」問題が「統治」という主題を通じて再び「政治」問題化する発端に、「啓蒙とは何か」をめぐる考察が置かれているのである。それはまさに、フーコー最後の主題への「銘文」であった。

しかし、単に「銘文」であるだけのものなら、本論との関係はあくまでも換喩的なものにとどまるだろう。パレーシアという語が一度も登場しないカント論によって、パレーシア論の全体をコンパクトに暗示させる、といった具合にである。暗示として読まなければ関係を設定することができないほど内容的に独立しているからこそ、フーコー自身、このカント論をもとに、講義を聴講していないアメリカの聴衆に向けて、一回の完結した講演原稿を書くことができたと見ることもできる[5]。しかし、彼は八三年講義の最終日に、もう少し踏み込んで、古代ギリシャの観念と近代の幕開けを告げる「啓蒙」のそれとの間に、明示的な関係をつけている。「カントによって書かれた啓蒙をめぐるテキストは、哲学にとっては、古代にパレーシアの問題であったものを、啓蒙批判を通して意識する一つのやり方であった。一六世紀と一七世紀にやがて再浮上してくることになり、啓蒙において、とりわけカントのあのテキストにおいて自分自身を意識している問題である」[6]。つまりフーコーは、一つの長い歴史叙述を構想しているのである。パレーシアの観念がその発端にあり、近代にあっては啓蒙批判として端的に現れる何かの歴史だ。ここで一六―一七世紀とは、コレージュ・ド・フランスにおける講義の変遷をたどってみるなら、七七―七八年度講義「安全・領土・人口」[7]において近代国家の敷居をなす出来事として描かれた、「牧人権力（pouvoir pastoral）」の政治世界への参入が起きる時代を指していることは疑いない。それまで教会の権力として人々の生活世界における「他者の導き＝統治」を司ってきた権力が、国家を維持する技術へと変貌し、国家の「自己」を定義さえするようになった時代である[8]。翌七八―七九年度講義により有名になった「生政治」の概念は、言ってみれば国家化した牧人権力の内実にかかわり、講義では、今日を生きる我々はいまだこの牧人権力から解放されていない、と告げられる。「反封建主義の革命は存在したが、反牧人革命は一度たりとも存在したことがない。牧人体制は、それを歴史から決定的に暇乞いさせる深い革命過程をいまだ経験していない」[9]。先の「再浮上」は、今日まで続く牧人国家が出現した出来事よりほかにフーコーの講義にあっては指しておらず（その国家の近代的な通名が「福祉国家」だ）、最晩年に構想されていたはずの歴史叙述にあっては、近代国家（論）もまたパレーシア問題の「再浮上」であったのである。八三年の講義ではたしかに、キリスト教の牧人体制もまた、パレーシアが生起する一つの場として描かれている[10]。それを描くことが次の仕事になるはずだった歴史は、ほとんど人類の文明史全体と重なる長さをもったパレーシアの歴史であると考えてよいだろう。つまりパレーシアというギリシャ語の観念をフーコーの概念とすることが、構想の核をなしていたはずである。そしてこの歴史にあって、「統治の手続きにおいて［……］自らを主体へと構成する」パレーシアストは、個人ばかりか国家のことさえあるのだ。カントの「啓蒙とは何か」

をめぐるフーコーの考察は、講義録の出版により最晩年の彼の思索道程がほぼ明らかになった今日、こうした文脈において読まれねばならないだろう。言い換えるなら、歴史的に限定されたギリシャ的倫理世界からパレーシアという主題、そして「主体」としてのパレーシアストを解放してやるため、さらに「倫理」を統治と権力の問題系のなかに差し入れるためにである。

とはいえ一月五日の講義には、パレーシアはおろか、牧人（le pastoral）／牧人権力（le pouvoir pastoral）／牧人体制（la pastorale）といった語さえ登場しない。フーコーが注解を施そうとする「啓蒙とは何か」におけるカントの問いは、次のようなものだった。「それは現在（le présent）の問い、現在性（l'actualité）の問い、今日何が起こっているのかという問いである。今、何が起こっているのか。我々がみなそのなかにいる〈今〉とは何であるのか」[11]。デカルトにもライプニッツにも見いだせない、「私がそこに属するこの現在とは、正確に言って何であるのか」[12]。フーコーはこの問いを現在ないし現在性の「存在論」、あるいは「〈我々〉の存在論」と呼んでいる[12]。なぜこの問いが〈ほんとうのことを言う〉（真理を述べなくてはいけない強制と真理を述べる可能性）にかかわるのか、さらに、カントを読むことがフーコーによるパレーシア把握に何をもち込んでいるのかはひとまずおき、牧人権力との関係については、それを示唆したテキストが講義とは別に存在する。「〈我々とは誰であるのか〉。啓蒙人としての、啓蒙の世紀の証人としての我々とは誰であるのか。この問いを、デカルト的な問いである〈私とは誰か〉と比較してみよう。唯一であるが普遍的であり、非歴史的である主体としての〈私〉とは誰か、である。デカルトにあって、私は誰でもよく、どこにいてもよく、いつであってもかまわない。しかしカントの問いは違っている。歴史のこの瞬間における我々とは誰かと問うているのであり、この問いが分析するのは、我々と我々の現在の情況なのである」[14]。「主体と権力」という八二年のこのテキストは、全体化し、かつ個別化する権力としての牧人権力の「新しい形態」として国家を位置づけ、「近代権力構造の同時的個別化と全体化」[15]に照応する哲学として、「唯一であるが普遍的であり、非歴史的である」コギトの哲学を見いだしている。「我々と我々の現在の情況」を問うカントの批判哲学は、

「哲学がはじめて」、「普遍哲学」とは違う一人称を導入した実践と評価されている。[16] 唯一かつ普遍的であるという点で、自らが導く畜群に対し個別的かつ全体的な眼差しを注がねばならなかった牧人を引き継ぐ〈私〉と、批判哲学の〈我々〉とは、存在論的に異なっているというのである。〈私〉がいつどこにいても〈私〉であり続けるのとは異なり、〈我々〉はこの現在においてのみ〈我々〉であり、そのような〈我々〉の住処として現在を、逆に、歴史のなかの特異な時間として在らしめている。この現在は、過去から未来へと続く歴史区分における一時代ではありえない。歴史的な時代が問題なのであれば、そこに住む人間は時代の性格により、貴族や農民として（封建時代）、市民（＝ブルジョワ）として（近代）、さらには未来を担う階級（＝プロレタリア）として規定されるだろう。しかしこの現在はまだ〈我々〉の問いによってしか、問いのなかにしか存在しておらず（「〈我々〉とは誰であるのか？」と問う〈我々〉が属する場所としてしか、この現在は定義されない）、その〈我々〉はまさに「誰か」と問われている存在であるのだから、まだ何ものとも規定されえない。未規定な〈我々〉がその未規定性により、時間の直線的で目的論的な流れのなかから浮き上がらせてしまう時間が、フーコーの読み取るカントの現在だ。コギトが住む時間が汎歴史的永遠の今であるとすれば、批判哲学が出現させる〈我々〉の時間は、言わば歴史のなかで宙に浮いている。牧人体制のなかには一匹の羊たる〈私〉と、群れの全体にしか居場所がないとすれば、あるいはそのように羊たちの存在を分裂させるのが牧人権力であるとすれば、啓蒙とは何かを問う啓蒙が登場させる〈我々〉は、反—牧人的場所を「現在」として確保する。

　講義はこの特異な時間の存在論を、カントのテキストにそくして探っている。啓蒙という現在とは何かという問いに対する、カントのひとまずの答えは時代区分的なものに聞こえる。よく知られた、人類の「未成年状態」からの「*Ausgang*（脱出）」である。フランス革命の前夜、すでに「熱狂すれすれの渇望の共感覚」[17]を示すことで、人々が自分に相応しい、自分の望む政体を自分に与えようとしている歴史プロセスである。そこに〈我々〉は属している。フランス革命への熱狂がその記号となる時代、それが啓蒙の時代にほかならない。しかし、そのように現在を名指すこと以外に、現在を規定する要因は時代のなかにあっただろうか。カントがテキストを書いた一七八四年、革命はまだ厳密にははじまっていない。熱狂は、その現在にあってさえすでに *Ausgang* たる啓蒙のなかにいると宣言する意欲しか、自身が記号として指示する対象をもっていないのである。そしてそれは、革命が失敗に終わり反革命に転化してもなお消滅せず、革命の世紀としての一九世紀を生み出していくだろう。言い換えると、現在を「啓蒙」と名指す主体は、自身をどこかへ運ぶプロセスの「なかに捕まっている」という被規定性ないし受動性を語っていると同時に、「過去にいた状態から決断的行為によって身を引き剥がす」能動性を発揮している[18]。「脱出」と定義される現在は、すでに未成年状態ではないがいまだ成年状態でもなく、あくまでも「脱出しつつある」今でしかなく、その今の正体は現に「脱出する」行為を――名指すことにより――持続させる〈我々〉で「在る」。それが「時代」だと言うのである。未成年状態としてのアンシャン・レジームに続く「現在」だ、と。つまるところ、未来の成年状態、そこへ向けて「脱出」するはずの場所は、トートロジーのなかに消え去っている。我々は成年状態へと向かっている、そのように時代をみなすことが、啓蒙とは何かに対する回答なのである。啓蒙とは何か?――時代を啓蒙と呼ぶことである。

ゆえに啓蒙は、歴史的時間に対する切断の出来事でもある。実はどこへも出て行かない「脱出」の現在において、時間の流れは停止しているからである。だからこそ、フーコーにとってカント的近代を体現しているのは、無限に知識を集積する百科全書的知識人ではなく、「流行」に抗うダンディ、ボードレールである。「モダンであることは、時の流れを追いかけることしかしない流行とは区別される。それは束の間の今に『ヒロイックなもの』を掴み取らせてくれる態度である。モダンであることは、逃れ行く現在への感受性の所作ではなく、現在を『ヒロイックにする』意志なのだ[19]」。出来事についての概念把握としてこの啓蒙―近代性論を見たとき、その特殊性は際立つだろう。出来事は「切断」であるが、不意に襲われる受動的経験ではなく、能動的実践であり、任務でさえあるからだ。もちろん、このヒロイックな意志あるいは「批判」は、過去から現在を切り離すことにより、我々を現在の我々たらしめたものを過去からの必然ならぬ偶然に変貌させて、そこから「我々が今存在し、行為し、考えるようにはもはや存在せず、行為せず、考えない可能性[20]」を引き出すのであるから、切断の出来事は偶然性の出来《しゅったい》という受動的経験——可能性を能動的に引き出す前提となる——でもあり続ける。この二重性は「脱出」のそれと同じものであり、言わば受動性と能動性、客体性と主体性が不分明になる地帯として、啓蒙という〈我々〉の現在はある。

　こうした現在は、時間の流れに対しては〈外〉にあると言ってよいだろう。あるいは、〈外〉を開く、と。[21] このとき、〈我々〉の存在論としてのカント的啓蒙が、いかなる意味において同時に一つのパレーシアであるのかもまた分かる。カントは人類が未成年状態を脱することの指標として、「理性能力（*Verstand*）の公的使用」を挙げた。「批判」書が明らかにする限界内でそれを用いよ、と指令し、その限界内での使用が成年状態に特有の「自律」を保証すると説いた。限界を知らないという意味における、限界の「外」における使用は、理性能力が働かないところでの使用であるから、逆に書物を鵜呑みにしたり、指導者に隷従したりする他律をもたらす「私的な」使用だというのである。ここでは「限界」を知ることが知の「自律」した作用を、ゆえにその自由な駆使を可能にしている。「アエテ知レ！（*Sapere aude!*）汝自身の理性を用いる勇気をもて。これが啓蒙の標語である[22]」。ここでは「限界」（という制約）と「自律」（という自由——これは知の解放をもたらすであろう）とが一致しており、知にかんする〈ほんとうのこと〉、つまり真理を構成している（理性能力の限界もまた真理であることは付言するまでもない）。そしてこの真理は「標語」すなわち、状態記述（description）ならぬ命令（prescription）であって、時代の客観的な規定の〈外〉にある。以前の時代から以後の時代への移行として「起きていること」を語るのではなく、限界の「外」を描くのでもなく、勇気をもって〈アエテ知レ＝脱出せよ〉、と、このパレーシアは限界と一致する〈外〉を指定する。翌年のパレーシア論「真理の勇気」をすら、「啓蒙とは何か」は予告している。

〈我々〉を主語に実行される言わば状況的パレーシアは、牧人権力のもとで語らされる普遍的〈私〉と対立するのだった。しかしフーコーは「哲学の歴史を忘却としてでも合理性の運動としてでもなく、『真実を語ること（véridiction）』［パレーシアの仏語訳］をめぐる一連のエピソードや、そうした語りの諸形態――自らを反復しながら変容する形態――として書くことができる」と考え、『哲学の歴史はつまるところパレーシアの運動であり、パレーシアの再配分であり［……］」と述べている。[23]〈私〉の普遍哲学もこの歴史に属しているだろう。〈私〉もまた、真実を述べなくてはならないだろう。パレーシアストとしての〈我々〉と〈私〉は、属す時間ないし場所――〈外〉か「いたるところ」／「いつでも」か――以外にどこが違っているのか。まさにパレーシアの配分と形態にかかわるゆえに、それは死によって中断された構想において語られるはずだったことの一つにとどまるだろうが、いくつかの点は類推することができる。まず、〈我々〉が真実を述べる相手は同類たる〈我々〉しかいないのに対し、牧人体制のもとにある〈私〉が語る相手は牧人たる司祭である。プラトン的な師弟関係のもとでは師が真実を告げたのとはちょうど反対に、牧人体制のもとでは、弟子が「導き手」である師に向かって、自己の真実を包み隠さず明かさねばならず（告悔の儀式において）、『知への意志』が詳細に分析してみせたように、そこに「語らせる権力」が作用する。牧人体制における弟子は、語りつくすことによって自己を空虚にし、そこを「啓示される真理」が充填するのを待たねばならないのである。こうした「弟子」の形象は、絶対的懐疑の果てに「存在する」だけになるコギトに受け継がれるはずだ。〈我々〉は〈我々〉に呼びかけてともに主体となるが、唯一かつ普遍的な〈私〉は、自己を「断念」したあとに一挙に反転して主体化する。

だからこそ、第二に、〈私〉は「認識の対象」とされねばならない。すべてを語っているかどうか、語りえる秘密がまだないか、語っていることは何を語っていないかを検討するために、その「真実の語り（véridiction）」を分析しなければならない。いまだ未刊行である八〇―八一年度講義「主体性と真理」は、この点にかかわっていると思われる――「いかにして主体は［……］認識の対象として設定されたか。［……］いかにして、自己をめぐる経験とそれにかんして作られる知が、ある種の図式を通して組織されるか」[24]。翌八一―八二年度講義「主体の解釈学」

においては、認識の対象としての主体がプラトンの「汝自身を知れ」から、実践の倫理的主体がストア的な「自己への配慮」から、それぞれ生起する存在として語られ（しかしいずれも「自己への関係」からの派生として）、同時に、理論的認識と倫理的実践の分離の極限として「デカルト的モーメント」が位置づけられている。[25] デカルトにあっては、認識するには認識するだけで充分であって、道徳的であることすなわち「実践」は必要ないのである。これに対し〈我々〉は、同類に向かって問いを投げかける（〈我々とは誰か？〉）実践のなかにしか存在していない。〈我々〉は実践において主体化するのみであって、その点においてストア派の後継者にほかならない。〈私〉は自己自身を知るときであっても、その知ないし真実は、認識の主体と対象の関係に何の作用も――まさに「認識」以外には――及ぼさない。

2　一つの問題系としてのパレーシア、あるいは一九八二年のフーコー

フーコーの概念あるいは問題としてのパレーシアそのものに注目してみよう。「統治の手続きにおいて、〈ほんとうのことを言う〉（真理を述べなくてはいけない強制と真理を述べる可能性）が、いかに自他関係において個人を自ら主体へと構成するか」。ここにはドゥルーズが「フーコーのダイアグラム」としてまとめた、フーコーの全生涯をつらぬく「三つの還元不可能な次元」が一つに結びあわされている――統治（権力）、真理（知）そして主体（自己）である。[26]「つねにからみあっている」ものの「これらは三つの『存在論』なのだ」、とドゥルーズは言う。[27] とすればしかし、フーコーはその生涯の終わりに、三つの「次元」の結び目に一つの名前を与えたことにならないか。ドゥルーズによれば「自己への関係は、権力関係によって、さらに知の関係によって回収されるが、別のところで、異なる仕方で、復活し続ける」[28] とされ、現在は「回収」された状態にあるから、「自己への関係」の「ギリ

シャ的様式は、はるか遠くの思い出」になってしまっている[29]。ドゥルーズにとって三つの「次元」は、それぞれが別の「存在論」を形成するほど、また、「回収」はあっても「復活」もまた必然であるほど、還元不可能であるのだが、パレーシアは言わば即自的に三つの「次元」を一つの〈次元〉(〈ほんとうのことを言う〉の一言)に統合しているのである。カントにおける「〈我々〉の存在論」はたしかに「自己への関係」の「復活」であるだろうが、そこには牧人権力との関係、知の限界をめぐる真理が折りたたまれており、三つの「次元」の相互内在性として一つの「存在論」を形成していた。実際、「現在性の存在論」は、還元不可能な三つに分解可能であるだろうか。パレーシアの歴史を考えるとは、もはや別々の領域として扱い、それぞれを探究することではすまないような統合された〈次元〉、〈外〉たる次元が、最晩年のフーコーに端的に出現した、ということを意味していないか。啓蒙論の射程は、それをこそ示しているように見える。

この変化は一九八三年になって唐突に現れたものではない。むしろ「統治性(gouvernementalité)」という概念が突然フーコーにとって重みを増し、講義の内容を当初の予定からずらせてしまった七八年以来、プロセスはゆっくりと確実に進行していたと言えるだろう[30]。「人口について語るにつれて、一つの語がたえず去来するようになった。故意にそうしたと言われるかもしれないが、必ずしもそうではなかった。それが『統治性』なる語である[31]」。『監視と処罰』と『知への意志』における近代権力の分析を拡張して、近代における「人口」概念を論じていたのに、「統治性」は講義を途中から古代オリエントに起源をもつ「牧人」にまで遡らせ、講義タイトルそのものまで「統治性の歴史」とすべきだったとフーコーに言わせている[32]。八二年講義では、問いの一元化は完全に自覚されている。「統治性」を権力概念の一般化として簡単に再定義した(七八年講義では「主権」―「規律訓練」―「安全」の三領域に区分されていた「権力をめぐる研究」が、そこでは「権力関係の戦略的領域」としての統治性概念に一元化されている)あと、未来の構想を予告するかのように彼はこう語っている。

統治性という観念をめぐる省察は、「自己に対する自己の関係」として定義される自己という要素を理論的かつ実践的に経由することなしに行われえない。制度としての政治権力の理論が権利主体の法的把握を参照するのに対し、裏返し可能な関係の総体としての権力の分析は、「自己に対する自己の関係」として定義される主体の倫理を参照すべきである。［……］権力関係—統治性—自己と他者の統治—自己に対する自己の関係は、一連なりの行、一連なりの列を構成するのであり、そこで権力問題と倫理問題を接合できるはずである。[33]

権力関係としての権力概念の一般化、とりわけこの関係が「裏返し可能」である点については、それを種別的に論じた同じ八二年のテキスト「主体と権力」[34]を参照すべきだろう。そこでは権力が、「対象に働きかける力（capacités objectives）」と「コミュニケーション関係（rapports de communication）」とから区別される「行為（action）」に働きかける行為」の関係と定義し直されている。[35]「対象に働きかける力」の一つとしての「暴力の関係」は、身体や物に働きかけ、抵抗があるときにはそれを削減しようとするけれども、権力関係は行使されるかぎりにおいて、その行使（acte）として存在するにすぎず、実体としては存在しない。つまり権力は行為の主体としての他者を想定しており、その他者の行為全体が形づくる可能性の領域に働きかけようとする。権力とは「可能な行為に働きかける行為の集合である」わけだ。[36]言い換えるなら、働きかけられる主体は、権力にとって様々な行為や反応をなしうる存在であり、その意味において「自由」な主体であり、たとえば権力関係としての奴隷制は、人が鎖に繋がれている（これは「暴力の関係」にすぎないだろう）ところに存するのではなく、自由に移動すること、逃げることがありえるから、権力関係として存在する。「自由」は権力の存在条件——権力に先行すると同時に、権力の「恒常的支え」になる[37]——にほかならず、自由な主体間にのみ作用し、存在するという意味で権力は「裏返し可能」な本性をもつ。そうであるから、「他者の可能的行為の領域を構造化する」[38]ものとして「統治」が発生し、権力関係は「統治性」として現れるのである。「他者の振舞いを導くこと」、つまり振舞いにおける蓋然性を整備（aménager）

することに、最も一般的な意味における「権力」は集約される。[39] フーコー権力論の難点とされ、八年間の執筆中断という理論的な危機をもたらしたとも評される「抵抗」の不可能性問題[40]に、彼はここで、自ら決着を付けていると見ることもできるだろう。少なくとも、「抵抗」は別の関係(「対象に働きかける力」としての「暴力の関係」)の次元に移され、権力関係は自由な主体間に作用する「統治性」問題へと更新されている。どのようなゲームのルールを他者に課すか、どのようにそこへ他者を誘導するか、それが新たな権力概念に固有の問題である。

難点を探すとすれば、統治性の歴史が俎上に上ったとき最初のモデルとなったキリスト教の牧人体制こそ、そうであると言えるかもしれない。当時はまだ全六巻の『性の歴史』構想が維持されており、そこでは第一巻『知への意志』に描かれた「性を語らせる西洋的権力」の歴史が、主としてキリスト教の歴史を通じて炙り出されるはずだった。牧人権力とは、その教会権力の名前であった。ところがこの統治性の起源は、探ってみると、むしろ東方的であることが判明する。ギリシャ・ローマに牧人司祭のテーマはない、と、フーコーはすでに七八年の段階で発見している。教父時代のキリスト教において、牧人は、個々の行為を含む人の内面を「導く」者として、教会そのものの存在と同一視されるようになるのだが、教父たちが直接受け継いだはずのローマ文化にも、アリストテレス哲学にも、牧人的形象は見当たらないというのである。[41] 例外はプラトンであるが、それも政治家は牧人ではなく「織物師」であると述べるためにもち出されているにすぎず、都市の統治と群れの世話ははっきり異なる問題であるとされている。[42] 統治性の歴史に、一つの連続した歴史にはなりえない切れ目が、構想の発端において発見されてしまった。あるいは、なぜ、いかにして、ギリシャ・ローマ的な統治は、起源の異なる牧人的統治を自らに合体させて教会権力に仕上げることができたのか、という問題が新たに提出される。歴史的には、「ローマ」と「教会」は一つの同じ「統治」になったのである。

八二年講義は、その答えをヘレニズム期に求めようとしているかのようだ。「エピクロス派、犬儒派、ストア派のテキスト群を通じてみなさんと分析してみたいヘレニズム・モデルは、歴史的に、またその後の文化にとっては、二つの別の大きなモデルに覆い隠されてしまった。プラトン・モデルとキリスト教・モデルである。私はまさに、ヘレニズム・モデルをこれら二つのモデルから引き剥がしたいのである[43]。その理由は、講義を経るごとに明らかになっていくだろう。ヘレニズム哲学とりわけストア派にあって「統治」の観念は、まさに「他者の振る舞いを導く」統治と「自己への関係」の未分割を、つまり「自己と他者の統治」における統治の無差異を特徴とするからである。一つである「統治」を経由することで、プラトン（「汝自身を知れ」）に端を発する「自己への関係」と牧人権力という「他者の統治」が、つまり起源を異にする異質なものが、接合可能になる。さらにヘレニズム・モデルへの注視は、「自己と他者の統治」を未分化のまま扱う可能性を、フーコーのなかで次第に理論的要請——「他者の可能的行為を構造化する」権力関係と「自己への関係」を通じた主体化を区別することはもはや許されない——へと高めていくだろう。「権力関係のただなかには、たえずそれを『誘発＝挑発する』、意志の御しがたさと自由の非推移性（intransitivité）がある[44]」。講義ではこの「非推移的」自由が、ストア派における〈自己への関係を通じた自己の構成〉に見いだされている。

> 自己のまわりに空を作り出すこと。まわりの騒音、顔、人物のいっさいに引きずられず、まどわされないこと。自己のまわりに空を作り、目標を、あるいはむしろ自己自身と目標の関係を考えること。目指すべきもの、到達すべきものと自分を隔てる軌道線を考えること。自己から自己へ向かうこの軌道線こそ、いっさいの注意を集中させるべきものである。自己と自己の間になおまだ存在するこの距離ゆえにこそ、自己は自己に現前する。自己から自己への距離のなかに、自己の自己への現前がある。［……］自己が到達すべきものとは、この自己なのである[45]。

自由な主体間の水平的な関係に、「まわり」から自由であることと一体の「自己への関係」が直角に交差し、統治の座標つまり問題系（problématique）が成立する。その交点をなすものこそ、パレーシアだ。翌年の講義ではこの構図が議論全体の出発点になるだろう。「パレーシアという観念により、〈ほんとうのこと〉を言う義務、統治の手続きと技術、そして自己への関係の構成の交差点にある観念を手にすることになる。我々に行使される統治の本質的要素たる〈他人の真実を語る〉ことは、我々に徳と幸福をもたらしてくれる我々自身への適切な関係を我々が形成しうる本質的条件の一つなのである[46]」。

パレーシアのラテン語訳は *libertas* である。つまりギリシャ的な〈ほんとうのことを言う〉を、ローマ人は〈自由に語る〉（率直に―気兼ねなく―包み隠さず―語る）と翻訳した。独自モデルを取り出すべくストア文献に取り組んだ八二年講義では、パレーシアをもっぱら「語る者の自由」という視点から位置づけようとする。君主にとっては、君主たる者に必要な、状況にまどわされず、レトリックを弄する君側の奸をしりぞけ、公平で正しい判断をする徳を身につけるため、つまり自らの魂を自ら指導するため、自己の真実を自己に対して「自由に」語る必要があった。君主に忠言する任を負う者は、君主の前で君主を恐れずに「自由に」、「ほんとうのこと」を言わねばならなかった。いずれにしても、自己との倫理的な距離がパレーシアを可能にし、この空である距離、存在しない距離がパレーシアとして確保されるという機制が働いている。パレーシアは「インターバルを開き[47]」、自己の役割や任務、つまり社会的に要請される機能――権力関係が自己に課す、と言ってよい――と、自己の生との間に〈ほんとうのこと〉を挿入する。詳細に展開されることはついになかったものの、フーコーはこの「自己と他者の統治」の交点にある「自由」と牧人権力を結びつける見通しをたしかに語っている。『自分にかんして真実を述べる務めが救済に不可欠な手続きに書き込まれた瞬間、自分にかんして真実を述べる義務が主体自身による主体の造形と変容の技術として書き込まれたとき、この義務が司牧制度のなかに書き込まれたとき、思うに、西洋における主体性の歴史に絶対的に決定的なモーメントが構成される。あるいは、主体と真理の関係の歴史における決定的モーメントが、である[48]」。

つまり一九八二年の段階で、またつまり翌年の講義初回でフーコーがカントの啓蒙論を「ちょっとした銘文」の代わりに取り上げるまえに、パレーシア概念を文字通りの中心にすえた一つの理論装置が完全に出来上がっているのである。啓蒙論が「銘文」であるとすれば、「現在性の存在論」、「〈我々〉の存在論」とは、この装置の名前であるのではないか。権力関係と主体化のそれぞれに自立を阻む「自由」を開く真理にして、自己について在ると無いとを一致させる「空」という〈外〉に、この名前は与えられているのではないか。いずれにしても、「自己と他者の統治」という問題は、銘文を置くことが可能な状態にすでにあったことはたしかだろう。〈ほんとうのこと〉が、様々な難点や、地理的、時代的に拡散の傾向を見せる諸要素を、一つに束ねて「銘」を待っている。

真理が「自己への関係」という一種の「転回（conversion）」――世界から自己への――とともに、その転回のなかに発見されるという点では、実のところ、プラトン、ヘレニズム哲学、そしてキリスト教の三モデルの間には差異がない。フーコーは、先に挙げた「デカルト的モーメント」が理論あるいは認識と主体の道徳的実践を完全に分離してしまうまで、真理は「自己への関係」から基本的に切り離しえなかったと考えており、三モデルの区別はあくまでも分離不可能な両者の関係のあり方における差異として捉えられている。さらに言えば、真理とともにある「自己への関係」そのもの、世界から自己への視線の転回そのものに、差異は認められているのである。プラトン・モデルにおける転回（*epistrophé*）は、よく知られているように、目に見える現象的世界から自己の内部に目を向け、想起（réminiscence）によって、自己の祖国である「存在の真理」の世界へと戻ることを意味していた。このモデルにあっては、「この世」と「あの世」が対立し、身体からの魂の解放（としての自由）が転回によってもたらされる（あるいは目指される）効果であり、転回という行為は認識的な性質をもっていた。これに対しキリスト教・モデルにおいては、転回（*metanoia*）は主体に突発的変化（mutation）として訪れ、彼を死すべきものたちの世界から不死の世界に連れ去る。そしてこの変化は、自己を断念する実践（自らに苦行を課すという「自己への関係」）の結果であった。二つの世界が対立させられる点で両モデルは似ているものの、移行を可能にする「自己への関係」が認識的であるか実践的であるかという差異をもつ。ところがヘレニズム・モデルにあっては、転回はそもそも世界に内在的である。「まわり」から「自己」への視線の転回は単に、我々に依存せず自存する世界から依存するものへの転回にすぎず、それも、「まわり」の世界に向けた自己の行為を変容させる実践（訓練や禁欲など）として、転回そのものが果たされねばならない。ストア派の「非推移的自由」はそれ自体が、世界内在的に自己を構成する転回の実践なのだ。また、徹底した唯物論により死への恐怖を取り除こうとするエピクロス派の自然学（*phusiologia*）にあっては、「世界にかんする知が、自己にかんする主体の実践に関与的な要素[49]」をなす、つまり「主体による主体の変容に効果を及ぼす[50]」。「真理は主体を変様させる（affecter）[51]」のである。

　他の二つのモデルとの対比において、「自己への関係」のヘレニズム・モデルは認識的（理論的）とも実践的とも言いがたい性格をもっているだろう。*eistrophē* のためにはデカルトの対象認識と同じように、道徳的である必要はなく、ただ認識すればよく（自己の内へ「振り向く」ことも認識プロセスを構成する）、*metanoia* のためには、いかなる認識も必要なく、ひたすら祈りと苦行に励むほかない。真理はそれぞれの転回の結果、褒賞として与えられる。ところがエピクロス派にあってもストア派にあっても、世界の真理であっても自己の真理であっても、真理は実践としての「自己への関係」に最初から捕まえられており、そのなかから、とはいえ実践に従属することなく、主体の変容を主体に促す。認識は実践のなかに投げ入れられ、実践もまた認識のなかで遂行されるのである。この二重の包摂がヘレニズム・モデルの「自己への関係」を一つの不分明地帯となし、それをフーコーのモデルにしたことは疑いない。実際、「自己から自己への距離」に住まうマルクス・アウレリウスの〈私〉は、「我々とは誰か？」と問う問いのなかにしか存在しえない〈我々〉と、〈特殊な空虚としての存在〉論を共有していないか。我々は啓蒙のなかにいるという認識は、「脱出」の実践として理解されねばならず、この「脱出」は理性能力の限界を知ることによってのみ可能だった。認識と実践の二重の包摂は、啓蒙の「現在」が封建時代と資本主義的近代の〈外〉にあったように、ヘレニズムを古代からキリスト教に続く歴史の〈外〉に置き、そうであるから「覆い隠されて」しまったと見ることもできる。そしてヘレニズム的〈私〉も啓蒙の〈我々〉も、世界に内在しつつ、その平面に直行するかのように自己の自由＝自律を世界に書き入れる。カントにおけるパレーシアの再浮上とは、こうした構図そのものの再登場にほかならない。さらに言えば、一つの不分明地帯あるいは〈外〉を作り出す実践的効果により二重の包摂は定義されるのだから、そこでの認識＋実践をまた実践と呼ぶことに何の不都合もないだろう。ヘレニズム・モデル、そして〈我々〉は、実践優位のモデルなのだ。

3　政治と哲学を分節するパレーシア

二重の包摂は認識と実践を見分けがたくし、その意味において一致させる。とすれば、パレーシアストが表明する「〜は真実である」は、行為遂行的な言表の一種と考えてよいだろうか。パレーシアにおける認識と実践の関係は、行為遂行的なものだろうか。行為遂行的言表の典型である「会議を開きます」はたしかに、起こりつつある出来事について述べていると同時に、その出来事を遂行しており、それを口にする議長にとって認識と実践は一致している。初日にカントについて論じたあと、一九八三年のフーコーはすぐさま、ギリシャ語のパレーシアにかんしこうした問いを投げかけている[52]。古典文献の解読は、前年の講義にときおり現れた理論的で一般的な問いや命題を、引き継ぎ、膨らませながら進められる。

たとえばペリクレス。スパルタとの戦争を熱狂的に求める群衆に向かって、ギリシャ軍のこの指導者は、今ここで戦えば負けるという真実を、地位はおろか生命すら失う危険を冒して語った。またエウリピデスの戯曲『イオン』では、主人公たちはみな、もし誰もが同じように、イオンの出生にまつわる真相と彼が王として迎え入れられるに至った経緯を知れば、自身とアテナイそのものに危機が訪れると知っている。それを知りつつ、彼らは自己のパレーシアを局面にあわせて様々に展開する。つまりパレーシアはリスクとともにあり、それゆえに、そこでの認識と実践の「一致」は、行為遂行的言表と著しい対照をなすことになる。「会議を開きます」にあっては、言表が挿入される文脈はあらかじめ制度化されており、かつ状況は明確に当事者たちに知れ渡っている。それを前提に、言表行為は言われていることを実現する——すなわち認識と実践を一致させる。ところがパレーシアは、こうした前提となる〈コード〉を中断させるのである。[53]〈ほんとうのこと〉を述べたときに訪れる危険な未決状態こそ、パレーシアの効果であり、「〜は真実である」という言表は状況に「侵入する出来事」[54]だ。パレーシアストの言説は状況に「裂け目を作り、リスクを開く」[55]。おまけにその危険な真実は、強制なしに自発的に、勇気によって、つまり「自己への関係」から出発して告げられる。パレーシアにおける認識と実践の一致は、ことがらと行いの両方における不定と自由の一致にほかならず、そこでの真理はこの非推移的空虚を状況のなかに作り出すのである。この〈外〉にあっては、権力関係が安定性を喪失してカオス的「自由」に接近し、同時に「自由な」主体化が死のリスクとともに生起して、両者を概念的に隔てる垣根がかぎりなく低くなっている。

パレーシア的言説の発話形式も、それ自体のうちに非推移性を宿しているだろう。厳密に観察したとき、「〜は真実である」という述定（affirmation）そのものが発話をパレーシアにするのではなく、言表が発話主体にとってパレーシア的真理となるためには、そこに「私は（〜が真実であると）信ずる」というもう一つの述定が加わっていなければならない。[56]主張（affirmation）のこの二重化によってはじめて、主体はリスクを背負うことができるからである。たとえ私が述べたとしても、他人の主張の伝達として、あるいはあくまでもニュートラルな客観性の呈示として語られるかぎり、私の存在に危険が及ぶことはない。パレーシアストは「私は信じる」と明言して、ことがらと行いを結びつけているのは私であると主張しなければならない。そのような自己を、パレーシアを通じて存立させねばならない。つまりパレーシアはその発話形式において「語る主体が自分との間に結ぶ契約」であり、「彼は言わば自己のパートナーとして自己を構成する」[57]のである。それも、他人の目の前においてである。主張の二重化により自己を他人から切り離し、「まわりに空を作り出し」、他人を証人としつつ「自己から自己への距離のなかに」自己を現前させること。それが状況の未決状態を招来させるのであるから、パレーシアにあっては、「自己への関係」によって自らを構成する主体は同時に、自らを〈外〉に追いやっている。真理はここで、主体と状況の両方に「変様」をもたらし、両方を「自由」にしている。

パレーシアは、権力（統治）と知（真理）と主体（主体化）という三つの次元を、一挙に結びあわせると同時に、一挙にほどいていると言ってよいだろう。八三年講義は四回を割いて、その点を『イオン』の読解を通じて明らかにしようとする。[58] アテナイ王の娘クレウサには、異国から迎えた夫クストスとの間に子どもができず、二人は神託を受けにアポロン神殿に向かう。アテナイ王家はゼウスの末裔を自認し、アテナイという共同体は大地から生まれたとされているので、子が生まれないという事態は夫婦にとってもアテナイにとっても潜在的な危機には違いない。それでも神託が解決を与えてくれるかぎりは、この自生的共同体は神に運命を支配されていて、統治の連続性は保たれるだろう。ところが、期待されるその神託―真理―解決が与えられないのである。ゼウスはかつてクレウサを強姦し、子を産ませたという疚しさを、クレウサはその子を岩場に捨て、一切を秘密にしているという別の疚しさをもっているからである。捨て子はイオンと名づけられて神殿で育てられ、ゼウスはクストスにだけ、神殿の門を出て最初に出会う子どもが汝の（「汝たちの」ではなく）子であると告げ、クレウサの非難には答えない。クストスは結婚以前にバッカスの巫女たちと乱交したことがあり、イオンを、そのときにできた子であろうと考える。こうした状況のなか、三者三様のパレーシアが順次展開され、すべてが全員に明らかになることなしに（ことにクストスが真相を知れば、大いなる危険が訪れるだろう）、イオンはアテナイの新しい王として迎え入れられる。ゼウスがついに沈黙を守ったまま、である。「真なる言説の政治ドラマ」[59]を通じて、神に運命を支配される自生的共同体（神託による統治）が、人間によって統治される共同体に置き換えられるのである。かつての秩序においては捨て子すなわち「無の息子」[60]にすぎなかった人間が、アテナイ市民となり、法を与え直す。共同体のゼロからの創設が、パレーシア劇により反復されている。主体化と統治の再構築が、そこでは同時に遂行されるのである。パレーシアは秩序と秩序の間という〈外〉を形成し、そこでは〈ほんとうのこと〉が、やがて再び分解される権力と主体——「神と民」から「法と市民」へと——を「クモの巣」[61]のように繋いでいる。

『イオン』に見られるこうしたパレーシアを「政治的パレーシア」と呼ぶことで、フーコーはまたそこに制度と政治の関係を、さらには制度の〈外〉に定位する政治を発見している。クレウサとクストスに説得されてアテナイに向かうにあたり、イオンがもっとも懸念していたのは、王となった自分の発言が人々に受け入れられるか、ということだった。アテナイの市民権をもつには両親ともにアテナイ人であることを要し、「無の息子」が何を語ろうと発言としては承認されない。アテナイ市民がもっている平等な発言（イセーゴリア *isêgoria*）の権利を、神殿の門番はもたないのである。彼は実はほかならぬゼウスとクレウサの息子であるのだから、ほんとうは十全にイセーゴリアの権利をもっており（それどころか、アテナイの神話的自己認識にしたがえば、もっとも王に相応しい人間のはずである）、だからこそアテナイに向かうことを承知するのだが、それでもクストスと市民に真実を知られてはならない。このジレンマを突破するのが、母クレウサによるゼウスを弾劾するパレーシアであり、その結果、真実と虚偽の間に一種の均衡（情念の叫びにより真実が零れ落ちそうになる状態——決して「告白」は行われず、第三者が曖昧な「歌」に事実を昇華する）が成立して、それが新しい秩序となる。虚偽がはっきり語られることこそないとはいえ、パレーシア劇は「一定の幻想を真理の上に君臨させ、この幻想と引き換えに、命令を下す「王となったイオンの」発話が真理と正義の発話となりえ、自由な発言、パレーシアとなりうる秩序を打ち立てる」[62]。パレーシアが成立するためには民主主義（イセーゴリア）がなければならず、しかしパレーシアが民主主義を基礎づける、というジレンマは、実は解消されないまま、人間による統治に移行している。というより、神託による統治からそこへ移行することにより、政治と制度が「本質的循環性」[63]を見せるようになるのである。真なる言説がドラマを繰り広げる政治が、民主主義制度を軌道に乗せ、制度が据えられて以降は、民主主義がパレーシア遂行の枠組みとなる。制度創設にあたっては、ゼウスを告発するクレウサのパレーシアつまり「強者の不正を語る弱者の言説」[64]が条件となり、成員に平等な権利を保証する制度の持続は、上位の発言であるイオンのパレーシアにかかっている。そこでは「強者が人間的理性の言説を通じて人々を統治する」[65]のである。彼はつねに、真実中の真実が露呈される危険と隣りあわせに、さらにペリクレスが直面したような危険にも遭遇しつつ、パレーシアによる統治を行わねばならない。力の差異、何らかの敵対関係がそこでは決して解消されず、真実は幻想を背景に、幻想のなかから出現するように語られ続ける。創設のときもそのあとも、イセーゴリアでないパレーシアは存在しないが、パレーシアはあくまでイセーゴリアに重なることなく、民主主義のなかにあって異質なものにとどまるだろう。しかしそれを欠いては、民主主義は衰微し、死に至るだろう。

神託による統治の理念型は、フーコーによれば、『オイディプス』である。[66]そこでは人間たちは真理を知ることを望まず、神がその望まれない真理を告げにやってくるか、あるいは逆に、探究や調査の結果、真理は人間たちに神から報酬として明かされる。そしていずれにしても、神の法は真理として共有され、貫徹する。真理は「外」からやってくるが、幻想を一掃して「中」を遍く統制するのだ。人間による統治のなかにあって異質なものを構成し、幻想の維持を必要とする政治的真実という〈外〉とこの神の「外」とは、文字通り質を異にする。〈外〉は世界に内在する、世界を中断させながら世界を活性化する出来事の場にほかならず、そこが政治の場所として見定められた。

とはいえ『イオン』に哲学者は登場しない。すでに見たように、フーコーはパレーシアがその後、哲学の場に移動し、哲学の歴史を「パレーシアの運動と再配分」にしたと考えている。キリスト教の牧人もパレーシアストの一人であり、近代国家もまたパレーシアが再浮上してくる場であるのだが、それよりも以前に、*libertas* がすでにヘレニズム哲学とパレーシアを結びつけていたと確認されているから、最初の出会いはさらに遡るはずである。いつ、どこでか。『イオン』とヘレニズム哲学の間にあるのは、プラトンだ。最初「政治的パレーシア」として出現し人間的政治を定置したパレーシアは、プラトンにおいて何を経験したのか。このときフーコーが注目するのは、ソクラテスの教説とならんでプラトンその人の経験である。師ソクラテスがアテナイの民主制との関係において哲学者であったとすれば、プラトンは君主制国家（それも僭主が支配する）シラクサに、哲学者として現実にかかわっている。哲学はプラトンにあって、民主主義にも君主制にも同じようにかかわることができるわけで、政体のあり方（constitution）や政治から距離を置いて自らの場を定めている。[67] しかしプラトンの哲学はあくまでもロゴス＋エルゴン（*ergon*：働き）としての弁証であり、他人に語りかけ、聞き届けられることを不可欠の構成要素としている。[68] 哲学は「教える」実践のなかにのみあり、エクリチュールに定置された認識（*mathêmata*）、教えられる内容は、哲学そのものではない（「哲学は *mathêmata* としては伝達されえない」──だからプラトンは書物を著さなかった）。[69] そして哲学者が語りかける相手こそ、政治家だった。「ロゴスはエルゴンにまで導くことができるときにはじめて完結する。エルゴンを、それに必要な合理性原理にしたがって組織しうるときにはじめて」。[70] つまり、政治家を説得することができてはじめて、哲学は自らを完結させるのである。政治から距離を置くものの、政治への関係のなかにしか存在せず、哲学はその距離を自らの場とする。哲学と政治は「外在性、距離、しかし相関性」[71] という関係を結ぶ。これは、「自己から自己への距離」のなかに、到達すべき自己を現前させようとするストア的な「自己への関係」と、同型の関係ではないか。というより、フーコーが跡づける系譜にあっては、ストア派はプラトン哲学における哲学と政治の関係をモデルに、それを自己への関係へと変貌させた──このように再構成することができるだろう。「自己への関係」そのものにかんしては、プラトンの「汝自身を知れ」はあくまでも認識を優位に置き、その後、認識と実践が切り離されていく動きの端緒を形づくったものの、ストア派に観察された非推移性と実践の特殊な優位にかんしては、プラトンは哲学と政治の関係においてそれを先取りし、おそらくそれにモデルを提供した。

しかし哲学者は政治家に何を「教える」のだろうか。かかわる政体はどのようなものであってもよいのだから、あるべき政体、理想的政体の構成──法の内容──ではありえない。[72] また政治の実践（エルゴン）に「必要な合理性原理」は、政体自身が与えるはずである。プラトンは政体を人間の生体になぞらえ、その「健康」は「それぞれの政体が自らの本質にしたがって機能する」[73]ことにあると説いており、政治において「何をなすべきか」は哲学者が語るべきことではないだろう。[74]政治との関係において〈ほんとうのことを言う〉は、哲学にとっては政治の真理を語ることではありえないのである。政治に口をはさまないというソクラテスの態度も、そこに由来する。哲学に教えることができるのは、「エルゴンを、それに必要な合理性原理にしたがって組織する」ということ自体のみだ。その原理については専門家たる医者―政治家にまかせ、彼らの語るところに耳を傾けよ、と。しかし、それを政治家に教えるというのである。政治家に、政治家の語るところに耳を傾けよ、と。プラトンがシラクサの僭主ディオニュシオスに教えたのは実際、「自分自身に働きかける」こと、「自分自身とシンフォニー（*sumphônos*）の関係にある」ことであった。[75]つまり哲学は政治にではなく政治家に、自己を二重化せよと説く。政治家に、自己へと関係して主体になるよう教える。この「教え」が、政治に対する哲学の外在的関係を転位させたものであることは明らかだろう。つまり哲学者は、自己と政治との関係を、政治家に移し替えようとしているのであり、しかしこの移し替えこそ（移し替えるべき）自己と政治の関係にほかならないのだから、哲学と政治の間でここに生起しているのは関係の二重化である。哲学者の哲学者としての主体化と、政治家の政治家としての主体化が、同時かつ相互依存的に起こっているのだ。哲学者は政治家を主体化させてはじめて哲学者たることができ、政治家は自ら哲学者のように、哲学者として、自己の政治にかかわることができて――つまり哲学者になって――はじめて、政治家たることができる。哲学は政治問題（政治の真理あるいは、政治において何をなすべきか）ではなく、政治における主体化の問題にほかならない。それが自己と政治に哲学が語る〈ほんとうのこと〉である。「哲学する」主体のあり方と「政治を実践する」主体のあり方は同じであるが、外在性の関係にあり、かつ一人の同じ主体によって遂行されねばならない。[76]だからこそ哲人王が理想となると同時に、哲学者が王であるか王のアドバイザーにとどまるかは非本質的で状況的な問題にとどまる。いずれにしても、「あるべき統治」と「哲学を実践すること」は主体化という柄を共有する「フォーク」の交わらない二本の歯であり[77]、このフォークは〈図式〉として哲学と政治それぞれの側で「働いている」——エルゴンの状態にある。

そこに見られるのは「行為に働きかける行為」であるだろう。哲学と政治は一致しつつ一致しないで、それぞれの他者に対するエルゴンとして自らを定義する。政治は自らに対する哲学の働きかけを自己のなかで反復し、哲学は政治に働きかけることで自己へ関係する。ここで想起すべきは「行為に働きかける行為」とは、八二年のフーコーにあっては権力関係の定義にほかならなかったことだ。概念的な混同や議論の混乱があるのではないだろう。権力関係と主体化は、それほど「同じ」であるということ、フーコーの喩えをそのまま転用して一つのフォークの二本の歯と考えるべきであること、それが八三年講義には端的に見てとれる。次のように彼が述べたのも、同じ年であった。「〈いかにして主体は自らにかんする真理を語りうるか〉が私の問いであるとすると、この関係を規定する一つの要因は権力関係であるだろう。［……］私はいかなる点でも権力の理論家ではない。極言すれば、自立した問いとしての権力に私は興味がない[78]」。もはや言うまでもなく、この「同じ」が成立する場所を、ここでは〈外〉と呼んできたのだった。〈外〉がそのようであるから、実は国家もまた一人の、主体になろうとする主体にすぎない。

何の名において「クーデターは行われる」か。国家の救済である。自分自身との関係における国家の必然性が、ある瞬間に、法規や道徳や自然の掟を一掃するところまで国家理性を押しやるのである。国家自身の必然性、緊急性、必要性が、こうした自然の法の作用を取り除き、言わば国家に対する国家の直接的関係にほかならないようなものを、必然性や救済の旗印のもとで生み出す。国家は急速に、即座に、ルールなしに、緊急性と必然性を通じて、ドラマチックに、自己から自己へ働きかけるであろう——それがクーデターである[79]。

クーデターはもちろん権力奪取であり、他者との権力闘争の手段—結果である。とすれば、〈外〉には状況により哲学者になったり政治家になったり、さらには国家そのものとして現れたりする、主体になろうと〈闘う生(vie militante)〉[80]があるばかりだと言えるかもしれない。八四年、死の年に行われた講義でフーコーが特にその後半、集中的に語っているのは、実際、そんな生をまっとうする犬儒派哲学者である。路上のディオゲネスが、フーコーによって最後に選ばれた哲学者だった。大王アレクサンドロスを跪かせ、あなたになりたいと彼に言わせた、犬のように路上生活を送る哲学者である。彼の生は「自己に抗い自己のために、他者に抗い他者のために、格闘し闘争する生」[81]だった。「絶対的に全員に向けられた闘い」、全員を「揺さぶり、彼らに転回を、手荒に転回を遂げさせる」ための、「開かれた環境」すなわち街頭での闘争。[82]「世界のなかで世界に抗う闘争」[83]。もちろん、フーコーがそんな生をそのまま理想として追い求めたと言うことはできないものの、そんな生がなければ、その後ストア哲学も牧人権力も、一九世紀の革命思想も——フーコー的系譜学にあっては——生まれえなかったことはたしかであり、何より「思想的」には、つまり理論的自己認識のうえでは、ディオゲネスはあくまでもプラトンの忠実な弟子だったのである。〈外〉はそうした差異が無化されるところであり、かつ、そうした差異が噴出する母胎となるほどに糸の細い「クモの巣」でもあった。そこは「永続闘争」[84]の場である。「我々とは誰か?」、と繰り返し問いが発せられる闘争の。では、フーコーの死後、我々とはいったい誰であるのだろうか。

注

(1) Michel Foucault, *Le Gouvernement de soi et des autres, Cours au Collège de France. 1982–1983*, Gallimard / Seuil, 2008. 以下 *GSA* と略記。なおこの一月五日の講義は生前に抜粋が書評誌『マガジン・リテレール』(*Magazine littéraire*, mai 1984) に掲載され、同版はそのまま *Dits et écrits, 1954–1988*, tome IV 1980–1988, Gallimard, 1994 (『ミシェル・フーコー思考集成』全一〇巻、筑摩書房、一九九八—二〇〇二年、第一〇巻) に「啓蒙とは何か」(«Qu'est-ce que les Lumières?» ただし邦題は「カントについての講義」) というタイトルで収録されている。フーコーには同タイトルのテキストがもう一つ存在するが、これについては後述 (注(5)参照)。なお本文中フーコーからの引用はすべて原文から訳し直し、邦訳のあるものについては該当頁数を記すにとどめる。

(2) *GSA*, p. 8.
(3) *GSA*, p. 42.
(4) Michel Foucault, *Le Courage de la vérité —— le gouvernement de soi et des autres II, Cours au Collège de France. 1984*, Gallimard / Seuil, 2009. 以下 *CV* と略記。
(5) «What is Enlightenment?», in Rabinow (éd.), *The Foucalt Reader*, New York, Pantheon Books, 1984. 講演はカリフォルニア大学バークレー校において、八三年秋に行われた。なお八四年はカントの『啓蒙とは何か』刊行二〇〇周年であり、それを記念するという意味もあったようである。David Macey, *Michel Foucault*, Gallimard, 1994, pp. 459–460 による。テキストのフランス語版は前記 *Dits et écrits*, tome IV に収録されている（『思考集成』第一〇巻）。
(6) *GSA*, p. 322.
(7) Michel Foucault, *Sécurité, territoire, population, Cours au Collège de France. 1977–1978*, Gallimard / Seuil, 2004. 以下 *STP* と略記。邦訳『ミシェル・フーコー講義集成〈七〉安全・領土・人口』高桑和巳訳、筑摩書房、二〇〇七年。
(8) 特に二月二二日の講義を参照。*STP*, pp. 167–188.『安全・領土・人口』二〇三—二二八頁。
(9) *STP*, p. 153. 同書一八五頁。
(10) *GSA*, p. 321.
(11) *GSA*, p. 13.
(12) *Ibid*.
(13) *GSA*, p. 22.
(14) «Le sujet et le pouvoir», in *Dits et écrits*, tome IV, pp. 231–232.『思考集成』第九巻　九—二〇頁。
(15) *Ibid*., p. 232. 同書二〇頁。
(16) *Idid*., p. 231. 同書一九頁。
(17) *GSA*, p. 19. フーコーによるカント『啓蒙とは何か』からの引用。
(18) *GSA*, p. 27.
(19) *Dits et écrits*, tome IV, p. 569. 注(5)のバークレー校講演である。なお講義ではボードレールへの言及はない。『思考集成』第一〇巻一二頁。
(20) *Ibid*., p. 574. 同書二一頁。
(21) もちろん、フーコーのブランショ論「外の思考」（一九六六年）を念頭においている。『思考集成』第二巻所収。
(22) *GSA*, p. 27.

(23) *GSA*, p. 322.

(24) «Subjectivité et vérité», in *Dits et écrits*, tome IV, p. 213. 原テキストは八〇—八一年度講義のレジュメとして、『コレージュ・ド・フランス年鑑』(八一年次) に発表された。『思考集成』第八巻四四三頁。

(25) Michel Foucault, *L'Herméneutique du sujet, Cours au Collège de France. 1981–1982*, Gallimard / Seuil, 2001, pp. 15–20. 以下 *HS* と略記。邦訳『ミシェル・フーコー講義集成〈一一〉主体の解釈学』廣瀬浩司/原和之訳、筑摩書房、二〇〇四年、一八—二三頁。

(26) ジル・ドゥルーズ『フーコー』宇野邦一訳、河出書房新社、一九八七年、一八一頁。

(27) 同書同頁。

(28) 同書一六三頁。

(29) 同書同頁。

(30)「統治性」概念については、箱田徹『抵抗と権力から統治の主体へ——統治概念の生成と発展としての後期フーコー思想』(神戸大学総合人間科学研究科博士論文) を参照。

(31) *STP*, p. 77.『安全・領土・人口』九二頁。

(32) *STP*, p. 111. 同書一三二頁。

(33) *HS*, pp. 241–242.『主体の解釈学』二九四—二九五頁。(強調引用者)

(34) 注(14)参照。

(35) «Le sujet et le pouvoir», op. cit., pp. 233–236.『思考集成』第九巻二一—二五頁。

(36) *Ibid.*, p. 237. 同書二五頁。

(37) *Ibid.*, p. 238. 同書二六頁。

(38) *Ibid.*, p. 237. 同書二五頁。

(39) *Ibid.* 同書同頁。

(40) ドゥルーズの評言によるところが大きいだろう。彼の前掲書および『記号と事件』(宮林寛訳、河出書房新社、一九九二年) に収められたフーコーについてのインタビューを参照。また、一九七七年に書かれ、人を介してフーコーに手渡されたという「欲望と快楽」(原題 «Désir et plaisir»、ジル・ドゥルーズ『狂人の二つの体制』宇野邦一訳、河出書房新社、二〇〇四年、に収録) では、前年に刊行された『知への意志』においてフーコーは「構成的主体」の観念に回帰しているのではないか、という懸念さえ表明されている。

(41) 特に七八年二月八日の講義を参照。*STP*, pp. 127–129.『安全・領土・人口』一五三—一五六頁。

(42) *STP*, pp. 149–150. 同書一八〇—一八二頁。

（43）*HS*, p. 244.『主体の解釈学』二九七頁。
（44）«Le sujet et le pouvoir», op. cit., p. 238.『思考集成』第九巻二六頁。
（45）*HS*, pp. 213–214.『主体の解釈学』二六一頁。
（46）*GSA*, pp. 44–45.（強調引用者）
（47）八二年講義録（*HS*）の編者フレデリック・グロが解題に引用しているフーコーの草稿より（*HS*, p. 520.『主体の解釈学』六〇二頁）。この草稿は「自己と他者の統治」と題されており、翌年からの講義の元になったと思われる。なおここでフーコーはこの「インターバル」をストア派のセネカに帰している。
（48）*HS*, p. 346.『主体の解釈学』四一二頁。
（49）*Ibid*, p. 233. 同書二八五頁。
（50）*Ibid*. 同書同頁。
（51）*Ibid*. 同書二八六頁。
（52）講義二日目（一月一二日）午後の回において。*GSA*, pp. 59–61.
（53）*GSA*, p. 60.
（54）*GSA*, p. 61.
（55）*Ibid*.
（56）*GSA*, p. 62.
（57）*GSA*, pp. 62–63.
（58）一月一九日と二六日。同年秋にはカリフォルニア大学バークレー校でも、『イオン』をめぐる講義を一日行っている。秋の連続講義はアメリカで出版され、邦訳もある。ミシェル・フーコー『真理とディスクール——パレーシア講義』中山元訳、筑摩書房、二〇〇二年。
（59）*GSA*, p. 66.
（60）*GSA*, p. 92.
（61）*GSA*, p. 45.
（62）*GSA*, p. 135.
（63）*GSA*, pp. 142–143.
（64）*GSA*, p. 127.
（65）*Ibid*.

（66）特に一月一九日午後の講義を参照。*GSA*, pp. 79–85.
（67）特に二月九日午後の講義を参照。*GSA*, pp. 194–196.
（68）*GSA*, pp. 201–202.
（69）*GSA*, pp. 229, 233. ここにはむろん、プラトンにおける「エクリチュール蔑視＝ロゴス中心主義」を断罪するジャック・デリダへの批判的応答を読み取りうるだろう。しかし「自己への関係」をめぐるフーコーの議論そのものが、「自分が語ることを聞く」に形而上学の発生を見るデリダへの異議申立てであったかもしれない。
（70）*GSA*, p. 202.
（71）*GSA*, p. 323.
（72）*GSA*. p. 194.
（73）*GSA*, p. 195.
（74）*GSA*, pp. 264, 267.
（75）*GSA*, p. 249
（76）*GSA*, p. 272.
（77）*Ibid*.
（78）«Structuralisme et poststructuralisme», in *Dits et écrits*, tome IV, pp. 450–451.『思考集成』第九巻、三二五頁。
（79）*STP*, p. 268.『安全・領土・人口』三二五頁。
（80）*CV*, p. 261.
（81）*Ibid*.
（82）*CV*, p. 262.
（83）*Ibid*.
（84）*CV*, p. 264.

第17章　自生するものについて

――アメリカ、二〇世紀をめぐる試論――

円環は再び閉じ、新たな作用が始まる――ジャン・スタロビンスキー『作用と反作用』[1]

田中 祐理子

はじめに――二つの科学

科学史家チャールズ・C・ギリスピー（一九一八―）は、一九八一年に京都の同志社大学に招かれ、創設者・新島襄を記念する「新島レクチャー」のために二日間の講演を行った。講演はそれぞれ、「アメリカ科学の成人（一九一〇―一九七〇）」、「フランス科学の繁栄（一七七〇―一八三〇）」と題された。後に『科学の職業化』の題で刊行されたこの二本の講演[2]の舞台のうち、フランスは彼にとってそれまで長く研究し続けてきた専門領域であり、一方でアメリカは彼が「数年前、手を広げること、あるいはむしろ古巣に戻ることを決めて」、プリンストン大学に新しく学部生向けの科目を開設したばかりの主題だった。初日のアメリカ論は、この「アメリカ科学史（History of American science）」講義での主要な議論を要約したものだという[3]。

彼は講演の冒頭で、「科学が社会と文化に対して持つ関係」をフランスとアメリカという二つの異なる歴史的領域において比較することは、日本人の聴衆たちにとっても意義を持つはずだと語った。「私は日本の歴史については嘆かわしいほど何も知りません。［……］ですが、私はまず初めに、アメリカにおける職業的科学の誕生は、日本における西洋型の科学と技術の導入と、歴史的にほぼ同時に起こっているということを申し上げておくことは許されると思います。恐らく、両者はともに、文化変容の問題として研究されることができるでしょう[4]」。彼はこのとき実際、まさに「文化変容の問題」を体感していたのかもしれない。一八五三年の黒船の到来時に一〇歳だった上州安中藩士の息子、新島七五三太《しめた》少年が数奇の運命を辿った末に設立された同志社大学の、「その京都の中心にあるキャンパスの真ん中に、アーモスト大学のキャンパスにあっても何もおかしくない、フェデラル様式のレンガの迎賓センターがある[5]」という空間に立ったことは、彼に強い印象を残したように見える。「本当に同じものが、そこにはある（Its like, indeed, is there）[6]」と、このときの経験について後に彼は記している。彼は自分がこれから語ろうとしている二つの地域・時代の間の連関が、さらに他の数多の第三項たちへと繋がれるべきものであることを、確認したばかりだったのかもしれない。

ギリスピーは一九一八年ペンシルヴァニアに生まれたアメリカ人である。アメリカ科学史の講演において、彼はやや誇張して、この「二〇世紀初頭生まれのアメリカ人」の立場から語ることを選んだ。

科学史家としての彼にはむしろフランス科学の方が親しい領域であるが、しかし「学問的にはそうでなくとも、個人的な意味では、フランスよりもアメリカのケースの方がより身近なものです[7]」。「アメリカ科学の成人」という講演の舞台とされた時期と場所で、まさに自ら成人した彼の眼をレンズとして、率直に内側から描かれる「青年期の」アメリカは生気に満ちている。そして、この「青年アメリカ」への眼差しの質において、ギリスピーは最も効果的な人物の名を語り相手として持ち出すことで、自分の「アメリカ人」という位置を、聴衆に向かって際立たせるという戦略を採る。その人物との関係において、ギリスピーは見事にこのアメリカ論と翌日のフランス論との関係、そして自分自身とフランスという研究対象との関係までを、同時にこの対比の下に示唆してみせるのである。彼の「アメリカ科学史」は、このような明確な意図をもって召喚されたアレクシス・ド・トクヴィルの、『アメリカのデモクラシー』におけるいくつかの言葉に対して、「我々の・我々は」という語を使いながら応答するという形で語り出されている。

一八三一年に若き調査者としてのトクヴィルが見たアメリカと、その一〇〇年後にギリスピーが「一九三〇年代の学生の一人」として生きたアメリカとが、こうして図式的に語り合わされることになるのであるが、それはちょうど、「アメリカ」がその一世紀の間にすっかり成長して、まだ荒削りだった自分を見て驚きの溜め息をついたフランスからの客と、向き合って言葉を交わせるまでになったというかのような趣を見せる。もちろんギリスピーは、その一世紀の間のアメリカの大発展を誇って、時代遅れに新世界を侮り嘆いたヨーロッパ人を断罪するわけではない。それはトクヴィルが、野蛮な新大陸の社会と風習に眉をひそめることで自分たちの社交空間を作り上げていた、往時の多くのヨーロッパからの客人たちとは全く異なる目と感覚で、アメリカを旅し見つめたことと同じである。この相似形ゆえにトクヴィルを取り上げるのだということはギリスピーも明言している。彼らはともに「学者」であり、初めに「異邦人としての距離」を持ちながらもそれを越える「理解」を互いの世界に対して抱くに至った点で共通している（「さらに、彼のアメリカに対する関係は私のフランスに対する関係と、ちょうどお互いに向かい合うものだったのです」）。(8)

そして恐らくはこの両者の対峙という図式化によって、第三者と見なされた日本の聴衆たちは、まずギリスピーの二日間の講演のための最も大事な前提を、理解するよう促されていたのではないだろうか。すなわち、彼がこれから話そうとしているアメリカの科学とフランスの科学とは違うものである、ということについて。

1　新成人の出来――「アメリカ」の科学史

講演においてギリスピーが具体的に応答したのは、『アメリカのデモクラシー』の第二巻第一部第九章（「アメリカ人の実例は民主的国民が学問、文学、芸術への適性を欠き、その趣味をもたない証明にならないのはどうしてか」）のいくつかの記述と、それから特に、続く第一〇章（「アメリカ人はなぜ理論より学問の実用にこだわるのか」）の議論に対してであった[9]。

第九章でのトクヴィルの議論、特にその冒頭は短いなかに細かい捻れを含んでいて、確かにそれ自体が興味深いテクストである。章題のとおり、主題となっているのは民主的な社会の発展と、「高度な学問・芸術」の不在、すなわち「精神的なもの」や「美しいもの」の欠如とを、一つの必然的な関連として片付けようとする態度への反駁である。トクヴィルはアメリカで学芸が発展していないのは「認めねばならない」が、それは「アメリカ的」問題なのであって「民主的」な社会一般の問題ではないのだと主張している[10]（そしてギリスピーはこれを受けて、「よりいっそう傷つけることは、トクヴィルはこの低水準の事態を、多くの人が考えたであろうように我々が民主的であることに帰するのではなく、むしろ我々がアメリカ人であるということによるものだとするのです[11]」と嘆いてみせている）。

ところで、ここでアメリカの事例を「民主的社会一般」の事例と混同してはならないのと同様に、ヨーロッパ人はアメリカ人を自分たちから切り離して考えてはならないとも、トクヴィルは続けて言う。ここに彼の繊細な思考の足取りが現れる。観察者としての彼は、アメリカに対して設定すべき自らの視点の距離を、精密に調節しようと努めている。アメリカとは特殊な例である。しかし、それはヨーロッパ人と無関係のものではない。そしてまさにそれゆえにこそ、アメリカ人たちは現在のアメリカ人のようになったのだと、トクヴィルは説くのである。アメリカとは、ヨーロッパのある一部――「イギリス」という、フランス人トクヴィルにとってのもう一つの異域――が別の場所で、独自の展開を遂げたものである。「合衆国の人民はイギリス人の一部が新世界の森林開拓に当たっているものであり、残りの部分はそれに対して、より余暇に恵まれ、生きるための物質的配慮を気にせず、考えることに集中し、人間精神をあらゆる方向に発達させることができるのである[12]」。そして「学識を誇り文芸を好むヨーロッパが真理の一般的源泉に繰り返し立ち返ることを引き受け」ている間に、「アメリカの住民は共通の起源と類似の習慣によって自分たちが固くつながっている一国民を特別視していた。この国民の中に著名な学者、すぐれた芸術家、偉大な作家を見出せば、知的財貨の宝の山を労せずして手に入れることができ、自ら宝を集める努力を払う必要はなかった[13]」のだ。

　アメリカ人の姿は確かに「まったく例外的[14]」なものである。従って、それ自体を到来しつつある「民主社会」の相貌だと、一足飛びに抽象的な理念へと転じさせてはならない。同時にこの「例外」が自分たちと完全に隔絶したものだと考えてもならない。トクヴィルは自らがよく知るものから出現した一つの状況、一個の具体化した運命として、厳密にこの「固有」を眺め直すよう同胞たちに勧める。アメリカという具体的な「一社会」に固有のいわば「社会学的事実」を観察するからこそ、それは別の「一社会」たるフランスを彼に考察させるいくつもの有益な枠組を与えるだろう。それらの枠組において「一社会」が経験した事態を理解するからこそ、逆にそこから理念的に「このような社会」に訪れるかもしれない将来を論じてみる足場が得られるのであろう。同章の後半では、「民主的で自由な社会」に、やがて「無限なもの、精神的なもの、美しいもの」へと本性的に向かわずにいない（とトクヴィルが信じる）人間精神が生み出すであろう活動の、その可能性と限界とが考察されている。その考察と、次に書かれるような「アメリカ人」についての理解とは、彼のなかではまず峻厳に区別されながら、その位相差のゆえにこそ重ね合わせて眺められるべき、特権的な二つの社会学的図像なのである。「彼らの起源はまったく清教徒《ピューリタン》的であり、習慣は商売一辺倒、住んでいる土地そのものが学問、文学、芸術の研究から彼らの知的関心をそらせている。ヨーロッパと隣り合っていることが、これらを研究せずとも野蛮に帰らずにすむことを彼らに許している。ここでは主要な原因しかあげることができなかったが、数多くの要因が与《あずか》って、アメリカ人の精神を純粋に物質的なことがらを考えるように異様なまでに集中させた。情念と欲求、教育と状況、実際すべてが合衆国の住民の目を地上に向けるのに力を合わせているように見える。宗教だけが、時折、移ろいやすく気のない視線を天上に向けさせることがあるだけである[15]」。

さて、続く第一〇章は、このように近しくも異様なアメリカ人が、「故郷」に残ったヨーロッパ人たちに「真理」と「哲学」を任せている間に、何を突出させたかについて論じている。これも章題から明らかな通り、それは「実用」の部分であり、これこそは一〇〇年後の青年ギリスピーがまさに実体験した「事実」でもある。そしてこの歴然たる事実を結節点としながら、ギリスピーは、彼の側から見える「アメリカ」を、彼の偉大なるフランスの対話者へと投げ返していくことになるのである。

「一九三〇年代に青年期を過ごしたアメリカ人」としての語りを選んだギリスピーが、「アメリカの科学」の固有性によりいっそうの権利を主張するのは、何も不思議なことではないと思われるかもしれない。しかしながらここにおけるギリスピーの議論は、選択的にトクヴィルと対比すべきものとして呈示された、彼自身の意識的な「学問的姿勢」について先に強調しておいたとおりに、決して単純に「アメリカ人によるアメリカの弁護」として理解されてよいものではない。

トクヴィル自身も応用に関わる領域におけるアメリカ人の躍進の現実的なめざましさを認め、彼ら独特のありようの結果として、「力学の一般法則の一つとして発見したことのないアメリカ人が、航海術では世界の海を一変させた新しい機関を導入した[16]」ことには言及している。なるほど二〇世紀以前の科学史上にその名を残したアメリカ人と言えばフランクリンとギブズくらいしか思いつかれない、と科学史家ギリスピーは頷く。しかし、トクヴィルも触れずにいなかった蒸気船を建造しセーヌ河を走らせたアメリカ人フルトン（一八〇三年）、繰綿機を作りアメリカ南部に綿産業の王国を出現させたホイットニー（一七九三年）、ワシントンとボルチモア間の電信を成功させたモース（一八四四年）、それからアメリカ海軍の最初の蒸気船を造り、やがて船団とともに浦賀まで辿りついたペリー提督……、これらの名前を連ねながら、ギリスピーは次のように主張することになる。『彼らの、そしてその他何千という機械は、いかにも不十分に応用として定義されていますが、どこか別のところに真の生命を持っている科学というものの身体から、その活力を引き出している寄生物として分類されるには、あまりにも力強いものです[17]」。

トクヴィルは社会学の誕生期における自覚せざる社会学者であったが、一方でギリスピーは、極めて自覚的に科学史家であろうとしている人物である。従って、もとより当然のことながら、この両者には先にギリスピーが方法的に強調した共通点とは別に、決定的に異なる部分もある。例えば「学問」としての「科学」のありようは、トクヴィルの論じるそれとギリスピーの考えるそれとでは大きく異なっている。右のような「応用」が「寄生物」であることを否定して、そこに「固有の生命力」を主張する科学観それ自体は、トクヴィルがアメリカを旅した時からの一〇〇年の間に展開された科学史と、それから一方では科学史および科学哲学という学問の歴史とを、同時に反映するものであることが指摘されるべきだろう。二〇世紀後半における科学史的研究の対象が、無条件に唯一つの「真の生命」を持った何ものかではありえないことを、例えば、『科学革命の構造』を出版したばかりのトーマス・S・クーンを六四年にプリンストン大に招聘した人物であるギリスピーは、もちろんよく知っているからである。

ギリスピーは、大恐慌後の三〇年代を生きるアメリカ人学生にとって、化学、工学、電気学、航空力学、地質学、そして医学といった「理系」学問がいかに切実に「より前途多望な」領域として感じられたかを、実際そのエートスに身を浸した者として証言している。ただし、これは決して単に恐慌後のアメリカにおける経済的条件に対応しようとしただけの態度ではない。そうではなく、それは何か「アメリカ的経験」というもののうちにその形成を跡づけるべき態度なのだと彼は強調する。「私たちの殆どはトクヴィルについて聞いたこともなかった。私たちのうち誰も、例えば魚の群れが自分たちの生き呼吸している小川について知りうる以上に、アメリカの科学といううものについての形式的な理解などというものを持ってはいなかった。もし私たちが基礎科学に低い価値しか認めない文化に属しているのだと言われたとしたら、さぞ驚いたことだろう。驚くだろうし、納得しなかっただろう。そして今や私は、科学それ自体が、そのような結論を発見する諸学問の研究対象たりうることはよく知っているのだが、それでもなお納得しないのだ[18]」。このように思わずにいられないギリスピーが辿る、アメリカの科学の歩みとは、ではどのようなものだったのだろうか。

一九世紀後半のアメリカは、同時代における先駆者たる西ヨーロッパ諸国の例のうちから、選択的にドイツの方法を輸入することで、その科学の形成を図った。[19] まず確認しておくならば、この時点で「科学」は、すでにトクヴィルの眼前にあったものから、先に述べた第一の意味において決定的な一歩を踏み出している。今日我々が科学史上に追跡できる事実として、特にフランスとドイツという二つの場所において、科学の形式と内容は、一九世紀を通じて交差的な足取りを描きながら変貌していくこととなったからだ。ギリスピーはこの史的展開を「大学」と「産業」と「学問」、そして——発展期のアメリカ科学においてそれはむしろ「不在」の形で確認されることになるのだが——「政府」あるいは「国家」という、四つの項の関わりによって説明する。

まずフランスにおいて社会的存在としての科学の新たな様態（ギリスピーはこれを「専門職業化」として主題化するものである）が顕著になるのは一八世紀の後半であるが、この変化は大革命を挟む前後の政治的諸状況に深く連動しながら、諸アカデミーもろともコンドルセやラヴアジェを死に追いやった恐怖政治期を生き延びた科学者たちの手によって、一つの国家的な教育制度、すなわち「理工科学校」として具体化することとなる。[20] 一七九四年、化学者フルクロワは同校の前身である中央公共事業学校の設立を提案する国民公会演説において、この学校を「啓蒙の影響力を共和国の防衛に役立てる機会」と呼んだ。[21] 同校と高等師範学校は「共和国にすぐに利益をもたらす」ためにフランス国中の「すでによく準備のできた若者」を集め、国家を支える人的資源を啓蒙の効果によって確保する特権的機構としての役割を果たすだろう。

ところで、このフランスの「革命的な」教育制度に学んで隣国ドイツで生まれることになるこれに似た制度は、しかしやがて独自の発展を遂げて、一九世紀の終わりまでにはフランスが――「科学による反革命」論者フリードリヒ・A・ハイエク（一八九九―一九九二）によれば――「明らかに世界第一級の地位からドイツのみならず他の諸国よりも劣る地位に相対的に衰退[22]」したと評されるような事態が到来した。理工科学校の教授ゲ＝リュサックの指導を受けたドイツ人化学者ユスタス・フォン・リービッヒは、帰国するとギーセン大で徹底して設計された「実験室教育」を開始する。一八三〇年代に確立するこの「ギーセン・プログラム」は改革の波にもまれていたドイツの各大学に強く影響を与え、「研究型」の諸大学および技術学校の発展の強力な呼び水となるだろう。やがて普仏戦争の直前の一八六八年、高等師範学校の理科学教育の責任者となっていたパストゥールは、彼の国家に向けて次のように訴えることになる。「実験室は未来、富、幸福の殿堂である。［……］こういった真理の有益な息吹を受けた民族がある。ここ三十年来ドイツは全国に大きくて立派な実験室をつくったが、今も日々新しい実験室が誕生している。ベルリンとボンは共に四百万フランをかけて化学研究のための施設をつくった。サンクトペテルブルクは三百万フランで生理学研究所をつくった。イギリス、アメリカ、オーストリア、バイエルンも研究に対して気前よく出費している。［……］それでは、フランスはどうか？[23]」。

アメリカで採用され広く展開するドイツ型「研究大学」のありようはフランスの理工科学校と似ていながら、重要な一点において対照的であるとギリスピーは指摘する。すなわち先述の四項のうちの「政治」を明らかに反映して、パリの理工科学校の国内諸教育機関に対する中央集権的な性格とは逆に、ドイツとアメリカにおける諸大学は「連邦的」なものとして形成されてゆくこととなった。このような大学・研究機関のあり方の違いは、「競争」という原理が科学研究に与える作用において、決定的な差異をもたらす。そしてここに「産業」の要素がさらに独自の活力と資源として強く参入してゆくドイツとアメリカ共通の状況は、科学が遂行される動機と方法と場所とに、明らかに一八・一九世紀のフランスが知っていたそれとは異なる姿を与えることになった。

例えば一八七六年、ボルチモアの鉄道王の遺産によって設立されたジョンズ・ホプキンズ大の医学教育モデルは、すぐさまハーバード、イエール、プリンストンといった既存の権威ある諸機関に浸透することになった。このジョンズ・ホプキンズ大医学部の初代学部長であるウィリアム・H・ウェルチは、その二五年後には、石油王ロックフェラーの莫大な私財を消費するために設立されたロックフェラー医学研究所の初代理事長も務めている。[24] 彼は草創期の細菌学と公衆衛生を主にドイツ語圏の大学で修め帰国した人間であり、ドイツ型実験室の方法と器具をアメリカに持ち帰り、これを基盤にアメリカ医学を築いてゆく（なお周知のとおり、ほぼ同じ時期に、日本でも北里柴三郎によって同じことが行われる）。この時期、一九世紀から第一次大戦にかけてのアメリカにおいては、「第一次大戦までは実質的にドイツ科学であった」医学と有機化学、あるいは「ここにおいては明らかにアメリカの産業的研究が先導者であった」電気学が、資金と学生とが最も集中した領域となった。[25] このような、一九世紀には世界規模に顕著な特徴であるといえる科学研究総体への人的および経済的な資源投入の急増は、同じように急速に科学それ自体の、いわば「内的」な変化をも惹起する力を持つ。すなわちここには、「新しい科学」が生まれるのである。

新興国アメリカは、この「新しい科学」の生成しやすい領野から、単なる「生徒」の学びと応用の分を越えて、先導的な「基礎」の部分への参入を果たしていくことになる。ギリスピーによれば、アメリカによる基礎科学への最初の参入は、遺伝学、物理化学、天体物理学の三分野で、第一次世界大戦の前夜に実現した。彼が一八六五年（「南北戦争の終わり」）に起点を設定する「アメリカ科学史」の中で、他ならぬ一九一〇年にその「成人期」の開始を主張する所以である。

さて、まずアメリカの側からこの出来事を見るならば、なるほど問いは次のように発せられることになるのだろう。

これらの三つの研究領域がすべて複合科学であり、そして元々の学問領域の境界の上にというより、むしろそれらの間の結合の内に生じたという点で共通していることは、恐らく注目に値する。専門的科学の初期の段階において、つまり境界線が厳格なものになりすぎる前には、学問領域の境界線を越えることが容易だったと結論してよいのだろうか？　そして、アメリカの制度が他に比べれば持っていた流動性や柔軟性が、すでに確立された分野においてはアメリカ科学がほとんど競争力を持ちえなかった同じ時代に、その時期ならではの、ある優位性を我々に与えたのだ、と？[26]

しかしながら、この問いかけがひとたび「そういうことなのかもしれない（It may be so.）」[27]と首肯されたならば、その後すぐに続いて確認されるべきは、この「アメリカ的」と呼ばれている経験が、むしろ「科学」それ自体の主要な経験となってゆく、もう一つの歴史的事態と言うべきものである。

まず一方には、コロンビア大学のトーマス・H・モーガン一門が、確かに一九一〇年頃から、ショウジョウバエを精査しながら拓くことになるメンデル遺伝学の新たな領野、「遺伝子」という概念に物質性が与えられた新たな段階と、そこに出現する研究上の広大な新世界というものがある。世紀の初めに有名な「再発見」がなされてもなお、原理としては考察可能でも実際に分析の対象とされるべき物体と決定的に出会えてはいなかった一九世紀オーストリア人僧侶メンデルの「遺伝の法則」が、染色体のさらなる細分化に繋がる形で実体化への道を示されたことの意義は大きく強調されるべきものである。[28]

また、ギリスピーは物理化学の分野において、アメリカ産業界の科学に対する欲求が、ある時から「応用」としての間接性を飛び越えて、むしろ直接研究それ自体に向けられるようになったことも確認している。応用すべき材料である、基礎研究の成果それ自体を、産業すなわち経済力が渇望し産出に直接関与する構図が現れる一時点があるというのだ。応用は早々に既存の基礎研究を追い越してしまうのである。応用の局面における実際的利益に対する欲望それ自体が、基礎研究の活力となり、これを生み出す構造における転換が訪れる。例えばマサチューセッツ工科大学が、その移行の特権的な舞台となったと名指しされる。爾来「基礎研究」は、「アメリカ科学」の主たる内容である。

そして、これらの二つの事実、つまり「応用」への欲求が既存の成果——つまり旧大陸の生んだもの——を追い越す瞬間の到来と、遺伝学というこの上もなく肥沃な——とその後確認されることになる——新領域の開拓が実現したとき、それらを追究し実現する研究という行為そのものが、「アメリカ式」になされるということが大きな意味を発揮するようになる。ここに、ギリスピーの最も重要な指摘がある。

ギリスピーはこの「アメリカ式」という「様態」こそを、トクヴィルが「哲学」と呼んだものに対置している。確かに、それは「デカルト主義」とも「ベーコン主義」とも、「カント主義」とも、直接には比較のしようがないものである。アメリカ科学の「生命」は、その起点においてトクヴィルがこれを対比してみせたものとは、もはや全く異なる形態をとっている。「そうではなく、アメリカ科学において決定的なのは、規模である。すなわち一つの結果を達成するために、多大な距離を超えて人、金、資材を大量に調達する能力である。実際に、アメリカの歴史を貫くライトモチーフとは、常に規模の拡大である[29]」。

具体的に、さらにここから生じた展開を追記しておくと以下のようになるだろう。

このアメリカという壮大な器は、やがて三〇年代にナチス・ドイツの出現によってヨーロッパから追いやられた一群の科学者を集め受け容れるとともに、この旧大陸の敵に先んじるという確固たる動機と、そのために再び莫大な物的資源を研究者たちに供給し、他に類を見ない巨大な施設と装置とを作り上げることになるだろう。言うまでもなくそれはやがて日本の広島と長崎に投下される原子爆弾として結実し、人類に未曾有の経験をもたらす。それと同時に、この直後から、アメリカで原子力研究に注がれていた人的・物的資源は、遺伝学を中心とする医科学的研究に流れ込むようになる。一方で、原子爆弾の開発に集められた頭脳による、この前代未聞の兵器の開発競争の過程からの、もう一つの産物たる情報科学は、同時期の分子生物学の進展自体に重大な貢献をしたものであるとともに、やがて両者は完全に融合して、二〇世紀以降の科学研究の中心たる生命科学研究の形式を決定したとさえ言えるだろう[30]。

「彼らの、そしてその他何千という機械は、いかにも不十分に応用として定義されていますが、どこか別のところに真の生命を持っている科学というものの身体から、その活力を引き出している寄生物として分類されるには、あまりにも力強いものです」。最も単純にこのギリスピーの言葉を解釈するならば、なるほど、上記のような歴史的展開を経た後から見れば、産業すなわち利益への欲求に軸足を置く「科学」のあり方を、二次的なものとして扱うのは不十分である、という主張とも理解できるであろう。ここにあるものを、それ以前にあったものの単なる派生物と呼び続けるのはやめてほしいと、独自に大きく発展することに成功した「アメリカ科学」が言い返していると見ることも、やはりできるのではと思えてくる。あるいは科学のみならず、あらゆる場面において人々がよく知るとおりに、それほど「アメリカ」の経験した二〇世紀とはもはや「力強い」ものではないか、と。

ギリスピーの主張の中には、実際そのような率直な心情も含まれうる。しかしながら、先にも述べたとおり、科学史家であるギリスピーがトクヴィルに対して二〇世紀側から投げ返すべき、より重要な事実とは、それとは別のところに存在している。むしろギリスピーの「アメリカ科学史」講演は、新しい「例外」として生き始めていたことをトクヴィルが目撃していた「アメリカの科学」が、その後一世紀を経て確かに一個の「成体」となったことを、一〇〇年後に来た目撃者として、ここでトクヴィルに向けて証言しているのである。しかも彼はそれが、圧倒的に拡大する「規模」という「様態」、その姿において「哲学」と拮抗しうる「もう一つの生命」となったのだと主張したのである。それは失われた旧世界を惜しむ悲嘆でもなければ、新世界の勝利宣言でもなく、ただひたすらに、歴史家が確かめた一つの現在の姿である。

「それゆえ、民主的な世紀に生きる人々が本来学問、文学、芸術に無関心だというのは正しくない。ただ、彼らは彼らの流儀でこれらを学び、彼らに固有の長所と短所をこの方面にももち込むことは認めねばならない[31]」。ギリスピーはトクヴィルのこの言葉を引いて彼のアメリカ科学史の講演を閉じるのだが、ここには、トクヴィルの側からも、ギリスピーの側からも、複雑に捩れた「彼らの」歴史へと向かおうとした決意を受け取ることができるだろう（ギリスピーはこの引用の目的を、聴衆に対して、自分とトクヴィルとの間に敵対の印象を残さないようにしたいからだと説明した）。そこにあるものを「認めねばならない」。世紀を挟んで、彼らはその両側から、この同じ課題を見つめているのだ。

2 「バイオテクノロジー」の日常的実践——「アメリカ」の民族誌？

「アメリカにもう一度話を戻すことをおゆるしいただきたい、というのも、あそこではこのような事柄が、その最も強烈で独特な姿で、しばしば認められるのです[32]」。一九九六年に出版されたポール・ラビノウ（一九四四—）の『ＰＣＲを生み出す』の冒頭には、マックス・ヴェーバーのこの言葉が掲げられている。しかしながら奇妙なことに、この言辞それ自体は、書物の中で説明されることがない。

人類学者ラビノウはこの著書において、一九八五年に発表されて以来およそすべての分野で生命科学研究の光景を一新させてしまった技術、ポリメラーゼ連鎖反応法（polymerase chain reaction）の開発の舞台となったアメリカの一ベンチャー企業シータス社の社員および元社員たちにインタヴューを行い、これを題材に「一九八〇年頃、科学、技術、文化、社会、経済、政治、そして法律という、それぞれがその前の数十年は別個の軌道を辿ってきた各要素の、ある独特の布置として」出現した、「バイオテクノロジー」と呼ばれるものの構成機構を明らかにしようとしたのだと言う[33]。

ラビノウはこの書物がアメリカ論であるとは一度も述べていない。彼はただ一度、この本の終わりに近い箇所で、「シータス社の研究者たちが自分自身について行なった説明を見ると、彼らは正直で、知的で、働き者で、かなりの楽観論者であることがわかる。このアメリカ人たちはプロの集団なのだ（These Americans are professionals）。彼らは、その形成と管理とにおいて彼らが能動的役割を果たしている一つの動的環境に、基本的に慣れた様子を見せている」[34]と記しており、つまり彼が題材としている「研究者たち」が「アメリカ人」であることは、むしろすでに当為であることを我々に知らせるのである。「バイオテクノロジー」が「アメリカ人」的に遂行されている科学の一形態なのだということは、この書物が出版された時点、つまり二〇世紀の終わりには、もはや強調して指摘するまでもない事実であったとも言えるのかもしれない。

実際に、このようにしてラビノウが二〇世紀末における「バイオテクノロジー」の一典型事例として描き出すPCR開発の物語は、先にギリスピーが主張した「アメリカ式」の科学遂行の新しい「様態」と、ほぼ完璧に合致するものになっている。

PCRにおいては、DNAの特定の一部分が、酵素によって鼠算式に複製されることが可能になった。DNA、デオキシリボ核酸こそがいわゆる「遺伝子」であるという発見は、アメリカ・ロックフェラー医学研究所の細菌学者オズワルド・T・エイブリーによって、肺炎球菌の突然変異研究の中で一九四四年になされていた。この発見と、その数年後にコロンビア大学のアーウィン・シャーガフが核酸を構成する四種の塩基の間の「塩基対」、いわゆるA（アデニン）とT（チミン）、G（グアニン）とC（シトシン）の組み合わせが記述する情報の塊であるという観念を示したことの先に、五三年の英国ケンブリッジにおいて、今日のほとんどすべての生命科学研究の基盤となっている、ジェームズ・ワトソンとフランシス・クリックの「二重らせんの発見」が実現する。

PCRは、まずこのらせんの断片を加熱によってほどく。そしてほどいた一本の鎖それぞれの端に、上記の対の文法に従って対応する数十塩基から作成した一本鎖を目印として付着させておいてから、ポリメラーゼと材料としてのばらばらの塩基とともに加熱すると、二本の鎖にそれぞれ対応した「らせんのもう一方」を、ポリメラーゼが塩基から作り上げるのである。この時点で処理にかけられたＤＮＡ断片は二本に増える。その二本を再びほどいて同じ処理にかける、そしてまた生じた四本に対しても同じ処理を繰り返す……。三〇回目には、断片のコピーは一〇億を超えている。試薬と装置を誤りなく使えば、一から一〇億までの増加は九〇分で実現される。ところでラビノウは、このＰＣＲ処理を受けるＤＮＡ断片の姿が、ＰＣＲという技術が出現した後の生命科学研究の動向の比喩としてそのまま適用されうると指摘するのである。

ごく短期間で、おもしろいほどにみごとな逆転、直角運動が開始された。すなわち概念それ自体が実験システムとなり、実験システムは技術となり、その技術が概念となったのだ。急激に発展したこれらの様々なヴァリエーションと相互に関連し合うレベルの変遷は、まず最初にはシータス社で、それから他の場所で、そして間もなく非常に多くの場所で、研究環境の中に組み込まれていった。人々がそうなるように建設したので、これらの場所は互いに似通ったものになり始めたが、しかし多くの場合全く瓜二つということはなかった。［……］マリスが最初に強調した脱文脈化（decontextualization）は、数多くの再文脈化（recontextualizations）に変形を遂げ、そこからまたさらなる脱文脈化と、さらなる発明への可能性を秘めたものとして発見されることになる。[35]

多種多様な科学研究活動の、あるいは産業的な、応用と活用の欲求がそこで喚起され、またこの欲求に応えて研究の方法論それ自体が誕生していく、この技術が歴史に登場した後の展開は、ギリスピーの主張するアメリカにおける「基礎科学」そのものの変質を、現代において重ねて証言する事例でもある。この本の序章でラビノウが掲げるＰＣＲのネズミ算の図式（図１・図２）[36]は、先にギリスピーが主張した「様態」、あるいは「アメリカを貫くライトモチーフ」を視覚化する、最適の表象とも言えるだろう。

ところで、この書物におけるラビノウの議論は、実はトクヴィルの「アメリカ」もしくは「世界がいま入りつつあるこの時代」についての予想にも、一つの肯定的証言を与えるものとなっていることを確認しておかねばならな

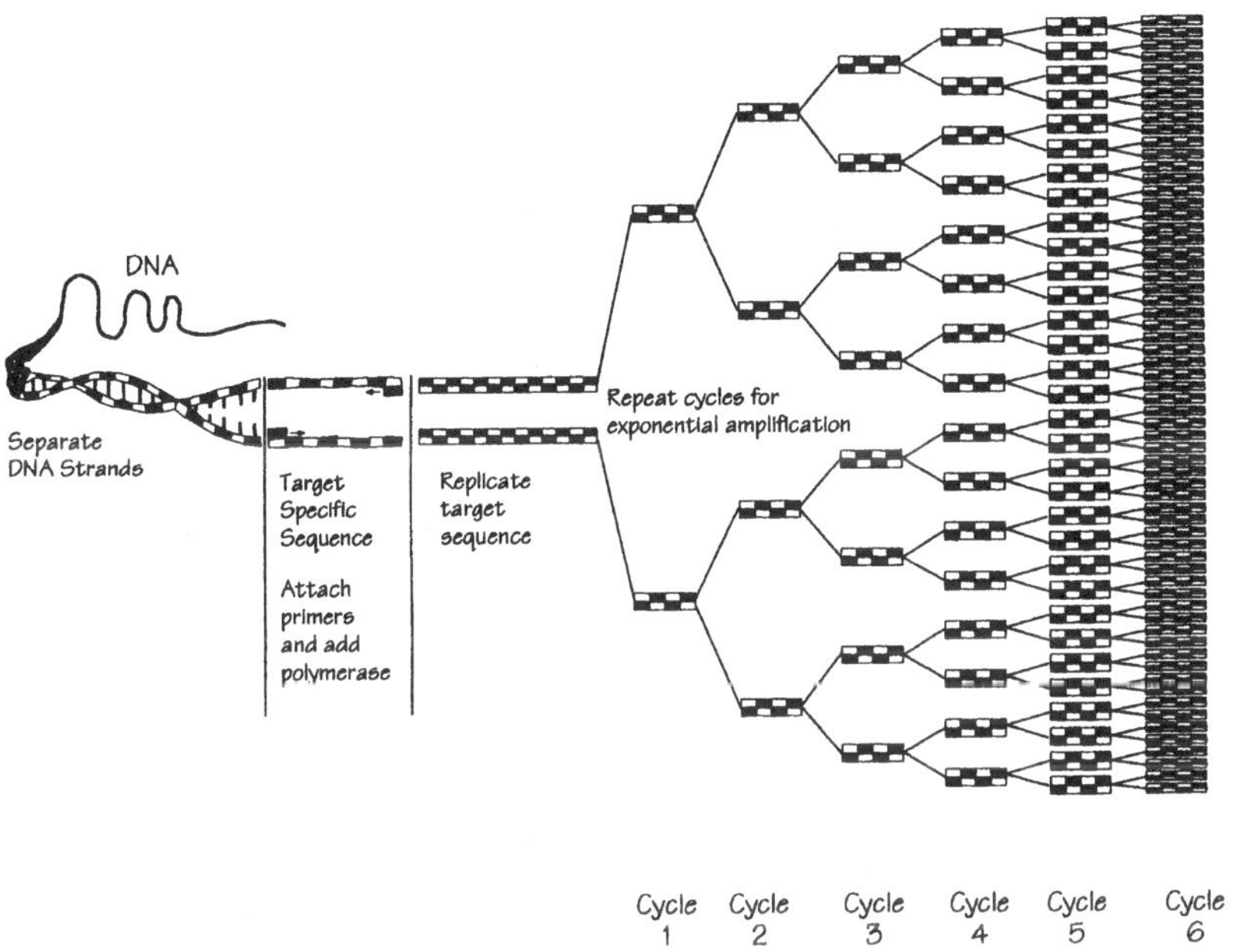

図１　ポリメラーゼ連鎖反応

い。先に見た『アメリカのデモクラシー』の第二巻第一部第一〇章で、トクヴィルは次のようにも述べていたからである。「応用の試みがこれほど多くなされ、実験が毎日繰り返されている中で、一般法則がめったに見出されないということはありそうにない。したがって、たとえ偉大な発明家は稀だとしても、大きな発明発見は頻繁になされるであろう」[31]と。

先にも述べたとおり、ＰＣＲはアメリカのベンチャー企業シータス社において開発され、一九八五年に発表された新技術である。この開発は直ちにシータス社に利益を与えるものとはならなかったが、この技術の特許の所有者は同社であり、やがて同社の破綻とともに、同社の組織とＰＣＲ技術は複数の大企業によってばらばらに買い取られる運命を経る。ラビノウの研究は、ＰＣＲの開発がシータス社という組織を構成していた数多の登場人物の連携で実現された過程を各人の証言の集積によって跡づけながら、この登場人物たちのなかで唯一人「ＰＣＲの生みの親」と認定され、九三年にノーベル化学

CYCLES	COPIES
1	2
2	4
3	8
4	16
5	32
6	64
7	128
8	256
9	512
10	1,024
11	2,048
12	4,096
13	8,192
14	16,384
15	32,768
16	65,536
17	131,072
18	262,144
19	524,288
20	1,048,576
21	2,097,152
22	4,194,304
23	8,388,608
24	16,777,216
25	33,554,432
26	67,108,864
27	134,217,728
28	268,435,456
29	536,870,912
30	1,073,741,824

図２　指数関数的増幅

賞を受賞する栄誉に与ったキャリー・マリスという個人の、この物語全体に対する相対的な脆弱さを浮き彫りにするものでもあるのだ。

例えば「マリスはＰＣＲが古くからの問題への解決策であると主張するのだが、それがどの問題であるのかは決して言わない[38]」。こう述べるラビノウにとって、しかしその理由は明らかである。それはつまり、「古くからの問題」など、マリスの眼前には存在していないからである。「すなわち、ひとたびそれが存在するやいなや、それが適用されるべき問題群が現れ始めることになったのだ。［……］ＰＣＲは、それが使われるための新しい状況と、そしてそれを使うための新しい研究課題とを、生み出す力を持つような道具だったのだ[39]」。マリスは間違いなく「偉大なる発明家」ではないが、それは問題にすらならない。実際に「毎日繰り返される」行為のなかから、特別に「大きな発見」が登場したというだけのことだ。マリスは歴史の文脈などというものをその手には握っていない。だが、そこから無数の文脈化が「再度」開始して、彼を文脈のうちに取り込んでくれることだろう。

そのように考えるならば、ラビノウがマリス本人から引き出した次の語りは、確かに一つの「エスノグラフィ」として極めて重要な意味を持つものとなる。そこで語っているのは二〇世紀から二一世紀への転換期を生きているアメリカ人男性なのであるが、その声は見事に「民主的諸国民」のそれとしても語り、またそこにおける「科学」の姿をも語るものになりえているのではないだろうか。

ＰＣＲの「A-ha !」とか、「ユリーカ！」なところというのは、ただそれら「の既存の物」を組み合わせたということではありませんよ。［……］すごいのは、ＤＮＡの小さい部分をその前後（context）から取り出すってことと、その部分こそを増やしていくということ。［……］ある意味では僕はすでにそこにある要素を組み合わせたわけだけれど、でもそれこそ、発明家がいつもやっていることでしょう。新しい要素なんて、普通は作り出せません。新しい要素というのがあったとしたら、それは組み合わせ、どうやってそれらの要素が使われたか。［……］僕なら何度だってそうするっていうことと、僕ならまさに僕がやったようにそうするということが、発明たる所以なんです。[40]

ラビノウによれば、マリスは「すでに始まっていたゲームの一参加者」[41]であり、マリスの語りはそれを肯定するものである。そして彼の多くの同僚と彼自身の言動が証言するとおり、マリスはゲームの全体像を理解できていない。彼個人の知力は彼の発明が持っていた途轍もない射程に遠く及ばない。マリスがＰＣＲを「ほんのちょっとしたもの（a simple little thing）」と呼ぶのは、ラビノウによってアイロニカルに全肯定される。[42] それはマリス自身にも相応しい形容詞であるし、同時に比喩としてのＤＮＡの特性を言い表すにも、最適な言葉である。「ほんのちょっとしたものが」。そのように呟いてラビノウはこの書物を閉じるが、ここに記述されていたのはまさに、シンプルな、つまり複雑さを欠く事物や科学研究が、前例のない量や速度によって予想されざる方向へと発展してゆく、その「日常的実践」の民族誌である。「歴史家として居心地悪くない程度を越えて、私はもう現在に近づきすぎている[43]」として、ギリスピーは先の「アメリカ科学史」の講演を止め、それ以上「アメリカ」については論じることができなかった。「そこに生きているもの」を、この人類学者の手による「エスノグラフィ」は書き取っている。そしてそれによって、「そこに生きているもの」の存在を証言する、もう一つの声となっているのである。

3 「自生する身体」からの問い

繰り返しとなるが、そのとき、ラビノウはもはや「アメリカ」と「バイオテクノロジー」を区別せず、しかも両者を同一視することを弁明することすらしなかった。そして、ラビノウが自らを「現代」を対象とする人類学者であると位置づけている以上、[44]すなわち彼がこの書物で問題としているのは「二〇世紀」であると考えるべきである。「アメリカ」「バイオテクノロジー」そして「二〇世紀」、この三者は、彼のなかでほぼイコールの関係で結ばれるべき相互標章だと言えるのではないか。

実際、右に見たラビノウの呈示するPCRの図式、およびDNAの比喩の有効性は、二〇世紀を特徴づける、ある主題を考察するのにも極めて適している。シンプルな物質は、物理的な法則からは決して逸脱することなく、個々の場面で遭遇した対象と反応しながら、その集積の先に不可逆的に一個の身体を発生させてゆく。そして発生のたびごとに決定され、現前するこの生物学のモデルは、予測不可能でありながら完全でもある、「一回性」の概念を強力に弁護するものでありうる。

「僕ならまさに僕がやったようにそうする」ことが自らの価値の正統性を保証すると語るマリスのあり方を一つの現代的な「科学的実践」のエスノグラフィと受け取るとするなら、これに対置することができる、もう一つの科学像を指摘することが可能である。先にその名を挙げた「理工科学校」に、歴史的問題とすべきある「新しい人種」が生まれたと主張したのは経済学者・社会哲学者であったハイエクであるが、ラビノウの仕事の半世紀前、彼はそれを次のように活写していた。「ここに、その特有の見地・野心・限界を身につけた、工学者（engineer）のまさにその典型が創り出されたのである。計画的に構成されていないどんなものにも意義を認めようとしない総合的精神、軍事訓練と工学的訓練の二つの源泉から生み出されるあの組織愛、『単に生成した（just grown）』どんなものより、意識的に構成されたすべてに対する審美的好み、これらこそ若い理工科学校生の革命的情熱に加わった——そして時の経過とともにそれに取って代った——一つの強力な新しい要素であった[45]。

自らが「やってみただけに過ぎない」ことを恥じることのない「バイオテクノロジー」の勝利者マリスの姿は、このような一九世紀的「工学者」の、ちょうど対極にあるものとして現れる。このことは、五〇年前に社会科学の工学的思考の「傲慢」を激しく批判したハイエクの議論が、例えば今日の我々にとっても、生命工学の生み出すキメラやクローン動物のいくつかの事例がこれまで示してきたような本質的な不安定性を想起すると理解しやすいことと、恐らくは無縁ではないだろう[46]。生体の分解と生体の組み立てとは、単純な双方向性を示さない。ハイエクは、すべての個別の手続きが新たな外部世界の出現を意味するものであるような、終わりのない関係性をその一義的生成機構とすべき生活世界における、工学的企図の実効性を徹底的に批判した。人間による世界の分解の産物である諸概念は、決してその総計が元の世界と対応するようなものとして完成したことがない。彼は物理科学が unorganized complexity を扱うとするなら、社会科学は organized complexity に関わるのであり、「本質的複雑性 (*essential* complexity)」を持った構造を対象としていることを強調する[47]。人間の知は、限定された諸要素の蓋然的な反復性の知識にもとづいて、それ以上に拡大してゆくような繋がりを持たない (unorganized) 閉ざされた実験的＝虚構的空間での科学的精緻化を目指すことはできる。しかしそれは有機的な＝生きた (organized) 空間においては、そもそも目指されるべきものではない。

「有機性」はハイエクに、人間の意識的認知を凌駕する拡大的領域と、その表裏としての、知の本性的な限界、不完全性を確信する根拠を提供している。彼は短い論文「行為の結果ではあるが、設計の結果ではないもの」において、「自然によるもの」と「人為的なもの」の間にあり、そして「自然的」および「有機的」と同じものを意味することができたはずの、「社会的」なるものの概念の歴史的な反転を糾弾している[48]。「社会的」を自生的な秩序や規則の形成と作用が観察されるべき「中間的カテゴリー」ではなく、合理的設計の「目的」と取り違えることは人きな誤りである。「社会的なもの」は理性による設計の到達すべき完成図ではなく、むしろ「社会的なもの」が暗示している傾向とその意義を把握することこそが、社会科学者の仕事である。社会科学者は彼の見る「社会」がどの方向に向かおうとしているのかを知ることはできるが、その「社会」の観察によって、どこに向かうべきかを知ることができるわけではない。有機体を生成させる機構を完全には把握できぬままに技術が作る生きる力を持たない生体と、天然に存在する酵素ポリメラーゼの機能発現という極めて限定的な合目的性に従って設計された機械が実現するＤＮＡの複製がマリスの価値を絶対的に弁護しうるのだという事実とは、その成否の相反する地位、半世紀の時間を挟んでも、ただ一つ同じことを語りうる。「単に生成した」ということ以上に身体に正統性と生命力とを保証するものに、結局我々は出会えていない、そのように彼らは表明するのである。この「身体論的モデル」とも呼ぶべき、自生するものの力能への信託は、二〇世紀以降において、ますます深く強い影響力を持つ思考の形式となりつつあるのではないだろうか。

このような身体論的モデル、特に基礎原理としての遺伝的決定に続く、一回性と強く結びつく個体発生のメカニズムの比喩としての効力は、構想の権利を攻撃する効果を持つものであろう。ハイエクによる「社会工学」の否認が、単なる反社会主義のためのレトリックではなかったことは、彼自身によるこの否認の基盤となるべき進化生物学的人間学の探究の存在を見れば明らかと言うべきである。ハイエクは社会科学がその分析の対象として掲げる「社会」、あるいは「Ｒの頭文字をもった《人間理性（Human Reason）》つまり客観的に与えられ、全体として観察されうる、ある超意識として現れるような何ものか」[49]の措定を激しく拒否したが、これは単に「全体主義」を批判することを目的として練られただけの議論ではないだろう。人間が科学的に思考するということは、すなわち「全体」の断念からしか始まらないのだということを、ハイエクは何よりも主張したのである。

ハイエクは、科学のあるべき姿として、それが「本来終わりのない課題」を引き受けるもの、「一歩前に進めば新しい問題が生まれる」ことを理解していなければならないと述べたが、それはそもそも人間が与えられている世界とは人間的な感覚の総体であり、この「人間的」機構についての知たる「こうした科学の課題の達成は、外的な世界についてのわれわれの感覚的な像が世界の各部分のあいだに存在する関係をあらわしている仕方を詳細に説明することをわれわれに要求するのであり、この世界の再現はその再現（言い換えればモデル—対象関係のモデル）を含まなければならないことを意味する。再現の再現ということは、つぎつぎに重なって際限がない」ことのためであった。[50] 物理学においては、科学が記述しようとする場面は固定され、従ってそこにおける要素が限定されるがゆえに、厳密科学は可能となるのであるが、しかし「人間的」な場面に対しては、現実にはこのような限定はありえない。あるいは方法論的に限定することは可能であるが、その際には、これが不完全な、すなわち十分には「生きていない」モデルを相手にしただけの計算であることを常に意識しておかなければならない。このハイエクの議論は、ある任意の時点で成立した「目的」から発生する合理性について、これを「イデオロギー」と呼んで批判した「〈イデオロギー〉としての技術と科学」のハーバーマスと実はさほど遠いものではないはずである。[51] 生成を手放し、恣意的な固定化と結びつくことで可能になる何らかの「科学」が、むしろ科学の生命を決定的に消すものとなることを批判するという点で、彼らは問題を共有している。

原理は、その歴史性に応じて、永遠に部分的に発現する。従って、人間の側の知としての科学もまた、常に永遠に部分的な一様相としてしか実現＝受肉しないことを弁えなくてはならない。自生的な身体論的モデルは、このような主張を語ることに極めて適した形式ではある。

そもそも身体性が批判の手続きの一つの基盤となりうるという思考は、最終目的たる神意としての世界の全体性を失った後の、哲学の自己再建のなかでも、すでに重要な役を振り当てられたものではあった。カントが、思考の自由の基盤を人間的自然に限界づけるべく力を絞った『人間学』においても、自然としての「生理学」もまた、知の自己弁明の裏打ちとして、この権利の基礎に参入させられずにはいなかったのであるから。[52] しかし一方で、そのとき自然の権利の下に「単に生成したもの」の前で、思考はそこから何ができるのであろうか。その問いはこれまで確かに問われ続けてはいるが、恐らく十分には答えられていない。むろん、まさにこの地点からこそ始められた一つの道程として、「生態の倫理」の模索を確認しておくことはできるだろう。[53] 批判的態度を失うことが許されない思考が、それでも実践できる構築的身振りとは、一回ごとに生じ生きられる身体による判断であり選択である。ただしそれはあくまでも個別の存在によって決定されるにすぎない、限定的な場面＝瞬間であり、そこではやはり、全体性は本質的に断念の彼方に置かれるしかない。

「アメリカ」において、「何か」が実現している。そのようにハイエクもまた、述べていたことは事実である。一九六〇年に出版された彼の別の著書『自由の条件』では「アメリカに成長しつつある未知の文明のために」との献辞が掲げられていた。しかしそこで語っているハイエクは——ギリスピーとは対照的な形で——、随所で彼が率直に親近性を表明するトクヴィルと同様に、「本書をアメリカで書き、そして一〇年間アメリカの住人となってはいるものの、一人のアメリカ人として書くのだとは主張できない」、オーストリアを故郷とし「いまもイギリスの一市民である」自らの立場を強く意識している。[54]「単に生成したもの」を肯定している彼は、しかし、自らが「単に生成したもの」として生きているマリスを後に生み出すようなものたちと「同じもの」ではないと知っているのだ。

その数十年後にラビノウが明らかにしたように、明らかに自身が「何か」であるマリスは、しかし自分が何であるのかについて、信頼に足る説明を決して与えてはくれないであろう。ＰＣＲの開発以後、科学者としての彼は、それ以上に何かを生み出すことにはなっていない。彼はここで生まれた歴史に対して何らかの責任を負うことはありえない。彼は「僕ならまさにそうするようにした」だけである。

このような「アメリカ式」「民主的」な「科学」の「様態」をほとんど完璧に予言していたかのように見えるトクヴィルは、先にも述べたとおり、これを拒否することを絶対に自らに禁じているかのような筆致を保ち続けた。しかし、彼はそれでも次のように述べずにはいなかった。「それに私は学問の崇高な使命を信じるものである。たとえデモクラシーが人を学問それ自体のための研究に向かわせないとしても、他方でそれは研究に携わる人間の数を途方もなく増大させる。これほど数多い人々の中から、ただ真理への愛のみに燃える思弁の天才が生まれてくることがないとは信じられない。そうした天才は、彼の国と時代の精神がどうあれ、自然の最奥の秘密を明らかにしようと努めると確信してよい[55]」。ここから続くトクヴィルの記述はほとんど奇妙ですらある。彼は、この天才を助けてやる必要はないと断り、ただこれを抑止してはならない、と言う。民主的な社会と制度は、学問に専ら応用を求める態度へと人々を向かわせるだろう、これは自然なことなのであるが、しかし一方で、必ず生まれる「高度な学問」と「偉大な学問的情熱」を育てなければならない、「人間精神を理論にひきとめること」をしなければならない――このすべての控えめだが執拗なトクヴィルの要求は、最後にははっきりとした、一つの不安を動機として告白する。「それゆえ、蛮族はまだ遠くにいると考えて安心してはならない。文明の火を奪われる人民もあれば、自分の足でこれをもみ消してしまう人民もあるからである[56]」。

固有の生命を獲得し、自生するものの前で、構想への意志を放棄することができるか。放棄しないならば、その構想を正統化しうるものとは何なのか。その問いを、この時点でのトクヴィルはすでに突きつけられていたのだということもできはしないか。「アメリカ」を舞台に世紀を挟んで見出され確かめられたそれは、間違いなく今日の「我々」が生きている現実であり、そして「我々」が明らかに応答し損ねている一つの問いであると言うべきである。

注

（1）J. Starobinski, *Action et réaction : Vie et aventures d'un couple*, Paris, Éditions du Seuil, 1999, p. 356. 邦訳『作用と反作用――ある概念の生涯と冒険』井田尚訳、法政大学出版局、二〇〇四年、三六三頁。

（2）Ch. C. Gillispie, *The Professionalization of Science : France, 1770–1830, Compared to the United States, 1910–1970*, Kyoto, Doshisha

University Press, 1983. 後に Gillispie, *Essays and Reviews in History and History of Science*, Philadelphia, American Philosophical Society, 2007, pp. 196–222 に加筆の上で再録されている。また、刊行が僅かに間に合わず、本章の執筆に際しては参照が叶わなかったが、この二本の講演については、ギリスピーの京都来訪の招聘者でもある島尾永康氏による編訳『科学というプロフェッションの出現——ギリスピー科学史論選』（みすず書房、二〇一〇年）に邦訳が収められている。

（3）Gillispie, *Essays and Reviews in History and History of Science*, p. 198.

（4）*Ibid.*, p. 199.

（5）*Ibid.*, p. 198.

（6）*Ibid.*

（7）*Ibid.*, p. 199.

（8）*Ibid.*

（9）アレクシス・ド・トクヴィル『アメリカのデモクラシー』第二巻（上）、松本礼二訳、岩波文庫、六八—八九頁。

（10）同書、六八頁。

（11）Gillispie, *op. cit.*, p. 200.

（12）トクヴィル前掲書、七〇頁。

（13）同箇所。

（14）同書、七一頁。

（15）同箇所。

（16）同書、八五頁。

（17）Gillispie, *loc. cit.*

（18）*Ibid.*, p. 201.

（19）*Ibid.*, pp. 202 ff.

（20）政治的要請に応える専門家集団として生成し行動する一八世紀フランスの科学者の諸相を詳細に追うギリスピーの研究は Gillispie, *Science and Polity in France : The End of the Old Regime*, Princeton, Princeton University Press, 1980 にまとめられている。なお同時期における、実用的技術への数理科学の応用とこれを通じた科学者集団の（革命以降の展開に繋がる）社会化の準備過程を記述する隠岐さや香の研究「一八世紀における河川整備事業とパリ王立科学アカデミー」『科学史研究』四八（二五二）、一二九—一四一頁、二〇〇九年も参照。革命期を生き延びる科学者たちと理工科学校の理念については、富永茂樹「徳と効用のあいだ——フランス革命期における科学と芸術」『人文学報』七〇、五九—九四頁、一九九二年。

（21）コンドルセ他『フランス革命期の公教育論』阪上孝編訳、岩波文庫、二〇〇二年、二八四頁。

（22）F. A. Hayek, *The Counter Revolution of Science : Studies on the Abuse of Reason*, 2nd ed., Indianapolis, Liberty Fund, 1979［1952］, p. 194. 邦訳『科学による反革命』佐藤茂行訳、木鐸社、二〇〇四年、一五八頁。

（23）L. Pasteur, « Quelques réflexions sur la science en France », *Œuvres de Pasteur*, tome 7, réunies par P. Vallery-Radot, Paris, Masson et Cie, 1922, p. 200. 邦訳『科学の名著10　パストゥール』長野敬編訳・解説、朝日出版社、一九八一年、四〇五頁（ただし一部変更した）。

（24）アメリカ医療・医学双方の制度化とロックフェラー財団・医学研究所の役割について、小林清一「医の「科学化」と「組織化」」『人文学報』八四、一一一―一四〇頁、二〇〇一年を参照。

（25）Gillispie, *op. cit.*, p. 203.

（26）*Ibid.*, p. 205.

（27）*Ibid.*

（28）「遺伝子」研究が二〇世紀（とそれ以降）の生物学研究に及ぼす影響についての極めて興味深い研究として、E. F. Keller, *The Century of Gene*, Cambridge（Massachusetts）/ London, Harvard University Press, 2000. 邦訳『遺伝子の世紀』長野敬／赤松眞紀訳、青土社、二〇〇一年。

（29）Gillispie, *op. cit.*, p. 206.

（30）鈴木理『分子生物学の誕生　奇跡の年　一九五三年』（上・下）、秀潤社、二〇〇六年。ロイス・ウィンガーソン『ゲノムの波紋』牧野賢治／青野由利訳、化学同人、二〇〇〇年。R. Cook-Deegan, *The Gene Wars*, New York / London, W. W. Norton & Company, 1995.

（31）トクヴィル前掲書、七六頁。Gillispie, *op. cit.*, p. 210 に引用。

（32）マックス・ウェーバー『職業としての学問』尾高邦夫訳、岩波文庫、一九八〇年［改訳版］、五八頁。ただし本章ではラビノウによる引用（英文）からの訳出とした。P. Rabinow, *Making PCR : A Story of Biotechnology*, Chicago / London, Chicago University Press, 1996, p. 1. 邦訳『PCRの誕生――バイオテクノロジーのエスノグラフィー』渡辺政隆訳、みすず書房、一九九八年、一頁。なお本章における引用では拙訳で代えた箇所もある（この場合も邦訳の該当頁を示す）。

（33）*Ibid.*, p. 2. 邦訳二頁。

（34）*Ibid.*, p. 164. 邦訳二四四頁。

（35）*Ibid.*, p. 169. 邦訳二五一頁。

（36）*Ibid.*, pp. 3-4. 邦訳四―五頁。

(37) トクヴィル前掲書、八五頁。

(38) Rabinow, *op. cit.*, p. 7. 邦訳九頁。

(39) *Ibid.* 邦訳同箇所。

(40) *Ibid.*, pp. 6-7. 邦訳八―九頁。

(41) *Ibid.*, p. 169. 邦訳二五〇頁。

(42) *Ibid.* pp. 167-169. 邦訳二四七―二五一頁。

(43) Gillispie, *loc. cit.*

(44) P. Rabinow, *Anthropos Today : Reflections on Modern Equipment*, New Jersey, Princeton University Press, 2003.

(45) Hayek, *op. cit.*, p. 202. 邦訳一六三―一六四頁（ただし一部変更した）。

(46) 例えば以下のような事例が分かりやすい。一九五〇年代から六〇年代にかけて論争が繰り広げられたカエルのクローン製作においてはオタマジャクシがカエルになれない事例が相次いだ（響堂新『クローン人間』、新潮選書、二〇〇三年）。八〇年代に試験管で作られたウズラの脳をもつニワトリのキメラは自身の免疫系による拒絶反応のために脳が破壊されて生き延びられない（キメラ個体内の外来部位の崩壊を防ぐためには免疫抑制をせねばならないが、この個体は外界に対する免疫的抵抗力を放棄することになる）（多田富雄『免疫の意味論』青土社、一九九三年）。一九九六年に生まれた哺乳類初の体細胞クローンである羊のドリーは子どもを生み、クローン動物も繁殖力のあることを証明したとされたが、二〇〇三年に六歳で呼吸器系の疾患のために安楽死させられた。一般的な羊の寿命の半分でドリーが死んだ原因が、畜舎を襲った伝染病のためなのか、あるいはドリーの生まれつき短いテロメアの影響なのかは大いに議論を呼んだ（Cf. I. Wilmut, & R. Highfield, *After Dolly : The Uses and Misuses of Human Cloning*, New York / London, W. W. Norton & Company, 2006）。

(47) Hayek, 'The pretence of knowledge,' in *New Studies in Philosophy, Politics, Economics and the History of Ideas*, London / Melbourne / Henley, Routledge & Kegan Paul, 1985［1978］, p. 26.

(48) ハイエク「行為の結果ではあるが、設計の結果ではないもの」『ハイエク全集II―七　思想史論集』八木紀一郎監訳、五―二〇頁、春秋社、二〇〇九年。

(49) Hayek, *The Counter Revolution of Science*, p. 391. 邦訳三四五頁。

(50) ハイエク『ハイエク全集I―四［新版］感覚秩序』亀山貞登訳、春秋社、二〇〇八年、二二〇頁（傍点は原文）。

(51) ユルゲン・ハーバーマス『イデオロギーとしての技術と科学』長谷川宏訳、平凡社ライブラリー、二〇〇〇年。

(52) 但し、カントは『人間学』の冒頭において生理学が「実用的な人間知」のいわば下地に過ぎないことを強調したのではあるが。生理学と「自然」と「有限性たる人間」についての認識の関係という重要な主題については、すでに本章の射程を超えるが、フーコー『カントの人間学』王寺賢太訳、新潮社、二〇一〇年、特に一四〇―一六一頁を参照。
(53)ハーバーマスは、今日バイオテクノロジーによって「自然発生的なものと製作されたもの」の境界はすでに取り払われ始めていると前提して、「リベラルな優生学」の近い未来についての検討を試みている(『人間の将来とバイオエシックス』三島憲一訳、法政大学出版局、二〇〇四年)。そこでハーバーマスは、技術が掘り崩しつつある類的存在としての我々(すなわち人間)は、しかしそれでも、道徳的たらんと「望む」という「倫理的判断」を下すであろうと結論している(一二二―一二四頁)。この「判断」の身振りは、フーコーがボードレールに認めた啓蒙以降の現代性を生きる態度、つまり「運動に対して、一定の態度をとるということ」(フーコー「啓蒙とは何か」『ミシェル・フーコー思考集成』X、筑摩書房、二〇〇一年、一四頁)と、対照されるべきものではないか。「倫理的判断」とは、フーコーの言う「英雄化」とは正反対に向かう、しかし「一定の態度」の選択に他ならないからだ。
(54)ハイエク『ハイエク全集I―五〔新版〕自由の条件〔I〕自由の価値』気賀健三/古賀勝次郎訳、春秋社、二〇〇七年、六頁。社会主義への反対におけるトクヴィルとの親近性は『自由の条件〔III〕福祉国家における自由』所収の「追論　なぜわたくしは保守主義者ではないのか」や『隷属への道』冒頭に掲げられる。
(55)トクヴィル前掲書、八六頁。
(56)同書、八八頁。

第18章　繊細と忍耐

――コミュニケーション的合理性の〈運命〉――

斉藤　渉

はじめに

啓蒙をめぐる議論のなかで、ユルゲン・ハーバーマス（一九二九―）が、二〇世紀における最も重要な理論家の一人に数えられることは間違いないだろう。『公共性の構造転換』（一九六二年）のように啓蒙期の西欧社会を主題的にあつかった著作ばかりではない。歴史的問題が後景に退いたかに見える『コミュニケーション行為の理論』（一九八一年）においても、いや、むしろここにおいてこそ、啓蒙の問題はより深化した形で取り上げられている[1]。たとえば、ハーバーマスは、同書の核となるテーゼの一つ〈システムによる生活世界の植民地化〉を「世界史的啓蒙のプロセスにおける不可避のアイロニー」として次のように説明する。

> 生活世界の合理化はシステムの複雑性を高めるが、この複雑性が異常なまでに増大するため、解き放たれたシステムの要求は、その要求の道具にされた生活世界の理解能力を突き破ってしまう。（TKH II, 232 f.）

ハーバーマスの用語である「システム」や「生活世界」については後に詳しく論じるが、たとえば、『公共性の構造転換』が描いた「市民的公共性」の成立は、引用中の「生活世界の合理化」に相当するものといえよう。ただし、彼の分析は以前にも増して抽象的な概念に翻訳されている。一七―一八世紀の「議論する公衆」が徐々に批判的機能を展開していく過程も、『コミュニケーション行為の理論』では、生活世界が次第に「コミュニケーション的合理性」のポテンシャルを発揮していくプロセスの一例として把握されるだろうし、一九世紀後半以降、政治的公共性の確立自体が自らの存立基盤を掘り崩すことになったという『構造転換』のストーリーも、『理論』においては、生活世界の合理化が引き起こした過剰な負荷による生活世界自身の危機として、つまり、「世界史的啓蒙のプロセスにおける不可避のアイロニー」として、語り直される。

しかし、こうしたテーマ上の連続性に対して、理論上の変更点にも注意しておく必要がある。最も重要な変更は「合理性」の概念にかかわる。

先の引用で、生活世界の理解能力に過剰な負荷をかけるとされた「システム」は、それ自体なんら非合理性や野蛮を意味するものではない。むしろそれはあるタイプの合理性、ただし「コミュニケーション的合理性」とは異なるタイプの合理性（目的合理性）を体現している。システムの複雑性は、それが生活世界のなかにどれほどの歪みをもたらしているにせよ、やはり合理性の一側面にほかならない。だが、ハーバーマスはそのために合理化の進展を拒否してしまうのではなく、合理性概念そのものの拡張により、近代という未完のプロジェクトを救い出そうとする。つまり、合理性が単なる目的合理性に切り詰められる一方でコミュニケーション的合理性が看過されていること、問題は合理性の過剰や全面化から来るのでなく、むしろ合理性の欠如と一面化に起因していると説く。

本章では、ハーバーマスの議論を、「世界史的啓蒙のプロセス」に課せられた〈運命〉の見取り図として参照しつつ、「コミュニケーション的合理性」の概念を手がかりに啓蒙の二つの中心的問題を考察する。

第1節では、「啓蒙」の名称そのものにかかわる〈知・真理・認識・理性〉の問題系、ないしその相関項としての〈無知・誤謬・偏見・迷信〉の問題系をあつかう。まず、コミュニケーション的合理性に関するハーバーマスの議論を再構成したうえで「虚偽」の位置づけを確認し、次いで、ベルリン・アカデミーによる一七七八年の懸賞課題「民衆にとって欺かれることは有益か」を論じたい。この問いが示唆するように、啓蒙の時代は理性に必ずしも全面的な信頼をよせていたわけではないのだが、無知よりは知が優越し、誤謬よりは真理が「有益」であるという想定には、すでに啓蒙主義者たち自身によって留保が付けられていた。

第2節は、啓蒙のプロジェクトが約束した〈進歩・解放・幸福〉の問題系に目を向ける。理性が諸刃の剣かもしれないという懸念にもかかわらず、啓蒙主義者たちが知の福音を唱えられたのは、真理が究極的には社会にとって「有益」であり、人間をより幸福にしうるという信念が存在したためであった。しかし、その後の歴史の流れは、こうした信念をますます疑わしいものにしている。まず、ハーバーマスにしたがって、生活世界とシステムという社会の二つの位相を説明し、これを合理性自体の二極分解ととらえる。そのうえで、〈システムによる生活世界の植民地化〉のテーゼを、二一世紀においても改善の気配すらない〈貧困〉の問題に結びつけて考えたい。システムと生活世界の相互作用という観点から、E・ヴァーゲンホーファーのドキュメンタリー映画 *Let's make money*（二〇〇八年）を手がかりに、現代の国際的経済・政治システムと第三世界における窮乏がどのように連関しているのかを考察する。

1　目的合理性とコミュニケーション的合理性

（1）客観的世界・社会的世界・主観的世界

合理性（Rationalität）の概念を規定するにあたって、ハーバーマスは、合理的（rational）という形容詞の用法を手がかりにする。[(2)] 彼によれば、合理的（または非合理的）と形容されうるものの典型例は、何らかの知を体現する発話や行為、あるいは、そのような知をもつと見なされる人間（発話主体や行為主体）であるという。

ここでいう知は、さしあたり確実さや正しさを含意しておらず、何らかの命題として表現される事柄（したがって不確実だったり正しくなかったりすることがありうる事柄）を指すにすぎない。この知はまた、西洋哲学が伝統的にあつかってきたような「心」や「主観」や「認識能力」などよりむしろ、発話内容の妥当性や行為目標の達成可能性に関係している。発話内容が妥当であれば、その発話や発話者は rational だといわれるだろうし、行為目標が達成できそうになければ、その行為や行為者は rational でないと見なされるだろう。

あらゆる知は、命題的な構造をもつために、批判されうる。だが、知は批判可能であると同時に、根拠づけの対象にもなりうる。たとえば、発話者は、相手が発話の内容に同意しないなら、自分の主張が妥当である理由を述べようとするだろうし、行為者は、仲間が目標の実現可能性に疑いを向けるなら、自分の見通しが正しいという根拠を挙げなければならないだろう。批判可能性と根拠づけ可能性は互いに条件づけ合っており、さまざまな批判に対してより説得的な根拠づけをおこなったり、発話や行為をより妥当で合理的なものへと修正していく――すなわち合理化していく――可能性を含意するといえる。

ところで、行為や発話が合理的であるか否かを問いうるような観点は、ハーバーマスによれば、三つの次元をもつ。第一の次元は、主張が事実に即しているか否かという意味での真理性、または、現実の状況に立脚した行為にかかわる有効性である。こうした主張や行為の相関項は、すでに起こった、あるいは、現に起こっている事態、さらに、これから生じうる、または、行為者によって引き起こされうる事態である。たとえば、発話内容が事実に即していれば、それは真と見なされ、即していなければ、偽と見なされるにちがいない（＝真理性）。企図される行為は、現実の状況に見合っていれば、有効だと判断され、そうでなければ、非現実的、非効率的、無謀などと判断されるだろう（＝有効性）。こうした事態の総体を、ハーバーマスは、客観的世界と呼ぶ。

だが、客観的世界（真理性／有効性）は、合理性の唯一の判定基準ではない。

認められた規範にしたがって行動できる人、正当なものとして期待される行為という観点から目下の状況を説明し、批判者に対して自分の行為の妥当性を示せる人、このような人も合理的と見なされる。のみならず、願望や感情や気分を率直に述べたり、秘密を打ち明けたり、自分の過ちを認めたりできる人、そこで明かされた体験内容にともなう責任を引き受け、以後は一貫した行動をとることで、批判者に対して自分の体験内容を確信させられる人、このような人もまた合理的と呼ばれる。(TKH I, 35)

規範に合致した行為にかかわる判定基準が正当性、自分の体験内容の開示にかかわる判定基準が誠実性である。真理性(ないし有効性)に客観的世界の概念が対応するように、正当性には社会的世界、誠実性には主観的世界の概念がそれぞれ対応する。[3]

誤解を避けるために急いで付け加えれば、ハーバーマスは客観的世界・社会的世界・主観的世界なるものが存在する、と主張しているのではない。そうではなく、複数の発話主体・行為主体が意思疎通を試みるとき、必要な範囲で共有される状況定義に到達するために、現に多かれ少なかれ利用している形式的な解釈枠組みだと考えられている。ハーバーマスが用いている建設現場の例で説明しよう。[4]

昼前の建設現場で、年長の労働者が新入りの労働者に対して、近所の酒屋でビールを買ってくるよう言いつけたとする。この現場には暗黙の規範として年功序列的なヒエラルキーがあり、古参の労働者から新米への指図が正当なものと見なされているとき、また、この地域では昼前の「二度目の朝食」が慣習として認められているとき、そのような規範的コンテクストを理解しない新参者は、相手の同僚を困惑させるような反応を示すかもしれない。たとえば、彼が「どうして俺なんですか」とか「別にのど渇いてないですよ」と述べた場合、年長者は、「下の者は上の者の命令にしたがうべきだ」とか「昼前の現場では一杯やって景気をつけるものだ」という自分たちの慣習的規範(=社会的世界)が相手に理解されず、単に自分一人のわがままや個人的欲求(=主観的世界)と受け取られたことに気づくだろう。あるいは、「俺、車もってませんよ」という相手の返答がきっかけとなり、事実（＝客観的世界）に関する自分の想定（「近所の酒屋は今日も営業している」）が思い違い（＝主観的世界）であったことに思い至るかもしれない。

　このような状況はごくありふれたものだといえよう。ハーバーマスの例は、日常的なコミュニケーションにおいて客観的世界・社会的世界・主観的世界という解釈枠組みが有効でありうることを示している。この三世界の概念は、単に外部の観察者が恣意的に読み込んでいるものではなく、会話の参加者同士が自他のもつ想定をすり合わせ、修正していく際に「共通の座標システム」として使用しているものである。

　とはいえ、真理性・正当性・誠実性という三つの次元――これはそれぞれが合理性の評価基準であった――が、つねに誰にとっても明確に分化しているわけではない。先ほどの例にもどろう。たとえば、いつもの酒屋が休みであることを指摘された年長の労働者は、自分の思い違いを修正して新しい状況定義に見合った行動（今日は昼前のビールを諦めるとか、車をもっている別の仲間に頼むとか）をとるかわりに、口答えした年下の同僚を叱りつけ、命令を繰り返すかもしれない（「つべこべ言わずに買ってこい！」）。このように、自分の誤った想定を頑固に維持して、客観的世界と主観的世界の要素を適合させようとせず、そもそも両者の乖離を意識しようともしない場合、こうした態度は相手にとって理不尽（＝非合理的）なものに感じられるだろう。つまり、真理性・正当性・誠実性という三つの次元は、各々が合理性の判定基準になるだけでなく、それらが相互に分化していない場合、その分だけ合理性のポテンシャルも狭まることになるのだ。

　ハーバーマスは、三つの世界（客観的・社会的・主観的世界）とそれに対応する三つの合理性基準（真理性・正当性・誠実性）を、従来の社会学において提出されてきた行為モデルの三類型にそれぞれ対応させている。[5] (1)目的志向的行為モデルにおいて、個々の行為者は客観的世界に働きかけ、自己の利益を最大化するよう行為目的の実現を目ざす。この想定のもとでは、行為主体のもつ知やその知に依拠した行為が、真理性ないし有効性の基準にもとづいて判定される。単独の行為者ではなく複数の行為者が、互いの行為決定を予期しつつ自己の利益計算に加味する場合、このモデルの亜種として、戦略的行為モデルが得られる。いずれのモデルも、客観的世界のみを前提とした行為概念といえる。(2)規範的行為モデルでは、何らかの規範が成立している社会集団において、この集団に属する複数の行為者同士が自他の行為をこの規範に関係づけると想定する。行為を判定する基準は、規範に適合しているか否か、すなわち正当性であるが、このモデルは客観的世界に加え、社会的世界を前提とする。(3)演劇的行為モデルの場合、複数の行為者が相互に観客のような関係におかれ、各々の行為者は自分の主観的（＝他者には直接知ることのできない）体験内容を他者に対して自己演出していると見なす。行為を判定する基準となるのは誠実性であり、(2)の場合と同様、客観的世界に加えて主観的世界という二つの世界が前提される。三つの行為モデルはそれぞれ、日常的に観察可能な行為の少なくとも一側面を説明するものといえるが、ここではこれ以上立ち入って論じない。

ハーバーマスは、これらの行為モデルと対比する形で「コミュニケーション行為」の概念を導入している。このモデルにおいては、複数の行為者が、言語を主要なメディアとしながら行為状況に関する合意を目ざし、この了解に依拠して自分たちの行為を相互に調整する、と想定される。[6] 目的志向的／戦略的・規範的・演劇的の行為モデルが、合理性の三つの次元のうち、それぞれ一つの次元だけを取り出していたのに対して、コミュニケーション行為の概念は、三つの次元が（暗黙のうちにではあれ）つねに同時に関与すると見なされている。[7]

これが、ハーバーマスの主著が提示する中心概念の要点である。仰々しい用語のわりには月並みな事柄にすぎないようにも見えるし、その印象はある意味で間違っていないのだが、この概念の意義のわかりにくさについては、若干の説明が必要だろう。

たしかに、コミュニケーション行為は、われわれが日常的におこなっているごくありふれた意思疎通と本質的に異なるものではない。それゆえ、理解しにくい第一の点は、それがどのような意味で「行為」なのかという点だ。

ハーバーマス自身、この概念が、行為をコミュニケーション（＝発話行為やその解釈）に解消するものではないことを強調している（TKH I, 143, 150 f.）。行為者たちが言語を介して相互了解を試みるとき、それはあくまで「行為の相互調整のためのメカニズム」にすぎない。他方、社会的行為にとってコミュニケーションは構成的な役割を果たしている。行為というものが、当事者たちによって賦与される「意味」と切り離せないものである以上[8]、また、その「意味」が最初から自明のものではなく、当事者たちによる（たいていは言語を介した）調整作業によってたえず調達・更新されている以上、コミュニケーションは行為そのものの成立を支えていることになる。ともすると独立した現象であるかのように見なされがちなコミュニケーションと行為は、実のところ、同じコインの二つの側面にほかならないのだ。

では、第二に、コミュニケーション行為の概念はどのような理論的意義をもつのだろうか。ハーバーマスは、ほぼ同義の表現として「了解志向的行為」という概念を用い、これを前述の目的志向的／戦略的行為（「成果志向的行為」とも言い換えられる）と対立させている。つまり、コミュニケーション行為と対比された三つの行為モデルのうち、特に成果志向的＝戦略的行為のみが、了解志向的＝コミュニケーション行為の対概念としてあつかわれる。後述するように（第2節(1)参照）、成果志向的行為にとって言語的コミュニケーションは絶対不可欠なものではない。発話や解釈を通じた相互了解を介さずとも、それどころかむしろ、可能なら言語的意思疎通を迂回したほうがより効率的に（つまり、より合理的に）成果志向的行為を処理できる局面もある。それはヴェーバーのいう意味での目的合理性に特化した行為領域だが、コミュニケーション行為の概念は、まさしく目的合理性（＝真理性／有効性）から排除されてしまうアスペクト、すなわち、正当性（社会的世界）と誠実性（主観的世界）という合理性の次元を、社会的行為の概念に再統合するものといえる。このように三つの合理性の次元を包摂するのが、「コミュニケーション的合理性」にほかならない。とりわけ重要になるのが規範的正当性のアスペクトである。

ここで、ハーバーマスによる次のような社会的行為の区分を見ておきたい[9]。まず、社会的行為が、コミュニケー

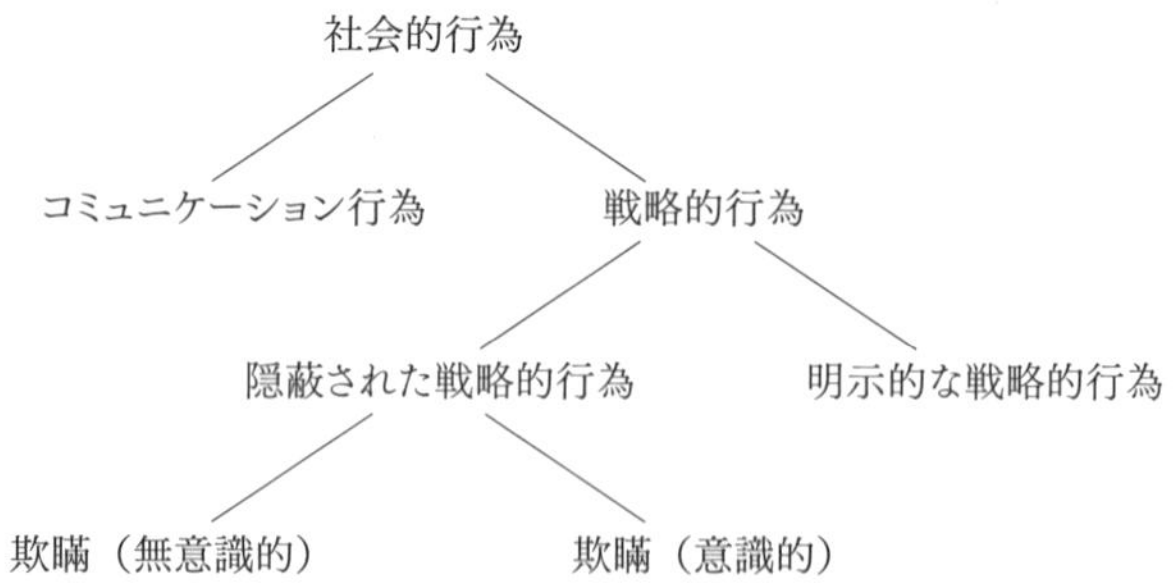

ハーバーマスによる社会的行為の区分

ション行為と戦略的行為に区分される点は説明を要さないだろう。このうち後者が「明示的」であるといわれるのは、当事者全員が自覚的に戦略的行為をおこなっている場合である。それに対して、「隠蔽された」戦略的行為には二通りある。第一に、当事者のうち少なくとも一人が成果志向的態度をとっているにもかかわらず、このことを他の行為参加者には悟られぬよう、あたかもコミュニケーション行為の前提が満たされているかのようにふるまい続ける場合、すなわち、意識的な虚偽のケースである。第二に、参加者の一人が成果志向的態度をとっているにもかかわらず、当人自身（精神分析でいう防衛機制によって）このことを自覚せず、他者だけでなく自己に対しても無意識的な虚偽（自己欺瞞）に陥っているケースである。

ハーバーマスによれば、欺瞞や虚偽は、行為主体が客観的・社会的・主観的世界の無自覚的な混同の経験を経て、次第にそうした混同の意図的な操作を習得することで可能になる。[10]たとえば、ある企業経営者が決算の記載を操作して、自社の経営状態を実態以上の好成績に粉飾したとしよう。故意の行為であるからには、実際の業績（＝客観的世界）は粉飾されたデータ（＝経営者の願望／主観的世界）と合致しないのだが、この経営者は両者を意図的に混同して、他者に提示していることになる。この場合、三つのレベルで規範的正当性（＝社会的世界）との関係が問題となる。第一に、この企業に適用される実定法のレベル。第二に、この決算書における報告は、言語行為論でいう誠実性条件（話し手／書き手は報告内容Pが正しいと信じている）を満たしていないことになり、行為者同士が社会的関係を取り結ぶための基本前提に抵触している。第三に、この企業経営者は、決算報告という言語行為において、この言語行為のいわば外部にある目的（融資条件や株価の維持、経営者自身や企業の体面維持など）を持ち込んでいる。まさしくこのことによって、コミュニケーション行為の本質的前提は破棄されざるをえない。というのも、発話にはつねに同時に三つの合理性の次元が関与するかぎりで、当事者それぞれのかかげる妥当要求を相互に了承したり、批判することが可能になるのだが、発話の背後に別種の目的や意図が隠蔽されている場合、もはや了解志向的態度の枠内では、批判も了承もできなくなってしまうからである。つまり、隠蔽された戦略的行為の選択は、コミュニケーション的合理性からの撤退にほかならないのだ。

（2）「民衆にとって欺かれることは有益か」

コミュニケーション的合理性の観点から虚偽の現象を位置づけたところで、一八世紀の一事例に目を転じることにしよう。一七七八年、ベルリン・アカデミーは、次の特別懸賞課題を出した。「民衆にとって欺かれること――新たな誤謬を植えつけられるのであれ、旧来の誤謬のなかにとどめておかれるのであれ――は有益か？」

締切は一七八〇年一月一日[11]、多数の応募作を審査した結果、同年六月一日の総会において、設問に肯定・否定で答えた論考それぞれ一点ずつに賞を分け与えることとなった[12]。受賞作自体についての検討は別の機会に譲るとして、ここで注目したいのは、この問いが提出されるまでの経緯である。一見すると、「啓蒙の時代」に相応しからぬ問いのようだが、発案者は誰あろう、フリードリヒ二世その人と、当時アカデミーの運営について書簡上で彼の相談相手を務めていたダランベールであった[13]。二人が問題にしているのは、たしかに人間を欺くことの是非なのだが、相手のためを思ってなされた、いわば善意からの虚偽である。「隠蔽された戦略的行為」の例として挙げた粉飾決算の場合、他者への虚偽は自己の利益追求を目的としていた。もし「善意からの虚偽」というものがありうるとすると、それはなお戦略的行為に該当するだろうか。この問いに答えるには、まず二人の議論の文脈を確認しておかなければならない。

王がアカデミーに対してこの問題を懸賞課題とするよう命じる直接のきっかけとなったのは、一七七七年秋の書簡であるが、[14]二人の間の議論は、さらに八年前の一七六九年にまでさかのぼる。フリードリヒは一一月二五日付の書簡で、キリスト教の威信が地に落ち遠からず終焉を迎えかねないこと、にもかかわらず宗教に由来する迷妄はけっして終わらないだろうことを述べたあと、次のように自問している。

> こう考えてくると、民衆が宗教の教義に関して作り話なしで済ますことは可能かという問いが生じてきます。無理だろう、というのが私の意見です。学者たちが理性的［＝合理的］と呼びならわしているこの動物たち［＝人間］は、ほとんど理性というものをもちあわせないのですから。[15]

ダランベールは返信のなかで、王の問いは「陛下のアカデミーによって問われるに値する」と述べつつ、「私は、人間たちにはいつでも真理を説くべきだし、人間たちを欺いても真の利益はけっしてないと考えます」と応じている。[16]両者の見解の相違は、ほぼこの短い態度表明に尽きており、以後の議論でも基本的には変化していない。民衆の啓蒙に対して否定的なフリードリヒと、肯定的なダランベールの差異は、そのまま、コミュニケーション的合理性への懐疑と信頼という対立に重なってくるといえよう。実際、彼らの書簡の内容上の主題はこの点にある。他方、二人は互いに自分の立場を表明しつつ、相手の理解や同意を得ようと努めている。つまり、彼らの交わす書簡は形式上、まさに了解志向的行為の実践となっているのだ。両者の信条や最終的結論という内容に劣らず興味深いのが、二人のこうしたコミュニケーションのプロセスである。

明くる一七七〇年の一月四日、フリードリヒは『道徳原理としての自己愛に関する試論』をダランベールに送付し、四日後の書簡で再度自分の立場を弁護しつつ、こう述べる。

> 私たちの住む世界は、精神的にも物質的にも不完全であることを特徴としています。啓蒙しようとしても無益

です。［……］自分だけでも分別をもてるならば、それで満足すべきでしょう。社会秩序を乱しかねない犯罪は犯させないように努めねばなりませんが、民衆は誤謬にゆだねておくほかありません。(17)

いかにも為政者らしい、またある意味で潔い立場ではある。たとえ宗教の教義が（「分別」をもつ者から見れば）どれほど馬鹿げた虚偽や誤謬に満ちているとしても、社会秩序の維持に役立つのであれば、それなりに有益なのであり、民衆の啓蒙などかえって有害だ——このように論じるフリードリヒは、人民の幸福が現実に保障されることを自らの至上命題としている。しかしながら、幸福を判定する権利は民衆の側になく、自分一人が独占しうるかのように論じている。つまり、彼は、互いの発話や行為に関する了解に至ろうとする努力から民衆をあっけなく排除しているのだ。そのかぎりで、たとえ「善意からの虚偽」と見なしうるものであっても、やはり彼の表明する態度はハーバーマスのいう「隠蔽された戦略的行為」の一つ、意識的な欺瞞に相当するだろう。民衆に対する啓蒙が「無益」だという、頑ななまでの「成果志向的態度」もそのことを示唆している。

ダランベールは、一月二九日付書簡で『自己愛論』への謝辞を述べ、その議論に基本的賛同を示しつつ、慎重に留保を付けている。自己愛に由来する刑罰への恐怖や名誉への欲求こそ人間を有徳な行為へと動機づけるものだと論じる同書は、フリードリヒ二世の道徳論にとって中心的な意義をもつものだったが、快感原則から現実原則への移行に立脚するこの明快な議論に対して、ダランベールは、ある意味できわめて反道徳的な疑念を提出する。すなわち、極度の貧困を強いられ、自分や家族を養うには法を犯す以外にない人間を想定し、こう自問する。「罰せられることがないとわかっている場合でも、有徳であることが彼らにとって真の利益なのだと、どうしたら説得できるでしょうか。もしこの問いに満足のいく答えが見つかれば、私もとうの昔に修身読本を書いていたのですが」(18)。

フリードリヒの返書は、刑罰への恐怖が犯罪を抑止するという主張を繰り返しつつも、ダランベールの議論に一定の譲歩を示す。「最も不運なのは、自分の力と労働以外の元手をもたない人々です。病気にでもなれば、働けなくなると同時に収入も途絶えるので、すぐ生活に困るでしょうし、病気が治っても借金がかさみ、働くだけの体力もないのです」[19]。自らの労働力以外に売るべき商品をもたない労働者が、破滅の一歩前まで追いつめられる可能性は認めながら、それでも、有徳の士の慈善や施しによって救われる余地があり、実際に空腹のために死んでしまうケースはめったにないものだ、と彼は述べる。

これに対してダランベールは、自分の問いをさらに先鋭化させる。

ありうる話だと思いますが、もし極貧の男が、第一に、施しを受ける望みもなく、第二に、金持ちが使わずにいる余剰分をまったく誰にも悟られずに盗んで、自分の生活の資にあてられるとします。私が問いたいのは、このような場合、彼はどうするべきかです。自分や家族が飢え死にするのを受け入れられるか、いやそれどころか、受け入れるべきなのか[20]。

彼自身はこの問いに答えず、すぐ後に続けて、「民衆を欺くことは有益か」というあの問いに立ち返る。そして、迷信は民衆の精神にとっての糧のようなもので奪うことは不可能だというフリードリヒの議論に部分的に同意する。「ただし、この糧に飛びつくのは、もっとましな食べ物を出さない場合だけでしょうが」。そして、もしまったく何も（誤謬すら）知らない民衆に対して同時に不条理と理性を提示したら、やはり理性のほうをとるのではないか、と問う[21]。

極度の貧しさにおいても社会規範を守るべきかという問いと、民衆を欺くことは有益かという問いは、直接のつながりがないようにも見えるが、実は密接に連関している。つまり、極限状況の人間に規範を守るよう動機づけるには、やはり「死後の裁き」や「地獄の苦しみ」のような「馬鹿げた作り話」が必要なのではないか、と自問することで、ダランベールは、期せずして、理性に寄せる自分の信頼が維持できなくなる（そしてフリードリヒに同意せざるをえなくなる）一歩手前まで来ているのだ。

フリードリヒは返信のなかで、あろうことか、ダランベールの想定する極限状況においては「窃盗が正当である」ことを認め、また、ダランベールの仮定する「世界の最初の日」に関して、「民衆を欺くことが有益かとお尋ねになるなら、有益でないと答えるでしょう」と述べている。[22] つまり、限定つきではあるものの、フリードリヒもまたダランベールにほとんど同意せざるをえない地点にたどりついている。

ダランベールは、王が自分と同じ見解であることを喜びつつ、第一の論点（窃盗が許される）についてはこう補足する。

こうした絶対的な困窮は、純粋に理論的な想定だとお考えかもしれませんが、問題は、本当にそうかという点です。［……］一〇〇〇軒もの家の扉を空しく叩いたものの、運に見放され、救いの望みもない人たちを私はしばしば目にしました。彼らには、一〇〇一軒目の扉を叩けというべきなのか、それとも、罰せられずに済むものなら、金持ちから掠め取って飢えをしのげというべきなのか、わからなくなるのでした。もっとも、このような理論はどれほど筋の通った「＝合理的な」ものであるにせよ、論文や修身読本に載せるわけにはいかないものですが。[23]

引用の最後の文で、ダランベールは、「人間たちにはいつでも真理を説くべきだ」という自己の信条を少なくとも部分的に放棄しているように見える。それどころか、第二の論点（民衆を欺くことは有益か）についても、すでに誤謬が根を下ろしているところでは無理に根絶しようとすべきでないとさえ主張する。

しかしながら、同時に、力づくではなく、繊細さと忍耐をもって、誤謬を間接的に攻撃しなければならないのだと私は考えます。［……］建物に大砲を向けてはなりません。そんなことをすれば、建物を守ろうとする者たちが窓から雨あられと銃弾を降らせることになるでしょう。そうではなく、その隣に、もっと住み心地がよく、便利な建物を少しずつ建てていけばよいのです。いつの間にか、誰もが新しい建物に移っていき、豹どもの棲む建物には誰一人として寄りつかなくなることでしょう。(24)

この数学者は、いわば未知の解がすでに与えられているという仮定から議論している。宗教が民衆の阿片であるなら、阿片を批判するのでなく、阿片を必要としないような社会を実現すればよい――ユートピアと革命と解放の物語がもちえた魅力を、ダランベールのこの小さな比喩はよく示しているといえよう。

と同時に、民衆を欺くという「隠蔽された戦略的行為」をめぐってかわされたフリードリヒ二世とダランベールの論争は、他者の相反する見解に期せずして同意してしまう可能性すらはらんだ、コミュニケーションという場の厄介さと不気味さを示唆している。コミュニケーションから得られる最大の成果が、意見の一致よりむしろ、相違の確認にとどまることも少なくない。ハーバーマスのいう了解志向的行為は、このように多くの制約（時間、参加者の意思、破綻の可能性）にさらされており、けっして理想的な行為調整メカニズムではないのだ。

ところで、先に図示した社会的行為の区分によれば、コミュニケーション行為をとらず、かつ、他者や自己への欺瞞（隠蔽された戦略的行為）をも避けようとするならば、残る可能性は「明示的な戦略的行為」だけであった。つまり、客観的有効性以外の合理性の側面（特に規範的正当性）を度外視し、当事者全員が意識的に成果志向的行為をとる場合（たとえば、経済活動）である。次節では、この選択肢に目を向けることにしよう。

(1) 生活世界とシステム

ここでもう一つの対概念、生活世界とシステムに話を移したい。第1節(1)で見た建設現場の例にもどろう。労働者たちの意思疎通において、昼前の建設現場と作業中の同僚たちは、時間的・空間的・社会的座標軸の基準点となっているが、この基準点の周囲には、さまざまな隔たりをもつ他の諸要素が取り巻いている。たとえば、空間的に見ると、目下の状況の周縁は、作業現場のある通りを中心に、区・町・州・国・大陸等へと広がっている。同様に、休憩のために誰かがビールを買いに行くという現下のテーマにとって、労働者間の年功序列、最寄の酒屋までの距離、車の利用可能性などは状況の直接的構成要素だといえるが、たとえば、今建設しているのが一世帯用住宅であるとか、新参の労働者が出稼ぎの外国人であり健康保険に入っていないとか、同僚の一人が三人の子持ちであるとか、この新築物件にはバイエルン州の建築基準が適用されるとかいった事態は、さしあたり問題にならず、当事者たちにとって意識すらされないかもしれない。

だが、何らかの変化が生じ、別の事柄がテーマとなれば、こうした背景的事態も状況の構成要素に加わりうる。たとえば、建築の依頼主が現場の景気づけにビールケースをもって顔を出したり、ビールを買いに行こうとした労働者が階段で足を踏み外したり、新しい児童手当ての施行が話題になったり、建築基準のチェックのために建築上が役人を連れて現れたりすれば、今挙げたような事態が問題になってくるにちがいない。コミュニケーションのおこなわれる場において、焦点化されている状況とそれを取り囲む非主題的領域との境界は、このような形でつねに移動や伸縮を繰り返している。

コミュニケーション行為においてさしあたり主題化されず、自明ないし暗黙の前提として行為者たちの状況解釈をいわば背後から支えている事態の総体を、ハーバーマスは「生活世界」と呼ぶ。後期フッサールからA・シュッツを経て社会学的分析に導入されたこの概念は、社会的行為を当事者自身のパースペクティヴから分析する上で格好の視座を提供してくれる。直接的行為状況とその周縁の境界の可動性も、やはりフッサールが用いた地平という比喩で適切に説明されるだろう。ハーバーマスは生活世界の概念を、相互了解のプロセスの「相関項」、コミュニケーション行為の「背景」または「相補概念」など、さまざまな表現で言い換えているが[25]、どれほど視点が動こうともつねに全体としては背景にとどまる地平というメタファーは、生活世界の基本的性格をよく示すものといえる。

したがって、生活世界というカテゴリーは、これまで論じてきた［三つの］形式的世界概念とは別の地位をもつ。［……］形式的世界概念によって、話し手と聞き手は発話行為の指示対象を、［各世界内にある］客観的なもの、規範的なもの、主観的なものとしてあつかうことができる。これに対して、生活世界はこのような対応づけができない。生活世界によって話し手と聞き手が「間主観的なもの」に言及する、ということはできないのだ。コミュニケーション行為をする者はつねに自分たちの生活世界の地平の内側にとどまっており、そこから飛び出すことはできない。［……］生活世界とは、いわば話し手と聞き手が出会う超越論的場なのだ。(TKH II, 191 f.)[26]

このように生活世界は、コミュニケーション行為にとって不可欠の背景として、それを可能にしているのだが、他方、了解志向的行為を通して維持・更新される、意味解釈（文化）、社会的統合（社会／制度）、社会化（人格）という三つの構成要素によって、生活世界はたえず自らの象徴的再生産をおこなってもいる[27]。しかし、生活世界は単にコミュニケーション行為における意味や解釈を支えているだけではない。現実のものである以上、生活世界も物質的基盤の上に立っている。衣食住などの基本的需要を満たすには、希少なリソースを用いた社会的労働を通じて、生活世界の物質的再生産がおこなわれなければならない。象徴的再生産にとってコミュニケーション行為におけるる了解が重要であるのに対し、物質的再生産にとっては成果志向的な目的行為が中心的役割を果たす。[28] つねに行為者の背後に退いている「地平」ないし「超越論的場」としての生活世界が、同時に物質的再生産の対象でもあるという議論は一見すると奇異な印象を与えるかもしれない。だが、（シュッツのように）社会を生活世界と等値するのでも、（ルーマンのように）行為システムに解消するのでもなく、両方の視点を組み合わせようとする点、つまり、「社会が同時にシステムでも生活世界でもあると考える」（TKH II, 180）点に、『コミュニケーション行為の理論』の最大の理論的特徴がある。[29]

では、システムとは何か。ハーバーマスは、社会秩序が存立するための統合という機能に二つの様態があると考えている。[30] 一つは、生活世界の象徴的再生産における構成要素として挙げた社会的統合である。これは、行為者が属している社会集団において、多かれ少なかれ自明のものとして共有されている規範や制度を通じた統合である。規範の自明性や共有の範囲はコミュニケーションを通じてさまざまな幅を示しうるが、社会的行為が持続しうるには、社会的統合が少なくともある程度は機能していなければならない。[31] だが、社会集団の規範（社会的世界／正当性）にかかわるものであるがゆえに、社会的統合の維持は、行為者間の相互了解プロセスに依存する。

これに対して、もう一つの統合の様態はシステム的統合と呼ばれる。[32] 遅くとも近代以降の社会において、生活世界の物質的再生産の大部分は、市場のメカニズムを介しておこなわれている。社会的統合の場合とは異なり、市場で商品を売買する行為者たちはもっぱら自己の利益計算にもとづいて――すなわち成果志向的に――ふるまっている。[33] 商品が高すぎると思えば、買い手は別の売り手を探すだろう（この状態が続けば、売り手は価格を引き下げるほかなくなる）。反対に、きわめて安価な商品があれば多数の買い手が集まり、価格は結果として需要と供給のバランスに見合った水準に上昇するだろう。つまり、こうした交換関係において、個々の行為者は利己的にふるまっているにすぎず、全体の秩序など気にしていないにもかかわらず（仮に気にする者がいたとしても、その主観的意図とは無関係に)、社会全体としては有効な資源配分が達成される。システムとは、このように個々の行為結果の総和が(行為者の意識とは独立に)全体的機能連関の維持をもたらすような自己制御メカニズムのことを指す[34]。

システムの機能は、行為者たちの主観的意図に依存しないため、通常コミュニケーションによって相互了解を確保する必要がない。第1節(1)で見たように、言語的意思疎通はつねに、承認/拒絶という選択肢をもつ妥当要求を介しておこなわれ、参加者同士が自他のもつ想定をすり合わせ、修正していくというプロセスを経ることになる。つまり、コミュニケーション行為を支える相互了解の調達は、時間や労力の上で、多大なコストを要する。それに対して、経済に代表される行為システムは、相互了解を介さずとも、それどころかむしろ、可能なら言語的意思疎通を迂回したほうがより効率的に機能する。その場合、社会的統合がになってきた行為調整機能は、システム的統合に転嫁され、いわば脱言語化されることになるだろう。

ところで、第1節(1)で述べた合理性の三つの次元の分化は、それ自身、生活世界の合理化の一指標であった。たとえば、規範的秩序(社会的世界)が自然的秩序(客観的世界)と同一視されている社会、あるいは、疫病などの自然的因果性(客観的世界)が神々のような人格的存在の行為(社会的世界)と区別されず、祈祷(主観的世界)などの働きかけによって操作可能だと表象されている社会において、純粋に客観的世界における利害のみを追求する態度(成果志向的行為)は成立しがたいことになるだろう。合理性の三つの次元の分化によってはじめて、これらすべてに依拠するコミュニケーション的合理性が十全に展開しうる。同様に、こうした生活世界の合理化によってはじめて、目的合理性やシステムの機能しうる基盤が生じるといえる。つまり、一見対立するように見える生活世界の合理性とシステムの合理性とは、後者が前者の一側面に特化したという違いこそあれ、同じ合理性から分化した二つの相補的形態なのだ。

生活世界の合理化は、一方で、伝統的価値観からの解放という意味をもつが、これは他方で、そうした価値観が多かれ少なかれ保障してきた社会秩序の正統性(社会的統合)をコミュニケーションを介した相互了解の形であらために調達しなければならないという負荷の増大をもたらす。つまり、近代になって起こった社会的統合からシステム的統合への転換は、生活世界の合理化によって可能になったものであると同時に、生活世界が抱え込んだ過剰な負担の軽減という意味ももつことになる。だが、システムが生活世界から次第に自立していくにつれて、システムの構造と機能はますます複雑化していき、その影響はやがて生活世界自身にも跳ね返らざるをえない。冒頭でふれた「世界史的啓蒙のプロセスにおける不可避のアイロニー」が意味していたのは、このような事態である。

そもそも、システム的統合が統合と呼ばれるのは、それが行為の連鎖(たとえば、売り―買い―売り)をもたらすためにほかならず、そうした行為の担い手たち相互の結びつきを意識させたり、いわんや連帯感を生みだすわけではない。システムが、社会の物質的再生産にとって大きな役割を果たしうるとはいえ、社会的統合をはじめとする生活世界の象徴的再生産をシステムに肩代わりさせることは不可能である。システムが生活世界から分離し、両者が互いに影響し合うことが可能になった段階で、社会的統合本来の機能である象徴的再生産をシステムが圧迫するに至った状態を、ハーバーマスは〈システムによる生活世界の植民地化〉と呼ぶ[35]。

(2)「貨幣は働かない」

ローマ皇帝ウェスパシアヌスは、慢性的財政難に苦しんでいた帝国の財政を立て直すためにさまざまな施策をとったことで知られている。その一環として公衆便所にまで税を課したので、息子のティトゥスはそのことを諌めた。皇帝は、最初に徴収された硬貨を彼の鼻先に突きつけ、いやな臭いがするかと尋ねた。ティトゥスが否定すると、「それでもこれは小便からとられたものなのだ」と答えたという。スエトニウスの『ローマ皇帝伝』(ウェスパシアヌス伝、23節)が伝えるこの逸話は、「貨幣は臭わない(pecunia non olet)」という慣用句の典拠とされるが、経済システムを制御する媒体としての貨幣がもつ特性をよく示している。すなわち、貨幣は、交換される商品や取引相手の素性などの差異を捨象し、あらゆるものを単純な量に還元してしまう。この特性こそ、経済活動をおこなり主体の「成果志向的態度」を可能にするものにほかならない。

E・ヴァーゲンホーファー監督の映画 *Let's make money* は、二〇〇八年一〇月末に公開され、奇しくもリーマン・ショックとして噴出した世界金融危機に対するタイムリーな注釈となった。[36] 映画の冒頭、次のようなテロップが映し出される。

私たちの大部分は自分の金がどこにあるか知らない。たしかなのは、金を預けた銀行のなかにはないということだ。銀行は私たちの預金をグローバルな金融市場に送りこむ。その預金の借り手たちがどこで暮らし、私たちの利子を払うために何をしているかは、隠されたままだ。そんなことは誰も気にせず、「あなたのお金を働かせましょう［＝有効な資金運用を］」という銀行のキャッチコピーを疑いもせずに受け入れるのだ。

この後、作り手の主観的表現は後景に退き、おおむね世界各地で撮影された映像を短いテロップが補足するというスタイルで映画は進行する。たとえば、ガーナの採鉱場で採られた金が、すぐさまスイスに空輸され、精錬された金塊として保管されるまでを示すシークエンスは、最後に「利益分配：アフリカ 三パーセント 西側 九七パーセント」というテロップで締めくくられる。あるいは、取材された人物の発言が作者の意見を代弁している場合もある。たとえば、建築バブルによってスペイン沿岸部に大量に出現した無人のリゾート・マンション群を空撮したショットをうけて、都市建築の専門家が登場し、この異様な光景を「スペインの海岸と島々を襲ったセメントの津波」と形容する。

だが、監督自身が証言するとおり、[37] 作り手の立場を代弁するテロップや発言だけでなく、むしろ批判の対象と見なされるような、いわばシステムの中枢にいる人物も多く登場している。シンガポールを拠点とする著名な投資家マーク・モビアスは、ネガティヴに語られることの多いグローバリゼーションについてコメントし、世界的競争によって商品やサービスの価格が下がり、世界の国々にとって「ポジティヴな効果」があることを説く。また、エマージング・マーケットへの自分たちの投資から生じた利益が、先進諸国の年金財政の維持に貢献していると主張する。モビアスの次の発言はとりわけ印象的だ。

私は、投資家が倫理的問題だとか、環境汚染とか、投資先企業のいろいろな行動に責任をもつと思っていません。それは投資家の仕事でない。投資家の仕事は、投資すること、顧客のために利益を上げることです。

経済システムにおける成果志向的行為の擁護として、これ以上率直な見解は望みようもないだろう。[38] どこでどれほどの搾取がおこなわれていようと、「利益を上げる」という投資家の目的にとって、それは重要性をもたない。「貨幣は臭わない」のだ。

仮に、投資先の決定に際していわゆる倫理的な判断基準（ハーバーマスのいう規範的正当性）を持ち込んだとしたら、彼が誇るような利益は上げられなくなるだろう。生活世界からシステムが分離するということの意味はまさしくこの点にある。経済的合理性が行為を規定している文脈、言い換えれば、社会的正当性が背景に退き、客観的有効性のみが考慮される戦略的行為の文脈において、当事者たちの主観的意識とは無関係に、規範的な問題はいわばカッコに入れられる。個々の行為者は多かれ少なかれ道徳的問題を意識しているとしても、そのような観念の作動する場面がなくなるのだ。そのかぎりで、こうした態度を倫理的に非難しても見当違いだということになろう。

だが、同じ経済システムにおいても、それを労働の視点から眺めた場合、様相は異なってくる。映画の大半は、そうした視点を例示するものといえる。たとえば、ブルキナファソの荒廃した大地。現地の農業専門家が「無理な綿花栽培で土壌が疲弊しきっている」と説明する。こうして打ち捨てられる土地は年々拡大しているのだという。当地の綿花は手摘みのため、品質も良く、生産コストも低いため、本来ならば国際的競争力があるはずだが、価格の暴落に加え、アメリカやEUが綿花にかけている補助金のせいで、ブルキナファソの働き手たちは生存ライン以下の賃金に甘んじなければならない。木綿を摘んでいた女性がカメラに向かってこう語りかける。「木綿を買っている連中に、ちゃんとした値段を払うように伝えてよ」。

また、ブルキナファソの綿花をあつかう半国営企業の幹部は、雄弁なフランス語で次のように力説する。

アメリカ人が自由主義だというなら、なぜ綿花生産者に補助金を出すのでしょう。どうしてです？　自由主義なんかじゃない。自分は保護主義でやってるくせに、私たちには自由主義を要求する。ダブルスタンダードですよ。サッカーの試合で、Aチームは最高級の靴を履き、おまけに手も使っていいのに、Bチーム、つまり、私たちアフリカ人には、靴も履かず裸足でプレーしろというようなものです。まともだと思いますか。

自分たちが強いられている経済活動が公正さを欠いている、つまり、規範的正当性に照らして「不合理」だという訴えである。一方で、経済活動から倫理的問題を捨象する態度があり、他方で、まさしく経済活動が倫理的問題を引き起こしているという告発がある。先進国の投資家も第三世界の農民も、グローバル化した経済システムの当事者たちが語る言葉でありながら、このような差が出てくるのはなぜか。おそらく、当事者といっても、単に商品（いわゆる金融商品を含む）を売買する者と、自分自身の労働力を商品として売らなければならない者との間に決定的なパースペクティヴの断絶があるためだろう。前者は、自分たちの経済活動をさほど無理なくシステムとして理解しうる（生活世界としての側面を捨象しうる）のに対して、後者にとって、自分たちの労働が組み込まれている生活世界の文脈を度外視することは著しく困難である。システムの要求がもたらす生活世界への歪みは、典型的には社会的統合の破綻として、言い換えれば、おそらく経済的活動がなければとうに維持されなくなったであろう「不公正」な関係として意識される。

同じ幹部はさらにこう述べている。

もし私たちが綿花を作れなくなったら、ブルキナの、いや、ブルキナだけでなくマリやベナンなどの国からも、アフリカ人がみなヨーロッパに押し寄せるでしょう。しかたないのです。私たちは間違いなくあなたがたのところに侵入しますよ。欧米が綿花の補助金をやめないなら、そうせざるをえません。その時は、高さ〇メートルのフェンスでもなんでも立てたらいい。それでも、私たちはヨーロッパに押し寄せるでしょう。

より快適な建物を建てれば、いつの間にか誰もが古い建物を捨てて移ってくるはずだ、というダランベールの比喩が皮肉な形で現実になろうとしているのだろうか。もちろん、そうではない。ダランベールが建物という比喩で指していたのは、人間たちのいだく思想体系であり、より合理的な思想がしかるべき内実をもてば、合理的でない思想におのずと打ち勝つだろうという信念であった。そう考えると、むしろ私たち（ヨーロッパだけでなく日本にいる「あなたがた」を含めて）がいる場所は、誰一人寄りつかなくなるという「豹どもの棲む建物」のほうに近いのかもしれない。

ヴァーゲンホーファー監督は、映画冒頭のテロップに触れてこう述べている。

数年前、ある銀行の広告コピーが目にとまった。「あなたのお金を働かせましょう［＝有効な資金運用を］」というやつだ。だがちょっと考えれば、これがまったくのナンセンスだということはすぐわかる。貨幣は働いたりしない。働くことができるのは、人間、機械、そしてせいぜい動物だけだ。[39]

「ちょっと考えれば」見破れるほどのナンセンスであるにもかかわらず、私たちは相変わらずあたかも「貨幣が働く」かのように考えながら日々を過ごしている。口座残高に加わる利息の額が、あたかもシステムから自然に出力される数値にすぎないかのように。だが、このような「虚偽」をそれとして認めることは、私たちの自己理解（主観的および社会的世界）を危うくしかねない。だとすると、私たちのいる場所は、ハーバーマスの分類する「隠蔽された戦略的行為」、しかも意識的な欺瞞ですらなく、むしろ無意識的な自己欺瞞に相当するだろう。成果志向的態度にとどまるかぎり、そこから抜け出すことは定義上不可能である。

もしフリードリヒ二世にならって、欺かれること（自己欺瞞を含めて）は有益だと考えるのでもなければ、選択肢は一つしかない。客観的世界（真実性／有効性）が合理性の唯一の基準であるかのような思考をあきらめ、私たちの生活世界が、好むと好まざると、社会的世界（正当性）や主観的世界（誠実性）にも開かれてしまっている事実を受け入れるしかないのだ。それは「世界史的啓蒙のプロセス」がもたらしたコミュニケーション的合理性の運命である。

通常、私たちが、たとえばブルキナファソの農民と生活世界を共有するといえるのは、ごく抽象的な意味においてでしかない。だが、映画の画面を通して登場人物たちが私たちに語りかけてくる（「あなたがた」）とき、ヴァーチャルな形ではあれ、コミュニケーションの可能性が開かれる。もちろん、コミュニケーションは——とりわけ自らの規範的正当性を疑問に付される立場にある場合——けっして居心地のいい場所でないだろう。いうまでもなく、了解志向的行為は問題の解決を少しも約束しない。それが唯一保障してくれるのは、問題が問題としてあつかわれうるということだけだ。ダランベールのいうとおり、そこでは何よりもまず「繊細さと忍耐」が要求される。

注

（1）以下、『コミュニケーション行為の理論』を参照する際は、Jürgen Habermas, *Theorie des kommunikativen Handelns*, 2 Bde., Frankfurt a. M., 1995 により、略号 TKH に続けて、巻数・頁数をそれぞれローマ数字・アラビア数字で示す。『公共性の構造転換』に言及しつつ「啓蒙のプロジェクト」を論じている箇所として、TKH II, 470–488 を参照。
（2）以下の整理に関しては、TKH I, 25 ff. を参照。
（3）客観的世界、社会的世界、主観的世界の定義については、TKH I, 149 を参照。
（4）この例は、TKH II, 185–189 で説明されている。
（5）行為モデルの分類については、TKH I, 126–143, 148–151 を参照。

（6）コミュニケーション行為の概念については、TKH I, 128, 142 f., 148 f. を参照。この概念は、ある意味で、前述の三つの行為概念の構成要素をすべて包摂していることになろう。だとすれば、それらはいわばコミュニケーション行為の派生形態だということになる（現象的にはそれらがコミュニケーション行為と対立するにもかかわらず）。この点については、Karl-Otto Apel, Das Problem des offen strategischen Sprachgebrauchs in transzendentalpragmatischer Sicht. Ein zweiter Versuch, mit Habermas gegen Habermas zu denken, in : Holger Burckhart (Hg.), *Diskurs über Sprache. Festschrift für Edmund Braun zum 65. Geburtstag*, Würzburg, 1994, S. 31-52 を参照。

（7）特に、TKH I, 411-414 を参照。TKH II, 193 では、コミュニケーション行為と三世界との関係を図示している。

（8）ハーバーマスは行為概念について独自の定義を提出しているわけではなく、基本的にヴェーバーの理解社会学における「社会的行為」（行為者によって思念された「意味」の次元で、他の行為者に関係づけられた行為）の概念を批判的に継承している。ヴェーバーの、特に目的合理性偏重の行為概念に対するハーバーマスの批判として TKH I, 379-381 を参照されたい。

（9）図は、TKH I, 446 (Fig. 18) による。

（10）TKH I, 444 f. を参照。ハーバーマスは、フィクション、冗談、アイロニーなども同様のメカニズムによって説明している。

（11）*Nouveaux mémoires de l'Académie royale des sciences et belles-lettres*. Année 1778, Berlin, 1780, p. 30.

（12）*Nouveaux mémoires de l'Académie royale des sciences et belles-lettres*. Année 1780, Berlin, 1782, p. 8 f. この懸賞課題の応募作は、受賞作品を含め、現存する草稿すべてが二〇〇七年に刊行された。Hans Adler (Hg.), *Nützt es dem Volke, betrogen zu werden? Est-il utile au Peuple d'être trompé? Die Preisfrage der Preußischen Akademie für 1780*, 2 Bde., Stuttgart-Bad Cannstatt, 2007. 懸賞課題の審査についての詳細な経緯は、同書の編者序論（*ibid.*, Bd. 1, S. XIII-LXX）を参照のこと。ちなみに、この懸賞課題は、一七八三年、ベルリンの（ドイツ語系）啓蒙主義者たちの秘密団体「ベルリン水曜会」において話題となり、それと並行する形で、同会会員らの発表媒体となっていた『ベルリン月報』にも「啓蒙とは何か」をめぐる論争として飛び火している。同誌に掲載されたカントの有名な啓蒙論（一七八四年）の背景には、この懸賞課題があったことになる。この点については、本書第1章をあわせて参照されたい。

（13）Adolf Harnack, *Geschichte der königlich preußischen Akademie der Wissenschaften zu Berlin*, Berlin, 1900, Bd. 1, S. 372, 417-420.

（14）以下、フリードリヒ二世とダランベールの書簡については、*Œuvres de Frédéric le Grand*, éd. par J.-D.-E. Preuss, Berlin, 1846-1856（ただし二折判ではなく八折判のもの）により引用する。Cf. *Œuvres* XXV, 85 f. (D'Alembert à Frédéric, 22 septembre 1777) ; XXV, 88 f. (Frédéric à D'Alembert, 5 octobre 1777).

（15）*Œuvres* XXIV, 464 (Frédéric à D'Alembert, 25 novembre 1769).

（16）*Œuvres* XXIV, 467 (D'Alembert à Frédéric, 18 décembre 1769). 二人の文通から、最終的な懸賞課題に至るまで、問いの文言は

さまざまな形をとっているが、ここでの議論には影響しないのであえて問題としないでおく。
（17）*Œuvres* XXIV, 472（Frédéric à D'Alembert, 8 janvier 1770）.
（18）*Œuvres* XXIV, 473（D'Alembert à Frédéric, 29 janvier 1770）.
（19）*Œuvres* XXIV, 474（Frédéric à D'Alembert, 17 février 1770）.
（20）*Œuvres* XXIV, 475（D'Alembert à Frédéric, 9 mars 1770）.
（21）*Ibid.*, 475 f.
（22）*Œuvres* XXIV, 477 f.（Frédéric à D'Alembert, 3 avril 1770）.
（23）*Œuvres* XXIV, 482（D'Alembert à Frédéric, 30 avril 1770）.
（24）*Ibid.*, 483.
（25）TKH I, 107, 123, 150, 189 f., 449, II, 188, 198 など参照。
（26）TKH II, 201 でも、「生活世界の境界は超越できない」といわれている。
（27）TKH II, 203–209 を参照。文化・社会・人格という三つの構成要素は、客観的・社会的・主観的世界という三つの世界概念に対する生活世界内の相関項といえる。
（28）TKH II, 209, 347 f. を参照。
（29）ハーバーマスは、このような選択こそ、社会の近代化にともなうさまざまな問題を生活世界の合理化の責任に帰そうとする反啓蒙に対して、マルクスの批判（生活世界の合理化は擁護しつつ、その合理化の歪みを分析しようとする企て）を継承する理論的ストラテジーだと見なしている（TKH II, 222 f.）。留保つきではあるものの、システムと生活世界の対比は、マルクス主義の土台と上部構造という概念にも部分的に対応している（cf. TKH II, 251, 259, 277, 492 f.）。
（30）TKH II, 179 を参照。
（31）生活世界の象徴的再生産において社会的統合が果たす機能、および、それが機能不全に陥った場合の症状については、それぞれ TKH II, 214 f. の Fig. 21 と Fig. 22 を参照。
（32）TKH II, 226 f., 258, 348 f. を参照。
（33）もし行為者が成果志向的でないような動機（たとえば、特定集団に属する人間への差別）を交えて活動するとしたら、それが目的合理性に反するかぎりで、自らの目標達成を危うくするだろう。市場がうまく機能していると仮定した場合、長期的にそうした態度は維持しにくくなる。
（34）ハーバーマスは、近代以降、システムとして機能するに至った行為領域として、経済（貨幣を媒体とする）と政治（権力を媒体とする）を考えている。貨幣については、TKH II, 395–400 を参照。

(35) TKH II, 293, 452, 471 を参照。
(36) 以下、映画からの引用は、DVD版（Erwin Wagenhofer, *Let's make money*, Delphi Filmverleih GmbH, 2009）による。
(37) Caspar Dohmen, *Let's make money. Was macht die Bank mit unserem Geld?* Freiburg: 2008, S. 193.
(38) モビアスの発言に対して、まさしくこの態度にこそ投資家の倫理があるのだと解釈することもできよう。だが、その「倫理」は、彼自身の利益が顧客の利益と一致するかぎりにおいてのみ成り立つのであって、いずれにせよ本質的に成果志向的であることは変わりない。
(39) 映画公式ウェブサイトのDirector's Noteによる。http://letsmakemoney.de/inhalt を参照。

第19章　「終わりある啓蒙」と「終わりなき啓蒙」

佐藤淳二

はじめに――「書物」とその外部

知の隠喩といえば、樹木や鏡が浮かぶだろうか。それも悪くない。しかし、西洋の特権的な隠喩として「書物」は挙げておくべきだろう。そして書物といえばすなわち聖書だけが思い浮かべられるという時代が長く続き、やがて知識の革命と印刷術などの技術革新が急展開し、そこから夥しい数の書物が爆発的に出現した。西洋における「書物の時代」の幕開けである。しかし、それは滑らかな移行ではなく、書物をコントロールしようとする権力との苦闘の歴史でもあった。周知のように近代初頭の書物は、それを開き読むことを制限され、書く場合は検閲され、さらにはその流通も制限されていたからであり、書物の閉鎖性を打破し、自由で公平な書物へのアクセスを権利として確保したのは、まさに啓蒙の闘争の成果といわねばならない。啓蒙は、さらに進んでオープンなシステムの構築を目指し、ディドロとダランベールの『百科全書』という輝かしい金字塔に到達した。ともかくも、啓蒙の運動と闘争は、図書館や大学そして「地下文書」を含む広範な伝達手段《メディア》を重要な領域にしてきたのである。さらに、知の宝庫としての書物へのアクセスを公共に開くことは、まさに豊かさの公平な分配であり、正義の実現という社会的意味を有していた。つまり、教育を普及させ識字率を上げ、読めない者たちには代読の「声」をも動員しつつ、世界の隅々にまで書物を伝播させること、これはグローバルな意義を持つ、啓蒙の象徴的「使命」だったのである。

これを裏返せば、啓蒙は、人間を解放すると同時に、「知」それ自体が自己を解放する契機でもあったといえよう。例えば、カントは啓蒙をあの有名な「あえて賢くあれ」という命令として定義したが、さらにヘーゲルは、『精神現象学』の頂点ともいうべき「啓蒙」論において、カントの定義を「自分自身であれ」という指令であると読み換えた。カントは「超越論的主観」を進んで受け入れること(「あえて賢く」なること)をもって「啓蒙」の使命としていたのであるが、これを読み換えたヘーゲルは、「知」の普遍的な力(否定の力)を通じて、われわれ一人一人が、限界まで自己自身を知りかつ実現することを「啓蒙」の本質としたのである。原理上、「知」は無限に解放され、その運動を止めることに正当性はなくなった。従って、ヘーゲル以後、人間が自然的で素朴な自我と普遍的な知を遂行する「認識《エピステーメー》的主体」とに二重化することになったのも、当然といわねばならない。この「エピステーメー的主体」は、どこにでも入り込み、どこまでも進んでいき、あらゆる関係の網の目を経巡ろうとする。「私」が生きている限り、何を知覚しようと、何を考えようと、何をしようと、すべてはこの「エピステーメー的主体」によって説明され、裏書きされていくのである。

このような解放された知の姿を如実に示しているのが、前述の『百科全書』である。世界のあらゆる事を定義し説明しようというプロジェクトとしての『百科全書』は、あらゆる事物の素朴な外観を奪い、関係性の諸機能とその内部で規定される項にそれを還元ないし分解して、分類・記述・登記する。いったん登記された断片は、abc順の秩序を与えられているから、仮に『百科全書』が書物の外観を失っても、つまり一枚一枚の紙に、更に個別の項目断片に、『百科全書』が解体されたとしても、断片を順番に並べることはいつでも可能となる。つまり、原理としての『百科全書』は、すでに紙に支えられたあり方を超えていたのであり、すでにして「ポスト・モダン」的な意味での「データベース」に到達していたともいえよう。歴史的な存在としてのディドロとダランベールの『百科全書』は、普遍的・一般的な来るべき知のタイプとしての〈百科全書〉でもあったのであり、原理としての〈百科全書〉は、デジタル化に、とうの昔から「対応」していたようなものなのである。〈百科全書〉は、開かれれば開かれるほど、また関係へと断片化すればするほど、ますます増殖し巨大化する。これを、無限に開かれた書物の総体という意味で「書物」と書くことにしよう。そして、インターネット時代は多くの点で啓蒙のリミットであり、「書物」の完成の時代でもある。それは、決して「書物」の終焉ではない。紙媒体が早晩使われなくなるとして、その事態はそれ自体重大な意味を確かに持つが、しかし「紙フェティシズム」と「書物」の終わりとはあくまで別の話として理解される必要がある。[1] インターネットが日々刻々と巨大で驚異的な効率性を備えた新たなる「百科全書」となりつつあること、「キンドル」「iPad」といった閲覧機器を通じて、「知」の膨大な集積へとどこからでもアクセス可能となりつつあること、これらが語るのは「書物」の終焉どころではなく、逆に原理としての「書物」の完成なのである。インターネットの高機能化とともに、「書物」の真の姿が、われわれの誰にとっても明らかになりつつあり、「書物」の完成に心をときめかせる人も少なくないだろう。来るべき「書物」がついにインターネットに降臨した、と。

「書物」は終焉せず、ただ果てしなく運動し続ける。しかし、ここに大きくて真っ黒な不安が頭をもたげてくる。確かに「書物」が無際限に運動し続けて終わりを知らないのは、それが無際限に運動するものとして完璧化し「完成」したからである。しかし、完結しないものとして完成した以上、それはやはりひとつの「終わり」を意味するのではないか。もしそうならば、「書物」はその「外」を持つであろう。「外」がある以上、境界が含意される。だとすれば、「書物の時代」という巨大な時代の最後、リミット、ボーダーを確認する作業が要請されるのではないか。いったい「書物」のリミットの先、その外には何が広がり、何が潜んでいるのか。この暗い不安をほっておくことはできない。といって国境の彼方を知る作業は簡単ではない。まず、ボーダーを画定できるためには、ボーダーを超えるだけの力量を持たねばならない。加えて、地図の知識と鋭敏な方向感覚も備えていなければならない。そもそも「書物」のリミットは、まことに曖昧であり、国境線といえる明確なものは存在しない。ただ人跡が絶えて、どうやら国境地帯に入ったことが判るだけというような、不可思議で荒涼とした広がりがボーダーを形成しているのである。国境地帯に行くのは、知の冒険者たちであるが、その代表としてジャック・デリダ（一九三〇—二〇〇四）の名を挙げなくてはならない。なぜデリダが代表者なのか。それは、デリダが、『グラマトロジーについて』（一九六七年）の最初の章を「書物の終焉とエクリチュールの始まり」と題して以来、われわれの多くが、「書物」の彼方に、「エクリチュール」なるものがあることを知らされ、それを実際に予感するようになったからである。予感と同時に、なにやらよく理解できない現代的な不安の中に、われわれの多くが投げ入れられ、「エクリチュール」なるいささか遊戯じみたナンセンスともいえようものが、われわれの日常の意味世界を蝕み、その土台を腐食させているかのような感覚が拡がっていった。しかし、とめどもなく拡がるこの不安のあり処を、恐らくはわれわれの誰よりもはっきりと見て取りながら、不安が同時に持つ誘惑を跳ね返し、入念に横道・間道を塞ぎ、国境の警備を厳しくすることで、「書物」の域内の安寧と品位を保とうとしてきた有能で、偉大ともいえる辺境警備の将軍が登場したのである。それが、ユルゲン・ハーバーマスだった。

ハーバーマスは、現代において「書物」を代表する一人である。彼は「書物」世界のボーダーのこちら側に現れるあらゆるパンフレット・係争文書に目を通そうとし、その多くを実際に読んでしまう。彼がある学説を読解するとは、同時にその学説を位置づけることである。彼が読む学説はたちどころにその元素に分解され、知の総体を形成する元素として分類・集積される。分解と集積の同時的遂行、これがハーバーマスのシステムを作り出す。『認識と関心』や『コミュニケーション行為の理論』といった著作を読むとき、読者はまさしく「書物」を、他のあらゆる書物を解体して集積する〈百科全書〉、まごうことなき「書物」の姿を見ることになる。「書物」の時代は、いまだ「未完のプロジェクト」であり、その外部をボーダーのこちら側に持ち込む正当性はどこにもない。なるほど近代的理性の外に出てしまい、表象を端的に超えられるというなら、われわれ一人一人の潜在性や可能性は無限に解き放たれるかもしれないが、しかし個体における無限の可能性の受け入れとは、個体にとっては身体的ないし精神的な「死」と同値であろう。死んでは元も子もない。ならば、「書物」のボーダー内の「無限」にとどまろう、そして、啓蒙の完成という終わりなき「終わり」に向けた合理的で討論的な作業に参加することを選択しようではないか……。人によっては、こういったハーバーマス的な提案を聞いて、侮蔑的沈黙（「権力なきコミュニケーションのユートピア物語に関わるヒマはない……」）に陥る人もいる。しかし、「嘲笑せず、悲嘆せず、呪詛もせず、ひたすらに理解認識すること（non ridere, non lugere, neque detestari, sed intelligere）」（スピノザ）こそ、「民主主義」などの限界を突破しようという知的冒険者すべてにとっての合い言葉でなければならない。ハーバーマスをも認識する忍耐こそが、そのような冒険には要請されているのである。

ここではハーバーマスの思想を記述するというよりも、ある別の光線、見えない光を当てることで、そこに特徴的な色を浮き上がらせるよう努めてみたい。哲学の「プリズム」に対して、いわば思想史的な「逆プリズム」なるものがもしあるとすれば、それを使いたいのである。[2] その存在しない光とは、現実の歴史事象たる啓蒙運動とは区別された、原理としての〈啓蒙〉の光である。〈啓蒙〉は対象に関する知を集積するだけではなく、その知をわれわれ自身に関わらせる自己回帰する反復である。〈啓蒙〉の進展は、個人では背負いきれない文化と文明の歴史的重荷からの解放を意味すると同時に、自己による自己の創造という自己言及のパラドクス、フーコー『狂気の歴史』のいう「人間学的循環」を深刻なものとする。一方に未来志向の「未完のプロジェクト」と見えるものが、他方ではメビウスの輪の無限反復に見えるという奇妙さも、〈啓蒙〉のパラドクスの一つの表現に他ならない。自己回帰する知の系譜学といえば、フーコーの『言葉と物』が想起されようが、ハーバーマスの初期の仕事は、自己関与する言説という問題設定をフーコーと共有しながらも、全く異なる方向へと進んでいった。[3] この分岐を辿る時、自らの属する共同性を明瞭で意識的な方法で自己変革するという企図の歴史的文脈が、浮かび上がるであろう。それは、カントに見られる啓蒙の典型的タイプである。しかるに、カント的な啓蒙では、理論と実践の二重化が生じてしまう。そこでハーバーマスは、カントの二重性を解釈論的に修正し克服することを目指して、フロイトの「徹底操作」をモデルとして活用する。しかし、これに対して、自己回帰の運動を極端なまでに押し進めたヘーゲルによる果てしなき啓蒙──機械の存在論──が対置される。自然の秘密を手に入れた啓蒙は、自然を自ら作り出すことができる〈啓蒙〉として完成されるが、しかしこれは同時に人間の残酷な無化という破局をも招来し得る。この破局からどうやって逃れるのか。この問いへの可能な答えとして、ヘーゲルの弁証法とは別の道筋（スピノザを分岐点とする道）を辿る啓蒙のタイプがある。〈ラディカルな啓蒙〉と呼ばれるべきこのタイプの啓蒙は、「構成」の無限性を基盤としている。「終わりある啓蒙」と「終わりなき啓蒙」の問いかけを、〈ラディカルな啓蒙〉の問題系へと開くこと、これがわれわれの現時点での目的である。

1　終わりある啓蒙──問題としてのカントの公共性

ハーバーマスの『公共性の構造転換』は、幅広い分野に大きな影響を与えてきたが、この書物は、一八世紀啓蒙思想とハーバーマスの関係を見る出発点とするにふさわしい。カント啓蒙論のハーバーマスによる脱構築の展開を追うことができるのである。(4)

（1）啓蒙と公開性

『公共性の構造転換』第一三節は、カント論の基本視角を述べた重要な部分となっている。ハーバーマスの啓蒙を考えるためには、何よりもこの第一三節の議論を確認することが必要である。

カントの『実践理性批判』は、政治領域における非道徳化を修正し、実践理性の法則の監査を確立するという側面を持つ。カントの時代には、すでに絶対主義も末期を迎えており、私人は公衆として登場し、彼らの議論の空間は公共圏として、国家と社会を媒介する政治的諸機能を果たすに至っていた。ここに、近代にとって決定的に重要な「公開性」概念が、登場したことになる。「公開性」が決定的であるのは、これが法秩序の原理であると同時に、啓蒙の方法でもあるからである。それは、「思考とは公開することであり、公開なくして成年になることはできない」と定式化できよう。そもそも啓蒙は、「他人の指導なしに自分の知性を使用する能力が欠けている」状態からの脱却、解放を意味する。すなわち、個人の私的な領域における啓蒙は、何事も自分で考えようという行動原理であり、人間全体という公的な領域においては、「完全に正義に適った秩序への進歩」への傾向性を意味する。重要なのは、「私的」「公的」のこの二つの領域は全く分離されているのではなく、「公開性」「公共性」によって媒介されているという点である。近代の個人は、公衆としてお互いを啓発しなくてはならない。つまり、個人の思考とは、単独者としては存立し得ず、他者との共同性ないし共同主観性の内部にしか現出しないものである。従って、共同性に参画できない者は、逆に、「未成年状態」に停滞し、啓蒙＝成年・成熟から排除される。なぜならば、カントにとって、自分で考えることは「公然と声に出して考える」ことだからである。[5] すなわち、理性の使用はその公共の使用と一致するのであり、表現の自由は思考そのものの条件なのである。

話したり書いたりする自由は、上部の権力によって奪われることがあっても、思考の自由はそれによって奪われることは決してないかもしれない。しかしながらわれわれが、他人に自分の思想を伝達しまた他人が彼らの思想をわれわれに伝達するというようにして、いわば他人と共同して考えることがなければ、われわれはどれだけのことを、どれほどの正しさをもって考えるであろうか！[6]

「言論の自由」は、意見発表の権利というにとどまらず、人間が自立するための問題であり、まさに思考の権利としてカントによって考えられている。カントにとって啓蒙の問題とは、その原理において「コミュニケーション」の問いであり、理性の公共的・共同的「使用」という問題である。

（2）理性の公共的使用

カントにとって理性を公共的に使用する集団の外延は、「学者」すなわちアカデミーの成員とさしあたり一致する。有名な「諸学部の諍い」は、言説の階層秩序に起因する現象の一つである。この諸学部の諍いは、上位学部と下位学部の批判的討論という形で展開する。上位学部は、神学・法学・医学であり、これらは「権威」に立脚している。さらにそれぞれには聖職者・裁判官・医師を養成する任務があり、このため国家権力に服している。さて、下位の学部はというと、純粋理性的認識に携わっており、その代表が哲学者ということになる。これら下位の学部は、「理性関心」によってのみ導かれ、「真理の公述をめざす」とされる。ここで、真理が明るみに出るために、学者たちは「公的に語る資格を持たねばならない」つまり発言の権利がなくてはならないとされる。

このようなアカデミーに限定された批判的討論の公共圏が、そのままでいつまでも限定されるわけではない。これらは、公権力に公開された討論であるにとどまらず、公開されることでやがて間接的にせよ人民公衆を教化し、結果として公共圏はその外延を拡げることになるからだ。ここで公衆は両義的に捉え得る。彼らは、いまだ啓蒙の必要な未成年状態にあるが、しかし自分では成年に達して啓蒙されたという意識を持つ者たちでもある。当然ながら、理性は使い方さえ知れば、誰でも使える（最も公平に分配された）ものだからである。観念的成熟はまたたく間に進んでいく。その進行に必要なのは、学部の諍いのような、点火のための「啓蒙の火（das Feuer der Aufklärung）」だけだともいえる。もし自ら啓蒙の光を点火したいと望むならば、討論に参加する必要があり、そのためには公衆もまた学者的ルールにしたがって振る舞うことが要求され、その条件の下で公開性への権利は保障される。

自分の理性の公的使用は常に自由でなければならず、これのみが人々のなかに啓蒙を実現できる。だが、その私的使用はしばしば極端に制限されることがあってもかまわない。だからといって啓蒙の進展が格別妨げられはしない、と。さて私は、自分自身の理性の公的使用を、ある人が読者世界の全公衆を前にして学者として理性を使用することと解している。(7)

理性を公的に使用する人、すなわち著作によって「世界」に向かって語る人は、権利上は「記者・評論家(Publizist)」である。ここで「世界」とカントが呼ぶもの、これをハーバーマスは「社会圏としての公共性」(8)と呼び直す。カントの「世界」概念の独特さは、学問的「世界」概念において最も明瞭になると、ハーバーマスは言う。なぜなら、「世界」は純粋な相の下では、「理性的存在の間のコミュニケーションにおいて作り上げられる」からである。というのも、アカデミーの世界は、「必然的に万人の関心をひく事柄」(カント)に関わるからである。これは、超越論的な世界ではない。これをハーバーマスは「人間性」の世界と呼ぶし、市民がすでに育み始めていた論議する読者公衆の世界とも呼ぶのである。確かに、そこには、異種混合的な社交(『人間学』の次元!)における討論、すなわち「論議(das Räsonieren)」(論証的討論=理性による討論)の進行が見出されるといえるであろう。

(3) 政治的討論と公共的合意形成

以上のような学問的な討論から市民の議論へと拡大してやまないコミュニケーションによって形成される人間性は、政治の平面においてはどのように現象するのであろうか。この理性討論的コミュニケーション主体=「人間たち」は、「公共体」に関するコミュニケーションを行うことで、「市民」として現れる。この公共体が共和制であれば、社会の制度=法は、公共的な議論によって決定されることになる。そうなると、それまでの生得の特権や、風俗習慣といった身体的・文化的・因習的、従って偶然的な妥当性から成立する私的法律とは異なって、「公共的

「(開かれた)法」が現れる。

すべての権利は法に依存する。ところが、何が法的に許され何が許されないかをすべての人に対して規定する公的な法は、公的な意志のはたらきである。したがって、すべての権利はこの公的な意志に由来する。そういうわけだから、こうしたことが可能になるには、(全員が全員のことを決定し、それゆえ各人ひとりひとりが自分自身のことを決定するのであるから)国民一同の意志によるしかない。(9)

「根源的契約」をめぐるカントのこの議論は、完全にルソー的である。たしかに、人民が自らに法の根拠を与えるという自己根拠の発想において、近代はルソーとともに始まる。しかし、ハーバーマスはさらに一歩踏み込んで、ルソーとカントとの差異を次の決定的な一点に見る。カント的人民主権の原理は、理性の公共的使用を前提条件としてのみ実現されるが、これに対してルソーは、このような相互的コミュニケーションや合意形成過程を受け入れないこと、これが決定的な差異である。契約は一挙に、瞬間的で全面的な自己贈与(自己疎外《アリエナシオン》=譲渡)のうちに実現されるとするルソーにとって、それ以外に根拠の領有すなわち自己根拠の自己内部への取り込みは不可能だったからである。それ故にこそ、カントはルソーと異なる場所に「法」を打ちたてる他ない。自己犠牲と贈与の「熱狂」にではなく、相互のコミュニケーションを「生まれつきの職」とする近代人の場所、言論の自由という「民権の唯一のパラス女神(守護神)」によって守られた場所に。

そもそもカントは、『純粋理性批判』においてすでに公共的合意に実際的な真理裁決の機能を認めていた。超越論的意識の叡知的統一に対して、万人の理性の合意で真理と見なす妥当性の論理がそれである。ここに認められる二重性については、後で問題にする。とりあえずここで注意すべきは、このような万人の合意による真理の裁決が、公開性の保証された領域でのみ妥当するということである。言い換えれば、完全な共和国であれば、というユートピア的ともいえる条件付きなのである。もちろんこの条件が満たされるのならば、他者の権利を制限するような法も、常に公開性の中で正当性を論証され続ける限り、倫理に違反しないことになるであろう。しかし問題は、ユートピアならざる現実社会における法の場合である。いったいどのようにして、この公開性は現実化すると考えられていたのか。

カントの信念は、内面的に自由な諸個人が参加しなくても、外面的に自由な事態は作り出すことができるというものであった。合理的に設計された社会ができれば、その下でやがて政治の権力性が倫理的に解消されるだろう、という信憑である。言い換えると、個人主体の変革は抜きにしても、社会のデザインを完全にして良い法律を整備すれば、そのうち（カントは進歩を自然によって強制されたものと考えているから）主体も権力による強制を待つことなく、自発的に社会の制度に従うであろう、ということである。ハーバーマスの指摘を待つまでもなく、要するに、カントが展開する社会像は、「私的自律に委ねられた、自由競争下の商品所有者たちの社会関係に依存している」のである。カントの公共圏に参加するには、財産を所有しているという資格以外に必要な資格はない。ともかくこの点では、「熟練職人も大地主も小地主もすべて平等である」ことになる！　カントはその後でさすがにこの問題の困難さを告白するが、それでも「自分自身の主人」である人だけが公共圏に参加できるという一点は変わらない。つまり、労賃による労働者＝労働力商品は、合意形成という主権行為の埒外にあるのである。労働者は、カントの盲点に入り、意識されぬままに理性の公共的使用から排除されている。そもそも、「成人」（メジャー）であることが啓蒙であるなら、「未成人」（マイナー）はそこから排除されている。カント的な「公共圏」は、暗黙の前提として、大多数の民衆《マッス》・大衆ないし〈夥しい数の人々《マルチチュード》〉を排除するのである。

この排除をカント自身はどのように正当化していたのか。まさに自由経済のイデオロギーすなわち機会均等・個人の勤勉による格差是正・公正競争のイデオロギーによってである。自助努力、自己責任、貧困からの脱出は各人の努力次第である云々。プロレタリアートは、いつの日か公共圏に参加できる可能性は保証されつつも、その永遠に先延ばしされる日付までは、法の保護を得つつも、当の法それ自体を作る過程からは排除された被保護者であり、その意味で未成年であり続ける。市民社会が私生活圏となるにともなって（職能身分の積み重なりで構成された近代初期の「公共圏」に対して、生産と商品交換の圏域は家と同じく私生活圏であったが、生の営みそのものを支える家は市民社会のバックボーンとしての親密圏を形成していた。しかし、一九世紀における市民社会の政治化の進展とともに、就業システムと家族の親密圏とは別の方向に発展しつつあるものと広く意識されるに至った……これがいうまでもなくハーバーマス『公共性の構造転換』の基本テーゼであるが）、法治状態と政治的公共性との基盤たる社会的条件は、自然に形成されるだろうという楽観論を、カントは明確に信じていたのである。

言い換えれば、カントが信じていたのは、自由な商品交換の制度に、正義が内在するという擬制である。ここから、近代的な主体の二重化の系列が現れる。利己的でないという姿をとる利己的なブルジョワ（市場参加者）、叡知的主体という姿をとる経験的主体など、近代主体のあらゆる分裂が現れてくる。逆にいえば、この分裂を前提にするならば、世界市民状態であろうと、政治の倫理化であろうと、思うがままに描くことが可能となる。主体の中身はブラックボックス化し、行動だけがそうせざるを得ない形で実現される。「現象的公共体」として「叡知的公共体」を具現化することもできる。欲望だけを実現したい商品所有者という私人としての主体は、精神的に自由で私利私欲から離れた人間の立法も守ることができる。第三アンチノミーが教えるように、原因は叡知的で自由であるが、いったん現象界に現れれば、必ず出来事の因果的な連関の一環に組み込まれるしかないのと、それは同様である。

とはいえ、カントの体系にとって中心的なこれらの二重化は、彼の政治哲学の内部では、整合的に貫徹させることができないのである。法が自然に発生しない以上は、法的状態という前提そのものが政治の対象とならざるを得ない。経験の地平では、つねに主体は自らとその周囲を意識して考察せざるを得ないのである。こうして、法を整備しようとする経験的な主体は、公共性に新しい機能＝公共の福祉を求めざるを得なくなる。他者の欲望の最小限の一致を調整的に実現しようとしても、実際の世界は諸対立・諸矛盾の交錯する場であるから、合意への意志それだけで法が生じるわけではない。法の出現には、さらに他者への積極的な働きかけが必須となる。働きかけは、暴力によってなされることもあれば、合議的（ディスクール的）に行われることもある。ディスクール的に行われるときは、公共の福祉という論拠が提出される。公共の福祉・幸福を感性的に確認することが、法の意図を監査する。つまり、公衆の満足が政治課題となる。ところが、カント自身は同時に、法は物質的効果とは無関係に、義務の体系的概念との整合性だけを考えなくてはならないと述べてしまう。これまでの論点を、まとめておこう。法治の自然的根拠すなわちその超＝歴史性を前提とする限り、国家と福祉とを分離してカントは考えることができた。しかし、倫理それ自体が「進歩」に巻き込まれ、本質的・永遠的な体系的義務ではなく、歴史的・文化的に変化する生成物としての倫理の目的を考えざるを得なくなるや、カントの二重化の戦略は破綻し、現象と叡智との一致という要請が避けられなくなる。これが、体制変革や変遷の歴史の端緒である。つまりは、ヘーゲルが準備されるといっていい。こうして論理を辿ることができても、本質と現象の区別、物自体と現れとの区別というカント体系の根本的な差異が維持されるとしたら、それはいかにしてであろうか。

（4）カントの二重性

結論からいえば、ハーバーマスが発見したのは、カント哲学の根源的二重性である。一つは超越論的に構成された純粋理性の体系（比喩的にいうと、「言語」のシステムそのものを記述するようなものである）であり、もう一つは現実的な主体の過程を考慮した歴史性の平面（これも比喩的にいえば、「言語」が運用される場であり、権力関係などの現実性が複雑に織り上げる「言説（ディスクール）」の場――「生活世界」）である。ハーバーマスは、カントのこの二面性を「公式的」と「非公式的」という標語の下に、同一の事態に対する二種類の描写、「ヴァージョン」であると見なして次のように記述している。[10]

第一のヴァージョン、すなわち「公式的ヴァージョン」では、「自然強制のみから自然に出現する世界市民秩序という構成を用い、これを前提条件として、次に法哲学が政治的行動を倫理的行動のようにみちびきだすこと」ができるのである。自然にできあがる「世界市民秩序」とは、自然に根拠があるということでは必ずしもなく、むしろ主体がそれを目指して行動しなくても、ただ個人の生活に没頭し、それを維持してさえいればおのずとでき上がる自由経済秩序をイメージしたものである。ここではシステムはすでに稼動しており、問題は生まれてきた人間たちなどを、どうやってこのシステムに適合させるべく教化するか、すなわち合法的行動を法の下で行うようにいかにして倫理的に導くか、でしかない。ここで、法の支配の正統性は、徹底した公開性によって保証されている。普通、カントの社会像として考えられているのはこのヴァージョンである。

だが、第二のヴァージョンの存在をハーバーマスは指摘する。これは非公式のヴァージョンであり、歴史哲学に参入できる者だけが知ることのできる畢本である。ここでカントは、法の支配がいまだなく、これから法を設立しなければならないという状態を想定する。ここでは、法の構成が問題となる。世界市民秩序は、公式ヴァージョンとは異なって「自然的な強制と倫理的な政治との両者」から構成されていくのである。ここでは、政治はもはや合法的義務遂行とのみ捉えることはできない。政治は、同時に法の構成を課題として抱えるからである。政治はだから人民を集団的に統合しなくてはならない、つまり「公共の福祉」という論拠によって人民を一つになるよう説得しなければならないのである。理想としての叡知的統合が万人を導き、この倫理性から法が姿を現す必要があるのだ。

こうしてハーバーマスが到達した地点は、カントの二つの面（構造システムの平面と歴史政治・「生活世界」の平面）が交錯し屈曲する場所である。これは、ハーバーマス自身にとっても極めて重大な場所である。第一の公式ヴァージョンでは、衆人環視の公開性（究極的には嘘のまったくない、考えることをすべて声に出す公開性）によって秩序が確立する。これは、あまねく浸透していく〈知〉の公開性という意味での啓蒙の第一のヴァージョンといってていいだろう。これに対して、第二の非公式ヴァージョンでは、人々は人民となって自らに法の支配を与えなくてはならない。そのためには共通の「理想」がすべての人々に共有されなくてはならない。つまり、教育という意味での啓蒙の第二のヴァージョンが必要となるのである。

こうして、公式ヴァージョンにおいては、公開性原則に基づく「コミュニケーション」が、そして非公式ヴァージョンにおいては政治性を持ったディスクールが、それぞれ基本原理となるのである。前者では、自然の進展を純粋に認識する「知」がすべてを公開していけば、それで十分だった。しかし、非公式ヴァージョンでは話が違ってくる。例えば、幼児は、言語以前の状態から抜け出す際に、言語のシステムを一挙に獲得するのではなく、家族や学校などの場におけるさまざまな表情性・情動性あるいは人間関係・社会関係に彩られた言語使用＝ディスクールの中で言語システムを体得する（そしていったんマスターすると、確かにシステムを使用できるようになるから、後期ハーバーマスが構想するようなディスクールのコミュニケーション化＝合理化への試みがなされることになる）。それと同じように非公式ヴァージョンでは、ディスクールを通じて複雑な政治性と倫理性が綾をなすのである。このためハーバーマスは、啓蒙の意味にニュアンスを与えざるを得なくなる。理論が自分自身に向かって反転し、その内部に潜り込み、「歴史理論が歴史そのものの過程に及ぼす反作用を織り込んで」いくからである。非公式ヴァージョンの「哲学」においては、何かを認識対象として記述するだけでは済まなくなる。哲学の言説は、そのまま現実の法秩序形成のプロセスに織り込まれるばかりでなく、その言説自身が現実政治のプロセスに織り込まれる。そればかりか、哲学は、自らが織り込まれていることも、さらに自らの言説の内部に織り込まなければならなくなる。内部と外部が入れ子状に組み合わさり、手袋のように反転していく、これが啓蒙のコミュニケーションならぬ啓蒙のディスクールの「運命」となる。

啓蒙が進むにつれて、「啓蒙された人間は善を完全に把握し、これにこころからの関心を抱かざるをえないようになって、この関心が次第に王座にまで上っていく」であろう。こうしてカントによれば、歴史哲学は啓蒙を歴史の歩みとして診断するだけでなく、歴史哲学の認識を公衆の論議の中へ浸透させていくことによって、歴史哲学自身が啓蒙の一要素となる。(11)

この啓蒙への「関心」、自己を含む知へと至ることで、ヘーゲルの『精神現象学』への道が開ける。これを展開し、しかも同時に「言語的転回」を越えて、「知」のディスクールを「理性化・合理化」する「語用論的転回」の始まりを明示すること、これが、初期ハーバーマスの哲学的主著『認識と関心』を導く主要テーマであり、ここでハーバーマスは自らの哲学的発想を語り尽くすことになる。

2　啓蒙は終わるのか？——カントからヘーゲルへ

理論理性は、その起源と限界＝目的を自ら確実に知ろうとする。つまり理論理性は、自分自身を自分に対して全体的に透明にし、合理化することを目指す。これがカントであり、啓蒙の本体ともなる。ヘーゲルは、この認識のあり方を、自己反省によってメタ・レベルで批判することになる。言い換えれば、ヘーゲルの意図は科学の成立する地平を超出することに他ならない。

（1）ヘーゲルのカント批判——認識理論の止揚

カント認識論は、認識主観が、直接に手に入れた認識を信頼するに先立って、自分にとって原理的に可能な認識の諸条件を確かめるように要求している。しかし、これはいわば泳ぎを習う前に、すでに泳げなくてはならないという要求ではないだろうか。ヘーゲルは繰り返しこの論法でカントを批判し、カントの「素朴さ」を非難することになる。ところで、ハーバーマスは、ヘーゲルによるカント批判の積極的な面を次のように表現している。「道具と媒体という二つの認識のモデルを広げて見せることは、無前提であると主張している認識批判がもっている一連の暗黙の前提を明らかにする。認識批判は、それがおもて向き知りうるとしている事柄よりも、ずっと多くの事柄をいつもすでに知っているはずである」。これが、ヘーゲルによるカント批判の要約となる。意識は、自分に対して透明なところから出発するのではなく、不透明さを徐々に克服するようにして、経験を積み、いわば自分の形成の歴史を自分で作り上げてしまう主体として発展していく。これが意識の経験の学、意識が自己自身を知り、形成して学知となる歴史の記述としての精神現象学が要請される所以である。ここでハーバーマスのヘーゲル解釈は、模範的・正統的であると思われるので、やや詳しく検討しておこう。まず、ヘーゲルの『精神現象学』（S. 74）の「序論」最終部が引用されている。長谷川宏訳では、ほぼ次の箇所に相当する。

こうした事態の展開こそが、つぎつぎと続いていく意識の形態の全体を、その必然性にしたがって導いていく力なのだ。この必然性そのもの——事態の進行の経緯をつかみきれぬ意識に、新しい対象が登場してきて提示される必然性——だけは、意識の背後にひかえているわたしたちにしか見てとれないものである。こうして、意識の運動のうちに、経験の渦中にある意識には見えてこないような、「それ自体のありさま」あるいは「わたしたちにとっての存在」という一要素が入りこんでくる。が、わたしたちに見てとれる事柄の内実は、意識にも（für es）あたえられているので、わたしたちがとらえるのは、事柄の形式面たる純粋な生成の動きだけである。ちがいは、意識にとっては（für es）生成してきたものが対象としてしか存在しないが、わたしたちにとっては（für uns）、同時に、運動や生成過程としても存在する、というだけのことなのだ。(12)

当事者は進行するドラマに巻き込まれているため、次から次へと新しい出来事が生じているとしか考えられず、変化についていくのに必死とならざるを得ない。しかし、登場人物である当事者の肩越しに背後から覗き込む「わたしたち」が当事者の意識から分離し遊離するように、生じてくる（実はこれが「否定性」の意味である）。「わたしたち」だけが全体の展開を把握し予測できる。といって、当事者が見ているものと、「わたしたち」が見ているものとが異なっているわけではなく、見えているのは同一の光景のみである。違いは、「わたしたち」には出来事の仕組みやからくりが判っているという点でしかない。判っているが、しかし「わたしたち」には手出しはできず（つまり純粋に「形式」にしか関わらない）、ドラマそのものは当事者が演じるのである。「『それ自体のありさま』あるいは『わたしたちにとっての存在』という一要素」とは、つまり、まるで映画とその観客のようである。ヘーゲルは、俳優の背中のショットを偏愛するサスペンス映画の監督に似ていて、当事者の背中に密着した位置《ポジシオン》・体勢を彼独自の方法とも哲学的スタイルともしている。そして、映画を見ることが一つの経験であるのと同じく、俳優の背中越しに世界を見る「わたしたち」も「現実」の差異と反復を経験することになるのである。この箇所に哲学的語彙で注釈するなら、次のハーバーマスの解釈となるだろう。

> それ自体で（Ansich）、意識にとって（Für es）、わたしたちにとって（Für uns）という三つの次元は、反省の経験がその中を動く座標系を表している。しかしその座標は、経験の過程を通じてすべての次元で変化し、第三の次元の中でも変わる。すなわち、現象する知の行程が「わたしたちにとって」という形で現れる現象学者の立場も、それが現象学的経験そのものの中で産出されるまでは、先取ってとられた立場でしかあり得ない。「わたしたち」もまた反省の中に引きずりこまれ、この反省は、その各段階ごとに新たに「意識の転倒」によって特徴づけられる。[13]

現象の経験は、立体的厚みの中で進展する。これが『精神現象学』の方法論であり、それはいわば世界という書物を読む読者が同時に著者としてもこの書物を書き続けていくプロセスに擬えることができる。現象それ自体つまりスペクタクルとそれを演じている登場人物たる意識、この経験のドラマの観客であり報告者であり分析者である現象学者「わたしたち」の三者は緊密に絡み合う。こうなると、観客といっても受動的な商業映画・テレビの観客ではなく、いわばアルトー的ともいえる残酷演劇の観客であり、観客もスペクタクルに巻き込まれている。スペクタクルが見えるためには、「わたしたち」もまたそのような経験、ドラマを感受できる反省の経験を経なければならない。観客が見られ、見られていた者が観客となるという、それぞれの立場の否定と破壊を知らなければ、すなわち立場の反転と交換、転倒が繰り返されなければ、そもそも残酷演劇は劇として見えるようにはならないだろう。自分の映った鏡に、自分の像を見る、自分の鏡像を認める現実の経験は、実はこのような転倒の経験といえるだろう。

ハーバーマスは、この三項の絡みあい、三つの方向に広がる座標軸から、「純粋理性」と「実践理性」の分裂を止揚する論理を次のように抉り出してくる。実践理性批判によって想定される自我が、自己意識の統一体であるとするなら、純粋理性批判の自我は自由意志である。しかし、認識批判を行うべき完全に自由な批判的理性は、上で見たように転倒の経験の果てにようやく完全な姿で現れることになる。だが、それまでの過程でも、反省すなわち自己への再帰的関わりの働きによって、それぞれの段階での慣れ親しんだ「真理」は、次々に破壊されてきたのである。つまり、反省は必ず「否定的な」経験を積むことになる。「意識を転倒するとは、さまざまな同一化を解消し、固定観念を叩き割り、プロジェクト＝投企を粉砕するということである」[14]。これが、ニヒリズムへの落ち込みを阻止する経験である。ここで無は単なる無ではなく、歴史的にあるいは結果として導出され、その意味で構成された無である。この無を理解する経験こそが、アドルノからハーバーマスが引き継いだ「限定された否定」の概念——克服された状態は、変革された状態の中に確保され、この意味でシステムとシステムの間の関係が因果論的ではなく作り出され、システムからシステムへの形成プロセスとなる——もしくは「否定弁証法」となる。このプロセスがヘーゲルの歴史観を構成することを見るのはさほど難しくない。先ほど述べたような、「それ自体」にとっての過程は、個人の社会化過程として進展するが、同じことは「意識にとって」は、人類の普遍史＝世界史として進展し、そして最後に「わたしたちにとって」は、この過程全体が宗教・芸術・学問を通じての自己反省という意味での人類史、大文字の「歴史」として構成されるのである。

カントにおいては、二つの啓蒙は、いま見てきたような動態的統合に至らず、いまだ二つの「ヴァージョン」のまま媒介されずに分立していた。普遍が成立してすべての内が外になるような公式の啓蒙と、その理想状態を獲得するために具体的に運動しなければならない非公式の個別としての啓蒙との分裂であった。このようなカントの認識が、あまりにも透明な反省でしかなかったことは明らかだろう。そこで、ヘーゲルとマルクスによる批判を蒙り、そこに歴史や社会という不透明性が導入されたのも周知のことだろう。だがしかし、パースとディルタイを通じて、社会を「言語行為」ないしコミュニケーション行為に本質的には還元できる――普遍と個別を模範的に媒介するのが言語だからだが――ことを確認したハーバーマスは、言語ないしコミュニケーションという新しい地平において、カントの「救出」を試みる。この「救出」劇をつぶさに語るのが、『認識と関心』の中で展開されるフロイト読解である。これが、ハーバーマス啓蒙論の核心を形成するといってもいいであろう。

(2) ヘーゲルとフロイト――「終わりある啓蒙」か「終わりなき啓蒙」か

自己理解と自己解放を認識関心に拠ってつなぐハーバーマスの啓蒙理論は、フロイトの再解釈に行き着く。当然にも、フロイトの精神分析が「言語の解釈」を方法とするからである。ハーバーマスがフロイトを脱性愛化された解釈学的臨床哲学として読み直すだろうことは、ここですでに予想できる。ハーバーマスにとってフロイトは一種の文献学者なのである。つまりこうだ。自己はアルシーヴ(アーカイヴ)であるが、この文献には必ず欠損がある。この欠損が現実の障害を生む以上、解釈学的な方法論によってこの欠損――主体による自己の誤解ないし自己欺瞞――を補塡できれば、コミュニケーションによって隈なく満たされた労働と相互行為の地平が十全に完成することになるだろう。だから、フロイト理論において模範的なのは夢の作業の分析、テクストとしての夢の読解、夢の文献学となる。この夢の作業がモデルであるのは、それが啓蒙過程を深い意味で例解してくれるからでもある。

ハーバーマスにとって精神分析とは、一つの「解釈技法」に尽きる。症状は、抑圧された欲望と社会的禁忌との間の妥協として現れる。抑圧された欲望は、欠損のある言語テクストのようなもので、そこにはコンテクストから推量して（後から）作られた代理物がいわば埋め草ないし当て字として書き込まれる。もちろん、これはあくまで体よく繕われた代理物でしかなく、本来的で真正な唯一のテクストは失われているわけだから、あるのはあくまでもそれらしい顔をした、真実らしいものに過ぎない。埋め草であれ実際に問題が生じない限り、それでいいのである。しかし、いったん問題が起きると、真正のものが存在しないために、事態は深刻化することになりかねない。仮面ばかりで素顔がどこにも見つからない。つまり、「抑圧された欲求を解釈する記号は、公共のコミュニケーションから排除されているから、話し行動する主体の自分自身とのコミュニケーションは遮られ[15]」る危険に常に曝されているのだ。常に瑕疵がある以上、自我は自らの自己同一性を容易に誤読する。結局、ハーバーマスにとって神経症患者は、「自分自身におけるコミュニケーション障害という代価を払っている」人のことである。公共圏のコミュニケーションから排除されたプライヴェートな言語は、その人自身の内部に隠匿され、自分自身にさえわけのわからないものになっているのである。分析者ないし解釈者は、各自の人格の内部に隠匿された私的な言語を解釈し、公共のコミュニケーションに翻訳するという役割を担う人のことである。それは、原本・原典のない「翻訳」というパラドクスに他ならないが、それでもこの解釈的翻訳に成功するとき、患者は自己理解に至り、自己反省を結果として遂行するのである。

この治療過程とは、まさにカント以来フィヒテ、ヘーゲル、マルクス、パース、ディルタイという具合にハーバーマスが辿ってきた啓蒙の歴史を、まるで生物が系統発生の過程を再現するように、個人の次元で反復するものであることは明らかだろう。ここが、ハーバーマス思想の鍵であり、次のような精神分析の「徹底操作（Durcharbeitung)」の記述には最大限の注意が払われるべきである。

分析の作業で一つのステップを踏み出したばかりの時は、構成を行う医師の側の知と、抵抗する患者の側の知とは異なっている。分析家の立場からすると、損なわれ歪められたテクストのばらばらな要素を補充してわかりやすい一つの範型を構築したように見えても、この構築が啓蒙＝解明（Aufklärung）へと通達されない限りは、すなわち意識にとっての（für es）、つまり患者の意識にとっての知へと変身しない限りは、構築は「わたしたちにとっての（für uns）」ものに留まるのみである。――「この部分についてのわたしたちの知は、そのときにはまた彼の知になった」［『精神分析学概説』第六章、岩波書店『フロイト全集』第二二巻では、二一七頁が該当する］。通達と啓蒙＝解明との間のこのへだたりを克服する共通の努力を、フロイトは、「徹底操作」と呼んでいる。徹底操作は、認知の遂行の力動的参与を表しているが、これは抵抗に抗うことでのみ、再認想起へと導かれる。分析家が解明過程をどれだけ導入できるかは、彼が、抑圧の力学の機能を転換して、この抑圧を抵抗の安定化のためにではなく、その批判的解消のために働かせることにどれだけ成功するかにかかっている。[16]

分析家の知（わたしたちにとって《フュア・ウンス》）と患者の知（意識にとって《フュア・エス》）という非対称的な二つの経路が、紆余曲折を経てついに一致する場面をフロイトは叙述している。しかし、ハーバーマスによるフロイトの読解は、治療空間に限定されない。ここには、知識人と大衆との「和解」＝治癒の成就という政治的イメージが重ねられているであろう。簡単にいえば、ハーバーマスは、分析に終わりがあるように、政治過程としての啓蒙にもはっきりとした目的地と到達があると想定しているのである。分析としての啓蒙は、どのように終わるのか。少なくとも『認識と関心』段階のハーバーマスにとって、欲望は解釈された欲望に他ならない。「欲望」それ自体は、あくまでも私的言語として自足し、外部を持たない。ハーバーマスは、この「欲望」に対して、メタ言語による公共圏に流通可能な言語・公共言語への「翻訳」を施すべきだと主張する。つまり、超越論的「翻訳」こそ、メタ心理学の唯一の「使命」だというわけだ。こうして、断片化された私的なアルシーヴは、メタ心理学によって支えられた解釈の強力な翻訳力を駆使して「物語」へと再編されるべきものとなる。[17] 結局、断片は解釈によってまとめられ、物語へと回収されることで、その使命の終わりを迎えることができる。このような「運命」がマイナーで私的な言語の側にあるからこそ、治療としての啓蒙にも始まりと終わり＝目的が想定されるのである。

物語という一貫した構造を通じて「私」と「普遍」とが合意できるのは、「私」に欠けたもの、欠損・欠如があり、その否定性を物語が翻訳し解読し、ついには修復するという想定があるからである。この想定については、さまざまな水準――公共的な紛争の解決から私的な症状の「寛解」まで――において、その疑いなき方法的有効性を認め得る。ただし問題は、いくつかの決定的な領域で、この方法論には原理的な問題が残存するということであろう。ここでは詳しく検討できないが、例えば、芸術の前衛的な領域では、ハーバーマス的な「治療」を考えることは無意味であろう。「私」性を否定と深く結びつけるという点では、恐らくハーバーマスと共通点のあるジャン＝フランソワ・リオタールが、想起による終了を拒み、終わりなき分析が連続していく可能性を指摘しているのもそれ故であろう。[18] リオタールの「モデルニテを書き直す」というベンヤミン論（『非人間的なもの』）は、ハーバーマスによるフロイト読解、「徹底操作」を想起の完成とする常識的態度を批判する。物語は否定性による欠損を修復するかもしれないが、「私」は相変わらずこの完成した「物語」に対して、超越論的に（否定的に）関わる可能性を持つ。これがあなたの物語だ、と提示されても、人は（例えばアーティストは）その物語を「書き換える」ことができるのである。〈啓蒙〉とは、そもそもそのような循環から出発しているはずであろう。

ハーバーマスへの疑問は、政治が暴力化する場合にも生じてくる。「原初的シーン」がそもそも暴力的なイメージである以上、その反復や想起は暴力性の回帰を免れない。それでは、結局は「神話」――絶対的な他者の暴力性を受け入れるしかないという「大きな物語」――が回帰することにはならないか。すべてを問い直すのが啓蒙であり、そこには起源からのやり直し＝反復も含まれざるを得ない。となれば、起源に想定される暴力も反復される可能性がある。これは、周知のようにアドルノとホルクハイマーの『啓蒙の弁証法』で繰り返されるライトモチーフ（動機）だ。ハーバーマスは、まさにこの師たちの発想を悲観主義・敗北主義として否定することで、自らの行為論を展開したわけだが、民族対立の再燃やテロとそれをめぐる戦争の例など、〈啓蒙〉自身の暴力性という、根源的な係争点がいまだ未解決という実感をわれわれは持たざるを得ない。物語による治療的啓蒙が惹起する問題は、広く深い。物語から暴力性を削除すれば済むという類の浅薄な解決案は、ここでは論外だろう。それでは抑圧を解くために更に別の抑圧を持ち込むことになりかねない。あるいは、物語を形式化して暴力を排除しようとしても、形式に倒錯的で暴力的な愛着を持つことが常に可能である以上、形式性はそれだけでは解決にならない。

最大の課題は、物語が孕まざるを得ない否定性にある。「生を肯定する」という一時代を席巻した思想の後で、いまや「別の否定性」が、焦眉の課題となっているのである。否定性をただ拒否（否認？）しても無駄だろう。何らかの否定なくして、物語を断片化することも、書き換えることも、さらには「ユーモア」的に物語をやり過ごすことも不可能であろう。では、どのような否定が求められているのか。この問いに答える時、啓蒙の問題は、知の一般問題の発生源としての〈啓蒙〉論として十全に展開されるであろう。来るべき〈啓蒙〉論のために、ここではヘーゲル啓蒙論をハーバーマス的な形ではなく辿り直す可能性——悪しき弁証法的ヘーゲルとは違った、別の否定の思想家の可能性を探ることを最後に試みてみたい。

（3）ヘーゲルと「終わりなき啓蒙」

啓蒙はどこまでも知を展開していく。しかし、知それ自身が知の対象となる時、いったい何が炸裂するであろうか。ヘーゲルの『精神現象学』は、この問いに対してヨーロッパが手にした最初の全体的な回答なのである。興味深いことに、その回答には伝染病の隠喩が潜んでいる。啓蒙の感染力はすさまじい。媒介抜きで啓蒙は広まっていく。ヘーゲルの命を奪ったといわれるコレラと異なってこの病は、感染したかもしれないと不安に思うことだけですでに発症を意味している。

意識のうちにどんな杭が打ち込まれようとも、意識はもともとすべてを解体し、忘却し、特別あつかいはしない単一性を備えていて、だからこそ概念をすなおに受けいれることもできるのだ。したがって、純粋な洞察の伝達は、障碍のない大気のなかを香りが広がっていくのにたとえられる。それは伝染病が広がっていくようなもので、伝染病が無菌の場に入り込むとき、場にとっては、有害なものがやってくるとあらかじめわかっているわけではないから、侵入は防ぎようがない。伝染病が広まったあとになってはじめて、無防備に危険に身をさらしていたことが意識される。というのも、意識が受け入れたのは自他に共通する単一な観念ではあるが、その単一性の背後には自分に還っていく否定の力が宿っていて、それが力を発揮するようになると、そこに対立がうまれ、意識は以前の無邪気の状態を想起することにもなるからである。否定の力とは、概念が単一な知としてあらわれたもので、それは自分自身を知ると同時に自分の対立物を——それも、自分の内部で克服された対立物として——知る知なのだ。[19]

啓蒙は、未知の伝染病ウィルスのようなものである。未知のウィルスには、われわれは免疫もなく、ワクチンも持たない。さらに、この病は、病に抵抗することを麻痺させる病でもある。無邪気な信仰（信じやすさ）と純粋洞察が一致するとは、どちらもが対象とのできるだけの同一化（ないしは擬態、ミメーシス）を前提とするからである。神の御業への賛嘆と、植物採集の愛好者が野草を凝視して観察する無我の境地とは同じである。この時、われわれの内面は無防備なまでに外部に剥き出しとなっている。世界との一体化を通じて認識するとすれば、それはまさに世界に「感染」することである。初めのうち人は、事物と自分の意外なまでの共通性に歓びを感じ、対象と戯れるように次々と異なる対象と一体化を繰り返していく。だが時の熟するとともに、この一体化は無邪気なものではなくなる。それは「知」の体系を形成することになり、認識の主体自身もその体系の中に囚われていたことにやがて気づかざるを得ない。その時、啓蒙の病に感染していたことを知るのだが、もはや後の祭りであり、感染以前の自分は記憶の中にしかない。ここに治癒はない。対象は自分の内部の「知」の体系の中に組み込めるのだが、しかしまたこの体系の中には自分自身も含まれている。これこそ、否定の力なのである。

純粋洞察は、世界の仕組みを客観的に、つまりは脱パースペクティヴ的に記述できるということであり、この時に「世界」は、「自然」ないし「神」（例えばスピノザやマルブランシュなど）として表象されることもあれば、「物」として唯物的に表象されることもある（ニュートンがその間で揺れたことは広く知られていよう）。いずれにしても、存在はこの段階で存在と自分自身を認識する存在とに二重化している。世界（＝絶対者）は、自分自身を表象しているが、同時にそこに差異＝差延（différance）が介在していく。このことを『有用性』というヘーゲル一流の視角から述べてみよう。

自分が主観＝客観の同一性として世界そのものであるという純粋洞察は、やがて主観と客観へと差異化せざるを得ない。なぜなら、それが「現実」だからである。この現実は、純粋洞察にとっては像であり対象であるが、実は確固としたモノである。ヘーゲルはこれを「有用性」と呼ぶ。主観は、志向性として客観に支えられ、現象に吸収されて消失している。残りなくただ見るときに、主観は消失し、この消失そのものとしかいいようのない状態となる。例えば、道具が滑らかに使われているとき、その道具を使っているはずの主体は、道具と明確には区別できず、いわば痕跡としてしか存在していない。主体は道具と完全に一体化している。このように我を忘れること、主体が痕跡としてしか存在しないとはつまり、純粋洞察と「有用性」とが同じ現象の二面であることを示している。ある事物を凝視して、時間も忘れ、自分の存在すら忘れる時、人は対象と一体化している。純粋洞察も基本的には同じだが、対象の本質のいわば「方程式」をつかみ、対象を存立させている原理に到達している。したがって、純粋洞察は、啓蒙と科学の基盤である。純粋洞察は、科学を通じて、対象を再現＝再生産できるようになる。これが一体化にとどまる信仰との決定的な差異である。世界の成立原理と合体し、透明に重ね合わされて現象のあらゆる説明がそのまま現象として生産される時こそ、道具的な連関によって科学技術が原理的に完成する段階となる。主体は技術としての純粋洞察に透明なフィルムのように重なっている。「永続的な存在ではなく、その相違・区別のなかで何か、であることを、すぐ止めるようなもの」すなわち、差異そのものである。有用なものは、こうして存在として存立しながら、人間の知が生産したものであるという二面性をぐるぐると回転する独楽のように示し続ける他ない。

しかし、当然ながらこの時、他者＝世界の方に圧倒的な実在が属する。そこではいわば設計図は消えて、生産された機械だけが現前している。こうした対象でありオブジェである「有用なもの」は、それ自体で存立しはするものの、所詮は道具に過ぎないから自分以外の誰かに使われなければならない。しかし、ある段階で主体すなわち道具の主は、消えている。この道具を作り出した設計図、技術原理が、道具のどこを眺めても直接には見えないとなれば、道具が道具によって動かされているとしか考えられない。これが「機械」である。機械は、有機的組織の別名「化学」とともに、対象＝客観の基底を形成する。それ故にヘーゲルにとって機械は、ライプニッツのモナドの別名となる。機械と機械の「共同性」は、絶対的な純粋性と透明性（主体の排除）で成立するし、その意味でモナド＝機械論の完成は、啓蒙の頂点を形成する。だからこそヘーゲルの体系において機械過程論は、モナド論批判としてカントを要請して終わるのである[20]。

要約しておこう。有用なもの＝機械は、意識を持っていない（「役に立つもの自体は、純粋な洞察とちがって、これらの対立する要素を同一の視点から不可分に統一し、それを思考たらしめるような、そういう否定力はもたない[21]」）。意識を持っていれば自分の内部にいろいろな対立葛藤すなわち差異のあることを知りつつ、また根源的分裂を蒙っているにもかかわらず自分を何とか一つであると考えるものだが、機械にはそれはない。機械は「自己」ではなく、アイデンティティを思い描く必要がない。有用なものは、純粋洞察にとってはいまだオブジェであり、洞察それ自体が「自分」を持つような世界を持つに至っていなかった。しかし、「機械」の段階に至ると、対象と概念は統一され、対立は崩壊する。だから、二〇世紀に登場することになる、自分自身で自立して判断して動く「ロボット」というイメージは、啓蒙の夢を何よりも端的に表現していたことになろう。つまり、「法」が自立するように、「機械」が自己生産の原理を内在化させ、いわば自分のクローン技術を持つこと、それによって「人間」と主体が消失すること、この透明な光の到来が啓蒙の最終地点となる。ヘーゲルの描出したフランス革命像は、このような科学技術とパラレルな関係にある「法」の領域すなわち社会領域において、機械を生産する劇的な場として示されていたのである。

このような理解が根底にあったからこそ、「恐怖《テロル》」という形での「非人間的なもの」すなわち究極の「残酷さ」の到来を、ヘーゲルは説明することができた。ヘーゲルにとって機械が機械を産み出し、互いに制御しあう完璧な世界とは、残酷きわまりない非＝人間的な静止状態だったからである。それに対してヘーゲルは、機械運動にも、何らかの空所・亀裂が必要だと説く。死の静止を破るこの亀裂・裂け目を、ヘーゲルは「目的」と名づけるのである。目的論なき機械は停止し、世界の完全さのうちに休息してしまうだろう。しかるに、機械に目的を持たせるとするとどうなるのか。それは概念となり、自己を生み出す方法を意識した自己となる。こうしてライプニッツはカントへと「止揚」される。[22] まさしく、一方で、「ヘーゲルのうちに、最少の差異をめぐる思考家ライプニッツと対立する最大の差異の哲学者をみとめずにいられるものではない」のだが、また他方で「弁証法は差異そのものを解放したりはしない」のである。[23] ともあれ、目的論は、機械という差異の戯れに主体としての「人間」を復活させる。人間は、自らを機械のように隈なく認識してしまう瞬間、自分自身を完全に可視化する。確かに可視化されはするが、その分身としての自己像を見つめる時に、人間は「盲目」となったり「狂気」に陥ったりする。もし、この「盲目」と「狂気」を克服できるとしたらどうなるのか。そのような「人間」はもはやそれまでの人間ではない。恐らく、自分を完全に見るには、「別の否定性」が必要だからである。機械過程の果てに再び登場してくる「人間」とは、終わりの後の「人間」とも、「人間」の否定（機械）を通過した後に来たる非人間とも超人間ともいえる「別の人間」である。

問題は、ヘーゲル哲学から「目的論」を消去したり、引き算することではない。ヘーゲルを「転倒」させるとは、例えば「対立」ではなく「肯定」から始めるということであり、それだけでもわれわれの「差異」の理解そのものを放棄するに等しい大事業である。だが方法は、「肯定」のみに限られない。「否定」の否定は「肯定」とは限らないからである。ここが現時点におけるわれわれの問題の核心であろう。否定の否定を肯定とする限り、ヘーゲルはいつまでもわれわれの背後から覗き込んでいる。啓蒙的な知を差異の無限のうちに解放することは、「別の否定」の到来——非人間を克服した「別の人間」の誕生——をむしろ意味するのではないか。ここで、真に「終わりなき啓蒙」としての〈啓蒙〉の探究をすでに予感していたと思わせる事例が存在する。〈ラディカルな啓蒙〉がそれである。

おわりに——〈ラディカルな啓蒙〉の運命と使命

知の循環、自らを対象化する知、自分の中に自分を生み出す〈啓蒙〉というメビウスの輪が、フランス革命という現実そのものの持つ「残酷さ」に絡みついている。この「残酷さ」の必然性を認めた上で、それをいかにして克服するか。これこそ現代に残された課題である。非＝人間を克服するのは、経験としての芸術と宗教であろうと、ヘーゲルは展望していた。これが終わりなき啓蒙を「終わらせる」全体化のリミット、ヘーゲルの設定した限界である。問題は、その限界が明らかになっているにもかかわらず、後に来るものがいまだ到来しないところにある。ヘーゲル哲学に含意された「終わりなき啓蒙」——「別の人間」を想定して進み続けている「別の否定」の運動——はいまもなお、ハーバーマスの例で明らかなように、相変わらず乗り越え不能のリミットとして現前している、われわれの背後に。〈ラディカルな啓蒙〉の再生と再構築が、急がれる所以である。

〈ラディカルな啓蒙〉の再構築は、現在の欧米において次の二つの形態をとりながら進められている。まず一方に、歴史的再構成の動きがある。スピノザから始まる啓蒙運動は、地下文書という形で秘密裏に流布したため文献として残っていない。だから、通常の文献学的手法で扱うことが困難であり、多くは歴史学的な調査に依存する。これにはアカデミックで実証的な研究が不可欠である。しかし、他方には、スピノザから始まる政治思想運動の豊穣な現代性を再生させる試みがある。数百年前の思想は、あたかも現代の最先端の政治運動と連動するかのように、スピノザを創造的に読み直すことを要求している。これらの歴史研究と実践的研究の二つの形態が、〈ラディカルな啓蒙〉研究の現状といっていいだろう。これらの二系統の研究をひとつにしたいという現代的願望に答えるべく登場したのが、ジョナサン・イスラエルの書物『ラディカルな啓蒙』である。[24] J・イスラエルの研究が米国発のうねりだとすると、それに欧州から呼応するのは、アントニオ・ネグリとその周辺の人々の研究であろう。ネグリにはゼロからの構成、無の可能性とそこからの再開、切断から再開へと到達させる力という発想が際立つ。この発想からすると、すべては一度無に差し戻されるので、「契約」から出発することはできなくなる。当然ながら、ネグリはアンチ社会契約論となる。個人という独立した単位が集合して契約するのではなく、それら〈多数〉が形成する力が重要なのである。「構成的権力」とはだから、凝固した構造としての「構成された権力」に対して、「力」それ自体であり、また危機が顕在化させる複数の時間の合成であり、構造を差異の戯れる無限の時間へと差し戻す運動である。例えば、そこから次のようなフランス革命解釈が現れる。

フランス革命で「構成的権力という」この概念は再び時間の領域を取り戻す――この領域はすでに公共空間として再建されており、したがって大衆の時間のテリトリーとなる。構成的権力は時間のなかで自己展開し、時間の流れのなかでつぎつぎと結実する力を表現して、その原理的な絶対性を一拍ごとにきわだたせる。しかし、この時間性はすでに空間的なものである。構成された権力への攻撃は生産における反逆を含む。奴隷的な労働が空間的に決定づけられていることへの反逆を含む。大衆《マッス》とは、まさにこうした企ての単一性を表現するものに他ならない。[25]

無限の組み合わせとヴァリエーションを通じて空間の束縛から時間の絶対的に自由な構成を導き出すという要請が生じる。つまり、スピノザに始まる〈ラディカルな啓蒙〉は、ハーバーマスが画する近代的な思考の枠組みと位相を異にしつつ、その位相差と齟齬からこそ具体的な形を構成する。そしてこの問題が、われわれ自身の時代における、〈啓蒙〉の使命につながるのである。

最後に、一つのアレゴリーを語ることをお許し願いたい。〈啓蒙〉と呼ばれる船は、寄港する場所もなく、手持ちの部品を作り替えつつ、海上で自らを修繕して航海を続けるように運命づけられた船である。いまや船は、元の姿を想像するのが難しいほど形を変えている。外観ばかりではない。技術の進歩によって、船はプログラムに従って自動操縦されるようになり、それによって生じた余裕・余暇のせいか、乗員《アルゴノート》は船の目的地をめぐる討論に時間を費やしている。〈啓蒙〉という船は、こうして二つの判断系統を抱え込む。自動化された「システム」の系統と合議と意思疎通を目指す「生活世界」の系統とである。やがて、人々は討論に倦み、自動化され習慣化されたコミュニケーションを無意識的にせよ望むようになった。討論の空洞化である。こうしてわれわれの視界は、空疎な政治空間によって閉ざされていったのである。

どのような展望がまだ可能なのだろうか。システムと生活との境界を画定し、それぞれの長所を活かしあうという提案がまずは魅力的となる。システムは己れの職務に戻り、人々は討論を通じて一人一人の理性を使用できるようになる——このような未来に向けた形式と手続きを確立する試みが、ハーバーマスのいう「未完のプロジェクト」としての近代であろう。そもそも、このプロジェクトは、「彷徨」の戦略へのアンチテーゼとして登場してきた。「彷徨」の戦略とは、アドルノとホルクハイマーが『啓蒙の弁証法』で初めて明確にしたものであり、ユダヤ教的とも形容したくなるような、「偶像」のラディカルな拒否であり、見取り図・俯瞰図を破壊し、具体的「像」（未来のイメージ）をすべて疑うという徹底した拒絶であった。画定した実証的アイデンティティを拒否する否定弁証法が受け入れるものとしては、ただ差異それ自体以外にない。それは、同一性を拒否し続けて彷徨に耐える戦略――「出来事」の偶然を受け入れることだけを待機する戦略である。しかし、なんともどかしく、狂おしい戦略であることか。

現在時点における〈啓蒙〉の使命、それは「未完のプロジェクト」と「彷徨」との間に広がる深い亀裂に架橋することであろう。それはちょうど、二つの異なった言語を架橋するという「翻訳者の使命」（ベンヤミン）に似ている。翻訳者の「使命」は、ハーバーマスが企図するような、普遍的に流通する超越論的な言語に諸国語を変換することでは決してない。ましてや、あらゆる言語に共通の「純粋形式」を発見することでもない。むしろ翻訳者は、異なった諸言語がそもそも分岐した原点へと遡行する。その原点は、単なる断片でもなく、「データベース」化された〈百科全書〉的知でもない。意味と無意味、出来事と物質との原＝分岐（原イマージュ）の領域こそ、翻訳者がひたすら向かう目的の場所である。それは外国語作品という船を起源の戯れに曝して、一見すると無意味なばらばらの部品に解体し、その部品で新しい船を組み立て直し、自国語の岸辺へと漂着させるべく、不確かな彷徨の旅に新しい船を押し出すことである。この翻訳者の使命は、〈啓蒙〉の使命と共通する。〈啓蒙〉が自らに課す使命は、〈啓蒙〉の発生の出来事へと自らを差し戻し、自己へと自己の知が回帰する点（盲目、狂気、不可能性）へと遡行することだからである。無限の組み合わせとヴァリエーションを通じて空間の束縛から時間の絶対的に自由な構成を導き出すという現代的な〈啓蒙〉へのラディカルな要請もまた、この「使命」の一環として位置づけられるであろう。

注

(1) 書物は、商品一般の例に漏れず所有され、時に蒐集の対象となるという意味で、「フェティシズム」の圏域に属する。そして、逆に所有権・著作権という法的権利もまたフェティシズム抜きに考えることはできない。デジタル技術は、このような蒐集的なタイプのフェティシズムの断念を迫っているし、それに連動してフェティシズムの保護を前提とした法関係も転換させることになる。例えば、電子書籍は「所有」できず、「アクセス」できるだけという一事からしてすでに、さまざまなアイロニーを発生させている。一例だけ挙げれば、港千尋『書物の変——グーグルベルグの時代』せりか書房、二〇一〇年の報告する事例などが考えられる。「アクセス」ということから、「書物」よりもむしろ「図書館」というボルヘス的テーマが考えられもするが、これは別の機会に論じたい。

(2) 「消し難い色は、存在しないものからくる。[……] なんと、極度に遠いものが、すぐそばにあったのだ。哲学はその色を受けとめるプリズムなのである」(アドルノ『否定弁証法』木田元・徳永恂他訳、作品社、一九九七—九七年、七三—七四頁)。

(3) フーコーと啓蒙との関わりについては、次に掲げるいくつかの拙論を参照していただければ幸いである。佐藤淳二「〈啓蒙〉の臨界」(北海道大学大学院文学研究科 映像・表現文化論講座編『層』Ⅰ・Ⅱ・Ⅲ、二〇〇八—一〇年、ゆまに書房発売に連載)。佐藤淳二「孤独な散歩者は市民社会の夢を見るか?」、川那部保明編『ノイズとダイアローグの共同体——市民社会の現場から』筑波大学出版会、二〇〇八年所収。

(4) 以下の記述は、ハーバーマス『公共性の構造転換 第二版』細谷貞雄/山田正行訳、未来社、一九九四年の翻訳の主に第四章第一三節(一四三頁以下)を参照している。

(5) カント「理論と実践」北尾宏之訳、『カント全集』第一四巻、岩波書店、二〇〇〇年、二〇九頁では、「国民が公然と自分自身で考えるようになると」とある箇所を参照。原文では «durch Selbst- und Lautdenken» であり、「声を出して自分自身で考えることを通じて」となる。

(6) カント「思考の方向を定めるとはどういうことか」円谷祐二訳、『カント全集』第一三巻、岩波書店、二〇〇二年、八四頁。

(7) カント「啓蒙とは何か」福田喜一郎訳、『カント全集』第一四巻、前掲、二七頁。

(8) ハーバーマス『公共性の構造転換 第二版』前掲、一四七頁。

(9) カント「理論と実践」前掲、一九三—一九四頁。

(10) ここでのハーバーマスの区別は、offziel/inoffziel (officiel/officieux) の違いに基づいている。バリバールの指摘する exotérique/ésotérique の区別と比較可能かもしれない (*La crainte des masses*, Galilée, 1997)。

(11) ハーバーマス『公共性の構造転換 第二版』前掲、一五八頁。

(12)ヘーゲル『精神現象学』長谷川宏訳、作品社、二〇〇四年、六二頁。

(13)ハーバーマス『認識と関心』奥山次良／八木橋貢／渡辺祐邦訳、未来社、一九八一年、二五頁。必要に応じて訳文は変更してある（以下同様）。

(14)同書、二六頁。

(15)同書、二三八頁。

(16)同書、二四二頁。

(17)同書、二七四頁。

(18)「治療が意識と無意識との和解で終了すると考えるのは誤りであろう」（リオタール『非人間的なもの』篠原資明／上村博／平芳幸浩訳、法政大学出版局、二〇〇二年、四四頁）。

(19)ヘーゲル『精神現象学』前掲、三七一頁。

(20)ヘーゲル『大論理学』第三巻第二編「客観性」の第一章とりわけB「機械的過程」参照。

(21)ヘーゲル『精神現象学』前掲、三九六頁。訳文一部変更。

(22)少なくともここでのヘーゲルは、カントにおける「別の否定性」に関係づけられるであろう。カントの否定性については、M. David-Ménard, *Deleuze et la psychanalyse*, PUF, 2005 の重要な議論を参照せよ。

(23)フーコー「劇場としての哲学」蓮實重彦訳、『フーコー・コレクション三』ちくま学芸文庫、二〇〇六年、三二八頁。

(24)この点については拙論「〈ラディカルな啓蒙〉とは何か？——悲劇の権力と力能について」、『情況』二〇〇九年七月臨時増刊、情況出版で論じてあるので、参照願えれば幸いである。

(25)ネグリ『構成的権力』杉村昌昭／斉藤悦則訳、松籟社、二〇〇三年、二七三頁。訳文一部変更。

あとがき

啓蒙は近代において最大の知的出来事であった。序論に記したことを繰り返したくはないけれども、啓蒙は近代とともに生まれ、逆に近代を作りもした。それは近代という時代の社会と人間の全面を被い、またその深い部分にまで滲みこんでいる。ところでその近代が、どうやら終焉した、あるいは終焉に近づいている、いや少なくともその様相がこれまでとは大きく変化しつつあるらしい。変化は二〇世紀の初頭から予感されてはいたものの、世紀が終わりに到達するにつれてしだいに目に見えるものとなり、世紀が変わっていっそう明確な姿をとるようになってきた。一九九五年の東京と二〇〇一年のニューヨークでおきたことはどちらも、われわれの多くが近代の終焉を予感するに充分なものであったように思われる。

このあと世界はどのようなものとなってゆくのか。それはまだいささかも見えていないどころか、世界の未来が読めない時期をどれだけすごさなくてはいけないのかさえもわかってはいない。そんなごく不安定な状況のなかにわれわれはおかれている。だが、事態を大げさに捉えて、かえって問題を見えなくさせてしまう以前に、われわれの関心を惹くのは、近代と切り離すことのできなかった啓蒙もまた、近代とともに姿を消してゆくのか、それともそうではないのか、そうではないとすれば啓蒙にはどのような未来があるのかということである。

いや、近代についてと同様に啓蒙についてもまた、その未来のありようを知ることはたいへんむずかしいであろう。ただわれわれにわかっていることがひとつある。近代の初頭のヨーロッパに端を発した啓蒙は、その生まれた直後から、そして二世紀あまりのあいだをとおして、何度もさまざまな転変を繰り返し経験してきたということである。一方でヨーロッパ以外の地域への拡大と受容という空間のうえでの変化。他方でその内部と外部のどちらからも生じてくる検討や批判、これを受けた修正という性質それ自体の変化。啓蒙は地球上のいくつもの地点に遍在し、肯定的か否定的であるかは別として世界になんらかの影響力をもちえた点で単一のものであると見えながら、実はそれぞれの場所と時代に応じて、またそれがかかわった人間精神の領域についても多様な運命に出会い変貌してきた、いわば複数の存在でもあった。

この啓蒙の複数性にまずは目を向けようではないか。啓蒙が二〇〇年の時間のなかで被った、あるいは引き受けたいくつもの運命のあとをたどろうではないか。こんな作業をつづけることによって、啓蒙の未来、また啓蒙と深く結びついた近代のゆくえが明確になるわけではけっしてないけれども、今は不安定なままぼんやりと佇んでいるしかないわれわれの現在地は確定できるのではないか。こんな考えが二〇〇五年四月から京都大学人文科学研究所ではじまった共同研究《啓蒙の運命》の根柢にあった。

この共同研究には、啓蒙の複数性に着目するかぎりにおいて、ヨーロッパのみならずアジアや南北アメリカ、またロシアといった地域、一八世紀（いやそれ以前の時代）からはじまり現代におよぶ各時期、また狭い意味での思想史にとどまることなく文学や政治学、社会学、科学史などの分野に関心をもつ者が集まった。こうしたメンバーからなる賑やかで刺激に富んだ研究会は、二〇〇九年三月まで四年間つづき、合計七五回の報告がなされた。その結果が本書『啓蒙の運命』にほかならない。

本書の各章の執筆者以外の研究会参加者は次のとおり。伊藤玄吾、宇城輝人、白鳥義彦、多賀健太郎、多賀茂、田邊玲子、前川真行、松澤和宏、松下洋、向井直己、森本淳夫、山室信一。また、フランソワ・アルトーク、李永睦、宇野重規、セルゲイ・カルプ、ミカイル・クシファラス、高橋博巳、武田時昌、フランソワ・ラショー、マリー・レカ＝ツィオミスの各氏にゲスト・スピーカーとしておいでいただきもした。これらのかたがたには各自の用務の多忙その他の都合で論文を寄せていただけず、そのため複数の啓蒙という観点が完全なものとして示せていないのが心残りではあるが、しかし毎回の議論に登場したその他の地域や時代での啓蒙は、各章の執筆のさいに充分に反映されているはずである。その意味では執筆か報告のみかを問うことなく、みなさんに感謝したい。

この共同研究は二〇〇六—二〇〇八年度の科学研究費補助金（基盤研究B、課題番号一八三二〇〇二三）を受け、また本書の刊行にあたっては京都大学教育研究振興財団からの出版助成をいただくことができた。さらに名古屋大学出版会には出版を引き受けていただき、とりわけ同会の橘宗吾さんに丹念な編集をお願いできたのは、たいへんうれしくありがたいことであった。なお、共同研究班の維持と本書の編集の事務諸般は王寺賢太と田中祐理子が担当した。あらためて関係各位にお礼申しあげる。

二〇一一年一月、共同研究の途中で移転した研究所の新所屋にて

編　者

《編者紹介》

富《とみ》永《なが》 茂《しげ》樹《き》

1950年　滋賀県に生まれる

1980年　京都大学大学院文学研究科博士課程修了

現　在　京都大学人文科学研究所教授，文学博士

著　書　『理性の使用——ひとはいかにして市民となるのか』（みすず書房，2005 年）

『トクヴィル——現代へのまなざし』（岩波書店，2010 年）

『資料 権利の宣言—— 1789』（編著，京都大学人文科学研究所，2001 年）他

啓蒙の運命

2011 年 3 月 30 日　初版第 1 刷発行

定価はカバーに
表示しています

編　者　富　永　茂　樹

発行者　石　井　三　記

発行所　財団法人　名古屋大学出版会

〒 464-0814　名古屋市千種区不老町 1 名古屋大学構内
電話(052) 781-5027／FAX(052) 781-0697

印刷・製本 ㈱クイックス　　ISBN978-4-8158-0664-4

乱丁・落丁はお取替えいたします。

執筆者一覧（執筆順）

富《とみ》永《なが》 茂《しげ》樹《き》（編者，京都大学人文科学研究所）

吉《よし》田《だ》耕《こう》太《た》郎《ろう》（大阪大学大学院文学研究科）

王《おう》寺《じ》 賢《けん》太《た》（京都大学人文科学研究所）

坂《さか》本《もと》優《ゆう》一《いち》郎《ろう》（大阪経済大学経済学部）

長《なが》尾《お》 伸《しん》一《いち》（名古屋大学大学院経済学研究科）

増《ます》田《だ》 真《まこと》（京都大学大学院文学研究科）

上《うえ》田《だ》 和《かず》彦《ひこ》（関西学院大学法学部）

久《く》保《ぼ》 昭《あき》博《ひろ》（京都大学人文科学研究所）

桑《くわ》瀬《せ》章《しょう》二《じ》郎《ろう》（立教大学文学部）

北《きた》垣《がき》 徹《とおる》（西南学院大学文学部）

小《お》田《だ》川《がわ》大《だい》典《すけ》（岡山大学大学院社会文化学研究科）

田《た》中《なか》祐《ゆ》理《り》子《こ》（京都大学人文科学研究所）

藤《ふじ》原《はら》 辰《たつ》史《し》（東京大学大学院農学生命科学研究科）

岡《おか》田《だ》 暁《あけ》生《お》（京都大学人文科学研究所）

立《つい》木《き》 康《こう》介《すけ》（京都大学人文科学研究所）

市《いち》田《だ》 良《よし》彦《ひこ》（神戸大学大学院国際文化学研究科）

斉《さい》藤《とう》 渉《しょう》（大阪大学大学院言語文化研究科）

佐《さ》藤《とう》 淳《じゅん》二《じ》（北海道大学大学院文学研究科）

索　引

（原則として本文を対象とする）

ア　行

カ　行

タ　行

ナ　行

ハ　行

マ　行

ヤ 行

ラ・ワ行